suhrkamp taschenbuch
wissenschaft 1601

Walter Benjamin hat früh erkannt, daß technische Medien die künstlerischen Darstellungsweisen und die alltäglichen Erfahrungsformen verändern. Seit den 20er Jahren sind zahlreiche Texte zum Zusammenhang von Medienentwicklung, Kunstproduktion und Wahrnehmungswandel entstanden, die die Medienästhetik als eigenen Bereich der Ästhetik und Kunstwissenschaft begründet haben. Die Arbeiten üben seit ihrer Wiederentdeckung in den 60er Jahren nachhaltigen Einfluß auf die kunst- und medientheoretischen Debatten aus. Sie werden hier, gegliedert nach Medienkomplexen, erstmals gesammelt vorgelegt.

Walter Benjamin
Medienästhetische Schriften

Auswahl und Nachwort
von Detlev Schöttker

Suhrkamp

Die Ausgabe der *Medienästhetischen Schriften* folgt dem Text der unter Mitwirkung von Theodor W. Adorno und Gershom Scholem von Rolf Tiedemann und Hermann Schweppenhäuser herausgegebenen Ausgabe der *Gesammelten Schriften* Walter Benjamins, die im Suhrkamp Verlag erschienen ist.

Bibliografische Information der Deutschen Nationalbibliothek
Die Deutsche Nationalbibliothek verzeichnet diese Publikation in der Deutschen Nationalbibliografie;
detaillierte bibliografische Daten sind im Internet über http://dnb.d-nb.de abrufbar.

4. Auflage 2018

Erste Auflage 2002
suhrkamp taschenbuch wissenschaft 1601

Satz: jürgen ullrich typosatz, Nördlingen
Printed in Germany
Umschlag nach Entwürfen von Willy Fleckhaus und Rolf Staudt
ISBN 978-3-518-29201-3

Inhalt

I. Gedächtnis und Erinnerung

II. Sprache, Stimme, Schrift

III. Buch und Lektüre

IV. Zeitung und Reklame

V. Malerei, Graphik, Photographie

VI. Film

VII. Telephon und Rundfunk

I. Gedächtnis und Erinnerung

Zum Bilde Prousts

I.

Die dreizehn Bände von Marcel Prousts »A la Recherche du Temps perdu« sind das Ergebnis einer unkonstruierbaren Synthesis, in der die Versenkung des Mystikers, die Kunst des Prosaisten, die Verve des Satirikers, das Wissen des Gelehrten und die Befangenheit des Monomanen zu einem autobiographischen Werke zusammentreten. Mit Recht hat man gesagt, daß alle großen Werke der Literatur eine Gattung gründen oder sie auflösen, mit einem Worte, Sonderfälle sind. Unter ihnen ist aber dieser einer von den unfaßlichsten. Vom Aufbau angefangen, welcher Dichtung, Memoirenwerk, Kommentar in *einem* darstellt, bis zu der Syntax uferloser Sätze (dem Nil der Sprache, welcher hier befruchtend in die Breiten der Wahrheit hinübertritt) ist alles außerhalb der Norm. Daß dieser große Einzelfall der Dichtung gleichzeitig ihre größte Leistung in den letzten Jahrzehnten darstellt, das ist die erste, aufschlußreiche Erkenntnis, die an den Betrachter herantritt. Und ungesund im höchsten Grade die Bedingungen, die ihm zugrunde lagen. Ein ausgefallenes Leiden, ungemeiner Reichtum und eine anormale Veranlagung. Nicht alles an diesem Leben ist musterhaft, exemplarisch aber ist alles. Es weist der überragenden schriftstellerischen Leistung dieser Tage ihren Ort im Herzen der Unmöglichkeit, im Zentrum und freilich zugleich im Indifferenzpunkt aller Gefahren an und kennzeichnet diese große Realisierung des »Lebenswerks« als eine letzte auf lange. Prousts Bild ist der höchste physiognomische Ausdruck, den die unaufhaltsam wachsende Diskrepanz von Poesie und Leben gewinnen konnte. Das ist die Moral, die den Versuch rechtfertigt, es heraufzurufen.

Man weiß, daß Proust nicht ein Leben wie es gewesen ist in seinem Werke beschrieben hat, sondern ein Leben, so wie der, der's erlebt hat, dieses Leben erinnert. Und doch ist auch das noch unscharf und bei weitem zu grob gesagt. Denn hier spielt für den erinnernden Autor die Hauptrolle gar nicht, was er erlebt hat, sondern das Weben seiner Erinnerung, die Penelopearbeit des Eingedenkens. Oder sollte man nicht besser von einem Penelopewerk des Vergessens reden? Steht nicht das ungewollte Eingedenken, Prousts mémoire involontaire dem Vergessen viel näher als dem, was meist Erinnerung genannt wird? Und ist dies Werk spontanen Eingedenkens, in dem Erinnerung der

Einschlag und Vergessen der Zettel ist, nicht vielmehr ein Gegenstück zum Werk der Penelope als sein Ebenbild? Denn hier löst der Tag auf, was die Nacht wirkte. An jedem Morgen halten wir, erwacht, meist schwach und lose, nur an ein paar Fransen den Teppich des gelebten Daseins, wie Vergessen ihn in uns gewoben hat, in Händen. Aber jeder Tag löst mit dem zweckgebundenen Handeln und, noch mehr, mit zweckverhaftetem Erinnern das Geflecht, die Ornamente des Vergessens auf. Darum hat Proust am Ende seine Tage zur Nacht gemacht, um im verdunkelten Zimmer bei künstlichem Lichte all seine Stunden ungestört dem Werk zu widmen, von den verschlungenen Arabesken sich keine entgehen zu lassen.

Wenn die Römer einen Text das Gewebte nennen, so ist es kaum einer mehr und dichter als Marcel Prousts. Nichts war ihm dicht und dauerhaft genug. Sein Verleger Gallimard hat erzählt, wie Prousts Gepflogenheiten beim Korrekturlesen die Verzweiflung der Setzer machten. Die Fahnen kamen immer randvoll beschrieben zurück. Aber kein einziger Druckfehler war ausgemerzt worden; aller verfügbare Raum war mit neuem Texte erfüllt. So wirkte die Gesetzlichkeit des Erinnerns noch im Umfang des Werks sich aus. Denn ein erlebtes Ereignis ist endlich, zumindest in der einen Sphäre des Erlebens beschlossen, ein erinnertes schrankenlos, weil nur Schlüssel zu allem was vor ihm und zu allem was nach ihm kam. Und noch in anderem Sinne ist es die Erinnerung, die hier die strenge Webevorschrift gibt. Einheit des Textes nämlich ist allein der actus purus des Erinnerns selber. Nicht die Person des Autors, geschweige die Handlung. Ja man kann sagen, deren Intermittenzen sind nur die Kehrseite vom Kontinuum des Erinnerns, das rückwärtige Muster des Teppichs. So wollte es Proust, so hat man ihn zu verstehen, wenn er sagte, er sähe am liebsten sein ganzes Werk zweispaltig in einem Bande und ohne jeden Absatz gedruckt.

Was suchte er so frenetisch? Was lag diesen unendlichen Mühen zugrunde? Dürfen wir sagen, daß alle Leben, Werke, Taten, welche zählen, nie andres waren, als die unbeirrte Entfaltung der banalsten und flüchtigsten, sentimentalsten und schwächsten Stunde im Dasein dessen, dem sie zugehören? Und als Proust an einer berühmten Stelle diese seine eigenste Stunde geschildert hat, tat er's so, daß jeder sie im eigenen Dasein wiederfindet. Nur wenig fehlt, und wir dürften sie eine alltägliche nennen. Sie kommt mit der Nacht, einem verlorenen Gezwitscher oder dem Atemzug an der Brüstung des offenen Fensters. Und es ist nicht abzusehen, was für Begegnungen uns bestimmt wären, wenn wir weniger willfährig wären, zu schlafen. Proust willfahrte dem Schlafe nicht. Und dennoch, eben darum vielmehr, konnte Jean Cocteau in einem schönen Essay von dem Tonfall seiner Stimme sagen, daß sie den Gesetzen von Nacht und Honig gehorsam war. Indem er unter ihre Herrschaft trat, besiegte er die hoffnungslose Trauer in seinem Innern (das war er einmal »l'imperfection incurable dans l'essence même du présent« genannt hat), und baute aus den Waben der Erinnerung dem Bienenschwarm der Gedanken sein Haus. Cocteau hat gesehen, was jeden Leser Prousts im höchsten Grade beschäftigen sollte: er sah das blinde, unsinnige und besessene Glücksverlangen in diesem Menschen. Es leuchtete aus seinen Blicken. Die waren nicht glücklich. Aber in ihnen saß das Glück wie *im* Spiel oder *in* der Liebe. Es ist auch nicht schwer zu sagen, warum dieser herzstokkende, sprengende Glückswille, der Prousts Dichten durchdringt, seinen Lesern so selten eingeht. Proust selbst hat es ihnen an vielen Stellen erleichtert, auch dieses œuvre unter der altbewährten, bequemen Perspektive der Entsagung, des Heroismus, der Askese zu betrachten. Nichts leuchtet ja den Musterschülern des Lebens so ein, als eine große Leistung sei die Frucht von nichts als Mühen, Jammer und Enttäuschung. Denn daß am Schönen auch das Glück noch Anteil haben könnte, das wäre zuviel des Guten, darüber würde ihr Ressentiment sich niemals trösten.

Es gibt nun aber einen zwiefachen Glückswillen, eine Dialektik des Glücks. Eine hymnische und eine elegische Glücksgestalt. Die eine: das Unerhörte, das Niedagewesene, der Gipfel der Seligkeit. Die andere: das ewige Nocheinmal, die ewige Restauration des ursprünglichen, ersten Glücks. Diese elegische Glücksidee, die man auch die elastische nennen könnte, ist es, die für Proust das Dasein in einen Bannwald der Erinnerung verwandelt. Ihr hat er nicht allein im Leben Freunde und Gesellschaft, sondern im Werke Handlung, Einheit der Person, Fluß der Erzählung, Spiel der Phantasie geopfert. Es war nicht der Schlechteste seiner Leser – Max Unold – der an die dergestalt bedingte »Langeweile« seiner Schriften anschloß, um sie mit »Schaffner-Geschichten« zu vergleichen, und der die Formel fand: »Er hat es fertiggebracht, die Schaffner-Geschichte interessant zu machen. Er sagt: Denken Sie sich, Herr Leser, gestern tunk ich einen Biskuit in meinen Tee, da fällt mir ein, daß ich als Kind auf dem Land war – dafür verwendet er 80 Seiten, und das ist so hinreißend, daß man nicht mehr der Zuhörende, sondern der Wachträumende selbst zu sein glaubt.« In solchen Schaffner-Geschichten – »alle gewöhnlichen Träume werden, sobald man sie erzählt, Schaffner-Geschichten« – hat Unold die Brükke zum Traum gefunden. An ihn muß jede synthetische Interpretation von Proust anschließen. Unscheinbare Pforten genug führen hinein. Da ist Prousts frenetisches Studium, sein passionierter Kultus der Ähnlichkeit. Nicht da, wo er sie in den Werken, Physiognomien oder Redeweisen, immer bestürzend, unvermutet aufdeckt, läßt sie die wahren Zeichen ihrer Herrschaft erkennen. Die Ähnlichkeit des Einen mit dem Andern, mit der wir rechnen, die im Wachen uns beschäftigt, umspielt nur die tiefere der Traumwelt, in der, was vorgeht, nie identisch, sondern ähnlich: sich selber undurchschaubar ähnlich, auftaucht. Kinder kennen ein Wahrzeichen dieser Welt, den Strumpf, der die Struktur der Traumwelt hat, wenn er im Wäschekasten, eingerollt, »Tasche« und »Mitgebrachtes« zugleich ist. Und wie sie selbst sich nicht ersättigen können, dies beides: Tasche und was drin liegt, mit *einem* Griff in etwas Drittes zu verwandeln: in den Strumpf, so war Proust unersättlich, die Attrappe, das Ich, mit einem Griffe zu entleeren, um immer wieder jenes Dritte: das Bild, das seine Neugier, nein, sein Heimweh stillte, einzubringen. Zerfetzt von Heimweh lag er auf dem Bett, Heimweh nach der im Stand der Ähnlichkeit entstellten Welt, in der das wahre sürrealistische Gesicht des Daseins zum Durchbruch kommt. Ihr gehört an, was bei Proust geschieht, und wie behutsam und vornehm es auftaucht. Nämlich nie isoliert pathetisch und visionär, sondern angekündigt und vielfach gestützt eine gebrechliche kostbare Wirklichkeit tragend: das Bild. Es löst sich aus dem Gefüge der Proustschen Sätze wie unter Françoisens Händen in Balbec der Sommertag, alt, unvordenklich, mumienhaft aus den Tüllgardinen.

II.

Das Wichtigste, was einer zu sagen hat, proklamiert er nicht immer laut. Und auch im stillen vertraut er es nicht immer dem Vertrautesten, Nächsten, nicht immer dem, der am ergebensten sich in Bereitschaft hielt, sein Geständnis entgegenzunehmen. Wenn nun nicht Personen allein, sondern auch Zeitalter solche keusche, nämlich solch durchtriebene und frivole Art haben, ihr Eigenstes einem Beliebigen mitzuteilen, so ist es für das neunzehnte Jahrhundert nicht Zola oder Anatole France, sondern der junge Proust, der unbeträchtliche Snob, der verspielte Salonlöwe, der von dem gealterten Zeitlauf (wie von einem anderen, gleich sterbensmatten Swann) die erstaunlichsten Konfidenzen im Fluge auffing. Erst Proust hat das neunzehnte Jahrhundert memoirenfähig gemacht. Was vor ihm ein spannungsloser Zeitraum war, ist zum Kraftfeld geworden, in dem die mannigfachsten Ströme von späteren Autoren erweckt wurden. Es ist auch gar kein Zufall, daß das interessanteste Werk dieser Art von einer Verfasserin stammt, die Proust persönlich als Bewundrerin und Freundin nahegestanden hat. Bereits der Titel, unter dem die Fürstin Clermont-Tonnerre den ersten Band ihres Memoirenwerks vorstellt – »Au Temps des Equipages« – wäre vor Proust kaum denkbar gewesen. Im übrigen ist es das Echo, das dem vieldeutigen, liebevollen und herausfordernden Zuruf des Dichters aus dem Faubourg Saint-Germain leise zurücktönt. Dazu ist diese (melodische) Darstellung voll von direkten oder indirekten Beziehungen auf Proust in ihrer Haltung wie in ihren Figuren, unter denen er selber und manche seiner liebsten Studienobjekte aus dem Ritz sind. Damit sind wir freilich, das läßt sich nicht abstreiten, in einem sehr feudalen Milieu und mit Erscheinungen wie Robert de Montesquiou, den die Fürstin Clermont-Tonnerre meisterhaft darstellt, in einem sehr speziellen dazu. Aber das sind wir bei Proust auch; und es fehlt auch bei ihm bekanntlich das Gegenstück zu einem Montesquiou nicht. Das alles verlohnte die Diskussion nicht – zumal die Frage der Modelle zweiten Ranges und für Deutschland belanglos ist – liebte nicht die deutsche Kritik so sehr, sich's bequem zu machen. Und vor allem: sie konnte die Gelegenheit nicht vorbeigehen lassen, sich mit dem Mob der Leihbüchereien zu enkanaillieren. Ihren Routiniers lag also nichts näher, als vom snobistischen Milieu des Werkes auf den Verfasser zu schließen und Prousts Werk als interne französische Angelegenheit, als Unterhaltungsbeilage zum Gotha zu kennzeichnen. Nun liegt es auf der Hand: die Probleme der proustischen Menschen entstammen einer saturierten Gesellschaft. Aber da ist nicht eins, das mit denen des Verfassers sich deckt. Diese sind subversiv. Müßte man sie auf eine Formel bringen, so wäre sein Anliegen, den ganzen Aufbau der höheren Gesellschaft in Gestalt einer Physiologie des Geschwätzes zu konstruieren. Es gibt im Schatze ihrer Vorurteile und Maximen keine, die seine gefährliche Komik nicht annihiliert. Auf diese als erster hingewiesen zu haben ist nicht das geringste der bedeutenden Verdienste, die Léon Pierre-Quint als der erste Interpret Prousts sich erworben hat. »Wenn von humoristischen Werken die Rede ist«, schreibt Quint, »denkt man gewöhnlich an kurze, lustige Bücher in illustrierten Umschlägen. Man vergißt Don

Quichote, Pantagruel und Gil Blas, enggedruckte, unförmige Wälzer.« Die subversive Seite des Proustschen Werks erscheint in diesem Zusammenhange am bündigsten. Und hier ist weniger Humor als Komik das eigentliche Zentrum seiner Kraft; er hebt die Welt nicht im Gelächter auf, sondern schleudert sie im Gelächter nieder. Auf die Gefahr, daß sie in Scherben geht, vor denen er nur selber in Tränen ausbricht. Und sie gehen in Scherben: die Einheit der Familie und der Persönlichkeit, der Sexualmoral und der Standesehre. Die Prätentionen der Bourgeoisie zerschellen im Gelächter. Ihre Rückflucht, ihre Reassimilation durch den Adel ist das soziologische Thema des Werkes.

Proust wurde des Trainings nicht müde, den der Umgang in den feudalen Kreisen erforderte. Ausdauernd und ohne sich viel Zwang tun zu müssen, schmeidigte er seine Natur, um sie so undurchdringlich und findig, devot und schwierig zu machen, wie er um seiner Aufgabe willen es werden mußte. Später wurde die Mystifikation, die Umständlichkeit ihm dermaßen zur Natur, daß seine Briefe manchmal ganze Systeme von Parenthesen – und nicht nur grammatischen – sind. Briefe, die trotz ihrer unendlich geistvollen, wendigen Abfassung bisweilen jenes legendäre Schema in Erinnerung rufen: »Verehrte gnädige Frau, ich merke eben, daß ich gestern meinen Stock bei Ihnen vergaß, und bitte Sie, dem Überbringer dieses Schreibens ihn auszuhändigen. P. S. Verzeihen Sie bitte die Störung, ich habe ihn soeben gefunden.« Wie erfinderisch ist er in Schwierigkeiten. Spät in der Nacht erscheint er bei der Fürstin Clermont-Tonnerre, um sein Bleiben an die Bedingung zu knüpfen, daß ihm die Medizin von Hause geholt werde. Und nun schickt er den Kammerdiener, gibt ihm eine lange Beschreibung der Gegend, des Hauses. Zuletzt: »Sie können es nicht verfehlen. Das einzige Fenster auf dem Boulevard Haussmann, in dem noch Licht brennt.« Nur nicht die Nummer. Man versuche, in einer fremden Stadt die Adresse eines Bordells zu erfahren, und hat man dann die langatmigste Auskunft bekommen – nur alles andere als Straße und Hausnummer –, so wird man verstehen, was hier gemeint ist (und wie es mit Prousts Liebe zum Zeremonial, seiner Verehrung für Saint-Simon und nicht zuletzt seinem intransigenten Franzosentume zusammenhängt). Ist nicht die Quintessenz der Erfahrung: erfahren, wie höchst schwierig Vieles zu erfahren ist, das doch anscheinend sich in wenig Worten sagen ließe. Nur daß solche Worte einem kasten- und standesmäßig festgelegten Rotwelsch angehören und für Außenseiter nicht zu verstehen sind. Kein Wunder, daß die

Geheimsprache der Salons Proust passionierte. Als er später an die gnadenlose Schilderung des petit clan, der Courvoisier, des »esprit d'Oriane« herantrat, hatte er selber im Umgang mit den Bibesco die Improvisationen einer Schlüsselsprache kennengelernt, in die auch wir inzwischen eingeführt worden sind.

Proust hat in den Jahren seines Salonlebens nicht nur das Laster der Schmeichelei in einem eminenten – man möchte sagen: theologischen – Grade ausgebildet, auch das der Neugier. Auf seinen Lippen war ein Abglanz des Lächelns, das in der Leibung mancher von den Kathedralen, die er so liebte, wie ein Lauffeuer über die Lippen der törichten Jungfraun huscht. Es ist das Lächeln der Neugier. Hat Neugier ihn im Grunde zu solch großem Parodisten gemacht? Wir wüßten dann zugleich, was wir vom Worte »Parodist« an dieser Stelle zu halten hätten. Nicht viel. Denn wenn es auch seiner abgründigen Malice gerecht wird, so geht es doch am Bittren, Wilden und Verbissenen der großartigen Reportagen vorbei, die er im Stile Balzacs, Flauberts, Sainte-Beuves, Henri de Régniers, der Goncourts, Michelets, Renans und schließlich seines Lieblings Saint-Simon verfaßt und in dem Bande »Pastiches et Mélanges« gesammelt hat. Es ist die Mimikry des Neugierigen, die der geniale Trick dieser Folge, zugleich aber ein Moment seines ganzen Schaffens gewesen ist, in welchem die Passion für das Vegetabilische nicht ernst genug genommen werden kann. Ortega y Gasset hat als erster die Aufmerksamkeit auf das vegetative Dasein der proustschen Figuren gelenkt, die in einer so nachhaltigen Weise an ihren sozialen Fundort gebunden, vom Stande der feudalen Gnadensonne bestimmt, vom Winde, der von Guermantes oder Méséglise weht, bewegt und undurchdringlich in dem Dickicht ihres Schicksals miteinander verschlungen werden. Diesem Lebenskreise entstammt, als Verfahren des Dichters, die Mimikry. Seine genauesten, evidentesten Erkenntnisse sitzen auf ihren Gegenständen wie auf Blättern, Blüten und Ästen Insekten, die nichts von ihrem Dasein verraten, bis ein Sprung, ein Flügelschlag, ein Satz dem erschreckten Betrachter zeigen, daß hier ein unberechenbares eigenes Leben unscheinbar sich in eine fremde Welt geschlichen hatte. »Die Metapher, so unerwartet sie ist«, sagt Pierre-Quint, »bildet sich eng an den Gedanken an.«

Den wahren Leser Prousts durchschüttern immerwährend kleine Schrecken. Im übrigen findet er in der Metaphorik den Niederschlag der gleichen Mimikry, die ihn als Kampf ums Dasein dieses Geistes im Laubdach der Gesellschaft frappieren mußte. Es ist ein Wort davon zu sagen, wie innig und befruchtend diese beiden Laster, die Neugier und die Schmeichelei, einander durchdrungen haben. Eine aufschlußreiche Stelle bei der Fürstin Clermont-Tonnerre heißt: »Und zum Schluß können wir nicht verschweigen: Proust berauschte sich am Studium des Dienstpersonals. War es, weil hier ein Element, dem er sonst nirgend begegnete, seinen Spürsinn reizte, oder neidete er es ihnen, daß sie die intimen Details von den Dingen, die sein Interesse erregten, besser beobachten konnten? Wie dem nun sei – das Dienstpersonal in seinen verschiedenen Figuren und Typen war seine Leidenschaft.« In den fremdartigen Abschattungen eines Jupien, eines Monsieur Aimé, einer Céleste Albaret zieht deren Reihe von der Gestalt einer Françoise, die mit den derben, spitzigen Zügen der heiligen Martha leibhaftig einem Stundenbuch entstiegen scheint, sich bis zu jenen grooms und chasseurs, denen nicht Arbeit sondern Müßiggang bezahlt wird. Und vielleicht nimmt die Repräsentation das Interesse dieses Kenners der Zeremonien nirgends gespannter als in diesen niedersten Graden in Anspruch. Wer will ermessen, wie viel Bedientenneugier in Prousts Schmeichelei, wie viel Bedientenschmeichelei in seine Neugier einging, und wo diese durchtriebene Kopie der Bedientenrolle auf den Höhen des sozialen Lebens ihre Grenzen hatte? Er gab sie, und er konnte nicht anders. Denn wie er selber einmal verrät: »voir« und »désirer imiter« waren ihm ein und dasselbe. Diese Haltung hat, souverän und subaltern wie sie war, Maurice Barrès in einem der profiliertesten Worte, die je auf Proust geprägt worden sind, festgehalten: »Un poète persan dans une loge concierge.«

Es war in Prousts Neugier ein detektivischer Einschlag. Die oberen Zehntausend waren ihm ein Verbrecherclan, eine Verschwörerbande, mit der sich keine andere vergleichen kann: die Kamorra der Konsumenten. Sie schließt aus ihrer Welt alles aus, was Anteil an der Produktion hat, verlangt zumindest, daß sich dieser Anteil graziös und schamhaft hinter einem Gestus birgt, wie die vollendeten Professionals der Konsumtion ihn zur Schau tragen. Prousts Analyse des Snobismus, die weit wichtiger ist als seine Apotheose der Kunst, stellt in seiner Gesellschaftskritik den Höhepunkt dar. Denn nichts anderes ist die Haltung des Snob als die konsequente, organisierte, gestählte Betrachtung des Daseins vom chemisch-reinen Konsumentenstandpunkt. Und weil aus dieser satanischen Feerie die entfernteste so gut wie die primitivste Erinnerung an die Produktivkräfte der Natur verbannt werden sollte, darum war ihm selbst in der Liebe die invertierte Bindung brauchbarer als die normale. Der reine Konsument aber ist der reine Ausbeuter. Er ist es logisch und theoretisch, er ist es bei Proust in der ganzen Konkretheit seines aktuellen historischen Daseins. Konkret weil undurchschaubar und nicht zu stellen. Proust schildert eine Klasse, die in allen Teilen auf Tarnung ihrer materiellen Basis verpflichtet und eben darum einem Feudalismus angebildet ist, der, ohne wirtschaftliche Bedeutung in sich, als Maske der Großbourgeoisie um so verwendbarer ist. Dieser illusionslose, gnadenlose Entzauberer des Ich, der Liebe, der Moral, als welchen Proust sich zu sehen liebte, macht seine ganze grenzenlose Kunst zum Schleier dieses einen und lebenswichtigsten Mysteriums seiner Klasse: des wirtschaftlichen. Nicht als ob er ihr damit zu Diensten wäre. Er ist ihr nur voraus. Was sie lebt, beginnt bei ihm schon verständlich zu werden. Doch vieles von der Größe dieses Werkes wird unerschlossen oder unentdeckt verbleiben, bis diese Klasse ihre schärfsten Züge im Endkampf zu erkennen gegeben hat.

III.

Im vorigen Jahrhundert gab es in Grenoble – ich weiß nicht, ob heute noch – ein Wirtshaus »Au Temps perdu«. Auch bei Proust sind wir Gäste, die unterm schwankenden Schild eine Schwelle betreten, hinter der uns die Ewigkeit und der Rausch erwarten. Mit Recht hat Fernandez ein thème de l'éternité bei Proust von thème du temps unterschieden. Aber durchaus ist diese Ewigkeit keine platonische, keine utopische: sie ist rauschhaft. Wenn also »die Zeit für Jeden, der sich in ihren Verlauf vertieft, eine neue und bisher unbekannte Art der Ewigkeit enthüllt«, so nähert sich doch der Einzelne damit durchaus nicht »den höheren Gefilden, die ein Plato oder Spinoza mit einem Flügelschlage erreichten«. Nein – denn es gibt zwar bei Proust Rudimente eines überdauernden Idealismus. Aber nicht sie sind es, die die Bedeutung dieses Werks bedingen. Die Ewigkeit, in welche Proust Aspekte eröffnet, ist die verschränkte, nicht die grenzenlose Zeit. Sein wahrer Anteil gilt dem Zeitverlauf in seiner realsten, das ist aber verschränkten Gestalt, der nirgends unverstellter herrscht als im Erinnern, innen, und im Altern, außen. Das Widerspiel von Altern und Erinnern verfolgen, heißt in das Herz der proustschen Welt, ins Universum der Verschränkung dringen. Es ist die Welt im Stand der Ähnlichkeit und in ihr herrschen die »Korrespondenzen«, die zuerst die Romantik und die am innigsten Baudelaire erfaßte, die aber Proust (als Einziger) vermochte, in unserem gelebten Leben zum Vorschein zu bringen. Das ist das Werk der mémoire involontaire, der verjüngenden Kraft, die dem unerbittlichen Altern gewachsen ist. Wo das Gewesene im taufrischen »Nu« sich spiegelt, rafft ein schmerzlicher Chock der Verjüngung es noch einmal so unaufhaltsam zusammen, wie die Richtung von Guermantes mit der Richtung von Swann für Proust sich verschränkte, da er (im dreizehnten Bande) ein letztes Mal die Gegend von Combray durchstreift und die Verschlingung der Wege entdeckt. Im Nu springt die Landschaft um wie ein Wind. »Ah! que le monde est grand à la clarté des lampes! | Aux yeux du souvenir que le monde est petit!« Proust hat das Ungeheure fertiggebracht, im Nu die ganze Welt um ein ganzes Menschenleben altern zu lassen. Aber eben diese Konzentration, in der, was sonst nur welkt und dämmert, blitzhaft sich verzehrt, heißt Verjüngung. »A la Recherche du Temps perdu« ist der unausgesetzte Versuch, ein ganzes Leben mit der höchsten Geistesgegenwart zu laden. Nicht Reflexion – Vergegenwärtigung ist Prousts Verfahren. Er ist ja von der Wahrheit durchdrungen, daß wir alle keine Zeit haben, die wahren Dramen des Daseins zu leben, das uns bestimmt ist. Das macht uns altern. Nichts andres. Die Runzeln und Falten im Gesicht, sie sind die Eintragungen der großen Leidenschaften, der Laster, der Erkenntnisse, die bei uns vorsprachen – doch wir, die Herrschaft, waren nicht zu Hause.

Schwerlich gab es seit den geistlichen Übungen des Loyola im abendländischen Schrifttum einen radikaleren Versuch zur Selbstversenkung. Auch diese hat in ihrer Mitte eine Einsamkeit, die mit der Kraft des Maelstroms die Welt in ihren Strudel hinabreißt. Und das überlaute und über alle Begriffe hohle Geschwätz, das uns aus Prousts Romanen entgegenbraust, ist das Dröhnen, mit welchem die Gesellschaft in den Abgrund dieser Einsamkeit hinabstürzt. Prousts Invektiven gegen die Freundschaft haben hier ihren Ort. Die Stille auf dem Grunde dieses Trichters – seine Augen sind die stillsten und saugendsten – wollte gewahrt sein. Was in so vielen Anekdoten irritierend und kapriziös in Erscheinung tritt, ist die Verbindung einer beispiellosen Intensität des Gesprächs mit einer nicht zu überbietenden Ferne vom Partner. Nie gab es einen, der so wie er die Dinge uns zeigen konnte. Sein weisender Finger ist ohnegleichen. Aber es gibt eine andere Geste im freundschaftlichen Miteinander, im Gespräch: die Berührung. Diese Geste ist keinem fremder als Proust. Er kann auch seinen Leser nicht anrühren, könnte es um nichts in der Welt. Wollte man die Dichtung um diese Pole – die weisende und die berührende – anordnen, so wäre die Mitte der einen das Werk von Proust, der anderen Péguys. Es ist im Grunde dies, was Fernandez ausgezeichnet begriffen hat: »Die Tiefe oder besser die Eindringlichkeit ist immer auf seiner Seite, nie auf seiten des Partners.« Mit einem Einschlag von Zynismus und virtuos kommt das in seiner Literarkritik zum Vorschein. Ihr bedeutendstes Dokument ein Essay, auf der großen Höhe des Ruhms und der niedern des Totenbettes entstanden: »A Propos de Baudelaire«. Jesuitisch im Einverständnis mit seinen eignen Leiden, maßlos in der Schwatzhaftigkeit des Ruhenden, erschreckend in der Indifferenz des Todgeweihten, der hier noch einmal sprechen will und gleichviel wovon. Was ihn hier dem Tode gegenüber inspirierte, bestimmt ihn auch im Umgang mit den Zeitgenossen: ein so stoßhafter, harter Wechsel von Sarkasmus und Zärtlichkeit, Zärtlichkeit und Sarkasmus, daß sein Gegenstand darunter erschöpft zusammenzubrechen droht.

Das Aufreizende, Unstete des Mannes betrifft ja noch den Leser der Werke. Genug, an die unabsehbare Kette der »soit que« zu denken, die eine Handlung auf erschöpfende, deprimierende Art im Lichte der unzähligen Motive zeigen, die ihr zugrunde gelegen haben können. Und doch, in dieser parataktischen Abflucht kommt zum Vorschein, wo Schwäche und Genie bei Proust nur noch eins sind: die intellektuelle Entsagung, die erprobte Skepsis, die er den Dingen entgegenbrachte. Nach den süffisanten romantischen Innerlichkeiten kam er und war, wie Jacques Rivière es ausdrückt, entschlossen, den »Sirènes intérieures« nicht den mindesten Glauben zu schenken. »Proust tritt an das Erleben ohne das leiseste metaphysische Interesse, ohne den leisesten konstruktivistischen Hang, ohne die leiseste Neigung zum Trösten heran.« Nichts ist wahrer. Und so ist denn auch die Grundfigur dieses Werkes, von der Proust nicht müde wurde, das Planvolle zu behaupten, nichts weniger als konstruiert. Planvoll aber, das ist sie wie der Verlauf unserer Handlinien oder die Anordnung der Staubgefäße im Kelch. Proust, dieses greise Kind, hat, tief ermüdet, sich an den Busen der Natur zurückfallen lassen, nicht, um an ihm zu saugen, sondern um bei ihrem Herzschlag zu träumen. So schwach muß man ihn sehen und begreift, mit welchem Glück Jacques Rivière ihn aus der Schwäche verstehen und sagen konnte: »Marcel Proust ist an derselben Unerfahrenheit gestorben, die ihm erlaubt hat, sein Werk zu schreiben. Er ist gestorben aus Weltfremdheit und weil er seine Lebensbedingungen, die für ihn vernichtend geworden waren, nicht zu ändern verstand. Er ist gestorben, weil er nicht wußte, wie man Feuer macht, wie man ein Fenster öffnet.« Und, freilich, an seinem nervösen Asthma.

Die Ärzte haben diesem Leiden machtlos gegenübergestanden. Nicht so der Dichter, der es sehr planvoll in seinen Dienst gestellt hat. Er war – um mit dem Äußerlichsten zu beginnen – ein vollendeter Regisseur seiner Krankheit. Monatelang verbindet er mit vernichtender Ironie das Bild eines Verehrers, der ihm Blumen gesandt hatte, mit deren ihm unerträglichen Duft. Und mit den Tempi und Gezeiten seines Leidens alarmiert er Freunde, die den Augenblick fürchteten und ersehnten, da der Dichter plötzlich, lange nach Mitternacht, im Salon erschien – brisé de fatigue und nur auf fünf Minuten, wie er verkündete, – um dann bis in den grauenden Morgen zu bleiben, zu müde, um sich zu erheben, zu müde, um auch nur seine Rede zu unterbrechen. Selbst der Briefschreiber findet kein Ende, diesem Leiden die entlegensten Effekte abzugewinnen. »Das Rasseln meiner Atemzüge übertönt das meiner Feder und eines Bades, das man im Stockwerk unter mir einläßt.« Aber es ist nicht das allein. Auch nicht, daß ihn die Krankheit dem mondänen Dasein entriß. Dieses Asthma ist in seine Kunst eingegangen, wenn nicht seine Kunst es geschaffen hat. Seine Syntax bildet rhythmisch auf Schritt und Tritt diese seine Erstickungsangst nach. Und seine ironische, philosophische, didaktische Reflexion ist allemal das Aufatmen, mit welchem der Alpdruck der Erinnerungen ihm vom Herzen fällt. In größerem Maßstab ist aber der Tod, den er unablässig, und am meisten wenn er schrieb, gegenwärtig hatte, die drohende, erstickende Krise. So stand er Proust gegenüber und lange, bevor sein Leiden kritische Formen annahm. Dennoch nicht als hypochondrische Grille, sondern als »réalité nouvelle«, jene neue Wirklichkeit, von der der Reflex auf Dingen und auf Menschen die Züge des Alterns sind. Physiologische Stilkunde würde ins Innerste dieses Schaffens führen. So wird niemand, der die besondere Zähigkeit kennt, mit der Erinnerungen im Geruchssinn (keineswegs Gerüche in der Erinnerung!) bewahrt werden, Prousts Empfindlichkeit gegenüber Gerüchen für Zufall erklären können. Gewiß treten die meisten Erinnerungen, nach denen wir forschen, als Gesichtsbilder vor uns hin. Und auch die freisteigenden Gebilde der mémoire involontaire sind noch zum guten Teil isolierte, nur rätselhaft präsente Gesichtsbilder. Eben darum aber hat man, um dem innersten Schwingen in dieser Dichtung sich wissend anheimzugeben, in eine besondere und tiefste Schicht dieses unwillkürlichen Eingedenkens sich zu versetzen, in welcher die Momente der Erinnerung nicht mehr einzeln, als Bilder, sondern bildlos und ungeformt, unbestimmt und gewichtig von einem Ganzen so uns Kunde geben wie dem Fischer die Schwere des Netzes von seinem Fang. Der Geruch, das ist der Gewichtssinn dessen, der im Meere der temps perdu seine Netze auswirft. Und seine Sätze sind das ganze Muskelspiel des intelligiblen Leibes, enthalten die ganze, die unsägliche Anstrengung, diesen Fang zu heben.

Im übrigen: wie innig die Symbiose dieses bestimmten Schaffens und dieses bestimmten Leidens gewesen ist, erweist am deutlichsten, daß nie bei Proust jenes heroische Dennoch zum Durchbruch kommt, mit dem sonst schöpferische Menschen sich gegen ihr Leiden erheben. Und daher darf man, von der andern Seite, sagen: eine so tiefe Komplizität mit Weltlauf und Dasein, wie die von Proust es gewesen ist, hätte unfehlbar in ein gemeines und träges Genügen auf jeder anderen Basis als so tiefen, unausgesetzten Leidens führen müssen. So aber war dies Leiden bestimmt, von einem wunsch- und reuelosen furor seine Stelle in dem großen Werkprozesse sich weisen zu lassen. Zum zweitenmal erhob sich ein Gerüst wie Michelangelos, auf dem der Künstler, das Haupt im Nacken, an die Decke der Sixtina die Schöpfung malte: das Krankenbett, auf welchem Marcel Proust die ungezählten Blätter, die er in der Luft mit seiner Handschrift bedeckte, der Schöpfung seines Mikrokosmos gewidmet hat.

Gedächtnis und Erinnerung

Die Sprache hat es unmißverständlich bedeutet, daß das Gedächtnis nicht ein Instrument zur Erkundung der Vergangenheit ist sondern deren Schauplatz. Es ist das Medium des Erlebten wie das Erdreich das Medium ist, in dem die toten Städte verschüttet liegen. Wer sich der eigenen verschütteten Vergangenheit zu nähern trachtet, muß sich verhalten wie ein Mann, der gräbt. Das bestimmt den Ton, die Haltung echter Erinnerungen. Sie dürfen sich nicht scheuen, immer wieder auf einen und denselben Sachverhalt zurückzukommen; ihn auszustreuen wie man Erde ausstreut, ihn umzuwühlen wie man Erdreich umwühlt. Denn Sachverhalte sind nur Lagerungen, Schichten, die erst der sorgsamsten Durchforschung das ausliefern, was die wahren Werte, die im Erdinnern stecken, ausmacht: die Bilder, die aus allen früheren Zusammenhängen losgebrochen als Kostbarkeiten in den nüchternen Gemächern unserer späten Einsicht – wie Trümmer oder Torsi in der Galerie des Sammlers – stehen. Und gewiß bedarf es, Grabungen mit Erfolg zu unternehmen, eines Plans. Doch ebenso ist unerläßlich der behutsame, tastende Spatenstich ins dunkle Erdreich und der betrügt sich selber um das Beste, der nur das Inventar der Funde und nicht auch dies dunkle Glück von Ort und Stelle des Findens selbst in seiner Niederschrift bewahrt. Das vergebliche Suchen gehört dazu so gut wie das glückliche und daher muß die Erinnerung nicht erzählend, noch viel weniger berichtend vorgehn sondern im strengsten Sinne episch und rhapsodisch an immer andern Stellen ihren Spatenstich versuchen, in immer tieferen Schichten an den alten forschend.

[. . .]

Erinnerungen, selbst wenn sie ins Breite gehen, stellen nicht immer eine Autobiographie dar. Und dieses hier ist ganz gewiß keine, auch nicht für die berliner Jahre, von denen hier ja einzig die Rede ist. Denn die Autobiographie hat es mit der Zeit, dem Ablauf und mit dem zu tun, was den stetigen Fluß des Lebens ausmacht. Hier aber ist von einem Raum, von Augenblicken und vom Unstetigen die Rede. Denn wenn auch Monate und Jahre hier auftauchen, so ist es in der Gestalt, die sie im Augenblick des Eingedenkens haben. Diese seltsame Gestalt – man mag sie flüchtig oder ewig nennen – in keinem Falle ist der Stoff, aus welchem sie gemacht wird, der des Lebens. Und das verrät sich weniger noch an der Rolle, die hier mein eignes Leben spielen wird, als der der Menschen, die in Berlin – wann immer und wer immer – mir die nächsten waren. Die Luft der Stadt, die hier beschworen wird, gönnt ihnen nur ein kurzes, schattenhaftes Dasein. Sie stehlen sich an ihren Mauern hin wie Bettler, tauchen in ihren Fenstern geisterhaft empor, um zu verschwinden, wittern um Schwellen wie ein Genius loci und wenn sie selbst ganze Viertel mit ihre⟨n⟩ Namen erfüllen so ist es auf die Art, wie der des Toten den Denkstein auf seinem Grabe. Das nüchterne und lärmende Berlin, die Stadt der Arbeit und die Metropole des Betriebs hat doch nicht minder sondern eher mehr als manche andern die Orte und die Augenblicke, da sie von den Toten zeugt, von den Toten sich erfüllt zeigt und d⟨er⟩ dunkle Sinn für diese Augenblicke, diese Orte gibt vielleicht, mehr als alles anderes, den Erinnerungen der Kindheit das, was sie so schwer zu fassen und zugleich so lockend quälend macht wie halb vergeßne Träume. Denn die Kindheit, die keine vorgefaßte Meinung kennt, kennt auch fürs Leben keine. Es kommt dem Totenreich, wo es in das der Lebenden hin⟨ein⟩ragt ebenso preziös verbunden (freilich auch nicht weniger reserviert) entgegen wie dem Leben selbst. Wieweit ein Kind zurückzugreifen vermag, ist schwer zu wissen, hängt von vielem, der Zeit, der Umwelt, der Natur und der Erziehung ab. Daß mein Gefühl für jene Tradition der Stadt Berlin, die nicht in ein paar Daten über Stralauer Fischzug, Fridericus achtzehnhundertachtundvierzig umschrieben ist – für jene topographische Tradition, die die Verbindung mit den Toten dieses Bodens darstellt, begrenzt ist, liegt schon darin beschlossen, daß die Familien meiner beiden Eltern nicht zu den Eingeborenen gehören. Das setzt dem kindlichen Erinnern – und dies ist es mehr als das kindliche Erleben selbst, das sich im folgenden bekundet, seine Grenze. Aber wo immer diese Grenze auch verlaufen mag: die zweite Hälfte des neunzehnten Jahrhunderts liegt gewiß diesseits von ihr und sie ist es, der die folgenden Bilder angehören, nicht in der Art genereller sondern jener, die nach der Lehre des Epikur aus den Dingen ständig sich absondern und unsere Wahrnehmung von ihnen bedingen.

Aus einer kleinen Rede über Proust, an meinem vierzigsten Geburtstag gehalten

Zur Kenntnis der mémoire involontaire: ihre Bilder kommen nicht allein ungerufen, es handelt sich vielmehr in ihr um Bilder, die wir nie sahen, ehe wir uns ihrer erinnerten. Am deutlichsten ist das bei jenen Bildern, auf welchen wir – genau wie in manchen Träumen – selber zu sehen sind. Wir stehen vor uns, wie wir wohl in Urvergangenheit einst irgendwo, doch nie vor unserm Blick, gestanden haben. Und gerade die wichtigsten – die in der Dunkelkammer des gelebten Augenblicks entwickelten – Bilder sind es, welche wir zu sehen bekommen. Man könnte sagen, daß unsern tiefsten Augenblicken gleich jenen Päckchenzigaretten – ein kleines Bildchen, ein Photo unsrer selbst – ist mitgegeben worden. Und jenes »ganze Leben«, das, wie wir oft hören, an Sterbenden oder an Menschen, die in der Gefahr zu sterben schweben, vorüberzieht, setzt sich genau aus diesen kleinen Bildchen zusammen. Sie stellen einen schnellen Ablauf dar wie jene Hefte, die Vorläufer des Kinematographen, auf denen wir als Kinder einen Boxer, einen Schwimmer oder Tennisspieler bei seinen Künsten bewundern konnten.

Prousts Hedonismus ist nicht ohne die Idee der Stellvertretung zu verstehen. Proust selbst erscheint sich als der Stellvertreter der Armen und Enterbten im Genuß. Er ist durchaus von der Verpflichtung durchdrungen – dies ist ein zweites – nicht nur den Genuß für alle sondern den Genuß an jeder Stelle und an allem, dem er vindiziert wird, wirklich zu erleben. Der unbedingte Vorsatz, den Genuß zu retten, zu rechtfertigen, ihn wirklich da zu finden, wo er gemeinhin nur geheuchelt wird, ist eine Leidenschaft von Proust, die sehr viel tiefer geht oder [ein Wort nicht entziffert] ist, als seine desillusionistischen Analysen. Daher auch seine besondere Fixierung an den Snobismus, in dem er das erfassen will, was an echtem Genuß in ihm liegt – einen Schatz, den zu heben ihm freilich die Angehörigen der Gesellschaft am wenigsten fähig scheinen.

Das bucklicht Männlein

Knut Hamsun, so erfuhr man vor längerer Zeit, habe die Gepflogenheit, hin und wieder den Briefkasten des Lokalblatts der kleinen Stadt, in deren Nähe er wohnt, mit seinen Ansichten zu beschicken. Es fand vor Jahren in dieser Stadt ein Schwurgerichtsprozeß gegen eine Magd statt, die ihr neugeborenes Kind umgebracht hatte. Sie wurde zu einer Gefängnisstrafe verurteilt. Bald darauf erschien im Lokalblatt eine Meinungsäußerung von Hamsun. Er sagt an, er werde einer Stadt den Rücken kehren, welche für eine Mutter, die ihr Neugeborenes töte, eine andere Strafe kenne als die schwerste; wenn schon nicht den Galgen, dann das lebenslängliche Zuchthaus. Es vergingen einige Jahre. »Segen der Erde« erschien und darinnen die Geschichte einer Dienstmagd, die das gleiche Verbrechen begeht, die gleiche Strafe erleidet und, wie der Leser deutlich erkennt, gewiß keine schwerere verdient hatte.

Die nachgelassenen Reflexionen Kafkas, die im »Bau der Chinesischen Mauer« enthalten sind, geben Anlaß, sich dieses Hergangs zu erinnern. Denn kaum war dieser Nachlaßband erschienen, als sich, gestützt auf seine Reflexionen, eine Deutung Kafkas hervortat, die sich in deren Auslegung gefiel, um mit seinen eigentlichen Werken desto weniger Umstände zu machen. Zwei Wege gibt es, Kafkas Schriften grundsätzlich zu verfehlen. Die natürliche Auslegung ist der eine, die übernatürliche ist der andere; am Wesentlichen gehen beide – die psychoanalytische wie die theologische – in gleicher Weise vorbei. Die erste ist vertreten von Hellmuth Kaiser; die zweite von nun schon zahlreichen Autoren, wie H. J. Schoeps, Bernhard Rang, Groethuysen. Zu ihnen ist auch Willy Haas zu rechnen, der freilich in ferneren Zusammenhängen, auf die wir noch stoßen werden, Aufschlußreiches über Kafka bemerkt hat. Das hat ihn nicht davor bewahren können, das Gesamtwerk im Sinne einer theologischen Schablone auszudeuten. »Die obere Macht«, so schreibt er über Kafka, »den Bereich der Gnade, hat er dargestellt in seinem großen Roman ›Das Schloß‹, die untere, den Bereich des Gerichts und der Verdammnis, in seinem ebenso großen Roman ›Der Prozeß‹. Die Erde zwischen beiden, . . . das irdische Schicksal und seine schwierigen Forderungen hat er in strenger Stilisierung zu geben versucht in einem dritten Roman ›Amerika‹.« Das erste Drittel dieser Interpretation kann man, seit Brod, wohl als Gemeingut der Kafka Interpretation betrachten. In diesem Sinne schreibt z. B. Bernhard Rang: »Sofern man das Schloß als den Sitz der Gnade ansehen darf, so bedeutet, theologisch gesprochen, eben dieses vergebliche Bemühen und Versuchen, daß sich die Gnade Gottes nicht willkürlich und willentlich vom Menschen herbeiführen und erzwingen läßt. Die Unruhe und Ungeduld verhindert und verwirrt nur die erhabene Stille des Göttlichen.« Bequem ist diese Deutung; daß sie unhaltbar ist, erscheint, je weiter sie sich vorwagt, desto klarer. Am klarsten daher vielleicht bei Willy Haas, wenn er erklärt: »Kafka kommt ... von Kierkegaard wie von Pascal, man kann ihn wohl den einzigen legitimen Enkel Kierkegaards und Pascals nennen. Alle drei haben das harte, blutig harte religiöse Grundmotiv: daß der Mensch immer im Unrecht ist vor Gott.« Kafkas »Oberwelt, sein sogenanntes ›Schloß‹ mit seinem unabsehbaren, kleinlichen verzwickten und recht lüsternen Beamtenstab, sein merkwürdiger Himmel treibt ein fürchterliches Spiel mit den Menschen ...; und doch ist der Mensch ganz tief im Unrecht sogar vor diesem Gott.« Diese Theologie fällt weit hinter die Rechtfertigungslehre Anselms von Canterbury in barbarische Spekulationen zurück, die im übrigen nicht einmal mit dem Wortlaut des Kafkaschen Textes vereinbar erscheinen. »›Kann denn‹«, heißt es gerade im »Schloß«, »›ein einzelner Beamter verzeihen? Das könnte doch höchstens Sache der Gesamtbehörde sein, aber selbst diese kann wahrscheinlich nicht verzeihen, sondern nur richten.‹« Der Weg, der so beschritten worden ist, hat sich schnell totgelaufen. »Das alles«, sagt Denis de Rougemont, »ist nicht der elende Stand des Menschen, der ohne Gott ist, sondern der Elendsstand des Menschen, der einem Gott verhaftet ist, den er nicht kennt, weil er Christum nicht kennt.«

Es ist leichter, aus der nachgelassenen Notizensammlung Kafkas spekulative Schlüsse zu ziehen, als auch nur eines der Motive zu ergründen, die in seinen Geschichten und Romanen auftreten. Aber nur sie geben einigen Aufschluß über die vorweltlichen Gewalten, von denen Kafkas Schaffen beansprucht wurde; Gewalten, die man freilich mit gleichem Recht auch als weltliche unserer Tage betrachten kann. Und wer will sagen, unter welchem Namen sie Kafka selbst erschienen sind. Fest steht nur dies: er hat in ihnen sich nicht zurechtgefunden. Er hat sie nicht gekannt. Er hat nur in dem Spiegel, den die Vorwelt ihm in Gestalt der Schuld entgegenhielt, die Zukunft in Gestalt des Gerichtes erscheinen sehen. Wie man sich dieses aber zu denken hat – ist es nicht das Jüngste? macht es nicht aus dem Richter den Angeklagten? ist nicht das Verfahren die Strafe? – darauf hat Kafka keine Antwort gegeben. Versprach er sich etwas von ihr? Oder war es ihm nicht vielmehr darum zu tun, sie hintanzuhalten? In den Geschichten, die wir von ihm haben, gewinnt die Epik die Bedeutung wieder, die sie im Mund Scheherazades hat: das Kommende hinauszuschieben. Aufschub ist im »Prozeß« die Hoffnung des Angeklagten – ginge nur das Verfahren nicht allmählich ins Urteil über. Dem Erzvater selbst soll Aufschub zugute kommen und müßte er seinen Platz in der Tradition dafür hergeben. »Ich könnte mir einen andern Abraham denken, der – freilich würde er es nicht bis zum Erzvater bringen, nicht einmal bis zum Altkleiderhändler – der die Forderung des Opfers sofort, bereitwillig wie ein Kellner zu erfüllen bereit wäre, der das Opfer aber doch nicht zustandebrächte, weil er von zuhause nicht fort kann, er ist unentbehrlich, die Wirtschaft benötigt ihn, immerfort ist noch etwas anzuordnen, das Haus ist nicht fertig, aber ohne daß sein Haus fertig ist, ohne diesen Rückhalt kann er nicht fort, das sieht auch die Bibel ein, denn sie sagt: ›er bestellte sein Haus‹«.

»Bereitwillig wie ein Kellner« erscheint dieser Abraham. Etwas war immer nur im Gestus für Kafka faßbar. Und dieser Gestus, den er nicht verstand, bildet die wolkige Stelle der Parabeln. Aus ihm geht Kafkas Dichtung hervor. Es ist bekannt, wie er mit ihr zurückhielt. Sein Testament befiehlt sie der Vernichtung an. Dies Testament, das keine Befassung mit Kafka umgehen kann, sagt, daß sie ihren Autor nicht zufrieden stellte; daß er seine Bemühungen als verfehlt ansah; daß er sich selbst zu denen rechnete, die scheitern mußten. Gescheitert ist sein großartiger Versuch, die Dichtung in die Lehre zu überführen und als Parabel ihr die Haltbarkeit und die Unscheinbarkeit zurückzugeben, die im Angesicht der Vernunft ihm als die einzig geziemende erschienen ist. Kein Dichter hat das »Du sollst Dir kein Bildnis machen« so genau befolgt.

»Es war, als sollte die Scham ihn überleben« – das sind die Worte, die den »Prozeß« beschließen. Die Scham, die seiner »elementaren Reinheit des Gefühls« entspricht, ist die stärkste Gebärde Kafkas. Sie hat aber ein doppeltes Gesicht. Die Scham, die eine intime Reaktion des Menschen ist, ist zugleich eine gesellschaftlich anspruchsvolle. Scham ist nicht nur Scham vor den andern, sondern kann auch Scham für sie sein. So ist Kafkas Scham nicht persönlicher, als das Leben und Denken, das sie regiert und von dem er gesagt hat: »Er lebt nicht wegen seines persönlichen Lebens, er denkt nicht wegen seines persönlichen Denkens. Ihm ist, als lebe und denke er unter der Nötigung einer Familie ... Wegen dieser unbekannten Familie ... kann er nicht entlassen werden.« Wir wissen nicht, wie diese unbekannte Familie –

aus Menschen und aus Tieren – sich zusammensetzt. Nur soviel ist klar, daß sie es ist, die Kafka zwingt, Weltalter im Schreiben zu bewegen. Dem Geheiß dieser Familie folgend, wälzt er den Block des geschichtlichen Geschehens wie Sisyphos den Stein. Dabei geschieht es, daß dessen untere Seite ans Licht gerät. Sie ist nicht angenehm zu sehen. Doch Kafka ist imstande, ihren Anblick zu ertragen. »An Fortschritt glauben heißt nicht glauben, daß ein Fortschritt schon geschehen ist. Das wäre kein Glauben.« Das Zeitalter, in dem Kafka lebt, bedeutet ihm keinen Fortschritt über die Uranfänge. Seine Romane spielen in einer Sumpfwelt. Die Kreatur erscheint bei ihm auf der Stufe, die Bachofen als die hetärische bezeichnet. Daß diese Stufe vergessen ist, besagt nicht, daß sie in die Gegenwart nicht hineinragt. Vielmehr: gegenwärtig ist sie durch diese Vergessenheit. Eine Erfahrung, die tiefer geht als die des Durchschnittsbürgers, trifft auf sie zu. »Ich habe Erfahrung«, lautet eine der frühesten Aufzeichnungen Kafkas, »und es ist nicht scherzend gemeint, wenn ich sage, daß es eine Seekrankheit auf festem Lande ist.« Nicht umsonst erfolgt die erste »Betrachtung« von einer Schaukel aus. Und unerschöpflich ergeht sich Kafka über die schwankende Natur der Erfahrungen. Jede gibt nach, jede vermischt sich mit der entgegengesetzten. »Es war im Sommer«, so beginnt der »Schlag ans Hoftor«, »ein heißer Tag. Ich kam auf dem Nachhauseweg mit meiner Schwester an einem Hoftor vorüber. Ich weiß nicht, schlug sie aus Mutwillen ans Tor oder aus Zerstreutheit oder drohte sie nur mit der Faust und schlug gar nicht.« Die bloße Möglichkeit des an der dritten Stelle erwähnten Vorgangs läßt die vorangehenden, die zunächst harmlos erschienen, in ein anderes Licht treten. Es ist der Moorboden solcher Erfahrungen, aus denen die Kafkaschen Frauengestalten aufsteigen. Sie sind Sumpfgeschöpfe wie Leni, die »den Mittel- und Ringfinger ihrer rechten Hand« auseinanderspannt, »zwischen denen das Verbindungshäutchen fast bis zum obersten Gelenk der kurzen Finger« reicht. – »›Schöne Zeiten‹«, erinnert die zweideutige Frieda sich ihres Vorlebens, »›du hast mich niemals nach meiner Vergangenheit gefragt.‹« Diese führt eben in den finsteren Schoß der Tiefe zurück, wo sich jene Paarung vollzieht, »deren regellose Üppigkeit«, um mit Bachofen zu reden, »den reinen Mächten des himmlischen Lichts verhaßt ist und die Bezeichnung luteae voluptates, deren sich Arnobius bedient, rechtfertigt.«

Von hier aus erst läßt sich die Technik, die Kafka als Erzähler hat, begreifen. Wenn andere Romanfiguren dem K. etwas zu sagen haben, so tun sie das – mag es das Wichtigste, mag es das Überraschendste sein – beiläufig und auf eine Weise, als müßte er es im Grunde längst gewußt haben. Es ist als wäre da nichts Neues, als ergehe nur unauffällig an den Helden die Aufforderung, sich doch einfallen zu lassen, was er vergessen habe. In diesem Sinn hat Willy Haas mit Recht den Hergang des »Prozesses« verstehen wollen und ausgesprochen, »daß der Gegenstand dieses Prozesses, ja der eigentliche Held dieses unglaublichen Buches, das Vergessen ist, ... dessen ... Haupteigenschaft ja ist, daß er sich selbst vergißt ... Es ist hier selbst geradezu stumme Gestalt geworden in dieser Figur des Angeklagten, und zwar Gestalt von großartigster Intensität.« Daß »dieses geheimnisvolle Zentrum ... der jüdischen Religion« entstammt, ist wohl nicht von der Hand zu weisen. »Hier spielt das Gedächtnis als Frömmigkeit eine ganz geheimnisvolle Rolle. Es ist ... nicht eine, sondern die tiefste Eigenschaft sogar Jehovas, daß er gedenkt, daß er ein untrügliches Gedächtnis ›bis ins dritte und vierte Geschlecht‹, ja bis ins ›hundertste‹ bewahrt; der heiligste ... Akt des ... Ritus ist die Auslöschung der Sünden aus dem Buch des Gedächtnisses.«

Das Vergessene – mit dieser Erkenntnis stehen wir vor einer weiteren Schwelle von Kafkas Werk – ist niemals ein nur individuelles. Jedes Vergessene mischt sich mit dem Vergessenen der Vorwelt, geht mit ihm zahllose, ungewisse, wechselnde Verbindungen zu immer wieder neuen Ausgeburten ein. Vergessenheit ist das Behältnis, aus dem die unerschöpfliche Zwischenwelt in Kafkas Geschichten ans Licht drängt. »Ihm gilt grade die Fülle der Welt als das allein Wirkliche. Aller Geist muß dinglich, besondert sein, um hier Platz und Daseinsrecht zu bekommen ... Das Geistige, insofern es noch eine Rolle spielt, wird zu Geistern. Die Geister werden zu ganz individuellen Individuen, selber benannt und dem Namen des Verehrers aufs besonderste verbunden ... Unbedenklich wird mit ihrer Fülle die Fülle der Welt noch überfüllt ... Unbekümmert mehrt sich hier das Gedränge der Geister; ... immer neue zu den alten, alle eigennamentlich von einander geschieden.« Es ist nun freilich nicht Kafka, von dem hier die Rede ist – es ist China. So beschreibt Franz Rosenzweig im »Stern der Erlösung« den chinesischen Ahnenkult. Unabsehbar wie die Welt der für ihn wichtigen Tatsachen aber war für Kafka auch die seiner Ahnen und gewiß ist, daß sie, wie die Totembäume der Primitiven, zu den Tieren hinunterführte. Übrigens sind die Tiere nicht allein bei Kafka Behältnisse des Vergessenen. Im tiefsinnigen »Blonden Eckbert« Tiecks steht der vergessene Name eines Hündchens – Strohmian – als Chiffre einer rätselhaften Schuld. So kann man verstehen, daß Kafka nicht müde wurde, den Tieren das Vergessene abzulauschen. Sie sind wohl nicht das Ziel; aber ohne sie geht es nicht. Man denke an den »Hungerkünstler«, der »genau genommen, nur ein Hindernis auf dem Weg zu den Ställen war.« Sieht man das Tier im »Bau« oder den »Riesenmaulwurf« nicht grübeln, wie man sie wühlen sieht? Und doch ist auf der anderen Seite dieses Denken wiederum etwas sehr Zerfahrenes. Unschlüssig schaukelt es von einer Sorge zur anderen, es nippt an allen Ängsten und hat die Flatterhaftigkeit der Verzweiflung. So gibt es denn bei Kafka auch Schmetterlinge; aus dem schuldbeladenen »Jäger Gracchus«, der von seiner Schuld nichts wissen will, »›ist ein Schmetterling geworden‹«. »›Lachen Sie nicht‹, sagt der Jäger Gracchus.« – Soviel ist sicher: unter allen Geschöpfen Kafkas kommen am meisten die Tiere zum Nachdenken. Was die Korruption im Recht ist, das ist in ihrem Denken die Angst. Sie verpfuscht den Vorgang und ist doch das einzig Hoffnungsvolle in ihm. Weil aber die vergessenste Fremde unser Körper – der eigene Körper – ist, versteht man, wie Kafka den Husten, der aus seinem Innern brach, »das Tier« genannt hat. Er war der vorgeschobenste Posten der großen Herde.

Der sonderbarste Bastard, den die Vorwelt bei Kafka mit der Schuld gezeugt hat, ist Odradek. »Es sieht zunächst aus wie eine flache sternartige Zwirnspule, und tatsächlich scheint es auch mit Zwirn bezogen; allerdings dürften es nur abgerissene, alte, aneinander geknotete, aber auch ineinander verfitzte Zwirnstücke von verschiedenster Art und Farbe sein. Es ist aber nicht nur eine Spule, sondern aus der Mitte des Sternes kommt ein kleines Querstäbchen hervor und an dieses Stäbchen fügt sich dann im rechten Winkel noch eines. Mit Hilfe dieses letzteren Stäbchens auf der einen Seite, und einer der Ausstrahlungen des Sternes auf der anderen Seite, kann das Ganze wie auf zwei Beinen aufrecht stehen.« Odradek »hält sich abwechselnd auf dem Dachboden, im Treppenhaus, auf den Gängen, im Flur auf«. Es bevorzugt also die gleichen Orte wie das Gericht, welches der Schuld nachgeht. Die Böden sind der Ort der ausrangierten, vergessenen Effekten. Vielleicht ruft der Zwang, vor dem Gericht sich einzufinden, ein ähnliches Gefühl hervor wie der, an jahrelang verschlossene Truhen auf dem Boden heranzugehen. Gern würde man das Unternehmen bis ans Ende der Tage aufschieben so wie K. seine Verteidigungsschrift geeignet findet, »einmal nach der Pensionierung den kindisch gewordenen Geist zu beschäftigen«.

Odradek ist die Form, die die Dinge in der Vergessenheit annehmen. Sie sind entstellt. Entstellt ist die »Sorge des Hausvaters«, von der niemand weiß, was sie ist, entstellt das Ungeziefer, von dem wir nur allzu gut wissen, daß es den Gregor Samsa darstellt, entstellt das große Tier, halb Lamm halb Kätzchen, für das vielleicht »das Messer des Fleischers eine Erlösung« wäre. Diese Figuren Kafkas aber sind durch eine lange Reihe von Gestalten verbunden mit dem Urbilde der Entstellung, dem Buckligen. Unter den Gebärden Kafkascher Erzählungen begegnet keine häufiger als die des Mannes, der den Kopf tief auf die Brust herunterbeugt. Das ist die Müdigkeit bei den Gerichtsherren, der Lärm bei den Portiers in dem Hotel, die niedere Decke bei den Galeriebesuchern. In der »Strafkolonie« aber bedienen sich die Gewalthaber einer altertümlichen Maschinerie, die verschnörkelte Lettern in den Rücken der Schuldigen eingraviert, die Stiche mehrt, die Ornamente häuft solange, bis der Rücken der Schuldigen hellsehend wird, selber die Schrift entziffern kann, aus deren Lettern er den Namen seiner unbekannten Schuld entnehmen muß. Es ist also der Rücken, dem es aufliegt. Und ihm liegt es bei Kafka seit jeher auf. So in der frühen Tagebuchnotiz: »Um möglichst schwer zu sein, was ich für das Einschlafen für gut halte, hatte ich die Arme gekreuzt und die Hände auf die Schulter gelegt, so daß ich dalag wie ein bepackter Soldat.« Handgreiflich geht hier das Beladensein mit dem Vergessen – des Schlafenden – zusammen. Im »Bucklichen Männlein« hat das Volkslied das Gleiche versinnbildlicht. Dies Männlein ist der Insasse des entstellten Lebens; es wird verschwinden, wenn der Messias kommt, von dem ein großer Rabbi gesagt hat, daß er nicht mit Gewalt die Welt verändern wolle, sondern nur um ein Geringes sie zurechtstellen werde.

»Geh ich in mein Kämmerlein, | Will mein Bettlein machen; | Steht ein bucklicht Männlein da, | Fängt als an zu lachen.« Das ist das Lachen Odradeks, von dem es heißt: »Es klingt etwa so, wie das Rascheln in den gefallenen Blättern.« »Wenn ich an mein Bänklein knie, | Will ein bißlein beten; | Steht ein bucklicht Männlein da, | Fängt als an zu reden. | Liebes Kindlein, ach ich bitt, | Bet' für's bucklicht Männlein mit!« So endet das Volkslied. In seiner Tiefe berührt Kafka den Grund, den weder das »mythische Ahnungswissen« noch die »existenzielle Theologie« ihm gibt. Es ist der Grund des deutschen Volkstums so gut wie des jüdischen. Wenn Kafka nicht gebetet hat – was wir nicht wissen – so war ihm doch aufs höchste eigen, was Malebranche »das natürliche Gebet der Seele« nennt – die Aufmerksamkeit. Und in sie hat er, wie die Heiligen in ihre Gebete, alle Kreatur eingeschlossen.

Über einige Motive bei Baudelaire

I

Baudelaire hat mit Lesern gerechnet, die die Lektüre von Lyrik vor Schwierigkeiten stellt. An diese Leser wendet sich das einleitende Gedicht der »Fleurs du mal«. Mit ihrer Willenskraft und also auch wohl ihrem Konzentrationsvermögen ist es nicht weit her; sinnliche Genüsse werden von ihnen bevorzugt; sie sind mit dem spleen vertraut, der dem Interesse und der Aufnahmefähigkeit den Garaus macht. Es ist befremdend, einen Lyriker anzutreffen, der sich an dieses Publikum hält, das undankbarste. Gewiß liegt eine Erklärung bei der Hand. Baudelaire wollte verstanden werden: er widmet sein Buch denen, die ihm ähnlich sind. Das Gedicht an den Leser schließt mit der Apostrophe:

> Hypocrite lecteur, – mon semblable – mon frère![1]

Der Tatbestand erweist sich ergiebiger, wenn man ihn umformuliert und sagt: Baudelaire hat ein Buch geschrieben, das von vornherein wenig Aussicht auf einen unmittelbaren Publikumserfolg gehabt hat. Er rechnete mit einem Lesertyp, wie ihn das einleitende Gedicht beschreibt. Und es hat sich ergeben, daß das eine weitblickende Berechnung gewesen ist. Der Leser, auf den er eingerichtet war, wurde ihm von der Folgezeit beigestellt. Daß dem so ist, daß, mit andern Worten, die Bedingungen für die Aufnahme lyrischer Dichtungen ungünstiger geworden sind, dafür spricht, unter anderem, dreierlei. Erstens hat der Lyriker aufgehört, für den Poeten an sich zu gelten. Er ist nicht mehr ›der Sänger‹, wie noch Lamartine es war; er ist in ein Genre eingetreten. (Verlaine macht diese Spezialisierung handgreiflich; Rimbaud war schon Esoteriker, der das Publikum ex officio von seinem Werke fernhält.) Ein zweites Faktum: ein Massenerfolg lyrischer Poesie ist nach Baudelaire nicht mehr vorgekommen. (Noch Hugos Lyrik fand beim Erscheinen eine mächtige Resonanz. In Deutschland stellt das »Buch der Lieder« die Schwelle dar.) Ein dritter Umstand ist derart mitgegeben: das Publikum wurde spröder auch gegen lyrische Poesie, die ihm von früher her überkommen war. Die

1 Charles Baudelaire: Œuvres. Texte établi et annoté par Yves Gérard Le Dantec. 2 Bde. Paris 1931/1932. (Bibliothèque de la Pléiade. 1. u. 7.) I, S. 18. (Im folgenden nur noch nach Band und Seitenzahl zitiert.)

Spanne Zeit, von der hier die Rede ist, darf man ungefähr von der Mitte des vorigen Jahrhunderts an datieren. In der gleichen Epoche hat sich der Ruhm der »Fleurs du mal« ohne Unterlaß ausgebreitet. Das Buch, das mit den ungeneigtesten Lesern gezählt und anfangs nicht viele geneigte gefunden hatte, wurde im Laufe der Jahrzehnte zu einem klassischen; es wurde auch zu einem der meistgedruckten.

Wenn die Bedingungen für die Aufnahme lyrischer Dichtungen ungünstiger geworden sind, so liegt es nahe, sich vorzustellen, daß die lyrische Poesie nur noch ausnahmsweise den Kontakt mit der Erfahrung der Leser wahrt. Das könnte sein, weil sich deren Erfahrung in ihrer Struktur verändert hat. Man wird diesen Ansatz vielleicht gutheißen, aber nur desto verlegener um eine Kennzeichnung dessen sein, was sich in ihr könnte gewandelt haben. In dieser Lage wird man bei der Philosophie nachfragen. Dabei stößt man auf einen eigentümlichen Sachverhalt. Seit dem Ausgang des vorigen Jahrhunderts stellte sie eine Reihe von Versuchen an, der ›wahren‹ Erfahrung im Gegensatze zu einer Erfahrung sich zu bemächtigen, welche sich im genormten, denaturierten Dasein der zivilisierten Massen niederschlägt. Man pflegt diese Vorstöße unter dem Begriff der Lebensphilosophie zu rubrizieren. Sie gingen begreiflicherweise nicht vom Dasein des Menschen in der Gesellschaft aus. Sie beriefen sich auf die Dichtung, lieber auf die Natur und zuletzt vorzugsweise auf das mythische Zeitalter. Diltheys Werk »Das Erlebnis und die Dichtung« ist eines der frühesten in der Reihe; sie endet mit Klages und mit Jung, der sich dem Faschismus verschrieben hat. Als weithin ragendes Monument erhebt sich Bergsons Frühwerk »Matière et mémoire« über diese Literatur. Mehr als die andern wahrt es Zusammenhänge mit der exakten Forschung. Es ist an der Biologie ausgerichtet. Sein Titel zeigt an, daß es die Struktur des Gedächtnisses als entscheidend für die philosophische der Erfahrung ansieht. In der Tat ist die Erfahrung eine Sache der Tradition, im kollektiven wie im privaten Leben. Sie bildet sich weniger aus einzelnen in der Erinnerung streng fixierten Gegebenheiten denn aus gehäuften, oft nicht bewußten Daten, die im Gedächtnis zusammenfließen. Das Gedächtnis geschichtlich zu spezifizieren, ist freilich Bergsons Absicht in keiner Weise. Jedwede geschichtliche Determinierung der Erfahrung weist er vielmehr zurück. Er meidet damit vor allem und wesentlich, derjenigen Erfahrung näherzutreten, aus der seine eigene Philosophie entstanden ist oder vielmehr gegen die sie entboten wurde. Es ist die unwirtliche, blendende der Epoche der großen Industrie. Dem Auge, das sich vor dieser

Erfahrung schließt, stellt sich eine Erfahrung komplementärer Art als deren gleichsam spontanes Nachbild ein. Bergsons Philosophie ist ein Versuch, dieses Nachbild zu detaillieren und festzuhalten. Sie gibt derart mittelbar einen Hinweis auf die Erfahrung, die Baudelaire unverstellt, in der Gestalt seines Lesers, vor Augen tritt.

II

»Matière et mémoire« bestimmt das Wesen der Erfahrung in der durée derart, daß der Leser sich sagen muß: einzig der Dichter wird das adäquate Subjekt einer solchen Erfahrung sein. Ein Dichter ist es denn auch gewesen, der auf Bergsons Theorie der Erfahrung die Probe machte. Man kann Prousts Werk »A la recherche du temps perdu« als den Versuch ansehen, die Erfahrung, wie Bergson sie sich denkt, unter den heutigen gesellschaftlichen Bedingungen auf synthetischem Wege herzustellen. Denn mit ihrem Zustandekommen auf natürlichem Wege wird man weniger und weniger rechnen können. Proust entzieht sich übrigens der Debatte dieser Frage in seinem Werke nicht. Er bringt sogar ein neues Moment ins Spiel, das eine immanente Kritik an Bergson in sich schließt. Dieser versäumt nicht, den Antagonismus zu unterstreichen, der zwischen der vita activa und der besonderen vita contemplativa obwaltet, die sich aus dem Gedächtnis heraus erschließt. Es läßt sich aber bei Bergson so an, als ob die Hinwendung auf die schauende Vergegenwärtigung des Lebensstromes eine Sache der freien Entschließung sei. Proust meldet seine abweichende Überzeugung von vorneherein terminologisch an. Das reine Gedächtnis – die mémoire pure – der Bergsonschen Theorie wird bei ihm zur mémoire involontaire – einem Gedächtnis, das unwillkürlich ist. Unverzüglich konfrontiert Proust dieses unwillkürliche Gedächtnis mit dem willkürlichen, das sich in der Botmäßigkeit der Intelligenz befindet. Den ersten Seiten des großen Werks obliegt es, dieses Verhältnis ins Licht zu stellen. In der Betrachtung, die den Terminus einführt, spricht Proust davon, wie ärmlich sich seiner Erinnerung durch viele Jahre die Stadt Combray dargeboten habe, in der ihm doch ein Teil der Kindheit dahingegangen sei. Proust sei, ehe der Geschmack der madeleine (eines Gebäcks), auf den er dann oft zurückkommt, ihn eines Nachmittags in die alten Zeiten zurückbefördert habe, auf das beschränkt gewesen, was ein Gedächtnis ihm in Bereitschaft gehalten habe, das dem Appell der Aufmerksamkeit gefügig sei.

Das sei die mémoire volontaire, die willkürliche Erinnerung, und von ihr gilt, daß die Informationen, welche sie über das Verflossene erteilt, nichts von ihm aufbehalten. »So steht es mit unserer Vergangenheit. Umsonst, daß wir sie willentlich zu beschwören suchen; alle Bemühungen unserer Intelligenz sind dazu nichts nutze.«[2] Darum steht Proust nicht an, zusammenfassend zu erklären, das Verflossene befinde sich »außerhalb des Bereichs der Intelligenz und ihres Wirkungsfeldes in irgendeinem realen Gegenstand ... In welchem wissen wir übrigens nicht. Und es ist eine Sache des Zufalls, ob wir auf ihn stoßen, ehe wir sterben, oder ob wir ihm nie begegnen.«[3]

Es ist nach Proust dem Zufall anheimgegeben, ob der einzelne von sich selbst ein Bild bekommt, ob er sich seiner Erfahrung bemächtigen kann. In dieser Sache vom Zufall abzuhängen, hat keineswegs etwas Selbstverständliches. Diesen ausweglos privaten Charakter haben die inneren Anliegen des Menschen nicht von Natur. Sie erhalten ihn erst, nachdem sich für die äußeren die Chance vermindert hat, seiner Erfahrung assimiliert zu werden. Die Zeitung stellt eines von vielen Indizien einer solchen Verminderung dar. Hätte die Presse es darauf abgesehen, daß der Leser sich ihre Informationen als einen Teil seiner Erfahrung zu eigen macht, so würde sie ihren Zweck nicht erreichen. Aber ihre Absicht ist die umgekehrte und wird erreicht. Sie besteht darin, die Ereignisse gegen den Bereich abzudichten, in dem sie die Erfahrung des Lesers betreffen könnten. Die Grundsätze journalistischer Information (Neuigkeit, Kürze, Verständlichkeit und vor allem Zusammenhanglosigkeit der einzelnen Nachrichten untereinander) tragen zu diesem Erfolge genauso bei wie der Umbruch und wie die Sprachgebarung. (Karl Kraus wurde nicht müde nachzuweisen, wie sehr der sprachliche Habitus der Journale die Vorstellungskraft ihrer Leser lähmt.) Die Abdichtung der Information gegen die Erfahrung hängt weiter daran, daß die erstere nicht in die ›Tradition‹ eingeht. Die Zeitungen erscheinen in großen Auflagen. Kein Leser verfügt so leicht über etwas, was sich der andere ›von ihm erzählen‹ ließe. – Historisch besteht eine Konkurrenz zwischen den verschiedenen Formen der Mitteilung. In der Ablösung der älteren Relation durch die Information, der Information durch die Sensation spiegelt sich die zunehmende Verkümmerung der Erfahrung wider. Alle diese Formen heben sich ihrerseits von der Erzählung ab; sie ist eine der ältesten Formen der

2 Marcel Proust: A la recherche du temps perdu. Bd. I: Du côté de chez Swann. Paris. I, S. 69.

3 Proust, l. c., S. 69.

Mitteilung. Sie legt es nicht darauf an, das pure An-sich des Geschehenen zu übermitteln (wie die Information das tut); sie senkt es dem Leben des Berichtenden ein, um es als Erfahrung den Hörern mitzugeben. So haftet an ihr die Spur des Erzählenden wie die Spur der Töpferhand an der Tonschale.

Prousts achtbändiges Werk gibt einen Begriff davon, welcher Anstalten es bedurfte, um der Gegenwart die Figur des Erzählers zu restaurieren. Proust unternahm das mit großartiger Konsequenz. Er geriet dabei von Anfang an an eine elementare Aufgabe: von der eigenen Kindheit Bericht zu geben. Er ermaß ihre ganze Schwierigkeit, indem er es als Sache des Zufalls darstellt, ob sie überhaupt lösbar sei. Im Zusammenhange dieser Betrachtungen prägt er den Begriff der mémoire involontaire. Dieser trägt die Spuren der Situation, aus der heraus er gebildet wurde. Er gehört zum Inventar der vielfältig isolierten Privatperson. Wo Erfahrung im strikten Sinn obwaltet, treten im Gedächtnis gewisse Inhalte der individuellen Vergangenheit mit solchen der kollektiven in Konjunktion. Die Kulte mit ihrem Zeremonial, ihren Festen, deren bei Proust wohl nirgends gedacht sein dürfte, führten die Verschmelzung zwischen diesen beiden Materien des Gedächtnisses immer von neuem durch. Sie provozierten das Eingedenken zu bestimmten Zeiten und blieben Handhaben desselben auf Lebenszeit. Willkürliches und unwillkürliches Eingedenken verlieren so ihre gegenseitige Ausschließlichkeit.

III

Auf der Suche nach einer gehaltvollen Bestimmung dessen, was als Abfallprodukt der Bergsonschen Theorie in Prousts mémoire de l'intelligence erscheint, ist es geraten, auf Freud zurückzugehen. Im Jahre 1921 erschien der Essai »Jenseits des Lustprinzips«, der eine Korrelation zwischen dem Gedächtnis (im Sinne der mémoire involontaire) und dem Bewußtsein aufstellt. Sie hat die Gestalt einer Hypothese. Die Überlegungen, die sich im folgenden an sie anschließen, werden nicht die Aufgabe haben, sie zu beweisen. Sie werden sich begnügen müssen, die Fruchtbarkeit derselben für Sachverhalte zu überprüfen, die weit von denen abliegen, die Freud bei seiner Konzeption gegenwärtig gewesen sind. Schüler von Freud dürften vielleicht eher auf solche Sachverhalte gestoßen sein. Die Ausführungen, in denen Reik seine Theorie des Gedächtnisses entwickelt, bewegen sich zum Teil ganz auf der Linie von Prousts Unterscheidung zwischen dem unwillkürlichen und dem willkürlichen Eingedenken. »Die Funktion des Gedächtnisses«, heißt es bei Reik, »ist der Schutz der Eindrücke; die Erinnerung zielt auf ihre Zersetzung. Das Gedächtnis ist im Wesentlichen konservativ, die Erinnerung ist destruktiv.«[4] Den fundamentalen Satz von Freud, welcher diesen Ausführungen zugrunde liegt, formuliert die Annahme, »das Bewußtsein entstehe an der Stelle der Erinnerungsspur«[5]*. Es »wäre also durch die Besonderheit ausgezeichnet, daß der Erregungsvorgang in ihm nicht wie in allen anderen psychischen Systemen eine dauernde Veränderung seiner Elemente hinterläßt, sondern gleichsam im Phänomen des Bewußtwerdens verpufft«[6]. Die Grundformel dieser Hypothese ist, »daß Bewußtwerden und Hinterlassung einer Gedächtnisspur für dasselbe System miteinander unverträglich sind«[7]. Erinnerungsreste sind vielmehr »oft am stärksten und haltbarsten, wenn der sie zurücklassende Vorgang niemals zum Bewußtsein gekommen ist«[8]. Übertragen in Prousts Redeweise: Bestandteil der mémoire involontaire kann nur werden, was nicht ausdrücklich und mit Bewußtsein ist ›erlebt‹ worden, was dem Subjekt nicht als ›Erlebnis‹ widerfahren ist. »Dauerspuren als Grundlage des Gedächtnisses« an Erregungsvorgänge zu thesaurieren, ist nach Freud ›anderen Systemen‹ vorbehalten, die vom Bewußtsein verschieden zu denken sind**. Nach Freud nähme das Bewußtsein als solches überhaupt keine Gedächtnisspuren auf. Dagegen hätte es eine andere Funktion, die von Bedeutung ist. Es hätte als Reizschutz aufzutreten. »Für den lebenden Organismus ist der Reizschutz eine beinahe wichtigere Aufgabe als die Reizaufnahme; er ist mit einem eigenen Energie-

* Die Begriffe Erinnerung und Gedächtnis weisen im Freudschen Essai keinen für den vorliegenden Zusammenhang wesentlichen Bedeutungsunterschied auf.

** Von diesen ›andern Systemen‹ handelt Proust mannigfach. Am liebsten repräsentiert er sie durch die Gliedmaßen, und dabei wird er nicht müde, von den in ihnen deponierten Gedächtnisbildern zu sprechen, wie sie, keinem Wink des Bewußtseins hörig, unvermittelt in dieses einbrechen, wenn ein Schenkel, ein Arm oder ein Schulterblatt im Bett unwillkürlich in eine Lage kommen, wie sie sie vor Zeiten einmal eingenommen haben. Die mémoire involontaire des membres ist einer der von Proust bevorzugten Gegenstände. (Cf. Proust: A la recherche du temps perdu. Bd. 1: Du côté de chez Swann, l. c. ⟨S. 610⟩, I, S. 15.)

4 Theodor Reik: Der überraschte Psychologe. Über Erraten und Verstehen unbewußter Vorgänge. Leiden 1935. S. 132.

5 Sigm[und] Freud: Jenseits des Lustprinzips. 3. Aufl., Wien 1923. S. 31.

6 Freud, l. c., S. 31/32.

7 Freud, l. c., S. 31.

8 Freud, l. c. ⟨S. 612⟩, S. 30.

vorrat ausgestattet und muß vor allem bestrebt sein, die besonderen Formen der Energieumsetzung, die in ihm spielen, vor dem gleichmachenden, also zerstörenden Einfluß der übergroßen, draußen arbeitenden Energien zu bewahren.«[9] Die Bedrohung durch diese Energien ist die durch Chocks. Je geläufiger ihre Registrierung dem Bewußtsein wird, desto weniger muß mit einer traumatischen Wirkung dieser Chocks gerechnet werden. Die psychoanalytische Theorie sucht, das Wesen des traumatischen Chocks »aus der Durchbrechung des Reizschutzes ... zu verstehen«. Nach ihr hat der Schreck »seine Bedeutung« im »Fehlen der Angstbereitschaft«[10].

Die Untersuchung von Freud hatte ihren Anlaß in einem bei Unfallneurotikern typischen Traum. Er reproduziert die Katastrophe, von der sie betroffen wurden. Träume von solcher Art »suchen« nach Freud »die Reizbewältigung unter Angstentwicklung nachzuholen, deren Unterlassung die Ursache der traumatischen Neurose geworden ist«[11]. Etwas Ähnliches scheint Valéry im Sinn zu haben. Und die Koinzidenz lohnt vermerkt zu werden, weil Valéry zu denen gehört, die sich für die besondere Funktionsweise der psychischen Mechanismen unter den heutigen Existenzbedingungen interessiert haben. (Dieses Interesse vermochte er überdies mit seiner poetischen Produktion, die eine rein lyrische geblieben ist, zu vereinbaren. Er stellt sich damit als der einzige Autor dar, der unmittelbar auf Baudelaire zurückführt.) »Die Eindrücke und Sinneswahrnehmungen des Menschen«, heißt es bei Valéry, »gehören, an und für sich betrachtet, ... der Gattung der Überraschungen an; sie zeugen von einer Insuffizienz des Menschen ... Die Erinnerung ist ... eine Elementarerscheinung und will darauf hinaus, uns die Zeit zur Organisierung« der Reizaufnahme »zu gönnen, die uns zuerst gefehlt hat.«[12] Die Chockrezeption wird durch ein Training in der Reizbewältigung erleichtert, zu der im Notfall sowohl der Traum wie die Erinnerung herangezogen werden können. Im Regelfalle liegt dieses Training aber, wie Freud annimmt, dem wachen Bewußtsein ob, das seinen Sitz in einer Rindenschicht des Gehirns habe, »die ... durch die Reizwirkung so durchgebrannt« sei, »daß sie der Reizaufnahme die günstigsten Verhältnisse«[13] entgegenbringe. Daß der Chock derart abgefangen, derart vom Bewußtsein pariert

9 Freud, l. c., S. 34/35.
10 Freud, l. c., S. 41.
11 Freud, l. c. ⟨S. 612⟩, S. 42.
12 Paul Valéry: Analecta. Paris 1935. S. 264/265.
13 Freud, l. c., S. 32.

werde, gäbe dem Vorfall, der ihn auslöst, den Charakter des Erlebnisses im prägnanten Sinn. Es würde diesen Vorfall (unmittelbar der Registratur der bewußten Erinnerung ihn einverleibend) für die dichterische Erfahrung sterilisieren.

Die Frage meldet sich an, wie lyrische Dichtung in einer Erfahrung fundiert sein könnte, der das Chockerlebnis zur Norm geworden ist. Eine solche Dichtung müßte ein hohes Maß von Bewußtheit erwarten lassen; sie würde die Vorstellung eines Plans wachrufen, der bei ihrer Ausarbeitung im Werke war. Das trifft auf die Dichtung von Baudelaire durchaus zu. Es verbindet ihn, unter seinen Vorgängern, mit Poe; unter seinen Nachfolgern wieder mit Valéry. Die Betrachtungen, die von Proust und von Valéry über Baudelaire angestellt worden sind, ergänzen einander in providentieller Weise. Proust hat einen Essai über Baudelaire geschrieben, der in seiner Tragweite durch gewisse Reflexionen seines Romanwerks noch übertroffen wird. Valéry gab in der »Situation de Baudelaire« die klassische Einleitung zu den »Fleurs du mal«. Er sagt dort: »Das Problem mußte sich für Baudelaire folgendermaßen stellen – ein großer Dichter, doch weder Lamartine, noch Hugo, noch Musset zu werden. Ich sage nicht, daß dieser Vorsatz bei Baudelaire bewußt gewesen wäre; aber er mußte sich zwangsläufig in Baudelaire vorfinden – ja dieser Vorsatz war eigentlich Baudelaire. Er war seine Staatsraison.«[14] Es hat etwas Befremdliches, beim Dichter von einer Staatsraison zu reden. Es beinhaltet etwas Bemerkenswertes: die Emanzipation von Erlebnissen. Baudelaires poetische Produktion ist einer Aufgabe zugeordnet. Es haben ihm Leerstellen vorgeschwebt, in die er seine Gedichte eingesetzt hat. Sein Werk läßt sich nicht nur als ein geschichtliches bestimmen, wie jedes andere, sondern es wollte und es verstand sich so.

IV

Je größer der Anteil des Chockmoments an den einzelnen Eindrücken ist, je unablässiger das Bewußtsein im Interesse des Reizschutzes auf dem Plan sein muß, je größer der Erfolg ist, mit dem es operiert, desto weniger gehen sie in die Erfahrung ein; desto eher erfüllen sie den Begriff des Erlebnisses. Vielleicht kann man die eigentümliche Leistung der Chockabwehr zuletzt darin sehen: dem Vorfall auf Kosten

14 Baudelaire: Les fleurs du mal. Avec une introduction de Paul Valéry. Ed. Crès. Paris 1928. S. X.

der Integrität seines Inhalts eine exakte Zeitstelle im Bewußtsein anzuweisen. Das wäre eine Spitzenleistung der Reflexion. Sie würde den Vorfall zu einem Erlebnis machen. Fällt sie aus, so würde sich grundsätzlich der freudige oder (meist) unlustbetonte Schreck einstellen, der nach Freud den Ausfall der Chockabwehr sanktioniert. Diesen Befund hat Baudelaire in einem grellen Bild festgehalten. Er spricht von einem Duell, in dem der Künstler, ehe er besiegt wird, vor Schrecken aufschreit[15]. Dieses Duell ist der Vorgang des Schaffens selbst. Baudelaire hat also die Chockerfahrung ins Herz seiner artistischen Arbeit hineingestellt. Diesem Selbstzeugnis kommt große Bedeutung zu. Äußerungen mehrerer Zeitgenossen stützen es. Dem Schrecken preisgegeben, ist es Baudelaire nicht fremd, selber Schrekken hervorzurufen. Vallès überliefert sein exzentrisches Mienenspiel[16]; Pontmartin stellt nach einem Porträt von Nargeot Baudelaires konfiszierte Visage fest; Cladel verweilt bei dem schneidenden Tonfall, der ihm im Gespräch zur Verfügung stand; Gautier spricht von den ›Sperrungen‹, wie Baudelaire sie beim Deklamieren liebte[17]; Nadar beschreibt seinen abrupten Schritt[18].

Die Psychiatrie kennt traumatophile Typen. Baudelaire hat es zu seiner Sache gemacht, die Chocks mit seiner geistigen und physischen Person zu parieren, woher sie kommen mochten. Das Gefecht stellt das Bild dieser Chockabwehr. Wenn er seinen Freund Constantin Guys beschreibt, so sucht er ihn um die Zeit, da Paris im Schlaf liegt, auf, »wie er dasteht, über den Tisch gebeugt, mit der gleichen Schärfe das Blatt visierend wie am Tag die Dinge um ihn herum; wie er mit seinem Stift, seiner Feder, dem Pinsel *ficht*; Wasser aus seinem Glas zur Decke spritzen und die Feder an seinem Hemd sich versuchen läßt; wie er geschwind und heftig hinter der Arbeit her ist, als fürchte er, die Bilder entwischten ihm; so ist er streitbar, wenn auch allein, und pariert seine eigenen Stöße«[19]. In solch phantastischem Gefecht begriffen, hat Baudelaire sich selbst in der Anfangsstrophe des Gedichts »Le soleil« porträtiert; und das ist wohl die einzige Stelle der »Fleurs du mal«, die ihn bei der poetischen Arbeit zeigt.

15 Cit. Ernest Raynaud: Charles Baudelaire. Paris 1922. S. 318.
16 Cf. Jules Vallès: Charles Baudelaire, in: André Billy: Les écrivains de combat. (Le XIXe siècle.) Paris 1931. S. 192.
17 Cf. Eugène Marsan: Les cannes de M. Paul Bourget et le bon choix de Philinte. Petit manuel de l'homme élégant. Paris 1923. S. 239.
18 Cf. Firmin Maillard: La cité des intellectuels. Paris 1905. S. 362.
19 II, S. 334.

Le long du vieux faubourg, où pendent aux masures
Les persiennes, abri des secrètes luxures,
Quand le soleil cruel frappe à traits redoublés
Sur la ville et les champs, sur les toits et les blés,
Je vais m'exercer seul à ma fantasque escrime,
Flairant dans tous les coins les hasards de la rime,
Trébuchant sur les mots comme sur les pavés,
Heurtant parfois des vers depuis longtemps rêvés.[20]

Die Erfahrung des Chocks gehört zu denen, die für Baudelaires Faktur bestimmend geworden sind. Gide handelt von den Intermittenzen zwischen Bild und Idee, Wort und Sache, in denen die poetische Erregung bei Baudelaire ihren eigentlichen Sitz vorfinde[21]. Rivière hat auf die unterschiedlichen Stöße hingewiesen, von denen der Baudelairesche Vers erschüttert wird. Es ist dann, als stürze ein Wort in sich zusammen. Rivière hat solche hinfälligen Worte aufgezeigt[22]:

Et qui sait si les fleurs nouvelles que je rêve
Trouveront dans ce sol lavé comme une grève
Le mystique aliment qui *ferait* leur vigueur?[23]

Oder auch

Cybèle, qui les aime, *augmente ses verdures.*[24]

Hierher gehört weiter der berühmte Gedichtanfang

La servante au grand cœur dont vous étiez *jalouse.*[25]

Diesen verborgenen Gesetzlichkeiten auch außerhalb des Verses ihr Recht werden zu lassen, war die Absicht, der Baudelaire im »Spleen de Paris« – seinen Gedichten in Prosa – nachgegangen ist. In seiner Widmung der Sammlung an den Chefredakteur der »Presse«, Arsène Houssaye, heißt es: »Wer unter uns hätte nicht schon in den Tagen des Ehrgeizes das Wunderwerk einer poetischen Prosa erträumt? sie müßte musikalisch ohne Rhythmus und Reim sein, sie müßte geschmeidig und spröde genug sein, um sich den lyrischen Regungen der Seele, den Wellenbewegungen der Träumerei, den Chocks des Bewußtseins anzupassen. Dieses Ideal, das zur fixen Idee werden kann, wird vor allem

20 I, S. 96.
21 Cf. André Gide: Baudelaire et M. Faguet, in: Morceaux choisis. Paris 1921. S. 128.
22 Cf. Jacques Rivière: Etudes. ⟨18e éd., Paris 1948. S. 14.⟩
23 I, S. 29.
24 I, S. 31.
25 I, S. 113.

von dem Besitz ergreifen, der in den Riesenstädten mit dem Geflecht ihrer zahllosen einander durchkreuzenden Beziehungen zu Hause ist.«[26]

Die Stelle legt eine doppelte Konstatierung nahe. Sie unterrichtet einmal über den innigen Zusammenhang, der bei Baudelaire zwischen der Figur des Chocks und der Berührung mit den großstädtischen Massen besteht. Sie unterrichtet weiter darüber, was unter diesen Massen eigentlich zu denken ist. Von keiner Klasse, von keinem irgendwie strukturierten Kollektivum kann die Rede sein. Es handelt sich um nichts anderes als um die amorphe Menge der Passanten, um Straßenpublikum*. Diese Menge, deren Dasein Baudelaire nie vergißt, hat ihm zu keinem seiner Werke Modell gestanden. Sie ist aber seinem Schaffen als verborgene Figur eingeprägt, wie sie auch die verborgene Figur des oben zitierten Fragments darstellt. Das Bild des Fechters läßt sich aus ihr entziffern: die Stöße, welche er austeilt, sind bestimmt, ihm durch die Menge den Weg zu bahnen. Freilich sind die faubourgs, durch die der Dichter des »Soleil« sich hindurchschlägt, menschenleer. Aber die geheime Konstellation (in ihr wird die Schönheit der Strophe bis auf den Grund durchsichtig) ist wohl so zu fassen: es ist die Geistermenge der Worte, der Fragmente, der Versanfänge, mit denen der Dichter in den verlassenen Straßenzügen den Kampf um die poetische Beute ausficht.

[Es entfallen hier die Kapitel V-VII]

VIII

Angst, Widerwillen und Grauen weckte die Großstadtmenge in denen, die sie als die ersten ins Auge faßten. Bei Poe hat sie etwas Barbarisches. Disziplin bändigt sie nur mit genauer Not. Später ist James Ensor nicht müde geworden, Disziplin und Wildheit in ihr zu konfrontieren. Er baut mit Vorliebe Militärverbände in seine karnevalesken Banden ein. Beide vertragen sich miteinander vorbildlich. Nämlich als Vorbild der totalitären Staaten, in denen die Polizei mit

* Dieser Menge eine Seele zu leihen, ist das eigenste Anliegen des Flaneurs. Die Begegnungen mit ihr sind ihm das Erlebnis, das er unermüdlich zum Besten gibt. Aus Baudelaires Werk sind gewisse Reflexe dieser Illusion nicht hinwegzudenken. Sie hat übrigens ihre Rolle nicht ausgespielt. Der unanimisme von Jules Romains ist einer ihrer bewunderten Spätlinge.

26 I, S. 405/406.

den Plünderern geht. Valéry, der für den Symptomkomplex ›Zivilisation‹ einen scharfen Blick hat, kennzeichnet einen der einschlägigen Tatbestände. »Der Bewohner der großen städtischen Zentren«, schreibt er, »verfällt wieder in den Zustand der Wildheit, will sagen der Vereinzelung. Das Gefühl, auf die anderen angewiesen zu sein, vordem ständig durch das Bedürfnis wachgehalten, stumpft sich im reibungslosen Ablauf des sozialen Mechanismus allmählich ab. Jede Vervollkommnung dieses Mechanismus setzte gewisse Verhaltungsweisen, gewisse Gefühlsregungen ... außer Kraft.«[41] Der Komfort isoliert. Er rückt, auf der anderen Seite, seine Nutznießer dem Mechanismus näher. Mit der Erfindung des Streichholzes um die Jahrhundertmitte tritt eine Reihe von Neuerungen auf den Plan, die das eine gemeinsam haben, eine vielgliedrige Ablaufsreihe mit einem abrupten Handgriff auszulösen. Die Entwicklung geht in vielen Bereichen vor sich; sie wird unter anderm am Telefon anschaulich, bei dem an die Stelle der stetigen Bewegung, mit der die Kurbel der älteren Apparate bedient sein wollte, das Abheben eines Hörers getreten ist. Unter den unzähligen Gebärden des Schaltens, Einwerfens, Abdrükkens usf. wurde das ›Knipsen‹ des Photographen besonders folgenreich. Ein Fingerdruck genügte, um ein Ereignis für eine unbegrenzte Zeit festzuhalten. Der Apparat erteilte dem Augenblick sozusagen einen posthumen Cock. Haptischen Erfahrungen dieser Art traten optische an die Seite, wie der Inseratenteil einer Zeitung sie mit sich bringt, aber auch der Verkehr in der großen Stadt. Durch ihn sich zu bewegen, bedingt für den einzelnen eine Folge von Chocks und von Kollisionen. An den gefährlichen Kreuzungspunkten durchzucken ihn, gleich Stößen einer Batterie, Innervationen in rascher Folge. Baudelaire spricht von dem Mann, der in die Menge eintaucht wie in ein Reservoir elektrischer Energie. Er nennt ihn bald darauf, die Erfahrung des Chocks umschreibend, »ein *Kaleidoskop*, das mit Bewußtsein versehen ist«[42]. Wenn Poes Passanten noch scheinbar grundlos Blicke nach allen Seiten werfen, so müssen die heutigen das tun, um sich über die Verkehrssignale zu orientieren. So unterwarf die Technik das menschliche Sensorium einem Training komplexer Art. Es kam der Tag, da einem neuen und dringlichen Reizbedürfnis der Film entsprach. Im Film kommt die chockförmige Wahrnehmung als formales Prinzip zur Geltung. Was am Fließband den Rhythmus

41 Valéry; Cahier B 1910. Paris. S. 88/89.
42 II, S. 333.

der Produktion bestimmt, liegt beim Film dem der Rezeption zugrunde.

Nicht umsonst betont Marx, wie sehr beim Handwerk der Zusammenhang der Arbeitsmomente ein flüssiger ist. Dieser Zusammenhang tritt am Fließband dem Fabrikarbeiter verselbständigt als ein dinglicher gegenüber. Unabhängig vom Willen des Arbeiters gelangt das Werkstück in dessen Aktionsradius. Und es entzieht sich ihm ebenso eigenwillig. »Aller kapitalistischen Produktion ...«, schreibt Marx, »ist es gemeinsam, daß nicht der Arbeiter die Arbeitsbedingung, sondern umgekehrt die Arbeitsbedingung den Arbeiter anwendet, aber erst mit der Maschinerie erhält diese Verkehrung technisch handgreifliche Wirklichkeit.«[43] Im Umgang mit der Maschine lernen die Arbeiter, ihre »eigne Bewegung der gleichförmig stetigen Bewegung eines Automaten«[44] zu koordinieren. Mit diesen Worten fällt ein eigenes Licht auf die Gleichförmigkeiten absurder Art, mit denen Poe die Menge behaften will. Gleichförmigkeiten der Kleidung und des Benehmens, nicht zuletzt Gleichförmigkeiten des Mienenspiels. Das Lächeln gibt zu denken. Es ist vermutlich das heute im keep smiling geläufige und figuriert dort als mimischer Stoßdämpfer. – »Alle Arbeit an der Maschine erfordert«, heißt es im oben berührten Zusammenhang, »frühzeitige Dressur des Arbeiters.«[45] Von Übung muß diese Dressur unterschieden werden. Übung, im Handwerk allein bestimmend, hatte in der Manufaktur noch Raum. Auf deren Grundlage »findet jeder besondere Produktionszweig in der *Erfahrung* die ihm entsprechende technische Gestalt; er vervollkommnet sie *langsam*.« Er kristallisiert sie freilich rasch, »sobald ein gewisser Reifegrad erreicht ist«[46]. Aber dieselbe Manufaktur erzeugt andrerseits »in jedem Handwerk, das sie ergreift, eine Klasse sogenannter ungelernter Arbeiter, die der Handwerksbetrieb streng ausschloß. Wenn sie die durchaus vereinseitigte Spezialität auf Kosten des ganzen Arbeitsvermögens zur Virtuosität entwickelt, beginnt sie auch schon den Mangel aller Entwicklung zu einer Spezialität zu machen. Neben die Rangordnung tritt die einfache Scheidung der Arbeiter in gelernte und ungelernte.«[47] Der ungelernte Arbeiter ist der durch die Dressur der

43 Karl Marx: Das Kapital. Kritik der politischen Ökonomie. Ungekürzte Ausg. nach der 2. Aufl. von 1872. [Ed. Karl Korsch.] Bd. 1. Berlin 1932. S. 404.

44 Marx, l. c., S. 402.

45 Marx, l. c., S. 402.

46 Marx, l. c., S. 323.

47 Marx, l. c. ⟨S. 631⟩, S. 336.

Maschine am tiefsten Entwürdigte. Seine Arbeit ist gegen Erfahrung abgedichtet. An ihr hat die Übung ihr Recht verloren*. Was der Lunapark in seinen Wackeltöpfen und verwandten Amüsements zustande bringt, ist nichts als eine Kostprobe der Dressur, der der ungelernte Arbeiter in der Fabrik unterworfen wird (eine Kostprobe, die ihm zeitweise für das gesamte Programm zu stehen hatte; denn die Kunst des Exzentriks, in der sich der kleine Mann in den Lunaparks konnte schulen lassen, stand zugleich mit der Arbeitslosigkeit hoch im Flor). Poes Text macht den wahren Zusammenhang zwischen Wildheit und Disziplin einsichtig. Seine Passanten benehmen sich so, als wenn sie, angepaßt an die Automaten, nur noch automatisch sich äußern könnten. Ihr Verhalten ist eine Reaktion auf Chocks. »Wenn man sie anstieß, so grüßten sie diejenigen tief, von denen sie ihren Stoß bekommen hatten.«

IX

Dem Chockerlebnis, das der Passant in der Menge hat, entspricht das ›Erlebnis‹ des Arbeiters an der Maschinerie. Das erlaubt noch nicht anzunehmen, daß Poe von dem industriellen Arbeitsvorgang einen Begriff besessen hat. Auf alle Fälle ist Baudelaire von einem solchen Begriff weit entfernt gewesen. Er ist aber von einem Vorgang gefesselt worden, in dem der reflektorische Mechanismus, den die Maschine am Arbeiter in Bewegung setzt, am Müßiggänger wie in einem Spiegel sich näher studieren läßt. Diesen Vorgang stellt das Hasardspiel dar. Die Behauptung muß paradox erscheinen. Wo wäre ein Gegensatz glaubhafter etabliert als der zwischen der Arbeit und dem Hasard? Alain schreibt einleuchtend: »Der Begriff ... des Spiels ... beinhaltet ..., daß keine Partie von der vorhergehenden abhängt ... Das Spiel will von keiner gesicherten Position wissen ... Verdienste, die vorher erworben sind, stellt es nicht in Rechnung, und darin unterscheidet es sich von der Arbeit. Das Spiel macht ... mit der gewichtigen Vergangenheit, auf die sich die Arbeit stützt, kurzen Prozeß.«[48] Die Arbeit, die Alain bei diesen Worten im Sinne hat, ist die hochdifferenzierte (die, wie die geistige, gewisse Züge vom Handwerk bewahren dürfte); es ist

* Je kürzer die Ausbildungszeit des Industriearbeiters, desto länger wird die des Militärs. Es gehört vielleicht mit zur Vorbereitung der Gesellschaft auf den totalen Krieg, daß die Übung aus der Praxis der Produktion in die Praxis der Destruktion abwandert.

48 Alain [Emile Auguste Chartier]: Les idées et les âges. Paris 1927. I, S. 183 (»Le jeu«).

nicht die der meisten Fabrikarbeiter, am wenigsten die der ungelernten. Zwar fehlt der letzteren der Einschlag des Abenteuers, die Fata Morgana, welche den Spieler lockt. Aber was ihr durchaus nicht abgeht, das ist die Vergeblichkeit, die Leere, das Nicht-vollendendürfen, welches vielmehr der Tätigkeit des Lohnarbeiters in der Fabrik innewohnt. Auch dessen vom automatischen Arbeitsgang ausgelöste Gebärde erscheint im Spiel, das nicht ohne den geschwinden Handgriff zustande kommt, welcher den Einsatz macht oder die Karte aufnimmt. Was der Ruck in der Bewegung der Maschinerie, ist im Hasardspiel der sogenannte coup. Der Handgriff des Arbeiters an der Maschine ist gerade dadurch mit dem vorhergehenden ohne Zusammenhang, daß er dessen strikte Wiederholung darstellt. Indem jeder Handgriff an der Maschine gegen den ihm voraufgegangenen ebenso abgedichtet ist, wie ein coup der Hasardpartie gegen den jeweils letzten, stellt die Fron des Lohnarbeiters auf ihre Weise ein Pendant zu der Fron des Spielers. Beider Arbeit ist von Inhalt gleich sehr befreit.

Es gibt eine Lithographie von Senefelder, die einen Spielklub darstellt. Nicht einer der auf ihr Abgebildeten geht in der üblichen Weise dem Spiel nach. Jeder ist von seinem Affekt besessen; einer von ausgelassener Freude, ein anderer von Mißtrauen gegen den Partner, ein dritter von dumpfer Verzweiflung, ein vierter von Streitsucht; einer macht Anstalten, um aus der Welt zu gehen. In den mannigfachen Gebarungen ist etwas verborgen Gemeinsames: die aufgebotenen Figuren zeigen, wie der Mechanismus, dem die Spieler im Hasardspiel sich anvertrauen, an Leib und Seele von ihnen Besitz ergreift, so daß sie auch in ihrer privaten Sphäre, wie leidenschaftlich sie immer bewegt sein mögen, nicht mehr anders als reflektorisch fungieren können. Sie benehmen sich wie die Passanten im Poeschen Text. Sie leben ihr Dasein als Automaten und ähneln den fiktiven Figuren Bergsons, die ihr Gedächtnis vollkommen liquidiert haben.

Es scheint nicht, daß Baudelaire dem Spiel ergeben gewesen ist, wiewohl er für die, die ihm verfallen sind, Worte der Sympathie, ja der Huldigung gefunden hat[49]. Das Motiv, das er in dem Nachtstück »Le jeu« behandelt hat, war in seiner Ansicht von der Moderne vorgesehen. Es zu schreiben, bildete einen Teil seiner Aufgabe. Das Bild des Spielers wurde bei Baudelaire das eigentlich moderne Komplement zum archaischen Bild des Fechters. Der eine ist ihm eine heroische Figur wie der andere. Mit Baudelaires Augen hat Börne gesehen, als er geschrie-

49 Cf. I, S. 4456, auch II, S. 630.

ben hat: »Wenn man alle die Kraft und Leidenschaft ..., die jährlich in Europa an Spieltischen vergeudet werden ... zusammensparte – würde es ausreichen, ein römisches Volk und eine römische Geschichte daraus zu bilden? Aber das ist es eben! Weil jeder Mensch als Römer geboren wird, sucht ihn die bürgerliche Gesellschaft zu entrömern, und darum sind Hasard- und Gesellschaftsspiele, Romane, italienische Opern und elegante Zeitungen ... eingeführt.«[50] Im Bürgertum ist das Hasardspiel erst mit dem neunzehnten Jahrhundert heimisch geworden; im achtzehnten spielte nur der Adel. Es war durch die napoleonischen Heere verbreitet worden und gehörte nun »zum Schauspiele des mondänen Lebens und der Tausende ungeregelter Existenzen, die in den Souterrains einer großen Stadt zuhause sind« – dem Schauspiel, in dem Baudelaire das Heroische sehen wollte, »wie es unsere Epoche zu eigen hat«[51].

Will man den Hasard nicht sowohl in technischer als in psychologischer Hinsicht ins Auge fassen, so erscheint Baudelaires Konzeption noch bedeutungsvoller. Der Spieler geht auf Gewinn aus, das ist einsichtig. Doch wird man sein Bestreben, zu gewinnen und Geld zu machen, nicht einen Wunsch im eigentlichen Sinne des Wortes nennen wollen. Vielleicht erfüllt ihn im Inneren Gier, vielleicht eine finstere Entschlossenheit. Jedenfalls ist er in einer Verfassung, in der er nicht viel Aufhebens von der Erfahrung machen kann*. Der Wunsch seinerseits gehört dagegen den Ordnungen der Erfahrung an. »Was man sich in der Jugend wünscht, hat man im Alter in Fülle«, heißt es bei Goethe. Je früher im Leben man einen Wunsch tut, desto größere Aussicht hat er, erfüllt zu werden. Je weiter ein Wunsch in die Ferne der Zeit ausgreift, desto mehr läßt sich für seine Erfüllung hoffen. Was aber in die Ferne der Zeit zurückgeleitet, ist die Erfahrung, die sie erfüllt und gliedert. Darum ist der erfüllte Wunsch die Krone, welche

* Das Spiel setzt die Ordnungen der Erfahrung außer Kraft. Es ist vielleicht ein dunkles Gefühl davon, was gerade unter Spielern die »pöbelhafte Berufung auf Erfahrung« geläufig macht. Der Spieler sagt ›meine Nummer‹, wie der Lebemann sagt ›mein Typ‹. Gegen Ende des zweiten Kaiserreichs war ihre Verfassung tonangebend. »Auf dem Boulevard war es gang und gäbe, alles auf die Chance zurückzuführen.« (Gustave Rageot: Qu'est-ce qu'un événement?, in: Le temps, 16 avril 1939.) Dieser Denkungsart leistet die Wette Vorschub. Sie ist ein Mittel, den Ereignissen Chockcharakter zu geben, sie aus Erfahrungszusammenhängen herauszulösen. Für die Bourgeoisie nahmen auch die politischen Ereignisse leicht die Form von Vorgängen am Spieltisch an.

50 Ludwig Börne: Gesammelte Schriften. Neue vollständige Ausg. Bd. 3. Hamburg, Frankfurt a. M. 1862. S. 38/39.

51 II, S. 135.

der Erfahrung beschieden ist. In der Symbolik der Völker kann die Ferne des Raumes für die Ferne der Zeiten eintreten; daher die Sternschnuppe, welche in die unendliche Ferne des Raumes stürzt, zum Symbol des erfüllten Wunsches geworden ist. Die Elfenbeinkugel, die da ins *nächste* Fach rollt, die *nächste* Karte, die da zuoberst liegt, sind der wahre Gegensatz zu der Sternschnuppe. Die Zeit, die in dem Augenblick enthalten ist, da das Licht der Sternschnuppe für einen Menschen aufblitzt, ist vom Stoffe derer, die von Joubert mit der ihm eigenen Sicherheit umrissen worden ist. »Zeit«, sagt er, »wird auch in der Ewigkeit vorgefunden; aber es ist nicht die irdische Zeit, die weltliche ... Diese Zeit zerstört nicht, sie vollendet nur.«[52] Sie ist das Gegenstück zu der höllischen, in der sich die Existenz derer abspielt, die nichts, was sie in Angriff genommen haben, vollenden dürfen. Die Verrufenheit des Hasardspiels hängt in der Tat daran, daß der Spieler selbst Hand ans Werk legt. (Ein unverbesserlicher Klient der Lotterie wird nicht derselben Ächtung verfallen wie der Hasardspieler in einem engeren Sinn.)

Das Immer-wieder-von-vorn-anfangen ist die regulative Idee des Spiels (wie der Lohnarbeit). Es hat daher seinen genauen Sinn, wenn bei Baudelaire der Sekundenzeiger – la Seconde – als Partner des Spielers auftritt.

Souviens-toi que le Temps est un joueur avide
Qui gagne sans tricher, à tout coup! c'est la loi.[53]

In einem andern Text vertritt die Stelle der hier gedachten Sekunde der Satan selbst[54]. Seinem Revier gehört ohne Zweifel auch die schweigsame Höhle an, in welche das Gedicht »Le jeu« die verweist, die dem Hasardspiel verfallen sind.

Voilà le noir tableau qu'en un rêve nocturne
Je vis se dérouler sous mon œil clairvoyant.
Moi-même, dans un coin de l'antre taciturne,
Je me vis accoudé, froid, muet, enviant,

Enviant de ces gens la passion tenace.[55]

Der Dichter nimmt nicht am Spiele teil. Er steht in seiner Ecke; nicht glücklicher als sie, die Spielenden. Er ist auch ein um seine Erfahrung

52 Joseph Joubert: Pensées. 8e éd., II, Paris 1883. S. 162.
53 I, S. 94.
54 Cf. I, S. 455-459.
55 I, S. 110.

betrogener Mann, ein Moderner. Nur schlägt er das Rauschgift aus, mit dem die Spielenden das Bewußtsein zu übertäuben suchen, das sie dem Gang des Sekundenzeigers ausgeliefert hat*.

Et mon cœur s'effraya d'envier maint pauvre homme
Courage avec ferveur à l'abîme béant,
Et qui, soûl de son sang, préférerait en somme
La douleur à la mort et l'enfer au néant![56]

Baudelaire macht in diesen letzten Versen die Ungeduld zum Substrat der Spielwut. Er hat es in reinster Beschaffenheit in sich vorgefunden. Sein Jähzorn besaß die Ausdruckskraft der Iracundia des Giotto in Padua.

X

Es ist, wenn man Bergson glauben will, die Vergegenwärtigung der durée, die dem Menschen die Obsession der Zeit von der Seele nimmt. Proust hält es mit diesem Glauben und hat aus ihm die Exerzitien hervorgebildet, in denen er lebenslang darauf ausgewesen ist, Verflossenes, gesättigt mit allen Reminiszenzen, die während seines Verweilens im Unbewußten in seine Poren gedrungen waren, ans Licht zu heben. Er war ein unvergleichlicher Leser der »Fleurs du mal«; denn er hat Verwandtes in ihnen am Werk gespürt. Es gibt keine Vertrautheit mit Baudelaire, die Prousts Erfahrung an ihm nicht mit umfaßt. »Die Zeit«, sagt Proust, »ist bei Baudelaire auf eine befremdende Art zerfällt;

* Die Rauschwirkung, um die es sich dabei handelt, ist zeitlich spezifiziert wie das Leiden, das sie erleichtern soll. Die Zeit ist der Stoff, in den die Phantasmagorien des Spiels gewoben sind. Gourdon schreibt in seinen »Faucheurs de nuit«: »Ich behaupte, daß die Passion zu spielen die edelste aller Passionen ist, denn sie schließt sämtliche andern ein. Eine Folge glücklicher coups gibt mir mehr Genuß, als ein Mann, der nicht spielt, in Jahren haben kann ... Ihr glaubt, ich sehe in dem Gold, das mir zufällt, nur den Gewinn? Ihr irrt euch. Ich sehe darin die Genüsse, die es verschafft, und ich koste sie aus. Sie kommen mir zu geschwind, als daß sie mir Überdruß, zu mannigfach, als daß sie mir Langweile machen könnten. Ich lebe hundert Leben in einem einzigen. Wenn ich reise, so ist es auf die Art, wie der elektrische Funke reist ... Wenn ich geizig bin und meine Banknoten« zum Spielen »behalte, so geschieht es, weil ich den Wert der Zeit zu gut kenne, um sie anzulegen wie andere Leute. Ein bestimmter Genuß, den ich mir gönne, würde mich tausend andere Genüsse kosten ... Ich habe die Genüsse im Geist und will keine andern.« (Edouard Gourdon: Les faucheurs de nuit. Joueurs et Joueuses. Paris 1860. S. 14/15.) Ähnlich stellt Anatole France in den schönen Aufzeichnungen über das Spiel aus dem »Jardin d'Épircure« die Dinge hin.

56 I, S. 110.

nur wenige seltene Tage tun sich auf; es sind bedeutende. So versteht man, warum Wendungen wie ›wenn eines Abends‹ und ähnliche bei ihm häufig sind.«[57] Diese bedeutenden Tage sind Tage der vollendenden Zeit, mit Joubert zu sprechen. Es sind Tage des Eingedenkens. Sie sind von keinem Erlebnis gezeichnet. Sie stehen nicht im Verbande der übrigen, heben sich vielmehr aus der Zeit heraus. Was ihren Inhalt ausmacht, hat Baudelaire im Begriff der correspondances festgehalten. Er steht unvermittelt neben dem der ›modernen Schönheit‹.

Das gelehrte Schrifttum über die correspondances (sie sind Gemeingut der Mystiker; Baudelaire ist bei Fourier auf sie gestoßen) beiseiteschiebend, macht Proust darum nicht mehr Aufhebens von den artistischen Variationen über den Tatbestand, die von den Synästhesien bestritten werden. Wesentlich ist, daß die correspondances einen Begriff der Erfahrung festhalten, der kultische Elemente in sich schließt. Nur indem er sich diese Elemente zu eigen machte, konnte Baudelaire voll ermessen, was der Zusammenbruch eigentlich bedeutete, dessen er, als ein Moderner, Zeuge war. Nur so konnte er ihn als die ihm allein zugedachte Herausforderung erkennen, die er in den »Fleurs du mal« aufgenommen hat. Wenn es eine geheime Architektur dieses Buches, der viele Spekulationen gewidmet worden sind, wirklich gibt, so dürfte der Gedichtkreis, der den Band eröffnet, einem unwiederbringlich Verlorenen gewidmet sein. In diesen Kreis fallen zwei Sonette, die in ihren Motiven identisch sind. Das erste, überschrieben »Correspondances«, beginnt:

La Nature est un temple où de vivants piliers
Laissent parfois sortir de confuses paroles;
L'homme y passe à travers des forêts de symboles
Qui l'observent avec des regards familiers.

Comme de longs échos qui de loin se confondent
Dans une ténébreuse et profonde unité,
Vaste comme la nuit et comme la clarté,
Les parfums, les couleurs et les sons se répondent.[58]

Was Baudelaire mit den correspondances im Sinn hatte, kann als eine Erfahrung bezeichnet werden, die sich krisensicher zu etablieren sucht. Möglich ist sie nur im Bereich des Kultischen. Dringt sie über diesen

57 Proust: A propos de Baudelaire, in: Nouvelle revue française, tome 16, 1er juin 1921. S. 652.
58 I, S. 23.

Bereich hinaus, so stellt sie sich als ›das Schöne‹ dar. Im Schönen erscheint der Kultwert als Wert der Kunst*.

Die correspondances sind die Data des Eingedenkens. Sie sind keine historischen, sondern Data der Vorgeschichte. Was die festlichen Tage groß und bedeutsam macht, ist die Begegnung mit einem früheren Leben. Das legte Baudelaire in dem Sonett nieder, das »La vie antérieure« überschrieben ist. Die Bilder der Grotten und der Gewächse, der Wolken und der Wogen, die der Beginn dieses zweiten Sonetts

* Das Schöne ist zwiefältig definierbar in seinem Verhältnis zur Geschichte wie zur Natur. In beiden Beziehungen wird der Schein, das Aporetische im Schönen, zur Geltung kommen. (Die erstere sei nur eben angedeutet. Das Schöne ist seinem *geschichtlichen* Dasein nach ein Appell, zu denen sich zu versammeln, die es früher bewundert haben. Das Ergriffenwerden vom Schönen ist ein ad plures ire, wie die Römer das Sterben nannten. Der Schein im Schönen besteht für diese Bestimmung darin, daß der identische Gegenstand, um den die Bewunderung wirbt, in dem Werke nicht zu finden ist. Sie erntet ein, was frühere Geschlechter in ihm bewundert haben. Es ist ein Goethewort, das hier der Weisheit letzten Schluß lautbar macht: »Alles, was eine große Wirkung getan hat, kann eigentlich gar nicht mehr beurteilt werden.«) Das Schöne in seinem Verhältnis zur *Natur* kann als das bestimmt werden, was »wesenhaft sich selbst gleich nur unter der Verhüllung bleibt« (cf. Neue deutsche Beiträge, hrsg. v. Hugo von Hofmannsthal. München 1925. II, 2, S. 161 ⟨i. e. Benjamin, Goethes Wahlverwandtschaften⟩). Die correspondances geben Auskunft darüber, was unter solcher Verhüllung zu denken sei. Man darf diese letztere, mit einer freilich gewagten Abbreviatur, als das ›Abbildende‹ am Kunstwerk ansprechen. Die correspondances stellen die Instanz dar, vor der der Gegenstand der Kunst als ein treulich abzubildender, dadurch allerdings durch und durch aporetischer, vorgefunden wird. Wollte man versuchen, im Material der Sprache selbst diese Aporie nachzubilden, so käme man dahin, das Schöne zu bestimmen als den Gegenstand der Erfahrung im Stande des Ähnlichseins. Diese Bestimmung würde sich wohl mit Valérys Formulierung decken: »Das Schöne fordert vielleicht die servile Nachahmung dessen, was in den Dingen undefinierbar ist.« (Valéry: Autres Rhumbs. Paris 1934. S. 167.) Wenn Proust so bereitwillig auf diesen Gegenstand zurückkommt (der bei ihm als die wiedergefundene Zeit erscheint), so kann man nicht sagen, daß er aus der Schule plaudert. Es gehört vielmehr zu den dekonzertierenden Seiten seines Verfahrens, daß es der Begriff eines Kunstwerks als eines Abbildes, der Begriff des Schönen, kurz der schlechthin hermetische Aspekt der Kunst ist, den er redselig immer wieder in die Mitte seiner Betrachtung rückt. Er handelt von der Entstehung und den Absichten seines Werks mit der Geläufigkeit und der Urbanität, die einem vornehmen Amateur anstünde. Das findet freilich bei Bergson sein Gegenstück. Die folgenden Worte, in denen der Philosoph andeutet, was sich von einer schauenden Vergegenwärtigung des ungebrochenen Werdestroms nicht alles erwarten lasse, haben einen Akzent, der an Proust erinnert. »Wir können unser Dasein Tag für Tag von solcher Schau durchdringen lassen und derart dank der Philosophie eine ähnliche Befriedigung genießen, wie dank der Kunst; nur fände sie sich häufiger ein, sie wäre stetiger und dem gewöhnlichen Sterblichen leichter zugänglich.« (Henri Bergson: La pensée et le mouvant. Essais et conférences. Paris 1934. S. 198.) Bergson sieht das in Reichweite, was der besseren Goetheschen Einsicht von Valéry als das ›hier‹, in dem das Unzulängliche Ereignis wird, vor Augen steht.

heraufruft, heben sich aus dem warmen Dunst der Tränen, welche Tränen des Heimwehs sind. »Der Wanderer blickt in diese von Trauer umflorten Weiten, und in seine Augen steigen Tränen der Hysterie, hysterical tears«[59], schreibt Baudelaire in seiner Anzeige der Gedichte von Marceline Desbordes-Valmore. Simultane Korrespondenzen, wie sie später von den Symbolisten kultiviert wurden, gibt es nicht. Vergangenes murmelt in den Entsprechungen mit; und die kanonische Erfahrung von ihnen hat selber ihre Stelle in einem früheren Leben:

Les houles, en roulant les images des cieux,
Mêlaient d'une façon solennelle et mystique
Les tout-puissants accords de leur riche musique
Aux couleurs du couchant reflété par mes yeux.

C'est là que j'ai vécu.[60]

Daß der restaurative Wille Prousts in den Schranken der irdischen Existenz befangen bleibt, Baudelaires über sie hinausschießt, kann als symptomatisch dafür begriffen werden, wie viel ursprünglicher und machtvoller die Gegenkräfte sich Baudelaire angekündigt haben. Und ihm glückte schwerlich Vollkommeneres als wo er, von ihnen überwältigt, zu resignieren scheint. Das »Recueillement« zeichnet gegen den tiefen Himmel die Allegorien der alten Jahre ab,

... vois se pencher les défuntes Années,
Sur les balcons du ciel, en robes surannées[61].

In diesen Versen bescheidet sich Baudelaire, dem Unvordenklichen, das sich ihm entzog, in der Gestalt des Altmodischen zu huldigen. Den Jahren, welche auf dem Altan erscheinen, denkt Proust die von Combray schwesterlich zugetan, wenn er im letzten Band seines Werkes auf die Erfahrung zurückkommt, von der er beim Geschmack einer madeleine durchdrungen wurde. »Bei Baudelaire ... sind diese Reminiszenzen noch zahlreicher; man sieht auch: was sie bei ihm heraufführt, ist nicht der Zufall, und dadurch sind sie meines Erachtens entscheidend. Es gibt keinen wie ihn, der von langer Hand, wählerisch und doch lässig, im Geruch einer Frau zum Beispiel, im Duft ihres Haares und ihrer Büste, den beziehungsvollen Korrespondenzen nachginge, die ihm dann ›den Azur des ungeheuren, gewölbten Himmels‹ oder ›einen Hafen, der voller Flammen und Masten steht‹

59 II, S. 536.
60 I, S. 30.
61 I, S. 192.

eintragen.«[62] Die Worte sind ein eingeständliches Motto zum Werk von Proust. Es hat eine Verwandtschaft mit Baudelaires, das die Tage des Eingedenkens zu einem geistlichen Jahr versammelt hat.

Aber die »Fleurs du mal« wären nicht, was sie sind, waltete in ihnen nur dies Gelingen. Unverwechselbar sind sie vielmehr darin, daß sie der Unwirksamkeit des gleichen Trostes, daß sie dem Versagen der gleichen Inbrunst, daß sie dem Mißlingen des gleichen Werks Gedichte abgewonnen haben, die hinter denen in nichts zurückstehen, in denen die correspondances ihre Feste feiern. Das Buch »Spleen et idéal« ist unter den Zyklen der »Fleurs du mal« das erste. Das idéal spendet die Kraft des Eingedenkens; der spleen bietet den Schwarm der Sekunden dagegen auf. Er ist ihr Gebieter wie der Teufel der Gebieter des Ungeziefers. In der Reihe der »Spleen«-Gedichte steht »Le goût du néant«, wo es heißt:

Le Printemps adorable a perdu son odeur![63]

In dieser Zeile sagt Baudelaire ein Äußerstes mit der äußersten Diskretion; das macht sie unverwechselbar zu der seinigen. Das Insichzusammengesunkensein der Erfahrung, an der er früher einmal teilgehabt hat, ist in dem Worte perdu einbekannt. Der Geruch ist das unzugängliche Refugium der mémoire involontaire. Schwerlich assoziiert er sich einer Gesichtsvorstellung; unter den Sinneseindrücken wird er sich nur dem gleichen Geruch gesellen. Wenn dem Wiedererkennen eines Dufts vor jeder anderen Erinnerung das Vorrecht zu trösten eignet, so ist es vielleicht, weil diese das Bewußtsein des Zeitverlaufs tief betäubt. Ein Duft läßt Jahre in dem Dufte, den er erinnert, untergehen. Das macht diesen Vers von Baudelaire zu einem unergründlich trostlosen. Für den, der keine Erfahrung mehr machen kann, gibt es keinen Trost. Es ist aber nichts anderes als dieses Unvermögen, was das eigentliche Wesen des Zornes ausmacht. Der Zornige ›will nichts hören‹; sein Urbild Timon wütet gegen die Menschen ohne Unterschied; er ist nicht mehr im Stande, den erprobten Freund von dem Todfeind zu unterscheiden. D'Aurevilly hat mit tiefem Blick diese Verfassung in Baudelaire erkannt; »einen Timon mit dem Genie des Archilochus«[64] nennt er ihn. Der Zorn mißt mit seinen Ausbrüchen den Sekundentakt, dem der Schwermütige verfallen ist.

62 Proust: A la recherche du temps perdu. Bd. 8: Le temps retrouvé. Paris. II, S. 82/83.

63 I, S. 89.

64 J[ules-Amédée] Barbey d'Aurevilly: Les œuvres et les hommes. (XIXe siècle) 3e partie. Les poètes. Paris 1862. S. 381.

Et le Temps m'engloutit minute par minute,
Comme la neige immense un corps pris de roideur.[65]

Diese Verse schließen unmittelbar an die oben zitierten an. Im spleen ist die Zeit verdinglicht; die Minuten decken den Menschen wie Flokken zu. Diese Zeit ist geschichtslos, wie die der mémoire involontaire. Aber im spleen ist die Zeitwahrnehmung übernatürlich geschärft; jede Sekunde findet das Bewußtsein auf dem Plan, um ihren Chock abzufangen*.

Die Zeitrechnung, die ihr Gleichmaß der Dauer überordnet, kann doch nicht darauf verzichten, ungleichartige, ausgezeichnete Fragmente in ihr bestehen zu lassen. Die Anerkennung einer Qualität mit der Messung der Quantität vereint zu haben, war das Werk der Kalender, die mit den Feiertagen die Stellen des Eingedenkens gleichsam aussparen. Der Mann, dem die Erfahrung abhanden kommt, fühlt sich aus dem Kalender herausgesetzt. Der Großstädter macht am Sonntag mit diesem Gefühl Bekanntschaft, Baudelaire hat es avant la lettre in einem der »Spleen«-Gedichte.

Des cloches tout à coup sautent avec furie
Et lancet vers le ciel un affreux hurlement,
Ainsi que des esprits errants et sans patrie
Qui se mettent à geindre opiniâtrément.[66]

Die Glocken, die den Feiertagen einst zugehörten, sind wie die Menschen aus dem Kalender herausgesetzt. Sie gleichen den armen Seelen, die sich viel umtun, aber keine Geschichte haben. Wenn

* In dem mystischen »Dialog zwischen Monos und Una« hat Poe den leeren Zeitverlauf, dem das Subjekt im spleen ausgeliefert ist, gleichsam in die durée hineinkopiert, und er scheint es als Seligkeit zu erfahren, daß dessen Schrecken ihm nun genommen sind. Es ist ein ›sechster Sinn‹, der dem Abgeschiedenen in der Gestalt der Gabe zufällt, noch dem leeren Zeitverlauf eine Harmonie abzugewinnen. Sie wird freilich vom Takt des Sekundenzeigers sehr leicht gestört. »Ich hatte den Eindruck, als sei in meinem Kopf etwas eingetreten, wovon ich einer menschlichen Intelligenz auf keine Weise einen sei es auch nur unklaren Begriff geben kann. Ich möchte am liebsten von einer Vibration des mentalen Regulators sprechen. Es handelt sich um das spirituelle Äquivalent der abstrakten menschlichen Zeitvorstellung. Der Gestirnumlauf ist in absolutem Einklang mit dieser Bewegung – oder mit einer entsprechenden – geregelt worden. Derart maß ich die Unregelmäßigkeiten der Standuhr auf dem Kamin und der Taschenuhren der Anwesenden. Ihr Ticktack lag mir in den Ohren. Die geringsten Abweichungen vom richtigen Takt ... nahmen mich genauso mit, wie mich unter den Menschen die Verletzung der abstrakten Wahrheit beleidigte.« (Poe, l. c. ⟨S. 624⟩, S. 336/337.)

65 I, S. 89.

66 I, S. 88.

Baudelaire im spleen und in der vie antérieure die auseinandergesprengten Bestandstücke echter historischer Erfahrung in Händen hält, so hat sich Bergson in seiner Vorstellung der durée der Geschichte weit mehr entfremdet. »Der Metaphysiker Bergson unterschlägt den Tod.«[67] Daß in Bergsons durée der Tod ausfällt, dichtet sie gegen die geschichtliche (wie auch gegen eine vorgeschichtliche) Ordnung ab. Bergsons Begriff der action fällt entsprechend aus. Der ›gesunde Menschenverstand‹, durch welchen der ›praktische Mann‹ sich hervortut, hat Pate bei ihm gestanden[68]. Die duré, aus der der Tod getilgt ist, hat die schlechte Unendlichkeit eines Ornaments. Sie schließt es aus, die Tradition in sie einzubringen*. Sie ist der Inbegriff eines Erlebnisses, das im erborgten Kleide der Erfahrung einherstolziert. Der spleen dagegen stellt das Erlebnis in seiner Blöße aus. Mit Schrekken sieht der Schwermütige die Erde in einen bloßen Naturzustand zurückgefallen. Kein Hauch von Vorgeschichte umwittert sie. Keine Aura. So taucht sie in den Versen des »Goût du néant« auf, die sich den vorgenannten anschließen:

Je contemple d'en haut le globe en sa rondeur,
Et je n'y cherche plus l'abri d'une cahute.[69]

XI

Wenn man die Vorstellungen, die, in der mémoire involontaire beheimatet, sich um einen Gegenstand der Anschauung zu gruppieren streben, dessen Aura nennt, so entspricht die Aura am Gegenstand einer Anschauung eben der Erfahrung, die sich an einem Gegenstand des Gebrauchs als Übung absetzt. Die auf der Kamera und den späteren entsprechenden Apparaturen aufgebauten Verfahren erweitern den Umfang der mémoire volontaire; sie machen es möglich, ein Geschehen nach Bild und Laut jederzeit durch die Apparatur festzuhalten. Sie werden damit zu wesentlichen Errungenschaften einer

* Die Verkümmerung der Erfahrung bekundet sich bei Proust im bruchlosen Gelingen der Endabsicht. Nichts kunstreicher als wie er beiläufig, nichts loyaler als wie er ständig dem Leser gegenwärtig zu halten sucht: die Erlösung ist meine private Veranstaltung.

67 Max Horkheimer: Zu Bergsons Metaphysik der Zeit, in: Zeitschrift für Sozialforschung 3 (1934), S. 332.

68 Cf. Henri Bergson: Matière et mémoire. Essai sur la relation du corps à l'esprit. Paris 1933. S. 166/167.

69 I, S. 89.

Gesellschaft, in der die Übung schrumpft. – Die Daguerreotypie hatte für Baudelaire etwas Aufwühlendes und Erschreckendes; »überraschend und grausam«[70] nennt er ihren Reiz. Er hat demnach den erwähnten Zusammenhang wenn auch gewiß nicht durchschaut, so doch empfunden. Wie es stets sein Bestreben war, dem Modernen seine Stelle zu reservieren und, zumal in der Kunst, sie ihm anzuweisen, hat er es auch mit der Photographie gehalten. So oft er sie als bedrohlich empfand, sucht er, ihre »schlecht verstandenen Fortschritte«[71] dafür haftbar zu machen. Dabei gestand er sich allerdings, daß sie von »der Dummheit der großen Masse« gefördert würden. »Diese Masse verlangte nach einem Ideal, das ihrer würdig wäre und ihrer Natur entsprach ... Ihre Gebete hat ein rächender Gott erhört, und Daguerre wurde sein Prophet.«[72] Unbeschadet dessen bemüht sich Baudelaire um eine konziliantere Betrachtungsweise. Die Photographie mag sich unbehelligt die vergänglichen Dinge zu eigen machen, die ein Anrecht »auf einen Platz in den Archiven unseres Gedächtnisses« haben, wenn sie dabei nur haltmacht vor dem »Bezirk des Ungreifbaren, Imaginativen«: vor dem der Kunst, in dem nur das eine Stätte hat, »dem der Mensch seine Seele mitgibt«[73]. Der Schiedsspruch ist schwerlich ein salomonischer. Die ständige Bereitschaft der willentlichen, diskursiven Erinnerung, die von der Reproduktionstechnik begünstigt wird, beschneidet den Spielraum der Phantasie. Diese läßt sich vielleicht als ein Vermögen fassen, Wünsche einer besonderen Art zu tun; solche, denen als Erfüllung ›etwas Schönes‹ zugedacht werden kann. Woran diese Erfüllung gebunden wäre, hat wiederum Valéry näher bestimmt: »Wir erkennen das Kunstwerk daran, daß keine Idee, die es uns erweckt, keine Verhaltungsweise, die es uns nahelegt, es ausschöpfen oder erledigen könnte. Man mag an einer Blume, die dem Geruch zusagt, riechen, solange man will; man kann diesen Geruch, der in uns die Begierde wachruft, nicht abtun, und keine Erinnerung, kein Gedanke und keine Verhaltungsweise löscht seine Wirkung aus oder spricht uns von dem Vermögen los, das er über uns hat. Dasselbe verfolgt, wer sich vorsetzt, ein Kunstwerk zu machen.«[74] Ein Gemälde würde, dieser Betrachtungsweise nach, an einem Anblick dasjenige

70 II, S. 197.
71 II, S. 224.
72 II, S. 222/223.
73 II, S. 224.
74 Valéry: Avant-propos. Encyclopédie française. Bd. 16: Arts et littératures dans la société contemporaine I. Paris 1935. Fasc. 16. 04-5/6.

wiedergeben, woran sich das Auge nicht sattsehen kann. Womit es den Wunsch erfüllt, der sich in seinen Ursprung projizieren läßt, wäre etwas, was diesen Wunsch unablässig nährt. Was die Photographie vom Gemälde trennt und warum es auch nicht ein einziges übergreifendes Prinzip der ›Gestaltung‹ für beide geben kann, ist also klar: dem Blick, der sich an einem Gemälde nicht sattsehen kann, bedeutet eine Photographie viel mehr das, was Speise dem Hunger ist oder der Trank dem Durst.

Die Krisis der künstlerischen Wiedergabe, die sich so abzeichnet, läßt sich als integrierender Teil einer Krise in der Wahrnehmung selbst darstellen. – Was die Lust am Schönen unstillbar macht, ist das Bild der Vorwelt, die Baudelaire durch die Tränen des Heimwehs verschleiert nennt. »Ach, du warst in abgelebten Zeiten | Meine Schwester oder meine Frau« – dies Geständnis ist der Tribut, den das Schöne als solches fordern kann. Soweit die Kunst auf das Schöne ausgeht und es, wenn auch noch so schlicht, ›wiedergibt‹, holt sie es (wie Faust die Helena) aus der Tiefe der Zeit herauf*. Das findet in der technischen Reproduktion nicht mehr statt. (In ihr hat das Schöne keine Stelle.) In dem Zusammenhange, da Proust die Dürftigkeit und den Mangel an Tiefe in den Bildern beanstandet, die ihm die mémoire volontaire von Venedig vorlegt, schreibt er, beim bloßen Wort ›Venedig‹ sei ihm dieser Bilderschatz ebenso abgeschmackt wie eine Ausstellung von Photographien vorgekommen[75]. Wenn man das Unterscheidende an den Bildern, die aus der mémoire involontaire auftauchen, darin sieht, daß sie eine Aura haben, so hat die Photographie an dem Phänomen eines ›Verfalls der Aura‹ entscheidend teil. Was an der Daguerreotypie als das Unmenschliche, man könne sagen Tödliche mußte empfunden werden, war das (übrigens anhaltende) Hereinblicken in den Apparat, da doch der Apparat das Bild des Menschen aufnimmt, ohne ihm dessen Blick zurückzugeben. Dem Blick wohnt aber die Erwartung inne, von dem erwidert zu werden, dem er sich schenkt. Wo diese Erwartung erwidert wird (die ebensowohl, im Denken, an einen intentionalen Blick der Aufmerksamkeit sich heften kann wie an einen Blick im schlichten Wortsinn), da fällt ihm die Erfahrung der Aura in ihrer

* Der Augenblick eines solchen Gelingens ist selbst wiederum als ein einmaliger ausgezeichnet. Darauf beruht der konstruktive Aufriß des Werks von Proust: jede der Situationen, in denen der Chronist vom Atem der verlorenen Zeit angeweht wird, wird dadurch zu einer unvergleichlichen und aus der Folge der Tage herausgehoben.

75 Cf. Proust: A la recherche du temps perdu. Bd. 8: Le temps retrouvé, l. c. ⟨S. 641⟩. I, S. 236.

Fülle zu. »Die Wahrnehmbarkeit«, so urteilt Novalis, ist »eine Aufmerksamkeit.«[76] Die Wahrnehmbarkeit, von welcher er derart spricht, ist keine andere als die der Aura. Die Erfahrung der Aura beruht also auf der Übertragung einer in der menschlichen Gesellschaft geläufigen Reaktionsform auf das Verhältnis des Unbelebten oder der Natur zum Menschen. Der Angesehene oder angesehen sich Glaubende schlägt den Blick auf. Die Aura einer Erscheinung erfahren, heißt, sie mit dem Vermögen belehnen, den Blick aufzuschlagen*. Die Funde der mémoire involontaire entsprechen dem. (Sie sind übrigens einmalig: der Erinnerung, die sie sich einzuverleiben sucht, entfallen sie. Damit stützen sie einen Begriff der Aura, der die »einmalige Erscheinung einer Ferne«[77] in ihr begreift. Diese Bestimmung hat für sich, den kultischen Charakter des Phänomens transparent zu machen. Das wesentlich Ferne ist das Unnahbare: in der Tat ist Unnahbarkeit eine Hauptqualität des Kultbildes.) Wie sehr Proust im Problem der Aura bewandert war, bedarf nicht der Unterstreichung. Immerhin ist es bemerkenswert, daß er es bei Gelegenheit in Begriffen streift, die deren Theorie in sich schließen: »Einige, die Geheimnisse lieben, schmeicheln sich, daß den Dingen etwas von den Blicken bleibt, welche jemals auf ihnen ruhten.« (Doch wohl das Vermögen, sie zu erwidern.) »Sie sind der Meinung, daß Monumente und Bilder nur unter dem zarten Schleier sich darstellen, den Liebe und Andacht so vieler Bewunderer im Laufe der Jahrhunderte um sie gewoben haben. Diese Chimäre«, so schließt Proust ausweichend, »würde Wahrheit werden, wenn sie sie auf die einzige Realität beziehen würden, welche für das Individuum vorhanden ist, nämlich auf dessen eigene Gefühlswelt.«[78] Verwandt, aber weiterführend, weil objektiv ausgerichtet ist Valérys Bestimmung der Wahrnehmung im Traume als einer auratischen. »Wenn ich sage: ich sehe das da, so ist damit nicht eine Gleichung

* Diese Belehrung ist ein Quellpunkt der Poesie. Wo der Mensch, das Tier oder ein Unbeseeltes, vom Dichter so belehnt, seinen Blick aufschlägt, zieht es diesen in die Ferne; der Blick der dergestalt erweckten Natur träumt und zieht den Dichtenden seinem Traume nach. Worte können auch ihre Aura haben. Karl Kraus hat sie so beschrieben: »Je näher man ein Wort ansieht, desto ferner sieht es zurück.« (Karl Kraus: Pro domo et mundo. München 1912. [Ausgewählte Schriften. 4.] S. 164.)

76 Novalis [Friedrich von Hardenberg]: Schriften. Kritische Neuausgabe auf Grund des handschriftlichen Nachlasses von Ernst Heilborn. Berlin 1901. 2. Theil, 1. Hälfte. S. 293.

77 Cf. Walter Benjamin: L'œuvre d'art à l'époque de sa reproduction mécanisée. In: Zeitschrift für Sozialforschung 5 (1936), S. 43.

78 Proust: A la recherche du temps perdu. Bd. 8: Le temps retrouvé, l. c. ⟨S. 641⟩. II, S. 33.

zwischen mir und der Sache niedergelegt ... Im Traume dagegen liegt eine Gleichung vor. Die Dinge, die ich sehe, sehen mich ebensowohl wie ich sie sehe.«[79] Eben der Traumwahrnehmung ist die Natur der Tempel, von dem es heißt

L'homme y passe à travers des forêts de symboles
Qui l'observent avec des regards familiers.

Je besser Baudelaire darum gewußt hat, desto untrüglicher hat der Verfall der Aura seinem lyrischen Werk sich einbeschrieben. Das geschah in der Gestalt einer Chiffre; sie findet sich an fast allen Stellen der »Fleurs du mal«, wo der Blick aus dem menschlichen Auge auftaucht. (Daß Baudelaire sie nicht planmäßig eingesetzt hat, ist selbstverständlich.) Es handelt sich darum, daß die Erwartung, die dem Blick des Menschen entgegendrängt, leer ausgeht. Baudelaire beschreibt Augen, von denen man sagen möchte, daß ihnen das Vermögen zu blicken verloren gegangen ist. In dieser Eigenschaft aber sind sie mit einem Reiz begabt, aus dem der Haushalt seiner Triebe zu einem großen, vielleicht überwiegenden Teile bestritten wird. Im Banne dieser Augen hat sich der Sexus in Baudelaire vom Eros losgesagt. Wenn die Verse der »Seligen Sehnsucht«

Keine Ferne macht dich schwierig,
Kommst geflogen und gebannt

für die klassische Beschreibung *der* Liebe zu gelten haben, die mit der Erfahrung der Aura gesättigt ist, dann gibt es in der lyrischen Poesie schwerlich Verse, die ihnen entschiedener die Stirne bieten als Baudelaires

Je t'adore à l'égal de la voûte nocturne,
O vase de tristesse, ô grande taciturne,
Et t'aime d'autant plus, belle, que tu me fuis,
Et que tu me parais, ornement de mes nuits,
Plus ironiquement accumuler les lieues
Qui séparent mes bras des immensités bleues.[80]

Blicke dürften um so bezwingender wirken, je tiefer die Abwesenheit des Schauenden, die in ihnen bewältigt wurde. In spiegelnden Augen bleibt sie unvermindert. Eben darum wissen diese Augen von Ferne nichts. Ihre Glätte hat Baudelaire einem verschlagenen Reim einverleibt:

79 Valéry: Analecta, l. c. ⟨S. 641⟩, S. 193/194.
80 I, S. 40.

Plonges tes yeux dans les yeux fixes
Des Satyresses ou des Nixes.[81]

Satyrfrauen und Nixen gehören der Familie menschlicher Wesen nicht mehr an. Sie sind abgesondert. Denkwürdigerweise hat Baudelaire den von Ferne beschwerten Blick als regard familier ins Gedicht eingebracht[82]. Er, der keine Familie gegründet hat, hat dem Wort familier eine von Verheißung und von Verzicht gesättigte Textur mitgegeben. Er ist blicklosen Augen verfallen und begibt sich ohne Illusionen in ihren Machtbereich.

Tes yeux, illuminés ainsi que des boutiques
Et des ifs flamboyants dans les fêtes publiques,
Usent insolemment d'un pouvoir emprunté.[83]

»Der Stumpfsinn«, schreibt Baudelaire in einer seiner ersten Veröffentlichungen, »ist oft eine Zier der Schönheit. Ihm hat man es zu verdanken, wenn die Augen trist und durchsichtig wie die schwärzlichen Sümpfe sind oder aber die ölige Ruhe der tropischen Meere haben.«[84] Kommt Leben in solche Augen, so ist es das des Raubtiers, das nach Beute Ausschau haltend zugleich sich sichert. (So ist die Hure, auf die Passanten achtend, zugleich auf der Hut vor den Polizeibeamten. Den physiognomischen Typus, den diese Lebensweise erzeugt, fand Baudelaire auf den zahlreichen Blättern wieder, die Guys der Prostituierten gewidmet hat. »Sie läßt ihren Blick wie das Raubtier am Horizont verweilen; er hat das Unstete des Raubtiers . . ., doch manchmal auch dessen jähes gespanntes Aufmerken.«[85]) Daß das Auge des Großstadtmenschen mit Sicherungsfunktionen überlastet ist, leuchtet ein. Auf eine minder zu Tage liegende Beanspruchung desselben weist Simmel hin. »Wer sieht, ohne zu hören, ist viel . . . beunruhigter als wer hört, ohne zu sehen. Hier liegt etwas für die . . . Großstadt Charakteristisches. Die wechselseitigen Beziehungen der Menschen in den Großstädten . . . zeichnen sich durch ein merkliches Übergewicht der Aktivität des Auges über die des Gehörs aus. Die Hauptursache davon sind die öffentlichen Verkehrsmittel. Vor der Entwicklung der Omnibusse, der Eisenbahnen, der Tramways im neunzehnten Jahrhundert waren die Leute nicht in die Lage gekommen, lange Minuten oder gar

81 I, S. 190.
82 Cf. I, S. 23.
83 I, S. 40.
84 II, S. 622.
85 II, S. 359.

Stunden sich gegenseitig ansehen zu müssen, ohne aneinander das Wort zu richten.«[86]

Der sichernde Blick enträt der träumerischen Verlorenheit an die Ferne. Er kann dahin kommen, etwas wie Lust an ihrer Entwürdigung zu empfinden. In diesem Sinne dürften die folgenden merkwürdigen Sätze zu lesen sein. Im »Salon von 1859« läßt Baudelaire die Landschaftsbilder Revue passieren, um mit dem Eingeständnis zu schließen: »Ich wünsche mir die Dioramen zurück, deren ungeheure und grobschlächtige Magie mir eine nützliche Illusion aufzwingt. Ich sehe mir lieber ein paar Theaterhintergründe an, auf denen ich kunstfertig, in tragischer Konzision, meine liebsten Träume behandelt finde. Diese Dinge, die so ganz falsch sind, sind eben darum der Wahrheit unendlich viel näher; dagegen sind unsere meisten Landschafter Lügner, gerade weil sie zu lügen verabsäumen.«[87] Man möchte auf die ›nützliche Illusion‹ weniger Wert legen als auf die ›*tragische* Konzision‹. Baudelaire dringt auf den Zauber der Ferne; er mißt das Landschaftsbild geradezu am Maßstab von Malereien in Jahrmarktsbuden. Will er den Zauber der Ferne durchstoßen wissen, wie sich das für den Besucher ereignen muß, der zu nahe an einen Prospekt herantritt? Das Motiv ist in einen der großen Verse der »Fleurs du mal« eingegangen:

> Le Plaisir vaporeux fuira vers l'horizon
> Ainsi qu'une sylphide au fond de la coulisse.[88]

XII

Die »Fleurs du mal« sind das letzte lyrische Werk gewesen, das eine europäische Wirkung getan hat; kein späteres ist über einen mehr oder weniger beschränkten Sprachkreis hinausgedrungen. Dem ist zur Seite zu stellen, daß Baudelaire sein produktives Vermögen fast ausschließlich diesem einen Buch zugewandt hat. Und endlich ist nicht von der Hand zu weisen, daß unter seinen Motiven einige, von denen die vorliegende Untersuchung gehandelt hat, die Möglichkeit lyrischer Poesie problematisch machen. Dieser dreifache Tatbestand determi-

86 G[eorg] Simmel: Mélanges de philosophie rélativiste. Contribution à la culture philosophique. Traduit par A. Guillain. Paris 1912. S. 26/27.

87 II, S. 273.

88 I, S. 94.

niert Baudelaire geschichtlich. Er zeigt, daß er unbeirrbar zu seiner Sache stand. Unbeirrbar war Baudelaire im Bewußtsein seiner Aufgabe. Das geht so weit, daß er es als ein Ziel »eine Schablone zu kreieren«[89] bezeichnet hat. Er sah darin die Kondition eines jeden künftigen Lyrikers. Von denen, die sich ihr nicht gewachsen zeigten, hielt er wenig. »Trinkt Ihr Kraftbrühen aus Ambrosia? Eßt Ihr Koteletts von Paros? Wieviel gibt man im Leihhaus auf eine Lyra?«[90] Der Lyriker mit der Aureole ist für Baudelaire antiquiert. Er hat ihm seine Stelle als Figurant in einem Prosastück angewiesen, das »Verlust einer Aureole« betitelt ist. Der Text ist erst spät ans Licht gekommen. Bei der ersten Sichtung des Nachlasses wurde er als »zur Publikation nicht geeignet« ausgeschieden. Bis heute blieb er in der Literatur über Baudelaire unbeachtet.

»›Was sehe ich, mein Lieber! Sie! hier! In einem schlecht beleumundeten Lokal finde ich Sie – den Mann, der Essenzen schlürft, den Mann, der Ambrosia zu sich nimmt! Wirklich! für mich zum Verwundern!‹ – ›Sie wissen, mein Lieber, von der Angst, die mir Pferde und Wagen machen. Eben überquerte ich eilig den Boulevard, und wie ich in diesem bewegten Chaos, wo der Tod von allen Seiten auf einmal im Galopp auf uns zustürmt, eine verkehrte Bewegung mache, löst sich die Aureole von meinem Haupt und fällt in den Schlamm des Asphalts. Ich hatte den Mut nicht, sie aufzuheben. Ich habe mir gesagt, daß es minder empfindlich ist, seine Insignien zu verlieren als sich die Knochen brechen zu lassen. Und schließlich, habe ich mir gesagt, zu irgend etwas ist Unglück immer gut. Ich kann mich jetzt inkognito bewegen, schlechte Handlungen begehen und mich gemein machen wie ein gewöhnlicher Sterblicher. So bin ich, wie Sie sehen, hier, ganz wie Sie!‹ – ›Sie sollten doch den Verlust der Aureole bekanntgeben oder auf dem Fundbüro danach fragen lassen.‹ – ›Ich denke nicht daran! mir ist wohl hier! Nur Sie haben mich erkannt. Außerdem ist Würde mir langweilig. Und dann habe ich Freude an dem Gedanken, daß irgendein schlechter Dichter sie aufheben und keinen Anstand nehmen wird, sich mit ihr herauszuputzen. Einen Glücklichen machen! darüber geht mir nichts! Und vor allem einen Glücklichen, über den ich lache! Stellen Sie sich X. vor oder auch Z. Nein, wird das komisch sein!‹«[91] – Das gleiche Motiv steht in den Tagebüchern; der Schluß weicht ab.

89 Cf. Jules Lemaître: Les contemporains. Etudes et portraits littéraires. 4e série. ⟨14e éd. Paris 1897.⟩ S. 31/32.

90 II, S. 422.

91 I, S. 483/484.

Der Dichter hebt die Aureole schnell wieder auf. Nun beunruhigt ihn aber das Gefühl, der Zwischenfall sei von böser Vorbedeutung[92]*.

Der Verfasser dieser Niederschriften ist kein Flaneur. Sie legen ironisch die gleiche Erfahrung nieder, die Baudelaire ohne jedwede Ausstaffierung, im Vorbeigehen dem Satze anvertraut: »Perdu dans ce vilain monde, *coudoyé par les foules,* je suis comme un homme lassé dont l'œil ne voit en arrière, dans les années profondes, que désabusement et amertume, et, devant lui, qu'un orage où rien de neuf n'est contenu, ni enseignement ni douleur.«[93] Von der Menge mit Stößen bedacht worden zu sein, hebt Baudelaire unter allen Erfahrungen, die sein Leben zu dem gemacht haben, was es geworden ist, als die maßgebende heraus, als die unverwechselbare. Ihm ist der Schein einer in sich bewegten, in sich beseelten Menge, in den der Flaneur vergafft war, ausgegangen. Um sich ihre Niedertracht einzuschärfen, faßt er den Tag ins Auge, an dem sogar die verlorenen Frauen, die Ausgestoßenen, so weit sein werden, einer geordneten Lebensweise das Wort zu reden, über die Libertinage den Stab zu brechen und nichts mehr außer dem Gelde bestehen zu lassen. Verraten von diesen seinen letzten Verbündeten, geht Baudelaire gegen die Menge an; er tut es mit dem ohnmächtigen Zorne dessen, der gegen den Regen oder den Wind angeht. So ist das Erlebnis beschaffen, dem Baudelaire das Gewicht einer Erfahrung gegeben hat. Er hat den Preis bezeichnet, um welchen die Sensation der Moderne zu haben ist: die Zertrümmerung der Aura im Chockerlebnis. Das Einverständnis mit dieser Zertrümmerung ist ihn teuer zu stehen gekommen. Es ist aber das Gesetz seiner Poesie. Sie steht am Himmel des zweiten Kaiserreiches als »ein Gestirn ohne Atmosphäre«[94].

* Es ist nicht unmöglich, daß der Anlaß dieser Aufzeichnung ein pathogener Chock gewesen ist. Desto aufschlußreicher die Gestaltung, die ihn dem Baudelaireschen Werk anverwandelt.

92 Cf. II, S. 634.

93 II, S. 641.

94 Friedrich Nietzsche: Unzeitgemäße Betrachtungen. 2. Aufl., Leipzig 1893. Bd. 1, S. 164.

II. Sprache, Stimme, Schrift

Über Sprache überhaupt und über die Sprache des Menschen

Jede Äußerung menschlichen Geisteslebens kann als eine Art der Sprache aufgefaßt werden, und diese Auffassung erschließt nach Art einer wahrhaften Methode überall neue Fragestellungen. Man kann von einer Sprache der Musik und der Plastik reden, von einer Sprache der Justiz, die nichts mit denjenigen, in denen deutsche oder englische Rechtssprüche abgefaßt sind, unmittelbar zu tun hat, von einer Sprache der Technik, die nicht die Fachsprache der Techniker ist. Sprache bedeutet in solchem Zusammenhang das auf Mitteilung geistiger Inhalte gerichtete Prinzip in den betreffenden Gegenständen: in Technik, Kunst, Justiz oder Religion. Mit einem Wort: jede Mitteilung geistiger Inhalte ist Sprache, wobei die Mitteilung durch das Wort nur ein besonderer Fall, der der menschlichen, und der ihr zugrunde liegenden oder auf ihr fundierten (Justiz, Poesie), ist. Das Dasein der Sprache erstreckt sich aber nicht nur über alle Gebiete menschlicher Geistesäußerung, der in irgendeinem Sinn immer Sprache innewohnt, sondern es erstreckt sich auf schlechthin alles. Es gibt kein Geschehen oder Ding weder in der belebten noch in der unbelebten Natur, das nicht in gewisser Weise an der Sprache teilhätte, denn es ist jedem wesentlich, seinen geistigen Inhalt mitzuteilen. Eine Metapher aber ist das Wort »Sprache« in solchem Gebrauche durchaus nicht. Denn es ist eine volle inhaltliche Erkenntnis, daß wir uns nichts vorstellen können, das sein geistiges Wesen nicht im Ausdruck mitteilt; der größere oder geringere Bewußtseinsgrad, mit dem solche Mitteilung scheinbar (oder wirklich) verbunden ist, kann daran nichts ändern, daß wir uns völlige Abwesenheit der Sprache in nichts vorstellen können. Ein Dasein, welches ganz ohne Beziehung zur Sprache wäre, ist eine Idee; aber diese Idee läßt sich auch im Bezirk der Ideen, deren Umkreis diejenige Gottes bezeichnet, nicht fruchtbar machen.

Nur soviel ist richtig, daß in dieser Terminologie jeder Ausdruck, sofern er eine Mitteilung geistiger Inhalte ist, der Sprache beigezählt wird. Und allerdings ist der Ausdruck seinem ganzen und innersten Wesen nach nur als *Sprache* zu verstehen; andererseits muß man, um ein sprachliches Wesen zu verstehen, immer fragen, für welches geistige Wesen es denn der unmittelbare Ausdruck sei. Das heißt: die deutsche Sprache z. B. ist keineswegs der Ausdruck für alles, was wir *durch* sie – vermeintlich – ausdrücken können, sondern sie ist der unmittelbare Ausdruck dessen, was *sich* in ihr mitteilt. Dieses »Sich« ist ein geistiges Wesen. Damit ist es zunächst selbstverständlich, daß das geistige Wesen, das sich in der Sprache mitteilt, nicht die Sprache selbst, sondern etwas von ihr zu Unterscheidendes ist. Die Ansicht, daß das geistige Wesen eines Dinges eben in seiner Sprache besteht – diese Ansicht als Hypothesis verstanden, ist der große Abgrund, dem alle Sprachtheorie zu verfallen droht[1], und über, gerade über ihm sich schwebend zu erhalten ist ihre Aufgabe. Die Unterscheidung zwischen dem geistigen Wesen und dem sprachlichen, in dem es mitteilt, ist die ursprünglichste in einer sprachtheoretischen Untersuchung, und es scheint dieser Unterschied so unzweifelhaft zu sein, daß vielmehr die oft behauptete Identität zwischen dem geistigen und sprachlichen Wesen eine tiefe und unbegreifliche Paradoxie bildet, deren Ausdruck man in dem Doppelsinn des Wortes Λόγος gefunden hat. Dennoch hat diese Paradoxie als Lösung ihre Stelle im Zentrum der Sprachtheorie, bleibt aber Paradoxie und da unlösbar, wo sie am Anfang steht.

Was teilt die Sprache mit? Sie teilt das ihr entsprechende geistige Wesen mit. Es ist fundamental zu wissen, daß dieses geistige Wesen sich *in* der Sprache mitteilt und nicht *durch* die Sprache. Es gibt also keinen Sprecher der Sprachen, wenn man damit den meint, der *durch* diese Sprachen sich mitteilt. Das geistige Wesen teilt sich in einer Sprache und nicht durch eine Sprache mit – das heißt: es ist nicht von außen gleich dem sprachlichen Wesen. Das geistige Wesen ist mit dem sprachlichen identisch, nur *sofern* es mitteil*bar* ist. Was an einem geistigen Wesen mitteilbar ist, das ist sein sprachliches Wesen. Die Sprache teilt also das jeweilige sprachliche Wesen der Dinge mit, ihr geistiges aber nur, sofern es unmittelbar im sprachlichen beschlossen liegt, sofern es mitteil*bar* ist.

Die Sprache teilt das sprachliche Wesen der Dinge mit. Dessen klarste Erscheinung ist aber die Sprache selbst. Die Antwort auf die Frage: *was* teilt die Sprache mit? lautet also: *Jede Sprache teilt sich selbst mit.* Die Sprache dieser Lampe z. B. teilt nicht die Lampe mit (denn das geistige Wesen der Lampe, sofern es *mitteilbar* ist, ist durchaus nicht die Lampe selbst), sondern: die Sprach-Lampe, die Lampe in der Mitteilung, die Lampe im Ausdruck. Denn in der Sprache verhält es sich so: *Das sprachliche Wesen der Dinge ist ihre Sprache.* Das Verständ-

1 Oder ist es vielmehr die Versuchung, die Hypothesis an den Anfang zu setzen, die den Abgrund allen Philosophierens macht?

nis der Sprachtheorie hängt davon ab, diesen Satz zu einer Klarheit zu bringen, die auch jeden Schein einer Tautologie in ihm vernichtet. Dieser Satz ist untautologisch, denn er bedeutet: das, was an einem geistigen Wesen mitteilbar ist, *ist* seine Sprache. Auf diesem »ist« (gleich »ist unmittelbar«) beruht alles. – Nicht, was an einem geistigen Wesen mitteilbar ist, *erscheint* am klarsten in seiner Sprache, wie noch eben im Übergange gesagt wurde, sondern dieses Mitteil*bare* ist unmittelbar die Sprache selbst. Oder: die Sprache eines geistigen Wesens ist unmittelbar dasjenige, was an ihm mitteilbar ist. Was *an* einem geistigen Wesen mitteilbar ist, *in* dem teilt es sich mit; das heißt: jede Sprache teilt sich selbst mit. Oder genauer: jede Sprache teilt sich *in* sich selbst mit, sie ist im reinsten Sinne das »Medium« der Mitteilung. Das Mediale, das ist die *Unmittel*barkeit aller geistigen Mitteilung, ist das Grundproblem der Sprachtheorie, und wenn man diese Unmittelbarkeit magisch nennen will, so ist das Urproblem der Sprache ihre Magie. Zugleich deutet das Wort von der Magie der Sprache auf ein anderes: auf ihre Unendlichkeit. Sie ist durch die Unmittelbarkeit bedingt. Denn gerade, weil *durch* die Sprache sich nichts mitteilt, kann, was *in* der Sprache sich mitteilt, nicht von außen beschränkt oder gemessen werden, und darum wohnt jeder Sprache ihre inkommensurable einzig-geartete Unendlichkeit inne. Ihr sprachliches Wesen, nicht ihre verbalen Inhalte bezeichnen ihre Grenze.

Das sprachliche Wesen der Dinge ist ihre Sprache; dieser Satz auf den Menschen angewandt besagt: Das sprachliche Wesen des Menschen ist seine Sprache. Das heißt: Der Mensch teilt sein eignes geistiges Wesen *in* seiner Sprache mit. Die Sprache des Menschen spricht aber in Worten. Der Mensch teilt also sein eignes geistiges Wesen (sofern es mitteilbar ist) mit, indem er alle anderen Dinge *benennt.* Kennen wir aber noch andere Sprachen, welche die Dinge benennen? Man wende nicht ein, wir kennten keine Sprache außer der des Menschen, das ist unwahr. Nur keine *benennende* Sprache kennen wir außer der menschlichen; mit einer Identifizierung von benennender Sprache mit Sprache überhaupt beraubt sich die Sprachtheorie der tiefsten Einsichten. – *Das sprachliche Wesen des Menschen ist also, daß er die Dinge benennt.*

Wozu benennt? Wem teilt der Mensch sich mit? – Aber ist diese Frage beim Menschen eine andere als bei anderen Mitteilungen (Sprachen)? Wem teilt die Lampe sich mit? Das Gebirge? Der Fuchs? – Hier aber lautet die Antwort: dem Menschen. Das ist kein Anthropomorphismus. Die Wahrheit dieser Antwort erweist sich in der

Erkenntnis und vielleicht auch in der Kunst. Zudem: wenn Lampe und Gebirge und der Fuchs sich dem Menschen nicht mitteilen würden, wie sollte er sie dann benennen? Aber er benennt sie; *er* teilt sich mit, indem er *sie* benennt. Wem teilt er sich mit?

Ehe diese Frage zu beantworten ist, gilt es noch einmal zu prüfen: Wie teilt der Mensch sich mit? Es ist ein tiefer Unterschied zu machen, eine Alternative zu stellen, vor der mit Sicherheit die wesentlich falsche Meinung von der Sprache sich verrät. Teilt der Mensch sein geistiges Wesen *durch* die Namen mit, die er den Dingen gibt? Oder *in* ihnen? In der Paradoxie dieser Fragestellung liegt ihre Beantwortung. Wer da glaubt, der Mensch teile sein geistiges Wesen *durch* die Namen mit, der kann wiederum nicht annehmen, daß es sein geistiges Wesen sei, das er mitteile, – denn das geschieht nicht durch Namen von Dingen, also durch Worte, durch die er ein Ding bezeichnet. Und er kann wiederum nur annehmen, er teile eine Sache anderen Menschen mit, denn das geschieht durch das Wort, durch das ich ein Ding bezeichne. Diese Ansicht ist die bürgerliche Auffassung der Sprache, deren Unhaltbarkeit und Leere sich mit steigender Deutlichkeit im folgenden ergeben soll. Sie besagt: Das Mittel der Mitteilung ist das Wort, ihr Gegenstand die Sache, ihr Adressat ein Mensch. Dagegen kennt die andere kein Mittel, keinen Gegenstand und keinen Adressaten der Mitteilung. Sie besagt: *im Namen teilt das geistige Wesen des Menschen sich Gott mit.*

Der Name hat im Bereich der Sprache einzig diesen Sinn und diese unvergleichlich hohe Bedeutung: daß er das innerste Wesen der Sprache selbst ist. Der Name ist dasjenige, *durch* das sich nichts mehr, und *in* dem die Sprache selbst und absolut sich mitteilt. Im Namen ist das geistige Wesen, das sich mitteilt, *die* Sprache. Wo das geistige Wesen in seiner Mitteilung die Sprache selbst in ihrer absoluten Ganzheit ist, da allein gibt es den Namen, und da gibt es den Namen allein. Der Name als Erbteil der Menschensprache verbürgt also, *daß die Sprache schlechthin* das geistige Wesen des Menschen ist; und nur darum ist das geistige Wesen des Menschen allein unter allen Geisteswesen restlos mitteilbar. Das begründet den Unterschied der Menschensprache von der Sprache der Dinge. Weil das geistige Wesen des Menschen aber die Sprache selbst ist, darum kann er sich nicht durch sie, sondern nur in ihr mitteilen. Der Inbegriff dieser intensiven Totalität der Sprache als des geistigen Wesens des Menschen ist der Name. Der Mensch ist der Nennende, daran erkennen wir, daß aus ihm die reine Sprache spricht. Alle Natur, sofern sie sich mitteilt, teilt sich in der Sprache mit, also letzten Endes im Menschen. Darum ist er der Herr der Natur und kann die Dinge benennen. Nur durch das sprachliche Wesen der Dinge gelangt er aus sich selbst zu deren Erkenntnis – im Namen. Gottes Schöpfung vollendet sich, indem die Dinge ihren Namen vom Menschen erhalten, aus dem im Namen die Sprache allein spricht. Man kann den Namen als die Sprache der Sprache bezeichnen (wenn der Genetiv nicht das Verhältnis des Mittels, sondern des Mediums bezeichnet) und in diesem Sinne ist allerdings, weil er im Namen spricht, der Mensch der Sprecher der Sprache, eben darum auch ihr einziger. In der Bezeichnung des Menschen als des Sprechenden (das ist aber z. B. nach der Bibel offenbar der Namen-Gebende: »wie der Mensch allerlei lebendige Tiere nennen würde, so sollten sie *heißen*«) schließen viele Sprachen diese metaphysische Erkenntnis ein.

Der Name ist aber nicht allein der letzte Ausruf, er ist auch der eigentliche Anruf der Sprache. Damit erscheint im Namen das Wesensgesetz der Sprache, nach dem sich selbst aussprechen und alles andere ansprechen dasselbe ist. Die Sprache – und in ihr ein geistiges Wesen – spricht sich nur da rein aus, wo sie im Namen spricht, das heißt: in der universellen Benennung. So gipfeln im Namen die intensive Totalität der Sprache als des absolut mitteilbaren geistigen Wesens und die extensive Totalität der Sprache als des universell mitteilenden (benennenden) Wesens. Die Sprache ist ihrem mitteilenden Wesen, ihrer Universalität nach, da unvollkommen, wo das geistige Wesen, das aus ihr spricht, nicht in seiner ganzen Struktur sprachliches, das heißt mitteilbares ist. *Der Mensch allein hat die nach Universalität und Intensität vollkommene Sprache.*

Angesichts dieser Erkenntnis ist nun ohne Gefahr der Verwirrung eine Frage möglich, die zwar von höchster metaphysischer Wichtigkeit ist, aber an dieser Stelle in aller Klarheit zunächst als eine terminologische vorgebracht werden kann. Ob nämlich das geistige Wesen – nicht nur des Menschen (denn das ist notwendig) – sondern auch der Dinge und somit geistiges Wesen überhaupt in sprachtheoretischer Hinsicht als sprachliches zu bezeichnen ist. Wenn das geistige Wesen mit dem sprachlichen identisch ist, so ist das Ding seinem geistigen Wesen nach Medium der Mitteilung, und was sich in ihm mitteilt, ist – gemäß dem medialen Verhältnis – eben dies Medium (die Sprache) selbst. Sprache ist dann das geistige Wesen der Dinge. Es wird das geistige Wesen also von vornherein als mitteilbar gesetzt, oder vielmehr gerade *in* die Mitteilbarkeit gesetzt, und die Thesis: das sprachliche Wesen der Dinge ist mit ihrem geistigen, sofern letzteres mitteilbar ist, identisch, wird in ihrem »sofern« zu einer Tautologie. *Einen Inhalt der Sprache gibt es nicht; als Mitteilung teilt die Sprache ein geistiges Wesen, d. i. eine Mitteilbarkeit schlechthin mit.* Die Unterschiede der Sprachen sind solche von Medien, die sich gleichsam nach ihrer Dichte, also graduell, unterscheiden; und das in der zwiefachen Hinsicht nach der Dichte des Mitteilenden (Benennenden) und des Mitteilbaren (Namen) in der Mitteilung. Diese beiden Sphären, die rein geschieden und doch vereinigt nur in der Namensprache des Menschen, entsprechen sich natürlich ständig.

Für die Metaphysik der Sprache ergibt die Gleichsetzung des geistigen mit dem sprachlichen Wesen, welches nur graduelle Unterschiede kennt, eine Abstufung allen geistigen Seins in Gradstufen. Diese Abstufung, die im Inneren des geistigen Wesens selbst stattfindet, läßt sich unter keine obere Kategorie mehr fassen, sie führt daher auf die Abstufung aller geistigen wie sprachlichen Wesen nach Existenzgraden oder nach Seinsgraden, wie sie bezüglich der geistigen schon die Scholastik gewohnt war. Die Gleichsetzung des geistigen mit dem sprachlichen Wesen ist aber in sprachtheoretischer Hinsicht von so großer metaphysischer Tragweite, weil sie auf denjenigen Begriff hinführt, der sich immer wieder wie von selbst im Zentrum der Sprachphilosophie erhoben hat und ihre innigste Verbindung mit der Religionsphilosophie ausgemacht hat. Das ist der Begriff der Offenbarung. – Innerhalb aller sprachlichen Gestaltung waltet der Widerstreit des Ausgesprochenen und Aussprechlichen mit dem Unaussprechlichen und Unausgesprochenen. In der Betrachtung dieses Widerstreites sieht man in der Perspektive des Unaussprechlichen zugleich das letzte geistige Wesen. Nun ist es klar, daß in der Gleichsetzung des geistigen mit dem sprachlichen Wesen dieses Verhältnis der umgekehrten Proportionalität zwischen beiden bestritten wird. Denn hier lautet die Thesis: je tiefer, d. h. je existenter und wirklicher der Geist, desto aussprechlicher und ausgesprochener, wie es denn eben im Sinne dieser Gleichsetzung liegt, die Beziehung zwischen Geist und Sprache zur schlechthin eindeutigen zu machen, so daß der sprachlich existenteste, d. h. fixierteste Ausdruck, das sprachlich Prägnanteste und Unverrückbarste, mit einem Wort: das Ausgesprochenste zugleich das reine Geistige ist. Genau das meint aber der Begriff der Offenbarung, wenn er die Unantastbarkeit des Wortes für die einzige und hinreichende Bedingung und Kennzeichnung der Göttlichkeit des geistigen Wesens, das sich in ihm ausspricht, nimmt. Das höchste Geistesgebiet der Religion ist (im Begriff der Offenbarung) zugleich das einzige, welches das Unaussprechliche nicht kennt. Denn es wird angesprochen im Namen und spricht sich aus als Offenbarung. Hierin aber kündigt sich an, daß allein das höchste geistige Wesen, wie es in der Religion erscheint, rein auf dem Menschen und der Sprache in ihm beruht, während alle Kunst, die Poesie nicht ausgenommen, nicht auf dem allerletzten Inbegriff des Sprachgeistes, sondern auf dinglichem Sprachgeist, wenn auch in seiner vollendeten Schönheit, beruht. »*Sprache, die Mutter* der Vernunft und *Offenbarung,* ihr A und Ω«, sagt Hamann.

Die Sprache selbst ist in den Dingen selbst nicht vollkommen ausgesprochen. Dieser Satz hat einen doppelten Sinn nach der übertragenen und der sinnlichen Bedeutung: Die Sprachen der Dinge sind unvollkommen, und sie sind stumm. Den Dingen ist das reine sprachliche Formprinzip – der Laut – versagt. Sie können sich nur durch eine mehr oder minder stoffliche Gemeinschaft einander mitteilen. Diese Gemeinschaft ist unmittelbar und unendlich wie die jeder sprachlichen Mitteilung; sie ist magisch (denn es gibt auch Magie der Materie). Das Unvergleichliche der menschlichen Sprache ist, daß ihre magische Gemeinschaft mit den Dingen immateriell und rein geistig ist, und dafür ist der Laut das Symbol. Dieses symbolische Faktum spricht die Bibel aus, indem sie sagt, daß Gott dem Menschen den Odem einblies: das ist zugleich Leben und Geist und Sprache. –

Wenn im folgenden das Wesen der Sprache auf Grund der ersten Genesiskapitel betrachtet wird, so soll damit weder Bibelinterpretation als Zweck verfolgt noch auch die Bibel an dieser Stelle objektiv als offenbarte Wahrheit dem Nachdenken zugrunde gelegt werden, sondern das, was aus dem Bibeltext in Ansehung der Natur der Sprache selbst sich ergibt, soll aufgefunden werden; und die Bibel ist *zunächst* in dieser Absicht nur darum unersetzlich, weil diese Ausführungen im Prinzipiellen ihr darin folgen, daß in ihnen die Sprache als eine letzte, nur in ihrer Entfaltung zu betrachtende, unerklärliche und mystische Wirklichkeit vorausgesetzt wird. Die Bibel, indem sie sich selbst als Offenbarung betrachtet, muß notwendig die sprachlichen Grundtatsachen entwickeln. – Die zweite Fassung der Schöpfungsgeschichte, die vom Einblasen des Odems erzählt, berichtet zugleich, der Mensch sei aus Erde gemacht worden. Dies ist in der ganzen Schöpfungsgeschichte die einzige Stelle, an der von einem Material des Schöpfers die Rede ist, in welchem dieser seinen Willen, der sonst doch wohl unmittelbar schaffend gedacht ist, ausdrückt. Es ist in dieser zweiten Schöpfungsgeschichte die Erschaffung des Menschen nicht durch das

Wort geschehen: Gott sprach – und es geschah –, sondern diesem nicht aus dem Worte geschaffenen Menschen wird nun die *Gabe* der Sprache beigelegt, und er wird über die Natur erhoben.

Diese eigentümliche Revolution des Schöpfungsaktes, wo er sich auf den Menschen richtet, ist aber nicht minder deutlich in der ersten Schöpfungsgeschichte niedergelegt, und in einem ganz anderen Zusammenhange verbürgt er mit gleicher Bestimmtheit den besonderen Zusammenhang zwischen Mensch und Sprache aus dem Akte der Schöpfung heraus. Die mannigfache Rhythmik der Schöpfungsakte des ersten Kapitels läßt doch eine Art Grundform zu, von der allein der den Menschen erschaffende Akt bedeutsam abweicht. Zwar handelt es sich hier nirgends weder bei Mensch noch Natur um eine ausdrückliche Beziehung auf das Material, aus dem sie geschaffen wurden; und ob jeweils in den Worten: »er machte« an ein Schaffen aus Materie etwa gedacht ist, muß hier dahingestellt bleiben. Aber die Rhythmik, nach der sich die Schöpfung der Natur (nach Genesis 1) vollzieht, ist: Es werde – Er machte (schuf) – Er nannte. – In einzelnen Schöpfungsakten (1,3; 1,14) tritt allein das »Es werde« auf. In diesem »Es werde« und in dem »Er nannte« am Anfang und Ende der Akte erscheint jedesmal die tiefe deutliche Beziehung des Schöpfungsaktes auf die Sprache. Mit der schaffenden Allmacht der Sprache setzt er ein, und am Schluß einverleibt sich gleichsam die Sprache das Geschaffene, sie benennt es. Sie ist also das Schaffende, und das Vollendende, sie ist Wort und Name. In Gott ist der Name schöpferisch, weil er Wort ist, und Gottes Wort ist erkennend, weil es Name ist. »Und er sah, daß es gut war«, das ist: er hatte es erkannt durch den Namen. Das absolute Verhältnis des Namens zur Erkenntnis besteht allein in Gott, nur dort ist der Name, weil er im innersten mit dem schaffenden Wort identisch ist, das reine Medium der Erkenntnis. Das heißt: Gott machte die Dinge in ihren Namen erkennbar. Der Mensch aber benennt sie maßen der Erkenntnis.

In der Schöpfung des Menschen ist die dreifache Rhythmik der Naturschöpfung einer ganz anderen Ordnung gewichen. In ihr hat also die Sprache eine ganz andere Bedeutung; die Dreiheit des Aktes ist auch hier erhalten, aber um so mächtiger bekundet sich eben im Parallelismus der Abstand: in dem dreifachen: »Er schuf« des Verses 1,27. Gott hat den Menschen nicht aus dem Wort geschaffen, und er hat ihn nicht benannt. Er wollte ihn nicht der Sprache unterstellen, sondern im Menschen entließ Gott die Sprache, die *ihm* als Medium der Schöpfung gedient hatte, frei aus sich. Gott ruhte, als er im

Menschen sein Schöpferisches sich selbst überließ. Dieses Schöpferische, seiner göttlichen Aktualität entledigt, wurde Erkenntnis. Der Mensch ist der Erkennende derselben Sprache, in der Gott Schöpfer ist. Gott schuf ihn sich zum Bilde, er schuf den Erkennenden zum Bilde des Schaffenden. Daher bedarf der Satz: Das geistige Wesen des Menschen ist die Sprache, der Erklärung. Sein geistiges Wesen ist die Sprache, in der geschaffen wurde. Im Wort wurde geschaffen, und Gottes sprachliches Wesen ist das Wort. Alle menschliche Sprache ist nur Reflex des Wortes im Namen. Der Name erreicht so wenig das Wort wie die Erkenntnis die Schaffung. Die Unendlichkeit aller menschlichen Sprache bleibt immer eingeschränkten und analytischen Wesens im Vergleich mit der absoluten uneingeschränkten und schaffenden Unendlichkeit des Gotteswortes.

Das tiefste Abbild dieses göttlichen Wortes und der Punkt, an dem die Menschensprache den innigsten Anteil an der göttlichen Unendlichkeit des bloßen Wortes erlangt, der Punkt, an dem sie nicht endliches Wort und Erkenntnis nicht werden kann: das ist der menschliche Namen. Die Theorie des Eigennamens ist die Theorie von der Grenze der endlichen gegen die unendliche Sprache. Von allen Wesen ist der Mensch das einzige, das seinesgleichen selbst benennt, wie es denn das einzige ist, das Gott nicht benannt hat. Vielleicht ist es kühn, aber kaum unmöglich, den Vers 2,20 in seinem zweiten Teile in diesem Zusammenhang zu nennen: daß der Mensch alle Wesen benannte, »*aber* für den Menschen ward keine Gehilfin gefunden, die um ihn wäre«. Wie denn auch Adam sein Weib, alsobald er es bekommen hat, benennt. (Männin im zweiten Kapitel, Heva im dritten.) Mit der Gebung des Namens weihen die Eltern ihre Kinder Gott; dem Namen, den sie hier geben, entspricht – metaphysisch, nicht etymologisch verstanden – keine Erkenntnis, wie sie die Kinder ja auch neugeboren benennen. Es sollte im strengen Geist auch kein Mensch dem Namen (nach seiner etymologischen Bedeutung) entsprechen, denn der Eigenname ist Wort Gottes in menschlichen Lauten. Mit ihm wird jedem Menschen seine Erschaffung durch Gott verbürgt, und in diesem Sinne ist er selbst schaffend, wie die mythologische Weisheit es in der Anschauung ausspricht (die sich wohl nicht selten findet), daß sein Name des Menschen Schicksal sei. Der Eigenname ist die Gemeinschaft des Menschen mit dem *schöpferischen* Wort Gottes. (Es ist dies nicht die einzige, und der Mensch kennt noch eine andere Sprachgemeinschaft mit Gottes Wort.) Durch das Wort ist der Mensch mit der Sprache der Dinge verbunden. Das menschliche Wort ist der

Name der Dinge. Damit kann die Vorstellung nicht mehr aufkommen, die der bürgerlichen Ansicht der Sprache entspricht, daß das Wort zur Sache sich zufällig verhalte, daß es ein durch irgendwelche Konvention gesetztes Zeichen der Dinge (oder ihrer Erkenntnis) sei. Die Sprache gibt niemals *bloße* Zeichen. Mißverständlich ist aber auch die Ablehnung der bürgerlichen durch die mystische Sprachtheorie. Nach ihr nämlich ist das Wort schlechthin das Wesen der Sache. Das ist unrichtig, weil die Sache an sich kein Wort hat, geschaffen ist sie aus Gottes Wort und erkannt in ihrem Namen nach dem Menschenwort. Diese Erkenntnis der Sache ist aber nicht spontane Schöpfung, sie geschieht nicht aus der Sprache absolut uneingeschränkt und unendlich wie diese; sondern es beruht der Name, den der Mensch der Sache gibt, darauf, wie sie ihm sich mitteilt. Im Namen ist das Wort Gottes nicht schaffend geblieben, es ist an einem Teil empfangend, wenn auch sprachempfangend, geworden. Auf die Sprache der Dinge selbst, aus denen wiederum lautlos und in der stummen Magie der Natur das Wort Gottes hervorstrahlt, ist diese Empfängnis gerichtet.

Für Empfängnis und Spontaneität zugleich, wie sie sich in dieser Einzigartigkeit der Bindung nur im sprachlichen Bereich finden, hat aber die Sprache ihr eigenes Wort, und dieses Wort gilt auch von jener Empfängnis des Namenlosen im Namen. Es ist die Übersetzung der Sprache der Dinge in die des Menschen. Es ist notwendig, den Begriff der Übersetzung in der tiefsten Schicht der Sprachtheorie zu begründen, denn er ist viel zu weittragend und gewaltig, um in irgendeiner Hinsicht nachträglich, wie bisweilen gemeint wird, abgehandelt werden zu können. Seine volle Bedeutung gewinnt er in der Einsicht, daß jede höhere Sprache (mit Ausnahme des Wortes Gottes) als Übersetzung aller anderen betrachtet werden kann. Mit dem erwähnten Verhältnis der Sprachen als dem von Medien verschiedener Dichte ist die Übersetzbarkeit der Sprachen ineinander gegeben. Die Übersetzung ist die Überführung der einen Sprache in die andere durch ein Kontinuum von Verwandlungen. Kontinua der Verwandlung, nicht abstrakte Gleichheits- und Ähnlichkeitsbezirke durchmißt die Übersetzung.

Die Übersetzung der Sprache der Dinge in die des Menschen ist nicht nur Übersetzung des Stummen in das Lauthafte, sie ist die Übersetzung des Namenlosen in den Namen. Das ist also die Übersetzung einer unvollkommenen Sprache in eine vollkommenere, sie kann nicht anders als etwas dazu tun, nämlich die Erkenntnis. Die Objektivität dieser Übersetzung ist aber in Gott verbürgt. Denn Gott hat die Dinge geschaffen, das schaffende Wort in ihnen ist der Keim des erkennenden Namens, wie Gott auch am Ende jedes Ding benannte, nachdem es geschaffen war. Aber offenbar ist diese Benennung nur der Ausdruck der Identität des schaffenden Wortes und des erkennenden Namens in Gott, nicht die vorhergenommene Lösung jener Aufgabe, die Gott ausdrücklich dem Menschen selbst zuschreibt: nämlich die Dinge zu benennen. Indem er die stumme namenlose Sprache der Dinge empfängt und sie in den Namen in Lauten überträgt, löst der Mensch diese Aufgabe. Unlösbar wäre sie, wäre nicht die Namensprache des Menschen und die namenlose der Dinge in Gott verwandt, entlassen aus demselben schaffenden Wort, das in den Dingen Mitteilung der Materie in magischer Gemeinschaft, im Menschen Sprache des Erkennens und Namens in seligem Geiste geworden wäre. Hamann sagt: »Alles, was der Mensch am Anfange hörte, mit Augen sah ... und seine Hände betasteten, war ... lebendiges Wort; denn Gott war das Wort. Mit diesem Worte im Mund und im Herzen war der Ursprung der Sprache so natürlich, so nahe und leicht, wie ein Kinderspiel ...«. Der Maler Müller in seiner Dichtung »Adams erstes Erwachen und erste selige Nächte« läßt Gott mit diesen Worten den Menschen zur Namengebung aufrufen: »Mann von Erde, tritt nahe, am Anschauen werde vollkommner, vollkommner werde durchs Wort!« In dieser Verbindung von Anschauung und Benennung ist innerlich die mitteilende Stummheit der Dinge (der Tiere) auf die Wortsprache des Menschen zu gemeint, die sie im Namen aufnimmt. In demselben Kapitel der Dichtung spricht aus dem Dichter die Erkenntnis, daß nur das Wort, aus dem die Dinge geschaffen sind, ihre Benennung dem Menschen erlaubt, indem es sich in den mannigfachen Sprachen der Tiere, wenn auch stumm, mitteilt in dem Bild: Gott gibt den Tieren der Reihe nach ein Zeichen, auf das hin sie vor den Menschen zur Benennung treten. Auf eine fast sublime Weise ist so die Sprachgemeinschaft der stummen Schöpfung mit Gott im Bilde des Zeichens gegeben.

Wie das stumme Wort im Dasein der Dinge so unendlich weit unter dem benennenden Wort in der Erkenntnis des Menschen zurückbleibt, wie wiederum dieses wohl unter dem schaffenden Wort Gottes, so ist der Grund für die Vielheit menschlicher Sprachen gegeben. Die Sprache der Dinge kann in *die* Sprache der Erkenntnis und des Namens nur in der Übersetzung eingehen – soviel Übersetzungen, soviel Sprachen, sobald nämlich der Mensch einmal aus dem paradiesischen Zustand, der nur eine Sprache kannte, gefallen ist. (Nach der Bibel stellt diese Folge der Austreibung aus dem Paradies allerdings erst später sich ein.) Die paradiesische Sprache des Menschen muß die vollkommen erkennende gewesen sein; während später noch einmal alle Erkenntnis in der Mannigfaltigkeit der Sprache sich unendlich differenziert, auf einer niederen Stufe als Schöpfung im Namen überhaupt sich differenzieren mußte. Daß nämlich die Sprache des Paradieses vollkommen erkennend gewesen sei, vermag auch das Dasein des Baumes der Erkenntnis nicht zu verhehlen. Seine Äpfel sollten die Erkenntnis verleihen, was gut und böse sei. Gott aber hatte schon am siebenten Tage mit den Worten der Schöpfung erkannt. Und siehe, es war sehr gut. Die Erkenntnis, zu der die Schlange verführt, das Wissen, was gut sei und böse, ist namenlos. Es ist im tiefsten Sinne nichtig, und dieses Wissen eben selbst das einzige Böse, das der paradiesische Zustand kennt. Das Wissen um gut und böse verläßt den Namen, es ist eine Erkenntnis von außen, die unschöpferische Nachahmung des schaffenden Wortes. Der Name tritt aus sich selbst in dieser Erkenntnis heraus: Der Sündenfall ist die Geburtsstunde des *menschlichen Wortes*, in dem der Name nicht mehr unverletzt lebte, das aus der Namensprache, der erkennenden, man darf sagen: der immanenten eigenen Magie heraustrat, um ausdrücklich, von außen gleichsam, magisch zu werden. Das Wort soll *etwas* mitteilen (außer sich selbst). Das ist wirklich der Sündenfall des Sprachgeistes. Das Wort als äußerlich mitteilendes, gleichsam eine Parodie des ausdrücklich mittelbaren Wortes auf das ausdrücklich unmittelbare, das schaffende Gotteswort, und der Verfall des seligen Sprachgeistes, des adamitischen, der zwischen ihnen steht. Es besteht nämlich in der Tat zwischen dem Worte, welches nach der Verheißung der Schlange das Gute und Böse erkennt, und zwischen dem äußerlich mitteilenden Worte im Grunde Identität. Die Erkenntnis der Dinge beruht im Namen, die des Guten und Bösen ist aber in dem tiefen Sinne, in dem Kierkegaard dieses Wort faßt, »Geschwätz« und kennt nur eine Reinigung und Erhöhung, unter die denn auch der geschwätzige Mensch, der Sündige, gestellt wurde: das Gericht. Dem richtenden Wort ist allerdings die Erkenntnis von gut und böse unmittelbar. Seine Magie ist eine andere als die des Namens, aber gleich sehr Magie. Dieses richtende Wort verstößt die ersten Menschen aus dem Paradies; sie selbst haben es exzitiert, zufolge einem ewigen Gesetz, nach welchem dieses richtende Wort die Erweckung seiner selbst als die einzige, tiefste Schuld bestraft – und erwartet. Im Sündenfall, da die ewige Reinheit des Namens angetastet wurde, erhob sich die strengere Reinheit des richtenden Wortes, des Urteils. Für den Wesenszusammenhang der Sprache hat der Sündenfall eine dreifache Bedeutung (ohne seine sonstige hier zu erwähnen). Indem der Mensch aus der reinen Sprache des Namens heraustritt, macht er die Sprache zum Mittel (nämlich einer ihm unangemessenen Erkenntnis), damit auch an einem Teile jedenfalls zum *bloßen* Zeichen; und das hat später die Mehrheit der Sprachen zur Folge. Die zweite Bedeutung ist, daß nun aus dem Sündenfall als die Restitution der in ihm verletzten Unmittelbarkeit des Namens eine neue, die Magie des Urteils, sich erhebt, die nicht mehr selig in sich selbst ruht. Die dritte Bedeutung, deren Vermutung sich vielleicht wagen läßt, wäre, daß auch der Ursprung der Abstraktion als eines Vermögens des Sprachgeistes im Sündenfall zu suchen sei. Gut und böse nämlich stehen als unbenennbar, als namenlos außerhalb der Namensprache, die der Mensch eben im Abgrund dieser Fragestellung verläßt. Der Name bietet nun aber im Hinblick auf die bestehende Sprache nur den Grund, in dem ihre konkreten Elemente wurzeln. Die abstrakten Sprachelemente aber – so darf vielleicht vermutet werden – wurzeln im richtenden Worte, im Urteil. Die Unmittelbarkeit (das ist aber die sprachliche Wurzel) der Mitteilbarkeit der Abstraktion ist im richterlichen Urteil gelegen. Diese Unmittelbarkeit in der Mitteilung der Abstraktion stellte sich richtend ein, als im Sündenfall der Mensch die Unmittelbarkeit in der Mitteilung des Konkreten, den Namen, verließ und in den Abgrund der Mittelbarkeit aller Mitteilung, des Wortes als Mittel, des eitlen Wortes verfiel, in den Abgrund des Geschwätzes. Denn – noch einmal soll das gesagt werden – Geschwätz war die Frage nach dem Gut und Böse in der Welt nach der Schöpfung. Der Baum der Erkenntnis stand nicht wegen der Aufschlüsse über Gut und Böse, die er zu geben vermocht hätte, im Garten Gottes, sondern als Wahrzeichen des Gerichts über den Fragenden. Diese ungeheure Ironie ist das Kennzeichen des mythischen Ursprungs des Rechtes.

Nach dem Sündenfall, der in der Mittelbarmachung der Sprache den Grund zu ihrer Vielheit gelegt hatte, konnte es bis zur Sprachverwirrung nur noch ein Schritt sein. Da die Menschen die Reinheit des Namens verletzt hatten, brauchte nur noch die Abkehr von jenem Anschauen der Dinge, in dem deren Sprache dem Menschen eingeht, sich zu vollziehen, um die gemeinsame Grundlage des schon erschütterten Sprachgeistes den Menschen zu rauben. *Zeichen* müssen sich verwirren, wo sich die Dinge verwickeln. Zur Verknechtung der Sprache im Geschwätz tritt die Verknechtung der Dinge in der Narretei fast als deren unausbleibliche Folge. In dieser Abkehr von den Dingen, die die Verknechtung war, entstand der Plan des Turmbaus und die Sprachverwirrung mit ihm.

Das Leben des Menschen im reinen Sprachgeist war selig. Die Natur aber ist stumm. Es ist zwar im zweiten Kapitel der Genesis deutlich zu fühlen, wie diese vom Menschen benannte Stummheit selbst Seligkeit nur niederen Grades geworden ist. Der Maler Müller läßt Adam von den Tieren, die ihn verlassen, nachdem er sie benannt hat, sagen: »und sah an den Adel, wie sie von mir wegsprangen, darum daß ihnen der Mann einen Namen gab.« Nach dem Sündenfall aber ändert sich mit Gottes Wort, das den Acker verflucht, das Ansehen der Natur im tiefsten. Nun beginnt ihre andere Stummheit, die wir mit der tiefen Traurigkeit der Natur meinen. Es ist eine metaphysische Wahrheit, daß alle Natur zu klagen begönne, wenn Sprache ihr verliehen würde. (Wobei »Sprache verleihen« allerdings mehr ist als »machen, daß sie sprechen kann«.) Dieser Satz hat einen doppelten Sinn. Er bedeutet zuerst: sie würde über die Sprache selbst klagen. Sprachlosigkeit: das ist das große Leid der Natur (und um ihrer Erlösung willen ist Leben und Sprache des *Menschen* in der Natur, nicht allein, wie man vermutet, des Dichters). Zweitens sagt dieser Satz: sie würde klagen. Die Klage ist aber der undifferenzierteste, ohnmächtige Ausdruck der Sprache, sie enthält fast nur den sinnlichen Hauch; und wo auch nur Pflanzen rauschen, klingt immer eine Klage mit. Weil sie stumm ist, trauert die Natur. Doch noch tiefer führt in das Wesen der Natur die Umkehrung dieses Satzes ein: die Traurigkeit der Natur macht sie verstummen. Es ist in aller Trauer der tiefste Hang zur Sprachlosigkeit, und das ist unendlich viel mehr als Unfähigkeit oder Unlust zur Mitteilung. Das Traurige fühlt sich so durch und durch erkannt vom Unerkennbaren. Benannt zu sein – selbst wenn der Nennende ein Göttergleicher und Seliger ist – bleibt vielleicht immer eine Ahnung von Trauer. Wieviel mehr aber benannt zu sein, nicht aus der einen seligen Paradiesessprache der Namen, sondern aus den hunderten Menschensprachen, in denen der Name schon welkte, und die dennoch nach Gottes Spruch die Dinge erkennen. Die Dinge haben keine Eigennamen außer in Gott. Denn Gott rief im schaffenden Wort freilich bei ihren Eigennamen sie hervor. In der Sprache der Menschen aber sind sie überbenannt. Im Verhältnis der Menschensprachen zu der der Dinge liegt etwas, was man als »Überbenennung« annähernd bezeichnen kann: Überbenennung als tiefster sprachlicher Grund aller Traurigkeit und (vom Ding aus betrachtet) allen Verstummens. Die Überbenennung als sprachliches Wesen des Traurigen deutet auf ein anderes merkwürdiges Verhältnis der Sprache: auf die Überbestimmtheit, die im tragischen Verhältnis zwischen den Sprachen der sprechenden Menschen waltet.

Es gibt eine Sprache der Plastik, der Malerei, der Poesie. So wie die Sprache der Poesie in der Namensprache des Menschen, wenn nicht allein, so doch jedenfalls mit fundiert ist, ebenso ist es sehr wohl denkbar, daß die Sprache der Plastik oder Malerei etwa in gewissen Arten von Dingsprachen fundiert sei, daß in ihnen eine Übersetzung der Sprache der Dinge in eine unendlich viel höhere Sprache, aber doch vielleicht derselben Sphäre, vorliegt. Es handelt sich hier um namenlose, unakustische Sprachen, um Sprachen aus dem Material; dabei ist an die materiale Gemeinsamkeit der Dinge in ihrer Mitteilung zu denken.

Übrigens ist die Mitteilung der Dinge gewiß von einer solchen Art von Gemeinschaftlichkeit, daß sie die Welt überhaupt als ein ungeschiedenes Ganzes befaßt.

Für die Erkenntnis der Kunstformen gilt der Versuch, sie alle als Sprachen aufzufassen und ihren Zusammenhang mit Natursprachen zu suchen. Ein Beispiel, das naheliegt, weil es der akustischen Sphäre angehört, ist die Verwandtschaft des Gesanges mit der Sprache der Vögel. Andererseits ist gewiß, daß die Sprache der Kunst sich nur in tiefster Beziehung zur Lehre von den Zeichen verstehen läßt. Ohne diese bleibt überhaupt jede Sprachphilosophie gänzlich fragmentarisch, weil die Beziehung zwischen Sprache und Zeichen (wofür die zwischen Menschensprache und Schrift nur ein ganz besonderes Beispiel bildet) ursprünglich und fundamental ist.

Dies gibt Gelegenheit, einen anderen Gegensatz zu bezeichnen, der das gesamte Gebiet der Sprache durchwaltet und wichtige Beziehungen zu dem erwähnten von Sprache in engerem Sinne und Zeichen hat, die doch durchaus nicht ohne weiteres mit diesem zusammenfällt. Es ist nämlich Sprache in jedem Falle nicht allein Mitteilung des Mitteilbaren, sondern zugleich Symbol des Nicht-Mitteilbaren. Diese symbolische Seite der Sprache hängt mit ihrer Beziehung zum Zeichen zusammen, aber erstreckt sich zum Beispiel in gewisser Beziehung auch über Name und Urteil. Diese haben nicht allein eine mitteilende, sondern höchstwahrscheinlich auch eine mit ihr eng verbundene symbolische Funktion, auf die hier ausdrücklich wenigstens nicht hingewiesen wurde.

Demnach bleibt nach diesen Erwägungen ein gereinigter Begriff von Sprache zurück, wenn der auch noch unvollkommen sein mag. Die Sprache eines Wesens ist das Medium, in dem sich sein geistiges Wesen mitteilt. Der ununterbrochene Strom dieser Mitteilung fließt durch die ganze Natur vom niedersten Existierenden bis zum Menschen und vom Menschen zu Gott. Der Mensch teilt sich Gott durch den Namen mit, den er der Natur und seinesgleichen (im Eigennamen) gibt, und der Natur gibt er den Namen nach der Mitteilung, die er von ihr empfängt, denn auch die ganze Natur ist von einer namenlosen stummen Sprache durchzogen, dem Residuum des schaffenden Gotteswortes, welches im Menschen als erkennender Name und über dem Menschen als richtendes Urteil schwebend sich erhalten hat. Die Sprache der Natur ist einer geheimen Losung zu vergleichen, die jeder Posten dem nächsten in seiner eigenen Sprache weitergibt, der Inhalt der Losung aber ist die Sprache des Postens selbst. Alle höhere Sprache ist Übersetzung der niederen, bis in der letzten Klarheit sich das Wort Gottes entfaltet, das die Einheit dieser Sprachbewegung ist.

Das Reflexionsmedium und die Kunst – die Kunst als Reflexionsmedium

[. . .]

Schlegels Begriff des Absolutums ist mit dem Vorstehenden Fichte gegenüber hinreichend bestimmt. An sich selbst würde man dieses Absolute am richtigsten als das Reflexionsmedium[60] bezeichnen. Mit diesem Terminus ist das Ganze von Schlegels theoretischer Philosophie zusammenfassend zu bezeichnen und wird unter diesem Ausdruck nicht selten im folgenden noch zu zitieren sein. Es ist daher notwendig, ihn noch genauer zu erklären und zu sichern. Die Reflexion konstituiert das Absolute, und sie konstituiert es als ein Medium. Auf den stetigen gleichförmigen Zusammenhang im Absolutum oder im System, die man beide als den Zusammenhang des Wirklichen nicht in seiner Substanz (welche überall dieselbe ist), sondern in den Graden seiner deutlichen Entfaltung zu interpretieren hat (s. o. p. 31 f.), hat Schlegel in seinen Darlegungen den größten Wert gelegt, wenn er auch den Ausdruck Medium selbst nicht hat. So sagt er: »der Wille . . . ist das Vermögen des Ichs, sich selbst[61] zu vermehren oder zu vermindern bis zu einem absoluten Maximum oder Minimum; da dies frei ist, so hat es keine Grenzen«[62]. Ein sehr deutliches Bild gibt er für dies Verhältnis: »Das in sich Zurückgehen, das Ich des Ichs ist das Potenzieren; das aus sich Herausgehen[63] das Wurzelausziehen der Mathematik«[64]. Ganz analog hat Novalis diese Bewegung im Reflexionsmedium beschrieben. In so enger Beziehung scheint sie ihm zu dem Wesen der Romantik zu stehen, daß er sie mit dem Ausdruck Romantisieren belegt. »Romantisieren ist nichts als eine qualitative Potenzierung. Das niedere Selbst wird mit einem besseren Selbst in dieser Operation identifiziert. So wie wir selbst eine solche qualitative Potenzenreihe sind . . . Romantische Philosophie . . . Wechselerhöhung und Erniedrigung«[65]. Um sich über die mediale Natur des Absoluten, das er im

60 Der Doppelsinn der Bezeichnung bringt in diesem Falle keine Unklarheit mit sich. Denn einerseits ist die Reflexion selbst ein Medium – kraft ihres stetigen Zusammenhanges, andererseits ist das fragliche Medium ein solches, in dem die Reflexion sich bewegt – denn diese, als das Absolute, bewegt sich in sich selbst.

61 Sc. in der Reflexion.

62 Vorlesungen 35.

63 D. h. das Vermindern der Reflexionsgrade.

64 Vorlesungen 35.

65 Schriften 304 f.

Sinne hat, vollkommen deutlich auszusprechen, nimmt Schlegel einen Vergleich vom Lichte her: »der Gedanke des Ichs ... ist ... als das innere Licht aller Gedanken zu betrachten. Alle Gedanken sind nur gebrochene Farbenbilder dieses inneren Lichtes. In jedem Gedanken ist das Ich das verborgene Licht, in jedem findet man sich; man denkt immer nur sich oder das Ich, freilich nicht das gemeine, abgeleitete Sich, ... sondern in seiner höheren Bedeutung«[65]. Mit Begeisterung hat Novalis denselben Gedanken von der Medialität des Absoluten in seinen Schriften geradezu verkündigt. Er hat für die Einheit von Reflexion und Medialität den vorzüglichen Ausdruck »Selbstdurchdringung« geprägt und einen solchen Zustand des Geistes immer wieder vorausgesagt und gefordert. »Die Möglichkeit aller Philosophie ... daß sich die Intelligenz durch Selbstberührung eine selbstgesetzmäßige Bewegung, d. i. eine eigene Form der Tätigkeit gibt«[66], also die Reflexion, ist zugleich »der Anfang einer wahrhaften Selbstdurchdringung des Geistes, die nie endigt«[67]. Das »Chaos, das sich selbst durchdrang«[68], nennt er die künftige Welt. »Das erste Genie, das sich selbst durchdrang, fand hier den typischen Keim einer unermeßlichen Welt. Es machte eine Entdeckung, die die merkwürdigste in der Weltgeschichte sein mußte, denn es beginnt damit eine ganz neue Epoche der Menschheit – und auf dieser Stufe wird erst wahre Geschichte aller Art möglich, denn der Weg, der bisher zurückgelegt wurde, macht nun ein eignes, durchaus erklärbares Ganze aus.«[69]

Die dargestellten theoretischen Grundanschauungen im System der Windischmannschen Vorlesungen differieren in einem entscheidenden Punkte von denjenigen Schlegels in der Athenäumszeit. Mit anderen Worten: während im Ganzen System und Methode dieses späteren Schlegelschen Denkens erkenntnistheoretische Motive seines früheren Denkens erstmalig niederlegen und aufbewahren, weichen sie in einer Beziehung doch durchaus von dem früheren Gedankenkreise ab. Die Möglichkeit dieser Abweichung bei der größten Übereinstimmung im übrigen liegt in einer bestimmten Eigentümlichkeit im Reflexionssystem selbst. Bei Fichte findet sie sich folgendermaßen charakterisiert: »Das Ich geht zurück in sich selbst, wird behauptet. Ist es denn also nicht schon vor diesem Zurückgehen und unabhängig von

65 Vorlesungen 37 f.
66 Schriften 63.
67 Schriften 58.
68 Novalis' Schriften herausgegeben von Minor II, 309.
69 Schriften 26.

demselben da für sich; muß es nicht für sich schon da sein, um sich zum Ziele eines Handelns machen zu können ...? ... keineswegs. Erst durch diesen Akt ... durch ein Handeln auf ein Handeln selbst, welchem bestimmten Handeln kein Handeln überhaupt vorhergeht, wird das Ich ursprünglich für sich selbst. Nur für den Philosophen ist es vorher da als Faktum, weil dieser die ganze Erfahrung[70] schon gemacht hat«[71]. Windelband formuliert in seiner Darstellung von Fichtes Philosophie diesen Gedanken besonders klar: »Wenn man sonst die Tätigkeiten als etwas ansieht, was ein Sein voraussetzt, so ist für Fichte alles Sein nur ein Produkt des ursprünglichen Tuns. Die Funktion ohne ein funktionierendes Sein ist für ihn das metaphysische Urprinzip ... Der denkende Geist ›ist‹ nicht erst und kommt dann hinterher durch irgendwelche Veranlassungen zum Selbstbewußtsein, sondern er kommt erst durch den unableitbaren, unerklärlichen Akt des Selbstbewußtseins zustande«[72]. Wenn Friedrich Schlegel im »Gespräch über die Poesie« von 1800 das Gleiche meint[73] mit den Worten, der Idealismus sei »gleichsam wie aus nichts entstanden«[74], so darf dieser Gedankengang hier mit Rücksicht auf die ganze vorangehende Darstellung in dem Satz zusammengefaßt werden, daß die Reflexion logisch das erste sei. Denn weil sie die Form des Denkens ist, ist dieses logisch ohne sie, obgleich sie auf dasselbe reflektiert, nicht möglich. Erst mit der Reflexion entspringt das Denken, auf das reflektiert wird. Darum kann man sagen, jede einfache Reflexion entspringe absolut aus einem Indifferenzpunkt. Welche metaphysische Qualität man diesem Indifferenzpunkt der Reflexion zuschreiben möchte, steht frei. An dieser Stelle weichen die beiden fraglichen Gedankenkreise Schlegels von einander ab. Die Windischmannschen Vorlesungen bestimmen diesen Mittelpunkt, das Absolute, im Anschluß an Fichte als Ich. In den Schlegelschen Schriften aus der Athenäumszeit spielt dieser Begriff eine geringe Rolle, eine geringere nicht nur als bei Fichte, sondern auch als bei Novalis. Im frühromantischen Sinne ist der Mittelpunkt der Reflexion die Kunst, nicht das Ich. Die Grundbestimmungen jenes Systems, das Schlegel in den Vorlesungen als System

70 Sc. auf Grund seines Anteils am transzendentalen Ich.

71 Fichte 458 f.

72 Windelband II, 221 f.

73 In den späteren »Vorlesungen« ist sein Gedanke verschwommen. Er geht zwar auch dort nicht von einem Sein, aber auch nicht von einem Denkakt, sondern vom reinen Wollen oder der Liebe aus. (Vorlesungen 64 f.)

74 Jugendschriften II, 359.

des absoluten Ich vorlegt, haben in seinen früheren Gedankengängen ihren Gegenstand an der Kunst. Im also verändert gedachten Absolutum wirkt eine andere Reflexion. Die romantische Kunstanschauung beruht darauf, daß im Denken des Denkens kein Ich-Bewußtsein verstanden wird. Die Ich-freie Reflexion ist eine Reflexion im Absolutum der Kunst. Der Untersuchung dieses Absolutums nach den hier dargelegten Prinzipien ist der zweite Teil gewidmet. Er behandelt die Kunstkritik als die Reflexion im Medium der Kunst. – Das Schema der Reflexion ist oben nicht an dem Begriffe des Ich, sondern an dem des Denkens klargelegt worden, weil der erste in der hier interessierenden Epoche Schlegels keine Rolle spielt. Das Denken des Denkens dagegen, als das Urschema aller Reflexion, liegt auch Schlegels Konzeption der Kritik zugrunde. Dieses hat schon Fichte in entscheidender Weise als Form bestimmt. Er selbst interpretierte diese Form als Ich, als die Urzelle des intellektuellen Begriffs der Welt, Friedrich Schlegel, der Romantiker, hat sie um 1800 als ästhetische Form interpretiert, als die Urzelle der Idee der Kunst.

[...]

Die Kunst ist eine Bestimmung des Reflexionsmediums, wahrscheinlich die fruchtbarste, die es empfangen hat. Die Kunstkritik ist die Gegenstandserkenntnis in diesem Reflexionsmedium. In der folgenden Untersuchung ist also darzustellen, welche Tragweite die Auffassung der Kunst als eines Reflexionsmediums für die Erkenntnis ihrer Idee und ihrer Gebilde sowie für die Theorie dieser Erkenntnis hat. Die letzte Frage ist durch alles Vorhergehende soweit gefördert, daß es nur einer Rekapitulation bedarf, um die Betrachtung von der Methode der romantischen Kunstkritik zu deren sachlicher Leistung überzuführen. Selbstverständlich wäre es völlig verfehlt, bei den Romantikern nach einem besonderen Grund zu suchen, aus dem sie die Kunst als ein Reflexionsmedium betrachten. Für sie war diese Deutung alles Wirklichen, also auch der Kunst, ein metaphysisches Credo. Es ist, wie schon in der Einleitung angedeutet wurde, nicht der zentrale metaphysische Grundsatz ihrer Weltanschauung gewesen, dazu ist sein spezifisch metaphysisches Gewicht bei weitem zu gering. Aber wie sehr auch dieser Zusammenhang darauf angewiesen ist, diesen Satz nach Analogie einer wissenschaftlichen Hypothese zu behandeln, ihn nur immanent klar zu legen und an seiner Leistung für die Auffassung der Gegenstände zu entfalten, so ist nicht zu vergessen, daß in einer Untersuchung der romantischen Metaphysik, des romantischen Geschichtsbegriffs, diese metaphysische Anschauung alles Wirklichen als eines Denkenden noch andere Seiten an den Tag legen würde, als es mit Beziehung auf die Kunsttheorie geschieht, für welche ihr erkenntnistheoretischer Gehalt vor allem ins Gewicht fällt. Seine metaphysische Bedeutung dagegen wird in dieser Abhandlung nicht eigentlich erfaßt, sondern nur in der romantischen Kunsttheorie berührt, welche freilich ihrerseits unmittelbar und mit ungleich größerer Sicherheit die metaphysische Tiefe des romantischen Denkens erreicht.

An einer Stelle der Windischmannschen Vorlesungen ist noch der schwache Nachklang des Gedankens zu vernehmen, der Schlegel zur Athenäumszeit mächtig bewegte und seine Theorie der Kunst bestimmte. »Es gibt ... eine Art des Denkens, die etwas produziert und daher mit dem schöpferischen Vermögen, das wir dem Ich der Natur und dem Welt-Ich zuschreiben, große Ähnlichkeit der Form hat. Das Dichten nämlich; dies erschafft gewissermaßen seinen Stoff selbst«[149]. An jener Stelle hat der Gedanke keine Bedeutung mehr. Er ist jedoch der klare Ausdruck von Schlegels älterem Standpunkt, daß nämlich die Reflexion, welche er früher als Kunst dachte, absolut schöpferisch, inhaltlich erfüllt sei. So kannte er denn in der Zeit, auf welche sich diese Untersuchung bezieht, auch noch nicht jenen Moderantismus im Reflexionsbegriff, demzufolge er in den Vorlesungen der Reflexion den sie begrenzenden Willen gegenüberstellt (s. o. p. 37). Früher kannte er nur eine relative, autonome Begrenzung der Reflexion durch sich selbst, die, wie sich ergeben wird, in der Kunsttheorie eine wichtige Rolle spielt. Die Schwäche und Gesetztheit des späteren Werkes beruht auf der Einschränkung der schöpferischen Allmacht der Reflexion, welche einst für Schlegel in der Kunst sich am deutlichsten offenbart hatte. Mit ähnlicher Deutlichkeit, wie an jener Stelle der Vorlesungen, hat er in der Frühzeit die Kunst als ein Reflexionsmedium nur in dem berühmten 116. Athenäumsfragment bezeichnet, in dem es von der romantischen Poesie heißt, daß sie »am meisten zwischen dem Dargestellten und dem Darstellenden[150] frei von allem ... Interesse auf den Flügeln der poetischen Reflexion in der Mitte schweben, diese Reflexion immer wieder potenzieren und wie in einer endlosen Reihe von Spiegeln vervielfachen« kann. Von dem produktiven und rezeptiven Verhältnis zur Kunst sagt Schlegel: »Das Wesen des poetischen Gefühls liegt vielleicht darin, daß man sich ganz aus sich selbst affizieren ... kann«[151]. Das heißt: Der Indifferenzpunkt der

149 Vorlesungen 63.
150 Der Dichter und sein Gegenstand sind hier als Reflexionspole zu denken.
151 A 433.

Reflexion, an dem diese aus dem Nichts entspringt, ist das poetische Gefühl. Ob in dieser Formulierung eine Beziehung auf Kants Theorie vom freien Spiel der Gemütsvermögen liegt, in welchem der Gegenstand als ein Nichts zurücktritt, um nur den Anlaß einer selbsttätigen, inneren Stimmung des Geistes zu bilden, wird sich schwer entscheiden lassen. Übrigens liegt die Untersuchung des Verhältnisses der frühromantischen zu der Kantischen Kunsttheorie nicht im Rahmen dieser Monographie über den romantischen Begriff der Kunstkritik, weil von hier aus jenes Verhältnis nicht erfaßt werden kann. – In vielen Wendungen hat auch Novalis zu verstehen gegeben, daß die Grundstruktur der Kunst die des Reflexionsmediums sei. Der Satz: »Dichtkunst ist wohl nur willkürlicher, tätiger, produktiver Gebrauch unserer Organe – und vielleicht wäre Denken selbst nicht viel etwas anderes – und Denken und Dichten also einerlei«[152] ähnelt sehr dem oben angezogenen Schlegelschen Ausspruch in den Vorlesungen, und weist in jene Richtung. Ganz deutlich faßt Novalis die Kunst als das Reflexionsmedium κατ' ἐξοχὴν auf, verwendet das Wort Kunst geradezu als terminus technicus für dasselbe, wenn er sagt: »Der Anfang des Ich ist bloß idealisch ... der Anfang entsteht später als das Ich; darum kann das Ich nicht angefangen haben. Wir sehen daraus, daß wir hier im Gebiet der Kunst sind«[153]. Und wenn er fragt: »Gibt es eine Erfindungskunst ohne Data, eine absolute Erfindungskunst?«[154], so ist dies einerseits die Frage nach einem absoluten neutralen Ursprung der Reflexion und andererseits hat er selbst in seinen Schriften oft genug die Dichtkunst als jene absolute Erfindungskunst ohne Data gekennzeichnet. Er legt gegen die Theorie der Brüder Schlegel von der Künstlichkeit Shakespeares Verwahrung ein und erinnert sie, daß die Kunst »gleichsam die sich selbst beschauende, sich selbst nachahmende, sich selbst bildende Natur ist«[155]. Dabei ist weniger die Meinung, daß die Natur das Substrat der Reflexion und der Kunst sei, als daß die Integrität und Einheit des Reflexionsmediums gewahrt bleiben solle. Für diese scheint Novalis an dieser Stelle Natur ein besserer Ausdruck als Kunst, und so soll man es nach ihm auch für die Erscheinungen der Poesie bei dieser Bezeichnung, die doch nur für das Absolute steht, belassen. Oft aber wird er ganz übereinstimmend mit Schlegel die Kunst für den Prototyp des Reflexionsmediums

152 Schriften herausgegeben von Minor III, 14.
153 Schriften 496.
154 Schriften 478.
155 Schriften 277.

halten und dann sagen: »Die Natur zeugt, der Geist macht. Il est beaucoup plus commode d'être fait que de se faire lui-même (sic!)«[156]. Also ist Reflexion das Ursprüngliche und Aufbauende in der Kunst wie in allem Geistigen. So entsteht Religion nur, indem »das Herz ... sich selbst empfindet«[157], und für die Poesie gilt, daß sie »ein sich selbst bildendes Wesen ist«[158].

Die Erkenntnis in dem Reflexionsmedium der Kunst ist die Aufgabe der Kunstkritik. Für sie gelten alle diejenigen Gesetze, welche allgemein für die Gegenstandserkenntnis im Reflexionsmedium bestehen. Die Kritik ist also gegenüber dem Kunstwerk dasselbe, was gegenüber dem Naturgegenstand die Beobachtung ist, es sind die gleichen Gesetze, die sich an verschiedenen Gegenständen modifiziert ausprägen. Wenn Novalis sagt: »Was zugleich Gedanke und Beobachtung ist, ist ein kritischer ... Keim«[159], so spricht er zwar in tautologischer Rede, denn die Beobachtung ist ein Denkprozeß – die nahe Verwandtschaft zwischen Kritik und Beobachtung aus. Kritik ist also gleichsam ein Experiment am Kunstwerk, durch welches dessen Reflexion wachgerufen, durch das es zum Bewußtsein und zur Erkenntnis seiner selbst gebracht wird. »Die echte Rezension sollte ... das Resultat und die Darstellung eines philologischen Experiments und einer literarischen Recherche sein.«[160] Wiederum nennt Schlegel eine »sogenannte Recherche ... ein historisches Experiment«[161], und im Rückblick auf seine kritische Tätigkeit, den er 1800 anstellte, sagte er: »ich werde es mir nicht versagen, mit den Werken der poetischen und der philosophischen Kunst, wie bisher, so auch ferner für mich und für die Wissenschaft zu experimentieren«[162]. Das Subjekt der Reflexion ist im Grunde das Kunstgebilde selbst, und das Experiment besteht nicht in der Reflexion *über* ein Gebilde, welche dieses nicht, wie es im Sinn der romantischen Kunstkritik liegt, wesentlich alterieren könnte, sondern in der Entfaltung der Reflexion, d. h. für den Romantiker: des Geistes, *in* einem Gebilde.

Sofern Kritik Erkenntnis des Kunstwerks ist, ist sie dessen Selbsterkenntnis; sofern sie es beurteilt, geschieht es in dessen Selbstbeur-

156 Schriften 490
157 Schriften 278 f.
158 Schriften 331.
159 Schriften 440.
160 A 403
161 A 427.
162 Jugendschriften II, 423

teilung. Die Kritik geht in dieser letzten Ausprägung über die Beobachtung hinaus, es zeigt sich in dieser die Verschiedenheit des Kunstgegenstandes von dem der Natur, der keine Beurteilung zuläßt. Der Gedanke der Selbstbeurteilung auf der Grundlage der Reflexion ist auch außerhalb des Gebietes der Kunst den Romantikern nicht fremd. So liest man bei Novalis: »Die Philosophie der Wissenschaften hat ... drei Perioden. Die thetische der Selbstreflexion der Wissenschaft, die andere der entgegengesetzten, antinomischen Selbstbeurteilung der Wissenschaft und die synkritische Selbstreflexion und Selbstbeurteilung zugleich«[163]. Was die Selbstbeurteilung in der Kunst betrifft, so heißt es in der für Schlegels Theorie der Kritik bezeichnenden Rezension des »Wilhelm Meister«: »Glücklicherweise ist es eben eins von den Büchern, welche sich selbst beurteilen«[164]. Novalis sagt: »Rezension ist Complement des Buchs. Manche Bücher bedürfen keiner Rezension, nur einer Ankündigung; sie enthalten schon die Rezension mit«[165].

[...]

163 Schriften 441.
164 Jugendschriften II, 172.
165 Schriften 460.

Wort und Schrift im Barock

[...]

Diese Dichtung war in der Tat unfähig, den derart ins bedeutende Schriftbild gebannten Tiefsinn im beseelten Laut zu entbinden. Ihre Sprache ist voll von materialischem Aufwand. Niemals ist unbeschwingter gedichtet worden. Die Umdeutung der antiken Tragödie ist um nichts befremdender als die neue Hymnenform, die dem – wie immer dunklen und barocken – Schwung des Pindar gleichen wollte. Dem deutschen Trauerspiele des Jahrhunderts ist – mit Baader zu reden – nicht gegeben, sein Hieroglyphisches lautbar zu machen. Denn seine Schrift verklärt sich im Laute nicht; vielmehr bleibt dessen Welt ganz selbstgenugsam auf die Entfaltung ihrer eigenen Wucht bedacht. Schrift und Laut stehen in hochgespannter Polarität einander gegenüber. Ihr Verhältnis begründet eine Dialektik, in deren Licht der ›Schwulst‹ als durch und durch planvolle, konstruktive Sprachgeberde sich rechtfertigt. Die Wahrheit zu sagen, fällt diese Ansicht der Sache, als der reichsten und glücklichsten eine, dem, der die Quellenschriften aufgeschlossen vornimmt, in den Schoß. Nur wo ein Schwindel vor der Tiefe ihres Abgrunds die Kraft des forschenden Durchdenkens überwog, konnte der Schwulst zum Popanz der epigonalen Stilistik werden. Die Kluft zwischen bedeutendem Schriftbild und berauschendem Sprachlaut nötigt, wie das gefestete Massiv der Wortbedeutung in ihr aufgerissen wird, den Blick in die Sprachtiefe. Und wiewohl das Barock die philosophische Reflexion über dieses Verhältnis nicht kannte, geben Böhmes Schriften nicht zu mißdeutende Winke. Jakob Böhme, der größten Allegoriker einer, hat, wo er auf Sprache zu reden kommt, den Wert des Lautes dem stummen Tiefsinn gegenüber hochgehalten. Er hat die Lehre von der ›sensualischen‹ oder Natur-Sprache entwickelt. Und zwar ist diese nicht – das ist entscheidend – das Lautwerden der allegorischen Welt, als welche vielmehr ins Schweigen gebannt bleibt. ›Wortbarock‹ und ›Bildbarock‹ – wie Cysarz diese Ausdrucksformen nur eben benannt hat – sind polar ineinander fundiert. Unermeßlich ist im Barock die Spannung zwischen Wort und Schrift. Das Wort, so darf man sagen, ist die Ekstase der Kreatur, ist Bloßstellung, Vermessenheit, Ohnmacht vor Gott; die Schrift ist ihre Sammlung, ist Würde, Überlegenheit, Allmacht über die Dinge der Welt. So wenigstens gilt es im Trauerspiel, während in Böhmes freundlicherer Anschauung ein positiveres Bild der Lautsprache steht. »Das ewige Wort oder Göttliche Hall oder Stimme/ welches ein Geist ist/ das hat sich in Formungen als in ein außgesprochen Wort oder Hall mit der Gebährung des grossen Mysterii eingeführet/ und wie das Freuden-spiel im Geiste der ewigen Gebährung in sich selber ist/ also ist auch der Werckzeug/ als die außgesprochene Form in sich selber/ welches der lebendige Hall führet/ und mit seinem eigenen ewigen Willen-geist schläget/ daß es lautet und hallet/ gleich wie eine Orgel von vielen Stimmen mit einer einigen Lufft getrieben wird/ daß eine jede Stimme/ ja eine jede Pfeiffe ihren Thon gibt.«[57] »Alles was von GOtt geredet/ geschrieben oder gelehret wird/ ohne die Erkäntnüß der Signatur, das ist stumm und ohne Verstand/ dann es kommt nur aus einem historischen Wahn/ von einem andern Mund/ daran der Geist ohne Erkäntnüß stumm ist: So ihm aber der Geist die Signatur eröffnet/ so verstehet er des andern Mund/ und versteht ferner/ wie sich der Geist ... im Hall mit der Stimme hat offenbahret ... Dann an der äusserlichen Gestaltnüß aller Creaturen/ an ihrem Trieb und Begierde/ item, an ihrem außgehenden Hall/ Stimm oder Sprache/ kennet man den verborgenen Geist ... Ein jedes Ding hat seinen Mund zur Offenbahrung. Und das ist die Natur-sprache/ daraus jedes Ding aus seiner Eigenschaft redet/ und sich immer selber offenbahret.«[58] Die Lautsprache ist demnach der Bereich der freien, ursprünglichen Äußerung der Kreatur, wogegen das allegorische Schriftbild die Dinge in den exzentrischen Verschränkungen der Bedeutung versklavt. Diese Sprache, wie sie bei Böhme die der seligen, im Vers der Trauerspiele der gefallenen Kreaturen ist, wird als natürlich nicht nur ihrem Ausdruck, vielmehr selbst ihrer Genesis nach angesetzt. »Von den Wörtern ist dieses alte Streitfrage/ ob dieselbige(!)/ als äusserliche Anzeigungen unsers inwendigen Sinnbegriffs/ weren von Natur oder Chur/ natürlich oder willkührlich/ φύσει oder θέσει: Und wird von den Gelahrten/ was die Wörter in den Hauptsprachen betrifft/ dieses einer sonderbaren natürlichen Wirckung zugeschrieben.«[59] Selbstverständlich ging unter den »Hauptsprachen« die »deut-

Bei den Anmerkungen wurden gegenüber der Ausgabe der *Gesammelten Schriften* die bibliographischen Nachweise, die dort aufgrund des internen Verweissystems bereits früher erfolgen, ergänzt. Die Numerierung der Ausgabe der *Gesammelten Schriften* wurde – wie auch bei den anderen Texten in diesem Band – beibehalten.

57 Jacob Böhme: De signatura rerum. Amsterdam 1682. S. 208.
58 Böhme l. c. S. 5 u. S. 8/9.
59 Franz Julius von dem Knesebeck: Dreyständige Sinnbilder zu fruchtbringendem

sche Haupt- und Heldensprache« – so zum ersten Male in Fischarts »Geschichtsklitterung« 1575 – voran. Ihre unmittelbare Abstammung vom Hebräischen war weitverbreitete Theorie und nicht die radikalste. Andere führten das Hebräische, Griechische, Lateinische sogar aufs Deutsche zurück. Man »bewies«, sagt Borinski, »in Deutschland historisch aus der Bibel, daß ursprünglich die ganze Welt, also auch die des klassischen Altertums, deutsch sei«[60]. So suchte man einerseits die entlegensten Bildungsgehalte sich anzueignen, andererseits war man darauf bedacht, das Erkünstelte dieser Haltung zu vertuschen und bemühte sich um eine heftige Verkürzung der historischen Perspektive. Im gleichen atmosphärenlosen Raum ist alles aufgestellt. Was aber die gänzliche Angleichung aller Lautphänomene an einen Urstand der Sprache betrifft, so wurde die bald spiritualistisch, bald ins Naturalistische gewendet. Die Theorie von Böhme und die Praxis der Nürnberger bezeichnen die Extreme. Für beides lag bei Scaliger ein, gewiß nur sachlicher, Ausgangspunkt. Die fragliche Stelle der »Poetik« lautet merkwürdig genug. »In A, latitudo. In I, longitudo. In E, profunditas. In O, coarctatio ... Multum potest ad animi suspensionem, quae in Voto, in Religione: praesertim cum producitur, vt dij. etiam cum corripitur: Pij. Et ad tractum omnen denique designandum, Littora, Lites, Lituus, It, Ira, Mitis, Diues, Ciere, Dicere, Diripiunt ... Dij, Pij, Iit: non sine manifestissima spiritus profectione. Lituus non sine soni, quem signficat, similitudine ... P, tamen quandam quaerit firmitatem. Agnosco enim in Piget, pudet, poenitet, pax, pugna, pes, paruus, pono, pauor, piger, aliquam fictionem. Parce metu, constantiam quandam insinuat. Et Pastor plenius, quam Castor. sic Plenum ipsum, et Purum, Posco, et alia eiusmodi. T, vero plurimum sese ostentat: Est enim litera sonitus explicatrix, fit namque sonus aut per S, aut per R, aut per T. Tuba, tonitru, tundo. Sed in fine tametsi maximam verborum claudit apud Latinos partem, tamen in iis, quae sonum afferunt, affert ipsum quoque soni non minus. Rupit enim plus rumpit, quam Rumpo.«[61] Analog, unabhängig von Scaliger selbstverständlich, hat Böhme seine Lautspekulationen verfolgt. »Nicht als ein Reich der Wörter, sondern ... in ihre Laute und Klange

Nutzen und beliebender ergetzlichkeit ausgefertigt durch den Geheimen [Franz Julius von dem Knesebeck]. Braunschweig 1643. »Kurtzer Vorbericht An den Teutschliebenden und geneigten Leser« Bl. aa/bb.

60 Karl Borinski: Die Antike in Poetik und Kunsttheorie. Bd. 2. Leipzig 1924. S. 18

61 Julius Caesar Scaliger: Poetices libri septem. Editio quinta. [Genf] 1617.

aufgelöst«[62], steht die Sprache der Kreaturen ihm im Gemüt. »A war ihm der erste Buchstabe, der aus dem Herzen dringt, i das Zentrum der höchsten Liebe, das r weil es ›schnarrt, prasselt und rasselt‹, hat den Charakter des Feuerquelles, s war ihm heiliges Feuer.«[63] Man darf annehmen: die Evidenz, welche solche Beschreibungen damals gehabt haben, verdanken sie zum Teil der Lebenskraft der Dialekte, die noch überall in Blüte standen. Denn die Normierungsversuche der Sprachgesellschaften beschränkten sich auf das Schriftdeutsch. – Andrerseits wurde die kreatürliche Sprache naturalistisch als onomatopoetisches Gebilde beschrieben. Buchners Poetik ist dafür bezeichnend und führt darin nur seines Lehrers Opitz Meinung durch[64]. Eigentliche Onomatopoetik ist zwar gerade nach Buchner in den Trauerspielen nicht statthaft[65]. Aber eben das Pathos ist gewissermaßen der königliche Naturlaut des Trauerspiels. Am weitesten gehen die Nürnberger. Klajus behauptet, »es sei kein Wort im Deutschen, welches nicht Dasjenige, was es bedeute, durch ein ›sonderliches Gleichniß‹ ausdrükke«[66]. Umgekehrt wendet Harsdörffer den Satz. »Die Natur redet in allen Dingen/ welche ein Getön von sich geben/ unsere Teutsche Sprache/ und daher haben etliche wähnen wollen/ der erste Mensch Adam habe das Geflügel und alle Thier auf Erden nicht anderst als mit unseren Worten nennen können/ weil er jedes eingeborne selbstlautende Eigenschafft Naturmäßig ausgedruket; und ist sich deswegen nicht zu verwundern/ daß unsere Stammwörter meinsten Theils mit der heiligen Sprache gleichstimmig sind.«[67] Daraus leitete er die Aufgabe der deutschen Lyrik ab, »diese Sprache der Natur gleichsam in Worten und Rhythmen aufzufangen. Für ihn wie auch für Birken war eine solche Lyrik sogar eine religiöse Forderung, weil Gott es ist, der sich im Rauschen der Wälder ... und im Brausen des Sturmes

62 Paul Hankamer: Die Sprache. Ihr Begriff und ihre Deutung im sechzehnten und siebzehnten Jahrhundert. Ein Beitrag zur Frage der literarhistorischen Gliederung des Zeitraums. Bonn 1927. S. 159.

63 Josef Nadler: Literaturgeschichte der Deutschen Stämme und Landschaften. Bd. 2: Die Neustämme von 1300, die Altstämme von 1600-1780. Regensburg 1913. S. 78.

64 Cf. auch Schutzschrift/ für Die Teutsche Spracharbeit/ und Derselben Beflissene. durch den Spielenden [Georg Philipp Harsdörffer]. In: Frauenzimmer Gesprechspiele. Erster Theil. nürnberg 1644. S. 12 [der besonderen Paginierung].

65 Cf. Hans Heinrich Borcherdt: Augustus Buchner und seine Bedeutung für die deutsche Literatur des siebzehnten Jahrhunderts. München 1919. S. 84/85 u. S. 77 (Anm. 2).

66 Julius Tittmann: Die Nürnberger Dichterschule. Harsdörffer, Klaj, Birken. Beitrag zur deutschen Literatur- und Kulturgeschichte des siebzehnten Jahrhunderts. (Kleine Schriften zur deutschen Literatur- und Kulturgeschichte. I.) Göttingen 1847.

67 Harsdörffer: Schutzschrift für die deutsche Spracharbeit l. c. S. 14.

offenbart.«[68] Ähnliches kommt im Sturm und Drang wieder zum Vorschein. »Die allgemeine Sprache der Völker ist Thränen und Seufzer; – ich verstehe auch den hülflosen Hottentotten und werde mit Gott, wenn ich aus Tarent bin, nicht taub sein! ... Der Staub hat Willen, das ist mein erhabenster Gedanke an den Schöpfer, und den allmächtigen Trieb zur Freiheit schätz' ich auch in der sich sträubenden Fliege.«[69] Das ist die Philosophie der Kreatur und ihrer Sprache, gelöst aus dem Zusammenhang des Allegorischen.

Die Ableitung des Alexandriners als Versform des barocken Trauerspiels aus jener strengen Unterschiedenheit der beiden Hälften, die oft zur Antithetik führt, reicht nicht ganz hin. Nicht weniger charakteristisch ist, wie mit der logischen – und wenn man will: der klassizistischen – Gestaltung der Fassade die phonetische Wildheit im Innern kontrastiert. Ist doch, mit Omeis zu reden, der »tragische Stilus ... mit prächtigen, langtönenden Wörtern angefüllet«[70]. Wenn man im Angesicht der kolossalen Proportion barocker Baukunst und barocker Malerei die »Raumerfüllung vortäuschende Eigenschaft«[71] von beiden hervorheben konnte, so hat die im Alexandriner malerisch ausladende Sprache des Trauerspiels die gleiche Aufgabe. Die Sentenz muß – so stationär auch die von ihr getroffene Handlung im Moment verharrt – Bewegung wenigstens vortäuschen; darin lag eine technische Notwendigkeit des Pathos. Deutlich wird die Gewalt, die noch Sentenzen, weil überhaupt dem Verse, eignet, von Harsdörffer anschaulich gemacht. »Warum solche Spiele meistentheils in gebundner Rede geschrieben werden? Antwort: weil die Gemüter eifferigst sollen bewegt werden/ ist zu den Trauer- und Hirtenspielen das Reimgebäud bräuchlich/ welches gleich einer Trompeten die Wort/ und Stimme einzwenget/ daß sie so viel grössern Nachdruk haben.«[72] Und da die an dem Bilderfundus oftmals unfrei haftende Sentenz das Denken gern in ausge-

68 Fritz Strich: Der lyrische Stil des siebzehnten Jahrhunderts. In: Abhandlungen zur deutschen Literaturgeschichte. Franz Muncker zum 60. Geburtstage dargebracht von Eduard Berend [u. a.]. München 1916. S. 45/46.

69 Johann Anton Leisewitz: Sämtliche Schriften. Zum erstenmale vollständig gesammelt und mit einer Lebensbeschreibung des Autors eingeleitet. Nebst Leisewitz' Portrait und einem Facsimile. Einzig rechtmäßige Gesammtausgabe. Braunschweig 1838. S. 45/46 (Julius von Tarent II, 5).

70 Magnus Daniel Omeis: Gründliche Anleitung zur Teutschen accuraten Reim- und Dichtkunst. Nürnberg 1704; zitiert nach Georg Popp: Über den Begriff des Dramas in den deutschen Poetiken des 17. Jahrhunderts. Diss., Leipzig 1895. S. 45.

71 Borinski: Die Antike in Poetik und Kunsttheorie. Bd. I, l. c. S. 190.

72 Harsdörffer: Poetischer Trichter. 2. Teil. Nürnberg 1648. S. 78/79.

fahrne Gleise schiebt, wird Lautliches um so beachtenswerter. Unvermeidlich war, daß die stilkritische Behandlung auch des Alexandriners dem allgemeinen Irrtum der älteren Philologie verfiel, die antiken Anregungen oder auch Vorwände der Formgebung als die Indizien ihres Wesens hinzunehmen. Typisch ist folgende in ihrem ersten Teile sehr zutreffende Anmerkung aus Richters Untersuchung »Liebeskampf 1630 und Schaubühne 1670«: »Der besondere Kunstwert der großen Dramatiker des 17. Jahrhunderts hängt mit der schöpferischen Ausprägung ihres Wortstiles aufs engste zusammen. Viel mehr als die Charakteristik oder gar die Komposition ... behauptet die hohe Tragödie des 17. Jahrhunderts ihre einzige Stellung durch das, was sie mit den rhetorischen Kunstmitteln, die in letzter Linie immer auf die Antike zurückgehen, leistet. Aber die bilderschwere Gedrungenheit und der festgefügte Bau der Perioden und Stilfiguren widerstrebten nicht nur dem Gedächtnis der Schauspieler, sondern sie wurzelten doch in dieser völlig heterogenen Formwelt der Antike so sehr, daß der Abstand von der Volkssprache ein unendlich großer war... Es ist bedauerlich, daß man ... keinerlei Dokumente darüber besitzt, wie sich der Durchschnittsmensch mit ihr abfand.«[73] Wäre selbst die Sprache dieser Dramen ausschließlich Gelehrtenangelegenheit gewesen, so hätten Ungeschulte immer an den Schaustücken ihre Freude gehabt. Aber der Schwulst entsprach den Ausdrucksimpulsen der Zeit, und diese Impulse pflegen ungleich stärker zu sein, als der verstandesmäßige Anteil an einer bis in die Einzelheiten transparenten Fabel. Die Jesuiten, die sich meisterhaft auf das Publikum verstanden, haben bei ihren Aufführungen kaum ein ausschließlich lateinkundiges Auditorium gehabt[74]. Sie durften der alten Wahrheit sich überzeugt halten, daß die Autorität einer Äußerung so wenig von ihrer Faßlichkeit abhängt, daß sie durch Dunkelheit vielmehr gesteigert werden kann.

Die sprachtheoretischen Grundsätze und die Gepflogenheiten dieser Dichter treiben ein Grundmotiv allegorischer Anschauung an einer durchaus überraschenden Stelle hervor. In den Anagrammen, den onomatopoetischen Wendungen und vielen Sprachkunststücken anderer Art stolziert das Wort, die Silbe und der Laut, emanzipiert von jeder hergebrachten Sinnverbindung, als Ding, das allegorisch aus-

73 Werner Richter: Liebeskampf 1630 und Schaubühne 1670. Ein Beitrag zur deutschen Theatergeschichte des siebzehnten Jahrhunderts. Berlin 1910. (Palaestra 78.) S. 170/171.

74 Cf. Fleming: Geschichte des Jesuitentheaters in den Landen deutscher Zunge. Berlin 1923. S. 270 ff.

gebeutet werden darf. Die Sprache des Barock ist allezeit erschüttert von Rebellionen ihrer Elemente. Und die folgende Stelle aus Calderons Herodesdrama ist nur der Anschaulichkeit nach, dank ihrer Kunst, verwandten, insbesondere des Gryphius, überlegen. Durch einen Zufall wird Mariamne, des Herodes Gattin, der Fetzen eines Briefes ansichtig, in welchem ihr Gemahl, für den Fall seines eigenen Todes, sie, seine vermeintlich gefährdete Ehre zu wahren, zu töten befiehlt. Diese Fetzen nimmt sie vom Boden auf und von ihrem Inhalt gibt sie in höchst prägnanten Versen sich Rechenschaft. »Was enthalten denn die Blätter? | Tod ist gleich das erste Wort, | Das ich finde; hier steht: Ehre, | Und dort les' ich: Mariamne. | Was ist dieses? Himmel, rette! | Denn sehr viel sagt in drei Worten | Mariamne, Tod und Ehre. | Hier steht: in der Stille; hier: | Würde; hier: heischt; und hier: Streben; | Und hier: sterb' ich, fährt es fort. | Doch was zweifl' ich? Schon belehren | Mich die Falten des Papiers, | Die, entfaltend solchen Frevel, | Auf einander sich beziehen. | Flur, auf deinem grünem Teppich, | Laß mich sie zusammen fügen!«[75] Die Worte erweisen sich noch in ihrer Vereinzelung verhängnisvoll. Ja man ist versucht zu sagen, schon die Tatsache, daß sie, so vereinzelt, noch etwas bedeuten, gibt dem Bedeutungsrest, der ihnen verblieb, etwas Drohendes. Dergestalt wird die Sprache zerbrochen, um in ihren Bruchstücken sich einem veränderten und gesteigerten Ausdruck zu leihen. Das Barock hat in die deutschen Rechtschreibung die Majuskel eingebürgert. Nicht nur der Anspruch auf Pomp sondern zugleich das zerstückelnde, dissoziierende Prinzip der allegorischen Anschauung kommt darin zur Geltung. Zweifellos haben zunächst von den großgeschriebenen Worten viele für den Leser einen Einschlag ins Allegorische gewonnen. Die zertrümmerte Sprache hat in ihren Stücken aufgehört, bloßer Mitteilung zu dienen und stellt als neugeborner Gegenstand seine Würde neben die der Götter, Flüsse, Tugenden und ähnlicher, ins Allegorische hinüberschillernder Naturgestalten. So ganz besonders drastisch, wie gesagt, beim jüngern Gryphius. Läßt ein Gegenstück zu der unvergleichlichen Calderonstelle dem Deutschen sich auch weder hier noch sonst entnehmen, so tritt denn doch neben die Feinheit des Spaniers die Wucht des Andreas Gryphius nicht unrühmlich. Denn ganz erstaunlich meistert er die Kunst, Personen wie mit ausgebrochenen Redestücken einander im Disput entgegnen zu lassen. So in der

75 Don Pedro Calderon de la Barca: Schauspiele. Übers. von J[ohann] D[iederich] Gries, Berlin 1818. Bd. 3, S. 316 (Eifersucht das größte Scheusal II).

»zweiten Abhandlung« des »Leo Armenius«. »Leo: Diß hauß wird stehn, dafern des hauses feinde fallen. | Theodosia: Wo nicht ihr fall verletzt, die dieses hauß umwallen. | Leo: Umwallen mit dem schwerdt. Theodosia: Mit dem sie uns beschützt. | Leo: Das sie auf uns gezuckt. Theodosia: Die unsern stuhl gestützt.«[76] Wo die Entgegnungen böse und heftig werden, finden sich Häufungen zerstückter Redeteile mit Vorliebe. Sie sind bei Gryphius zahlreicher als bei den Spätern[77] und fügen nebst den schroffen Lakonismen sich gut in das stilistische Gesamtbild seiner Dramen: denn beide rufen sie den Eindruck des Zerbrochenen und Chaotischen hervor. So glücklich diese Technik der Darstellung theatralischer Erregungen sich bietet, so wenig ist sie auf das Drama angewiesen. Als pastoralen Kunstgriff weiß sie sich in der folgenden Äußerung bei Schiebel: »Noch heutiges Tages bekömmt manchmal ein andächtiger Christ ein Tröpfflein Trostes/ (auch wohl ein Wörtgen nur/ aus einem geistreichen Liede oder erbaulichen Predigt/) das schlingt er (gleichsam) so appetitlich hinunter/ daß es ihm wohl gedeyet/ inniglich afficiret/ und dermassen erquicket/ daß er bekennen muß/ es stecke was Göttliches darunter.«[78] Nicht umsonst stellt solch eine Redewendung die Aufnahme der Worte gleichsam dem Geschmackssinn anheim. Lautliches ist und bleibt dem Barock ein rein Sinnliches; die Bedeutung ist in der Schrift zu Hause. Und das verlautbarte Wort wird nur gleichwie von einer unentrinnbaren Krankheit von ihr heimgesucht; im Austönen bricht es ab und eine Stauung des Gefühls, das sich zu ergießen bereit war, weckt die Trauer. Bedeutung begegnet hier und wird noch weiterhin begegnen als der Grund der Traurigkeit. Ihre äußerste Schärfe müßte die Antithetik von Laut und Bedeutung erhalten, wo es gelänge, beide in *einem* zu geben, ohne daß im Sinne des organischen Sprachbaus sie sich zusammenfänden. Diese deduzierbare Aufgabe ist mit einer Szene gelöst, die als Meisterstück in einer übrigens uninteressanten wiener Haupt- und Staatsaktion prangt. In der »Glorreichen Marter Joannes von Nepomuck« zeigt im ersten Akt die vierzehnte Szene einen der Intriganten (Zytho) als Echo bei den mythologischen Reden seines Opfers (Quido) fungieren, wie er mit todverheißenden Bedeutungen

76 Andreas Gryphius: Trauerspiele. Hrsg. von Hermann Palm. Tübingen 1882. S. 62. (Leo Armenius II, S. 455 ff.).

77 Cf. Paul Stachel: Seneca und das deutsche Renaissancedrama. Studien zur Literatur- und Stilgeschichte des 16. und 17. Jahrhunderts. Berlin 1907. (Palaestra. 46.) S. 261.

78 Johann Georg Schiebel: Neu-erbauter Schausaal. Nürnberg 1684. S. 358.

ihnen Antwort gibt[79]. Das Umschlagen des rein Lautlichen der kreatürlichen Sprache in die bedeutungsschwangere Ironie, die aus dem Munde des Intriganten zurücktönt, ist für das Verhältnis dieser Charge zur Sprache höchst kennzeichnend. Der Intrigant ist der Herr der Bedeutungen. Im harmlosen Erguß einer onomatopoetischen Natursprache sind sie die Hemmung und Ursprung einer Trauer, an welcher mit ihnen der Intrigant schuld ist. Wenn nun gerade das Echo, die eigentliche Domäne eines freien Lautspiels, von Bedeutung sozusagen befallen wird, so mußte vollends dies als eine Offenbarung des Sprachlichen, wie jene Zeit es fühlte, sich erweisen. Dafür war denn auch eine Form vorgesehn. »Etwas sehr ›artiges‹ und Beliebtes ist das Echo, das die letzten zwei oder drei Silben einer Strophe wiederholt, und zwar oft durch Weglassung eines Buchstabens so, daß es wie Antwort, Warnung oder Prophezeiung klingt.« Dies Spiel wie andre seinesgleichen, die man so leicht für Allotria nahm, redet also zur Sache selber. In ihnen verleugnet sich die Sprachgeberde des Schwulstes so wenig, daß sie sehr wohl seine Formel illustrieren könnten. Die Sprache, die einerseits in der Klangfülle kreatürlich ihr Recht sich zu nehmen sucht, ist andererseits im Verlauf der Alexandriner unausgesetzt an eine forcierte Logizität gebunden. Dies das stilistische Gesetz des Schwulstes, die Formel von »Asiatischen Worten«[80] der Trauerspiele. Die Geste, welche dergestalt sich die Bedeutung einzukörpern sucht, ist eins mit der gewaltsamen Verformung der Geschichte. In der Sprache wie im Leben allein die Typik kreatürlicher Bewegung anzunehmen und doch das Ganze der Kulturwelt von der Antike bis zum christlichen Europa auszusprechen – das ist die außerordentliche Gesinnung, die auch im Trauerspiel sich nie verleugnet. Seiner ungeheuer gekünstelten Ausdrucksweise liegt also dieselbe extreme Natursehnsucht zum Grunde wie den Schäferspielen. Andererseits ist gerade diese Ausdrucksweise, welche nur repräsentiert – nämlich die Natur der Sprache repräsentiert – und die profane Mitteilung tunlichst umgeht, höfisch, vornehm. Von einer wahren Überwindung des Barock, einer Versöhnung von Laut und Bedeutung, kann man vielleicht nicht früher als bei Klopstock dank der, von A. W. Schlegel so genannten, gleichsam ›grammatischen‹ Tendenz seiner Oden reden. Sein Schwulst beruht viel

79 Cf. Die Glorreiche Marter Johannes von Nepomuck; zitiert nach Karl Weiß: Die Wiener Haupt- und Staatsactionen. Ein Beitrag zur Geschichte des deutschen Theaters. Wien 1854. S. 148 ff.

80 Hallmann: Trauer-, Freuden- und Schäferspiele. Breßlau o. J. [1648]. S. 1. [der unpaginierten Vorrede].

weniger auf Klang und Bild als auf der Wortzusammensetzung, der Wortstellung.

Die phonetische Spannung in der Sprache des XVII. Jahrhunderts führt geradezu auf die Musik als Widerpart der sinnbeschwerten Rede. Wie alle Wurzeln des Trauerspiels sich mit denen des Pastorale verschlingen, so auch diese. Was als tänzerischer ›Reyen‹ von Beginn an, als oratorischer Sprechchor je länger je mehr im Trauerspiel sich ansiedelt, bekennt sich im Schäferspiel ohne weiteres als opernhaft. Die »Leidenschaft für das Organische«[81], von der man längst beim bildlichen Barock gesprochen hat, ist nicht so leicht im dichterischen zu umreißen. Und immer wird dabei zu merken sein, daß nicht so sehr der äußeren Gestalt als der geheimnisvollen Innenräume des Organischen in solchen Worten zu gedenken ist. Aus diesen Innenräumen dringt die Stimme und recht betrachtet liegt in ihrer Herrschaft in der Tat ein, wenn man will, organisches Moment der Dichtung, wie es zumal bei Hallmann in oratorienhaften Einlagen zu studieren ist. Er schreibt: »Palladius: Der zuckersüsse Tantz ist Göttern selbst geweiht! | Antonius: Der zuckersüsse Tantz verzuckert alles Leid! | Svetonius: Der zuckersüsse Tantz beweget Stein' und Eisen! | Julianus: Den zuckersüssen Tantz muß Plato selber preisen! | Septitius: Der zuckersüsse Tantz besieget alle Lust! | Honorius: Der zuckersüsse Tantz erquicket Seel' und Brust!«[82] Aus stilistischen Gründen wird man annehmen können, daß solche Stellen im Chore gesprochen wurden[83]. So auch Flemming bei Gelegenheit des Gryphius: »Den Nebenrollen allzuviel zuzumuten ging nicht an. Drum läßt er sie wenig sprechen, faßt sie viel lieber zum Chor zusammen, und erreicht auf diese Weise wichtige künstlerische Wirkungen, die durch ein naturalistisches Sprechen der einzelnen nie sich hätten erreichen lassen. So wendet der Künstler den Zwang des Materiales zum Nutzen der künstlerischen Wirkung.«[84] Man hat an die Richter, Verschworenen und Trabanten im »Leo Armenius«, an den Hofstaat der Catharina, die Jungfrauen der Julia zu denken. Zur Oper drängte ferner die musikalische Ouvertüre, die dem Schauspiel bei Jesuiten und Protestanten voranging. Auch die

81 Wilhelm Hausenstein: Vom Geist des Barock. 3.-5. Aufl., München 1921. S. 14.

82 Hallmann: Trauer-, Freuden- und Schäferspiele l. c. »Sophia« S. 70 (V, 185 ff.); cf. S. 4 (I, 108 ff.).

83 Cf. Richard Maria Werner: Johann Christian Hallmann als Dramatiker. In: Zeitschrift für die österreichischen Gymnasien 50 (1899), S. 691. – Dagegen Horst Steger: Sein Leben und seine Werke. Diss., Leipzig (Druck: Weida i. Th.) 1909. S. 89.

84 Fleming: Andreas Gryphius und die Bühne. Halle a. d. S. 1921. S. 401.

choreographischen Einlagen wie der im tieferen Sinn choreographische Stil der Intrige sind dieser Entwicklung, welche zu Ende des Jahrhunderts die Auflösung des Trauerspiels in die Oper brachte, nicht fremd. – Die Zusammenhänge, auf welche diese Erinnerungen es abstellen, sind von Nietzsche in der »Geburt der Tragödie« entwickelt worden. Ihm war daran gelegen, Wagners ›tragisches‹ Gesamtkunstwerk gegen die spielerische Oper, welche im Barock sich vorbereitete, gebührend abzuheben. Er sagt ihr Fehde an in der Verwerfung des Rezitativs. Und damit stand er denn bei jener Form, die einer modischen Tendenz, den Urlaut aller Kreatur neu zu beleben, so ganz entsprach. »Man durfte sich ... dem Traume überlassen, jetzt wieder in die paradiesischen Anfänge der Menschheit hinabgestiegen zu sein, in der nothwendig auch die Musik jene unübertroffne Reinheit, Macht und Unschuld gehabt haben müßte, von der die Dichter in ihren Schäferspielen so rührend zu erzählen wußten ... Das Recitativ galt als die wiederentdeckte Sprache jenes Urmenschen; die Oper als das wiederaufgefundene Land jenes idyllisch oder heroisch guten Wesens, das zugleich in allen seinen Handlungen einem natürlichen Kunsttriebe folgt, das bei allem, was es zu sagen hat, wenigstens etwas singt, um, bei der leisesten Gefühlserregung, sofort mit voller Stimme zu singen ... Der kunstohnmächtige Mensch erzeugt sich eine Art von Kunst, gerade dadurch, daß er der unkünstlerische Mensch an sich ist. Weil er die dionysische Tiefe der Musik nicht ahnt, verwandelt er sich den Musikgenuß zur verstandesmäßigen Wort- und Tonrhetorik der Leidenschaft im stilo rappresentativo und zur Wohllust der Gesangeskünste; weil er keine Vision zu schauen vermag, zwingt er den Maschinisten und Decorationskünstler in seinen Dienst; weil er das wahre Wesen des Künstlers nicht zu erfassen weiß, zaubert er vor sich den ›künstlerischen Urmenschen‹ nach seinem Geschmack hin, d. h. den Menschen, der in der Leidenschaft singt und Verse spricht.«[85] So unzulänglich jeglicher Vergleich mit der Tragödie – von dem mit musikalischen zu schweigen – für die Erkenntnis von der Oper bleibt, so unverkennbar ist, daß von der Dichtung und zumal vom Trauerspiele aus die Oper als Verfallsprodukt erscheinen muß. Die Hemmung der Bedeutung wie der Intrige verliert ihr Gewicht und widerstandslos rollt der Verlauf der Opernfabel wie der Opernsprache ab, um im Banalen zu münden. Mit der Hemmung verschwindet Trauer,

85 Friedrich Nietzsche: Werke [2. Gesamtausg.] I. Abt., Bd. I: Die Geburt der Tragödie [usw.]. (Hrsg. von Fritz Koegel.) Leipzig 1895. S. 132 ff.

die Seele des Werks, und wie das dramatische Gefüge entleert wird, so auch das szenische, das nun, da die Allegorie, wo sie nicht fortfällt, taubes Schaustück wird, eine andre Rechtfertigung sich sucht.

Die schwelgerische Lust am bloßen Klang hat ihren Anteil am Verfall des Trauerspiels. Demungeachtet aber ist Musik – nicht dem Gefallen der Autoren, sondern ihrem eigenen Wesen nach – dem allegorischen Drama innig vertraut. Zumindest würde die Musikphilosophie der wahlverwandten Romantiker, die hier vernommen werden dürfen, dies lehren. Zumindest würde in ihr, und nur in ihr, die Synthesis der vom Barock bedachtsam aufgerissenen Antithetik und erst mit ihr das volle Recht der Antithetik sich ergeben. Zumindest ist mit einer dergestalt romantischen Betrachtungsart der Trauerspiele doch gefragt, wie die Musik bei Shakespeare und bei Calderon zu ihnen anders als rein theatralisch sich geselle. Denn das tut sie. Und so darf der folgenden Darlegung des genialen Johann Wilhelm Ritter zugemutet werden, eine Perspektive zu eröffnen, in welche das Eindringen als eine unverantwortliche Improvisation diese Darstellung sich versagen muß. Einer fundamentalen geschichtsphilosophischen Auseinandersetzung über Sprache, Musik und Schrift allein wäre es unternehmbar. Es folgen Stellen einer langen, wenn man so sagen darf monologisierenden, Abhandlung, in welcher dem Forscher aus einem Briefe über die Chladnischen Klangfiguren unterm Schreiben vielleicht fast absichtslos die vieles kräftig oder tastender umgreifenden Gedanken sich entspinnen: »Schön wäre es«, bemerkt er von jenen Linien, die auf einer mit Sand bedeckten Glasplatte beim Anschlagen verschiedener Töne verschieden sich abzeichnen, »wie, was hier äußerlich klar würde, genau auch wäre, was uns die Klangfigur innerlich ist: – Lichtfigur, Feuerschrift ... Jeder Ton hat somit seinen Buchstaben immediate bey sich ... Die so innige Verbindung von Wort und Schrift, – daß wir schreiben, wenn wir sprechen ... hat mich längst beschäftigt. Sage selbst: wie verwandelt sich uns wohl der Gedanke, die Idee ins Wort; und haben wir je einen Gedanken, oder eine Idee, ohne ihre Hieroglyphe, ihren Buchstaben, ihre Schrift? – Fürwahr, so ist es; aber wir denken gewöhnlich nicht daran. Daß einst aber, bey kräftigerer Menschennatur, wirklich mehr daran gedacht wurde, beweißt das Daseyn von Wort und Schrift. Ihre erste, und zwar absolute, Gleichzeitigkeit lag darin, daß das Sprachorgan selbst schreibt, um zu sprechen. Nur der Buchstabe springt, oder besser: Wort und Schrift sind gleich an ihrem Ursprunge eins, und keines ohne das andere möglich ... Jede Klangfigur eine electrische, und jede electrische eine

Klangfigur.«[86] »Ich wollte … also die Ur- oder Naturschrift auf electrischem Wege wiederfinden oder doch suchen.«[87] »Wirklich ist die ganze Schöpfung Sprache, und so buchstäblich durch das Wort geschaffen, und das geschaffene und schaffende Wort selbst … Diesem Wort ist aber auch im Großen der Buchstabe so unzertrennlich verbunden, als im Kleinen.«[88] »In solche Schrift und Nachschrift, Abschrift, gehört vornemlich alle bildende Kunst: Architectur, Plastik, Malerey, u.s.w.«[89] Mit dieser Ausführung schließt die virtuelle romantische Theorie der Allegorie gleichsam fragend ab. Und jede Antwort hätte diese Rittersche Divination unter die ihr gemäßen Begriffe zu bringen; Laut- und Schriftsprache, wie auch immer einander zu nähern, so doch nicht anders als dialektisch, als Thesis und Synthesis, zu identifizieren, jenem antithetischen Mittelgliede der Musik, der letzten Sprache aller Menschen nach dem Turmbau, die ihr gebührende zentrale Stelle der Antithesis zu sichern und wie aus ihr, nicht aber aus dem Sprachlaut unmittelbar, die Schrift erwächst, zu erforschen. Aufgaben, die weit über das Bereich romantischer Intuitionen wie auch untheologischen Philosophierens hinausliegen. Virtuell bleibt diese romantische Theorie des Allegorischen, dennoch ein unverkennbares Denkmal der Verwandtschaft von Barock und Romantik. Unnötig hinzuzufügen, daß eigentliche Erörterungen der Allegorie, wie Friedrich Schlegels im »Gespräch über die Poesie«[90] die Tiefe der Ritterschen Ausführung nicht erreichen, ja, Friedrich Schlegels laxem Sprachgebrauch gemäß, mit dem Satze, alle Schönheit sei Allegorie, doch wohl nichts weiter vorbringen wollen als den klassizistischen Gemeinplatz, sie sei Symbol. Anders Ritter. Mitten ins Zentrum allegorischer Anschauung trifft er mit seiner Lehre, alles Bild sei nur Schriftbild. Das Bild ist im Zusammenhange der Allegorie nur Signatur, nur Monogramm des Wesens, nicht das Wesen in seiner Hülle. Dennoch hat Schrift nichts Dienendes an sich, fällt beim Lesen nicht ab wie Schlacke. Ins Gelesene geht sie ein als dessen ›Figur‹. Die Drucker, ja die Dichter des Barock haben die Schriftfigur der intensivsten Aufmerksamkeit gewürdigt. Von Lohenstein weiß man, daß er

86 (J[ohann] W[ilhelm] Ritter:) Fragmente aus dem Nachlasse eines jungen Physikers. Ein Taschenbuch für Freunde der Natur. Hrsg. von J. W. Ritter [Herausgeberschaft fingiert!]. Zweytes Bändchen. Heidelberg 1810. S. 227 ff.

87 Ritter l. c. S. 230.

88 Ritter l. c. S. 242.

89 Ritter l. c. S. 246.

90 Cf. Friedrich Schlegel: Seine prosaischen Jugendschriften. Hrsg. von J[akob] Minor. 2. Bd.: Zur deutschen Literatur und Philosophie. 2. Aufl., Wien 1906. S. 364.

»die Umschrift des Kupfers: ›Castus amor Cygnis vehitur, Venus improba corvis‹ eigenhändig in ihrer besten Druckgestalt auf dem Papiere«[91] geübt hat. Herder findet – und das gilt heute noch – die Barockliteratur »im Druck und in Verzierungen ... fast unübertroffen«[92]. Und so ganz fehlte die Ahnung der umfassenden Zusammenhänge von Sprache und Schrift, die das Allegorische philosophisch begründen und die Lösung ihrer wahren Spannung in sich schließen, dem Zeitalter nicht. Wenn anders nämlich Strichs ebenso geistvolle wie einleuchtende Vermutung über die Bildergeschichte das Rechte trifft, bei denen »der Gedanke zugrunde gelegen haben mag, daß die wechselnde Länge der Verse, wenn sie eine organische Form nachbildet, auch einen organisch an- und abschwellenden Rhythmus ergeben muß«[93]. Durchaus in diese Richtung weist Birkens Meinung – dem Floridan der »Dannebergischen Helden-Beut« in den Mund gelegt – »jedes Naturgeschehen in dieser Welt könnte die Auswirkung oder Stoffwerdung eines kosmischen Schalls oder Klangs sein, selbst die Bewegung der Gestirne.« Das erst macht die sprachtheoretische Einheit von Wort- und Bildbarock.

[...]

91 Conrad Müller: Beiträge zum Leben und Dichten Daniel Caspars von Lohenstein. Breslau 1882. (Germanistische Abhandlungen. I.) S. 71 (Anm.)

92 J[ohann] G[ottfried] Herder: Vermischte Schriften. Bd. 5: Zerstreute Blätter. Zweyte, neu durchgesehene Ausgabe, Wien 1801. S. 193/194.

93 Strich l. c. S. 42.

ABC-Bücher vor hundert Jahren[1]

Kein Königspalast und kein Cottage eines Milliardärs hat ein Tausendstel der schmückenden Liebe erfahren, die im Laufe der Kulturgeschichte den Buchstaben zugewandt worden ist. Einmal aus Freude am Schönen und um sie zu ehren. Aber auch in listiger Absicht. Die Buchstaben sind ja die Säulen eines Tores, über dem ganz gut geschrieben stehen könnte, was Dante über den Pforten der Hölle las, und da sollte ihre rauhe Urgestalt die vielen Kleinen, die alljährlich durch dieses Tor müssen, nicht abschrecken. Jeden einzelnen dieser Pilaster behing man also mit Girlanden und Arabesken. Doch man kam erst sehr spät darauf, daß man dem Kinde die Sache nicht leichter machte, wenn man die Gerüste der Lettern mit maßlosen Zierformen überspannte, um sie anziehender zu gestalten.

Daneben begannen die Buchstaben schon früh einen Hof von Gegenständen um sich zu bilden. Die Älteren unter uns haben noch den Hut dienstfertig beim *h* hängen, die Maus harmlos am *m* knabbern sehen und das *r* als den dornigsten Teil der Rose kennen gelernt. Mit der bewegenden Hingabe an fremde Völker, an Kinder, an Deklassierte, die durch die europäische Aufklärung ging, mit dem Strahlen des Humanismus, von dem die Klassik eigentlich nur die Sonnenfinsternis ist, fiel dann mit einem Mal ganz anderes Licht in die Lesebücher. Die kleinen illustrierenden Gegenstände, die bis dahin verlegen um den herrschaftlichen Buchstaben herumgelungert hatten, oder gar in Kassetten, eng wie die Fensterchen in bürgerlichen Hausfassaden des 18. Jahrhunderts, gepreßt worden waren, gaben plötzlich revolutionäre Losungen aus. Die Ammen, Apotheker, Artilleristen, Adler und Affen, die Kinder, Kellner, Katzen, Kegeljungen, Köchinnen, Karpfen, die Uhrmacher, Ungarn, Ulanen erkannten ihre Solidarität. Sie beriefen große Konvente ein, Abordnungen aller A's, B's, C's usw. erschienen, und es ging auf ihren Versammlungen tumultuarisch zu. Wenn Rousseau sagt, daß alle Souveränität vom Volk stammt, so bekunden diese Tafeln es laut und entschieden: »Der Geist der Buchstaben stammt aus den Sachen. Uns, unser So-und-Nicht-anders-Sein, haben wir in diesen Buchstaben ausgeprägt. Nicht wir sind ihre Vasallen, sondern sie sind nur unser lautgewordener gemeinsamer Wille.«

1 [s. Abbildungen].

Abbildung 1: Das XY-Blatt ist das Kreuz aller ABC-Bücher. Daß die Holzschneider – Xylographen –, die man hier sieht, den schrulligen Gedanken gehabt haben, nur Männer mit X und Y (Xerxes, Xenophon, Young, Ypsilanti) in Holz zu schneiden, kommt unserem ABC-Künstler (es ist der berühmte Geißler) gerade recht.

Abbildung 2: Orbis pictus. Neuhaldensleben. Ohne Jahr. Eines der schönsten Kinderbücher aus dem Biedermeier. Es hat keinen Text. Der Künstler hat sich begnügt, jeder Tafel ein Blatt folgen zu lassen, auf dem alphabetisch geordnet die dargestellten Gegenstände verzeichnet sind. Sie fangen alle mit dem gleichen Buchstaben an. Hier ist es P und es sind dreiundzwanzig. Wer findet sie?

Abbildung 3: Das ist der Deckel zur »Reise nach Glücksland«, einem französischen Kinderbuch, das gegen 1840 in Paris erschien. Zu jeder Seite gehört eine ganzseitige feine Lithographie. Die Kinder, die die Reise machen, langweilen sich bald im Glücksland, wo es nur Spielzeug und Näschereien gibt. Voll Sehnsucht nach der Schule entfliehen sie diesem Paradies.

Abbildungen 4 und 5: Ein romantisches ABC-Buch aus Frankreich. Ohne Ort und Jahr. Auf jeder Seite ein Kind, dessen Vorname mit dem Buchstaben beginnt, der jeweils im Alphabet an der Reihe ist. Man hat aber schon zur Zeit des romantischen ABC-Buches lange durch Frankreich reisen können, ohne auf eine Querangal oder auf einen Ramorino zu stoßen.

Der Mensch in der Handschrift

Anja und Georg Mendelssohn, Der Mensch in der Handschrift. Leipzig: Verlag von E. A. Seemann (1928-)1930. VIII, 100 S.

Braucht dies Werk eine Empfehlung? Ich glaube nicht. Es wird ein großer Erfolg werden. Und ein durchaus verdienter.

Es steht auf der Höhe der graphologischen Wissenschaft. Es steht auf der Höhe der graphologischen Intuition. Es steht auf der Höhe der sprachlichen Darstellungskunst.

Es zeugt zudem – bei Werken mit psychoanalytischem Einschlag ist das erwähnenswert – von höchstem Takt. Wenigstens stellen Kürze und Präzision dieses Buches sich von einer gewissen Seite als Takt dar. Es sagt nirgends zu viel und sagt nichts zu oft. Daher ist seine Stimme mindestens ebensosehr erweckend wie unterweisend. Endlich ist es von jener seltenen produktiven Bescheidenheit, die den bezeichnet, der ganz und gar im Innern seiner Sache lebt, dem der Gedanke, ihr gegenüber selbstgefällig sich in Positur zu setzen, gar nicht kommen kann.

Wenn es etwas gegeben hat, was am Betrieb der Graphologie für den lauteren Menschen peinlich sein konnte, so war es die Süffisanz, mit der sie, in ihren vulgären Vertretern, sich an die Neugier und an die Klatschsucht der Spießer wandte, um denen nun ›Die Wahrheit‹ über Krethi und Plethi, eine Galerie entschleierter Charaktere von der Urahne bis zur Stütze der Hausfrau zu eröffnen. Die neueren wissenschaftlichen Versuche von Klages, von Ivanovic und anderen haben damit natürlich gar nichts zu schaffen. Aber so wehrhaft und eifersüchtig hat wohl das integrale Rätsel Mensch, das durch alle Analysen nur immer reiner ins Rätsel geläutert hindurchgeht, noch keiner gewahrt.

Das ist der rühmliche Ausdruck einer Methode, von welcher der erwähnte Takt der Darstellung nur die Erscheinung ist. Neu ist diese Methode nicht. In welchem Grade aber hier mit ihr Ernst gemacht wurde, das ist an diesem Werk das Entscheidende. Es stellt den Versuch dar, die Handschrift auch des zivilisierten Menschen durchaus als Bilderschrift zu erfassen. Und die Autoren haben den Kontakt mit der Bilderwelt in einem vordem unerreichten Maß zu bewahren verstanden. Man hat das Rechts und Links, das Oben und Unten, das Schräg und Steil, das Schwer und Fein einer Handschrift von jeher für ausschlaggebend gehalten. Aber darinnen geisterte immer noch ein vager Rest von Analogie und Metapher. Wenn es bei einer engen Schrift hieß: »Der hält das Seine zusammen, d. h. er ist sparsam«, so war das zwar richtig, aber die Sprache hatte die Kosten der graphologischen Einsicht zu tragen. Auch die »seelische Schaukraft«, die Klages aufruft, um sie zum Richter über das Formniveau, über das Mehr oder Minder von Reichtum, Fülle, Schwere, Wärme, Dichtigkeit oder Tiefe der Schrift zu machen, wird an entscheidenden Stellen auf das Bild stoßen, das wir schreibend in unsere Handschrift wickeln. Und daher das relative Recht, gegen Klages es geltend zu machen, daß die Erklärung der Handschrift als »fixierte Ausdrucksbewegung« nicht hinreicht. Denn »sie sagt: die Schrift ist determiniert durch die Geste – aber man kann diese Theorie erweitern: die Geste ist ihrerseits determiniert durch das *innere* Bild«.

Es ließe sich leicht entwickeln, wie gerade diese Bindung an das Bild die Gabe hat, im Graphologen den Widerstand gegen die Versuchung moralischer Schriftauswertung hervorzubringen, der heut und bis auf weiteres von ihm verlangt werden muß. Es wäre ja noch schöner, wenn er von sich aus über dergleichen Fragen sich mehr zu sagen getraute, als heute ein Mann von Ehre verantworten kann – nämlich gar nichts. Oder mit den Worten der Verfasser zu reden: »Die Beobachtung [...] lehrt, daß der Mensch sowohl die Licht- als auch die Schattenseiten seiner Eigenart in sich trägt.« Alles Moralische ist ohne Physiognomie, ein Ausdrucksloses, das unsichtbar oder blendend aus der konkreten Situation herausspringt. Es kann gewährleistet, aber nie und nimmer gewahrsagt werden. Wohin es führt, darüber sich hinwegzusetzen, hat gerade die bedeutende Graphologie von Klages gezeigt. Wenn die Verfasser von seinem Grundbegriff, dem Formniveau, abrücken, an dessen Höhe oder Tiefe Klages zugleich den sittlichen Gradmesser für den Charakter des Schreibenden zu besitzen glaubt, so wird das durch die Abstrusitäten gerechtfertigt, die durch die Lebensphilosophie dieses Forschers seiner Graphologie auferlegt worden sind. »Lebensfülle der Menschheit und Ausdrucksgehalt ihrer seelischen Niederschläge sind seit der Renaissance in beständigem, seit der französischen Revolution in reißendem Absinken begriffen; dergestalt, daß auch die reichste und begabteste Persönlichkeit von heute als an einem unvergleichlich ärmeren Medium partizipierend, nur allerhöchstens die Fülle dessen erreicht, was vor vier oder fünf Jahrhunderten *Durchschnitt* war.« Daß solche Gedankengänge für den Streiter Klages ihren Ort und ihr Recht haben, ist nichts Neues. Es wäre aber unleidlich, die

Graphologie als Schwingungsmedium für solche Lebensphilosophien oder Geheimlehren sich denken zu müssen. In welchem Grade es ihr gelingt, von jedem Sektenwesen unabhängig sich zu behaupten, ist für den Augenblick ihre Existenzfrage. Und es ist klar, daß die Antwort nicht im Sinne einer Abschließung, sondern nur der schöpferischen Indifferenz, eines »extrême milieu« möglich ist.

Der Standort solcher schöpferischen Indifferenz ist natürlich niemals auf der goldenen Mittelstraße zu suchen. Denn diese Indifferenz ist dialektischer, unablässig erneuter Ausgleich, kein geometrischer Ort sondern Bannkreis eines Geschehens, Kraftfeld einer Entladung. Für die Theorie der Handschriftendeutung nun ließe, andeutungsweise, dieser Bereich geradezu durch den dynamischen (nicht mechanischen) Ausgleich zwischen den Lehren von Mendelssohn und von Klages sich darstellen. Ihr Antagonismus ist darum so wichtig, weil er so fruchtbar ist. Er liegt begründet in jenem von Leib und Sprache.

Die Sprache hat einen Leib und der Leib hat eine Sprache. Dennoch – die Welt gründet auf dem, was am Leibe nicht Sprache ist (dem Moralischen) und an der Sprache nicht Leib (dem Ausdruckslosen). Dahingegen hat freilich die Graphologie durchaus es mit dem zu tun, was an der Sprache der Handschrift das Leibhafte, am Leibe der Handschrift das Sprechende ist. Klages geht von der Sprache aus: will sagen vom Ausdruck, Mendelssohn vom Leibe: will sagen vom Bild.

Glückliche Hinweise führen in den bisher noch kaum geahnten Reichtum dieser Bilddimension ein. In vielem gehen die Verfasser auf Bachofen und auf Freud zurück. Aber sie sind aufgeschlossen genug, auch im Unscheinbaren, wo nur immer es Wert und Ausdruck für unser Lebensgefühl gewann, sich einen Bilderfonds zu eröffnen. Nichts geistvoller und doch sachgemäßer als der folgende Vergleich zwischen Handschrift und Kinderzeichnung, in dem die Zeile den Erdboden darstellt. »Die Buchstaben stehen seit einem gewissen Punkt ihrer Entwicklung [...] auf der Zeile, wie ihre Urbilder, Menschen, Tiere und Dinge, auf dem Erdboden standen. Man darf sich durch die Tatsache der unter die Erdoberfläche stoßenden Unterlängen nicht davon abhalten lassen, die Beine *auf* der Zeile zu suchen, wenn man sich Buchstaben in körperliche Darstellungen zurückverwandelt. Auf gleicher Höhe, daneben, können in anderen Buchstaben Kopf, Auge, Mund, Hand stehen, ebenso wie in der frühen Kinderzeichnung, die eine Zusammenordnung und Proportionierung von Körperteilen noch nicht kennt.« Ebenso bedeutungsvoll sind die skizzierten Umrisse einer kubischen Graphologie. Die Handschrift ist nur scheinbar ein flächenhaftes Gebilde. Die Druckgebung zeigt an, daß eine plastische Tiefe, ein Raum hinter der Schriftebene für den Schreibenden existiert, und auf der anderen Seite verraten Unterbrechungen in den Schriftzügen die wenigen Stellen, an denen die Feder in den Raum vor der Schriftebene zurücktritt, um ihre »immateriellen Kurven« darin zu beschreiben. Ob der kubische Bildraum der Schrift ein mikrokosmisches Abbild des Erscheinungsraumes der Hellsicht ist? Ob in ihm die telepathischen Schriftdeuter wie Rafael Scherman ihre Aufschlüsse holen? Jedenfalls eröffnet die Theorie vom kubischen Schriftbild die Aussicht, eines Tages die Handschriftendeutung der Erforschung telepathischer Vorgänge dienstbar zu machen.

Daß eine Lehre in so weit vorgeschobener Position alles Apologetische, mit dem die älteren Werke einzusetzen pflegten, ebenso ausscheidet wie alle Polemik, ist selbstverständlich. Das Buch entwickelt, was es zu sagen hat, von innen heraus. Selbst Handschriftenproben findet man hier nicht so zahlreich wie sonst in dergleichen Büchern. Die graphologische Anschauung ist so intensiv, daß die Autoren fast das Wagnis hätten unternehmen können, an einer einzigen Handschrift die Elemente ihrer Wissenschaft – besser gesagt: ihrer Praktik – aufzurollen. Wer zu sehen versteht wie sie, für den ist jeder Fetzen beschriebenen Papiers ein Freibillett fürs große Welttheater. Ihm zeigt er die Pantomime des ganzen Menschenwesens und Menschenlebens in hunderttausendfacher Verkleinerung.

Die Technik des Schriftstellers in dreizehn Thesen

I. Wer an die Niederschrift eines größeren Werks zu gehen beabsichtigt, lasse sich's wohl sein und gewähre sich nach erledigtem Pensum alles, was die Fortführung nicht beeinträchtigt.

II. Sprich vom Geleisteten, wenn du willst, jedoch lies während des Verlaufes der Arbeit nicht daraus vor. Jede Genugtuung, die du dir hierdurch verschaffst, hemmt dein Tempo. Bei der Befolgung dieses Regimes wird der zunehmende Wunsch nach Mitteilung zuletzt ein Motor der Vollendung.

III. In den Arbeitsumständen suche dem Mittelmaß des Alltags zu entgehen. Halbe Ruhe, von schalen Geräuschen begleitet, entwürdigt. Dagegen vermag die Begleitung einer Etude oder von Stimmengewirr der Arbeit ebenso bedeutsam zu werden, wie die vernehmliche Stille der Nacht. Schärft diese das innere Ohr, so wird jene zum Prüfstein einer Diktion, deren Fülle selbst die exzentrischen Geräusche in sich begräbt.

IV. Meide beliebiges Handwerkszeug. Pedantisches Beharren bei gewissen Papieren, Federn, Tinten ist von Nutzen. Nicht Luxus, aber Fülle dieser Utensilien ist unerläßlich.

V. Laß dir keinen Gedanken inkognito passieren und führe dein Notizheft so streng wie die Behörde das Fremdenregister.

VI. Mache deine Feder spröde gegen die Eingebung, und sie wird mit der Kraft des Magneten sie an sich ziehen. Je besonnener du mit der Niederschrift eines Einfalls verziehst, desto reifer entfaltet wird er sich dir ausliefern. Die Rede erobert den Gedanken, aber die Schrift beherrscht ihn.

VII. Höre niemals mit Schreiben auf, weil dir nichts mehr einfällt. Es ist ein Gebot der literarischen Ehre, nur dann abzubrechen, wenn ein Termin (eine Mahlzeit, eine Verabredung) einzuhalten oder das Werk beendet ist.

VIII. Das Aussetzen der Eingebung fülle aus mit der sauberen Abschrift des Geleisteten. Die Intuition wird darüber erwachen.

IX. Nulla dies sine linea – wohl aber Wochen.

X. Betrachte niemals ein Werk als vollkommen, über dem du nicht einmal vom Abend bis zum hellen Tage gesessen hast.

XI. Den Abschluß des Werkes schreibe nicht im gewohnten Arbeitsraume nieder. Du würdest den Mut dazu in ihm nicht finden.

XII. Stufen der Abfassung: Gedanke – Stil – Schrift. Es ist der Sinn der Reinschrift, daß in ihrer Fixierung die Aufmerksamkeit nur mehr der Kalligraphie gilt. Der Gedanke tötet die Eingebung, der Stil fesselt den Gedanken, die Schrift entlohnt den Stil.

XIII. Das Werk ist die Totenmaske der Konzeption.

Bürobedarf

Das Chefzimmer starrt vor Waffen. Was als Komfort den Eintretenden besticht, das ist in Wahrheit ein cachiertes Arsenal. Ein Telephon auf dem Schreibtisch schlägt alle Augenblicke an. Es fällt einem an der wichtigsten Stelle ins Wort und gibt dem Gegenüber Zeit, sich seine Antwort zurechtzulegen. Indessen zeigen Brocken vom Gespräch, wieviele Angelegenheiten hier verhandelt werden, die wichtiger sind als die, die an der Reihe ist. Man sagt sich das und langsam fängt man an, von seinem eigenen Standpunkte abzurutschen. Man beginnt sich zu fragen, von wem da die Rede ist, vernimmt mit Schrecken, daß der Unterredner morgen nach Brasilien fährt und ist bald mit der Firma derart solidarisch, daß die Migräne, über die er sich am Telephon beklagt, als bedauerliche Betriebsstörung (statt als Chance) verzeichnet wird. Gerufen oder ungerufen tritt die Sekretärin ein. Sie ist sehr hübsch. Und ist ihr Brotherr gegen ihre Reize, sei's gefeit, sei's als Bewunderer längst mit ihr im Reinen, so wird der Neuling mehr als einmal nach ihr sehen, und sie versteht es, ihrem Chef zu Dank zu handeln. Sein Personal ist in Bewegung, Kartotheken aufzutischen, in denen der Gastfreund in den verschiedensten Zusammenhängen sich rubriziert weiß. Er beginnt zu ermüden. Der andere aber, der das Licht im Rücken hat, liest aus den Zügen des blendend bestrahlten Gesichts mit Befriedigung das ab. Auch der Sessel tut seine Wirkung; man sitzt darin so tief zurückgelehnt wie beim Dentisten und nimmt das peinliche Verfahren dann zuletzt noch für den ordnungsmäßigen Verlauf der Dinge. Eine Liquidation folgt früher oder später auch dieser Behandlung.

Lehre vom Ähnlichen

Die Einsicht in die Bereiche des »Ähnlichen« ist von grundlegender Bedeutung für die Erhellung großer Bezirke des okkulten Wissens. Zu gewinnen ist aber solche Einsicht weniger im Aufweis angetroffener Ähnlichkeiten als durch die Wiedergabe von Prozessen, die solche Ähnlichkeit erzeugen. Die Natur erzeugt Ähnlichkeiten; man braucht nur an die Mimikry zu denken. Die allerhöchste Fähigkeit im Produzieren von Ähnlichkeiten aber hat der Mensch. Ja, vielleicht gibt es keine seiner höheren Funktionen, die nicht entscheidend durch mimetisches Vermögen mitbestimmt ist. Dieses Vermögen aber hat eine Geschichte, und zwar im phylogenetischen so gut wie im ontogenetischen Sinne. Was letzteres angeht, so ist das Spiel in vielem seine Schule. Zunächst einmal sind Kinderspiele überall durchzogen von mimetischen Verhaltungsweisen, und ihr Bereich ist keineswegs auf das beschränkt, was wohl ein Mensch vom andern nachmacht. Das Kind spielt nicht nur Kaufmann oder Lehrer sondern auch Windmühle und Eisenbahn. Die Frage aber, auf die es ankommt, ist nun die: was diese Schulung des mimetischen Verhaltens ihm eigentlich für einen Nutzen bringt?

Die Antwort setzt die deutliche Besinnung auf die phylogenetische Bedeutung des mimetischen Verhaltens voraus. Um diese zu ermessen, ist es nicht genug, an das zu denken, was etwa heutzutage wir in dem Begriff von Ähnlichkeit erfassen. Bekanntlich war der Lebenskreis, der ehemals von dem Gesetz der Ähnlichkeit durchwaltet schien, viel größer. Es war der Mikro- und der Makrokosmos – um nur eine Fassung von vielen, die die Ähnlichkeitserfahrung derart im Laufe der Geschichte fand, zu nennen. Noch für die Heutigen läßt sich behaupten: die Fälle, in denen sie im Alltag Ähnlichkeiten bewußt wahrnehmen, sind ein winziger Ausschnitt aus jenen zahllosen, da Ähnlichkeit sie unbewußt bestimmt. Die mit Bewußtsein wahrgenommenen Ähnlichkeiten – z. B. in Gesichtern – sind verglichen mit den unzählig vielen unbewußt oder auch garnicht wahrgenommenen Ähnlichkeiten wie der gewaltige unterseeische Block des Eisbergs im Vergleich zur kleinen Spitze, welche man aus dem Wasser ragen sieht.

Diese natürlichen Korrespondenzen aber erhalten die entscheidende Bedeutung erst im Licht der Überlegung, daß sie alle, grundsätzlich, Stimulantien und Erwecker jenes mimetischen Vermögens sind, welches im Menschen ihnen Antwort gibt. Dabei ist zu bedenken, daß weder die mimetischen Kräfte noch die mimetischen Objekte, ihre Gegenstände, im Zeitlauf unveränderlich die gleichen blieben; daß im Laufe der Jahrhunderte die mimetische Kraft, und damit später die mimetische Auffassungsgabe gleichfalls, aus gewissen Feldern, vielleicht um sich in andere zu ergießen, geschwunden ist. Vielleicht ist die Vermutung nicht zu kühn, daß sich im ganzen eine einheitliche Richtung in der historischen Entwicklung dieses mimetischen Vermögens erkennen läßt.

Die Richtung könnte, auf den ersten Blick, nur in der wachsenden Hinfälligkeit dieses mimetischen Vermögens liegen. Denn offenbar scheint doch die Merkwelt des modernen Menschen sehr viel weniger von jenen magischen Korrespondenzen zu enthalten als die der alten Völker oder auch der Primitiven. Die Frage ist nur die: ob es sich um ein Absterben des mimetischen Vermögens oder aber vielleicht um eine mit ihm stattgehabte Verwandlung handelt. In welcher Richtung eine solche jedoch liegen könnte, darüber läßt sich, wenn auch indirekt, einiges der Astrologie entnehmen. Wir müssen nämlich als Erforscher der alten Überlieferungen damit rechnen, daß sinnfällige Gestaltung, mimetischer Objektcharakter bestanden habe, wo wir ihn heute nicht einmal zu ahnen fähig sind. Zum Beispiel in den Konstellationen der Sterne.

Das zu erfassen, wird man vor allem einmal das Horoskop als eine originäre Ganzheit, die in der astrologischen Deutung nur analysiert wird, begreifen müssen. (Der Gestirnstand stellt eine charakteristische Einheit dar und erst an ihrem Wirken im Gestirnstand werden die Charaktere der einzelnen Planeten erkannt.) Man muß, grundsätzlich, damit rechnen, daß Vorgänge am Himmel von früher Lebenden, und zwar sowohl durch Kollektiva als durch Einzelne, nachahmbar waren: ja, daß diese Nachahmbarkeit die Anweisung enthielt, eine vorhandene Ähnlichkeit zu handhaben. In dieser Nachahmbarkeit durch den Menschen, bezw. dem mimetischen Vermögen, das dieser hat, muß man wohl bis auf weiteres die einzige Instanz erblicken, welche der Astrologie ihren Erfahrungscharakter gegeben hat. Wenn aber wirklich das mimetische Genie eine lebensbestimmende Kraft der Alten gewesen ist, dann ist es kaum anders möglich, als den Vollbesitz dieser Gabe, insbesondere die vollendete Anbildung an die kosmische Seinsgestalt, dem Neugeborenen beizulegen.

Der Augenblick der Geburt, der hier entscheiden soll, ist aber ein Nu. Das lenkt den Blick auf eine andere Eigentümlichkeit im Bereiche der Ähnlichkeit. Ihre Wahrnehmung ist in jedem Fall an ein Aufblitzen gebunden. Sie huscht vorbei, ist vielleicht wiederzugewinnen, aber kann nicht eigentlich wie andere Wahrnehmungen festgehalten werden. Sie bietet sich dem Auge ebenso flüchtig, vorübergehend wie eine Gestirnkonstellation. Die Wahrnehmung von Ähnlichkeiten also scheint an ein Zeitmoment gebunden. Es ist wie das Dazukommen des Dritten, des Astrologen zu der Konjunktion von zwei Gestirnen, die im Augenblick erfaßt sein will. Im andern Fall kommt der Astronom trotz aller Schärfe seiner Beobachtungswerkzeuge hier um seinen Lohn.

Der Hinweis auf Astrologie mag schon genügen, den Begriff von einer unsinnlichen Ähnlichkeit verständlich zu machen. Es ist, wie sich von selbst versteht, ein relativer: er besagt, daß wir in unserer Wahrnehmung dasjenige nicht mehr besitzen, was es einmal möglich machte, von einer Ähnlichkeit zu sprechen, die bestehe zwischen einer Sternkonstellation und einem Menschen. Jedoch auch wir besitzen einen Kanon, nach dem die Unklarheit, die dem Begriff von unsinnlicher Ähnlichkeit anhaftet, sich einer Klärung näher bringen läßt. Und dieser Kanon ist die Sprache.

Schon von jeher hat man einem mimetischen Vermögen einigen Einfluß auf die Sprache zugebilligt. Jedoch geschah das ohne Grundsatz und ganz ohne daß dabei ernstlich an eine Bedeutung, geschweige denn Geschichte des mimetischen Vermögens wäre gedacht worden. Vor allem aber blieben solche Überlegungen aufs engste an den geläufigen (sinnlichen) Bereich der Ähnlichkeit gebunden. Immerhin hat man nachahmendem Verhalten in der Sprachentstehung als onomatopoetischem Element seinen Platz zugestanden. Wenn nun aber die Sprache, wie es für Einsichtige auf der Hand liegt, nicht ein verabredetes System von Zeichen ist, so wird man ja in dem Versuch sich ihr zu nähern immer wieder auf Gedanken zurückgreifen müssen, wie sie in ihrer rohesten, primitivsten Form in der onomatopoetischen Erklärungsart vorliegen. Die Frage ist: kann diese ausgebildet und schärferer Einsicht angepaßt werden?

Mit andern Worten, läßt ein Sinn dem Satze sich unterlegen, welchen Leonhard in seiner aufschlußreichen Schrift »Das Wort« behauptet: »Jedes Wort ist – und die ganze Sprache ist – onomatopoetisch.« Der Schlüssel, welcher diese These eigentlich erst völlig transparent macht, liegt in dem Begriff einer unsinnlichen Ähnlichkeit versteckt. Ordnet man Wörter der verschiedenen Sprachen, die ein gleiches bedeuten, um jenes Bedeutete als ihren Mittelpunkt, so wäre zu erforschen, wie sie alle – die miteinander oft nicht die geringste

Ähnlichkeit besitzen – ähnlich jenem Bedeuteten in ihrer Mitte sind. Eine solche Auffassung ist natürlich mystischen oder theologischen Sprachtheorien engstens verwandt, ohne darum jedoch empirischer Philologie fremd zu sein. Nun ist es aber bekannt, daß die mystischen Sprachlehren sich nicht damit begnügen, das gesprochene Wort in ihren Überlegungsraum hineinzuziehen. Sie haben es durchaus im gleichen Sinne auch mit der Schrift zu tun. Und da ist es beachtenswert, daß diese, vielleicht noch besser als gewisse Lautzusammenstellungen der Sprache, im Verhältnis des Schriftbildes von Wörtern oder Lettern zu dem Bedeuteten bezw. dem Namengebenden das Wesen der unsinnlichen Ähnlichkeit erklären. So hat der Buchstabe Beth den Namen von einem Haus. Es ist somit die unsinnliche Ähnlichkeit, die die Verspannung nicht zwischen dem Gesprochnen und Gemeinten sondern auch zwischen dem Geschriebnen und Gemeinten und gleichfalls zwischen dem Gesprochnen und Geschriebnen stiftet. Und jedesmal auf eine völlig neue, originäre, unableitbare Weise.

Die wichtigste von diesen Verspannungen dürfte jedoch die letzte, die zwischen dem Geschriebnen und Gesprochnen sein. Denn eben die hier waltende Ähnlichkeit ist die vergleichsweise unsinnlichste. Sie ist auch die am spätesten erreichte. Und der Versuch, ihr eigentliches Wesen sich zu vergegenwärtigen, kann kaum ohne den Blick in die Geschichte ihres Zustandekommens unternommen werden, so undurchdringlich auch das Dunkel ist, das heut noch darüber gebreitet ist. Die neueste Graphologie hat gelehrt, in den Handschriften Bilder, oder eigentlich Vexierbilder zu erkennen, die das Unbewußte des Schreibers darinnen versteckt. Es ist anzunehmen, daß das mimetische Vermögen, welches dergestalt in der Aktivität des Schreibenden zum Ausdruck kommt, in sehr entrückten Zeiten, als die Schrift entstand, von größter Bedeutung für das Schreiben gewesen ist. Die Schrift ist so, neben der Sprache, ein Archiv unsinnlicher Ähnlichkeiten, unsinnlicher Korrespondenzen geworden.

Diese, wenn man so will, magische Seite der Sprache wie der Schrift läuft aber nicht beziehungslos neben der andern, der semiotischen, einher. Alles Mimetische der Sprache ist vielmehr eine fundierte Intention, die überhaupt nur an etwas Fremdem, eben dem Semiotischen, Mitteilenden der Sprache als ihrem Fundus in Erscheinung treten kann. So ist der buchstäbliche Text der Schrift der Fundus, in dem einzig und allein sich das Vexierbild formen kann. So ist der Sinnzusammenhang, der in den Lauten des Satzes steckt, der Fundus, aus dem erst blitzartig Ähnliches mit einem Nu aus einem Klang zum Vorschein kommen kann. Da aber diese unsinnliche Ähnlichkeit in alles Lesen hineinwirkt, so eröffnet sich in dieser tiefen Schicht der Zugang zu dem merkwürdigen Doppelsinn des Wortes Lesen als seiner profanen und auch magischen Bedeutung. Der Schüler liest das Abcbuch und der Astrolog die Zukunft in den Sternen. Im ersten Satze tritt das Lesen nicht in seine beiden Komponenten auseinander. Dagegen wohl im zweiten, der den Vorgang nach seinen beiden Schichten deutlich macht: der Astrolog liest den Gestirnstand von den Sternen am Himmel ab; er liest zugleich aus ihm die Zukunft oder das Geschick heraus.

Wenn nun dieses Herauslesen aus Sternen, Eingeweiden, Zufällen in der Urzeit der Menschheit das Lesen schlechthin war, wenn es weiterhin Vermittlungsglieder zu einem neuen Lesen, wie die Runen es gewesen sind, gegeben hat, so liegt die Annahme sehr nahe, jene mimetische Begabung, welche früher das Fundament der Hellsicht gewesen ist, sei in jahrtausendlangem Gange der Entwicklung ganz allmählich in Sprache und Schrift hineingewandert und habe sich in ihnen das vollkommenste Archiv unsinnlicher Ähnlichkeit geschaffen. Dergestalt wäre die Sprache die höchste Verwendung des mimetischen Vermögens: ein Medium, in das ohne Rest die frühern Merkfähigkeiten für das Ähnliche so eingegangen seien, daß nun sie das Medium darstellt, in dem sich die Dinge nicht mehr direkt wie früher in dem Geist des Sehers oder Priesters sondern in ihren Essenzen, flüchtigsten und feinsten Substanzen, ja Aromen begegnen und zu einander in Beziehung treten. Mit andern Worten: Schrift und Sprache sind es, an die die Hellsicht ihre alten Kräfte im Laufe der Geschichte abgetreten hat.

Das Tempo aber, jene Schnelligkeit im Lesen oder Schreiben, welche von diesem Vorgang sich kaum trennen läßt, wäre dann gleichsam das Bemühen, die Gabe, den Geist an jenem Zeitmaß teilnehmen zu lassen, in welchem Ähnlichkeiten, flüchtig und um sogleich wieder zu versinken, aus dem Fluß der Dinge hervorblitzen. So teilt noch das profane Lesen – will es nicht schlechterdings um das Verstehen kommen – mit jedem magischen dies: daß es einem notwendigen Tempo oder vielmehr einem kritischen Augenblicke untersteht, welchen der Lesende um keinen Preis vergessen darf, will er nicht leer ausgehen.

Zusatz

Die Gabe, Ähnlichkeit zu sehn, die wir besitzen, ist nichts als nur ein schwaches Rudiment des ehemals gewaltigen Zwanges, ähnlich zu werden und sich zu verhalten. Und das verschollene Vermögen, ähnlich zu werden, reichte weit hinaus über die schmale Merkwelt, in der wir noch Ähnlichkeit zu sehen imstande sind. Was der Gestirnstand vor Jahrtausenden im Augenblicke des Geborenwerdens in einem Menschendasein wirkte, wob sich auf Grund der Ähnlichkeit hinein.

Über das mimetische Vermögen

Die Natur erzeugt Ähnlichkeiten. Man braucht nur an die Mimikry zu denken. Die höchste Fähigkeit im Produzieren von Ähnlichkeiten aber hat der Mensch. Die Gabe, Ähnlichkeit zu sehen, die er besitzt, ist nichts als ein Rudiment des ehemals gewaltigen Zwanges, ähnlich zu werden und sich zu verhalten. Vielleicht besitzt er keine höhere Funktion, die nicht entscheidend durch mimetisches Vermögen mitbedingt ist.

Dieses Vermögen hat aber eine Geschichte, und zwar im phylogenetischen so gut wie im ontogenetischen Sinne. Was letzteren angeht, ist das Spiel in vielem seine Schule. Das Kinderspiel ist überall durchzogen von mimetischen Verhaltungsweisen; und ihr Bereich ist keineswegs auf das beschränkt, was wohl ein Mensch dem anderen nachmacht. Das Kind spielt nicht nur Kaufmann oder Lehrer sondern auch Windmühle und Eisenbahn. Was bringt ihm diese Schulung des mimetischen Vermögens eigentlich für einen Nutzen?

Die Antwort setzt die Einsicht in die phylogenetische Bedeutung des mimetischen Vermögens voraus. Dabei ist es nun nicht genug, an das zu denken, was wir heutzutage in dem Begriff der Ähnlichkeit erfassen. Bekanntlich war der Lebenskreis, der ehemals von dem Gesetz der Ähnlichkeit durchwaltet schien, umfassend; im Mikrokosmos wie im Makrokosmos regierte sie. Jene natürlichen Korrespondenzen aber erhalten erst ihr eigentliches Gewicht mit der Erkenntnis, daß sie samt und sonders Stimulantien und Erwecker des mimetischen Vermögens sind, welches im Menschen ihnen Antwort gibt. Dabei ist zu bedenken, daß weder die mimetischen Kräfte, noch die mimetischen Objekte, oder Gegenstände, im Laufe der Jahrtausende die gleichen blieben. Vielmehr ist anzunehmen, daß die Gabe, Ähnlichkeiten hervorzubringen – zum Beispiel in den Tänzen, deren älteste Funktion das ist – und daher auch die Gabe, solche zu erkennen, sich im Wandel der Geschichte verändert hat.

Die Richtung dieser Änderung scheint durch die wachsende Hinfälligkeit des mimetischen Vermögens bestimmt zu sein. Denn offenbar enthält die Merkwelt des modernen Menschen von jenen magischen Korrespondenzen und Analogien, welche den alten Völkern geläufig waren, nur noch geringe Rückstände. Die Frage ist, ob es sich dabei um den Verfall dieses Vermögens oder aber um dessen Transformierung handelt. In welcher Richtung eine solche aber liegen könnte, darüber läßt sich, wenn auch indirekt, einiges der Astrologie entnehmen.

Man muß grundsätzlich damit rechnen, daß in einer entlegeneren Vergangenheit zu den Vorgängen, die als nachahmbar betrachtet wurden, auch die am Himmel zählten. Im Tanz, in anderen kultischen Veranstaltungen, konnte so eine Nachahmung erzeugt, so eine Ähnlichkeit gehandhabt werden. Wenn aber wirklich das mimetische Genie eine lebensbestimmende Kraft der Alten gewesen ist, dann ist es nicht schwer vorzustellen, daß im Vollbesitz dieser Gabe, insbesondere in vollendeter Anbildung an die kosmische Seinsgestalt, das Neugeborene gedacht wurde.

Der Hinweis auf den astrologischen Bereich mag einen ersten Anhaltspunkt für das gewähren, was unter dem Begriff einer unsinnlichen Ähnlichkeit zu verstehen ist. In unserem Dasein findet sich zwar nicht mehr, was einmal möglich machte, von einer solchen Ähnlichkeit zu sprechen, vor allem: sie hervorzurufen. Jedoch auch wir besitzen einen Kanon, nach dem das, was unsinnliche Ähnlichkeit bedeutet, sich einer Klärung näherführen läßt. Und dieser Kanon ist die Sprache.

Von jeher hat man dem mimetischen Vermögen einigen Einfluß auf die Sprache zugebilligt. Jedoch geschah das ohne Grundsatz: ohne daß dabei an eine fernere Bedeutung, geschweige denn Geschichte des mimetischen Vermögens wäre gedacht worden. Vor allem aber blieben solche Überlegungen aufs engste an den geläufigen, sinnlichen Bereich der Ähnlichkeit gebunden. Immerhin hat man nachahmendem Verhalten bei der Sprachentstehung unterm Namen des Onomatopoetischen einen Platz gegeben. Wenn nun die Sprache, wie es auf der Hand liegt, nicht ein verabredetes System von Zeichen ist, so wird man immer wieder auf Gedanken zurückgreifen müssen, wie sie in ihrer primitivsten Form als onomatopoetische Erklärungsweise auftreten. Die Frage ist: kann diese ausgebildet und einer besseren Einsicht angeglichen werden?

»Jedes Wort ist – und die ganze Sprache«, so hat man wohl behauptet, »ist – onomatopoetisch.« Schwer, auch nur das Programm zu präzisieren, welches in diesem Satze liegen könnte. Indessen bietet der Begriff der unsinnlichen Ähnlichkeit gewisse Handhaben. Ordnet man nämlich Wörter der verschiedenen Sprachen, die ein Gleiches bedeuten, um jenes Bedeutete als ihren Mittelpunkt, so wäre zu erforschen, wie sie alle – die miteinander oft nicht die geringste Ähnlichkeit besitzen mögen – ähnlich jenem Bedeuteten in ihrer Mitte sind. Jedoch ist diese Art von Ähnlichkeit nicht nur an den Verhältnissen der Wörter für Gleiches in den verschiedenen Sprachen zu erläutern. Wie sich denn überhaupt die Überlegung nicht aufs gesprochene Wort beschränken kann. Sie hat es vielmehr ganz genau so sehr mit dem geschriebenen zu tun. Und da ist es beachtenswert, daß dieses – in manchen Fällen vielleicht prägnanter als das gesprochene – durch das Verhältnis seines Schriftbildes zu dem Bedeuteten das Wesen der unsinnlichen Ähnlichkeit erhellt. Kurz, es ist unsinnliche Ähnlichkeit, die die Verspannungen nicht nur zwischen dem Gesprochenen und Gemeinten sondern auch zwischen dem Geschriebenen und Gemeinten und gleichfalls zwischen dem Gesprochenen und Geschriebenen stiftet.

Die Graphologie hat gelehrt, in den Handschriften Bilder zu erkennen, die das Unbewußte des Schreibers darinnen versteckt. Es ist anzunehmen, daß der mimetische Vorgang, welcher dergestalt in der Aktivität des Schreibenden zum Ausdruck kommt, in sehr entrückten Zeiten als die Schrift entstand, von größter Bedeutung für das Schreiben gewesen ist. Die Schrift ist so, neben der Sprache, ein Archiv unsinnlicher Ähnlichkeiten, unsinnlicher Korrespondenzen geworden.

Diese Seite der Sprache wie der Schrift läuft aber nicht beziehungslos neben der anderen, der semiotischen einher. Alles Mimetische der Sprache kann vielmehr, der Flamme ähnlich, nur an einer Art von Träger in Erscheinung treten. Dieser Träger ist das Semiotische. So ist der Sinnzusammenhang der Wörter oder Sätze der Träger, an dem erst, blitzartig, die Ähnlichkeit in Erscheinung tritt. Denn ihre Erzeugung durch den Menschen ist – ebenso wie ihre Wahrnehmung durch ihn – in vielen und zumal den wichtigen Fällen an ein Aufblitzen gebunden. Sie huscht vorbei. Nicht unwahrscheinlich, daß die Schnelligkeit des Schreibens und des Lesens die Verschmelzung des Semiotischen und des Mimetischen im Sprachbereiche steigert.

»Was nie geschrieben wurde, lesen.« Dies Lesen ist das älteste: das Lesen vor aller Sprache, aus den Eingeweiden, den Sternen oder Tänzen. Später kamen Vermittlungsglieder eines neuen Lesens, Runen und Hieroglyphen in Gebrauch. Die Annahme liegt nahe, daß dies die Stationen wurden, über welche jene mimetische Begabung, die einst das Fundament der okkulten Praxis gewesen ist, in Schrift und Sprache ihren Eingang fand. Dergestalt wäre die Sprache die höchste Stufe des mimetischen Verhaltens und das vollkommenste Archiv der unsinnlichen Ähnlichkeit: ein Medium, in welches ohne Rest die früheren

Kräfte mimetischer Hervorbringung und Auffassung hineingewandert sind, bis sie so weit gelangten, die der Magie zu liquidieren.

Der Erzähler
Betrachtungen zum Werk Nikolai Lesskows

I.

Der Erzähler – so vertraut uns der Name klingt – ist uns in seiner lebendigen Wirksamkeit keineswegs durchaus gegenwärtig. Er ist uns etwas bereits Entferntes und weiter noch sich Entfernendes. Einen Lesskow[1] als Erzähler darstellen heißt nicht, ihn uns näher bringen, heißt vielmehr den Abstand zu ihm vergrößern. Aus einer gewissen Entfernung betrachtet gewinnen die großen einfachen Züge, die den Erzähler ausmachen, in ihm die Oberhand. Besser gesagt, sie treten an ihm in Erscheinung wie in einem Felsen für den Beschauer, der den rechten Abstand hat und den richtigen Blickwinkel, ein Menschenhaupt oder ein Tierleib erscheinen mag. Diesen Abstand und diesen Blickwinkel schreibt uns eine Erfahrung vor, zu der wir fast täglich Gelegenheit haben. Sie sagt uns, daß es mit der Kunst des Erzählens zu Ende geht. Immer seltener wird die Begegnung mit Leuten, welche rechtschaffen etwas erzählen können. Immer häufiger verbreitet sich Verlegenheit in der Runde, wenn der Wunsch nach einer Geschichte laut wird. Es ist, als wenn ein Vermögen, das uns unveräußerlich schien, das Gesichertste unter dem Sicheren, von uns genommen würde. Nämlich das Vermögen, Erfahrungen auszutauschen.

Eine Ursache dieser Erscheinung liegt auf der Hand: die Erfahrung ist im Kurse gefallen. Und es sieht aus, als fiele sie weiter ins Bodenlose. Jeder Blick in die Zeitung erweist, daß sie einen neuen Tiefstand erreicht hat, daß nicht nur das Bild der äußern, sondern auch das Bild der sittlichen Welt über Nacht Veränderungen erlitten hat, die man niemals für möglich hielt. Mit dem Weltkrieg begann ein Vorgang offenkundig zu werden, der seither nicht zum Stillstand gekommen

1 Nikolai Lesskow wurde 1831 im Gouvernement Orjol geboren und starb 1895 in Petersburg Er hat seinen bäuerlichen Interessen und Sympathien nach gewisse Verwandtschaften mit Tolstoi, seiner religiösen Orientierung nach mit Dostojewski. Aber gerade diejenigen Schriften, die dem grundsätzlich und doktrinär Ausdruck geben, die Romane der Frühzeit haben sich als der vergängliche Teil seines Werkes erwiesen. Lesskows Bedeutung liegt in den Erzählungen, und die gehören einer späteren Schicht seiner Produktion an. Seit Kriegsende sind mehrere Versuche unternommen worden, diese Erzählungen im deutschen Sprachkreis bekannt zu machen. Neben den kleineren Auslesebänden des Musarion-Verlags und des Verlags Georg Müller steht, an erster Stelle, die neunbändige Auswahl des Verlags C. H. Beck.

ist. Hatte man nicht bei Kriegsende bemerkt, daß die Leute verstummt aus dem Felde kamen? nicht reicher – ärmer an mitteilbarer Erfahrung. Was sich dann zehn Jahre später in der Flut der Kriegsbücher ergossen hatte, war alles andere als Erfahrung gewesen, die von Mund zu Mund geht. Und das war nicht merkwürdig. Denn nie sind Erfahrungen gründlicher Lügen gestraft worden als die strategischen durch den Stellungskrieg, die wirtschaftlichen durch die Inflation, die körperlichen durch die Materialschlacht, die sittlichen durch die Machthaber. Eine Generation, die noch mit der Pferdebahn zur Schule gefahren war, stand unter freiem Himmel in einer Landschaft, in der nichts unverändert geblieben war als die Wolken und unter ihnen, in einem Kraftfeld zerstörender Ströme und Explosionen, der winzige, gebrechliche Menschenkörper.

II.

Erfahrung, die von Mund zu Mund geht, ist die Quelle, aus der alle Erzähler geschöpft haben. Und unter denen, die Geschichten niedergeschrieben haben, sind es die Großen, deren Niederschrift sich am wenigsten von der Rede der vielen namenlosen Erzähler abhebt. Im übrigen gibt es unter den letzteren zwei, freilich vielfach einander durchdringende Gruppen. Auch bekommt die Figur des Erzählers ihre volle Körperlichkeit nur für den, der sie beide vergegenwärtigt. »Wenn einer eine Reise tut, so kann er was erzählen«, sagt der Volksmund und denkt sich den Erzähler als einen, der von weither kommt. Aber nicht weniger gern hört man dem zu, der, redlich sich nährend, im Lande geblieben ist und dessen Geschichten und Überlieferungen kennt. Will man diese beiden Gruppen in ihren archaischen Stellvertretern vergegenwärtigen, so ist die eine im seßhaften Ackerbauer und die andere im handeltreibenden Seemann verkörpert. In der Tat haben beider Lebenskreise gewissermaßen ihren eigenen Stamm von Erzählern hervorgebracht. Jeder von diesen Stämmen wahrt einige seiner Eigenschaften noch in späten Jahrhunderten. So gehen, unter den neueren deutschen Erzählern, die Hebel und Gotthelf aus dem ersten, die Sealsfield und Gerstäcker aus dem zweiten hervor. Im übrigen aber handelt es sich bei jenen Stämmen, wie gesagt, nur um Grundtypen. Die reale Erstreckung des Reiches der Erzählungen in seiner ganzen historischen Breite ist nicht ohne die innigste Durchdringung dieser beiden archaischen Typen denkbar. Eine solche Durchdringung hat ganz besonders das Mittelalter in seiner Handwerksverfassung zustande gebracht. Der seßhafte Meister und die wandernden Burschen werkten in den gleichen Stuben zusammen; und jeder Meister war Wanderbursche gewesen, bevor er in seiner Heimat oder in der Fremde sich niederließ. Wenn Bauern und Seeleute Altmeister des Erzählens gewesen sind, so war der Handwerksstand seine hohe Schule. In ihm verband sich die Kunde von der Ferne, wie der Vielgewanderte sie nach Hause bringt, mit der Kunde aus der Vergangenheit, wie sie am liebsten dem Seßhaften sich anvertraut.

III.

Lesskow ist in der Ferne des Raumes wie der Zeit zu Hause. Er gehörte der griechisch-orthodoxen Kirche an, und zwar als ein Mann mit aufrichtigem religiösen Interesse. Er war aber ein nicht minder aufrichtiger Gegner der kirchlichen Bürokratie. Da er mit dem weltlichen Beamtentum ebensowenig auskommen konnte, sind die offiziellen Positionen, in denen er sich befunden hat, nicht von Dauer gewesen. Für seine Produktion war die Stellung, die er lange als russischer Vertreter einer großen englischen Firma behauptet hat, unter allen vermutlich die nützlichste. Im Auftrag dieser Firma hat er Rußland bereist, und diese Reisen beförderten ebensosehr seine Weltklugheit wie seine Kenntnis der russischen Zustände. Auf diese Weise hatte er Gelegenheit, das Sektenwesen im Lande kennen zu lernen. Das hat in den Erzählungen seine Spur hinterlassen. In den russischen Legenden hat Lesskow Verbündete in dem Kampf gesehen, den er gegen die orthodoxe Bürokratie geführt hat. Es gibt von ihm eine Reihe legendärer Erzählungen, deren Mitte der Gerechte darstellt, selten ein Asket, meist ein schlichter und tätiger Mann, der zum Heiligen anscheinend auf die natürlichste Art von der Welt wird. Mystische Exaltation ist nicht Lesskows Sache. So gern er dem Wunderbaren bisweilen nachhing, so hält er es auch in der Frömmigkeit am liebsten mit einem handfesten Naturell. Er sieht das Vorbild in dem Mann, der sich auf der Erde zurechtfindet, ohne sich allzutief mit ihr einzulassen. Eine entsprechende Haltung hat er auf weltlichem Gebiet an den Tag gelegt. Es paßt gut zu ihr, daß er mit Schreiben spät, nämlich mit 29 Jahren, begann. Das war nach seinen Handelsreisen. Seine erste gedruckte Arbeit hieß »Warum sind in Kiew die Bücher teuer?«. Eine weitere Reihe von Schriften über die Arbeiterklasse, über Trunksucht, über Polizeiärzte, über stellungslose Kaufleute sind die Vorläufer der Erzählungen.

IV.

Die Ausrichtung auf das praktische Interesse ist ein charakteristischer Zug bei vielen geborenen Erzählern. Nachhaltiger als bei Lesskow kann man ihn zum Beispiel bei einem Gotthelf erkennen, der seinen Bauern landwirtschaftliche Ratschläge gab; man findet ihn bei einem Nodier, der sich mit den Gefahren der Gasbeleuchtung beschäftigte; und ein Hebel, der seinen Lesern kleine naturwissenschaftliche Unterweisungen in das »Schatzkästlein« schob, steht gleichfalls in dieser Reihe. Das alles deutet auf die Bewandtnis, die es mit jeder wahren Erzählung hat. Sie führt, offen oder versteckt, ihren Nutzen mit sich. Dieser Nutzen mag einmal in einer Moral bestehen, ein andermal in einer praktischen Anweisung, ein drittes in einem Sprichwort oder in einer Lebensregel – in jedem Falle ist der Erzähler ein Mann, der dem Hörer Rat weiß. Wenn aber »Rat wissen« heute altmodisch im Ohre zu klingen anfängt, so ist daran der Umstand schuld, daß die Mitteilbarkeit der Erfahrung abnimmt. Infolge davon wissen wir uns und andern keinen Rat. Rat ist ja minder Antwort auf eine Frage als ein Vorschlag, die Fortsetzung einer (eben sich abrollenden) Geschichte angehend. Um ihn einzuholen, müßte man sie zuvörderst einmal erzählen können. (Ganz davon abgesehen, daß ein Mensch einem Rat sich nur soweit öffnet, als er seine Lage zu Wort kommen läßt.) Rat, in den Stoff gelebten Lebens eingewebt, ist Weisheit. Die Kunst des Erzählens neigt ihrem Ende zu, weil die epische Seite der Wahrheit, die Weisheit, ausstirbt. Das aber ist ein Vorgang, der von weither kommt. Und nichts wäre törichter, als in ihm lediglich eine »Verfallserscheinung«, geschweige denn eine »moderne« erblicken zu wollen. Vielmehr ist es nur eine Begleiterscheinung säkularer geschichtlicher Produktivkräfte, die die Erzählung ganz allmählich aus dem Bereich der lebendigen Rede entrückt hat und zugleich eine neue Schönheit in dem Entschwindenden fühlbar macht.

V.

Das früheste Anzeichen eines Prozesses, an dessen Abschluß der Niedergang der Erzählung steht, ist das Aufkommen des Romans zu Beginn der Neuzeit. Was den Roman von der Erzählung (und vom Epischen im engeren Sinne) trennt, ist sein wesentliches Angewiesensein auf das Buch. Die Ausbreitung des Romans wird erst mit Erfindung der Buchdruckerkunst möglich. Das mündlich Tradierbare, das Gut der Epik, ist von anderer Beschaffenheit als das, was den Bestand des Romans ausmacht. Es hebt den Roman gegen alle übrigen Formen der Prosadichtung – Märchen, Sage, ja selbst Novelle – ab, daß er aus mündlicher Tradition weder kommt noch in sie eingeht. Vor allem aber gegen das Erzählen. Der Erzähler nimmt, was er erzählt, aus der Erfahrung; aus der eigenen oder berichteten. Und er macht es wiederum zur Erfahrung derer, die seiner Geschichte zuhören. Der Romancier hat sich abgeschieden. Die Geburtskammer des Romans ist das Individuum in seiner Einsamkeit, das sich über seine wichtigsten Anliegen nicht mehr exemplarisch auszusprechen vermag, selbst unberaten ist und keinen Rat geben kann. Einen Roman schreiben heißt, in der Darstellung des menschlichen Lebens das Inkommensurable auf die Spitze treiben. Mitten in der Fülle des Lebens und durch die Darstellung dieser Fülle bekundet der Roman die tiefe Ratlosigkeit des Lebenden. Das erste große Buch der Gattung, der Don Quichote, lehrt sogleich, wie die Seelengröße, die Kühnheit, die Hilfsbereitschaft eines der Edelsten – eben des Don Quichote – von Rat gänzlich verlassen sind und nicht den kleinsten Funken Weisheit enthalten. Wenn im Laufe der Jahrhunderte hin und wieder – am nachhaltigsten vielleicht in »Wilhelm Meisters Wanderjahre« – versucht wurde, dem Roman Unterweisungen einzusenken, so laufen diese Versuche immer auf eine Abwandlung der Romanform selber hinaus. Der Bildungsroman dagegen weicht von der Grundstruktur des Romans in gar keiner Weise ab. Indem er den gesellschaftlichen Lebensprozeß in der Entwicklung einer Person integriert, läßt er den ihn bestimmenden Ordnungen die denkbar brüchigste Rechtfertigung angedeihen. Ihre Legitimierung steht windschief zu ihrer Wirklichkeit. Das Unzulängliche wird gerade im Bildungsroman Ereignis.

VI.

Man muß sich die Umwandlung von epischen Formen in Rhythmen vollzogen denken, die sich denen der Verwandlung vergleichen lassen, die im Laufe der Jahrhunderttausende die Erdoberfläche erlitten hat. Schwerlich haben sich Formen menschlicher Mitteilung langsamer ausgebildet, langsamer verloren. Der Roman, dessen Anfänge in das Altertum zurückgreifen, hat Hunderte von Jahren gebraucht, ehe er im werdenden Bürgertum auf die Elemente stieß, die ihm zu seiner Blüte taugten. Mit dem Auftreten dieser Elemente begann sodann die Erzählung ganz langsam in das Archaische zurückzutreten; sie bemächtigte sich zwar vielfach des neuen Inhalts, wurde aber nicht eigentlich von ihm bestimmt. Auf der anderen Seite erkennen wir, wie mit der durchgebildeten Herrschaft des Bürgertums, zu deren wichtigsten Instrumenten im Hochkapitalismus die Presse gehört, eine Form der Mitteilung auf den Plan tritt, die, soweit ihr Ursprung auch zurückliegen mag, die epische Form nie vordem auf bestimmende Weise beeinflußt hat. Nun aber tut sie das. Und es zeigt sich, daß sie der Erzählung nicht weniger fremd aber viel bedrohlicher als der Roman gegenübertritt, den sie übrigens ihrerseits einer Krise zuführt. Diese neue Form der Mitteilung ist die Information.

Villemessant, der Begründer des »Figaro«, hat das Wesen der Information in einer berühmten Formel gekennzeichnet. »Meinen Lesern, pflegte er zu sagen, ist ein Dachstuhlbrand im Quartier latin wichtiger als eine Revolution in Madrid.« Das stellt mit einem Schlage klar, daß nun nicht mehr die Kunde, die von fernher kommt, sondern die Information, die einen Anhaltspunkt für das Nächste liefert, am liebsten Gehör findet. Die Kunde, die aus der Ferne kam – sei es die räumliche fremder Länder, sei es die zeitliche der Überlieferung –, verfügte über eine Autorität, die ihr Geltung verschaffte, auch wo sie nicht der Kontrolle zugeführt wurde. Die Information aber macht den Anspruch auf prompte Nachprüfbarkeit. Da ist es das erste, daß sie »an und für sich verständlich« auftritt. Sie ist oft nicht exakter als die Kunde früherer Jahrhunderte es gewesen ist. Aber während diese gern vom Wunder borgte, ist es für die Information unerläßlich, daß sie plausibel klingt. Dadurch erweist sie sich mit dem Geist der Erzählung unvereinbar. Wenn die Kunst des Erzählens selten geworden ist, so hat die Verbreitung der Information einen entscheidenden Anteil an diesem Sachverhalt.

Jeder Morgen unterrichtet uns über die Neuigkeiten des Erdkreises.

Und doch sind wir an merkwürdigen Geschichten arm. Das kommt, weil uns keine Begebenheit mehr erreicht, die nicht mit Erklärungen schon durchsetzt wäre. Mit andern Worten: beinah nichts mehr, was geschieht, kommt der Erzählung, beinah alles der Information zugute. Es ist nämlich schon die halbe Kunst des Erzählens, eine Geschichte, indem man sie wiedergibt, von Erklärungen freizuhalten. Darin ist Lesskow Meister (man denke an Stücke wie »Der Betrug«, »Der weiße Adler«). Das Außerordentliche, das Wunderbare wird mit der größten Genauigkeit erzählt, der psychologische Zusammenhang des Geschehens aber wird dem Leser nicht aufgedrängt. Es ist ihm freigestellt, sich die Sache zurechtzulegen, wie er sie versteht, und damit erreicht das Erzählte eine Schwingungsbreite, die der Information fehlt.

VII.

Lesskow ist in die Schule der Alten gegangen. Der erste Erzähler der Griechen war Herodot. Im vierzehnten Kapitel des dritten Buches seiner »Historien« findet sich eine Geschichte, aus der sich viel lernen läßt. Sie handelt von Psammenit. Als der Ägypterkönig Psammenit von dem Perserkönig Kambyses geschlagen und gefangen genommen worden war, sah Kambyses es darauf ab, den Gefangenen zu demütigen. Er gab Befehl, Psammenit an der Straße aufzustellen, durch die sich der persische Triumphzug bewegen sollte. Und weiter richtete er es so ein, daß der Gefangene seine Tochter als Dienstmagd, die mit dem Krug zum Brunnen ging, vorbeikommen sah. Wie alle Ägypter über dieses Schauspiel klagten und jammerten, stand Psammenit allein wortlos und unbeweglich, die Augen auf den Boden geheftet; und als er bald darauf seinen Sohn sah, der zur Hinrichtung im Zuge mitgeführt wurde, blieb er gleichfalls unbewegt. Als er danach aber einen von seinen Dienern, einen alten, verarmten Mann, in den Reihen der Gefangenen erkannte, da schlug er mit den Fäusten an seinen Kopf und gab alle Zeichen der tiefsten Trauer.

Aus dieser Geschichte ist zu ersehen, wie es mit der wahren Erzählung steht. Die Information hat ihren Lohn mit dem Augenblick dahin, in dem sie neu war. Sie lebt nur in diesem Augenblick, sie muß sich gänzlich an ihn ausliefern und ohne Zeit zu verlieren sich ihm erklären. Anders die Erzählung; sie verausgabt sich nicht. Sie bewahrt ihre Kraft gesammelt und ist noch nach langer Zeit der Entfaltung fähig. So ist Montaigne auf die vom Ägypterkönig zurückgekommen und hat sich gefragt: Warum klagt er erst beim Anblick des Dieners? Montaigne antwortet: »Da er von Trauer schon übervoll war, brauchte es nur den kleinsten Zuwachs, und sie brach ihre Dämme nieder.« So Montaigne. Man könnte aber auch sagen: »Den König rührt nicht das Schicksal der Königlichen, denn es ist sein eigenes.« Oder: »Uns rührt auf der Bühne vieles, was uns im Leben nicht rührt; dieser Diener ist nur ein Schauspieler für den König.« Oder: »Großer Schmerz staut sich und kommt erst mit der Entspannung zum Durchbruch. Der Anblick dieses Dieners war die Entspannung.« – Herodot erklärt nichts. Sein Bericht ist der trockenste. Darum ist diese Geschichte aus dem alten Ägypten nach Jahrtausenden noch imstande, Staunen und Nachdenken zu erregen. Sie ähnelt den Samenkörnern, die jahrtausendelang luftdicht verschlossen in den Kammern der Pyramiden gelegen und ihre Keimkraft bis auf den heutigen Tag bewahrt haben.

VIII.

Es gibt nichts, was Geschichten dem Gedächtnis nachhaltiger anempfiehlt als jene keusche Gedrungenheit, welche sie psychologischer Analyse entzieht. Und je natürlicher dem Erzählenden der Verzicht auf psychologische Schattierung vonstatten geht, desto größer wird ihre Anwartschaft auf einen Platz im Gedächtnis des Hörenden, desto vollkommener bilden sie sich seiner eigenen Erfahrung an, desto lieber wird er sie schließlich eines näheren oder ferneren Tages weitererzählen. Dieser Assimilationsprozeß, welcher sich in der Tiefe abspielt, bedarf eines Zustandes der Entspannung, der seltener und seltener wird. Wenn der Schlaf der Höhepunkt der körperlichen Entspannung ist, so die Langeweile der geistigen. Die Langeweile ist der Traumvogel, der das Ei der Erfahrung ausbrütet. Das Rascheln im Blätterwalde vertreibt ihn. Seine Nester – die Tätigkeiten, die sich innig der Langenweile verbinden – sind in den Städten schon ausgestorben, verfallen auch auf dem Lande. Damit verliert sich die Gabe des Lauschens, und es verschwindet die Gemeinschaft der Lauschenden. Geschichten erzählen ist ja immer die Kunst, sie weiter zu erzählen, und die verliert sich, wenn die Geschichten nicht mehr behalten werden. Sie verliert sich, weil nicht mehr gewebt und gesponnen wird, während man ihnen lauscht. Je selbstvergessener der Lauschende, desto tiefer prägt sich ihm das Gehörte ein. Wo ihn der Rhythmus der Arbeit ergriffen hat, da lauscht er den Geschichten auf solche Weise, daß ihm die Gabe, sie zu erzählen, von selber zufällt. So also ist das Netz beschaffen, in das die Gabe zu erzählen gebettet ist. So löst es sich heutzutage an allen Enden, nachdem es vor Jahrtausenden im Umkreis der ältesten Handwerksformen geknüpft worden ist.

IX.

Die Erzählung, wie sie im Kreis des Handwerks – des bäuerlichen, des maritimen und dann des städtischen – lange gedeiht, ist selbst eine gleichsam handwerkliche Form der Mitteilung. Sie legt es nicht darauf an, das pure »an sich« der Sache zu überliefern wie eine Information oder ein Rapport. Sie senkt die Sache in das Leben des Berichtenden ein, um sie wieder aus ihm hervorzuholen. So haftet an der Erzählung die Spur des Erzählenden wie die Spur der Töpferhand an der Tonschale. Es ist die Neigung der Erzähler, ihre Geschichte mit einer Darstellung der Umstände zu beginnen, unter denen sie selber das, was nachfolgt, erfahren haben, wenn sie es nicht schlichtweg als selbsterlebt ausgeben. Lesskow beginnt den »Betrug« mit der Schilderung einer Eisenbahnfahrt, auf der er die Ereignisse, die er sodann nacherzählt, von einem Mitreisenden gehört habe; oder er denkt an Dostojewkis Begräbnis, auf das er die Bekanntschaft mit der Heldin seiner Erzählung »Anläßlich der Kreutzersonate« versetzt; oder er ruft das Beisammensein in einem Lesezirkel herauf, in dem die Begebenheiten zur Sprache kamen, die er uns in den »Interessanten Männern« wiedergibt. So liegt seine Spur im Erzählten vielfach zu Tage, wenn nicht als die des Erlebenden so als die des Berichterstatters.

Diese handwerkliche Kunst, das Erzählen, hat Lesskow im übrigen selbst als ein Handwerk empfunden. »Die Schriftstellerei, heißt es in einem seiner Briefe, ist für mich keine freie Kunst, sondern ein Handwerk.« Es kann nicht überraschen, daß er sich dem Handwerk verbunden gefühlt hat, der industriellen Technik dagegen fremd gegenüberstand. Tolstoi, der dafür Verständnis gehabt haben muß, berührt gelegentlich diesen Nerv der Erzählergabe von Lesskow, wenn er ihn als den Ersten bezeichnet, »der auf das Unzulängliche des ökonomischen Fortschrittes hinwies ... Es ist seltsam, daß man Dostojewski so viel liest ... Hingegen begreife ich einfach nicht, warum Lesskow nicht gelesen wird. Er ist ein wahrheitsgetreuer Schriftsteller.« In seiner verschlagenen und übermütigen Geschichte »Der stählerne Floh«, die zwischen Sage und Schwank die Mitte hält, hat Lesskow das heimische Handwerk an den Silberschmieden von Tula verherrlicht. Ihr Meisterwerk, der stählerne Floh, kommt Peter dem Großen vor Augen und überzeugt ihn, daß die Russen sich vor den Engländern nicht zu schämen brauchen.

Das geistige Bild jener handwerklichen Sphäre, der der Erzähler entstammt, ist vielleicht niemals auf so bedeutungsvolle Weise umschrieben worden wie von Paul Valéry. Er spricht von den vollkommenen Dingen in der Natur, makellosen Perlen, vollen, gereiften Weinen, wirklich durchgebildeten Geschöpfen und nennt sie »das kostbare Werk einer langen Kette einander ähnlicher Ursachen«. Die Anhäufung solcher Ursachen aber habe ihre zeitliche Schranke nur an der Vollkommenheit. »Dieses geduldige Verfahren der Natur, sagt Paul Valéry weiter, wurde vom Menschen einst nachgeahmt. Miniaturen, aufs vollendetste durchgearbeitete Elfenbeinschnitzereien, Steine, die nach Politur und Prägung vollkommen sind, Arbeiten in Lack oder Malereien, in denen eine Reihe dünner, transparenter Schichten sich übereinander legen ... – alle diese Hervorbringungen ausdauernder, entsagungsvoller Bemühung sind im Verschwinden, und die Zeit ist vorbei, in der es auf Zeit nicht ankam. Der heutige Mensch arbeitet nicht mehr an dem, was sich nicht abkürzen läßt.« In der Tat ist ihm geglückt, selbst die Erzählung abzukürzen. Wir haben das Werden der short story erlebt, die sich der mündlichen Tradition entzogen hat und jenes langsame Einander-Überdecken dünner und transparenter Schichten nicht mehr erlaubt, das das treffendste Bild von der Art und Weise abgibt, in der die vollkommene Erzählung aus der Schichtung vielfacher Nacherzählungen an den Tag tritt.

X.

Valéry endet seine Betrachtung mit diesem Satz: »Es ist fast, als fiele der Schwund des Gedankens der Ewigkeit mit der wachsenden Abneigung gegen langdauernde Arbeit zusammen.« Der Gedanke der Ewigkeit hat von jeher seine stärkste Quelle im Tod gehabt. Wenn dieser Gedanke schwindet, so folgern wir, muß das Gesicht des Todes ein anderes geworden sein. Es erweist sich, daß diese Veränderung die gleiche ist, die die Mitteilbarkeit der Erfahrung in dem Grade vermindert hat, als es mit der Kunst des Erzählens zu Ende ging.

Seit einer Reihe von Jahrhunderten läßt sich verfolgen, wie im

Gemeinbewußtsein der Todesgedanke an Allgegenwart und an Bildkraft Einbuße leidet. In seinen letzten Etappen spielt sich dieser Vorgang beschleunigt ab. Und im Verlauf des neunzehnten Jahrhunderts hat die bürgerliche Gesellschaft mit hygienischen und sozialen, privaten und öffentlichen Veranstaltungen einen Nebeneffekt verwirklicht, der vielleicht ihr unterbewußter Hauptzweck gewesen ist: den Leuten die Möglichkeit zu verschaffen, sich dem Anblick von Sterbenden zu entziehen. Sterben, einstmals ein öffentlicher Vorgang im Leben des Einzelnen und ein höchst exemplarischer (man denke an die Bilder des Mittelalters, auf denen das Sterbebett sich in einen Thron verwandelt hat, dem durch weitgeöffnete Türen des Sterbehauses das Volk sich entgegen drängt) – sterben wird im Verlauf der Neuzeit aus der Merkwelt der Lebenden immer weiter herausgedrängt. Ehemals kein Haus, kaum ein Zimmer, in dem nicht schon einmal jemand gestorben war. (Das Mittelalter empfand auch räumlich, was als Zeitgefühl jene Inschrift auf einer Sonnenuhr von Ibiza bedeutsam macht: Ultima multis.) Heute sind die Bürger in Räumen, welche rein vom Sterben geblieben sind, Trockenwohner der Ewigkeit, und sie werden, wenn es mit ihnen zu Ende geht, von den Erben in Sanatorien oder in Krankenhäusern verstaut. Nun ist es aber an dem, daß nicht etwa nur das Wissen oder die Weisheit des Menschen sondern vor allem sein gelebtes Leben – und das ist der Stoff, aus dem die Geschichten werden – tradierbare Form am ersten am Sterbenden annimmt. So wie im Innern des Menschen mit dem Ablauf des Lebens eine Folge von Bildern sich in Bewegung setzt – bestehend aus den Ansichten der eigenen Person, unter denen er, ohne es inne zu werden, sich selber begegnet ist –, so geht mit einem Mal in seinen Mienen und Blicken das Unvergeßliche auf und teilt allem, was ihn betraf, die Autorität mit, die auch der ärmste Schächer im Sterben für die Lebenden um ihn her besitzt. Am Ursprung des Erzählten steht diese Autorität.

XI.

Der Tod ist die Sanktion von allem, was der Erzähler berichten kann. Vom Tode hat er seine Autorität geliehen. Mit andern Worten: es ist die Naturgeschichte, auf welche seine Geschichten zurückverweisen. Das ist in exemplarischer Form in einer der schönsten zum Ausdruck gebracht, die wir von dem unvergleichlichen Johann Peter Hebel haben. Sie steht im »Schatzkästlein des rheinischen Hausfreundes«, heißt »Unverhofftes Wiedersehen« und beginnt mit der Verlobung eines jungen Burschen, der in den Bergwerken von Falun arbeitet. Am Vorabend der Hochzeit ereilt ihn in der Tiefe seines Stollens der Bergmannstod. Seine Braut hält ihm die Treue über den Tod hinaus, und sie lebt lange genug, um als uraltes Mütterchen eines Tages, da aus dem verlorenen Stollen eine Leiche zu Tage gefördert wird, die gesättigt mit Eisenvitriol von der Verwesung verschont geblieben ist, ihren Bräutigam zu erkennen. Nach diesem Wiedersehen wird auch sie vom Tod abberufen. Als nun Hebel im Verlauf dieser Erzählung vor der Notwendigkeit stand, die lange Reihe von Jahren augenfällig zu machen, da hat er das mit den folgenden Sätzen getan: »Unterdessen wurde die Stadt Lissabon in Portugal durch ein Erdbeben zerstört, und der siebenjährige Krieg ging vorüber, und Kaiser Franz der Erste starb, und der Jesuiten-Orden wurde aufgehoben und Polen geteilt, und die Kaiserin Maria Theresia starb, und der Struensee wurde hingerichtet, Amerika wurde frei, und die vereinigte französische und spanische Macht konnte Gibraltar nicht erobern. Die Türken schlossen den General Stein in der Veteraner Höhle in Ungarn ein, und der Kaiser Joseph starb auch. Der König Gustav von Schweden eroberte russisch Finnland, und die französische Revolution und der lange Krieg fing an, und der Kaiser Leopold der Zweite ging auch ins Grab. Napoleon eroberte Preußen, und die Engländer bombardierten Kopenhagen, und die Ackerleute säeten und schnitten. Der Müller mahlte, und die Schmiede hämmerten, und die Bergleute gruben nach den Metalladern in ihrer unterirdischen Werkstatt. Als aber die Bergleute in Falun im Jahr 1809 ...«. Tiefer hat nie ein Erzähler seinen Bericht in die Naturgeschichte gebettet als Hebel es in dieser Chronologie vollzieht. Man lese sie nur genau: Der Tod tritt in ihr in so regelmäßigem Turnus auf wie der Sensenmann in den Prozessionen, die um Mittag um die Münsteruhr ihren Umzug halten.

XII.

Jedwede Untersuchung einer bestimmten epischen Form hat es mit dem Verhältnis zu tun, in dem diese Form zur Geschichtsschreibung steht. Ja, man darf weitergehen und sich die Frage vorlegen, ob die Geschichtsschreibung nicht den Punkt schöpferischer Indifferenz zwischen allen Formen der Epik darstellt. Dann würde die geschriebene Geschichte sich zu den epischen Formen verhalten wie das weiße

Licht zu den Spektralfarben. Wie dem auch sei, unter allen Formen der Epik gibt es nicht eine, deren Vorkommen in dem reinen, farblosen Licht der geschriebenen Geschichte zweifelsfreier ist als die Chronik. Und im breiten Farbband der Chronik stufen die Arten, in denen erzählt werden kann, sich wie Schattierungen ein und derselben Farbe ab. Der Chronist ist der Geschichts-Erzähler. Man denke an die Hebel-Stelle zurück, die durchaus den Tonfall der Chronik hat, und ermesse ohne Mühe den Unterschied zwischen dem, der Geschichte schreibt, dem Historiker, und dem, der sie erzählt, dem Chronisten. Der Historiker ist gehalten, die Vorfälle, mit denen er es zu tun hat, auf die eine oder andere Art zu erklären; er kann sich unter keinen Umständen damit begnügen, sie als Musterstücke des Weltlaufs herzuzeigen. Genau das aber tut der Chronist, und besonders nachdrücklich tut er das in seinen klassischen Repräsentanten, den Chronisten des Mittelalters, die die Vorläufer der neueren Geschichtsschreiber waren. Indem jene ihrer Geschichtserzählung den göttlichen Heilsplan zugrunde legen, der ein unerforschlicher ist, haben sie die Last beweisbarer Erklärung von vornherein von sich abgewälzt. An ihre Stelle tritt die Auslegung, die es nicht mit einer genauen Verkettung von bestimmten Ereignissen, sondern mit der Art ihrer Einbettung in den großen unerforschlichen Weltlauf zu tun hat.

Ob der Weltlauf ein heilsgeschichtlich bedingter oder ein natürlicher ist, das macht keinen Unterschied. Im Erzähler hat der Chronist in verwandelter, gleichsam säkularisierter Gestalt sich erhalten. Lesskow ist unter denen, deren Werk besonders klar von diesem Sachverhalt Zeugnis ablegt. Der Chronist mit seiner heilsgeschichtlichen Ausrichtung, der Erzähler mit seiner profanen haben beide an diesem Werk so sehr Anteil, daß für manche Erzählungen kaum zu entscheiden ist, ob der Webgrund, in dem sie auftreten, der goldene einer religiösen oder der bunte einer weltlichen Anschauung vom Laufe der Dinge ist. Man denke an die Erzählung »Der Alexandrit«, die den Leser »in jene alte Zeit« versetzt, »da noch die Steine im Schoße der Erde und die Planeten in Himmelshöhen sich um das Schicksal der Menschen kümmerten, und nicht etwa heutzutage, da sowohl in den Himmeln als auch unter der Erde alles gegen das Schicksal der Menschensöhne gleichgültig geworden ist und ihnen von nirgendwoher mehr eine Stimme spricht oder gar Gehorsam wird. Alle die neuentdeckten Planeten spielen in den Horoskopen keinerlei Rolle mehr, und es gibt auch eine Menge neuer Steine, alle gemessen und gewogen und auf ihr spezifisches Gewicht und ihre Dichte hin geprüft, aber sie verkünden uns nichts mehr und bringen auch keinerlei Nutzen. Ihre Zeit mit den Menschen zu sprechen ist vorüber«.

Es ist, wie man sieht, kaum möglich, den Weltlauf, wie er an dieser Geschichte Lesskows sich illustriert, eindeutig zu kennzeichnen. Ist er heilsgeschichtlich oder naturgeschichtlich bestimmt? Gewiß ist nur, daß er, eben als Weltlauf, außerhalb aller eigentlich historischen Kategorien steht. Die Epoche, sagt Lesskow, da der Mensch sich im Einklang mit der Natur glauben konnte, ist abgelaufen. Schiller nannte diese Weltzeit die Zeit der naiven Dichtung. Der Erzähler wahrt ihr die Treue und sein Blick weicht nicht von jenem Zifferblatt, vor dem die Prozession der Kreaturen sich hinbewegt, in der, je nachdem, der Tod als Anführer oder als der letzte armselige Nachzügler seine Stelle hat.

XIII.

Man hat sich selten darüber Rechenschaft abgelegt, daß das naive Verhältnis des Hörers zu dem Erzähler von dem Interesse, das Erzählte zu behalten, beherrscht wird. Der Angelpunkt für den unbefangenen Zuhörer ist, der Möglichkeit der Wiedergabe sich zu versichern. Das Gedächtnis ist das epische Vermögen vor allen anderen. Nur dank eines umfassenden Gedächtnisses kann die Epik einerseits den Lauf der Dinge sich zu eigen, andererseits mit deren Hinschwinden, mit der Gewalt des Todes ihren Frieden machen. Es ist nicht verwunderlich, daß für einen einfachen Mann aus dem Volk, wie Lesskow sich ihn eines Tages ausgedacht hat, der Zar, der das Haupt des Weltkreises ist, in dem sich seine Geschichten ereignen, über das umfassendste Gedächtnis verfügt. »Unser Kaiser, so heißt es da, und seine ganze Familie haben in der Tat ein ganz erstaunliches Gedächtnis.«

Mnemosyne, die Erinnernde, war bei den Griechen die Muse des Epischen. Dieser Name geleitet den Betrachter zu einer weltgeschichtlichen Wegscheide zurück. Wenn nämlich das von der Erinnerung Aufgezeichnete – die Geschichtsschreibung – die schöpferische Indifferenz der verschiedenen epischen Formen darstellt (wie die große Prosa die schöpferische Indifferenz zwischen den verschiedenen Maßen des Verses), so schließt deren älteste Form, das Epos, kraft einer Art von Indifferenz die Erzählung und den Roman ein. Als dann im Verlauf der Jahrhunderte der Roman aus dem Schoß des Epos herauszutreten begann, da zeigte sich, daß an ihm das musische Element des Epischen, die Erinnerung also, in ganz anderer Gestalt als in der Erzählung zutage tritt.

Die *Erinnerung* stiftet die Kette der Tradition, welche das Geschehene von Geschlecht zu Geschlecht weiterleitet. Sie ist das Musische der Epik im weiteren Sinne. Sie umgreift die musischen Sonderarten des Epischen. Unter diesen ist an erster Stelle diejenige, welche der Erzähler verkörpert. Sie stiftet das Netz, welches alle Geschichten miteinander am Ende bilden. Eine schließt an die andere an, wie es die großen Erzähler immer und vor allem die orientalischen gern gezeigt haben. In jedem derselben lebt eine Scheherazade, der zu jeder Stelle ihrer Geschichten eine neue Geschichte einfällt. Dieses ist ein episches *Gedächtnis* und das Musische der Erzählung. Ihm aber ist ein anderes, gleichfalls im engeren Sinne musisches Prinzip entgegenzusetzen, das als Musisches des Romans zunächst, das will sagen im Epos, noch ungeschieden von dem Musischen der Erzählung verborgen liegt. Allenfalls läßt es in den Epen gelegentlich sich erahnen. So vor allem an feierlichen Stellen der homerischen, wie die Anrufungen der Muse zu deren Beginn es sind. Was an diesen Stellen sich ankündigt, ist das verewigende Gedächtnis des Romanciers im Gegensatz zu dem kurzweiligen des Erzählers. Das erste ist dem *einen* Helden geweiht, der *einen* Irrfahrt oder dem *einen* Kampf; das zweite den *vielen* zerstreuten Begebenheiten. Es ist, mit anderen Worten, das *Eingedenken,* das als das Musische des Romans dem Gedächtnis, dem Musischen der Erzählung, zur Seite tritt, nachdem sich mit dem Zerfall des Epos die Einheit ihres Ursprungs in der Erinnerung geschieden hatte.

XIV.

»Niemand, sagt Pascal, stirbt so arm, daß er nicht irgend etwas hinterläßt.« Gewiß auch an Erinnerungen – nur daß diese nicht immer einen Erben finden. Der Romancier tritt diese Hinterlassenschaft an, und selten ohne tiefe Melancholie. Denn wie es in einem Roman von Arnold Bennett der Toten nachgesagt wird – »sie hatte überhaupt nichts vom wirklichen Leben gehabt« –, so pflegt es um die Summe aus der Hinterlassenschaft bestellt zu sein, die der Romancier antritt. Über diese Seite der Sache verdanken wir den wichtigsten Aufschluß Georg Lukács, der im Roman »die Form der transzendentalen Heimatlosigkeit« gesehen hat. Zugleich ist der Roman, nach Lukács, die einzige

Form, die die Zeit in die Reihe ihrer konstitutiven Prinzipien aufnimmt. »Die Zeit, heißt es in der ›Theorie des Romans‹, kann erst dann konstitutiv werden, wenn die Verbundenheit mit der transzendentalen Heimat aufgehört hat ... Nur im Roman ... trennen sich Sinn und Leben und damit das Wesenhafte und Zeitliche; man kann fast sagen: die ganze innere Handlung des Romans ist nichts als ein Kampf gegen die Macht der Zeit ... Und aus diesem ... entsteigen die episch echtgeborenen ... Zeiterlebnisse: die Hoffnung und die Erinnerung ... Nur in dem Roman ... kommt eine schöpferische, den Gegenstand treffende und ihn umwandelnde Erinnerung vor ... Die Dualität von Innerlichkeit und Außenwelt kann hier für das Subjekt« nur »aufgehoben werden, wenn es die ... Einheit seines ganzen Lebens ... aus dem, in der Erinnerung zusammengedrängten, vergangenen Lebensstrome erblickt ... die Einsicht, die diese Einheit erfaßt, ... wird das ahnend-intuitive Erfassen des unerreichten und darum unaussprechbaren Lebenssinnes«.

Der »Sinn des Lebens« ist in der Tat die Mitte, um welche sich der Roman bewegt. Die Frage nach ihm ist aber nichts anderes als der eingängliche Ausdruck der Ratlosigkeit, mit der sich sein Leser in eben dieses geschriebene Leben hineingestellt sieht. Hie »Sinn des Lebens« – da »Moral von der Geschichte«: mit diesen Losungen stehen Roman und Erzählung einander gegenüber, und an ihnen läßt sich der gänzlich verschiedene geschichtliche Standindex dieser Kunstformen ablesen. – Wenn das früheste vollkommene Muster des Romans der Don Quichote ist, so ist sein spätestes vielleicht die »Education Sentimentale«. In den letzten Worten dieses Romans hat der Sinn, der dem bürgerlichen Zeitalter zu Beginn seines Niedergangs in seinem Tun und Lassen begegnete, sich wie Hefe im Lebensbecher niedergeschlagen. Frédéric und Deslauriers, die Jugendfreunde, denken an ihre Jugendfreundschaft zurück. Da gab es eine kleine Geschichte: wie sie eines Tages verstohlen und bang sich im öffentlichen Hause ihrer Heimatstadt präsentierten, nichts verrichtend als der patronne einen Blumenstrauß darzubringen, den sie bei sich im Garten gepflückt hatten. »Von dieser Geschichte war noch drei Jahre später die Rede. Und nun erzählten sie sie weitläufig einander, jeder des anderen Erinnerungen ergänzend. ›Das war vielleicht‹, sagte Frédéric als sie fertig waren, ›das Schönste in unserm Leben.‹ ›Ja, du kannst recht haben‹, sagte Deslauriers, ›das war vielleicht das Schönste in unserm Leben.‹« Mit solcher Erkenntnis steht der Roman am Ende, das ihm in strengerem Sinne als irgend einer Erzählung eignet. In der Tat gibt es keine Erzählung, an der die Frage: Wie ging es weiter? ihr Recht verlöre. Der Roman dagegen kann nicht erhoffen, den kleinsten Schritt über jene Grenze hinaus zu tun, an der er den Leser, den Lebenssinn ahnend sich zu vergegenwärtigen, dadurch einlädt, daß er ein »Finis« unter die Seiten schreibt.

XV.

Wer einer Geschichte zuhört, der ist in der Gesellschaft des Erzählers; selbst wer liest, hat an dieser Gesellschaft teil. Der Leser eines Romans ist aber einsam. Er ist es mehr als jeder andere Leser. (Denn selbst wer ein Gedicht liest, ist bereit, den Worten, für den Hörenden, Stimme zu leihen.) In dieser seiner Einsamkeit bemächtigt der Leser des Romans sich seines Stoffes eifersüchtiger als jeder andere. Er ist bereit, ihn restlos sich zu eigen zu machen, ihn gewissermaßen zu verschlingen. Ja, er vernichtet, er verschlingt den Stoff wie Feuer Scheiter im Kamin. Die Spannung, welche den Roman durchzieht, gleicht sehr dem Luftzug, der die Flamme im Kamin ermuntert und ihr Spiel belebt.

Es ist ein trockenes Material, an welchem sich das brennende Interesse des Lesers nährt. – Was heißt das? »Ein Mann, der mit fünfunddreißig stirbt, hat Moritz Heimann einmal gesagt, ist auf jedem Punkt seines Lebens ein Mann, der mit fünfunddreißig stirbt.« Nichts ist zweifelhafter als dieser Satz. Aber dies einzig und allein, weil er sich im Tempus vergreift. Ein Mann, so heißt die Wahrheit, die hier gemeint war, der mit fünfunddreißig Jahren gestorben ist, wird *dem Eingedenken* an jedem Punkte seines Lebens als ein Mann erscheinen, der mit fünfunddreißig Jahren stirbt. Mit anderen Worten: der Satz, der für das wirkliche Leben keinen Sinn gibt, wird für das erinnerte unanfechtbar. Man kann das Wesen der Romanfigur besser nicht darstellen als es in ihm geschieht. Er sagt, daß sich der »Sinn« von ihrem Leben nur erst von ihrem Tode her erschließt. Nun aber sucht der Leser des Romans wirklich Menschen, an denen er den »Sinn des Lebens« abliest. Er muß daher, so oder so, im voraus gewiß sein, daß er ihren Tod miterlebt. Zur Not den übertragenen: das Ende des Romans. Doch besser den eigentlichen. Wie geben sie ihm zu erkennen, daß der Tod schon auf sie wartet, und ein ganz bestimmter, und das an einer ganz bestimmten Stelle? Das ist die Frage, welche das verzehrende Interesse des Lesers am Romangeschehen nährt.

Nicht darum also ist der Roman bedeutend, weil er, etwa lehrreich, ein fremdes Schicksal uns darstellt, sondern weil dieses fremde Schicksal kraft der Flamme, von der es verzehrt wird, die Wärme an uns abgibt, die wir aus unserem eigenen nie gewinnen. Das was den Leser zum Roman zieht, ist die Hoffnung, sein fröstelndes Leben an einem Tod, von dem er liest, zu wärmen.

XVI.

»Lesskow, schreibt Gorki, ist der am tiefsten im ... Volke wurzelnde Schriftsteller und von allen fremden Einflüssen unberührt.« Der große Erzähler wird immer im Volk wurzeln, zuvörderst in den handwerklichen Schichten. Wie diese aber das bäuerliche, das maritime und das städtische Element in den vielfältigen Stadien ihres wirtschaftlichen und technischen Entwicklungsgrades umfassen, so stufen sich vielfältig die Begriffe, in denen sich für uns ihr Erfahrungsschatz niederschlägt. (Zu schweigen von dem keineswegs verächtlichen Anteil, den die Handeltreibenden an der Kunst des Erzählens haben; sie mußten weniger deren belehrenden Inhalt mehren, als die Listen, mit denen die Aufmerksamkeit der Lauschenden gebannt wird, verfeinern. Im Geschichtenkreise der »Tausend und Eine Nacht« haben sie eine tiefe Spur hinterlassen.) Kurz, unbeschadet der elementaren Rolle, die das Erzählen im Haushalt der Menschheit spielt, sind die Begriffe, in denen sich der Ertrag der Erzählungen bergen läßt, die mannigfachsten. Was bei Lesskow am handlichsten in religiösen zu fassen ist, scheint bei Hebel sich wie von selber in die pädagogischen Perspektiven der Aufklärung einzufügen, tritt bei Poe als hermetische Überlieferung auf, findet ein letztes Asyl bei Kipling in dem Lebensraum britischer Seeleute und Kolonialsoldaten. Dabei ist allen großen Erzählern die Unbeschwertheit gemein, mit der sie auf den Sprossen ihrer Erfahrung wie auf einer Leiter sich auf und ab bewegen. Eine Leiter, die bis ins Erdinnere reicht und sich in den Wolken verliert, ist das Bild einer Kollektiverfahrung, für die selbst der tiefste Chock jeder individuellen, der Tod, keinerlei Anstoß und Schranke darstellt.

»Und wenn sie nicht gestorben sind, so leben sie heute noch«, sagt das Märchen. Das Märchen, das noch heute der erste Ratgeber der Kinder ist, weil es einst der erste der Menschheit gewesen ist, lebt insgeheim in der Erzählung fort. Der erste wahre Erzähler ist und bleibt der von Märchen. Wo guter Rat teuer war, wußte das Märchen ihn, und wo die Not am höchsten war, da war *seine* Hilfe am nächsten.

Diese Not war die Not des Mythos. Das Märchen gibt uns Kunde von den frühesten Veranstaltungen, die die Menschheit getroffen hat, um den Alp, den der Mythos auf ihre Brust gelegt hatte, abzuschütteln. Es zeigt uns in der Gestalt des Dummen, wie die Menschheit sich gegen den Mythos »dumm stellt«; es zeigt uns in der Gestalt des jüngsten Bruders, wie ihre Chancen mit der Entfernung von der mythischen Urzeit wachsen; es zeigt uns in der Gestalt dessen, der auszog das Fürchten zu lernen, daß die Dinge durchschaubar sind, vor denen wir Furcht haben; es zeigt uns in der Gestalt des Klugen, daß die Fragen, die der Mythos stellt, einfältig sind, wie die Frage der Sphinx es ist; es zeigt uns in der Gestalt der Tiere, die dem Märchenkinde zu Hilfe kommen, daß die Natur sich nicht nur dem Mythos pflichtig, sondern viel lieber um den Menschen geschart weiß. Das Ratsamste, so hat das Märchen vor Zeiten die Menschheit gelehrt, und so lehrt es noch heut die Kinder, ist, den Gewalten der mythischen Welt mit List und Übermut zu begegnen. (So polarisiert das Märchen den Mut, nämlich dialektisch: in Untermut [d. i. List] und in Übermut.) Der befreiende Zauber, über den das Märchen verfügt, bringt nicht auf mythische Art die Natur ins Spiel, sondern ist die Hindeutung auf ihre Komplizität mit dem befreiten Menschen. Diese Komplizität empfindet der reife Mensch nur bisweilen, nämlich im Glück; dem Kind aber tritt sie zuerst im Märchen entgegen und stimmt es glücklich.

XVII.

Wenige Erzähler haben dem Märchengeist eine so tiefe Verwandtschaft entgegengebracht wie Lesskow. Es handelt sich dabei um Tendenzen, die von der Dogmatik der griechisch-katholischen Kirche befördert wurden. In dieser Dogmatik spielt bekanntlich die von der römischen Kirche verworfene Spekulation des Origenes über die Apokatastasis – das Eingehen sämtlicher Seelen ins Paradies – eine bedeutende Rolle. Lesskow war von Origenes sehr beeinflußt. Er hatte vor, dessen Werk »Über die Urgründe« zu übersetzen. Im Anschluß an den russischen Volksglauben hat er die Auferstehung weniger als eine Verklärung denn (in einem dem Märchen verwandten Sinn) als eine Entzauberung gedeutet. Solche Ausdeutung des Origenes liegt dem »Verzauberten Pilger« zugrunde. Hier wie in vielen anderen Geschichten Lesskows handelt es sich um ein Mischwesen zwischen Märchen und Legende, nicht unähnlich jenem Mischwesen zwischen Märchen und Sage, von dem Ernst Bloch in einem Zusammenhang spricht, in dem er sich unsere Scheidung von Mythos und Märchen auf seine Weise zu eigen macht. Ein »Mischwesen zwischen Märchen und Sage, heißt es da, ist uneigentlich Mythisches in ihr, Mythisches, das durchaus bannend und statisch wirkt und trotzdem nicht außerhalb der Menschen. So ›mythisch‹ in der Sage sind die taohaften Gestalten, vor allem sehr alte, das Paar Philemon und Baucis etwa: märchenhaft entronnen, obwohl naturhaft ruhend. Und gewiß auch ist in dem sehr viel geringeren Tao Gotthelfs ein solches Verhältnis; es entzieht streckenweise der Sage die Lokalität des Banns, rettet das Lebenslicht, das menschlich eigene Lebenslicht, ruhig brennend drinnen wie draußen«. »Märchenhaft entronnen« sind die Geschöpfe, die den Zug der Lesskowschen Kreaturen anführen: die Gerechten. Pawlin, Figura, der Toupetkünstler, der Bärenwärter, der hilfreiche Wachtposten – sie alle, die die Weisheit, die Güte, den Trost der Welt verkörpern, drängen sich um den Erzählenden. Unverkennbar ist, daß sie von der Imago seiner Mutter durchzogen werden. »Sie war, so schildert sie Lesskow, so seelengut, daß sie keinem Menschen ein Leid zufügen konnte, nicht einmal den Tieren. Sie aß weder Fleisch noch Fische, weil sie mit den lebenden Geschöpfen solches Mitleid hatte. Mein Vater pflegte ihr deswegen zuweilen Vorwürfe zu machen ... Aber sie antwortete: ›... Ich habe die Tierchen selbst aufgezogen, sie sind mir wie meine Kinder. Ich kann doch nicht meine eigenen Kinder essen!‹ Auch bei den Nachbarn aß sie kein Fleisch. ›Ich habe sie‹, sagte sie, ›lebend gesehen; sie sind meine Bekannten. Ich kann doch nicht meine Bekannten essen.‹«

Der Gerechte ist der Fürsprech der Kreatur und zugleich ihre höchste Verkörperung. Er hat bei Lesskow einen mütterlichen Einschlag, der sich zuweilen ins Mythische steigert (und damit freilich die märchenhafte Reinheit gefährdet). Bezeichnend dafür ist die Hauptfigur seiner Erzählung »Kotin, der Nährer und Platonida«. Diese Hauptfigur, ein Bauer, Pisonski, ist zweigeschlechtlich. Zwölf Jahre lang hat ihn seine Mutter als Mädchen aufgezogen. Zugleich mit seinem männlichen reift sein weibliches Teil, und seine Zweigeschlechtlichkeit »wird zum Symbol des Gottmenschen«.

Lesskow sieht hiermit die Höhe der Kreatur erreicht und zugleich auch wohl eine Brücke zwischen irdischer und überirdischer Welt geschlagen. Denn diese erdhaft gewaltigen, mütterlichen Männergestalten, die immer wieder von Lesskows Fabulierkunst Besitz ergreifen, sind der Botmäßigkeit des Geschlechtstriebes in der Blüte ihrer Kraft entrückt worden. Darin verkörpern sie aber nicht eigentlich ein asketisches Ideal; vielmehr hat die Enthaltsamkeit dieser Gerechten so wenig privativen Charakter, daß sie zum elementaren Gegenpol der entfesselten Brunst wird, die der Erzähler in der »Lady Macbeth aus Mzensk« verkörpert hat. Wenn die Spannweite zwischen einem Pawlin und dieser Kaufmannsfrau die Breite der kreatürlichen Welt ermißt, so hat Lesskow in der Hierarchie seiner Kreaturen nicht minder deren Tiefe erlotet.

XVIII.

Die Hierarchie der kreatürlichen Welt, die in dem Gerechten ihre höchste Erhebung hat, reicht in vielfachen Stufungen in den Abgrund des Unbelebten herab. Dabei muß eines besonderen Umstandes gedacht werden. Diese ganze kreatürliche Welt wird für Lesskow nicht sowohl in der menschlichen Stimme laut als in dem, was man mit dem Titel einer seiner bedeutungsvollsten Erzählungen »Die Stimme der Natur« nennen könnte. Diese Erzählung handelt von dem kleinen Beamten Filipp Filippowitsch, der alle Hebel in Bewegung setzt, um einen Feldmarschall, der auf der Durchreise durch sein Städtchen begriffen ist, als Logiergast bei sich empfangen zu dürfen. Das gelingt ihm. Der Gast, den die dringliche Einladung des Beamten zunächst verwundert, glaubt mit der Zeit, jemanden, dem er früher begegnet sein muß, in ihm zu erkennen. Wen aber? darauf kann er sich nicht besinnen. Merkwürdig ist, daß der Gastgeber seinerseits nicht gewillt ist, sich zu erkennen zu geben. Vielmehr vertröstet er die hohe Persönlichkeit Tag für Tag, »die Stimme der Natur« werde nicht verfehlen, eines Tages vernehmlich zu ihm zu sprechen. Das geht so lange, bis schließlich der Gast, kurz vor Fortsetzung seiner Reise, dem Gastgeber die, öffentlich von dem letzteren erbetene, Erlaubnis gewähren muß, die »Stimme der Natur« ertönen zu lassen. Daraufhin entfernt sich die Frau des Gastgebers. Sie »kam mit einem großen, blank polierten kupfernen Waldhorn zurück und gab es ihrem Manne. Er nahm das Horn, setzte es an die Lippen und war im selben Augenblick wie umgewandelt. Kaum hatte er die Backen aufgeblasen und einen Ton, machtvoll wie Donnerrollen hervorgebracht, als der Feldmarschall rief: ›Halt, ich hab's jetzt, Bruder, daran erkenne ich dich gleich wieder! Du bist der Musiker vom Jägerregiment, den ich wegen seiner Ehrenhaftigkeit zur Beaufsichtigung eines spitzbübischen Intendanturbeamten fortgeschickt habe.‹ – ›So ist's, Euer Durchlaucht‹, antwortete der Hausherr. ›Ich wollte Sie nicht selbst daran erinnern, sondern die Stimme der Natur sprechen lassen.‹« Wie sich der Tiefsinn dieser Geschichte hinter ihrer Albernheit versteckt hält, das gibt einen Begriff von Lesskows großartigem Humor.

Dieser Humor bewährt sich in der gleichen Geschichte auf noch hintergründigere Art. Wir haben gehört, daß der kleine Beamte »wegen seiner Ehrenhaftigkeit zur Beaufsichtigung eines spitzbübischen Intendanturbeamten« delegiert worden sei. So heißt es am Schluß, in der Erkennungsszene. Gleich zu Beginn der Geschichte aber hören wir über den Gastgeber das folgende: »Die Ortseinwohner kannten den Mann alle und wußten, daß er keinen hohen Rang bekleidete, denn er war weder Staatsbeamter noch Militär, sondern nur ein Aufseherchen bei dem kleinen Proviantamt, wo er gemeinsam mit den Ratten die staatlichen Zwiebäcke und Stiefelsohlen benagte und sich ... mit der Zeit ein hübsches Holzhäuschen ... ernagt hatte.« Es kommt, wie man sieht, in dieser Geschichte die traditionelle Sympathie zu ihrem Recht, die der Erzähler den Spitzbuben und Gaunern entgegenbringt. Die ganze Schwankliteratur legt von ihr Zeugnis ab. Sie verleugnet sich auch auf den Höhen der Kunst nicht: einen Hebel haben der Zundelfrieder, der Zundelheiner und der rote Dieter unter allen seinen Gestalten am treusten begleitet. Und doch ist auch für Hebel der Gerechte die Hauptrolle auf dem theatrum mundi. Weil ihr aber eigentlich keiner gewachsen ist, so wandert sie vom einen zum anderen. Bald ist es der Strolch, bald der Schacherjude, bald der Beschränkte, der einspringt, um diesen Part durchzuführen. Immer ist es ein Gastspiel von Fall zu Fall, eine moralische Improvisation. Hebel ist Kasuist. Er solidarisiert sich um keinen Preis mit irgend einem Prinzip, weist aber auch keines ab, denn jedes kann einmal Instrument des Gerechten werden. Man vergleiche die Haltung Lesskows. »Ich bin mir bewußt, schreibt er in der Geschichte ›Anläßlich der Kreutzersonate‹, daß meinen Gedankengängen viel mehr praktische Lebensauffassung als abstrakte Philosophie oder hohe Moral zugrunde liegt, aber nichtsdestoweniger bin ich geneigt so zu denken, wie ich es tue.« Im übrigen verhalten sich allerdings die moralischen Katastrophen, die in der Lesskowschen Welt auftreten, zu den moralischen Zwischenfällen in der von Hebel wie die große schweigende Strömung der Wolga zu dem plaudernd sich überstürzenden kleinen Mühlbach. Es gibt unter Lesskows historischen Erzählungen mehrere, in denen Leidenschaften so vernichtend am Werk sind wie der Zorn des Achill oder der Haß des

Hagen. Erstaunlich ist, wie furchtbar sich die Welt diesem Autor verdüstern kann und mit welcher Majestät das Böse in ihr sein Szepter zu erheben vermag. Lesskow – das dürfte einer der wenigen Züge sein, in denen er sich mit Dostojewski berührt – hat offenbar Stimmungen gekannt, in denen er einer antinomistischen Ethik nahe war. Die Elementarnaturen seiner »Erzählungen aus der alten Zeit« gehen in ihrer rücksichtslosen Leidenschaft bis ans Ende. Dieses Ende aber ist grade Mystikern gern als Punkt erschienen, an welchem die ausgemachte Verworfenheit in Heiligkeit umschlägt.

XIX.

Je tiefer Lesskow auf der kreatürlichen Stufenreihe herniedersteigt, desto offenkundiger nähert sich seine Anschauungsweise der mystischen. Im übrigen spricht, wie sich zeigen wird, vieles dafür, daß auch darin ein Zug sich abformt, der in der Natur des Erzählers selbst liegt. Freilich haben nur wenige sich in die Tiefe der unbelebten Natur gewagt, und es gibt in der neueren Erzählungsliteratur nicht vieles, in dem die Stimme des namenlosen Erzählers, der vor allem Schrifttum gewesen ist, so vernehmbar nachklingt, wie in der Lesskowschen Geschichte »Der Alexandrit«. Sie handelt von einem Stein, dem Pyrop. Die steinerne ist die unterste Schicht der Kreatur. Dem Erzähler ist sie jedoch an die oberste unmittelbar angeschlossen. Ihm ist es gegeben, in diesem Halbedelstein, dem Pyrop, eine natürliche Prophezeiung der versteinerten, unbelebten Natur auf die geschichtliche Welt zu erblikken, in der er selber lebt. Diese Welt ist die Welt Alexanders II. Der Erzähler – oder vielmehr der Mann, dem er das eigene Wissen beilegt – ist ein Steinschneider, Wenzel mit Namen, der es in seinem Handwerk zu der erdenklichsten Kunst gebracht hat. Man kann ihn neben die Silberschmiede von Tula stellen und sagen, daß – im Sinn von Lesskow – der vollkommene Handwerker den Zugang zu der innersten Kammer des kreatürlichen Reiches hat. Er ist eine Inkarnation des Frommen. Von diesem Steinschneider heißt es nun: »Er packte plötzlich meine Hand, an der der Ring mit dem Alexandrit war, der bekanntlich bei künstlicher Beleuchtung rot funkelt, und schrie: ›... Schaut her, hier ist er, der prophetische russische Stein ...! Oh, verschlagener Sibirier! immer war er grün wie die Hoffnung und erst gegen Abend überströmte ihn das Blut. Vom Ursprung der Welt ab war er so, aber er versteckte sich lange und lag verborgen in der Erde und erlaubte erst, daß man ihn am Tage der Volljährigkeitserklärung des Zaren Alexander finde, als ein großer Zauberer nach Sibirien gekommen war, ihn, den Stein, zu finden, ein Magier ...‹ ›Was sprechen Sie da für Unsinn‹, unterbrach ich ihn. ›Diesen Stein fand gar kein Zauberer, es war ein Gelehrter namens Nordenskjöld!‹ ›Ein Zauberer! Ich sage es Ihnen – ein Zauberer!‹ schrie Wenzel mit lauter Stimme. ›Schauen Sie doch nur, was für ein Stein! Ein grüner Morgen ist in ihm und ein blutiger Abend ... Dies ist das Schicksal, das Schicksal des edlen Zaren Alexander!‹ Und mit diesen Worten kehrte sich der alte Wenzel zur Wand, stützte seinen Kopf auf die Ellenbogen und ... begann zu schluchzen.«

Man kann der Bedeutung dieser wichtigen Erzählung kaum näher kommen als mit einigen Worten, welche Paul Valéry in weit abliegenden Zusammenhängen geschrieben hat.

»Die künstlerische Beobachtung, sagt er in der Betrachtung eines Künstlers, kann eine beinahe mystische Tiefe erreichen. Die Gegenstände, auf die sie fällt, verlieren ihren Namen: Schatten und Helligkeit bilden ganz besondere Systeme, stellen ganz eigene Fragen dar, die keiner Wissenschaft pflichtig sind, auch von keiner Praxis sich herschreiben, sondern Dasein und Wert ausschließlich von gewissen Akkorden erhalten, die sich zwischen Seele, Auge und Hand bei jemandem einstellen, der im eigenen Innern sie aufzufassen und sie hervorzurufen geboren ist.«

Seele, Auge und Hand sind mit diesen Worten in einen und denselben Zusammenhang eingebracht. Ineinanderwirkend bestimmen sie eine Praxis. Uns ist diese Praxis nicht mehr geläufig. Die Rolle der Hand in der Produktion ist bescheidener geworden und der Platz, den sie beim Erzählen ausgeführt hat, ist verödet. (Das Erzählen ist ja, seiner sinnlichen Seite nach, keineswegs ein Werk der Stimme allein. In das echte Erzählen wirkt vielmehr die Hand hinein, die mit ihren, in der Arbeit erfahrenen Gebärden, das was laut wird, auf hundertfältige Weise stützt.) Jene alte Koordination von Seele, Auge und Hand, die in Valérys Worten auftaucht, ist die handwerkliche, auf die wir stoßen, wo die Kunst des Erzählens zu Hause ist. Ja, man kann weiter gehen und sich fragen, ob die Beziehung, die der Erzähler zu seinem Stoff hat, dem Menschenleben, nicht selbst eine handwerkliche Beziehung ist? Ob seine Aufgabe nicht eben darin besteht, den Rohstoff der Erfahrungen – fremder und eigener – auf eine solide, nützliche und einmalige Art zu bearbeiten? Es handelt sich um eine Verarbeitung, von der vielleicht am ehsten das Sprichwort einen Begriff gibt, wenn man es als Ideogramm einer Erzählung auffaßt. Sprichwörter, so könnte man sagen, sind Trümmer, die am Platz von alten Geschichten stehen und in denen, wie Efeu um ein Gemäuer, eine Moral sich um einen Gestus rankt.

So betrachtet geht der Erzähler unter die Lehrer und Weisen ein. Er weiß Rat – nicht wie das Sprichwort: für manche Fälle, sondern wie der Weise: für viele. Denn es ist ihm gegeben, auf ein ganzes Leben zurückzugreifen. (Ein Leben übrigens, das nicht nur die eigene Erfahrung, sondern nicht wenig von fremder in sich schließt. Dem Erzähler fügt sich auch das, was er vom Hörensagen vernommen hat, seinem Eigensten bei.) Seine Begabung ist: sein Leben, seine Würde: sein *ganzes* Leben erzählen zu können. Der Erzähler – das ist der Mann, der den Docht seines Lebens an der sanften Flamme seiner Erzählung sich vollkommen könnte verzehren lassen. Darauf beruht die unvergleichliche Stimmung, die bei Lesskow so gut wie bei Hauff, bei Poe so gut wie bei Stevenson um den Erzähler ist. Der Erzähler ist die Gestalt, in welcher der Gerechte sich selbst begegnet.

III. Buch und Lektüre

Nr. 13: Bücher und Dirnen

Treize – j'eus un plaisir cruel de m'arrêter sur ce nombre. *Marcel Proust*

Le reploiement vierge du livre, encore, prête à un sacrifice dont saigna la tranche rouge des anciens tomes; l'introduction d'une arme, ou coupe-papier, pour établir la prise de possession. *Stéphane Mallarmé*

I. Bücher und Dirnen kann man ins Bett nehmen.

II. Bücher und Dirnen verschränken die Zeit. Sie beherrschen die Nacht wie den Tag und den Tag wie die Nacht.

III. Büchern und Dirnen sieht es keiner an, daß die Minuten ihnen kostbar sind. Läßt man sich aber näher mit ihnen ein, so merkt man erst, wie eilig sie es haben. Sie zählen mit, indem wir uns in sie vertiefen.

IV. Bücher und Dirnen haben seit jeher eine unglückliche Liebe zueinander.

V. Bücher und Dirnen – sie haben jedes ihre Sorte Männer, die von ihnen leben und sie drangsalieren. Bücher die Kritiker.

VI. Bücher und Dirnen in öffentlichen Häusern – für Studenten.

VII. Bücher und Dirnen – selten sieht einer ihr Ende, der sie besaß. Sie pflegen zu verschwinden, bevor sie vergehen.

VIII. Bücher und Dirnen erzählen so gern und so verlogen, wie sie es geworden sind. In Wahrheit merken sie's oft selber nicht. Da geht man jahrelang ›aus Liebe‹ allem nach und eines Tages steht als wohlbeleibtes Korpus auf dem Strich, was ›studienhalber‹ immer nur darüber schwebte.

IX. Bücher und Dirnen lieben es, den Rücken zu wenden, wenn sie sich ausstellen.

X. Bücher und Dirnen machen viel junge.

XI. Bücher und Dirnen – »Alte Betschwester – junge Hure«. Wieviele Bücher waren nicht verrufen, aus denen heut die Jugend lernen soll!

XII. Bücher und Dirnen tragen ihren Zank vor die Leute.

XIII. Bücher und Dirnen – Fußnoten sind bei den einen, was bei den andern Geldscheine im Strumpf.

Dienstmädchenromane des vorigen Jahrhunderts

Dienstmädchenromane? Seit wann werden denn Werke der schönen Literatur nach dem Kreise ihrer Verbraucher klassifiziert? Allerdings – leider werden sie es nicht, oder allzu selten. Und wieviel mehr Erleuchtung hätte man sich doch davon zu versprechen als von ausgeleierten ästhetischen Rezensionen. Aber schwer ist solche Gruppierung. Zumal weil man in die Produktionsverhältnisse so selten hineinsieht. Früher waren sie übersichtlicher als in unseren Tagen. Und darum sollte man mit der Kolportage den Anfang machen, wenn einmal die Literaturgeschichte, statt sich nur immer für die Aussicht auf Gipfeln zu interessieren, die geologische Struktur des Buchgebirges erforschen sollte.

Vor der Entwicklung des Inseratenwesens war der Buchhandel, wenn er seine Erzeugnisse bis in die unteren Schichten vertreiben wollte, auf Kolporteure angewiesen. Man möchte sich gern den vollkommenen Bücherreisenden jener Zeit und jener Schichten vorstellen, den Mann, der es verstand, Geister- und Rittergeschichten in die Dienstbotenkammern der Städte und die Bauernstuben der Dörfer zu bringen. Er mußte selber ein wenig in die Geschichten hineinpassen, die er absetzte. Nicht als Held natürlich, nicht als junger verstoßener Prinz oder fahrender Ritter, wohl aber als der zweideutige Greis – Warner oder Verführer? – der in vielen dieser Geschichten auftritt und auf dem nebenstehenden Bilde gerade im Begriff steht, sich vor dem Kreuzeszeichen zu verflüchtigen.

Es ist kein Wunder, daß man diese ganze Literatur so lange verachtet hat, als es den Aberglauben an die absolute »Kunst« gab. Der Begriff des Dokuments aber, den wir heute an die Werke der Primitiven, der Kranken und der Kinder heranbringen, hat auch diese Schriften in neue, wesentliche Zusammenhänge gerückt. Man erkannte den Wert typischer Stoffe, fand Interesse daran, die begrenzte Zahl wirklich lebendiger, immer zugkräftiger und erneuerungsfähiger zu studieren und sah, daß in ihrer Variation sich ebenso entschieden wie in der Formensprache der künstlerische Wille verschiedener Generationen und Klassen verkörpert. Das Archiv solcher ewigen Stoffe ist der Traum, wie Freud ihn uns kennen gelehrt hat.

Sind nun solche Werke, die sich ohne Umschweife an den Stoffhunger des Publikums wenden, an sich schon höchst interessant, so steigert sich das noch, wo durch Illustrationen der gleiche Geist graphisch und farbig zum Ausdruck kommt. Schon das Prinzip solcher Illustrationen bezeugt die enge Bindung des Lesers an seinen Stoff. Er will aufs Haar genau wissen, wohin sie gehören. Wenn wir nur mehr solcher Bilder hätten! Aber wo sie nicht gerade – wie manche unter den nebenstehenden – durch den Stempel einer Leihbibliothek geschützt waren, sind sie den vorgezeichneten Weg – aus dem Buch an die Wand, von der Wand in den Müll – gegangen.

Es verbinden sich viele Fragen mit diesen Büchern, von den äußeren, nach Verfasserschaft, Einflüssen etc. zu schweigen, zum Beispiel, warum in den Erzählungen, die doch zur Blütezeit des Bürgertums verfaßt wurden, die moralische Autorität immer an die Gestalt eines Herrn oder einer Dame von Stand gebunden ist? Vielleicht weil die dienenden Klassen sich damals noch solidarisch mit dem Bürgertum fühlten, seine verschwiegensten romantischen Ideale teilten.

Viele dieser Romane tragen über jedem ihrer blutrünstigen Kapitel ein Motto in Versen. Da stößt man auf Goethe und Schiller, ja auf Schlegel und Immermann, daneben aber auf Dichterfürsten wie Waldau, Parucker, Tschabuschnigg oder den schlichten B., von welchem die Zeilen stammen:

»Einsam irrt sie und verlassen
Durch die weite Stadt,
Jeden Augenblick zu fürchten
Sie die Feinde hat.«

Noch tasten wir uns unbeholfen an diese unbeholfenen Werke heran. Es kommt uns seltsam vor, Bücher ernst nehmen zu sollen, die nie Bestandteil einer »Bibliothek« waren. Vergessen wir nicht, daß das Buch ursprünglich ein Gebrauchsgegenstand, ja ein Lebensmittel gewesen ist. Diese hier sind verschlungen worden. Studieren wir an ihnen die Nahrungsmittelchemie der Romane!

Ich schwöre es, wie dieser sollen Alle fallen!

Lady Lucie Guilford,

die

Fürstin der Rache,

genannt:

die Hyäne von Paris.

Seitenstück zu der Antonetta Czerno.

Von

O. G. Derwicz.

Dresden,

Verlag von J. Breyer.

Abbildung 1: Zu »Ich schwöre es, wie dieser sollen Alle fallen!«
Die abgebildete Schönheit ist Sammlerin von präparierten Männerköpfen, die sie in einem Seitenkabinett ihrer Behausung auf Regalen verwahrt.

Abbildung 2: Zu »Zurück, Verwegener!«
Das ist der berüchtigte »schwarze Ritter«, der gerade die Burg York erobert hat und Anstalten macht, die schöne Rebekka in seine Gewalt zu bringen. Die beiden Figuren tanzen gewissermaßen einen Ländler des Entsetzens.

Abbildung 4: Zu »Schwöre«
Das Buch, aus dem dieses Bild herstammt, heißt: »Adelmar von Perlstein, der Ritter vom goldnen Schlüssel oder Die zwölf schlafenden Jungfrauen, die Beschützerinnen des bezaubernden Jünglings. Ritter- und Geistergeschichte aus dem Mittelalter.«

◀ Abbildung 3: Zu »Fluch über Euch«
Aus »Antonetta Czerna, die Fürstin der Wildnis oder Der Rachegang eines beleidigten Frauenherzens«, Erzählung aus der neuesten Zeit von O. G. Derwicz, Pirna ohne Jahr. Diese Damen haben sich adrett gekleidet mit ihren kleinen Flinten zur Erschießung des jungen Mannes wie zu einem Gartenfest eingefunden.

François Bernouard
Der Drucker, Verleger und Autor

Wir saßen draußen in seinem kleinen Haus in Vincennes beim Frühstück, als mir Bernouard seine Lebensgeschichte erzählte. Ich weiß noch das Zimmer – aber welches Zimmer wüßte man nicht, in dem man einmal mit ihm gesessen? Und welcher Tisch, an dem man ihm gegenübersaß, wäre nicht eine Insel im Meer des Vergessens? Ich denke nicht allein an die schönbestellten Holztische, an denen wir oft beim Père du Côté miteinander zu Abend aßen und nicht nur an die Marmortische der Deux Magots, sondern auch an den winzigen Tisch des Bureaus, an dem ich ihn zum erstenmal gesehen und auf dem ich seither so viele seiner Drucke bewundert habe. Nie in meinem Leben habe ich in einem kleineren Bureau gesessen, eine Kammer aus den Anfängen der Buchdruckerkunst, eine Inkunabel von einem Bureau, hinge nicht das Telephon an der Wand. Es kommt einem der Gedanke, der Mann dort, der das Drucken (und nicht nur drucken!) von der Pike auf erlernte, will nun, als Unternehmer, sich klein machen und allen Platz für Maschinen und Personal sparen. Seltsamer Unternehmer, der Mann, an dem keine Fiber je den verrohenden, verdummenden Einfluß des Geldes erfahren, aber dafür auch kein Zoll die Jahre des Elends und der hundertfältigen Arbeit vergessen hat. Es ist lange her, daß er eine anarchistische Zeitschrift herausgab. Wenn aber eine chemischreine Mischung von Geist und Lauterkeit gefährlich ist, so ist sein Gesicht es noch heute.

Der Charme, mit ihm zu reden, ist abgründig. Schmale Stege über Abgründe des Tiefsinns – so wirft er Verse, Anekdoten, Erlebnisse ins Gespräch. Keines ist unbedeutend, und keines ist allgemein. Natürlich hat er Lieblingsthemen, oft religiöse: die Juden, die Bibel. Nichts geht für den, der seine musterhafte Ausgabe der massoretischen Bibel kennt, über das Vergnügen, ihn dieses Buch als Freigeist diskutieren zu hören. So muß man den frivolen Abbés des dixhuitième gelauscht haben. Und dennoch weiß ich, daß dies große Unternehmen von mehr als 20 Bänden die praktische Vernunft seines Bibelglaubens zum Ausdruck bringt; Glaube nicht an das, was sie lehrt, aber an die ehernen Fundamente ihrer Herrschaft in Schrifttum und Sprache. Oft gibt es Debatten in größerem Kreis, die den Reiz der friedlichen Zwiegespräche noch überbieten. Dann ist es passionierend, seiner

Taktik zu folgen, mitzuerleben, wie er unbeirrt durch alle Finten dem Gegner immer auf dem Leibe bleibt, nie den Partner in einer Meinung, sondern immer die Meinung in einem Partner bekämpft.

Jedes Handwerk hat einst seine eigenen professionellen Physiognomien herausgebildet. Die Kraft, die sie prägte, ist in den meisten Gewerben längst erloschen. Denkt man aber an große Drucker, selbst neuester Zeiten, einen Wiegand in München, einen Bernouard in Paris, so kommt man ganz von selbst darauf, daß sie bei Typographen bisweilen jetzt noch wirkt und zum Vorschein kommt. Und Bernouard hat ja nicht als Verleger, sondern als Drucker begonnen. Es sind nun rund zwanzig Jahre seitdem vergangen. Die Buchkunst Frankreichs stand damals tief unter der deutschen, von der englischen ganz zu schweigen. In der »Préface du typographe« zur fünfzigbändigen Zola-Ausgabe hat Bernouard erzählt, wie eben die Gedanken jenes William Morris, die die Buchkunst Europas erneuert haben, ihn damals ergriffen. Freilich war es eine Einwirkung auf kurze Sicht, genug, die Verantwortung des Buchgestalters zu wecken, nicht ausreichend, ihn zu leiten. »Aber«, sagt Bernouard, »mit zwanzig Jahren denkt man mehr durch die Toten als durch sich selber.« Die Wiedererweckung des handwerklichen Setzergeistes des fünfzehnten und sechzehnten Jahrhunderts – das war Bernouards Programm, als er zu drucken begann; und in den Besitz einer Handpresse zu gelangen sein höchstes Ziel. Der Weg, den er dann später von den ersten Versuchen mit dieser Presse bis zu seinem heutigen Betrieb in Vincennes, der mit den geistvollsten, vollendetsten Setz-, Falz- und Bindemaschinen arbeitet, zurücklegte, wäre so, wie er ihn auf den genannten Seiten erzählt, gewiß ein großer epischer Stoff. Nur Zoll für Zoll hat er den Boden der Maschine überlassen, und nie ehe es ohne allen Opportunismus aus der Überzeugung geschehen konnte: so wird das Buch besser und der Arbeiter freier. Was er in dieser Vorrede erzählt und wie er es tut, ist nicht nur eine Huldigung an Zola, die dem Kern seines Werkes näherkommt als manche gelehrte Betrachtung, es ist zugleich das Bild dieses unendlich wendigen, immer der Logik der Dinge getreuen Menschen, eines polymetis – wenn das Beiwort des »nie um Rat verlegenen« Odysseus auf irgend jemand zutrifft. Aber ein polytropos auch, ein Umgetriebener, in Frankreich und in den Geistwelten. Immer doch in einer begrenzten, im Fremdesten noch ihm heimischen Zone; ich glaube nicht, daß er viel oder lange über die Grenze Frankreichs hinauskam. (Als er mir eines Tages erzählte, er sei in jedem Herbst auf einige Tage in Nizza oder Marseille, da klangen auch diese Namen in seinem Mund wie Ménilmontant oder Billancourt.) Und über seinen Editionen steht als Ursprungsmarke die Rose de France.

Diese Ausgaben stellen einen neuen Typus von Buch dar; es sind komplette, kritische, in Text und Ausstattung höchstwertige und dennoch standardisierte Gesamtausgaben moderner Autoren. Es handelt sich also bei diesen Œuvres Complètes von Nerval, Mérimée, D'Aurevilly, Schwob, Renard, Zola, Bourges, Courteline um etwas, wozu es in Deutschland nichts Entsprechendes gibt. Denn alle diese Bände sind, wie gesagt, in Format und Ausstattung völlig gleich. Moderne »Klassikerausgaben« also, wenn man will, – nur daß an diesem Begriffe, wenn man alles Verstaubte, Zopfige und Langweilige abzieht, nichts übrig bleibt. Und daß das Müßige, Kleinbürgerliche und Feige, von dem dies andre nur der Ausdruck ist, hier keine Stelle hat, weil es sich in den meisten Fällen um Autoren handelt, die noch nicht frei sind. Fast immer sind also diese Sammlungen die ersten kritischen Gesamtausgaben der betreffenden Dichter.

Dieser Verleger ist Drucker, aber er ist auch Autor: Romancier und Dramatiker. Nach beiden Seiten hat er über die Vermittlerstellung seines Berufes hinaus- und in die geistige und manuelle Produktion des Buches eingegriffen. Das ist, im Querschnitt seiner Aktivität, die deutlichste Formel für das Umfassende dieses Mannes. Von den Freunden, die sich jeden Donnerstag zur Aperitifzeit um seinen Tisch zusammenfinden, wird sich schon jeder einmal im stillen über diese undurchschaubare Physiognomie seine Gedanken gemacht haben. Diesem Haar ist kein Staub der Werkstatt, diesen Augen kein Blick der Liebe, diesem Ohr kein französischer Dialekt, diesem Mund kein verzichtendes Lächeln, diesen Händen kein Griff des Mixers, diesen Füßen kein schwerer Weg fremd. So viel Wissen und so viel Kunst mußten sich zusammenfinden, um die ganze gelassene Lebenserfahrung eines Flaneurs von 1850 dem aktivsten, gewandtesten Unternehmer zugute kommen zu lassen. Und wenn wenige in dem Werk, das aus dieser Vereinigung hervorging, den erstaunlichen Menschen ahnen, so gehört auch diese Anonymität zu dessen Erscheinung. Ja, vielleicht druckt dieser Mann nur, um in einer Welt kunstreich beschworener Geister vor den Menschen sich zu verbergen.

Kritik der Verlagsanstalten

Die Schriftsteller gehören zu den in der Auswertung ihrer sozialen Erfahrung am weitesten zurückgebliebenen Bevölkerungsteilen. Sie sehen in einander ausschließlich Standesgenossen, ihre Urteils- und Wehrbereitschaft ist, wie bei allen ständisch Orientierten, gegen unten sehr viel prompter als gegen oben. Sie verstehen es zwar gelegentlich gut, auf vorteilhafte Art mit Verlegern fertig zu werden. Aber sowenig sie in den meisten Fällen sich Rechenschaft von der sozialen Funktion ihrer Schriftstellerei geben, sowenig kommt in ihrem Verhalten der Verlagsanstalt gegenüber die Besinnung auf deren Funktion zu ihrem Recht. Gewiß gibt es auch unter den Verlegern solche, die dem Geschäft, das sie betreiben, naiv gegenüberstehen und wirklich glauben, die Unterscheidung guter Bücher von schlechten sei ihre einzige moralische, gängiger von schwerer verkäuflichen ihre einzige geschäftliche Aufgabe. Im allgemeinen aber hat der Verleger einen ungleich klareren Begriff von den Kreisen, für die er druckt, als die Schriftsteller von jenen, für die sie schreiben. Darum sind sie ihm nicht gewachsen und nicht imstande, ihn zu kontrollieren. Wer sollte es aber sonst tun? Das Publikum kommt gewiß nicht in Frage; die Verlagsgebarung fällt ganz aus seinem Blickfeld heraus. Es bleiben die Sortimenter als einzige Instanz. Unnötig zu bemerken, wie problematisch ihre Kontrolle sein muß, wäre es auch nur, weil sie unverantwortlich und geheim ist.

Was zu fordern ist, liegt auf der Hand. Daß es nicht von heute auf morgen, im kapitalistischen Wirtschaftssystem überhaupt nicht restlos erreicht werden kann, soll kein Hindernis sein, es zu sagen. Notwendig wäre zunächst als Fundament alles Ferneren eine statistische Erfassung der Kapitalien, die im Verlagsgeschäft arbeiten. Von dieser Plattform aus müßte die Untersuchung sich nach zwei Richtungen hin bewegen. Einmal aufsteigend im Zuge der Frage: wo stammen diese Kapitalien her? Mit anderen Worten: welche Kapitalien sind aus den Bank-, Textil-, Montan-, Druckereiunternehmungen abgewandert, um in Verlagsanstalten zu arbeiten? Zweitens absteigend: womit versorgt das Verlagskapital den Büchermarkt? Ferner wäre es an sich naheliegend, beide Fragen kombiniert zu behandeln, zu untersuchen, welchen Käuferschichten und Tendenzen etwa das Montan- im Gegensatz zum Textilkapital, wenn es sich dem Verlagsgeschäft zuwendet, zu entsprechen sucht. Aber die statistischen Grundlagen dieser dritten

Darstellung sind zu schwer beschaffbar, als daß es vorderhand Aussicht hätte, sie in Angriff zu nehmen. Dagegen wären schon jetzt die unmaßgeblicheren Umfragen im Publikum und bei Buchhändlern in größeren Zeitabständen durch Mitteilungen der Verleger selbst zu ergänzen, welche Absatzziffern und Absatzgebiete ihrer Haupterzeugnisse zu enthalten hätten. Da der Verlag die Auflagenhöhe ohnehin verzeichnet, wäre das, sollte man denken, kein allzu halsbrecherischer Sprung. Von höchstem Interesse wäre ferner die statistische Erfassung des Verhältnisses von Auflagenhöhe und Inseratenkosten; wünschenswert, aber nicht ohne technische Schwierigkeiten auch, den statistischen Ausdruck für das Verhältnis von kaufmännischem Erfolg (Absatz) und literarischem (Pressestimmen) zu ermitteln. Endlich die härteste Forderung: den prozentualen Anteil erfolgreicher und erfolgloser Bücher an der Jahresproduktion der einzelnen Verleger und des deutschen Verlagsbuchhandels überhaupt zu errechnen.

Der Einwand, derartige Methoden führten dazu, den Erfolg als einzigen Wertmaßstab von Büchern zur Anerkennung zu bringen, ist ebenso naheliegend wie falsch. Natürlich gibt es erfolglose Bücher, die wertvoll sind und denen ein Platz in seiner Produktion vorzubehalten nicht nur Ehrensache, sondern auch Geschäftsgrundsatz eines guten Verlegers ist. (So stellen Konditoren Zuckerschlösser und Kandisburgen in ihre Auslagen ohne die Absicht, sie zu verkaufen.) Aber freilich hat die geforderte Analyse, die sich nebenbei als die zuverlässigste Art empfiehlt, das Buch zur Erkundung geistiger Lebensprozesse in der Nation zu verwenden – sie hat das Eigentümliche, der geläufigsten, zugleich schiefesten Auffassung vom Verlagswesen den Garaus zu machen. Jener Auffassung zufolge ist nämlich der Verlag ein kombinierter Betrieb, bestehend aus einer Mäzenatenstiftung und einer Lotterie, in welcher jede Neuerscheinung eine Nummer und das Publikum Bankhalter ist; von den etwaigen Gewinnen des Spielers, d. h. aber des Verlegers, wird ein Teil für den Satz auf solche Nummern verwendet, die zwar schön und bedeutsam prangen, in dem öffentlichen Meinungsroulette aber kaum vorkommen. Kurz, es ist dies die abstrakte Auffassung vom Verlagswesen – der Verleger als Makler zwischen einzelnen Manuskripten einerseits und »dem« Publikum andererseits. Falsch aber, und zwar von Grund auf, ist diese Meinung, weil der Verleger weder vom ideellen noch kommerziellen Wert eines Manuskripts im luftleeren Raum seine Meinung sich bilden kann. Und zwar ist letzten Endes für den Verleger ein engeres Verhältnis zu ganz bestimmten Sachgebieten – innerhalb deren er freilich durchaus nicht tendenzmäßig festgelegt zu sein braucht – ganz unentbehrlich, weil er auf gar keine andere Weise den Kontakt mit dem Publikum halten kann, ohne den er zum Scheitern verurteilt ist. Je selbstverständlicher das ist, desto auffallender die Tatsache, daß in Deutschland, wo eine Anzahl physiognomisch so scharf umrissener Verlagsanstalten wirksam sind wie die Insel, Reclam, S. Fischer, Beck, Rowohlt, niemals eine soziologische Darstellung, geschweige denn Kritik dieser Institute versucht wurde. Und doch würde erst sie die Kluft zwischen unseren großen Verlagsanstalten und jenen dilettantisch optierenden Privatinstituten ermessen lassen, von denen jedes Jahr soundso viele verschwinden, um ähnliche an ihre Stelle treten zu sehen. Mehr, es würde sich die Feststellung aufdrängen, daß selbst die lediglich merkantile Befriedigung der Nachfrage, wenn auch gewiß nicht rühmlich, so doch bei weitem diskutabler ist als ein großspuriger Idealismus, der den Markt mit nichtssagenden Büchern überschwemmt und Kapitalien in ihnen festlegt, die für unliterarische Zwecke besser verwandt würden.

Erst die Praxis würde die Tragweite einer alljährlichen kritischen Übersicht über die deutsche Verlagspolitik erkennen lassen. Eine solche Kritik, in der die literarischen Maßstäbe zugunsten soziologischer zurücktreten müßten, wird – und auch das ist nur einer ihrer Aspekte – die Antinomie zwischen dem, was man konstruktive und was man organische Verlagspolitik nennen könnte, ins Licht rücken. Ein Verleger kann sein Werk in der Umfassung und Ergründung bestimmter Interessengebiete konstruieren, er kann es aber auch in der Treue zu bestimmten Autoren oder Schulen sich organisch entwikkeln lassen. Nicht immer werden diese beiden Möglichkeiten ohne weiteres harmonieren. Eben das müßte für den Verleger ein Anstoß sein, planwirtschaftlich einzugreifen und mit bestimmten Aufträgen an bestimmte Autoren heranzutreten. Nicht als ob dergleichen Fälle unbekannt wären. Im Zeitalter der Rationalisierung wirtschaftlicher sowohl wie geistiger Produktion müßten sie aber zur Norm werden. Daß davon nichts spürbar ist, hängt, nebenher, mit der Unterschätzung des Lektorats bei den meisten Verlagsanstalten zusammen. Die Zeiten, da ein Julius Elias, ein Moritz Heimann maßgebend auf einen Verlag wirken konnten, scheinen vorüber. Die Verleger aber haben sehr unrecht, in den Lektoren Empfangschefs und Neinsager und nicht vielmehr Fachleute für Verlagspolitik sich heranzuziehen, die brauchbare Manuskripte ins Leben zu rufen verstehen, anstatt unbrauchbare zu sichten. Und die Lektoren ihrerseits haben unrecht, ihren Idealismus gegen den Materialismus des Verlegers zu setzen, statt Ideen dergestalt zu fassen und zu vertreten, daß den Verleger selbst das wirtschaftliche Interesse nur immer enger an sie binden muß. Vielleicht gibt es diesen kurzen Vorschlägen einigen Nachdruck, wenn die Verleger sich klar machen, daß die Führenden unter ihnen von einer fundierten Kritik ihres Wirkens mehr Ehre und mehr Förderung zu erwarten hätten als von der fallweisen Begutachtung ihrer Produkte oder ihrer Fairneß.

Wie erklären sich große Bucherfolge? »Chrut und Uchrut« – ein schweizerisches Kräuterbuch

Unsere Bibliothek ist an die Neuerscheinung geheftet. Kaum eines ihrer Kennzeichen, insbesondere ihrer Gebrechen, das nicht mit diesem Tatbestand zusammenhinge. Informationen lösen täglich oder stündlich einander ab. Erkenntnisse können die Geschwindigkeitskonkurrenz mit ihnen nicht aufnehmen. Da stehen denn Reaktionen zur Verfügung, die in den Rezensenten den literarischen Reizen (der Neuerscheinung) mit der gleichen Geschwindigkeit antworten, mit der die Bücher aufeinander folgen. Information und Reaktion – auf dem lückenlosen Zusammenspiel dieser beiden beruht die Schlagkraft des Rezensionsbetriebes. Und was da »Urteil« oder »Wertung« heißt, das ist nur die Stafette, die sie im Augenblick der Ablösung einander zuwerfen. Daß dem Verfahren, Bücher so zu »werten«, ein gänzlich anderes: sie erkenntnismäßig zu verwerten, entgegengestellt werden kann, bedarf keines Beweises. Da wird denn plötzlich der rein ästhetische Gesichtspunkt unzulänglich, die Information des Publikums Nebensache, das Urteil des Rezensenten belanglos. Dagegen treten eine Anzahl völlig neuer Fragen in den Vordergrund: Welchem Umstand verdankt das Werk Erfolg oder Mißerfolg? was hat das Votum der Kritik bestimmt? an welche Konventionen schließt es an? in welchen Kreisen sucht es seine Leser? Eine Bescheidung und Gesundung der Kritik, eine Sanierung, ist es, die mit solch neuem Blick sich anbahnt. Ihre Merkmale: unabhängig zu sein von der Neuerscheinung; wissenschaftliche Werke so gut zu betreffen wie belletristische; indifferent gegen die Qualität des zugrundegelegten Werkes zu bleiben. Niveau und Haltung, die sie im Journalismus verspielt hat, wird die Kritik an solchen Aufgaben am ehesten zurückgewinnen, den Anspruch auf Unfehlbarkeit von Reaktionen aber, auf den sie sich heute stützt, als widersinnig und anstößig fallen lassen. Daß die erkenntnismäßige Verwertung von Büchern mit ihrer literarischen »Wertung« identisch würde, – dieses seltene Optimum der Kritik setzt nicht nur den vollkommenen Kritiker voraus: selbst er kann nur zu diesem Ziel gelangen, wo das große Werk sein Gegenstand ist.

Desto lockender, in diesem Bewußtsein einem kleinen sich zuzuwenden, das nicht weniger vollkommen zu sein braucht. Das Kräuterbuch des Pfarrers Künzle[1] ist eine Schrift, wie nicht nur der Kranke, sondern auch der Rezensent sie sich dankbarer gar nicht wünschen kann. Der neue Rezensent wenigstens, an welchen hier appelliert wurde. Wo den alten die Wald- und Wiesenbreite volkstümlicher Literatur angähnt, lockt den neuen, materialistischer eingestellten, die grünste Weide. Grün ist natürlich der Umschlag des Buches und die Auflageziffern – botanische, wenn nicht astrologische Zahlen – genug, die Kräuter einer kleinen Trift zu zählen. 720. bis 730. Tausend – läßt dem neuen Rezensenten das Herz höher schlagen. Da hat er also eines der Bücher vor sich, für die Begriffe wie Kritik und Zeitungsinserat, Bibliothek und Sortimenter ihre Geltung verloren haben; ein Buch, unter dem die Meisterwerke der Literatur so winzig in der Tiefe liegen wie Festungen und Städte, Dome und Paläste unter den harten Gräsern der höchsten Almen. Und weil es das *nächst der Bibel verbreitetste Buch der Schweiz* sein dürfte, so ist es wohl auch natürlich, daß es – auf seine profane Weise – eine bibliographische Figur für sich macht. Man kann sogar sagen, daß sie, auf recht possierliche Art, das Gegenstück der biblischen ist. Oder wo hätte man sonst als erstes Titelwort, und noch dazu in fetten Lettern, lesen müssen: »Nachdruck verboten«? Dann folgen auf der zweiten Seite »Worterklärung[en] für Nichtschweizer«, und unter ihnen wirbt eine Anzeige für eine Schulausgabe des Werkes, in der »alles, was für Schüler nicht paßt«, weggelassen ist. Seite 3 bringt eine Probe aus den lakonischen Vorworten, die das Buch auf seinem Wege durch die Hunderttausende geleitet haben. Zur Auflage 140 000-180 000:

»Der liebe Gott hat meinem Büchlein Erfolg verliehen. Das Volk reißt sich darum, die alten ehrlichen Kräuter kommen wieder zu Ehren, und die Gütterli [Fläschchen] mit hochmütigen fremden Namen in Verdacht, Gott zur Ehr' und dem Volk zu Nutz wird das Schriftchen weiter gedruckt.«

Wer schon ein wenig geblättert oder zwischen den Zeilen zu lesen gelernt hat, der merkt: *dem Volke zu Nutz, den Medizinern zum Trutz.* Unter der Hand nämlich, aber nur desto störrischer geht es hier wie in aller Volksmedizin gegen die Ärzte. Ein echtes Paradox, ein nur scheinbarer Widerspruch ist es, daß die Schweiz, deren Ärzte europäischen Ruf haben, seit Paracelsus das gelobte Land jedweder Volks-

1 Johann Künzle, Chrut und Uchrut. Praktisches Heilkräuterbüchlein von Joh. Künzle, Kräuterpfarrer in Zizers bei Chur (Schweiz). Feldkirch: Fr. Unterberger 1930. 64 S.

medizin, von der fundiertesten Homöopathie bis zum windigsten Kurpfuscherwesen ist. Beides hängt gewiß mit dem Überwiegen bäuerischer Bevölkerung zusammen. Dem Bauer ist sein Körper an allen Teilen ein unentbehrliches Produktionsmittel; jeder Schaden, auch der beschränkteste, ist für den in der Landwirtschaft Tätigen schwerer zu kompensieren als für den Industriearbeiter. Daher das genaue Gefühl, das der Bauer für seinen Körper bekommt, aber auch die Eifersucht, mit der er über ihn wacht. Fest steht, daß Pfarrer Künzle sich beides zu Bundesgenossen gemacht hat. Daß das Heil und zumal seine eigene Wissenschaft aus dem Bauernstand kommt und zum Bauernstand will, das zu sagen versäumt er keine Gelegenheit. Ja, hier, im eigenbrötlerischen Schweizer ist etwas wie eine Internationale des Bauernstandes zu spüren. So eifernd er seine Schutzbefohlenen von den Modegecken, Überstudierten, Schmachtlappen, Stubenhockern in den Städten sondert, so generös kann er gelegentlich, wenn's um die Bauern geht, mit wahrhaft Hebelscher Weltbürgerlichkeit die Erfahrungen jenes Mannes heranziehen, »der verstopft war wie eine alte Weinflasche; keine Pille und kein Gift half mehr auf die Länge. Da brachte es das Geschäft mit sich, daß der Mann ein Vierteljahr unter den Bauern des nördlichen Frankreichs leben mußte. Dort bekam er kein Fleisch mehr« – vor dem Künzle auch den Schweizern höllisch einheizt – »aber Milch, viel Gemüse, Habermus, Dünnbier«. Und somit ist er am Bauerntische gesund geworden.

Der Kräutermann ist Naturkundiger – gewiß. Aber das felsenfeste Vertrauen in sein Naturwissen gibt er den Leuten erst, indem er ihnen keinen Zweifel über seine Stellung unter den Menschen läßt. Nur darum muß es den Niederen, mit denen er sich solidarisiert, so einleuchtend kommen, daß auch in der Natur das Unansehnlichste gerade das Beste ist, weil seine Apologie des Unkrautes nur die Kehrseite seines sozialen Bekenntnisses ist. »Sämtliche Unkräuter sind nämlich Heilkräuter.« So das »gemeinste und verachtetste« unter ihnen, »der Weg-Wegerich; er gleicht dem armen Taglöhner, der überall unten durch muß und der doch alle hinauflupft, den Graben reinigt und die Regierung wählt, aber selbst in letztere nie hineinkommt« und ist doch in Wahrheit das »beste und häufigste aller Heilkräuter«. Hier ist es der demokratische Bürgerstolz, der den Ton angibt – immerhin einen ziemlich schrillen; bei der Mistel läuft schon Rebellisches unter. »Als lästiges, amtlich verbotenes und gesetzlich unzulässiges, allen Gemeinderäten und Landjägern verfallenes Unkraut« ist sie »in allen 22 Kantonen eigentlich zum Trotz« immer noch da. Und das ist nur ein Glück; schon der Pfarrer Kneipp hat sie den Bäuerinnen in der Regel ans Herz gelegt.

Die Tradition ist die große Erkenntnisquelle, die die Schlichten im Geist vor dem hochmütigen Formelkram der Studierten voraushaben. Pfarrer Kneipp, der die Losung »zurück zur Natur« ausgab, Pater Ludwig, »ehemals Botanik-Professor in Einsiedeln, jetzt verstorbener Jubelgreis«, endlich der Herr selbst, »das vollendetste Muster für das *rein natürliche Leben*, das Ideal eines Menschen« sind von dieser Überlieferung die Stifter, die mit der Offenbarung auch dies gemein hat, daß hin und wieder die Heiden sie zu verkünden wußten. So manches Heilkraut ist schon vor Christi Geburt beglaubigt. Unermüdlich ist dieser Schatz gemehrt worden, und so gibt es fast keine Krankheit, gegen die nicht eine große Anzahl von Mitteln genannt wäre. Meist stehen sie im Verhältnis der Steigerung, werden immer stärker und stärker. Es ist das alte Schema der Volksmedizin: quod ferrum non sanat ... Bisweilen aber wird die Sache geheimnisvoll: dann ist auf einmal das letzte, stärkste von allen Mitteln zugleich das einfachste. Neun Kräuter marschieren gegen das Zahnweh auf, zum Schluß aber heißt es: »Wasche jeden Morgen das Gesicht mit reinem kalten Wasser; trockne es aber erst ab nach fünf Minuten; bringt Leuten Ruh, die sonst kein Mittel mehr finden.« Man braucht nur an die ärztliche Ordination zu denken und sieht im Nu, welche Bewandtnis es eigentlich mit dieser Vielzahl von Mitteln hat. »So und so« sagt der Arzt; das ist seine Diagnose. »Dies und dies«, sagt er; das ist seine Vorschrift. Pfarrer Künzle läßt dem Patienten – seinem Instinkt, seinem Glück, seinem Einfall – Spielraum. Auch holt er die Krankheit nicht aus dunkler Körpertiefe an das verletzende Licht der klinischen Wissenschaft: Blutkrankheit, Herzleiden, Augenweh oder Geschwulst – dabei bleibt es. Verschlägt dann das eine Mittel nicht, besteht noch immer Hoffnung auf das zweite oder dritte. Der Kräuterpfarrer aber, der zehn Mittel kennt, weiß mehr und exponiert sich weniger als der Arzt, der eines verschrieben hat. Er erscheint kundiger und liberaler zugleich.

Je länger man sich mit diesem schmalen Bändchen von vier Bogen beschäftigt, desto erstaunlicher wirkt der soziale Takt, die Schärfe des Klassengefühls (von Klassenbewußtsein ist nicht die Rede), die auf Schritt und Tritt Wort und Verhalten des Mannes regeln, der scheinbar nur durch Berg und Täler unter Gottes freiem Himmel sich botanisierend ergeht. Denn als sollte eine schlichte patriarchalische Gesinnung noch besonders ins Licht treten, beginnt das Buch nicht etwa mit den

Krankheiten, sondern beschreibend: mit den Heilkräutern. Ehe es seinem offiziellen Zweck nachgeht, holt es gleichsam Atem im Bereich der beschreibenden Naturwissenschaft. Im übrigen wäre nichts aussichtsloser, als dieses kleine Meisterwerk »konstruieren« zu wollen. Konstruierbar ist es so wenig wie eine Speise, und am Ende geben auch ihm nicht Grundstoffe, sondern Zutaten seine Würze. Weiß Gott, daß sie aus dem Vollen geschöpft sind! Das wäre zum Beispiel ein grober Irrtum zu meinen, der Bauernstolz, die Feindschaft gegen die Schulmedizin veranlasse unsern Mann, sich von der Wissenschaft abzukehren. Im Gegenteil. So spröde er sich gegen sie verhält – ihre Primeurs sind ihm gerade gut genug für sein Publikum. Warum sollte man es dem Sennen oder der Magd denn auch vorenthalten, daß Sankt-Benedikts-Kraut oder Storchschnabel ihre Tugend der Radioaktivität verdanken? Freilich geht es bei dieser Information nicht ohne einen Ausfall gegen »die naseweise Wissenschaft des 18. Jahrhunderts ab, die alles verwarf, was sie nicht begriff«, und die Volksweisheit aus ihren Rechten verdrängen wollte. Die, vielleicht sehr viel naseweisere, Theologie des achtzehnten Jahrhunderts läßt Pfarrer Künzle sich allerdings gern gefallen: »Wie gütig hat doch die göttliche Vorsehung bei Erschaffung der Pflanzen an die Menschen gedacht.« Und die Heilkräuter hat sie dem Menschen überall »in den Weg gestreut, daß er gern oder ungern sie immer zur Hand habe«.

Ein Schuß Deismus, ein Schuß Ionentheorie – solch echtes, rechtes Durcheinander ist die ganze Schrift, Kraut und Rüben ihre Kapitelchen. Man besinne sich aber auf Bauernkalender, Almanache und ähnliche Drucksorten und man wird sich damit abfinden müssen, daß das Volk solche Unordnung in seinen Büchern liebt. Warum? Soviel ist sicher: Gewohnte Unordnung heimelt an; ungewohnte Ordnung wirkt frostig. Und wer gelegentlich Dienstboten mit dem Nachschlagen einer Telephonnummer beauftragt hat, weiß, daß längst nicht alle, die lesen lernten, nachschlagen können. Für die, die es verstehen, sorgt hier ein alphabetisches Verzeichnis der Krankheiten, davon abgesehn aber ist die Zerfahrenheit nur die Kehrseite von dem enzyklopädischen Charakter des Buches, der dieser Art von Schriftstellerei so ausgezeichnet entspricht. Was kommt hier nicht alles vor und über wievieles, das man hier am wenigsten suchen würde, kann man beim Lesen sich seine Gedanken machen? Da stoßt man auf Babylon und New York, Kosaken und Bulgaren, Schleierfräulein und Naseherren, Frauenstimmrecht und Majestätsbeleidigung, vermummte Wilderer und Juden, Gesundheitskommissionen und Schutzengel, ganz zu schweigen von den vielen Bekannten, den Toni, Alfred, Jakob, Seppl, den Liseli, Babeli usw. Man betrachte nur einmal den Zug, den die Professoren hier anführen, und wird nicht wissen, ob man es mit einer Doréschen Illustration zum Rabelais zu tun hat oder mit einem Prospekt des rheinischen Karnevals. »Professorentee« heißt es in großen Buchstaben: »So benenne ich den Tee, der hauptsächlich für Leute bestimmt ist, die wie Professoren, Kommandanten, Hauptleute, Prediger, Katecheten, Lehrer, Portiers an Bahnhöfen, Ausrufer usw., viel und laut sprechen müssen.« Unstetes Volk sind hier die Professoren, die mit den standfesten Bauern in dieser Welt es nicht aufnehmen können. Ein andermal erscheinen sie in Gesellschaft der Bahnbeamten; nicht lauten Sprechens wegen (obwohl doch Züge oft laut abgerufen werden), sondern wegen der Nachtarbeit. Beiden werden Luftkurorte verordnet, »wo weder viel Fremde noch Klaviere und Hunde sind, aber dafür viel Tannen und rauschende Bäche«. Tannen und rauschende Bäche: auf ihrem Grunde aber das verklärte Bild des Schweizer Bauernstandes, um den alle Heilkräuter nur der Kranz sind. »O glückseliger Bauernstand, dein größter Miststock stinkt bei weitem nicht so arg wie der Hochmut der Gebildeten. Nicht umsonst wollte der Herrgott in einem Stalle zur Welt kommen.«

Solche Bücher sind von ihrem Erfolg nicht zu trennen. Sie sind bestimmt, mit zerfetzten Seiten, Eselsohren, Unterstreichungen, Tintenflecken den Lebensweg ihrer vielgeplagten Besitzer zu teilen und bald den Arzt, bald den Lehrer, bald den Dichter und bald den Humoristen, bald den Pastor und bald den Apotheker zu machen. Sie können dem Kritiker, dem an dem vielen Romanbrei die Zähne locker geworden sind, zeigen, was zwischen sie gehört. Denn die Wendigkeit, Anwendbarkeit, die in diesem banausischen Hausschatz mit Händen zu greifen ist, liegt, tief verborgen, der großen Dichtung zugrunde. Hier beruht sie auf der uralten Lehre von den zwei Weltmächten: *Licht und Dunkel, Ormuzd und Ariman, Chrut und Uchrut.* Sie alle münden in den Gegensatz: Bauer–Städter. Das ist des Pfarrers Künzle Menschenkenntnis, gegen die seine Kräuterkenntnis ein Hund ist.

Ich packe meine Bibliothek aus
Eine Rede über das Sammeln

Ich packe meine Bibliothek aus. Ja. Sie steht also noch nicht auf den Regalen, die leise Langeweile der Ordnung umwittert sie noch nicht. Ich kann auch nicht an ihren Reihen entlang schreiten, um im Beisein freundlicher Hörer ihnen die Parade abzunehmen. Das alles haben Sie nicht zu befürchten. Ich muß Sie bitten, mit mir in die Unordnung aufgebrochener Kisten, in die von Holzstaub erfüllte Luft, auf den von zerrissenen Papieren bedeckten Boden, unter die Stapel eben nach zweijähriger Dunkelheit wieder ans Tageslicht beförderter Bände sich zu versetzen, um von vornherein ein wenig die Stimmung, die ganz und gar nicht elegische, viel eher gespannte zu teilen, die sie in einem echten Sammler erwecken. Denn ein solcher spricht zu Ihnen und im großen und ganzen auch nur von sich. Wäre es nicht anmaßend, hier auf eine scheinbare Objektivität und Sachlichkeit pochend die Hauptstücke oder Hauptabteilungen einer Bücherei Ihnen aufzuzählen, oder deren Entstehungsgeschichte, oder selbst deren Nutzen für den Schriftsteller Ihnen darzulegen? Ich jedenfalls habe es mit den folgenden Worten auf etwas Unverhüllteres, Handgreiflicheres abgesehen; am Herzen liegt mir, Ihnen einen Einblick in das Verhältnis eines Sammlers zu seinen Beständen, einen Einblick ins Sammeln viel mehr als in eine Sammlung zu geben. Es ist ganz willkürlich, daß ich das an Hand einer Betrachtung über die verschiedenen Erwerbungsarten von Büchern tue. Solche Anordnung oder jede andere ist nur ein Damm gegen die Springflut von Erinnerungen, die gegen jeden Sammler anrollt, der sich mit dem Seinen befaßt. Jede Leidenschaft grenzt ja ans Chaos, die sammlerische aber an das der Erinnerungen. Doch ich will mehr sagen: Zufall, Schicksal, die das Vergangene vor meinem Blick durchfärben, sie sind zugleich in dem gewohnten Durcheinander dieser Bücher sinnenfällig da. Denn was ist dieser Besitz anderes als eine Unordnung, in der Gewohnheit sich so heimisch machte, daß sie als Ordnung erscheinen kann? Sie haben schon von Leuten gehört, die am Verlust ihrer Bücher zu Kranken, von anderen, die an ihrem Erwerb zu Verbrechern geworden sind. Jede Ordnung ist gerade in diesen Bereichen nichts als ein Schwebezustand überm Abgrund. »Das einzige exakte Wissen, das es gibt«, hat Anatole France gesagt, »ist das Wissen um das Erscheinungsjahr und das Format der Bücher.« In der

Tat, gibt es ein Gegenstück zur Regellosigkeit einer Bibliothek, so ist es die Regelrechtheit ihres Verzeichnisses.

So ist das Dasein des Sammlers dialektisch gespannt zwischen den Polen der Unordnung und der Ordnung.

Es ist natürlich noch an vieles andere gebunden. An ein sehr rätselhaftes Verhältnis zum Besitz, über das nachher noch einige Worte zu sagen sein werden. Sodann: an ein Verhältnis zu den Dingen, das in ihnen nicht den Funktionswert, also ihren Nutzen, ihre Brauchbarkeit in den Vordergrund rückt, sondern sie als den Schauplatz, das Theater ihres Schicksals studiert und liebt. Es ist die tiefste Bezauberung des Sammlers, das einzelne in einen Bannkreis einzuschließen, in dem es, während der letzte Schauer – der Schauer des Erworbenwerdens – darüber hinläuft, erstarrt. Alles Erinnerte, Gedachte, Bewußte wird Sockel, Rahmen, Postament, Verschluß seines Besitztums. Zeitalter, Landschaft, Handwerk, Besitzer, von denen es stammt – sie alle rücken für den wahren Sammler in jedem einzelnen seiner Besitztümer zu einer magischen Enzyklopädie zusammen, deren Inbegriff das Schicksal seines Gegenstandes ist. Hier also, auf diesem engen Felde läßt sich mutmaßen, wie die großen Physiognomiker – und Sammler sind Physiognomiker der Dingwelt – zu Schicksalsdeutern werden. Man hat nur einen Sammler zu beobachten, wie er die Gegenstände seiner Vitrine handhabt. Kaum hält er sie in Händen, so scheint er inspiriert durch sie hindurch, in ihre Ferne zu schauen. Soviel von der magischen Seite des Sammlers, von seinem Greisenbilde könnte ich sagen. – Habent sua fata libelli – das war vielleicht gedacht als ein allgemeiner Satz über *Bücher*. Bücher, also »Die Göttliche Komödie« oder »Die Ethik« des Spinoza oder »Die Entstehung der Arten«, haben ihre Schicksale. Der Sammler aber legt diesen lateinischen Spruch anders aus. Ihm haben nicht sowohl Bücher als *Exemplare* ihre Schicksale. Und in seinem Sinn ist das wichtigste Schicksal jedes Exemplars der Zusammenstoß mit ihm selber, mit seiner eigenen Sammlung. Ich sage nicht zuviel: für den wahren Sammler ist die Erwerbung eines alten Buches dessen Wiedergeburt. Und eben darin liegt das Kindhafte, das im Sammler sich mit dem Greisenhaften durchdringt. Die Kinder nämlich verfügen über die Erneuerung des Daseins als über eine hundertfältige, nie verlegene Praxis. Dort, bei den Kindern, ist das Sammeln nur *ein* Verfahren der Erneuerung, ein anderes ist das Bemalen der Gegenstände, wieder eines das Ausschneiden, noch eines das Abziehen und so die ganze Skala kindlicher Aneignungsarten vom Anfassen bis hinauf zum Benennen. Die alte Welt erneuern – das ist der tiefste Trieb im Wunsch des Sammlers, Neues zu erwerben, und darum steht der Sammler älterer Bücher dem Quell des Sammelns näher als der Interessent für bibliophile Neudrucke. Wie Bücher nun die Schwelle einer Sammlung überschreiten, wie sie Besitz eines Sammlers werden, kurz, über ihre Erwerbsgeschichte jetzt einige Worte.

Von allen Arten sich Bücher zu verschaffen, wird als die rühmlichste betrachtet, sie selbst zu schreiben. Manche von Ihnen werden an dieser Stelle vergnügt der großen Bücherei gedenken, die Jean Pauls armes Schulmeisterlein Wuz mit der Zeit sich auf die Art zulegte, daß es alle Werke, von denen die Titel in den Meßkatalogen es interessierten, weil es sie ja nicht kaufen konnte, sich selber schrieb. Schriftsteller sind eigentlich Leute, die Bücher nicht aus Armut sondern aus Unzufriedenheit mit den Büchern schreiben, welche sie kaufen könnten, und die ihnen nicht gefallen. Das werden Sie, meine Damen und Herren, für eine schrullige Definition des Schriftstellers halten, schrullig aber ist alles, was aus dem Sehwinkel eines echten Sammlers gesagt wird. – Von den landläufigen Erwerbsarten wäre für Sammler die schicklichste das Ausleihen mit anschließendem Nichtzurückgeben. Der Buchausleiher großen Formats, wie wir ihn hier vor Augen haben, erweist sich als eingefleischter Büchersammler nicht etwa nur durch die Inbrunst, mit der er den zusammengeborgten Schatz behütet und allen Mahnungen aus dem Alltag des Rechtslebens mit Taubheit begegnet, sondern weit mehr dadurch, daß auch er die Bücher nicht liest. Wenn Sie meiner Erfahrung glauben wollen, so geschah es immer noch eher, daß einer mir gelegentlich ein entliehenes Buch zurückbrachte, als daß er es etwa gelesen hätte. Und das – werden Sie fragen – wäre eine Eigenart der Sammler, Bücher nicht zu lesen? Das wäre ja das Neueste. Nein. Sachkundige werden Ihnen bestätigen, daß es das Älteste ist, und ich nenne hier nur die Antwort, die, wiederum, France für den Banausen in Bereitschaft hatte, der seine Bibliothek bewunderte, um sodann bei der obligaten Frage zu enden: »Und das haben Sie alles gelesen, Herr France?« – »Nicht ein Zehntel. Oder speisen Sie vielleicht täglich von Ihrem Sèvres?«

Ich habe übrigens auf das Recht einer solchen Haltung die Gegenprobe gemacht. Jahrelang – gut während des ersten Drittels ihres bisherigen Daseins – hat meine Bibliothek aus nicht mehr als zwei bis drei Reihen bestanden, die jährlich nur um Zentimeter wuchsen. Das war ihr martialisches Zeitalter, da kein Buch in sie eintreten durfte, dem ich nicht die Parole abgenommen, das ich nicht gelesen hatte. Und so wäre ich vielleicht nie zu etwas, was dem Umfang nach eine Bibliothek genannt werden kann, gekommen ohne die Inflation, die mit einmal den Akzent auf den Dingen umschlagen, die Bücher zu Sachwerten, mindestens schwer erhältlich werden ließ. So wenigstens schien es in der Schweiz. Und wirklich machte ich von dort in zwölfter Stunde meine ersten größeren Bücherbestellungen und konnte noch so unersetzliche Dinge bergen, wie den »Blauen Reiter« oder Bachofens »Sage von Tanaquil«, die damals noch beim Verleger zu haben waren. – Nun, meinen Sie, müßten wir nach soviel Kreuz- und Querzügen endlich auf die breite Straße des Bucherwerbs kommen, welche der Kauf ist. Jawohl, eine breite Straße, aber keine gemächliche. Der Kauf des Büchersammlers hat sehr wenig Ähnlichkeit mit denen, die ein Student, um sich ein Lehrbuch anzuschaffen, ein Herr von Welt, um seiner Dame ein Geschenk zu machen, ein Geschäftsreisender, um sich die nächste Eisenbahnfahrt zu verkürzen, in einer Buchhandlung vornimmt. Meine denkwürdigsten habe ich auf Reisen, als Passant gemacht. Besitz und Haben sind dem Taktischen zugeordnet. Sammler sind Menschen mit taktischem Instinkt; ihrer Erfahrung nach kann, wenn sie eine fremde Stadt erobern, der kleinste Antiquitätenladen ein Fort, das entlegenste Papiergeschäft eine Schlüsselstellung bedeuten. Wie viele Städte haben sich mir nicht in den Märschen erschlossen, mit denen ich auf Eroberung von Büchern ausging.

Von den wichtigsten Ankäufen geht freilich über den Besuch eines Händlers gewiß nur ein Teil. Kataloge spielen eine viel größere Rolle. Und wenn der Käufer ein Buch, das er so nach dem Katalog bestellt, auch noch so gut kennt: das Exemplar bleibt immer eine Überraschung und der Bestellung immer etwas vom Hasard. Da gibt es neben empfindlichen Enttäuschungen die beglückenden Funde. So entsinne ich mich, eines Tages ein Buch mit farbigen Bildern für meine alte Sammlung von Kinderbüchern nur darum bestellt zu haben, weil es Märchen von Albert Ludwig Grimm hatte und sein Erscheinungsort Grimma in Thüringen war. Aus Grimma aber stammte ein Fabelbuch, das eben dieser Albert Ludwig Grimm herausgegeben hatte. Und dieses Fabelbuch war in dem Exemplar, das ich besaß, mit seinen 16 Bildern das einzig erhaltene Zeugnis der Anfänge des großen deutschen Illustrators Lyser, der um die Mitte des vorigen Jahrhunderts in Hamburg gelebt hat. Nun, meine Reaktion auf den Zusammenklang der Namen war präzis gewesen. Auch hier wieder entdeckte ich Arbeiten von Lyser, und zwar ein Werk – »Linas Mährchenbuch« – das allen seinen Bibliographen unbekannt geblieben ist und einen ausführlicheren Hinweis als diesen, den ersten, den ich darauf gebe, verdient.

Auf keinen Fall ist es beim Bucherwerb mit Geld allein oder allein mit Sachkunde getan. Und selbst beide zusammen genügen zur Begründung einer echten Bibliothek, die immer etwas Undurchschaubares und Unverwechselbares zugleich hat, nicht. Wer nach Katalogen kauft, muß zu den genannten Dingen noch eine feine Witterung besitzen. Jahreszahlen, Ortsnamen, Formate, Vorbesitzer, Einbände usw., all dieses muß ihm etwas sagen und nicht nur so im dürren Anundfürsich, sondern diese Dinge müssen zusammenklingen und nach der Harmonie und Schärfe des Zusammenklangs muß er erkennen können, ob so ein Buch zu ihm gehört oder nicht. – Wieder ganz andere Fähigkeiten sind es, die eine Auktion vom Sammler verlangt. Zum Katalogleser muß das Buch allein und allenfalls sein Vorbesitzer, wenn die Provenienz des Exemplares feststeht, sprechen. Wer auf einer Auktion eingreifen will, der muß sein Augenmerk zu gleichen Teilen auf das Buch und auf die Konkurrenten richten, und außerdem noch kühlen Kopf genug behalten, um nicht – wie es doch alltäglich geschieht – sich in den Konkurrenzkampf zu verbeißen und so zuletzt an einer Stelle, an welcher er mehr mitbot, um seinen Mann zu stehen, als um das Buch sich zu erwerben, mit einem hohen Ankaufpreis hängen zu bleiben. Dafür zählt aber zu den schönsten Erinnerungen des Sammlers der Augenblick, wo er einem Buch, an das er vielleicht nie im Leben einen Gedanken, geschweige denn einen Wunsch gewendet hat, beisprang, weil es so preisgegeben und verlassen auf dem offenen Markt stand und es, wie in den Märchen aus Tausendundeiner Nacht der Prinz eine schöne Sklavin, kaufte, um ihm die Freiheit zu geben. Für den Büchersammler ist nämlich die wahre Freiheit aller Bücher irgendwo auf seinen Regalen.

Als Denkmal meines aufregendsten Auktionserlebnisses ragt über langen Reihen französischer Bände noch heute in meiner Bibliothek Balzacs »Peau de chagrin«. Das war 1915 auf der Auktion Rumann bei Emil Hirsch, einem der größten Bücherkenner und zugleich vornehmsten Kaufleute. Die Ausgabe, um die es sich handelt, ist 1838 in Paris Place de la Bourse erschienen. Eben, da ich mein Exemplar zur Hand nehme, sehe ich nicht nur die Nummer der Rümannschen Sammlung, sondern sogar die Etikette der Buchhandlung vor mir, in der vor über 90 Jahren der erste Erwerber es ungefähr zu einem Achtzigstel des heutigen Preises gekauft hat. Papeterie I. Flanneau heißt es da. Eine schöne Zeit, da man solche Prachtwerke – denn die Stahlstiche dieses Buches sind von dem größten französischen Zeichner entworfen und von den größten Stechern ausgeführt worden – wo man ein solches Buch noch in einer Papeterie kaufen konnte. Aber ich wollte die Erwerbungsgeschichte erzählen. Ich war zur Vorbesichtigung zu Emil Hirsch gekommen, hatte mir 40 oder 50 Bände durch die Hand gehen lassen, diesen aber mit dem glühenden Wunsch, ihn nie mehr aus ihr geben zu müssen. Der Tag der Auktion kam. Ein Zufall wollte, daß in der Versteigerungsordnung vor diesem Exemplar der »Peau de chagrin« die komplette Folge ihrer Illustrationen in Sonderabzügen auf China erschien. Die Bieter saßen an einer langen Tafel; schräg gegenüber von mir der Mann, der bei dem nun folgenden Ausgebot alle Blicke auf sich vereinigte: der berühmte Münchener Sammler, Freiherr von Simolin. Es ging ihm um diese Folge, er hatte Konkurrenten, kurz es kam zu einem scharfen Kampf, dessen Ergebnis das Höchstgebot der ganzen Auktion, ein Preis weit über 3000 RM war. Niemand schien einen so hohen Betrag erwartet zu haben, eine Bewegung ging durch die Anwesenden. Emil Hirsch gab nicht darauf acht und sei es, um Zeit zu sparen, sei es aus anderen Erwägungen, ging er unter allgemeiner Unaufmerksamkeit der Versammlung zur folgenden Nummer über. Er rief den Preis aus, ich ging mit Herzklopfen bis zum Halse und in dem klaren Bewußtsein, mit keinem der anwesenden großen Sammler den Wettbewerb aufnehmen zu können, etwas darüber. Der Auktionator aber, ohne die Beachtung der Versammlung zu erzwingen, schritt mit den üblichen Formeln »niemand mehr« und drei Schlägen – mir schienen sie wie durch eine Ewigkeit voneinander getrennt – zum Zuschlag. Für mich als Studenten war die Summe immer noch hoch genug. Der folgende Vormittag im Leihhaus aber gehört nicht mehr zu dieser Geschichte, und anstatt dessen spreche ich lieber von einer Begebenheit, die ich das Negativ einer Auktion nennen möchte. Das war auf einer Berliner Versteigerung des vorigen Jahres. Ausgeboten wurde eine nach Qualität und Stoffgebiet recht gemischte Reihe von Büchern, unter denen nur eine Anzahl seltener okkultistischer und naturphilosophischer Werke bemerkenswert waren. Ich bot auf eine Anzahl von ihnen, bemerkte aber, so oft ich eingriff, einen Herrn in den vorderen Reihen, der nur auf mein Gebot gewartet zu haben schien, um mit dem seinigen bis zu beliebiger Höhe einzusetzen. Nachdem ich diese Erfahrung hinreichend wiederholt hatte, gab ich für den Erwerb des Buches, an dem mir an diesem Tage am meisten lag, alle Hoffnung auf. Es waren die seltenen »Fragmente aus dem

Nachlasse eines jungen Physikers«, die Johann Wilhelm Ritter 1810 in 2 Bänden in Heidelberg hatte erscheinen lassen. Das Werk ist nie wieder gedruckt worden, die Vorrede aber, in welcher der Herausgeber als Nachruf auf seinen angeblich verstorbenen ungenannten Freund, der doch niemand ist als er selber, die Darstellung des eigenen Lebens gegeben hat, ist mir von jeher als die bedeutendste persönliche Prosa der deutschen Romantik erschienen. Im Augenblick, da man die Nummer ausrief, kam mir eine Erleuchtung. Einfach genug: Da mein Gebot die Nummer unfehlbar dem andern zuschanzen mußte, durfte ich gar nicht bieten. Ich bezwang mich, blieb stumm. Was ich erhofft hatte, trat nun ein: Kein Interesse, kein Gebot, das Buch ging zurück. Ich hielt es für klug, noch einige Tage verstreichen zu lassen. In der Tat, als ich nach einer Woche erschien, fand ich das Buch beim Antiquar vor, und der Mangel an Interesse, welchen man ihm bewiesen hatte, kam mir nun bei der Erwerbung zustatten.

Was drängt nicht alles an Erinnerung herbei, hat man sich einmal in das Kistengebirge begeben, um die Bücher im Tag- oder besser im Nachtbau aus ihm herauszuholen. Nichts könnte die Faszination dieses Auspackens deutlicher machen, als wie schwer es ist, damit aufzuhören. Mittags hatte ich begonnen, und es war Mitternacht, ehe ich an die letzten Kisten mich herangearbeitet hatte. Hier aber fielen mir nun am Ende zwei verschossene Pappbände in die Hand, die streng genommen gar nicht in eine Bücherkiste gehören: zwei Alben mit Oblaten, die meine Mutter als Kind geklebt hat, und die ich geerbt habe. Sie sind die Samen einer Sammlung von Kinderbüchern, die noch heut ständig fortwächst, wenn auch nicht mehr in meinem Garten. – Es gibt keine lebendige Bibliothek, die nicht eine Anzahl von Buchgeschöpfen aus Grenzgebieten bei sich beherbergte. Es brauchen nicht Oblatenalben oder Stammbücher zu sein, weder Autographen noch Einbände mit Pandekten oder Erbauungstexten im Innern: manche werden an Flugblättern und Prospekten, andere an Handschriftfaksimiles oder Schreibmaschinenabschriften unauffindbarer Bücher hängen, und erst recht können Zeitschriften die prismatischen Ränder einer Bibliothek bilden. Um aber auf jene Alben zurückzukommen, so ist eigentlich Erbschaft die triftigste Art und Weise zu einer Sammlung zu kommen. Denn die Haltung des Sammlers seinen Besitztümern gegenüber stammt aus dem Gefühl der Verpflichtung des Besitzenden gegen seinen Besitz. Sie ist also im höchsten Sinne die Haltung des Erben. Den vornehmsten Titel einer Sammlung wird darum immer ihre Vererbbarkeit bilden. Wenn ich das sage, so bin ich – das sollen Sie wissen – mir recht genau darüber im klaren, wie sehr solche Entwicklung der im Sammeln enthaltenen Vorstellungswelt viele von Ihnen in Ihrer Überzeugung vom Unzeitgemäßen dieser Passion, in ihrem Mißtrauen gegen den Typus des Sammlers bestärken wird. Nichts liegt mir ferner, als Sie zu erschüttern, weder in jener Anschauung noch diesem Mißtrauen. Und nur das eine wäre anzumerken: Das Phänomen der Sammlung verliert, indem es sein Subjekt verliert, seinen Sinn. Wenn öffentliche Sammlungen nach der sozialen Seite hin unanstößiger, nach der wissenschaftlichen nützlicher sein mögen als die privaten – die Gegenstände kommen nur in diesen zu ihrem Recht. Im übrigen weiß ich, daß für den Typus, von dem ich hier spreche und den ich, ein wenig ex officio, vor Ihnen vertreten habe, die Nacht hereinbricht. Aber wie Hegel sagt: erst mit der Dunkelheit beginnt die Eule der Minerva ihren Flug. Erst im Aussterben wird der Sammler begriffen.

Nun ist es vor der letzten halbgeleerten Kiste schon längst nach Mitternacht geworden. Andere Gedanken erfüllen mich als von denen ich sprach. Nicht Gedanken; Bilder, Erinnerungen. Erinnerungen an die Städte, in denen ich so vieles gefunden habe: Riga, Neapel, München, Danzig, Moskau, Florenz, Basel, Paris; Erinnerungen an die Münchener Prachträume Rosenthals, an den Danziger Stockturm, wo der verstorbene Hans Rhaue hauste, an den muffigen Bücherkeller von Süßengut, Berlin N; Erinnerungen an die Stuben, wo diese Bücher gestanden haben, meine Studentenbude in München, mein Berner Zimmer, an die Einsamkeit von Iseltwald am Brienzer See und schließlich mein Knabenzimmer, aus dem nur noch vier oder fünf der mehreren tausend Bände, die sich um mich zu türmen beginnen, stammen. Glück des Sammlers, Glück des Privatmanns! Hinter niemandem hat man weniger gesucht und keiner befand sich wohler dabei als er, der in der Spitzwegmaske sein verrufenes Dasein weiterführen konnte. Denn in seinem Innern haben ja Geister, mindestens Geisterchen, sich angesiedelt, die es bewirken, daß für den Sammler, ich verstehe den rechten, den Sammler wie er sein soll, der Besitz das allertiefste Verhältnis ist, das man zu Dingen überhaupt haben kann: nicht daß sie in ihm lebendig wären, er selber ist es, der in ihnen wohnt. So habe ich eines seiner Gehäuse, dessen Bausteine Bücher sind, vor Ihnen aufgeführt und nun verschwindet er drinnen, wie recht und billig.

Was die Deutschen lasen, während ihre Klassiker schrieben

[Schluß]

Man hört eine Trommel, ein Horn oder dergleichen und dazu die Stimme eines Ausrufers: Allen ehrsamen Meßbesuchern, in Sonderheit den wohllöblichen Herren Buchhändlern, Verlegern, Antiquariis, auch Herrn Magistern, Pastoren sowie übrigen Standespersonen teilen wir mit, daß die große Versteigerung von raren Büchern im Auftrage der Herren Haude und Spener zu Berlin, königlichen und der Akademie der Wissenschaften Buchhändlern, soeben im Silbernen Bären begonnen hat.

UNGER Was mich betrifft, so nehme ich dann allerdings mein Frühstück im Silbernen Bären.

ZWEITER LITERAT Das wäre auch wohl die erste Bücherversteigerung, die Sie versäumten, Herr Kommerzialrat ... Inkommodieren Sie sich nicht, Herr Heinzmann. Wir sehen uns wohl noch.

DER AUKTIONATOR Herrn Veit Ludwigs von Seckendorf kurfürstlich brandenburgischen geheimen Rats und Kanzlers der Universität zu Halle in Sachsen politische und moralische Diskurse über Marci Annaei Lucani Pharsalia auf eine sonderbar neue Manier ins Deutsche gebracht und dem Lateinischen auf jedes Blatt gegenübergesetzet nebst beigefügter Erklärung der dunklen und schweren Redensarten auch nötigem Register, Leipzig 1695 ...

STIMME EINES BIETERS Achtzehn Groschen.

UNGER So einen Titel könnte man denn doch heute nicht mehr zu drucken wagen. Bei uns will sich weder Verleger noch Autor auf dem Titel breitmachen.

Man hört das Geräusch des Zuschlags.

DER AUKTIONATOR Numero zwohundertelf. Fürstenspiegel, das ist Antimachiavellus oder Regentenkunst, Straßburg 1624.

STIMME EINES ANDEREN BIETERS Einen Taler.

UNGER Die lateinische Ausgabe von 1577 wird für rar gehalten, die deutsche aber ist es weit mehr und nur wenige kennen sie ... Zwei Taler.

STIMME DES ANDEREN BIETERS Zwei Taler und zehn Groschen.

UNGER Drei Taler.

AUKTIONATOR Zum ersten, zum zweiten, zum dritten.

Man hört den Zuschlag.

DER AUKTIONATOR Zuschlag für?

UNGER Buchhändler Johann Friedrich Unger, Berlin.

DER AUKTIONATOR Numero zwohundertzwölf. Johann Wolfgang Goethens Schriften, Leipzig bei Georg Joachim Göschen 1787 bis 90. Wir haben von dieser hübschen Edition aber leider nur den siebenten Band hier.

UNGER Der siebente Band, Herr Magister, das ist doch ...

Gongschlag.

DIE STIMME DES 19. JAHRHUNDERTS Faust! Die Weltlegende des deutschen Bürgertums, beginnend auf dem weltlichen Theater, endend im Proszenium des himmlischen, beginnend mit dem höllischen Teufel der Schwarzkunst, aufsteigend zu den irdischen Teufeln der Staatskunst, beginnend mit Erscheinungen, endend in Stimmen. Ein kleines Jahrmarktspuppenspiel tat sich auf, um das Leiden und die Demütigungen des deutschen Bürgertums, mit ihnen aber seine Geschichte und im Herzen dieser Geschichte das Bild der Antike, Helena und den Palast zu Sparta, aufzunehmen.

DER SPRECHER Ruhe! Wie können Sie sich erlauben, mir vorzugreifen?

DIE STIMME DES 19. JAHRHUNDERTS Ich bin das 19. Jahrhundert und habe noch ganz anderen Leuten vorgegriffen. Ich griff den Klassikern vor, ehe sie mit Schreiben zu Ende waren, und bin von dem Größten unter ihnen, nachdem er nur ein Viertel meiner Gestalt erblickt hatte, so begrüßt worden, daß ich wohl das Recht habe, mich hier vernehmen zu lassen.

DER SPRECHER Wie soll er Ihrer Meinung nach Sie begrüßt haben? Ich denke doch, daß von Goethe die Rede ist.

DIE STIMME DES 19. JAHRHUNDERTS Ich sehe, Sie sind im Bilde. Von mir sagt Goethe: »Alles ist jetzt ultra, alles transzendiert unaufhaltsam. Im Denken wie im Tun. Niemand kennt sich mehr. Niemand begreift das Element, worin er schwebt und wirkt, niemand den Stoff, den er bearbeitet. Reichtum und Schnelligkeit ist, was die Welt bewundert und wonach jeder strebt. Eisenbahnen, Schnellposten, Dampfschiffe und alle möglichen Facilitäten der Kommunikation sind es, worauf die gebildete Welt ausgeht, sich zu überbilden und dadurch in der Mittelmäßigkeit zu verharren. Eigentlich ist es das Jahrhundert für die fähigen Köpfe, für leichtfassende, praktische Menschen, die ihre Superiorität über die Menge fühlen, wenngleich sie auch selbst nicht zum Höchsten begabt sind. Laßt uns soviel als möglich an der Gesinnung halten, in der wir herankamen; wir werden, mit vielleicht noch Wenigen, die Letzten sein einer Epoche, die so bald nicht wiederkehrt.«

DER SPRECHER Sie haben keinen Grund, stolz auf solche Begrüßung zu sein.

DIE STIMME DES 19. JAHRHUNDERTS Ich habe ihr Ehre gemacht. Ich habe eine mittlere Kultur allgemein verbreitet, wie Goethe es prophezeit hat.

DER SPRECHER Eine mittlere Kultur? Solange Ihr 19. Jahrhundert gedauert hat, haben die Deutschen ihr größtes Gedichtbuch nicht aufgeschlagen. Noch ist es nicht lange her, daß Cotta die letzten Exemplare des Westöstlichen Divan vom Lager verkauft hat.

DIE STIMME DES 19. JAHRHUNDERTS Sie waren zu teuer. Ich habe Ausgaben auf den Mark gebracht, die unter die Leute kamen.

DER SPRECHER Unter die Leute, denen die Zeit fehlte, sie zu lesen.

DIE STIMME DES 19. JAHRHUNDERTS Zugleich aber hat mein Jahrhundert dem Geist die Mittel gegeben, schneller sich zu verbreiten als durch Lektüre.

DER SPRECHER Mit andern Worten: es hat die Tyrannei der Minute begründet, deren Geißel wir auch hier spüren.

Man hört jetzt sehr deutlich das Ticken eines Sekundenzeigers.

DIE STIMME DES 19. JAHRHUNDERTS Goethe selber hat diese Takte begrüßt und seinen Enkeln in ihnen sich einzurichten befohlen. *Das Folgende scharf, gleichsam nach dem Sekundenzeiger taktiert:*

»Ihrer sechzig hat die Stunde,
Über tausend hat der Tag.
Söhnchen, werde dir die Kunde,
Was man alles leisten mag!«

Bücher und Lektüre des Kindes

Der Lesekasten

Nie wieder können wir Vergessenes ganz zurückgewinnen. Und das ist vielleicht gut. Der Chock des Wiederhabens wäre so zerstörend, daß wir im Augenblick aufhören müßten, unsere Sehnsucht zu verstehen. So aber verstehen wir sie, und um so besser, je versunkener das Vergessene in uns liegt. Wie das verlorene Wort, das eben noch auf unseren Lippen lag, die Zunge zu demosthenischer Beflügelung lösen würde, so scheint uns das Vergessene schwer vom ganzen gelebten Leben, das es uns verspricht. Vielleicht ist, was Vergessenes so beschwert und trächtig macht, nichts anderes als die Spur verschollener Gewohnheiten, in die wir uns nicht mehr finden könnten. Vielleicht ist seine Mischung mit den Stäubchen unserer zerfallenen Gehäuse das Geheimnis, aus dem es überdauert. Wie dem auch sei – für jeden gibt es Dinge, die dauerhaftere Gewohnheiten in ihm entfalteten als alle anderen. An ihnen formten sich die Fähigkeiten, die für sein Dasein mitbestimmend wurden. Und weil das, was mein eigenes angeht, Lesen und Schreiben waren, weckt von allem, was mir in früheren Jahren unterkam, nichts größere Sehnsucht als der Lesekasten. Er enthielt auf kleinen Täfelchen die Lettern, einzeln, in deutscher Schrift, in der sie jünger und auch mädchenhafter schienen als im Druck. Sie betteten sich schlank aufs schräge Lager, jede einzelne vollendet und in ihrer Reihenfolge gebunden durch die Regel ihres Ordens, das Wort, dem sie als Schwestern angehörten. Ich bewunderte, wie soviel Anspruchslosigkeit vereint mit soviel Herrlichkeit bestehen könne. Es war ein Gnadenstand. Und meine Rechte, die sich gehorsam um ihn mühte, fand ihn nicht. Sie mußte draußen wie der Pförtner sitzen, der die Erwählten durchzulassen hat. So war ihr Umgang mit den Lettern voll Entsagung. Die Sehnsucht, die er mir erweckt, beweist, wie sehr er eins mit meiner Kindheit gewesen ist. Was ich in Wahrheit in ihm suche, ist sie selbst: die ganze Kindheit, wie sie in dem Griff gelegen hat, mit dem die Hand die Lettern in die Leiste schob, in der sie sich zu Wörtern reihen sollten. Die Hand kann diesen Griff noch träumen, aber nie mehr erwachen, um ihn wirklich zu vollziehen. So kann ich davon träumen, wie ich einmal das Gehen lernte. Doch das hilft mir nichts. Nun kann ich gehen; gehen lernen nicht mehr.

Schmöker

Aus der Schülerbibliothek bekam ich die liebsten. In den unteren Klassen wurden sie zugeteilt. Der Klassenlehrer sagte meinen Namen, und dann machte das Buch über die Bänke seinen Weg; der eine schob es dem anderen zu, oder es schwankte über die Köpfe hin, bis es bei mir, der sich gemeldet hatte, angekommen war. An seinen Blättern haftete die Spur von Fingern, die sie umgeschlagen hatten. Die Kordel, die den Bund abschloß und oben und unten vorstieß, war verschmutzt. Vor allem aber hatte sich der Rücken viel bieten lassen müssen; daher kam es, daß beide Deckelhälften sich von selbst verschoben und der Schnitt des Bandes Treppchen und Terrassen bildete. An seinen Blättern aber hingen, wie Altweibersommer am Geäst der Bäume, bisweilen schwache Fäden eines Netzes, in das ich einst beim Lesenlernen mich verstrickt hatte.

Das Buch lag auf dem viel zu hohen Tisch. Beim Lesen hielt ich mir die Ohren zu. So lautlos hatte ich doch schon einmal erzählen hören. Den Vater freilich nicht. Manchmal jedoch, im Winter, wenn ich in der warmen Stube am Fenster stand, erzählte das Schneegestöber draußen mir so lautlos. Was es erzählte, hatte ich zwar nie genau erfassen können, denn zu dicht und unablässig drängte zwischen dem Altbekannten Neues sich heran. Kaum hatte ich mich einer Flokkenschar inniger angeschlossen, erkannte ich, daß sie mich einer anderen hatte überlassen müssen, die plötzlich in sie eingedrungen war. Nun aber war der Augenblick gekommen, im Gestöber der Lettern den Geschichten nachzugehen, die sich am Fenster mir entzogen hatten. Die fernen Länder, welche mir in ihnen begegneten, spielten vertraulich wie die Flocken umeinander. Und weil die Ferne, wenn es schneit, nicht mehr ins Weite, sondern ins Innere führt, so lagen Babylon und Bagdad, Akko und Alaska, Tromsö und Transvaal in meinem Innern. Die linde Schmökerluft, die sie durchdrang, schmeichelte sie mit Blut und Fährnis so unwiderstehlich meinem Herzen ein, daß es den abgegriffenen Bänden die Treue hielt.

Oder hielt es die Treue älteren, unauffindbaren? Den wundervollen nämlich, die mir nur einmal im Traume wiederzusehen gegeben war? Wie hatten sie geheißen? Ich wußte nichts, als daß es diese längst verschwundenen waren, die ich nie wieder hatte finden können. Nun aber lagen sie in einem Schrank, von dem ich im Erwachen einsehen mußte, daß er mir nie vorher begegnet war. Im Traum schien er mir alt und gut bekannt. Die Bücher standen nicht, sie lagen; und zwar in seiner Wetterecke. In ihnen ging es gewittrig zu. Eins aufzuschlagen, hätte mich mitten in den Schoß geführt, in dem ein wechselnder und trüber Text sich wölkte, der von Farben schwanger war. Es waren brodelnde und flüchtige, immer aber gerieten sie zu einem Violett, das aus dem Innern eines Schlachttiers zu stammen schien. Unnennbar und bedeutungsschwer wie dies verfemte Violett waren die Titel, deren jeder mir sonderbarer und vertrauter vorkam als der vorige. Doch ehe ich des ersten besten mich versichern konnte, war ich erwacht, ohne auch nur im Traum die alten Knabenbücher noch einmal berührt zu haben.

Schülerbibliothek

In einer Pause wurde das erledigt: man sammelte die Bücher ein und dann verteilte man sie neu an die Bewerber. Nicht immer war ich flink genug dabei. Oft sah ich dann ersehnte Bände dem zufallen, der sie nicht zu schätzen wußte. Wie anders war ihre Welt als die der Lesebücher, wo ich in einzelnen Geschichten Tage, ja Wochen im Quartiere liegen mußte wie in Kasernen, welche überm Tor, noch vor der Aufschrift, eine Nummer trugen. Noch schlimmer war es in den Kasematten der vaterländischen Gedichte wo jedwede Zeile eine Zelle war. Wie südlich, linde wehte aus den Büchern, die in der Pause ausgegeben wurden, die laue Schmökerluft mich an. Die Luft, in der der Stefansdom den Türken, die Wien belagerten, herüberwinkte, blauer Rauch sich aus den Pfeifen des Tabakskollegiums wölkte, die Flocken an der Beresina tanzten und fahler Schein Pompeis letzte Tage verkündete. Nur war sie meistens etwas abgestanden, wenn sie aus Oskar Höcker und W. O. von Horn, aus Julius Wolff und Georg Ebers uns entgegenschlug. Am muffigsten jedoch in jenen Bänden »Aus vaterländischer Vergangenheit«, die sich so massenhaft in Sexta angesammelt hatten, daß die Wahrscheinlichkeit, um sie herumzukommen und auf einen Band von Wörishöffer oder Dahn zu fallen, klein war. In ihren roten Leinendeckel war ein Hellebardenträger eingepreßt. Schmucke Fähnlein von Reisigen begegneten im Text, dazu ehrsame Handwerksburschen, blonde Töchter von Kastellanen oder Waffenschmieden, Vasallen, die ihrem Herrn den Treueid hielten; aber auch der falsche Truchseß, welcher Ränke spann und fahrende Gesellen, die im Sold des welschen Königs standen, fehlten nicht. Je weniger wir Kaufmannssöhne und Geheimratskinder uns unter all dem Knechts-

und Herrenvolke etwas denken konnten, desto besser ging diese festgeschiente, hochgesinnte Welt in unsere Wohnung ein. Das Wappen überm Tor der Ritterburg fand ich im Ledersessel meines Vaters, der vor dem Schreibtisch thronte, Humpen wie sie die Runde an der Tafel Tillys machten, standen auf der Konsole unserer Kachelöfen oder dem Vertiko im Vestibül und Schemel, wie sie in den Mannschaftsstuben, frech über Eck gestellt, den Weg versperrten, standen auf unsern Aubüssons ganz ebenso, nur daß kein Prittwitzscher Dragoner rittlings draufsaß. In einem Falle aber glückte die Verschmelzung beider Welten nur allzugut. Das war im Zeichen eines Schmökers, dessen Titel gar nicht zum Inhalt paßte. Haften blieb mir nur der Teil, auf den ein Öldruck sich bezog, den ich mit nie vermindertem Entsetzen aufschlug. Ich floh und suchte dieses Bild zugleich; es ging mir damit wie später mit dem Bild im Robinson, das Freitag an der Stelle zeigt, an der er zum erstenmal die Spur von fremden Tritten und unweit Schädel und Gerippe findet. Doch wieviel dumpfer war das Grauen, das von der Frau im weißen Nachtgewande ausging, die mit offnen Augen doch wie schlafend und sich mit einem Kandelaber leuchtend durch eine Galerie hinwandelte. Die Frau war Kleptomanin. Und dies Wort, in dem ein bleckender und böser Vorklang die beiden schon so geisterhaften Silben »Ahnin« verzerrte wie Hokusai ein Totenantlitz durch ein paar Pinselstriche zum Gespenst macht – dies Wort versteinerte mich vor Entsetzen. Längst stand das Buch – es hieß »Aus eigener Kraft« – wieder im Klassenschrank der Sexta als der Flur, der vom berliner Zimmer in die hinteren führte, noch immer jene lange Galerie war, durch die die Schloßfrau nächtlich wandelte. Aber diese Bücher mochten gemütlich oder grauenhaft, langweilig oder spannend sein – nichts konnte ihren Zauber steigern oder mindern. Denn er war nicht auf ihren Inhalt angewiesen, lag vielmehr darin, immer wieder mich der einen Viertelstunde zu versichern, um derentwillen mir das ganze Elend des öden Schulbetriebs erträglich vorkam. Ich stimmte mich auf sie schon wenn ich abends das Buch in meine fertige Mappe steckte, welche von dieser Last nur leichter wurde. Das Dunkel, das es dort mit meinen Heften, Lehrbüchern, Federkästen teilte, paßte zu dem geheimnisvollen Vorgang, dem es am nächsten Vormittag entgegenharrte. Denn endlich war der Augenblick gekommen, der mich im gleichen Raume, der noch eben Schauplatz meiner Erniedrigung gewesen war, mit jener Fülle von Macht bekleidete, wie sie dem Faust zufällt, wenn Mephistopheles bei ihm erscheint. Was war der Lehrer, der das Podium nun verlassen hatte, um Bücher einzusammeln und am Klassenschrank dann wieder auszugeben, wenn nicht ein niedrer Teufel, der der Macht zu schaden sich entäußern mußte, um im Dienst meiner Gelüste seine Kunst zu zeigen. Und wie schlug jeder seiner schüchternen Versuche fehl, mit einem Hinweis meine Wahl zu lenken. Wie blieb er ganz und gar geprellt als armer Teufel bei seiner Fron zurück, wenn ich schon längst auf einem Zauberteppich unterwegs ins Zelt des letzten Mohikaners oder ins Lager Konradins von Staufen war.

Neuer deutscher Jugendfreund

Die Beseligung, mit welcher man ihn entgegennahm, kaum wagte, einen Blick hineinzuwerfen, war die des Gastes, der auf einem Schlosse angekommen, kaum wagt, mit einem Blicke der Bewunderung die langen Fluchten von Gemächern zu streifen, die er bis zu seinem Zimmer durchschreiten muß. Desto ungeduldiger ist er, sich zurückziehn zu dürfen. Und so hatte ich denn auch kaum alljährlich auf dem Weihnachtstisch den letzten Band des »Neuen deutschen Jugendfreunds« gefunden, als ich mich hinter die Brustwehr seines wappengeschmückten Deckels zurückzog, um in die Waffen- oder Jagdkammer mich vorzutasten, in welcher ich die erste Nacht zubringen wollte. Es gab nichts Schönres als in dieser flüchtigen Durchmusterung des Leselabyrinths die unterirdischen Gänge aufzuspüren, als welche sich die längeren Geschichten, vielfältig unterbrochen, um stets wieder als »Fortsetzung« an das Licht zu treten, durch das Ganze hinzogen. Was tat es, wenn der Duft des Marzipans mit einmal aus dem Pulverdampfe einer Schlacht zu dringen schien, auf deren Bild ich beim verzückten Blättern geraten war. Hatte man aber eine Weile vertieft gesessen und trat dann wieder an den Tisch mit den Geschenken, so stand er nicht mehr wie beim ersten Schritt ins Weihnachtszimmer fast gebietend da, sondern es war als schritte man eine kleine Estrade hinunter, die uns von unserm Geisterschloß wieder in den Abend hinabführte.

Das Pult

Der Arzt fand, ich sei kurzsichtig. Und er verschrieb mir nicht nur eine Brille, sondern auch ein Pult. Es war sehr sinnreich konstruiert. Man konnte den Sitz verstellen, derart daß er näher oder entfernter vor der

Platte lag, die abgeschrägt war und zum Schreiben diente, dazu der waagerechte Balken an der Lehne, welcher dem Rücken einen Halt bot, nicht zu reden von einer kleinen Bücherstütze, die das Ganze krönte und verschiebbar war. Das Pult am Fenster wurde bald mein Lieblingsplatz. Der kleine Schrank, der unter seinem Sitz verborgen war, enthielt nicht nur die Bücher, die ich in der Schule brauchte, sondern auch das Album mit den Marken und die drei, die von der Ansichtskartensammlung eingenommen wurden. Und an dem starken Haken an der Seite des Pults hing nicht nur, neben dem Frühstückskörbchen, meine Mappe sondern auch der Säbel der Husarenuniform und die Botanisiertrommel. Oft war es, wenn ich aus der Schule kam, mein Erstes, mit meinem Pulte Wiedersehn zu feiern, indem ich es zum Schauplatz irgend einer meiner geliebtesten Beschäftigungen machte – des Abziehns zum Beispiel. Dann stand bald eine Tasse mit warmem Wasser an der Stelle, die vorher vom Tintenfasse eingenommen wurde und ich begann, die Bilder auszuschneiden. Wieviel verhieß der Schleier, hinter dem sie aus Bögen und aus Heften auf mich starrten. Der Schuster über seinem Leisten und die Kinder, die äpfelpflückend auf dem Baume sitzen, der Milchmann vor der winterlich verschneiten Tür, der Tiger, der sich zum Sprunge auf den Jäger duckt, aus dessen Büchse gerade Feuer kommt, der Angler im Gras vor seinem blauen Bächlein und die Klasse, die auf den Lehrer achtet, welcher ihr vorn an der Tafel etwas vormacht, der Drogist vor seinem reichbestellten bunten Laden, der Leuchtturm mit dem Segelboot davor – sie alle waren von einem Nebelhauche überzogen. Wenn sie dann aber sanft durchleuchtet auf dem Blatte ruhten und unter meinen Fingerspitzen, die vorsichtig rollend, schabend, reibend auf ihrem Rücken hin- und widerfuhren, die dicke Schicht in dünnen Walzen abging, zuletzt auf ihrem rissigen, geschundnen Rücken in kleinen Fleckchen süß und unverstellt die Farbe durchbrach, war's als ginge über der trüben, morgendlich verwaschnen Welt die strahlende Septembersonne auf und alles, noch durchfeuchtet von dem Tau, der in der Dämmerung es erfrischte, glühe nun einem neuen Schöpfungstag entgegen. Doch hatte ich genug an diesem Spiel, so fand sich immer noch ein Vorwand um die Schularbeiten weiter zu vertagen. Gern ging ich an die Durchsicht alter Hefte, die einen ganz besonderen Wert dadurch besaßen, daß mir's gelungen war, sie vor dem Zugriff des Lehrers, der den Anspruch auf sie hatte, zu bewahren. Nun ließ ich meinen Blick auf den Zensuren, die er mit roter Tinte darin eingetragen hatte, ruhen und stille Lust erfüllte mich dabei. Denn wie die

Namen Verstorbner auf dem Grabstein, die nun nie mehr von Nutzen noch von Schaden werden können, standen die Noten da, die ihre Kraft an frühere Zensuren abgegeben hatten. Auf andere Art und mit noch besserem Gewissen ließ eine Stunde auf dem Pulte sich beim Basteln an Heften oder Schulbüchern vertrödeln. Die Bücher mußten einen Umschlag aus kräftigem blauen Packpapier erhalten, und was die Hefte anging, so bestand die Vorschrift, einem jeden sein Löschblatt unverlierbar beizugeben. Zu diesem Zwecke gab es kleine Bändchen, die man in allen Farben kaufen konnte. Am Deckel jedes Hefts und auf dem Löschblatt befestigte man diese Bändchen mit Oblaten. Wenn man für einigen Farbenreichtum sorgte, so konnte man zu sehr verschiedenartigen, den stimmungsvollsten wie den grellsten Arrangements gelangen. So hatte das Pult zwar mit der Schulbank Ähnlichkeit. Doch umso besser, daß ich dennoch dort geborgen war und Raum für Dinge hatte, von denen sie nichts wissen darf. Das Pult und ich, wir hielten gegen sie zusammen. Und ich hatte es nach ödem Schultag kaum zurückgewonnen, so gab es frische Kräfte an mich ab. Nicht nur zu Hause durfte ich mich fühlen, nein im Gehäuse, wie nur einer der Kleriker, die auf den mittelalterlichen Bildern in ihrem Betstuhl oder Schreibepult gleichwie in einem Panzer zu sehen sind. In diesem Bau begann ich »Soll und Haben« und »Zwei Städte«. Ich suchte mir die stillste Zeit am Tag und diesen abgeschiedensten von allen Plätzen. Danach schlug ich die erste Seite auf und war dabei so feierlich gestimmt wie jemand, der den Fuß auf einen neuen Erdteil setzt. Auch war es in der Tat ein neuer Erdteil, auf dem die Krim und Kairo, Babylon und Bagdad, Alaska und Taschkent, Delphi und Detroit so nah sich aufeinanderschoben wie die goldenen Medaillen auf den Zigarrenkisten, die ich sammelte. Nichts tröstlicher als derart eingeschlossen von allen Instrumenten meiner Qual – Vokabelheften, Zirkeln, Wörterbüchern – zu weilen, wo ihr Anspruch nichtig wurde.

IV. Zeitung und Reklame

Tankstelle

Die Konstruktion des Lebens liegt im Augenblick weit mehr in der Gewalt von Fakten als von Überzeugungen. Und zwar von solchen Fakten, wie sie zur Grundlage von Überzeugungen fast nie noch und nirgend geworden sind. Unter diesen Umständen kann wahre literarische Aktivität nicht beanspruchen, in literarischem Rahmen sich abzuspielen – vielmehr ist das der übliche Ausdruck ihrer Unfruchtbarkeit. Die bedeutende literarische Wirksamkeit kann nur in strengem Wechsel von Tun und Schreiben zustande kommen; sie muß die unscheinbaren Formen, die ihrem Einfluß in tätigen Gemeinschaften besser entsprechen als die anspruchsvolle universale Geste des Buches in Flugblättern, Broschüren, Zeitschriftartikeln und Plakaten ausbilden. Nur diese prompte Sprache zeigt sich dem Augenblick wirkend gewachsen. Meinungen sind für den Riesenapparat des gesellschaftlichen Lebens, was Öl für Maschinen; man stellt sich nicht vor eine Turbine und übergießt sie mit Maschinenöl. Man spritzt ein wenig davon in verborgene Nieten und Fugen, die man kennen muß.

Vereidigter Bücherrevisor

Die Zeit steht, wie in Kontrapost zur Renaissance schlechthin, so insbesondere im Gegensatz zur Situation, in der die Buchdruckerkunst erfunden wurde. Mag es nämlich ein Zufall sein oder nicht, ihr Erscheinen in Deutschland fällt in die Zeit, da das Buch im eminenten Sinne des Wortes, das Buch der Bücher durch Luthers Bibelübersetzung Volksgut wurde. Nun deutet alles darauf hin, daß das Buch in dieser überkommenen Gestalt seinem Ende entgegengeht. Mallarmé, wie er mitten in der kristallinischen Konstruktion seines gewiß traditionalistischen Schrifttums das Wahrbild des Kommenden sah, hat zum ersten Male im »Coup de dés« die graphischen Spannungen der Reklame ins Schriftbild verarbeitet. Was danach von Dadaïsten an Schriftversuchen unternommen wurde, ging zwar nicht vom Konstruktiven, sondern den exakt reagierenden Nerven der Literaten aus und war darum weit weniger bestandhaft als Mallarmés Versuch, der aus dem Innern seines Stils erwuchs. Aber es läßt eben dadurch die Aktualität dessen erkennen, was monadisch, in seiner verschlossensten Kammer, Mallarmé in prästabilierter Harmonie mit allem dem entscheidenden Geschehen dieser Tage in Wirtschaft, Technik, öffentlichem Leben auffand. Die Schrift, die im gedruckten Buche ein Asyl gefunden hatte, wo sie ihr autonomes Dasein führte, wird unerbittlich von Reklamen auf die Straße hinausgezerrt und den brutalen Heteronomien des wirtschaftlichen Chaos unterstellt. Das ist der strenge Schulgang ihrer neuen Form. Wenn vor Jahrhunderten sie allmählich sich niederzulegen begann, von der aufrechten Inschrift zur schräg auf Pulten ruhenden Handschrift ward, um endlich sich im Buchdruck zu betten, beginnt sie nun ebenso langsam sich wieder vom Boden zu heben. Bereits die Zeitung wird mehr in der Senkrechten als in der Horizontale gelesen, Film und Reklame drängen die Schrift vollends in die diktatorische Vertikale. Und ehe der Zeitgenosse dazu kommt, ein Buch aufzuschlagen, ist über seine Augen ein so dichtes Gestöber von wandelbaren, farbigen, streitenden Lettern niedergegangen, daß die Chancen seines Eindringens in die archaische Stille des Buches gering geworden sind. Heuschreckenschwärme von Schrift, die heute schon die Sonne des vermeinten Geistes den Großstädtern verfinstern, werden dichter mit jedem folgenden Jahre werden. Andere Erfordernisse des Geschäftslebens führen weiter. Die Kartothek bringt die Eroberung der dreidimensionalen Schrift, also einen überraschenden

Kontrapunkt zur Dreidimensionalität der Schrift in ihrem Ursprung als Rune oder Knotenschrift. (Und heute schon ist das Buch, wie die aktuelle wissenschaftliche Produktionsweise lehrt, eine veraltete Vermittlung zwischen zwei verschiedenen Kartothekssystemen. Denn alles Wesentliche findet sich im Zettelkasten des Forschers, der's verfaßte, und der Gelehrte, der darin studiert, assimiliert es seiner eigenen Kartothek.) Aber es ist ganz außer Zweifel, daß die Entwicklung der Schrift nicht ins Unabsehbare an die Machtansprüche eines chaotischen Betriebes in Wissenschaft und Wirtschaft gebunden bleibt, vielmehr der Augenblick kommt, da Quantität in Qualität umschlägt und die Schrift, die immer tiefer in das graphische Bereich ihrer neuen exzentrischen Bildlichkeit vorstößt, mit einem Male ihrer adäquaten Sachgehalte habhaft wird. An dieser Bilderschrift werden Poeten, die dann wie in Urzeiten vorerst und vor allem Schriftkundige sein werden, nur mitarbeiten können, wenn sie sich die Gebiete erschließen, in denen (ohne viel Aufhebens von sich zu machen) deren Konstruktion sich vollzieht: die des statistischen und technischen Diagramms. Mit der Begründung einer internationalen Wandelschrift werden sie ihre Autorität im Leben der Völker erneuern und eine Rolle vorfinden, im Vergleich zu der alle Aspirationen auf Erneuerung der Rhetorik sich als altfränkische Träumereien erweisen werden.

Diese Flächen sind zu vermieten

Narren, die den Verfall der Kritik beklagen. Denn deren Stunde ist längst abgelaufen. Kritik ist eine Sache des rechten Abstands. Sie ist in einer Welt zu Hause, wo es auf Perspektiven und Prospekte ankommt und einen Standpunkt einzunehmen noch möglich war. Die Dinge sind indessen viel zu brennend der menschlichen Gesellschaft auf den Leib gerückt. Die ›Unbefangenheit‹, der ›freie Blick‹ sind Lüge, wenn nicht der ganz naive Ausdruck planer Unzuständigkeit geworden. Der heute wesenhafteste, der merkantile Blick ins Herz der Dinge heißt Reklame. Sie reißt den freien Spielraum der Betrachtung nieder und rückt die Dinge so gefährlich nah uns vor die Stirn, wie aus dem Kinorahmen ein Auto, riesig anwachsend, auf uns zu zittert. Und wie das Kino Möbel und Fassaden nicht in vollendeten Figuren einer kritischen Betrachtung vorführt, sondern allein ihre sture, sprunghafte Nähe sensationell ist, so kurbelt echte Reklame die Dinge heran und hat ein Tempo, das dem guten Film entspricht. Damit ist denn ›Sachlichkeit‹ endlich verabschiedet, und vor den Riesenbildern an den Häuserwänden, wo »Chlorodont« und »Sleipnir« für Giganten handlich liegen, wird die gesundete Sentimentalität amerikanisch frei, wie Menschen, welche nichts mehr rührt und anrührt, im Kino wieder das Weinen lernen. Für den Mann von der Straße aber ist es das Geld, das dergestalt die Dinge ihm nahe rückt, den schlüssigen Kontakt mit ihnen herstellt. Und der bezahlte Rezensent, der im Kunstsalon des Händlers mit Bildern manipuliert, weiß, wenn nicht Besseres so Wichtigeres von ihnen, als der Kunstfreund, der sie im Schaufenster sieht. Die Wärme des Sujets entbindet sich ihm und stimmt ihn gefühlvoll. – Was macht zuletzt Reklame der Kritik so überlegen? Nicht was die rote elektrische Laufschrift sagt – die Feuerlache, die auf dem Asphalt sie spiegelt.

Kriegerdenkmal

Karl Kraus. Nichts trostloser als seine Adepten, nichts gottverlassener als seine Gegner. Kein Name, der geziemender durch Schweigen geehrt würde. In einer uralten Rüstung, ingrimmig grinsend, ein chinesisches Idol, in beiden Händen die gezückten Schwerter schwingend, tanzt er den Kriegstanz vor dem Grabgewölbe der deutschen Sprache. Er, der »nur einer von den Epigonen, die in dem alten Haus der Sprache wohnen«, ist zum Beschließer ihrer Gruft geworden. In Tag- und Nachtwachen harrt er aus. Kein Posten ist je treuer gehalten worden und keiner je war verlorener. Hier steht, der aus dem Tränenmeere seiner Mitwelt schöpft wie eine Danaïde, und dem Fels, der seine Feinde begraben soll, aus den Händen rollt wie dem Sisyphos. Was hilfloser als seine Konversion? Was ohnmächtiger als seine Humanität? Was hoffnungsloser als sein Kampf mit der Presse? Was weiß er von den wahrhaft ihm verbündeten Gewalten? Doch welches Sehertum der neuen Magier läßt sich vergleichen mit dem Lauschen dieses Zauberpriesters, dem eine abgeschiedene Sprache selbst die Worte eingibt? Wer hat je einen Geist beschworen wie Kraus in den »Verlassenen«, als ob sie vordem nie gedichtet worden wäre, die »Selige Sehnsucht«? So hilflos wie nur Geisterstimmen sich hören lassen, sagt das Raunen aus einer chthonischen Tiefe der Sprache ihm wahr. Jedweder Laut ist unvergleichlich echt, aber sie alle lassen ratlos wie Geisterrede. Blind wie die Manen ruft die Sprache ihn zur Rache auf, borniert wie Geister, die nur die Blutstimme kennen, denen gleich ist, was sie im Reiche der Lebenden anstiften. Aber er kann nicht irren. Unfehlbar sind ihre Mandate. Wer ihm in den Arm läuft, ist schon gerichtet: sein Name selber wird in diesem Mund zum Urteil. Wenn er ihn aufreißt, schlägt die farblose Flamme des Witzes ihm über die Lippen. Und keiner, der die Wege des Lebens geht, stieße auf ihn. Auf einem archaischen Felde der Ehre, einer riesigen Walstatt blutiger Arbeit rast er vor einem verlassenen Grabmonument. Die Ehren seines Todes werden unermeßlich, die letzten sein, die vergeben werden.

Karl Kraus

Gustav Glück gewidmet

I Allmensch

Wie laut wird alles.
Worte in Versen II

Alte Stiche haben den Boten, der schreiend, mit gesträubten Haaren, ein Blatt in seinen Händen schwingend, herbeieilt, ein Blatt, das voll von Krieg und Pestilenz, von Mordgeschrei und Weh, von Feuer- und Wassersnot, allerorten die »Neueste Zeitung« verbreitet. Eine Zeitung in solchem Sinn, in der Bedeutung, die das Wort bei Shakespeare hat, ist die »Fackel«. Voll von Verrat, Erdbeben, Gift und Brand aus dem mundus intelligibilis. Der Haß, mit dem sie das unabsehbar wimmelnde Preßgeschlecht verfolgt, ist mehr als ein sittlicher ein vitaler, wie ihn der Urahn auf ein Geschlecht entarteter Zwergenschlingel geworfen hat, die aus seinem Samen gekommen sind. Der Name »Öffentliche Meinung« schon ist ihm ein Greuel. Meinungen sind Privatsache. Die Öffentlichkeit hat ein Interesse nur an Urteilen. Sie ist richtende oder überhaupt keine. Aber das ist ja gerade der Sinn der öffentlichen Meinung, die die Presse herstellt, die Öffentlichkeit unfähig zum Richten zu machen, die Haltung des Unverantwortlichen, Uninformierten ihr zu suggerieren. In der Tat, was sind selbst die präziseren Informationen der Tageszeitungen im Vergleich zu der haarsträubenden Akribie, die die »Fackel« an die Darstellung rechtlicher, sprachlicher und politischer Fakten wendet. Die öffentliche Meinung braucht sie nicht zu kümmern. Denn die bluttriefenden Neuigkeiten dieser »Zeitung« fordern ihren Richtspruch heraus. Und gegen keinen mit ungestümerem Drängen als gegen die Presse selbst.

Ein Haß, wie Kraus ihn auf die Journalisten geworfen hat, kann niemals so schlechthin in dem, was sie tun, fundiert sein – es mag so verwerflich sein wie es will; dieser Haß muß Gründe in ihrem Sein haben, mag es nun dem seinen so entgegengesetzt oder so verwandt sein wie immer. In der Tat ist aber beides der Fall. Die jüngste Darstellung des Journalisten charakterisiert ihn sogleich mit ihrem ersten Satze als »einen Menschen, der für sich selbst und seine Existenz, wie überhaupt für die bloße Existenz der Dinge, wenig Interesse hat, sondern die Dinge erst in ihren Beziehungen spürt, vor allem dort, wo diese in Ereignissen aufeinandertreffen – und der in diesem Moment selbst erst zusammengeschlossen, wesenhaft und lebendig wird.« Was man mit diesem Satz in Händen hält, ist nichts anderes als das Negativ des Bildes von Kraus. In der Tat: wer hätte für sich selbst und seine Existenz ein brennenderes Interesse gezeigt als er, der nie von diesem Thema loskommt, wer für die bloße Existenz der Dinge, ihren Ursprung, ein aufmerksameres, wen jenes Aufeinandertreffen des Ereignisses mit dem Datum, dem Augenzeugen oder der Kamera in hellere Verzweiflung versetzt als ihn? Endlich hat er seine gesamten Energien im Kampfe gegen die Phrase zusammengefaßt, die der sprachliche Ausdruck der Willkür ist, mit der die Aktualität im Journalismus sich zur Herrschaft über die Dinge aufwirft.

Das hellste Licht fällt auf diese Seite seines Kampfes gegen die Presse aus dem Lebenswerk seines Mitstreiters Adolf Loos. Loos fand seine providenziellen Gegner in den Kunstgewerblern und Architekten, die sich im Kreise der »Wiener Werkstätten« um eine neue Kunstindustrie bemühten. Seine Parolen hat er in zahlreichen Aufsätzen, in bleibender Formulierung zumal in dem Artikel »Ornament und Verbrechen« niedergelegt, der 1908 in der »Frankfurter Zeitung« erschienen ist. Der leuchtende Blitz, der in diesem Aufsatz gezündet hat, beschrieb den sonderbarsten Zickzackweg. »Beim Lesen der Worte von Goethe, worin die Art der Banausen und so mancher Kunstkenner, Kupferstiche und Reliefs abzutasten, gerügt wird, ist ihm die Erkenntnis aufgestiegen, daß, was berührt werden soll, kein Kunstwerk sein darf, und was ein Kunstwerk ist, dem Zugriff entzogen sein muß.« Das erste Anliegen von Loos war es demnach, Kunstwerk und Gebrauchsgegenstand zu trennen, und so ist es das erste Anliegen von Kraus gewesen, Information und Kunstwerk auseinanderzuhalten. Der Schmock ist im Herzen eins mit dem Ornamentiker. Als Ornamentiker, als Verschleierter der Grenzen zwischen Journalismus und Dichtung, als Schöpfer des Feuilletons in Poesie und Prosa ist Kraus nicht müde geworden, Heine zu denunzieren, ja späterhin, als den Verräter des Aphorismus an die Impression, selbst Nietzsche ihm zur Seite zu stellen. »Meine Auffassung«, heißt es von diesem, »ist, daß er zur Mischung aus Elementen ... der zersetzten europäischen Stile aus dem letzten Halbjahrhundert noch die Psychologie hinzugebracht hat, und daß das neue Niveau der Sprache, das er geschaffen hat, das Niveau des Essayismus ist, wie das Heinesche das des Feuilletonismus.« Beide Formen erscheinen als Symptome der chronischen Krankheit, von welcher alle Einstellungen, alle Standpunkte nur die Fieberkurve bestimmen: der *Unechtheit.* Die Entlarvung des Unechten ist es, aus der dieser Kampf gegen die Presse entstand. »Wer nur diese große Entschuldigung: zu können, was man nicht ist, in die Welt gebracht hat?«

Die Phrase. Sie ist aber eine Ausgeburt der Technik. »Der Zeitungsapparat verlangt, wie eine Fabrik, Arbeit und Absatzgebiete. Zu bestimmten Zeiten am Tage – zwei- bis dreimal in großen Zeitungen – muß für die Maschinen ein bestimmtes Quantum Arbeit beschafft und vorbereitet sein. Und nicht aus irgendwelchem Material: alles, was in der Zwischenzeit irgendwo und auf irgendeinem Gebiete des Lebens, der Politik, der Wirtschaft, der Kunst usw. geschah, muß inzwischen erreicht und journalistisch verarbeitet sein.« Oder, in großartiger Abbreviatur, bei Kraus: »Es sollte Aufschluß über die Technik geben, daß sie zwar keine neue Phrase bilden kann, aber den Geist der Menschheit in dem Zustand beläßt, die alte nicht entbehren zu können. In diesem Zweierlei eines veränderten Lebens und einer mitgeschleppten Lebensform lebt und wächst das Weltübel.« Mit einem Ruck schürzt Kraus in diesen Worten den Knoten, zu dem Technik und Phrase sich verbunden haben. Die Lösung freilich folgt einer anderen Schlinge: ihr ist der Journalismus durchweg Ausdruck der veränderten Funktion der Sprache in der hochkapitalistischen Welt. Die Phrase in dem von Kraus so unablässig verfolgten Sinne ist das Warenzeichen, das den Gedanken verkehrsfähig macht so wie die Floskel, als Ornament, ihm den Liebhaberwert verleiht. Aber gerade darum ist die Befreiung der Sprache identisch mit der der Phrase – ihrer Verwandlung aus einem Abdruck in ein Instrument der Produktion – geworden. Die »Fackel« selbst enthält davon Modelle, wenn schon nicht die Theorie; ihre Formeln sind von der schürzenden, niemals von der lösenden Art. Die Verschränkung eines biblischen Pathos mit der halsstarrigen Fixierung an die Anstößigkeiten des Wiener Lebens – das ist ihr Weg, sich den Phänomenen zu nähern. Es genügt ihr nicht, die Welt zum Zeugen für das schlechte Benehmen eines Zahlkellners aufzurufen, sie muß die Toten aus ihren Gräbern holen. – Mit Recht. Denn die mesquine, penetrante Fülle dieser Wiener Caféhaus-, Preß- und Gesellschaftsskandale ist nur die unscheinbare Bekundung eines Vorherwissens, das dann plötzlich, schneller als irgendwer es gewärtigen konnte, an seinen eigentlichen, frühesten Gegenstand kam, um zwei Monate nach Kriegsausbruch ihn mit jener Rede »In dieser großen Zeit« beim Namen zu nennen, mit der alle Dämonen, die diesen Besessenen bevölkert hatten, in die Sauherde seiner Zeitgenossenschaft hineinfuhren.

»In dieser großen Zeit, die ich noch gekannt habe, wie sie so klein war; die wieder klein werden wird, wenn ihr dazu noch Zeit bleibt; und die wir, weil im Bereich organischen Wachstums derlei Verwandlung nicht möglich ist, lieber als eine dicke Zeit und wahrlich auch schwere Zeit ansprechen wollen; in dieser Zeit, in der eben das geschieht, was man sich nicht vorstellen konnte, und in der *geschehen* muß, was man sich nicht mehr *vorstellen* kann, und könnte man es, es geschähe nicht –; in dieser ernsten Zeit, die sich zu Tode gelacht hat vor der Möglichkeit, daß sie ernst werden könnte; von ihrer Tragik überrascht, nach Zerstreuung langt, und sich selbst auf frischer Tat ertappend nach Worten sucht; in dieser lauten Zeit, die da dröhnt von der schauerlichen Symphonie der Taten, die Berichte hervorbringen, und der Berichte, welche Taten verschulden: in dieser da mögen Sie von mir kein eigenes Wort erwarten. Keines außer diesem, das eben noch Schweigen vor Mißdeutung bewahrt. Zu tief sitzt mir die Ehrfurcht vor der Unabänderlichkeit, Subordination der Sprache vor dem Unglück. In den Reichen der Phantasiearmut, wo der Mensch an seelischer Hungersnot stirbt, ohne den seelischen Hunger zu spüren, wo Federn in Blut tauchen und Schwerter in Tinte, muß das, was nicht gedacht wird, getan werden, aber ist das, was nur gedacht wird, unaussprechlich. Erwarten Sie von mir kein eigenes Wort. Weder vermöchte ich ein neues zu sagen; denn im Zimmer, wo einer schreibt, ist der Lärm so groß, und ob er von Tieren kommt, von Kindern oder nur von Mörsern, man soll es jetzt nicht entscheiden. Wer Taten zuspricht, schändet Wort und Tat und ist zweimal verächtlich. Der Beruf dazu ist nicht ausgestorben. Die jetzt nichts zu sagen haben, weil die Tat das Wort hat, sprechen weiter. Wer etwas zu sagen hat, trete vor und schweige!«

Diese Bewandtnis hat es mit allem, was Kraus schrieb: es ist ein gewendetes Schweigen, ein Schweigen, dem der Sturm der Ereignisse in seinen schwarzen Umhang fährt, ihn aufwirft und das grelle Futter nach außen kehrt. Der Fülle seiner Anlässe ungeachtet, scheint jeder einzelne überraschend mit der Plötzlichkeit eines Windstoßes auf ihn hereingebrochen. Alsbald tritt ein präziser Apparat zu seiner Bewältigung in Tätigkeit: mit dem Ineinandergreifen von mündlicher und schriftlicher Ausdrucksform wird jede Situation in ihren polemischen Möglichkeiten bis auf den Grund ausgeschöpft. Mit welchen Kautelen Kraus sich dabei umgibt, ist aus dem Stacheldraht redaktioneller

Bekanntmachungen, der jedes Heft der »Fackel« umzäunt, genau so ersichtlich wie aus den messerscharfen Definitionen und Vorbehalten in den Programmen und den Konférencen seiner Vorlesungen »aus eigenen Schriften«. Die Dreiheit: Schweigen, Wissen, Geistesgegenwart konstituiert die Figur des Polemikers Kraus. Sein Schweigen ist ein Stauwerk, vor dem das spiegelnde Bassin seines Wissens sich ständig vertieft. Seine Geistesgegenwart läßt sich keine Frage stellen, sie ist niemals willens, Grundsätzen, die einer ihr entgegenhält, zu entsprechen. Ihr erstes ist vielmehr, die Situation abzumontieren, die wahre Fragestellung, welche sie enthält, zu entdecken und sie statt aller Antwort dem Gegner zu präsentieren. Wenn man bei Johann Peter Hebel die konstruktive, schöpferische Seite des Takts in ihrer höchsten Entfaltung findet, so bei Kraus die destruktive und kritische. Für beide aber ist der Takt moralische Geistesgegenwart – Stoessl sagt »in Dialektik verfeinerte Gesinnung« – und Ausdruck einer unbekannten Konvention, die wichtiger ist als die anerkannte. Kraus lebt in einer Welt, in der die ärgste Schandtat noch ein faux-pas ist; im Monströsen unterscheidet er noch und zwar gerade darum, weil sein Maßstab nie der der bürgerlichen Wohlanständigkeit ist, der oberhalb der Grenzlinie hausbackener Schurkerei so schnell der Atem ausgeht, daß sie zu keiner Auffassung weltgeschichtlicher mehr imstande ist.

Kraus hat diesen Maßstab schon immer gekannt und im übrigen gibt es für wahren Takt keinen andern. Es ist ein theologischer. Denn Takt ist nicht etwa – wie nach der Vorstellung Befangener – die Gabe, jedem unter Abwägung aller Verhältnisse das ihm gesellschaftlich Gebührende werden zu lassen. Im Gegenteil: Takt ist die Fähigkeit, gesellschaftliche Verhältnisse, doch ohne von ihnen abzugehen, als Naturverhältnisse, ja selbst als paradiesische zu behandeln und so nicht nur dem König, als wäre er mit der Krone auf der Stirne geboren, sondern auch dem Lakaien wie einem livrierten Adam entgegenzukommen. Diese Noblesse hat Hebel in seiner Priesterhaltung besessen, Kraus besitzt sie im Harnisch. Sein Kreaturbegriff enthält die theologische Erbmasse von Spekulationen, die zum letzten Mal im 17. Jahrhundert aktuelle, gesamteuropäische Geltung besessen haben. Am theologischen Kern dieses Begriffs aber hat sich eine Wandlung vollzogen, die ihn ganz zwanglos in dem allmenschlichen Kredo österreichischer Weltlichkeit aufgehen ließ, das die Schöpfung zur Kirche machte, in der nun nichts mehr als hin und wieder ein leises Weihraucharoma der Nebel an den Ritus gemahnt. Dieses Kredo hat am gültigsten Stifter geprägt und sein Widerhall wird überall da vernehmlich, wo Kraus mit Tieren, Pflanzen, Kindern sich befaßt. »Das Wehen der Luft«, schreibt Stifter, »das Rieseln des Wassers, das Wachsen der Getreide, das Wogen des Meeres, das Grünen der Erde, das Glänzen des Himmels, das Schimmern der Gestirne halte ich für groß: das prächtig einherziehende Gewitter, den Blitz, welcher Häuser spaltet, den Sturm, der die Brandung treibt, den feuerspeienden Berg, das Erdbeben, welches Länder verschüttet, halte ich nicht für größer als obige Erscheinungen, ja ich halte sie für kleiner, weil sie nur Wirkungen viel höherer Gesetze sind ... Da die Menschen in der Kindheit waren, ihr geistiges Auge von der Wissenschaft noch nicht berührt war, wurden sie von dem Nahestehenden und Auffälligen ergriffen und zu Furcht und Bewunderung hingerissen: aber als ihr Sinn geöffnet wurde, da der Blick sich auf den Zusammenhang zu richten begann, so sanken die einzelnen Erscheinungen immer tiefer, und es erhob sich das Gesetz immer höher, die Wunderbarkeiten hörten auf, das Wunder nahm zu ... So wie in der Natur die allgemeinen Gesetze still und unaufhörlich wirken, und das Auffällige nur eine einzelne Äußerung dieser Gesetze ist, so wirkt das Sittengesetz still und seelenbelebend durch den unendlichen Verkehr der Menschen mit Menschen, und die Wunder des Augenblickes bei vorgefallenen Taten sind nur kleine Merkmale dieser allgemeinen Kraft.« Stillschweigend ist in diesen berühmten Sätzen das Heilige dem bescheidenen, doch bedenklichen Begriff des Gesetzes gewichen. Aber transparent genug ist diese Natur Stifters und seine Sittenwelt, um mit der kantischen ganz unverwechselbar und in ihrem Kern als Kreatur erkennbar zu bleiben. Und jene schnöde säkularisierten Gewitter und Blitze, Stürme, Brandungen und Erdbeben – der Allmensch hat sie der Schöpfung wieder zurückgewonnen, indem er sie zu deren weltgerichtlicher Antwort auf das frevelhafte Dasein der Menschen gemacht hat. Nur daß die Spanne zwischen Schöpfung und Weltgericht hier keine heilsgeschichtliche Erfüllung, geschweige denn geschichtliche Überwindung findet. Denn wie die Landschaft Österreichs schwellenlos die beglückende Breite der stifterschen Prosa erfüllt, so sind ihm, Kraus, die Schreckensjahre seines Lebens nicht Geschichte, sondern Natur, ein Fluß, verurteilt durch eine Höllenlandschaft sich zu winden. Es ist die Landschaft, in der täglich 50 000 Baumstämme für 60 Zeitungen fallen. Kraus hat diese Information unter dem Titel »Das Ende« gebracht. Denn daß die Menschheit im Kampfe gegen die Kreatur den kürzeren zieht, das ist ihm so gewiß wie daß die Technik, einmal gegen die Schöpfung ins Feld geführt, auch vor ihrem Herrn nicht haltmachen wird. Sein Defaitismus ist von übernationaler, nämlich planetarischer Art und die Geschichte für ihn nur die Einöde, die sein Geschlecht von der Schöpfung trennt, deren letzter Aktus der Weltbrand ist. Als Überläufer in das Lager der Kreatur – so durchmißt er diese Einöde. »Und nur das Tier, das Menschlichem erliegt, | ist Held des Lebens«: nie hat das altväterische Kredo Adalbert Stifters eine so finstere, heraldische Prägung erfahren.

Die Kreatur ist es, in deren Namen Kraus immer wieder dem Tier und »dem Herzen aller Herzen, jenem des Hundes« sich zuneigt, für ihn der wahre Tugendspiegel der Schöpfung, in welchem Treue, Reinheit, Dankbarkeit uns aus verlorener Zeitenferne herüberlächeln. Wie beklagenswert, daß sich Menschen an dessen Stelle setzen! Das sind die Anhänger. Mehr und lieber als um den Meister scharen sie sich mit unschönem Wittern um den zu Tode getroffenen Gegner. Gewiß, der Hund ist nicht umsonst das emblematische Tier dieses Autors: der Hund, der ideale Fall des Anhängers, der nichts ist außer ergebene Kreatur. Und je persönlicher und unbegründeter diese Ergebenheit, um so besser. Kraus hat recht, sie auf die härteste Probe zu stellen. Wenn aber etwas das unendlich Fragwürdige dieser Geschöpfe zum Ausdruck bringt, so ist es, daß sie allein aus denen sich rekrutieren, die Kraus selber geistig erst ins Leben gerufen, die er in ein und demselben Akt zeugte und überzeugte. Bestimmen kann sein Zeugnis nur die, denen es Zeugung nie werden kann.

Höchst folgerecht, wenn der verarmte, reduzierte Mensch dieser Tage, der Zeitgenosse, nur noch in jener verkümmertsten Form: als Privatmann, im Tempel der Kreatur eine Freistatt verlangen darf. Wieviel Verzicht und wieviel Ironie liegt in dem sonderbaren Kampfe für die »Nerven«, die letzten Wurzelfäserchen des Wieners, an denen Kraus noch Muttererde entdecken konnte. »Kraus«, schreibt Robert Scheu, »hatte einen großen Gegenstand entdeckt, der nie zuvor die Feder eines Publizisten in Bewegung gesetzt hat: Die Rechte der Nerven. Er fand, daß sie ein ebenso würdiger Gegenstand einer begeisterten Verteidigung seien wie Eigentum, Haus und Hof, Partei und Staatsgrundgesetz. Er wurde der Anwalt der Nerven und nahm den Kampf gegen die kleinen Belästiger des Alltags auf, aber der Gegenstand wuchs ihm unter den Händen, er wurde zum Problem des Privatlebens. Es ist zu verteidigen gegen Polizei, Presse, Moral und Begriffe, schließlich überhaupt gegen den Nebenmenschen, immer neue Feinde zu entdecken, wurde sein Beruf.« Wenn irgendwo, tritt hier das seltsame Wechselspiel zwischen reaktionärer Theorie und revolutionärer Praxis zutage, dem man bei Kraus allerorten begegnet. In der Tat, das Privatleben gegen Moral und Begriffe zu sichern in einer Gesellschaft, die die politische Durchleuchtung von Sexualität und Familie, von wirtschaftlicher und physischer Existenz unternommen hat, in einer Gesellschaft, die sich anschickt, Häuser mit gläsernen Wänden zu bauen, deren Terrassen sich tief in die Stuben hineinziehen, die nun schon keine Stuben mehr sind – diese Parole wäre die reaktionärste, wäre es nicht gerade dasjenige Privatleben, das im Gegensatze zum bürgerlichen dieser gesellschaftlichen Umwälzung streng entspricht, mit einem Worte, das sich selber abmontierende, sich selber offenkundig gestaltende Privatleben der Armen, wie Peter Altenberg, der Aufwiegler, wie Adolf Loos einer war, dessen Schutz Kraus zu seiner Sache gemacht hat. In diesem Kampfe – und nur in ihm – haben denn auch die Anhänger ihren Nutzen, indem nämlich gerade sie über die Anonymität, in die der Satiriker seine Privatexistenz zu schließen versuchte, am selbstherrlichsten sich hinwegsetzen, und nichts gebietet ihnen Einhalt als der Entschluß, mit dem Kraus selber vor die Schwelle tritt, um die Honneurs der Ruine zu machen, in der er »Privatmann« ist.

So entschieden er dann, wenn der Kampf es fordert, sein eigenes Dasein zur öffentlichen Sache zu machen weiß, so rücksichtslos ist er seit jeher jener Unterscheidung persönlicher von sachlicher Kritik entgegengetreten, mit deren Hilfe die Polemik diskreditiert wird und die ein Hauptinstrument der Korruption in unseren literarischen und politischen Verhältnissen ist. Daß Kraus sich an Personen, dem, was sie sind mehr als was sie tun, dem, was sie sagen mehr als dem, was sie schreiben und an ihren Büchern am wenigsten ausrichtet, das ist die Voraussetzung seiner polemischen Autorität, die die Geisteswelt eines Autors, und je nichtiger diese ist um so sicherer, im Vertrauen auf eine wahrhaft prästabilierte, versöhnende Harmonie voll und intakt aus einem einzigen Satzstück, einem einzigen Worte, einer einzigen Intonation zu heben versteht. Wie aber Persönliches und Sachliches nicht nur im Gegner, sondern vor allem in ihm selber zusammenfällt, beweist am besten, daß er nie eine Meinung vertritt. Denn Meinung ist die falsche Subjektivität, die sich von der Person ablieben, dem Warenumlauf einverleiben läßt. Nie hat Kraus eine Argumentation gegeben, die ihn nicht mit seiner ganzen Person engagiert hätte. So verkörpert er das Geheimnis der Autorität: nie zu enttäuschen. Es gibt kein Ende der Autorität als dieses: sie stirbt oder sie enttäuscht. Ganz und gar nicht wird sie von dem, was alle anderen meiden müssen, angefochten; der eigenen Willkür, Ungerechtigkeit, Inkonsequenz. Im Gegenteil, enttäuschend wäre, feststellen zu können, wie sie zu ihren Sprüchen kommt – etwa durch Billigkeit oder gar Konsequenz. »Für den Mann«, hat Kraus einmal gesagt, »ist das Rechthaben keine erotische Angelegenheit, und er zieht das fremde Recht dem eigenen Unrecht gut und gern vor.« Darin sich männlich zu bewähren, ist Kraus versagt; sein Dasein will es, daß bestenfalls die fremde Rechthaberei sich seinem eigenen Unrecht entgegensetzt, und wie recht hat er dann, an ihm festzuhalten. »Viele werden einst Recht haben. Es wird aber Recht von dem Unrecht sein, das ich heute habe.« Das ist die Sprache echter Autorität. Der Einblick in ihr Wirken darf nur auf Eines stoßen: den Befund, daß sie sich selbst im gleichen Grad verbindlich, gnadenlos verbindlich ist wie den andern, daß sie nicht müde wird, vor sich – vor andern niemals – zu zittern, daß sie kein Ende findet, sich selber zu genügen, vor sich selber sich zu verantworten und daß diese Verantwortung niemals aus der privaten Konstitution, ja selbst den Grenzen menschlichen Vermögens ihre Gründe nimmt, sondern immer nur aus der Sache, sie mag so ungerecht, privat betrachtet sein, wie sie wolle.

Kennzeichen solcher unumschränkten Autorität ist seit jeher die Vereinigung legislativer und exekutiver Gewalt. Sie ist aber nirgends inniger als in der »Sprachlehre«. Daher ist diese bei Kraus der entschiedenste Ausdruck seiner Autorität. Unerkannt wie Harun al Raschid durchstreift er bei Nacht die Satzbauten der Journale und hinter der starren Fassade der Phrasen späht er ins Innere, entdeckt er in den Orgien der »schwarzen Magie« die Schändung, das Martyrium der Worte: »Ist die Presse ein Bote? Nein: das Ereignis. Eine Rede? Nein, das Leben. Sie erhebt nicht nur den Anspruch, daß die wahren Ereignisse ihre Nachrichten über die Ereignisse seien, sie bewirkt auch diese unheimliche Identität, durch welche immer der Schein entsteht, daß Taten zuerst berichtet werden, ehe sie verrichtet werden, oft auch die Möglichkeit davon, und jedenfalls der Zustand, daß zwar Kriegsberichterstatter nicht zuschauen dürfen, aber Krieger zu Berichterstattern werden. In diesem Sinne lasse ich mir gern nachsagen, daß ich mein Lebtag die Presse überschätzt habe. Sie ist kein Dienstmann – wie könnte ein Dienstmann auch so viel verlangen und bekommen –, sie ist das Ereignis. Wieder ist uns das Instrument über den Kopf gewachsen. Wir haben den Menschen, der die Feuersbrunst zu melden hat und der wohl die untergeordnetste Rolle im Staat spielen müßte, über die Welt gesetzt, über den Brand und über das Haus, über die Tatsache und über unsere Phantasie.« Autorität und Wort gegen

Korruption und Magie – so sind in diesem Kampf die Parolen verteilt. Es ist nicht müßig, ihm die Prognose zu stellen. Niemand, und Kraus am wenigsten, kann der Utopie einer »sachlichen« Zeitung, dem Hirngespinst einer »unparteiischen Nachrichtenübermittlung« sich überlassen. Die Zeitung ist ein Instrument der Macht. Sie kann ihren Wert nur von dem Charakter der Macht haben, die sie bedient; nicht nur in dem, was sie vertritt, auch in dem, wie sie es tut, ist sie ihr Ausdruck. Wenn aber der Hochkapitalismus nicht nur ihre Zwecke, sondern auch ihre Mittel entwürdigt, so ist eine neue Blüte paradiesischer Allmenschlichkeit von einer ihm obsiegenden Macht so wenig zu gewärtigen, wie eine Nachblüte goethescher oder claudiusscher Sprache. Von der herrschenden wird sie zu allererst darin sich unterscheiden, daß sie Ideale, die jene entwürdigte, außer Kurs setzt. Genug, um zu ermessen, wie wenig Kraus bei solchem Kampf zu gewinnen oder zu verlieren, wie unbeirrt die »Fackel« ihm zu erleuchten hätte. Den immer gleichen Sensationen, mit denen die Tagespresse ihrem Publikum dient, stellt er die ewig neue »Zeitung« gegenüber, die von der Geschichte der Schöpfung zu melden ist: die ewig neue, die unausgesetzte Klage.

II Dämon

Hab' ich geschlafen? Eben schlaf' ich ein.
Worte in Versen IV

Es ist tief in der Erscheinung von Kraus begründet und ist das Stigma jeder ihn betreffenden Debatte, daß alle apologetischen Argumente fehlgreifen. Das große Werk von Leopold Liegler ist aus apologetischer Haltung erwachsen. Kraus als »ethische Persönlichkeit« zu beglaubigen, ist sein erstes Vorhaben. Das geht nicht. Der dunkle Grund, von dem sein Bild sich abhebt, ist nicht die Zeitgenossenschaft, sondern die Vorwelt oder die Welt des Dämons. Das Licht vom Schöpfungstage fällt auf ihn, und so taucht er aus dieser Nacht. Doch nicht an allen Teilen, und es bleiben andere, die sind ihr tiefer als man ahnt verhaftet. Ein Auge, das sich ihr nicht akkommodieren kann, wird den Umriß dieser Gestalt nie gewahr werden. Ihm werden alle Winke verschwendet sein, die Kraus, in seinem unbezwinglichen Bedürfnis, gewahrt zu werden, zu vergeben nicht müde wird. Denn wie im Märchen hat der Dämon in Kraus die Eitelkeit zu seinem Wesensausdruck gemacht.

Auch die Einsamkeit des Dämons ist seine, der da auf dem versteckten Hügel sich toll gebärdet: »Gott sei Dank, daß niemand weiß, daß ich Rumpelstilzchen heiß.« Wie dieser tanzende Dämon niemals zur Ruhe kommt, so unterhält in Kraus exzentrische Reflexion den beständigsten Aufruhr. »Patienten seiner Gaben« hat ihn Viertel genannt. In der Tat, seine Fähigkeiten sind Leiden, und über die wahren hinaus macht seine Eitelkeit ihn zum Hypochonder.

Spiegelt er sich nicht in sich selber, so tut er's im Gegner, den er zu seinen Füßen hat. Seine Polemik ist ja von jeher die innigste Verschränkung einer, mit den vorgeschrittensten Mitteln arbeitenden, Entlarvungstechnik und einer, mit archaischen operierenden, Kunst des Selbstausdrucks. Auch in dieser Zone aber bekundet, durch Zweideutigkeit, sich der Dämon: Selbstausdruck und Entlarvung gehen in ihr als Selbstentlarvung ineinander über. Wenn Kraus gesagt hat: »Antisemitismus heißt jene Sinnesart, die etwa den zehnten Teil der Vorwürfe aufbietet und ernst meint, die der Börsenwitz gegen das eigene Blut parat hat«, so gibt er das Schema, nach dem auch das Verhältnis seiner Gegner zu ihm selbst sich gestaltet. Es gibt keinen Vorwurf gegen ihn, keine Schmähung seiner Person, deren legitimste Formulierung sie nicht seinen eigenen Schriften, und in ihnen den Stellen entnehmen könnten, da die Selbstbespiegelung zur Selbstbewunderung sich steigert. Kein Preis ist ihm zu hoch, von sich reden zu machen, und immer gibt der Erfolg dieser Spekulation ihm recht. Wenn Stil die Macht ist, in den Längen und Breiten des Sprachdenkens sich zu ergehen, ohne darum ins Banale zu fallen, so erwirbt ihn zumeist die Herzkraft großer Gedanken, welche das Sprachblut durchs Geäder der Syntax in die abgelegensten Glieder treibt. Ohne daß bei Kraus nun solche Gedanken sich einen Augenblick lang verkennen ließen, ist doch die Herzkraft seines Stils das Bild, wie er es selbst von sich im Innern trägt, um es aufs schonungsloseste zu exponieren. Ja, er ist eitel. So hat ihn, wie er huschend, mit unsteten Sätzen, das Podium einer Vorlesung zu gewinnen, den Raum durchmißt, Karin Michaelis geschildert. Und wenn er dann seiner Eitelkeit opfert – er müßte nicht der Dämon sein, der er ist, wäre es nicht zuletzt er selber, sein Leben und sein Leiden, die er mit allen Wunden, allen Blößen preisgibt. So kommt sein Stil zustande und mit ihm der typische Fackelleser, dem noch im Nebensatz, in der Partikel, ja im Komma stumme Fetzen und Fasern von Nerven zucken, im abgelegensten und trockensten Faktum noch ein Stück des geschundenen Fleisches hängt. Die Idiosynkrasie als höchstes kritisches Organ – das ist die verborgene Zweckmäßigkeit dieser Selbstbespiegelung und der Höllenzustand, den nur ein Schriftsteller kennt, für den jeder Akt der Befriedigung zugleich zu einer Station des Martyriums wird und welchen neben Kraus kein einziger so durchlebt hat wie Kierkegaard.

»Ich bin«, hat Kraus gesagt, »vielleicht der erste Fall eines Schreibers, der sein Schreiben zugleich schauspielerisch erlebt« und weist mit diesem Wort der eigenen Eitelkeit den legitimsten Ort an: den im Mimen. Das mimische Genie, das in der Glosse nachmacht, in der Polemik Fratzen schneidet, entfesselt sich festlich in den Vorlesungen von Dramen, deren Urheber nicht umsonst eine eigentümliche Mittelstellung einnehmen: Shakespeare und Nestroy, Dichter und Schauspieler; Offenbach, Komponist und Dirigent. Es ist, als suchte der Dämon des Mannes die bewegte, von allen Blitzen der Improvisation durchzuckte Atmosphäre dieser Dramen, weil nur sie ihm die tausend Chancen bietet, neckend, quälend, drohend hervorzuschießen. Die eigene Stimme macht darin die Probe auf den dämonischen Personenreichtum des Vortragenden – persona: das, wohindurch es hallt – und um die Fingerspitzen schießen die Gebärden der Gestalten, welche in seiner Stimme wohnen. Aber auch im Verhältnis zu den Gegenständen seiner Polemik spielt das Mimische eine entscheidende Rolle. Er macht den Partner nach, um in den feinsten Fugen seiner Haltung das Brecheisen des Hasses anzusetzen. Dieser Silbenstecher, der zwischen die Silben sticht, holt Larven, die da nisten, zu Klumpen heraus, die Larven der Käuflichkeit und der Geschwätzigkeit, der Niedertracht und der Bonhomie, der Kinderei und der Habsucht, der Verfressenheit und der Hinterlist. In der Tat, die Bloßstellung des Unechten – schwieriger als die des Schlechten – kommt hier behavioristisch zustande. Die Zitate der »Fackel« sind mehr als Belegstellen: Requisiten von mimischen Entlarvungen durch den Zitierenden. Freilich gerade in diesem Zusammenhang tritt zutage, wie eng verbunden mit der Grausamkeit des Satirikers die zweideutige Demut des Interpreten ist, die sich im Vorleser bis zum Unfaßlichen steigert. In einen hineinkriechen – so bezeichnet man nicht umsonst die niederste Stufe der Schmeichelei, und eben das tut Kraus: nämlich um zu vernichten. Ist Höflichkeit hier Mimikry des Hasses, Haß Mimikry der Höflichkeit geworden? Wie dem auch sei, beide sind auf der Stufe der Vollendung, der chinesischen angelangt. Die »Qual«, von der so viel und in so undurchsichtigen Anspielungen bei Kraus die Rede ist, hat hier ihren Sitz. Seine Proteste gegen Zuschriften, Materialien, Dokumente sind nichts als die Abwehrreaktion eines Mannes, der in Komplizitäten verstrickt werden soll. Was ihn dergestalt verstrickt, ist aber mehr noch als das Tun und Lassen die Sprache seiner Mitmenschen. Seine Leidenschaft, sie zu imitieren, ist Ausdruck für und Kampf gegen diese Verstrickung zugleich, auch Grund und Folge jenes immer wachen Schuldbewußtseins, in dem allein der Dämon sein Element hat.

Der Haushalt seiner Irrtümer und seiner Schwächen – mehr Wunderbau als die Gesamtheit seiner Gaben – ist von so feiner und präziser Organisation, daß jede Bestätigung von außen ihn nur erschüttert. Nun gar, wenn dieser Mann als »Vorbild eines harmonisch durchgebildeten Menschentyps« beglaubigt werden, wenn er – mit einer stilistisch und gedanklich gleich absurden Wendung – als Philanthrop erscheinen soll, so daß, wer seiner »Härte mit den Ohren der Seele« lausche, in Mitgefühl ihren Grund finde. Nein! diese unbestechliche, eingreifende, wehrhafte Sicherheit kommt nicht aus jener edlen, dichterischen oder menschenfreundlichen Gesinnung, der die Anhänger sie gern zuschreiben. Wie höchst banal und wie grundfalsch zugleich ihre Herleitung seines Hasses aus Liebe, da doch auf der Hand liegt, wieviel Ursprünglicheres am Werke ist: eine Menschlichkeit, die nur der Übergang von Bosheit in Sophistik, von Sophistik in Bosheit, eine Natur, die die hohe Schule des Menschenhasses, und ein Mitleid, das nur verschränkt mit Rache lebendig ist: »O hätte man mir nur die Wahl gelassen, | den Hund oder den Schlächter zu tranchieren, | ich hätt' gewählt!« Nichts widersinniger, als nach dem Bilde dessen, was er liebt, ihn formen zu wollen. Mit Recht hat man den »zeitentbundenen Weltverstörer« Kraus dem »ewigen Weltverbesserer« konfrontiert, den hin und wieder wohlgefällige Blicke streifen.

»Als das Zeitalter Hand an sich legte, war er diese Hand«, hat Brecht gesagt. Weniges behauptet sich neben dieser Erkenntnis und sicher nicht das Freundeswort von Adolf Loos. »Kraus«, so erklärt er, »steht an der Schwelle einer neuen Zeit«. Ach, durchaus nicht. – Er steht nämlich an der Schwelle des Weltgerichts. Wie auf den Prunkstücken barocker Altarmalerei die hart an den Rahmen gedrängten Heiligen abwehrend gespreizte Hände gegen die atemraubenden Verkürzungen vor ihnen schwebender Extremitäten der Engel, der Verklärten, der Verdammten strecken, so drängt auf Kraus die ganze Weltgeschichte in den Extremitäten einer einzigen Lokalnotiz, einer einzigen Phrase, eines einzigen Inserats ein. Das ist das Erbe, das ihm aus der Predigt von Abraham a Santa Clara überkommen ist. Von daher jene Nähe, die sich überschlägt, jene Schlagfertigkeit des ganz und gar nicht kontemplativen Nu und die Verschränkung, welche seinem Wollen einzig den theoretischen, seinem Wissen einzig den praktischen Ausdruck erlaubt. Kraus ist kein historischer Genius. Er steht nicht an der Schwelle einer neuen Zeit. Kehrt er der Schöpfung je den Rücken, bricht er ab mit Klagen, so ist es nur, um vor dem Weltgericht anzuklagen.

Man versteht nichts von diesem Manne, solange man nicht erkennt, daß mit Notwendigkeit alles, ausnahmslos alles, Sprache und Sache, für ihn sich in der Sphäre des Rechts abspielt. Seine ganze feuerfressende, degenschluckende Philosophie der Journale geht ja ebensosehr wie der Sprache dem Recht nach. Man begreift seine »Sprachenlehre« nicht, erkennt man sie nicht als Beitrag zur Sprachprozeßordnung, begreift das Wort des anderen in seinem Munde nur als corpus delicti und sein eigenes nur als das richtende. Kraus kennt kein System. Jeder Gedanke hat seine eigene Zelle. Aber jede Zelle kann im Nu, und scheinbar durch ein Nichts veranlaßt, zu einer Kammer, einer Gerichtskammer werden, in welcher dann die Sprache den Vorsitz hat. Man hat von Kraus gesagt, er habe »das Judentum in sich niederringen« müssen, gar »den Weg vom Judentum zur Freiheit« zurückgelegt – nichts widerlegt das besser, als daß auch ihm Gerechtigkeit und Sprache ineinander gestiftet bleiben. Das Bild der göttlichen Gerechtigkeit als Sprache – ja in der deutschen selber – zu verehren, das ist der echt jüdische Salto mortale, mit dem er den Bann des Dämons zu sprengen sucht. Denn dies ist die letzte Amtshandlung dieses Eiferers: die Rechtsordnung selbst in Anklagezustand zu versetzen. Und nicht mit kleinbürgerlichem Aufbegehren wider die Knechtung des »freien Individuums« durch »tote Formeln«. Noch weniger mit der Haltung jener Radikalen, die Paragraphen stürmen, ohne je sich einen Augenblick Rechenschaft von der Justiz gegeben zu haben. Kraus stellt das Recht in seiner Substanz, nicht in seiner Wirkung unter Anklage. Sie lautet auf Hochverrat des Rechtes an der Gerechtigkeit. Genauer, des Begriffs am Worte, aus dem er sein Dasein hat: vorsätzliche Tötung der Phantasie, die schon am Mangel einer einzigen Letter stirbt und der er in seiner »Elegie auf den Tod eines Lautes« die ergreifendste Klage gesungen hat. Denn über der Rechtsprechung steht die Rechtschreibung, und wehe der ersten, wenn die zweite zu leiden hat. So begegnet er denn auch hier der Presse, ja gibt in diesem Bannkreis sich sein liebstes Stelldichein mit den Lemuren. Er hat das Recht durchschaut wie wenige. Wenn er es dennoch anruft, geschieht es gerade, weil sich sein eigener Dämon so gewaltig von dem Abgrund gezogen fühlt, den es darstellt. Von jenem Abgrund, den er nicht umsonst am gähnendsten, wo Geist und Sexus sich zusammenfinden – im Sittlichkeitsprozeß – erfahren und in den berühmten Worten erlotet hat: »Ein Sittlichkeitsprozeß ist die zielbewußte Entwicklung einer individuellen zur allgemeinen Unsittlichkeit, von deren düsterem Grunde sich die erwiesene Schuld des Angeklagten leuchtend abhebt.«

Geist und Sexus bewegen sich in dieser Sphäre in einer Solidarität, deren Gesetz Zweideutigkeit ist. Die Besessenheit des dämonischen Sexus ist das Ich, das, umgaukelt von so süßen Frauenbildern, »wie die bittre Erde sie nicht hegt«, sich genießt. Und nicht anders die lieblose und selbstgenugsame Figur des besessenen Geistes: der Witz. Zu ihrer Sache kommen sie beide nicht; das Ich zum Weib so wenig wie der Witz zum Wort. Das Zersetzende ist an Stelle des Zeugenden, das Grelle an Stelle des Geheimen getreten; nun aber changieren sie in den einschmeichelndsten Nuancen: im Witzwort kommt die Lust und in der Onanie die Pointe zu ihrem Recht. Als hoffnungslos dem Dämon Verhafteten hat Kraus sich selbst porträtiert; im Pandämonium der Zeit hat er sich den traurigsten, vom Flammenwiderschein beglänzten Ort in der Eiswüste vorbehalten. Da steht er am »Letzten Tage der Menschheit« – der »Nörgler«, der die vorangehenden beschrieben hat. »Ich habe die Tragödie, die in die Szenen der zerfallenden Menschheit zerfällt, auf mich genommen, damit sie der Geist höre, der sich der Opfer erbarmt, und hätte er selbst für alle Zukunft der Verbindung mit einem Menschenohr entsagt. Er empfange den Grundton dieser Zeit, das Echo meines blutigen Wahnsinns, durch den ich mitschuldig bin an diesen Geräuschen. Er lasse es als Erlösung gelten!«

»Mitschuldig . . .« – weil das an die Manifeste der Intelligenz anklingt, welche einer Epoche, die Miene machte, sich von ihr abzukehren, ins Gedächtnis sich zurückrufen wollte, und sei es auch durch eine Selbstbezichtigung, ist über dieses Schuldgefühl, in dem so sichtbar sich das privateste Bewußtsein mit dem historischen begegnet, ein Wort zu sagen. Es wird immer auf jenen Expressionismus führen, aus dem die Reife seines Werks mit Wurzeln, die ihren Boden sprengten, sich genährt hat. Man kennt die Stichworte – mit welchem Hohn hat nicht Kraus selber sie registriert: geballt, gestuft und gesteilt komponierte man Bühnenbilder, Sätze, Gemälde. – Unverkennbar – und die Expressionisten proklamierten ihn selbst – ist der Einfluß frühmittelalterlicher Miniaturen auf ihre Vorstellungswelt. Wer aber nun deren Gestalten – etwa am Beispiel der Wiener Genesis – mustert, dem tritt nicht nur in den weitgeöffneten Augen, nicht nur in den unergründlichen Falten ihrer Gewandung, vielmehr im ganzen Ausdruck etwas sehr Rätselhaftes entgegen. Als hätte sie die fallende Sucht ergriffen, so neigen sie in ihrem Lauf, der immer überstürzt ist, sich einander zu. Die »Neigung« kann, vor allem andern, als der tiefe menschliche Affekt erscheinen, der die Welt dieser Miniaturen sowohl wie die Manifeste jener Dichtergeneration durchzittert. Aber das ist nur der eine, gewissermaßen konkave Aspekt dieses Sachverhalts, der Blick ins Angesicht dieser Figuren. Ganz anders ist die gleiche Erscheinung dem, welcher ihre Rücken ins Auge faßt. Diese Rücken staffeln sich in den Heiligen der Adorationen, in den Knechten der Gethsemaneszene, in den Augenzeugen des Einzugs in Jerusalem zu Terrassen menschlicher Nacken, menschlicher Schultern, die, wirklich zu steilen Stufen geballt, weniger in den Himmel als abwärts, auf und selbst unter die Erde führen. Unmöglich, für ihr Pathos einen Ausdruck zu finden, der davon absieht: sie sind besteigbar wie aufeinandergewälzte Felsblöcke oder grob behauene Stufen. Welche Gewalten immer den Geisterkampf auf diesen Schultern mögen gekämpft haben – eine von ihnen erlaubt die Erfahrung, die wir von der Verfassung der geschlagenen Massen unmittelbar nach Kriegsende machen konnten, uns beim Namen zu nennen. Was dem Expressionismus, in dem ein ursprünglich menschlicher Impuls sich fast restlos in einen modischen umsetzte, am Ende zurückblieb, war die Erfahrung und der Name jener namenlosen Macht, der sich die Rücken der Menschen entgegenkrümmten: die Schuld. »Nicht daß eine gehorsame Masse von einem ihr unbekannten Willen, aber daß sie von einer ihr unbekannten Schuld in Gefahr geführt wird, macht sie mitleidswürdig«, hat Kraus schon 1912 geschrieben. Als »Nörgler« hat er an ihr teil, um sie zu denunzieren, denunziert er sie, um an ihr teilzuhaben. Durch das Opfer ihr zu begegnen, hat er sich eines Tages in die Arme der katholischen Kirche geworfen.

In jenen schneidenden Menuetten, die Kraus dem chassez-croisez von Justitia und Venus gepfiffen hat, ist das Leitmotiv – daß der Philister von der Liebe nichts weiß – mit einer Schärfe und Beharrlichkeit vorgetragen, die einzig in der entsprechenden Haltung der Décadence, in der Proklamation des l'art pour l'art ihr Gegenstück hat. Denn eben das l'art pour l'art, das der Décadence auch für die Liebe gilt, hat das Sachverständnis aufs engste an das handwerkliche Wissen, die Technik, gebunden und hat die Dichtung in ihrem hellsten Lichte nur von der Folie des Literatentums wie die Liebe von der der Unzucht sich abheben lassen. »Not kann jeden Mann zum Journalisten machen, aber nicht jede Frau zur Prostituierten.« In dieser Formulierung hat

Kraus den doppelten Boden seiner Polemik gegen den Journalismus verraten. Das ist viel weniger der Philanthrop, der aufgeklärte Menschen- und Naturfreund, der diesen unerbittlichen Kampf entfesselt hat, als der geschulte Literat, Artist, ja Dandy, der seinen Ahnen in Baudelaire hat. Nur Baudelaire hat so wie Kraus die Saturiertheit des gesunden Menschenverstandes und so wie er den Kompromiß gehaßt, den die Geistigen mit ihm schlossen, um im Journalismus ein Unterkommen zu finden. Der Journalismus ist Verrat am Literatentum, am Geist, am Dämon. Das Geschwätz ist seine wahre Substanz und jedes Feuilleton stellt von neuem die unlösbare Frage nach dem Kräfteverhältnis von Dummheit und von Bosheit, deren Ausdruck es ist. Es ist im Grunde die vollkommene Entsprechung dieser Daseinsformen: des Lebens unterm Zeichen bloßen Geistes oder bloßer Sexualität, die jene Solidarität des Literaten mit der Hure begründet, deren unverbrüchlichstes Zeugnis wiederum Baudelaires Existenz ist. So kann Kraus die Gesetze des eigenen Handwerks verschränkt mit denen des Sexus beim Namen nennen, wie er es in der »Chinesischen Mauer« getan hat. Der Mann »hat tausendmal mit dem Anderen gerungen, der vielleicht nicht lebt, aber dessen Sieg über ihn sicher ist. Nicht weil er bessere Eigenschaften hat, aber weil er der Andere ist, der Spätere, der dem Weib die Lust der Reihe bringt und der als Letzter triumphieren wird. Aber sie wischen es von ihrer Stirn wie einen bösen Traum; und wollen die Ersten sein.« Ist nun die Sprache – das legen wir zwischen die Zeilen – ein Weib, wie weit entrückt ein unbetrüglicher Instinkt den Autor jenen, die sich beeilen, bei ihr die Ersten zu sein, wie vielfach macht er den Gedanken, der sie nur immer mehr mit Ahnung stachelt als mit Wissen sättigt, wie läßt er ihn in Haß, Verachtung, Bosheit sich verstricken, wie hält er seinen Schritt hintan und sucht den Umweg des Epigonentums, um schließlich ihr die Lust der Reihe mit dem letzten Stoße, den Jack für Lulu in Bereitschaft hält, zu enden.

Das Literatentum ist das Dasein im Zeichen des bloßen Geistes wie die Prostitution das Dasein im Zeichen des bloßen Sexus. Der Dämon aber, der der Hure die Straße anweist, verbannt den Literaten in den Gerichtssaal. Daher ist er für Kraus das Forum, wie er es für die großen Journalisten – einen Carrel, Paul-Louis Courier, Lassalle – von jeher gewesen ist. Es zu umgehen: der echten und dämonischen Funktion des bloßen Geistes, Störenfried zu sein, sich zu entziehen, der Hure in den Rücken zu fallen – dies doppelte Versagen definiert für Kraus den Journalisten. – Robert Scheu hat richtig gesehen, daß für Kraus die Prostitution eine natürliche Form, keine soziale Verbildung des weiblichen Sexus ist. Jedoch erst daß und wie sich Sexual- und Tauschverkehr verschränken, macht den Charakter der Prostitution aus. Wenn sie ein Naturphänomen ist, so ist sie es genau so sehr von der natürlichen Seite der Ökonomik, als Erscheinung des Tauschverkehrs, wie von der natürlichen Seite des Sexus. »Verachtung der Prostitution? | Dirnen schlimmer als Diebe? | Lernt: Liebe nimmt nicht nur Lohn, | Lohn gibt auch Liebe!« Diese Zweideutigkeit – diese Doppelnatur als doppelte Natürlichkeit – macht die Prostitution dämonisch. Aber Kraus »ergreift die Partei der Naturmacht«. Daß ihm der soziologische Bereich nie transparent wird – im Angriff auf die Presse so wenig wie in der Verteidigung der Prostitution – hängt mit dieser seiner Naturverhaftung zusammen. Daß ihm das Menschenwürdige nicht als Bestimmung und Erfüllung der befreiten – der revolutionär veränderten – Natur, sondern als Element der Natur schlechtweg, einer archaischen und geschichtslosen in ihrem ungebrochenen Ursein sich darstellt, wirft ungewisse, unheimliche Reflexe noch auf seine Idee von Freiheit und von Menschlichkeit zurück. Sie ist nicht dem Bereich der Schuld entrückt, den er von Pol zu Pol durchmessen hat: vom Geist zum Sexus.

Dieser Realität gegenüber, die Kraus blutiger als irgend einer durchlitten hat, enthüllt nun aber jener »reine Geist«, den die Anhänger im Wirken des Meisters verehren, sich als nichtswürdige Chimäre. Darum ist unter allen Motiven seiner Entwicklung keines wichtiger als dessen dauernde Einschränkung und Kontrolle. »Nachts« ist sein Kontrollbuch betitelt. Denn die Nacht ist das Schaltwerk, wo bloßer Geist in bloße Sexualität, bloße Sexualität in bloßen Geist umschlägt und diese beiden lebenswidrigen Abstrakta, indem sie einander erkennen, zur Ruhe kommen. »Ich arbeite Tage und Nächte. So bleibt mir viel freie Zeit. Um ein Bild im Zimmer zu fragen, wie ihm die Arbeit gefällt, um die Uhr zu fragen, ob sie müde ist, und die Nacht, wie sie geschlafen hat.« Opfergaben an den Dämon sind diese Fragen, die er ihm unter der Arbeit hinwirft. Seine Nacht aber ist nicht die mütterliche noch auch die monderhellte romantische; es ist die Stunde zwischen Schlaf und Wachen, die Nacht-Wache, das Mittelstück seiner dreifach gestaffelten Einsamkeit: der des Caféhauses, wo er mit seinem Feind, der des nächtlichen Zimmers, wo er mit seinem Dämon, der des Vortragssaales, wo er mit seinem Werk allein ist.

III Unmensch

Schon fällt der Schnee.
Worte in Versen III

Die Satire ist die einzig rechtmäßige Form der Heimatkunst. So war es aber nicht gemeint, wenn man Kraus einen Wiener Satiriker nannte. Vielmehr versuchte man, solange es angehen konnte, auf dieses tote Gleis ihn abzuschieben, um sein Werk dem großen Speicher literarischer Konsumgüter einverleiben zu können. Kraus als Satiriker dargestellt kann also den tiefsten Aufschluß über ihn so gut wie sein traurigstes Zerrbild ergeben. Von jeher war es ihm daher angelegen, den Satiriker echten Schlages von jenen Schreibern zu trennen, die aus dem Hohn ein Gewerbe gemacht und nicht viel mehr bei ihren Invektiven im Sinne haben als dem Publikum etwas zu lachen zu geben. Demgegenüber hat der große Typus des Satirikers nie festeren Boden unter den Füßen gehabt als mitten in einem Geschlecht, das sich anschickt, Tanks zu besteigen und Gasmasken überzuziehen, einer Menschheit, der die Tränen ausgegangen sind, aber nicht das Gelächter. In ihm bereitet sie sich vor, die Zivilisation, wenn es sein muß, zu überleben, und sie kommuniziert mit ihm im eigentlichen Mysterium der Satire, als welches im Verspeisen des Gegners besteht. Der Satiriker ist die Figur, unter welcher der Menschenfresser von der Zivilisation rezipiert wurde. Nicht ohne Pietät erinnert er sich seines Ursprungs und darum ist der Vorschlag, Menschen zu fressen, in den eisernen Bestand seiner Anregungen übergegangen, von Swifts einschlägigem Projekt, betreffend die Verwendung der Kinder in minderbemittelten Volksklassen bis zu Léon Bloys Vorschlag, Hauswirten insolventen Mietern gegenüber ein Recht auf die Verwertung ihres Fleisches einzuräumen. In solchen Anweisungen haben die großen Satiriker der Humanität ihrer Mitmenschen Maß genommen. »Humanität, Bildung und Freiheit sind kostbare Güter, die mit Blut, Verstand und Menschenwürde nicht teuer genug erkauft sind« – so schließt bei Kraus die Auseinandersetzung des Menschenfressers mit den Menschenrechten. Man vergleiche sie mit der Marxschen der »Judenfrage«, um zu ermessen, wie gänzlich diese spielerische Reaktion von 1909 – die Reaktion gegen das klassische Humanitätsideal – danach angetan war, bei der ersten besten Gelegenheit in das Bekenntnis des realen Humanismus umzuschlagen. Freilich hätte man die »Fackel« schon von der ersten Nummer an Wort für Wort buchstäblich verstehen müssen, um abzusehen, daß diese ästhetizistisch ausgerichtete Publizistik, ohne ein einziges ihrer Motive zu opfern, ein einziges zu gewinnen, die politische Prosa von 1930 zu werden bestimmt war. Das dankt sie ihrem Partner, der Presse, welche der Humanität jenes Ende bereitete, auf das Kraus mit den Worten anspielt: »Die Menschenrechte sind das zerreißbare Spielzeug der Erwachsenen, auf dem sie herumtreten wollen und das sie sich deshalb nicht nehmen lassen.« So ist die Grenzsetzung zwischen Privatem und Öffentlichem, die 1789 die Freiheit verkünden sollte, zum Gespött geworden. Durch die Zeitung, sagt Kierkegaard, »wird ... die Distinktion zwischen dem Privaten und dem Öffentlichen in einer privatöffentlichen Schwatzhaftigkeit aufgehoben.«

Die öffentliche und private Zone, die im Geschwätz dämonisch ineinanderliegen, zur dialektischen Auseinandersetzung zu bringen, reales Menschentum zum Sieg zu führen, das ist der Sinn der Operette, den Kraus entdeckt und in Offenbach zum intensivsten Ausdruck gebracht hat. Wie das Geschwätz die Knechtung der Sprache durch die Dummheit besiegelt, so die Operette die Verklärung der Dummheit durch die Musik. Daß man die Schönheit weiblicher Dummheit verkennen könne, galt Kraus von jeher als das finsterste Banausentum. Vor ihrer Strahlenkraft verfliegen die Chimären des Fortschritts. Und in der Operette Offenbachs tritt nun die bürgerliche Dreieinigkeit des Wahren, Schönen, Guten, neu einstudiert zur großen Nummer mit Musikbegleitung auf dem Trapez des Blödsinns zusammen. Wahr ist der Unsinn, schön die Dummheit, gut die Schwäche. Das ist ja das Geheimnis Offenbachs: wie mitten in dem tiefen Unsinn öffentlicher Zucht – es sei nun die der oberen Zehntausend, eines Tanzbodens oder des Militärstaats –, der tiefe Sinn privater Unzucht ein träumerisches Auge aufschlägt. Und was als Sprache richterliche Strenge, Entsagung, scheidende Gewalt gewesen wäre, wird List und Ausflucht, Einspruch und Vertagung als Musik. – Musik als Platzhalterin der moralischen Ordnung? Musik als Polizei einer Freudenwelt? Ja, das ist der Glanz, der über die alten Pariser Ballsäle, über die »Grande Chaumière«, die »Clôserie des Lilas« mit dem Vortrag des »Pariser Lebens« sich ausgießt. »Und die unnachahmliche Doppelzüngigkeit dieser Musik, alles zugleich mit dem positiven und dem negativen Vorzeichen zu sagen, das Idyll an die Parodie, den Spott an die Lyrik zu verraten; die Fülle zu allem erbötiger, Schmerz und Lust verbindender Tonfiguren – hier erscheint diese Gabe am reichsten und reinsten entfaltet.« Die Anarchie als einzig moralische, einzig menschenwürdige Weltverfassung wird zur wahren Musik dieser Operetten. Die Stimme von Kraus sagt diese innere Musik mehr, als daß sie sie singt. Schneidend umpfeift sie die Grate des schwindelnden Blödsinns, erschütternd hallt sie aus dem Abgrund des Absurden wider und summt, wie der Wind im Kamin, in den Zeilen des Frascata ein Requiem auf die Generation unserer Großväter. – Offenbachs Werk erlebt eine Todeskrisis. Es zieht sich zusammen, entledigt sich alles Überflüssigen, geht durch den gefährlichen Raum dieses Daseins hindurch und kommt gerettet, wirklicher als vordem, wieder zum Vorschein. Denn wo diese wetterwendische Stimme laut wird, fahren die Blitze der Lichtreklamen und der Donner der Métro durch das Paris der Omnibusse und Gasflammen. Und das Werk gibt ihm dies alles zurück. Denn auf Augenblicke verwandelt es sich in einen Vorhang, und mit den wilden Gebärden des Marktschreiers, die den ganzen Vortrag begleiten, reißt Kraus diesen Vorhang beiseite und gibt den Blick ins Innere seines Schreckenskabinetts auf einmal frei. Da stehen sie: Schober, Bekessy, Kerr und die andern Nummern, nicht mehr die Feinde, sondern Raritäten, Erbstücke aus der Welt Offenbachs oder Nestroys, nein, ältere, seltenere, Penaten der Troglodyten, Hausgötter der Dummheit aus vorgeschichtlichen Zeiten. Kraus, wenn er vorträgt, spricht nicht Offenbach oder Nestroy: sie sprechen aus ihm heraus. Und dann und wann nur fällt ein atemberaubender, halb stumpfer, halb glänzender Kupplerblick in die Masse vor ihm, lädt sie zu der verwünschten Hochzeit mit den Larven, in denen sie sich selber nicht erkennt, und nimmt zum letzten Male sich das böse Vorrecht der Zweideutigkeit.

Hier kommt nun erst das wahre Antlitz, vielmehr die wahre Maske des Satirikers zum Vorschein. Es ist die Maske Timons, des Menschenfeindes. »Shakespeare hat alles vorausgewußt« – ja. Vor allem aber ihn selber. Shakespeare zeichnet unmenschliche Gestalten – und Timon, die unmenschlichste unter ihnen – und sagt: Solch ein Geschöpf brächte Natur hervor, wenn sie das schaffen wollte, was der Welt, wie euresgleichen sie gestaltet hat, gebührt; was ihr gewachsen, was ihr zugewachsen wäre. So ein Geschöpf ist Timon, so eins Kraus. Beide haben sie, wollen sie mit Menschen nichts mehr gemein haben. »Thierfehd ist hier: das sagt dem Menschsein ab«; aus einem abgelegenen Glarner Dorfe wirft Kraus diesen Fehdehandschuh der Menschheit hin, und Timon will an seinem Grabe nur das Meer in Tränen wissen. Wie Timons Verse steht die Kraussche Lyrik hinter dem Doppelpunkt der dramatis persona, der Rolle. Ein Narr, ein Caliban, ein Timon – nicht sinniger, nicht würdiger und nicht besser – aber der sich selber sein eigener Shakespeare ist. Man sollte allen den Figuren, wie sie sich um ihn scharen, ihren Ursprung in Shakespeare ansehen. Und immer ist er sein Ausbund, ob er mit Weininger vom Manne oder mit Altenberg von der Frau, mit Wedekind von der Bühne oder mit Loos vom Essen, mit Else Lasker-Schüler vom Juden oder mit Theodor Haecker vom Christen spricht. Die Macht des Dämons endet an diesem Reiche. Sein Zwischen- oder Untermenschliches wird von einem wahrhaft Unmenschlichen überwunden. Kraus hat es in den Worten angedeutet: »In mir verbindet sich eine große Fähigkeit zur Psychologie mit der größeren, über einen psychologischen Bestand hinwegzusehen.« Es ist das Unmenschliche des Schauspielers, das er mit diesen Worten für sich in Anspruch nimmt: das Menschenfresserische. Denn mit jeder Rolle verleibt sich der Schauspieler einen Menschen ein, und in den barocken Tiraden Shakespeares – wenn sich der Menschenfresser als der bessere Mensch, der Held als ein Akteur entpuppen soll, Timon den Reichen, Hamlet den Irren spielt – ist es, als wenn seine Lippen von Blut trieften. So hat Kraus nach Shakespeares Vorbild sich Rollen geschrieben, an denen er Blut geleckt hat. Die Beharrlichkeit seiner Überzeugungen ist Beharren in einer Rolle, mit ihren Stereotypien, auf ihren Stichworten. Seine Erlebnisse samt und sonders sind nichts als dies: Stichworte. Darum besteht er auf ihnen und verlangt sie vom Dasein wie ein Schauspieler, der es dem Partner niemals verzeiht, wenn er ihm das Stichwort nicht bringt.

Die Offenbach-Vorlesungen, der Vortrag Nestroyscher Kuplets sind von allen musikalischen Mitteln verlassen. Das Wort dankt niemals zugunsten des Instruments ab; indem es aber seine Grenzen weiter und weiter hinausschiebt, geschieht es, daß es am Ende sich depotenziert, in die bloße kreatürliche Stimme sich auflöst: ein Summen, das zum Worte sich so verhält wie sein Lächeln zum Witz, ist das Allerheiligste dieser Vortragskunst. In diesem Lächeln, diesem Summen, wo wie in einem Kratersee zwischen den ungeheuerlichsten Schroffen und Schlacken die Welt sich friedlich und genügsam spiegelt, bricht jene tiefe Komplizität mit seinen Hörern und Modellen durch, der Kraus im Worte niemals Raum gegeben hat. Sein Dienst an ihm erlaubt ihm keinen Kompromiß. Kaum aber hat es den Rücken gekehrt, so findet er sich zu manchem bereit. Da macht denn der quälende, stets unerschöpfte Reiz dieser Vorlesungen sich fühlbar: die Scheidung zwischen fremden und verwandten Geistern zunichte werden und jene homogene Masse falscher Freunde sich bilden zu sehen, die in diesen

Veranstaltungen den Ton angibt. Kraus tritt vor eine Welt von Feinden, will sie zur Liebe zwingen, und zwingt sie doch zu nichts als Heuchelei. Seine Wehrlosigkeit demgegenüber steht in genauem Zusammenhang mit dem subversiven Dilettantismus, der zumal die Offenbach-Vorlesungen bestimmt. Kraus weist in ihnen die Musik in engere Schranken, als je die Manifeste der George-Schule sich's erträumten. Das kann natürlich über den Gegensatz in beider Sprachgebärde nicht hinwegtäuschen. Vielmehr besteht die genaueste Verbindung zwischen den Bestimmungsgründen, die Kraus die beiden Pole des sprachlichen Ausdrucks – den depotenzierten des Summens und den armierten des Pathos – zugänglich machen und denen, die seiner Heiligung des Worts verbieten, die Formen des Georgeschen Sprachkultus anzunehmen. Dem kosmischen Auf und Nieder, das für George »den Leib vergottet und den Gott verleibt«, ist die Sprache nur die Jakobsleiter mit den zehntausend Wortsprossen. Demgegenüber Kraus: seine Sprache hat alle hieratischen Momente von sich getan. Weder ist sie Medium der Seherschaft noch der Herrschaft. Daß sie der Schauplatz für die Heiligung des Namens sei – mit dieser jüdischen Gewißheit setzt sie der Theurgie des »Wortleibs« sich entgegen. Sehr spät, mit einer Entschiedenheit, die in Jahren des Stillschweigens muß gereift sein, ist Kraus dem großen Partner gegenübergetreten, dessen Werk zur gleichen Zeit mit dem eigenen, unter der Jahrhundertschwelle, entsprungen war. Georges erster öffentlich erschienener Band und der erste Jahrgang der »Fackel« tragen die Jahreszahl 1899. Und erst im Rückblick »Nach dreißig Jahren«, 1929, unternahm Kraus ihn aufzurufen. Ihm als dem Eifernden tritt da George als der Gefeierte gegenüber,

> der in dem Tempel wohnt, woraus es nie
> zu treiben galt die Händler und die Wechsler,
> nicht Pharisäer und die Schriftgelehrten,
> die drum den Ort umlagern und beschreiben.
>
> Profanum vulgus lobt sich den Entsager,
> der nie ihm sagte, was zu hassen sei.
> Und der das Ziel noch vor dem Weg gefunden,
> er kam vom Ursprung nicht.

»Du kamst vom Ursprung – Ursprung ist das Ziel« nimmt der »Sterbende Mensch« als Gottes Trost und Verheißung entgegen. Auf sie spielt Kraus hier an und auch Viertel tut es, wenn er, im Sinn von Kraus, die Welt den »Irrweg, Abweg, Umweg zum Paradiese zurück«

nennt. »Und so«, fährt er an dieser wichtigsten Stelle seiner Schrift über Kraus fort, »versuche ich denn auch die Entwicklung dieser merkwürdigen Begabung zu deuten: Intellektualität als Abweg, der zur Unmittelbarkeit … zurückführt. Publizität – ein Irrweg zur Sprache zurück. Die Satire – ein Umweg zum Gedicht.« Dieser »Ursprung« – das Echtheitssiegel an den Phänomenen – ist Gegenstand einer Entdeckung, die in einzigartiger Weise sich mit dem Wiedererkennen verbindet. Der Schauplatz dieser philosophischen Erkennungsszene ist im Werk von Kraus die Lyrik und ihre Sprache der Reim: »Ein Wort, das nie am Ursprung lügt« und diesen seinen Ursprung wie die Seligkeit am Ende der Tage, so am Ende der Zeile hat. Der Reim – das sind zwei Putten, die den Dämon zu Grabe tragen. Er fiel am Ursprung, weil er als Zwitter aus Geist und Sexus in die Welt kam. Sein Schwert und Schild – Begriff und Schuld – sind ihm entsunken, um zu Emblemen unterm Fuß des Engels zu werden, der ihn erschlagen hat. Das ist ein dichtender, martialischer, mit dem Florett in Händen, wie nur Baudelaire ihn gekannt hat: s'exerçant seul à sa fantasque escrime,

> Flairant dans tous les coins les hasards de la rime,
> Trébuchant sur les mots comme sur les pavés,
> Heurtant parfois des vers depuis longtemps rêvés.

Freilich auch ein zügelloser, »hier einer Metapher nachjagend, die eben um die Ecke bog, dort Worte kuppelnd, Phrasen pervertierend, in Ähnlichkeiten vergafft, im seligen Mißbrauch chiastischer Verschlingung, immer auf Abenteuer aus, in Lust und Qual, zu vollenden, ungeduldig und zaudernd«. So findet endlich das hedonische Moment dieses Werkes den reinsten Ausdruck in solchem schwermütig-phantastischen Verhältnis zum Dasein, in dem Kraus aus der Wiener Tradition der Raimund und Girardi zu einer ebenso resignierten wie sinnlichen Konzeption des Glückes gelangt. Sie muß man sich vergegenwärtigen, wenn man die Notwendigkeit erfassen will, aus welcher er dem Tänzerischen bei Nietzsche entgegengetreten ist – um von dem Ingrimm ganz zu schweigen, mit dem der Unmensch auf den Übermenschen stoßen mußte.

Am Reime erkennt das Kind, daß es auf den Kamm der Sprache gelangt ist, wo es das Rauschen aller Quellen im Ursprung vernimmt. Dort oben ist sie zu Hause, die Kreatur, die nun nach so viel Stummheit im Tier und so viel Lüge in der Hure im Kinde zu Wort kommt. »Ein gutes Gehirn muß kapabel sein, jedes Fieber der Kindheit so mit allen Erscheinungen sich vorzustellen, daß erhöhte Temperatur eintritt« – mit derlei Sätzen zielt Kraus weiter, als es den Anschein hat. Er selbst jedenfalls hat die Forderung in solchem Maße verwirklicht, daß ihm das Kind niemals als Gegenstand, sondern, im Bilde seiner eigenen Frühzeit, als Gegner der Erziehung vor Augen steht, den diese Gegnerschaft erzieht, nicht der Erzieher. »Nicht der Stock war abzuschaffen, sondern der Lehrer, der ihn schlecht anwendet.« Kraus will nichts sein als der, der ihn besser anwendet. Seine Menschenfreundlichkeit, sein Mitleid haben an dem Stock ihre Grenze, den er in derselben Schulklasse zu spüren bekam, in der seine besten Gedichte zuständig sind.

»Ich bin nur einer von den Epigonen« – Kraus ist ein Epigone des Lesebuchs. »Des deutschen Knaben Tischgebet«, »Siegfrieds Schwert«, »Das Grab im Busento«, »Wie Kaiser Karl Schulvisitation hielt« – die waren seine Vorbilder, die haben in diesem aufmerksamen Schüler, der sie lernte, sich umgedichtet. So ist aus den »Rossen von Gravelotte« das Gedicht »Zum ewigen Frieden« geworden und noch die glühendsten seiner Haßgedichte sind an Höltys »Feuer im Walde« entzündet, das die Lesebücher unserer Schulzeit durchstrahlte. Und wenn am Jüngsten Tage nicht nur die Gräber, sondern auch die Lesebücher sich öffnen, wird nach der Melodie »Was blasen die Trompeten, Husaren heraus« der wahre Pegasus der Kleinen aus ihnen hervorstürmen und, eine verhutzelte Mumie, eine Puppe aus Stoff oder gelblichem Elfenbein, wird dieser einzige Verseschmied tot, ausgetrocknet über dem Bug seines Rosses hängend, auf ihm daherfahren, der zweischneidige Säbel in seiner Hand aber wird, blank wie seine Reime und schneidend wie am ersten Tag, durch den Blätterwald fahren und Stilblüten werden den Boden decken.

Vollendeter ist nie die Sprache vom Geist geschieden, nie inniger an den Eros gebunden worden, als Kraus es in der Einsicht getan hat: »Je näher man ein Wort ansieht, desto ferner sieht es zurück.« Das ist platonische Sprachliebe. Die Nähe aber, der das Wort nicht entfliehen kann, ist einzig der Reim. So wird das erotische Unverhältnis von Nähe und Ferne in seiner Sprache laut: als Reim und Name. Als Reim steigt die Sprache aus der kreatürlichen Welt herauf, als Name zieht sie alle Kreatur zu sich empor. In den »Verlassenen« hat die innigste Durchdringung von Sprache und von Eros, wie sie Kraus erfuhr, mit einer ungerührten Größe sich ausgesprochen, die an die vollkommenen griechischen Epigramme und Vasenbilder erinnert. »Die Verlassenen« – voneinander sind sie es. Aber – das ist ihr großer Trost – sie sind es auch miteinander. Auf der Schwelle zwischen Stirb und Werde halten sie inne. Rückwärts gewandten Hauptes nimmt die Lust »nach unerhörter Weise« ihren ewigen Abschied; ihr abgewandt betritt »nach ungewohnter Weise« die Seele ihre Fremde lautlos. So miteinander verlassen sind Lust und Seele, aber auch Sprache und Eros, auch Reim und Name. – »Den Verlassenen« ist der fünfte Band der »Worte in Versen« gewidmet. Es erreicht sie ja nur noch die Widmung, welche nichts anderes als das Geständnis der platonischen Liebe ist, die am Geliebten nicht ihre Lust büßt, sondern es im Namen besitzt und im Namen auf Händen trägt. Dieser Ichbesessene kennt keine andere Selbstentäußerung als Dank. Seine Liebe ist nicht Besitz, sondern Dank. Dank und Widmung; denn danken heißt Gefühle unter einen Namen stellen. Wie die Geliebte fern und blinkend wird, wie ihre Winzigkeit und ihr Leuchten sich in den Namen ziehen, das ist die einzige Liebeserfahrung, von der die »Worte in Versen« wissen. Darum also: »Leicht, ohne Frau zu leben. | Schwer, ohne Frau gelebt zu haben.«

Aus dem Sprachkreis des Namens, und nur aus ihm, erschließt sich das polemische Grundverfahren von Kraus: das Zitieren. Ein Wort zitieren heißt es beim Namen rufen. So erschöpft sich auf ihrer höchsten Stufe die Leistung von Kraus darin, selbst die Zeitung zitierbar zu machen. Er versetzt sie in seinen Raum, und mit einem Mal muß die Phrase es inne werden: im tiefsten Bodensatze der Journale ist sie nicht sicher vor dem Zustoß der Stimme, die auf den Schwingen des Wortes herabführt, um sie ihrer Nacht zu entreißen. Wunderbar, wenn sie nicht strafend, sondern rettend naht, wie, auf den Schwingen des Shakespeareschen, jener Zeile, in welcher einer vor Arras nach Haus berichtet, wie in der Frühe auf dem letzten zerschossenen Baume vor seiner Stellung eine Lerche zu singen begonnen habe. Eine einzige Zeile, und nicht einmal seine eigene, genügt Kraus, um in dies Inferno rettend hinabzufahren, eine einzige Sperrung: »Es war die Nachtigall und nicht die Lerche, die dort auf dem G r a n a t baum saß und sang.« Im rettenden und strafenden Zitat erweist die Sprache sich als die Mater der Gerechtigkeit. Es ruft das Wort beim Namen auf, bricht es zerstörend aus dem Zusammenhang, eben damit aber ruft es dasselbe auch zurück an seinen Ursprung. Nicht ungereimt erscheint es, klingend, stimmig, in dem Gefüge eines neuen Textes. Als Reim versammelt es in seiner Aura das Ähnliche; als Name steht es einsam und ausdruckslos. Vor der Sprache weisen sich beide Reiche – Ursprung so wie Zerstörung – im Zitat aus. Und umgekehrt: nur wo sie sich durchdringen – im Zitat – ist sie vollendet. Es spiegelt sich in ihm die Engelsprache, in welcher alle Worte, aus dem idyllischen Zusammenhang des Sinnes aufgestört, zu Motti in dem Buch der Schöpfung geworden sind.

Von ihren Polen aus – dem klassischen und dem realen Humanismus – umspannt bei diesem Autor das Zitat den ganzen Umkreis seiner Bildungswelt. Schiller steht, freilich ungenannt, neben Shakespeare: »Adel ist auch in der sittlichen Welt. Gemeine Naturen | Zahlen mit dem, was sie tun, edle mit dem, was sie sind« – dies klassische Distichon kennzeichnet in der Verschränkung von grundherrlichem Edel- und weltbürgerlichem Gradsinn den utopischen Fluchtpunkt, in dem Weimars Humanität zu Hause war und den zuletzt Stifter fixierte. Es ist für Kraus das Entscheidende, wie er genau in diesen Fluchtpunkt den Ursprung verlegt. Die bürgerlich-kapitalistischen Zustände zu einer Verfassung zurückzuentwickeln, in welcher sie sich nie befunden haben, ist sein Programm. Aber darum ist er nicht weniger der letzte Bürger, der aus dem Sein zu gelten beansprucht, und der Expressionismus ist seine Schicksalsfigur geworden, weil hier sich diese Haltung erstmals vor einer revolutionären Situation zu bewähren hatte. Eben daß der Expressionismus versuchte, ihr nicht durch Handeln, sondern durch das Sein gerecht zu werden, führte ihn zu seinen Ballungen und Gesteiltheiten. So kam es, daß er zum letzten geschichtlichen Asyl der Persönlichkeit wurde. Die Schuld, die ihn beugte, und die Reinheit, welche er proklamierte – beide gehören dem Phantom des unpolitischen oder »natürlichen« Menschen an, wie er am Ende jener Regression auftaucht und von Marx entlarvt wurde. »Der Mensch, wie er Mitglied der bürgerlichen Gesellschaft ist«, schreibt Marx, »der unpolitische Mensch, erscheint aber notwendig als der natürliche Mensch ... Die politische Revolution löst das bürgerliche Leben in seine Bestandteile auf, ohne diese Bestandteile selbst zu revolutionieren und der Kritik zu unterwerfen. Sie verhält sich zur bürgerlichen Gesellschaft, zur Welt der Bedürfnisse, der Arbeit, der Privatinteressen, des Privatrechts, als zur Grundlage ihres Bestehns ... daher als zu ihrer Naturbasis ... Der wirkliche Mensch ist erst in der Gestalt des egoistischen Individuums, der wahre Mensch erst in Gestalt des abstrakten Citoyen anerkannt ... Erst wenn der wirkliche individuelle Mensch den abstrakten Staatsbürger in sich zurücknimmt und als individueller Mensch in seinem empirischen Leben, in seiner individuellen Arbeit, in seinen individuellen Verhältnissen, Gattungswesen geworden ist ... und daher die gesellschaftliche

Kraft nicht mehr in der Gestalt der politischen Kraft von sich trennt, erst dann ist die menschliche Emanzipation vollbracht.« Der reale Humanismus, der hier bei Marx dem klassischen die Stirne bietet, offenbart sich für Kraus am Kinde, und der werdende Mensch hebt sein Gesicht den Götzenbildern des idealen, des romantischen Naturwesens ebenso wie des staatsfrommen Musterbürgers entgegen. Im Sinne dieses Werdenden hat Kraus das Lesebuch revidiert, ging er insbesondere der deutschen Bildung nach und fand sie schwankend, dem Wellenspiele journalistischer Willkür anheimgegeben. Daher die »Lyrik der Deutschen«: »Wer kann, ist ihr Mann und nicht einer, der muß, | sie irrten vom Wesen zum Scheine. | Ihr lyrischer Fall war nicht Claudius, | aber Heine.« Daß jedoch der werdende Mensch nicht im Naturraum, sondern im Raum der Menschheit, dem Befreiungskampf, eigentlich Gestalt gewinnt, daß man ihn an der Haltung erkennt, die der Kampf mit Ausbeutung und mit Not ihm aufzwingt, daß es keine idealistische, sondern nur eine materialistische Befreiung vom Mythos gibt und nicht Reinheit im Ursprung der Kreatur steht, sondern die Reinigung, das hat in dem realen Humanismus von Kraus seine Spuren am spätesten hinterlassen. Erst der Verzweifelnde entdeckte im Zitat die Kraft: nicht zu bewahren, sondern zu reinigen, aus dem Zusammenhang zu reißen, zu zerstören; die einzige, in der noch Hoffnung liegt, daß einiges aus diesem Zeitraum überdauert – weil man es nämlich aus ihm herausschlug.

So bestätigt sich: Bürgertugenden sind alle Einsatzkräfte dieses Mannes von Haus aus; nur im Handgemenge haben sie ihr streitbares Aussehen erhalten. Aber schon ist niemand mehr imstande, sie zu erkennen; niemand imstande, die Notwendigkeit zu fassen, aus welcher dieser große bürgerliche Charakter zum Komödianten, dieser Wahrer goethischen Sprachgutes zum Polemiker, dieser unbescholtene Ehrenmann zum Berserker geworden ist. Das mußte aber geschehen, da er die Änderung der Welt bei seiner Klasse, bei sich zu Hause, in Wien zu beginnen dachte. Und als er, die Vergeblichkeit seines Unternehmens sich eingestehend, mitten darinnen abbrach, da legte er die Sache wieder in die Hände der Natur zurück: diesmal der zerstörenden, nicht der schöpferischen:

Lasse stehen die Zeit! Sonne, vollende du!
Mache das Ende groß! Künde die Ewigkeit!
Recke dich drohend auf, Donner dröhne dein Licht,
daß unser schallender Tod verstummt!

Goldene Glocke du, schmilz in eigener Gluth,
werde Kanone du gegen den kosmischen Feind!
Schieß ihm den Brand ins Gesicht! Wäre mir Josuas Macht,
wisse, wieder wär' Gibeon!

Auf dieser, der entfesselten, Natur gründet sich das spätere politische Kredo von Kraus, gewiß ein Gegenstück zu dem patriarchalischen Stifters, ein Bekenntnis, an dem alles erstaunlich, unverständlich aber allein das eine ist, daß nicht die größten Lettern der »Fackel« es aufbewahren, und daß man diese stärkste bürgerliche Prosa des Nachkriegs in einem verschollenen Hefte der »Fackel« – November 1920 – zu suchen hat:

»Was ich meine, ist – und da will ich einmal mit dieser entmenschten Brut von Guts- und Blutsbesitzern und deren Anhang, da will ich mit ihnen, weil sie ja nicht deutsch verstehen und aus meinen ›Widersprüchen‹ auf meine wahre Ansicht nicht schließen können, einmal deutsch reden ... – was ich meine, ist: Der Kommunismus als Realität ist nur das Widerspiel ihrer eigenen lebensschänderischen Ideologie, immerhin von Gnaden eines reineren ideellen Ursprungs, ein vertracktes Gegenmittel zum reineren ideellen Zweck – der Teufel hole seine Praxis, aber Gott erhalte ihn uns als konstante Drohung über den Häuptern jener, so da Güter besitzen und alle andern zu deren Bewahrung und mit dem Trost, daß das Leben der Güter höchstes nicht sei, an die Fronten des Hungers und der vaterländischen Ehre treiben möchten. Gott erhalte ihn uns, damit dieses Gesindel, das schon nicht mehr ein und aus weiß vor Frechheit, nicht noch frecher werde, damit die Gesellschaft der ausschließlich Genußberechtigten, die da glaubt, daß die ihr botmäßige Menschheit genug der Liebe habe, wenn sie von ihnen die Syphilis bekommt, wenigstens doch auch mit einem Alpdruck zu Bette gehe! Damit ihnen wenigstens die Lust vergehe, ihren Opfern Moral zu predigen, und der Humor, über sie Witze zu machen!«

Eine menschliche, natürliche, edle Sprache – zumal im Lichte der denkwürdigen Erklärung von Loos: »Wenn die menschliche Arbeit nur aus der Zerstörung besteht, dann ist es wirklich menschliche, natürliche, edle Arbeit.« Allzulange lag der Akzent auf dem Schöpferischen. So schöpferisch ist nur, wer Auftrag und Kontrolle meidet. Die aufgegebene, kontrollierte Arbeit – ihr Vorbild: die politische und die technische – hat Schmutz und Abfall, greift zerstörend in den Stoff ein, verhält sich abnutzend zum Geleisteten, kritisch zu ihren Bedingungen und ist in alledem das Gegenstück zu der des Dilettanten, der im Schaffen schwelgt. Dessen Werk ist harmlos und rein; das Meisterliche verzehrend und reinigend. Und darum steht der Unmensch als der Bote realeren Humanismus unter uns. Er ist der Überwinder der Phrase. Er solidarisiert sich nicht mit der schlanken Tanne, sondern mit dem Hobel, der sie verzehrt, nicht mit dem edlen Erz, sondern mit dem Schmelzofen, der es läutert. Der Durchschnittseuropäer hat sein Leben mit der Technik nicht zu vereinen vermocht, weil er am Fetisch schöpferischen Daseins festhielt. Man muß schon Loos im Kampfe mit dem Drachen »Ornament« verfolgt, muß das stellare Esperanto Scheerbartscher Geschöpfe vernommen oder Klees »Neuen Engel«, welcher die Menschen lieber befreite, indem er ihnen nähme, als beglückte, indem er ihnen gäbe, gesichtet haben, um eine Humanität zu fassen, die sich an der Zerstörung bewährt.

Zerstörend ist denn auch die Gerechtigkeit, die destruktiv den konstruktiven Zweideutigkeiten des Rechtes Einhalt gebietet; zerstörend ist Kraus dem eigenen Werke gerecht geworden: »Zurück als Führer bleibt mein ganzes Irren!« Das ist die Sprache der Nüchternheit, die ihre Herrschaft in der Dauer begründet, und schon haben die Schriften von Kraus zu dauern begonnen, und er könnte das Wort von Lichtenberg ihnen voransetzen, der eine von seinen tiefsten »Ihrer Majestät der Vergessenheit« widmete. So sieht die Selbstbescheidung nun aus – kühner als die einstige Selbstbehauptung, die in dämonischer Selbstbespiegelung zerging. Nicht Reinheit und nicht Opfer sind Herr des Dämons geworden; wo aber Ursprung und Zerstörung einander finden, ist es mit seiner Herrschaft vorüber. Als ein Geschöpf aus Kind und Menschenfresser steht sein Bezwinger vor ihm: kein neuer Mensch; ein Unmensch; ein neuer Engel. Vielleicht von jenen einer, welche, nach dem Talmud, neue jeden Augenblick in unzähligen Scharen, geschaffen werden, um, nachdem sie vor Gott ihre Stimme erhoben haben, aufzuhören und in Nichts zu vergehen. Klagend, bezichtigend oder jubelnd? Gleichviel – dieser schnell verfliegenden Stimme ist das ephemere Werk von Kraus nachgebildet. Angelus – das ist der Bote der alten Stiche.

Die Zeitung

In unserem Schrifttum sind Gegensätze, die sich in glücklicheren Epochen wechselseitig befruchteten, zu unlösbaren Antinomien geworden. So fallen Wissenschaft und Belletristik, Kritik und Produktion, Bildung und Politik beziehungslos und ungeordnet auseinander. Schauplatz dieser literarischen Verwirrung ist die Zeitung. Ihr Inhalt »Stoff«, der jeder anderen Organisationsform sich versagt als der, die ihm die Ungeduld des Lesers aufzwingt. Denn Ungeduld ist die Verfassung des Zeitungslesers. Und diese Ungeduld ist nicht allein die des Politikers, der eine Information, oder des Spekulanten, der einen Tip erwartet, sondern dahinter schwelt diejenige des Ausgeschlossenen, der ein Recht zu haben glaubt, selbst mit seinen eigenen Interessen zu Wort zu kommen. Daß nichts den Leser so an seine Zeitung bindet wie diese zehrende, tagtäglich neue Nahrung verlangende Ungeduld, haben die Redaktionen sich längst zunutze gemacht, indem sie immer wieder neue Sparten seinen Fragen, Meinungen und Protesten eröffneten. Mit der wahllosen Assimilation von Fakten geht also Hand in Hand die gleiche wahllose Assimilation von Lesern, die sich im Nu zu Mitarbeitern erhoben sehen. Darin aber verbirgt sich ein dialektisches Moment: der Untergang des Schrifttums in dieser Presse erweist sich als die Formel seiner Wiederherstellung in einer veränderten. Indem nämlich das Schrifttum an Breite gewinnt, was es an Tiefe verliert, beginnt die Unterscheidung zwischen Autor und Publikum, die die Presse auf konventionelle Art aufrechterhält (auf routinierte aber bereits lockert), auf die gesellschaftlich erstrebenswerte zu verschwinden. Der Lesende wird jederzeit bereit, ein Schreibender, nämlich ein Beschreibender oder auch ein Vorschreibender zu werden. Als Sachverständiger – und sei es auch nicht für ein Fach, vielmehr nur für den Posten, den er versieht – gewinnt er einen Zugang zur Autorschaft. Die Arbeit selbst kommt zu Worte. Und ihre Darstellung im Wort macht einen Teil des Könnens, der zu ihrer Ausübung erfordert wird. Die literarische Befugnis wird nicht mehr in der spezialisierten, sondern in der polytechnischen Ausbildung begründet und so Gemeingut. Es ist, mit einem Wort, die Literarisierung der Lebensverhältnisse, welche der sonst unlöslichen Antinomien Herr wird, und es ist der Schauplatz der hemmungslosen Erniedrigung des Wortes – die Zeitung also –, auf welchem seine Rettung sich vorbereitet.

Der Autor als Produzent
Ansprache im Institut zum Studium des Fascismus in Paris am 27. April 1934

> Il s'agit de gagner les intellectuels à la classe ouvrière, en leur faisant prendre conscience de l'identité de leurs démarches spirituelles et de leurs conditions de producteur.
>
> *Ramon Fernandez*

Sie erinnern sich, wie Plato im Entwurf seines Staats mit den Dichtern verfährt. Er versagt ihnen im Interesse des Gemeinwesens den Aufenthalt drinnen. Er hatte einen hohen Begriff von der Macht der Dichtung. Aber er hielt sie für schädlich, für überflüssig – in einem *vollendeten* Gemeinwesen, wohlverstanden. Die Frage nach dem Existenzrecht des Dichters ist seitdem nicht oft mit dem gleichen Nachdruck gestellt worden; heut aber stellt sie sich. Sie stellt sich wohl nur selten in dieser *Form.* Aber Ihnen allen ist sie mehr oder weniger geläufig als die Frage nach der Autonomie des Dichters: seiner Freiheit zu dichten, was er eben wolle. Sie sind nicht geneigt, ihm diese Autonomie zuzubilligen. Sie glauben, daß die gegenwärtige gesellschaftliche Lage ihn zur Entscheidung nötigt, in wessen Dienste er seine Aktivität stellen will. Der bürgerliche Unterhaltungsschriftsteller erkennt diese Alternative nicht an. Sie weisen ihm nach, daß er, ohne es zuzugeben, im Dienste bestimmter Klasseninteressen arbeitet. Ein fortgeschrittenerer Typus des Schriftstellers erkennt diese Alternative an. Seine Entscheidung erfolgt auf der Grundlage des Klassenkampfes, indem er sich auf die Seite des Proletariats stellt. Da ist's denn nun mit seiner Autonomie aus. Er richtet seine Tätigkeit nach dem, was für das Proletariat im Klassenkampf nützlich ist. Man pflegt zu sagen, er verfolgt eine *Tendenz.*

Da haben Sie das Stichwort, um das herum seit langem sich eine Debatte bewegt, die Ihnen vertraut ist. Sie ist Ihnen vertraut, darum wissen Sie auch, wie unfruchtbar sie verlaufen ist. Sie ist nämlich nicht von dem langweiligen Einerseits-Andererseits losgekommen: *einerseits* hat man von der Leistung des Dichters die richtige Tendenz zu verlangen, *andererseits* ist man berechtigt, von dieser Leistung Qualität zu erwarten. Diese Formel ist natürlich solange unbefriedigend, als man nicht *einsieht,* welcher Zusammenhang zwischen den beiden Faktoren Tendenz und Qualität eigentlich besteht. Natürlich kann man den Zusammenhang dekretieren. Man kann erklären: ein Werk, das die richtige Tendenz aufweist, braucht keine weitere Qualität aufzuweisen. Man kann auch dekretieren: ein Werk, das die richtige Tendenz aufweist, muß notwendig jede sonstige Qualität aufweisen.

Diese zweite Formulierung ist nicht uninteressant, mehr: sie ist richtig. Ich mache sie mir zu eigen. Indem ich das aber tue, lehne ich es ab, sie zu dekretieren. Diese Behauptung muß *bewiesen* werden. Und es ist der Versuch dieses Beweises, für den ich Ihre Aufmerksamkeit in Anspruch nehme. – Das ist, werden Sie vielleicht einwenden, ein recht spezielles, ja ein entlegenes Thema. Und wollen Sie mit einem solchen Beweis das Studium des Fascismus befördern?– Das habe ich in der Tat vor. Denn ich hoffe, Ihnen zeigen zu können, daß der Begriff der Tendenz in der summarischen Form, in der er in der soeben erwähnten Debatte sich meistens findet, ein vollkommen untaugliches Instrument der politischen Literaturkritik ist. Zeigen möchte ich Ihnen, daß die Tendenz einer Dichtung politisch nur stimmen kann, wenn sie auch literarisch stimmt. Das heißt, daß die politisch richtige Tendenz eine literarische Tendenz einschließt. Und, um das gleich hinzuzufügen: diese literarische Tendenz, die implicit oder explicit in jeder *richtigen* politischen Tendenz enthalten ist – die und nichts anderes macht die Qualität des Werks. *Darum* also schließt die richtige politische Tendenz eines Werkes seine literarische Qualität ein, weil sie seine literarische *Tendenz* einschließt.

Diese Behauptung, das hoffe ich, Ihnen versprechen zu dürfen, wird in Bälde deutlicher werden. Für den Augenblick schalte ich ein, daß ich für meine Betrachtung auch einen anderen Ausgangspunkt wählen konnte. Ich ging aus von der unfruchtbaren Debatte, in welchem Verhältnis Tendenz und Qualität der Dichtung stehen. Ich hätte von einer noch älteren aber nicht weniger unfruchtbaren Debatte ausgehen können: in welchem Verhältnis stehen Form und Inhalt und zwar insbesondere in der politischen Dichtung. Diese Fragestellung ist verschrien; mit Recht. Sie gilt als Schulfall für den Versuch, undialektisch mit Schablonen an literarische Zusammenhänge heranzutreten. Gut. Aber wie sieht denn nun die dialektische Behandlung der gleichen Frage aus?

Die dialektische Behandlung dieser Frage, und damit komme ich zur Sache selbst, kann mit dem starren isolierten Dinge: Werk, Roman,

Buch, überhaupt nichts anfangen. Sie muß es in die lebendigen gesellschaftlichen Zusammenhänge einstellen. Mit Recht erklären Sie, daß man das zu immer wiederholten Malen im Kreise unserer Freunde unternommen hat. Gewiß. Nur ist man dabei oft sogleich ins Große und damit notwendigerweise auch oft ins Vage gegangen. Gesellschaftliche Verhältnisse sind, wie wir wissen, bedingt durch Produktivverhältnisse. Und wenn die materialistische Kritik an ein Werk heranging, so pflegte sie zu fragen, wie dies Werk zu den gesellschaftlichen Produktivverhältnissen der Epoche steht. Das ist eine wichtige Frage. Aber auch eine sehr schwierige. Ihre Beantwortung ist nicht immer unmißverständlich. Und ich möchte Ihnen nun eine näherliegende Frage vorschlagen. Eine Frage, die etwas bescheidener ist, etwas kürzer zielt, aber wie mir scheint, der Antwort mehr Chancen bietet. Anstatt nämlich zu fragen: wie steht ein Werk zu den Produktionsverhältnissen der Epoche? ist es mit ihnen einverstanden, ist es reaktionär oder strebt es ihre Umwälzung an, ist es revolutionär? – anstelle dieser Frage oder jedenfalls vor dieser Frage möchte ich eine andere Ihnen vorschlagen. Also ehe ich frage: wie steht eine Dichtung *zu* den Produktionsverhältnissen der Epoche? möchte ich fragen: wie steht sie *in* ihnen? Diese Frage zielt unmittelbar auf die Funktion, die das Werk innerhalb der schriftstellerischen Produktionsverhältnisse einer Zeit hat. Sie zielt mit anderen Worten unmittelbar auf die schriftstellerische *Technik* der Werke.

Mit dem Begriff der Technik habe ich denjenigen Begriff genannt, der die literarischen Produkte einer unmittelbaren gesellschaftlichen, damit einer materialistischen Analyse zugänglich macht. Zugleich stellt der Begriff der Technik den dialektischen Ansatzpunkt dar, von dem aus der unfruchtbare Gegensatz von Form und Inhalt zu überwinden ist. Und weiterhin enthält dieser Begriff der Technik die Anweisung zur richtigen Bestimmung des Verhältnisses von Tendenz und Qualität, nach welchem wir am Anfang gefragt haben. Wenn wir also vorhin formulieren durften, daß die richtige politische Tendenz eines Werks seine literarische Qualität einschließt, weil sie seine literarische Tendenz einschließt, so bestimmen wir jetzt genauer, diese literarische Tendenz kann in einem Fortschritt oder in einem Rückschritt der literarischen Technik bestehen.

Es ist gewiß in Ihrem Sinne, wenn ich hier, nur scheinbar unvermittelt, in ganz konkrete literarische Verhältnisse hineinspringe. In russische. Ich möchte Ihren Blick auf Sergej Tretjakow und auf den von ihm definierten und verkörperten Typ des »operierenden« Schrift stellers lenken. Dieser operierende Schriftsteller gibt das handgreiflichste Beispiel für die funktionale Abhängigkeit, in der die richtige politische Tendenz und die fortschrittliche literarische Technik immer und unter allen Umständen stehen. Freilich nur ein Beispiel: weitere behalte ich mir vor. Tretjakow unterscheidet den operierenden Schriftsteller vom informierenden. Seine Mission ist nicht zu berichten, sondern zu kämpfen; nicht den Zuschauer zu spielen, sondern aktiv einzugreifen. Er bestimmt sie durch die Angaben, die er über seine Tätigkeit macht. Als 1928, in der Epoche der totalen Kollektivierung der Landwirtschaft, die Parole: »Schriftsteller in die Kolchose!« ausgegeben wurde, fuhr Tretjakow nach der Kommune »Kommunistischer Leuchtturm« und nahm dort während zweier längerer Aufenthalte folgende Arbeiten in Angriff: Einberufung von Massenmeetings; Sammlung von Geldern für die Anzahlung auf Traktoren; Überredung von Einzelbauern zum Eintritt in die Kolchose; Inspektion von Lesesälen; Schaffung von Wandzeitungen und Leitung der Kolchos-Zeitung; Berichterstattung an Moskauer Zeitungen; Einführung von Radio und Wanderkinos usw. Es ist nicht erstaunlich, daß das Buch »Feld-Herrn«, das Tretjakow im Anschluß an diesen Aufenthalt verfaßt hat, von erheblichem Einfluß auf die weitere Durchbildung der Kollektivwirtschaften gewesen sein soll.

Sie mögen Tretjakow schätzen und vielleicht doch der Meinung sein, daß sein Beispiel in diesem Zusammenhang nicht allzuviel besagen will. Die Aufgaben, denen er sich da unterzogen hat, werden Sie vielleicht einwenden, sind die eines Journalisten oder Propagandisten; mit Dichtung hat das alles nicht viel zu tun. Nun habe ich aber das Beispiel Tretjakows absichtlich herausgegriffen, um Sie darauf hinzuweisen, von einem wie umfassenden Horizont aus man die Vorstellungen von Formen oder Gattungen der Dichtung an Hand von technischen Gegebenheiten unserer heutigen Lage umdenken muß, um zu jenen Ausdrucksformen zu kommen, die für die literarischen Energien der Gegenwart den Ansatzpunkt darstellen. Nicht immer hat es in der Vergangenheit Romane gegeben, nicht immer wird es welche geben müssen; nicht immer Tragödien; nicht immer das große Epos. Nicht immer sind die Formen des Kommentars, der Übersetzung, ja selbst der sogenannten Fälschung Spielformen am Rande der Literatur gewesen, und nicht nur im philosophischen, sondern auch im dichterischen Schrifttum Arabiens oder Chinas haben sie ihre Stelle gehabt. Nicht immer ist die Rhetorik eine belanglose Form gewesen, sondern großen Provinzen der Literatur hat sie in der Antike ihren Stempel aufgedrückt. Dies alles, um Sie mit dem Gedanken vertraut zu machen, daß wir in einem gewaltigen Umschmelzungsprozeß literarischer Formen mitten innestehen, einem Umschmelzungsprozeß, in dem viele Gegensätze, in welchen wir zu denken gewohnt waren, ihre Schlagkraft verlieren könnten. Lassen Sie mich für die Unfruchtbarkeit solcher Gegensätze und für den Prozeß ihrer dialektischen Überwindung ein Beispiel geben. Und wir werden wieder bei Tretjakow stehen. Dieses Beispiel ist nämlich die Zeitung.

»In unserem Schrifttum, schreibt ein linksstehender Autor, sind Gegensätze, die sich in glücklicheren Epochen wechselseitig befruchteten, zu unlösbaren Antinomien geworden. So fallen Wissenschaft und Belletristik, Kritik und Produktion, Bildung und Politik beziehungslos und ungeordnet auseinander. Schauplatz dieser literarischen Verwirrung ist die Zeitung. Ihr Inhalt ›Stoff‹, der jeder anderen Organisationsform sich versagt als der, die ihm die Ungeduld des Lesers aufzwingt. Und diese Ungeduld ist nicht allein die des Politikers, der eine Information, oder die des Spekulanten, der einen Tip erwartet, sondern dahinter schwelt diejenige des Ausgeschlossenen, der ein Recht zu haben glaubt, selber mit seinen eigenen Interessen zu Wort zu kommen. Daß nichts den Leser so an seine Zeitung bindet wie diese tagtäglich neue Nahrung verlangende Ungeduld, haben die Redaktionen sich längst zunutze gemacht, indem sie immer wieder neue Sparten seinen Fragen, Meinungen, Protesten eröffneten. Mit der wahllosen Assimilation von Fakten geht also Hand in Hand die gleich wahllose Assimilation von Lesern, die sich im Nu zu Mitarbeitern erhoben sehen. Darin aber verbirgt sich ein dialektisches Moment: der Untergang des Schrifttums in der bürgerlichen Presse erweist sich als die Formel seiner Wiederherstellung in der sowjetrussischen. Indem nämlich das Schrifttum an Breite gewinnt, was es an Tiefe verliert, beginnt die Unterscheidung zwischen Autor und Publikum, die die bürgerliche Presse auf konventionelle Art aufrechterhält, in der Sowjetpresse zu verschwinden. Der Lesende ist dort jederzeit bereit, ein Schreibender, nämlich ein Beschreibender oder auch ein Vorschreibender zu werden. Als Sachverständiger – und sei es auch nicht für ein Fach, vielmehr nur für den Posten, den er versieht – gewinnt er einen Zugang zur Autorschaft. Die Arbeit selbst kommt zu Wort. Und ihre Darstellung im Wort macht einen Teil des Könnens, das zu ihrer Ausübung erforderlich ist. Die literarische Befugnis wird nicht mehr in der spezialisierten, sondern in der polytechnischen Ausbildung begründet und so Gemeingut. Es ist mit einem Wort die Literarisierung der Lebensverhältnisse, welche der sonst unlösbaren Antinomien Herr wird, und es ist der Schauplatz der hemmungslosen Erniedrigung des Wortes – die Zeitung also – auf welchem seine Rettung sich vorbereitet.«

Ich hoffe, damit gezeigt zu haben, daß die Darstellung des Autors als Produzent bis auf die Presse zurückgreifen muß. Denn an der Presse, an der sowjetrussischen jedenfalls, erkennt man, daß der gewaltige Umschmelzungsprozeß, von dem ich vorhin sprach, nicht nur über konventionelle Scheidungen zwischen den Gattungen, zwischen Schriftsteller und Dichter, zwischen Forscher und Popularisator hinweggeht, sondern daß er sogar die Scheidung zwischen Autor und Leser einer Revision unterzieht. Für diesen Prozeß ist die Presse die maßgebendste Instanz und daher muß jede Betrachtung des Autors als Produzenten bis zu ihr vorstoßen.

Sie kann aber hier nicht verweilen. Denn noch stellt ja die Zeitung in Westeuropa kein taugliches Produktionsinstrument in den Händen des Schriftstellers dar. Noch gehört sie dem Kapital. Da nun auf der einen Seite die Zeitung, technisch gesprochen, die wichtigste schriftstellerische Position darstellt, diese Position auf der anderen Seite aber in den Händen des Gegners ist, so kann es nicht wundernehmen, daß die Einsicht des Schriftstellers in seine gesellschaftliche Bedingtheit, in seine technischen Mittel und in seine politische Aufgabe mit den ungeheuersten Schwierigkeiten zu kämpfen hat. Es gehört zu den entscheidenden Vorgängen der letzten zehn Jahre in Deutschland, daß ein beträchtlicher Teil seiner produktiven Köpfe unter dem Druck der wirtschaftlichen Verhältnisse gesinnungsmäßig eine revolutionäre Entwicklung durchgemacht hat, ohne gleichzeitig imstande zu sein, seine eigene Arbeit, ihr Verhältnis zu den Produktionsmitteln, ihre Technik wirklich revolutionär zu durchdenken. Ich spreche, wie Sie sehen, von der sogenannten linken Intelligenz und werde mich dabei auf die linksbürgerliche beschränken. In Deutschland sind die maßgebenden politisch-literarischen Bewegungen des letzten Jahrzehnts von dieser linken Intelligenz ausgegangen. Ich greife zwei von ihnen heraus, den Aktivismus und die neue Sachlichkeit, um an ihrem Beispiel zu zeigen, daß die politische Tendenz, und mag sie noch so revolutionär scheinen, solange gegenrevolutionär fungiert, als der Schriftsteller nur seiner Gesinnung nach, nicht aber als Produzent seine Solidarität mit dem Proletariat erfährt.

Das Schlagwort, in welchem die Forderungen des Aktivismus sich zusammenfassen, heißt »Logokratie«, zu deutsch Herrschaft des Geistes. Man übersetzt das gern Herrschaft der Geistigen. Tatsächlich hat sich der Begriff der Geistigen im Lager der linken Intelligenz durchgesetzt, und er beherrscht ihre politischen Manifeste von Heinrich Mann bis Döblin. Man kann es diesem Begriff mühelos anmerken, daß er ohne jede Rücksicht auf die Stellung der Intelligenz im Produktionsprozeß geprägt ist. Hiller, der Theoretiker des Aktivismus, selbst will die Geistigen denn auch nicht »als Angehörige gewisser Berufszweige«, sondern als »Repräsentanten eines gewissen charakterologischen Typus« verstanden wissen. Dieser charakterologische Typ steht als solcher natürlich zwischen den Klassen. Er umfaßt eine beliebige Anzahl von Privatexistenzen, ohne den mindesten Anhalt für ihre Organisierung zu bieten. Wenn Hiller seine Absage an die Parteiführer formuliert, so räumt er ihnen manches ein; sie mögen »in Wichtigem wissender sein ..., volksnäher reden ..., sich tapferer schlagen« als er, eines aber ist ihm sicher: daß sie »mangelhafter denken«. Wahrscheinlich, was kann das aber helfen, da politisch nicht das private Denken sondern, wie Brecht es einmal ausgedrückt hat, die Kunst, in anderer Leute Köpfe zu denken, entscheidend ist. Der Aktivismus hat es unternommen, die materialistische Dialektik durch die klassenmäßig undefinierbare Größe des gesunden Menschenverstands zu ersetzen. Seine Geistigen repräsentieren bestenfalls einen Stand. Mit anderen Worten: das Prinzip dieser Kollektivbildung an sich ist ein reaktionäres; kein Wunder, daß die Wirkung dieses Kollektivs nie eine revolutionäre sein konnte.

Das unheilvolle Prinzip einer solchen Kollektivbildung wirkt aber fort. Man konnte sich davon Rechenschaft ablegen, als vor drei Jahren Döblins »Wissen und Verändern!« herauskam. Diese Schrift erging bekanntlich als Antwort an einen jungen Mann – Döblin nennt ihn Herrn Hocke –, der sich an den berühmten Autor mit der Frage »Was tun?« gewandt hatte. Döblin lädt ihn ein, der Sache des Sozialismus sich anzuschließen, aber unter bedenklichen Umständen. Sozialismus, das ist nach Döblin: »Freiheit, spontaner Zusammenschluß der Menschen, Ablehnung jedes Zwanges, Empörung gegen Unrecht und Zwang, Menschlichkeit, Toleranz, friedliche Gesinnung.« Wie es sich auch damit verhalte: jedenfalls macht er von diesem Sozialismus aus Front gegen Theorie und Praxis der radikalen Arbeiterbewegung. »Es kann, meint Döblin, aus keinem Ding etwas hervorgehen, was nicht schon in ihm steckt, – es kann aus dem mörderisch geschärften Klassenkampf Gerechtigkeit, aber kein Sozialismus hervorgehen.« »Sie, geehrter Herr, so formuliert Döblin die Empfehlung, die er aus diesen und anderen Gründen Herrn Hocke gibt, können Ihr prinzipielles Ja zu dem Kampf (des Proletariats) nicht exekutieren, indem Sie sich in die proletarische Front einordnen. Sie müssen es bewenden lassen bei der erregten und bitteren Billigung dieses Kampfes, aber Sie wissen auch: tun Sie mehr, so bleibt eine ungeheuer wichtige Position unbesetzt ...: die urkommunistische der menschlichen individuellen Freiheit, der spontanen Solidarität und Verbindung der Menschen ... Diese Position, geehrter Herr, ist es, die als einzige Ihnen zufällt.« Hier ist es nun mit Händen zu greifen, wohin die Konzeption des »Geistigen« als eines nach seinen Meinungen, Gesinnungen oder Anlagen, nicht aber nach seiner Stellung im Produktionsprozeß definierten Typus führt. Er soll, wie es bei Döblin heißt, seinen Ort *neben* dem Proletariat finden. Was ist das aber für ein Ort? Der eines Gönners, eines ideologischen Mäzens. Ein unmöglicher. Und so kommen wir auf die eingangs aufgestellte These zurück: der Ort des Intellektuellen im Klassenkampf ist nur aufgrund seiner Stellung im Produktionsprozeß festzustellen oder besser zu wählen.

Für die Veränderung von Produktionsformen und Produktionsinstrumenten im Sinne einer fortschrittlichen – daher an der Befreiung der Produktionsmittel interessierten, daher im Klassenkampf dienlichen – Intelligenz hat Brecht den Begriff der Umfunktionierung geprägt. Er hat als erster an den Intellektuellen die weittragende Forderung erhoben: den Produktionsapparat nicht zu beliefern, ohne ihn zugleich, nach Maßgabe des Möglichen, im Sinne des Sozialismus zu verändern. »Die Publikation der ›Versuche‹, so leitet der Autor die gleichnamige Schriftenfolge ein, erfolgt zu einem Zeitpunkt, wo gewisse Arbeiten nicht mehr so sehr individuelle Erlebnisse sein (Werkcharakter haben) sollen, sondern mehr auf die Benutzung (Umgestaltung) bestimmter Institute und Institutionen gerichtet sind.« Nicht geistige Erneuerung, wie die Fascisten sie proklamieren, ist wünschenswert, sondern technische Neuerungen werden vorgeschlagen. Auf diese Neuerungen werde ich noch zurückkommen. Hier möchte ich mich mit dem Hinweis auf den entscheidenden Unterschied begnügen, der zwischen der bloßen Belieferung eines Produktionsapparates und seiner Veränderung besteht. Und ich möchte an den Anfang meiner Ausführungen über die »Neue Sachlichkeit« den Satz stellen, daß einen Produktionsapparat zu beliefern, ohne ihn – nach Maßgabe des Möglichen – zu verändern, selbst dann ein höchst anfechtbares Verfahren darstellt, wenn die Stoffe, mit denen dieser Apparat beliefert wird, revolutionärer Natur scheinen. Wir stehen nämlich der Tatsache gegenüber – für welche das vergangene Jahrzehnt in Deutschland Beweise in Fülle geliefert hat –, daß der bürgerliche Produktions- und Publikationsapparat erstaunliche Mengen von revolutionären Themen assimilieren, ja propagieren kann, ohne damit seinen eigenen Bestand und den Bestand der ihn besitzenden Klasse ernstlich in Frage zu stellen. Dies bleibt jedenfalls solange richtig, als er von Routiniers, und seien es auch revolutionäre Routiniers, beliefert wird. Ich definiere aber den Routinier als den Mann, der grundsätzlich darauf verzichtet, den Produktionsapparat zugunsten des Sozialismus der herrschenden Klasse durch Verbesserungen zu entfremden. Und ich behaupte weiter, daß ein erheblicher Teil der sogenannten linken Literatur gar keine andere gesellschaftliche Funktion besaß, als der politischen Situation immer neue Effekte zur Unterhaltung des Publikums abzugewinnen. Damit stehe ich bei der neuen Sachlichkeit. Sie brachte die Reportage auf. Wir wollen uns fragen, wem diese Technik nützte?

Der Anschaulichkeit halber stelle ich ihre photographische Form in den Vordergrund. Was von ihr gilt, ist auf die literarische zu übertragen. Beide verdanken ihren außerordentlichen Aufschwung der Publikationstechnik: dem Rundfunk und der illustrierten Presse. Denken wir an den Dadaismus zurück. Die revolutionäre Stärke des Dadaismus bestand darin, die Kunst auf ihre Authentizität zu prüfen. Man stellte Stilleben aus Billetts, Garnrollen, Zigarettenstummeln zusammen, die mit malerischen Elementen verbunden waren. Man tat das Ganze in einen Rahmen. Und damit zeigte man dem Publikum: Seht, Euer Bilderrahmen sprengt die Zeit; das winzigste authentische Bruchstück des täglichen Lebens sagt mehr als die Malerei. So wie der blutige Fingerabdruck eines Mörders auf einer Buchseite mehr sagt als der Text. Von diesen revolutionären Gehalten hat sich vieles in die Photomontage hineingerettet. Sie brauchen nur an die Arbeiten von John Heartfield zu denken, dessen Technik den Buchdeckel zum politischen Instrument gemacht hat. Nun aber verfolgen Sie den Weg der Photographie weiter. Was sehen Sie? Sie wird immer nuancierter, immer moderner, und das Ergebnis ist, daß sie keine Mietskaserne, keinen Müllhaufen mehr photographieren kann, ohne ihn zu verklären. Geschweige denn, daß sie imstande wäre, über ein Stauwerk oder eine Kabelfabrik etwas anderes auszusagen als dies: die Welt ist schön. »Die Welt ist schön« – das ist der Titel des bekannten Bilderbuchs von Renger-Patzsch, in dem wir die neusachliche Photographie auf ihrer Höhe sehen. Es ist ihr nämlich gelungen, auch noch das Elend, indem sie es auf modisch-perfektionierte Weise auffaßte, zum Gegenstand des Genusses zu machen. Denn wenn es eine ökonomische Funktion der Photographie ist, Gehalte, welche früher dem Konsum der Massen sich entzogen – den Frühling, Prominente, fremde Länder – durch modische Verarbeitung ihnen zuzuführen, so ist es eine ihrer politischen, die Welt wie sie nun einmal ist von innen her – mit anderen Worten: modisch – zu erneuern.

Wir haben hier ein drastisches Beispiel dafür, was es heißt: einen Produktionsapparat beliefern, ohne ihn zu verändern. Ihn zu verändern hätte bedeutet, von neuem eine jener Schranken niederzulegen, einen jener Gegensätze zu überwinden, die die Produktion der Intelligenz in Fesseln legen. In diesem Fall die Schranke zwischen Schrift und Bild. Was wir vom Photographen zu verlangen haben, das ist die Fähigkeit, seiner Aufnahme diejenige Beschriftung zu geben, die sie dem modischen Verschleiß entreißt und ihr den revolutionären Gebrauchswert verleiht. Diese Forderung werden wir aber am nachdrücklichsten stellen, wenn wir – die Schriftsteller – ans Photographieren gehen. Auch hier ist also für den Autor als Produzenten der technische Fortschritt die Grundlage seines politischen. Mit anderen Worten: erst die Überwindung jener Kompetenzen im Prozeß der geistigen Produktion, welche, der bürgerlichen Auffassung zufolge, dessen Ordnung bilden, macht diese Produktion politisch tauglich; und zwar müssen die Kompetenzschranken von beiden Produktivkräften, die sie zu trennen errichtet waren, vereint gebrochen werden. Der Autor als Produzent erfährt – indem er seine Solidarität mit dem Proletariat erfährt – unmittelbar zugleich die mit gewissen anderen Produzenten, die ihm früher nicht viel zu sagen hatten. Ich sprach vom Photographen; ich will in aller Kürze ein Wort über den Musiker einschalten, das wir von Eisler haben: »Auch in der Musikentwicklung, sowohl in der Produktion als in der Reproduktion, müssen wir einen immer stärker werdenden Prozeß der Rationalisierung erkennen lernen ... Die Schallplatte, der Tonfilm, die Musikautomaten können Spitzenleistungen der Musik ... in einer Konservenform als Ware vertreiben. Dieser Rationalisierungsprozeß hat zur Folge, daß die Musikreproduktion auf immer kleiner werdende, aber auch höher qualifizierte Spezialistengruppen beschränkt wird. Die Krise des Konzertbetriebes ist die Krise einer durch neue technische Erfindungen veralteten, überholten Produktionsform.« Die Aufgabe bestand also in einer Umfunktionierung der Konzertform, die zwei Bedingungen erfüllen mußte: erstens den Gegensatz zwischen Ausführenden und

Hörenden und zweitens den zwischen Technik und Gehalten zu beseitigen. Hierzu macht Eisler folgende aufschlußreiche Feststellung: »Man muß sich hüten, die Orchestermusik zu überschätzen und sie für die einzig hohe Kunst zu halten. Musik ohne Worte hat ihre große Bedeutung und ihre volle Ausdehnung erst im Kapitalismus erhalten.« Das heißt: die Aufgabe, das Konzert zu verändern, ist nicht ohne Mitwirkung des Wortes möglich. Sie allein ist es, die, wie Eisler es formuliert, die Veränderung eines Konzertes in ein politisches Meeting bewirken kann. Daß aber eine solche Veränderung in der Tat einen Höchststand der musikalischen und literarischen Technik darstellt, haben Brecht und Eisler mit dem Lehrstück »Die Maßnahme« bewiesen.

Blicken Sie von hier aus auf den Umschmelzungsprozeß literarischer Formen zurück, von welchem die Rede war, so sehen Sie, wie Photo und Musik, und so ermessen Sie, was ferner noch in jene glühendflüssige Masse eintritt, aus der die neuen Formen gegossen werden. Sie sehen bestätigt, daß es die Literarisierung aller Lebensverhältnisse ist, welche allein den rechten Begriff vom Umfange dieses Schmelzvorgangs gibt, so wie der Stand des Klassenkampfes die Temperatur bestimmt, unter der er – mehr oder weniger vollendet – zustande kommt.

Ich sprach von dem Verfahren einer gewissen modischen Photographie, das Elend zum Gegenstand des Konsums zu machen. Indem ich mich der neuen Sachlichkeit als literarischer Bewegung zuwende, muß ich einen Schritt weitergehen und sagen, daß sie den *Kampf gegen das Elend* zum Gegenstand des Konsums gemacht hat. In der Tat erschöpfte sich ihre politische Bedeutung in vielen Fällen mit der Umsetzung revolutionärer Reflexe, soweit sie im Bürgertum auftraten, in Gegenstände der Zerstreuung, des Amüsements, die sich unschwer dem großstädtischen Kabarett-Betrieb einfügten. Die Verwandlung des politischen Kampfs aus einem Zwang zur Entscheidung in einen Gegenstand kontemplativen Behagens, aus einem Produktionsmittel in einen Konsumartikel, ist für diese Literatur das Kennzeichnende. Ein einsichtiger Kritiker hat dies am Beispiel von Erich Kästner mit folgenden Ausführungen erläutert: »Mit der Arbeiterbewegung hat diese linksradikale Intelligenz nichts zu tun. Vielmehr ist sie als bürgerliche Zersetzungserscheinung das Gegenstück zu der feudalistischen Mimikry, die das Kaiserreich im Reserveleutnant bewundert hat. Die linksradikalen Publizisten vom Schlage der Kästner, Mehring oder Tucholsky sind die proletarische Mimikry zerfallener Bürgerschichten. Ihre Funktion ist, politisch betrachtet, nicht Parteien, sondern Cliquen, literarisch betrachtet, nicht Schulen, sondern Moden, ökonomisch betrachtet, nicht Produzenten, sondern Agenten hervorzubringen. Agenten oder Routiniers, die großen Aufwand mit ihrer Armut treiben und sich aus der gähnenden Leere ein Fest machen. Gemütlicher konnte man sich's in einer ungemütlichen Situation nicht einrichten.«

Diese Schule, so sagte ich, trieb großen Aufwand mit ihrer Armut. Sie entzog sich damit der dringlichsten Aufgabe des heutigen Schriftstellers: der Erkenntnis, wie arm er ist und wie arm er zu sein hat, um von vorn beginnen zu können. Denn darum handelt es sich. Der Sowjetstaat wird zwar nicht, wie der platonische, den Dichter ausweisen, er wird aber – und darum erinnerte ich eingangs an den platonischen – diesem Aufgaben zuweisen, die es ihm nicht erlauben, den längst verfälschten Reichtum der schöpferischen Persönlichkeit in neuen Meisterwerken zur Schau zu stellen. Eine Erneuerung im Sinn solcher Persönlichkeiten, solcher Werke zu erwarten, ist ein Privileg des Fascismus, der dabei so törichte Formulierungen an den Tag bringt wie die, mit welcher Günther Gründel in der »Sendung der Jungen Generation« seine Literaturrubrik abrundet: »Wir können diesen ... Über- und Ausblick nicht besser schließen als mit dem Hinweis, daß der ›Wilhelm Meister‹, der ›Grüne Heinrich‹ unserer Generation bis heute noch nicht geschrieben ist.« Dem Autor, der die Bedingungen heutiger Produktion durchdacht hat, wird nichts ferner liegen, als solche Werke zu erwarten oder auch nur zu wünschen. Seine Arbeit wird niemals nur die Arbeit an Produkten, sondern stets zugleich die an den Mitteln der Produktion sein. Mit anderen Worten: seine Produkte müssen neben und vor ihrem Werkcharakter eine organisierende Funktion besitzen. Und keineswegs hat ihre organisatorische Verwertbarkeit sich auf ihre propagandistische zu beschränken. Die Tendenz allein tut es nicht. Der ausgezeichnete Lichtenberg hat gesagt: es kommt nicht darauf an, was für Meinungen einer hat, sondern was diese Meinungen für einen Mann aus ihm machen. – Nun kommt zwar doch auf Meinungen viel an, aber die beste nützt nichts, wenn sie nichts Nützliches aus denen macht, die sie haben. Die beste Tendenz ist falsch, wenn sie die Haltung nicht vormacht, in der man ihr nachzukommen hat. Und diese Haltung kann der Schriftsteller nur da vormachen, wo er überhaupt etwas macht: nämlich schreibend. Die Tendenz ist die notwendige, niemals die hinreichende Bedingung einer organisierenden Funktion der Werke. Diese erfordert weiterhin das anweisende, unterweisende Verhalten des Schreibenden. Und heute ist das mehr denn je zu fordern. *Ein Autor, der die Schriftsteller nichts lehrt, lehrt niemanden.* Also ist maßgebend der Modellcharakter der Produktion, der andere Produzenten erstens zur Produktion anzuleiten, zweitens einen verbesserten Apparat ihnen zur Verfügung zu stellen vermag. Und zwar ist dieser Apparat um so besser, je mehr er Konsumenten der Produktion zuführt, kurz aus Lesern oder aus Zuschauern Mitwirkende zu machen imstande ist. Wir besitzen bereits ein derartiges Modell, von dem ich hier aber nur andeutend sprechen kann. Es ist das epische Theater von Brecht.

Immer wieder werden Tragödien und Opern geschrieben, denen scheinbar ein altbewährter Bühnenapparat zur Verfügung steht, während sie in Wirklichkeit nichts tun, als einen hinfälligen beliefern. »Diese bei Musikern, Schriftstellern und Kritikern herrschende Unklarheit über ihre Situation, sagt Brecht, hat ungeheure Folgen, die viel zu wenig beachtet werden. Denn in der Meinung, sie seien im Besitz eines Apparates, der in Wirklichkeit sie besitzt, verteidigen sie einen Apparat, über den sie keine Kontrolle mehr haben, der nicht mehr, wie sie noch glauben, Mittel für die Produzenten ist, sondern Mittel gegen die Produzenten wurde.« Zu einem Mittel gegen die Produzenten ist dies Theater komplizierter Maschinerien, riesenhafter Statistenaufgebote, raffinierter Effekte nicht zum wenigsten dadurch geworden, daß es die Produzenten für den aussichtslosen Konkurrenzkampf zu werben sucht, in den Film und Rundfunk es verflochten haben. Dieses Theater – mag man an dasjenige der Bildung oder der Zerstreuung denken; beide sind Komplemente und ergänzen sich – ist dasjenige einer saturierten Schicht, der alles, was ihre Hand berührt, zu Reizen wird. Sein Posten ist ein verlorener. Nicht so der eines Theaters, welches, statt zu jenen neueren Publikumsinstrumenten in Konkurrenz zu treten, sie anzuwenden und von ihnen zu lernen, kurz seine Auseinandersetzung mit ihnen sucht. Diese Auseinandersetzung hat das epische Theater zu seiner Sache gemacht. Es ist, am gegenwärtigen Entwicklungsstande von Film und Rundfunk gemessen, das zeitgemäße.

Im Interesse jener Auseinandersetzung zog sich Brecht auf die ursprünglichsten Elemente des Theaters zurück. Er begnügte sich gewissermaßen mit einem Podium. Er verzichtete auf weitausgreifende Handlungen. So gelang es ihm, den Funktionszusammenhang zwischen Bühne und Publikum, Text und Aufführung, Regisseur und Schauspieler zu verändern. Das epische Theater, erklärte er, hat nicht sowohl Handlungen zu entwickeln als Zustände darzustellen. Es erhält solche Zustände, wie wir gleich sehen werden, indem es die Handlungen unterbrechen läßt. Ich erinnere Sie hier an die Songs, die in der Unterbrechung der Handlung ihre Hauptfunktion haben. Hier nimmt das epische Theater also – mit dem Prinzip der Unterbrechung nämlich – wie Sie wohl sehen, ein Verfahren auf, das Ihnen in den letzten Jahren aus Film und Rundfunk, Presse und Photographie geläufig ist. Ich spreche vom Verfahren der Montage: das Montierte unterbricht ja den Zusammenhang, in welchen es montiert ist. Daß aber dieses Verfahren hier sein besonderes, ja hier vielleicht sein vollendetes Recht hat, darauf erlauben Sie mir einen kurzen Hinweis.

Die Unterbrechung der Handlung, derentwegen Brecht sein Theater als das *epische* bezeichnet hat, wirkt ständig einer Illusion im Publikum entgegen. Solche Illusion nämlich ist für ein Theater unbrauchbar, das vorhat, die Elemente des Wirklichen im Sinne einer Versuchsanordnung zu behandeln. Am Ende, nicht am Anfang, dieses Versuches stehen aber die Zustände. Zustände, welche in dieser oder jener Gestalt immer die unsrigen sind. Sie werden dem Zuschauer nicht nahegebracht, sondern von ihm entfernt. Er erkennt sie als die wirklichen Zustände, nicht, wie auf dem Theater des Naturalismus, mit Süffisance sondern mit Staunen. Das epische Theater gibt also nicht Zustände wieder, es entdeckt sie vielmehr. Die Entdeckung der Zustände vollzieht sich mittels der Unterbrechung der Abläufe. Nur daß die Unterbrechung hier nicht Reizcharakter, sondern eine organisierende Funktion hat. Sie bringt die Handlung im Verlauf zum Stehen und zwingt damit den Hörer zur Stellungnahme zum Vorgang, den Akteur zur Stellungnahme zu seiner Rolle. An einem Beispiel will ich Ihnen zeigen, wie Brechts Auffindung und Gestaltung des Gestischen nichts als eine Zurückverwandlung der in Funk und Film entscheidenden Methoden der Montage aus einem oft nur modischen Verfahren in ein menschliches Geschehen bedeutet. – Stellen Sie sich eine Familienszene vor: die Frau ist gerade im Begriffe, eine Bronze zu ergreifen, um sie nach der Tochter zu schleudern; der Vater im Begriff, das Fenster zu öffnen und um Hilfe zu rufen. In diesem Augenblick tritt ein Fremder ein. Der Vorgang ist unterbrochen; was an seiner Stelle zum Vorschein kommt, das ist der Zustand, auf welchen nun der Blick des Fremden stößt: verstörte Mienen, offenes Fenster, verwüstetes Mobiliar. Es gibt aber einen Blick, vor dem auch die gewohnteren Szenen des heutigen Daseins sich nicht viel anders ausnehmen. Das ist der Blick des epischen Dramatikers.

Er stellt dem dramatischen Gesamtkunstwerk das dramatische Laboratorium gegenüber. Er greift in neuer Weise auf die große alte Chance des Theaters zurück – auf die Exponierung des Anwesenden. Im Mittelpunkt seiner Versuche steht der Mensch. Der heutige Mensch; ein reduzierter also, in einer kalten Umwelt kaltgestellter. Da aber nur dieser uns zur Verfügung steht, so haben wir Interesse, ihn zu kennen. Er wird Prüfungen unterworfen, Begutachtungen. Was sich ergibt, ist dies: veränderlich ist das Geschehen nicht auf seinen Höhepunkten, nicht durch Tugend und Entschluß, sondern allein in seinem streng gewohnheitsmäßigen Verlaufe, durch Vernunft und Übung. Aus kleinsten Elementen der Verhaltungsweisen zu konstruieren, was in der aristotelischen Dramaturgie »handeln« genannt wird, das ist der Sinn des epischen Theaters. Seine Mittel sind also bescheidener als die des überlieferten Theaters; seine Zwecke sind es gleichfalls. Er sieht es weniger darauf ab, das Publikum mit Gefühlen, und seien es auch die des Aufruhrs, zu erfüllen, als es auf nachhaltige Art, durch Denken, den Zuständen zu entfremden, in denen es lebt. Nur nebenbei sei angemerkt, daß es fürs Denken gar keinen besseren Start gibt als das Lachen. Und insbesondere bietet die Erschütterung des Zwerchfells dem Gedanken gewöhnlich bessere Chancen dar als die der Seele. Das epische Theater ist üppig nur in Anlässen des Gelächters. –

Vielleicht ist es Ihnen aufgefallen, daß die Gedankengänge, vor deren Abschluß wir stehen, dem Schriftsteller nur eine Forderung präsentieren, die Forderung *nachzudenken,* seine Stellung im Produktionsprozesse sich zu überlegen. Wir dürfen uns darauf verlassen: diese Überlegung führt bei den Schriftstellern, *auf die es ankommt,* das heißt bei den besten Technikern ihres Fachs früher oder später auf Feststellungen, die ihre Solidarität mit dem Proletariat auf die nüchternste Art begründen. Ich möchte dafür zum Schluß einen aktuellen Beleg beibringen in Gestalt einer kleinen Stelle aus der hiesigen Zeitschrift »Commune«. »Commune« hat eine Umfrage veranstaltet: »Für wen schreiben Sie?« Ich zitiere aus der Antwort von René Maublanc sowie aus den anschließenden Bemerkungen von Aragon. »Unzweifelhaft schreibe ich, sagt Maublanc, fast ausschließlich für bürgerliches Publikum. Erstens weil ich dazu genötigt bin« – hier verweist Maublanc auf seine Berufspflichten als Gymnasiallehrer – »zweitens weil ich von bürgerlicher Herkunft, bürgerlicher Erziehung bin und aus bürgerlichem Milieu stamme, dergestalt natürlich geneigt bin, mich an die Klasse zu wenden, der ich angehöre, die ich am besten kenne und am besten verstehen kann. Das will aber nicht heißen, daß ich schreibe, um ihr zu gefallen oder um sie zu stützen. Auf der einen Seite bin ich überzeugt, daß die proletarische Revolution notwendig und wünschenswert ist, auf der anderen Seite, daß sie um so schneller, leichter, erfolgreicher und weniger blutig sein wird, je schwächer der Widerstand der Bourgeoisie ist ... Das Proletariat braucht heute Verbündete aus dem Lager der Bourgeoisie genau wie im achtzehnten Jahrhundert die Bourgeoisie Verbündete aus dem feudalen Lager gebraucht hat. Unter diesen Verbündeten möchte ich sein.«

Hierzu bemerkt Aragon: »Unser Kamerad berührt hier einen Sachverhalt, der eine sehr große Zahl heutiger Schriftsteller betrifft. Nicht alle haben den Mut, ihm ins Auge zu blicken ... Die, welche über ihre eigene Lage sich so klar sind wie René Maublanc, sind selten. Gerade von denen aber muß man noch mehr verlangen ... Es ist nicht genug, die Bourgeoisie von innen her zu schwächen, man muß sie *mit* dem Proletariat bekämpfen ... Vor René Maublanc und vielen unserer Freunde unter den Schriftstellern, welche noch schwankend sind, steht das Beispiel der sowjetrussischen Schriftsteller, die aus der russischen Bourgeoisie hervorgegangen sind und dennoch Pioniere des sozialistischen Aufbaus geworden sind.«

Soweit Aragon. Wie sind sie aber zu Pionieren geworden? Doch wohl nicht ohne sehr erbitterte Kämpfe, höchst schwierige Auseinandersetzungen. Die Überlegungen, welche ich Ihnen vortrug, machen den Versuch einen Ertrag aus diesen Kämpfen zu ziehen. Sie stützen sich auf den Begriff, dem die Debatte um die Haltung der russischen Intellektuellen ihre entscheidende Klärung verdankt: auf den Begriff des Spezialisten. Die Solidarität des Spezialisten mit dem Proletariat – darin besteht der Anfang dieser Klärung – kann immer nur eine vermittelte sein. Die Aktivisten und die Vertreter der neuen Sachlichkeit mochten sich gebärden wie sie wollten: sie konnten die Tatsache nicht aus der Welt schaffen, daß selbst die Proletarisierung des Intellektuellen fast niemals einen Proletarier macht. Warum? Weil ihm die Bürgerklasse in Gestalt der Bildung ein Produktionsmittel mitgab, das ihn aufgrund des Bildungsprivilegs mit ihr, und noch mehr sie mit ihm, solidarisch macht. Es ist daher vollkommen richtig, wenn Aragon, in anderem Zusammenhang, erklärt hat: »Der revolutionäre Intellektuelle erscheint zunächst und vor allem als Verräter an seiner Ursprungsklasse.« Dieser Verrat besteht, beim Schriftsteller, in einem Verhalten, das ihn aus einem Belieferer des Produktionsapparates zu einem Ingenieur macht, der seine Aufgabe darin erblickt, diesen den

Zwecken der proletarischen Revolution anzupassen. Das ist eine vermittelnde Wirksamkeit, aber sie befreit doch den Intellektuellen von jener rein destruktiven Aufgabe, auf die Maublanc mit vielen Kameraden ihn einschränken zu müssen glaubt. Gelingt es ihm, die Vergesellschaftung der geistigen Produktionsmittel zu fördern? Sieht er Wege, die geistigen Arbeiter im Produktionsprozesse selbst zu organisieren? Hat er Vorschläge für die Umfunktionierung des Romans, des Dramas, des Gedichts? Je vollkommener er seine Aktivität auf diese Aufgabe auszurichten vermag, desto richtiger die Tendenz, desto höher notwendigerweise auch die technische Qualität seiner Arbeit. Und andererseits: je genauer er dergestalt um seinen Posten im Produktionsprozeß Bescheid weiß, desto weniger wird er auf den Gedanken kommen, sich als »Geistiger« auszugeben. Der Geist, der sich im Namen des Fascismus vernehmbar macht, *muß* verschwinden. Der Geist, der ihm im Vertrauen auf die eigene Wunderkraft entgegentritt, *wird* verschwinden. Denn der revolutionäre Kampf spielt sich nicht zwischen dem Kapitalismus und dem Geist, sondern zwischen dem Kapitalismus und dem Proletariat ab.

Pariser Brief ⟨1⟩
André Gide und sein neuer Gegner

Ein denkwürdiges Wort von Renan: »Über Gedankenfreiheit verfügt nur der, der sicher sein kann, daß, was er schreibt, ohne Folgen bleibt.« So zitiert Gide. Wenn das Wort zutrifft, so verfügt der Verfasser der »Nouvelles Pages de Journal«[1] ebenso wenig über Gedankenfreiheit wie sein Gegner Thierry Maulnier[2]. Beide sind sich über die Folgen ihres Schrifttums im klaren und schreiben, um Folgen herbeizuführen. Wenn wir beiden das gleiche Interesse zuwenden, so berechtigt dazu weniger die Bedeutung des Jüngeren als die Entschiedenheit, mit der er seinen Standort angesichts eines Gide und ihm gegenüber bezogen hat. In dem Augenblick, da Gide den Kommunismus zu seiner Sache macht, bekommt er es mit den Faschisten zu tun.

Nicht als ob nicht schon andere Gide gestellt hätten. Sein Weg ist aufmerksam seit 1897 verfolgt worden, da er mit einem berühmten Artikel in der »Eremitage« Barres entgegengetreten war, der mit den »Déracinés« eben damals dem Nationalismus Dienste geleistet hat[3]. Später wurde die religiöse Entwicklung des Protestanten Gide literarisch verfolgt und von keinem genauer als von seinem Freund, dem katholischen Kritiker Charles Du Bos. Daß Gides »Corydon«, der die Päderastie nach ihren naturgeschichtlichen Bedingungen und Analogien darstellte, einen Sturm hervorrief, ist nicht schwer verständlich. So kam es, daß Gide gewohnt war, auf Opposition zu stoßen, als er 1931, in dem ersten Band seiner Tagebücher seinen Weg zum Kommunismus beschrieb.

Mit einer Fülle von Glossen und Polemiken reagierte das bürgerliche Schrifttum auf diesen Band. Daß das »Echo de Paris« (das den »Croix de Feu« nahesteht) unter der Feder von François Mauriac dreimal auf dieses eine Buch zurückkam, kann von dem Aufsehen, das Gide hervorrief, eine Vorstellung geben. Die Debatte war zu ausgebreitet, auch zu erbittert, um durchweg Niveau zu halten. Ihren

1 André Gide, Nouvelles pages de journal (1932-1935). Paris 1936.

2 Thierry Maulnier, Mythes socialistes. Paris (1936).

3 Gide darf heute auf diesen Artikel zurückverweisen. In dem genannten Tagebuchband heißt es: »War Barrès nicht der Apologet einer gewissen Art von Gerechtigkeit, die sich heute als die von Hitler erweist? Und ist es nicht leicht gewesen vorherzusehen, daß diese schönen Theorien im Augenblick, da jemand anders sich ihrer bemächtigen würde, sich gegen uns selbst kehren würden?«

geistigen Höhepunkt hatte sie in der »Union pour la Vérité«, in der Gide einem Kreis von bedeutenden Schriftstellern Rede und Antwort gestanden hat[4]. Sie war noch nicht zur Ruhe gekommen, als in diesem Jahre die »Nouvelles Pages de Journal« erschienen.

Soweit Gide selber die Diskussion bestimmte, hat sie sich vielfach um die Frage gedreht, wieweit er mit seiner Wendung sich selber treu bleibe oder einen Bruch mit der Gedankenwelt seines Mannesalters vollziehe. Gide konnte sich – und er tat das im ersten Band seiner Tagebücher – auf die Leidenschaft berufen, mit der er von jeher die Sache des Individuums zu der seinen gemacht habe; eine Sache, von der er erkannt hat, daß sie heute im Kommunismus ihren berufenen Anwalt besitzt. Der neue Band der Tagebücher enthält mehrere Notizen, die eine verborgenere doch darum nicht unwichtigere Kontinuität in Gides Entwicklung erkennen lassen. Gide berührt diese Kontinuität, wenn er der »Apologie der Bedürftigkeit« (S. 167) gedenkt, die sich durch sein gesamtes Werk zieht. Sie hat den mannigfachsten Ausdruck gefunden, und reicht von dem unvergeßlichen Frühwerk, der »Rückkehr des verlorenen Sohnes«[5] bis zu dem jüngsten, den »Nouvelles Nourritures«[6], in dem wir lesen: »Jeder ausschließliche Besitz ist mir zuwider geworden; ich finde mein Glück im Fortgeben, und der Tod wird mir nicht viel aus der Hand nehmen. Von allem, was er mich wird entbehren lassen, wird mir das Entbehrteste sein, was überall ausgeteilt und natürlich, keinem zu eigen und aller Besitztum ist. Was aber den Rest angeht, so ist mir ein Mahl in der Herberge lieber als zu Hause der am besten bestellte Tisch, ein öffentlicher Park lieber als der schönste Park hinter Mauern, ein Buch, das ich beim Spazierengehen mitnehmen kann, lieber als die kostbarste Ausgabe, und sollte ich mir ein Kunstwerk allein ansehen müssen, so würde, je schöner das Werk ist, desto sicherer die Traurigkeit meine Freude beim Ansehen überwiegen.« (S. 61)

Gide hat für die Apologie der Bedürftigkeit die verschiedensten Formen gefunden. Sie alle fallen im Grunde mit der Entfaltung jener Bedürftigkeit zusammen, die unverstellt sichtbar zu machen dem jungen Marx (dem Verfasser der »Heiligen Familie«) als die Aufgabe der Gesellschaft erschienen ist; sie alle erscheinen Gide als Spielarten

4 Die Debatten sind unter dem Titel »André Gide et notre Temps«, Paris [1935], erschienen.

5 Das Buch ist in deutscher Übersetzung von Rilke in der Reihe der Inselbücher erschienen.

6 André Gide, Les nouvelles nourritures. [Paris] (1935).

des Bedürfnisses, das der Mensch nach dem Menschen hat. Wenn Gide sich im Lauf seines Schaffens vielen Formen der Schwäche zugewandt hat, wenn er in seiner Studie über Dostojewski, die in mancher Hinsicht ein Selbstporträt ist, die Schwäche als »ein Ungenügen des Fleisches, eine Unruhe, eine Anomalie« in den Mittelpunkt stellt, so hat er es immer wieder mit der einen, des äußersten Anteils werten Schwäche zu tun, die den Menschen auf den Menschen verweist.

Gide beliebt solche Schwäche mitunter selbst an den Tag zu legen. Aber was ihn dazu bestimmt, ist nicht Schwäche. Es ist eher Berechnung. Er begibt sich in dies Inkognito, weil es ihn einiges über Welt und Menschen wird lehren können. Und so schrieb er im Mai 1935: »Man kann Tolstois Verzicht auf die Künstlerschaft aus dem Nachlassen seiner schöpferischen Kräfte erklären. Hätte sich eine zweite Anna Karenina in seinem Innern gestaltet, so hätte er sich – vieles spricht dafür – weniger mit den Duchoborzen beschäftigt und weniger abschätzig über die Kunst gesprochen. Aber er spürte, daß er am Ende seiner literarischen Laufbahn stand: der dichterische Drang schwellte nicht mehr sein Denken ... Wenn mich heute soziale Fragen beschäftigen, so auch, weil der Dämon des Schaffens sich von mir zurückzieht. Jene Fragen nehmen den Platz nur ein, weil dieser ihn bereits räumte. Warum soll ich mich überschätzen? Warum nicht an mir selbst feststellen, was ich an Tolstoi unbedingt als eine Ausfallserscheinung betrachtete?« (La Nouvelle Revue Française, Maiheft 1935, S. 665)

Wir wollen dem Autor hier nicht entgegnen. Die Frage nicht aufwerfen, ob denn Schöpferkräfte keinen vorübergehenden Schlummer kennen? (Gide selbst sagt das in seinen »Nouvelles Pages«); ob sie nicht ganz undämonisch zu Werk gehen können? (die »Nouvelles Nourritures« zeigen es); ob sie nicht auf geschichtliche Schranken stoßen? (Gides »Faux Monnayeurs« legen es für den Roman nahe.) Wir lassen Gide in seinem Inkognito einer aufschlußreichen Begegnung entgegengehen. Es ist die Begegnung mit Maulnier, der die obigen Sätze Gides in der »Action Française« zitiert und fortführt: »Kein Lob und kein Tadel kann diesen befremdlichen Zeilen etwas hinzufügen. Es ist, wie wir glauben, fast ohne Beispiel, daß ein Schöpfer mit solchem Geständnis hervortritt. Auch meinen wir, daß der Scharfblick, die Bescheidenheit und der rückhaltlose Mut gegen sich selbst, die einer so unbarmherzigen Diagnose zugrunde liegen, ein Anrecht auf unseren Respekt haben. Aber wir können uns nicht darauf beschränken, hier Respekt zu bezeigen. Diese tragische Offenheit ist reich an Aufschlüssen, die zu verschweigen wir nicht das Recht haben.«

Mit diesen Sätzen holt Maulnier zu einer umfassenden Kritik an Gide aus. Es ist eine Kritik, die viel Licht auf die faschistische Position und besonders auf den Kulturbegriff des Faschismus wirft. Die »Kultur« dem Kommunismus preisgegeben und verraten zu haben – das ist die Anklage, die Maulnier gegen Gides letzte Werke erhebt.

Die Ausbildung des Kulturbegriffs scheint einem Frühstadium des Faschismus anzugehören. Jedenfalls war das in Deutschland der Fall. Unverzeihlicherweise hat die revolutionäre deutsche Kritik vor 1930 es unterlassen, den Ideologien eines Gottfried Benn oder eines Arnolt Bronnen die nötige Aufmerksamkeit zuzuwenden. Wie diese zu den Vorläufern des deutschen Faschismus, so wäre, bestünde nicht die »Front Populaire«, Maulnier heute schon denen eines französischen zuzurechnen. Der baldigen Vergessenheit wird er wohl in keinem Falle entgehen. Denn je mehr der Faschismus erstarkt, desto weniger kann er grade auf Maulniers Spezialgebiete qualifizierte Intelligenzen brauchen. Die meiste Aussicht eröffnet er subalternen Naturen. Er sucht Handlanger des Propagandaministeriums. Darum wurden Benn und Bronnen verabschiedet.

Die Reaktion, die Maulnier vertritt, ist eine spezifisch faschistische und von der katholischen eines Claudel, von der bürgerlichen eines Bordeaux, von der mondainen eines Morand, von der philiströsen eines Bedel unterschieden. Er findet seine Genossen vorwiegend in der jüngeren Generation[7]. In der älteren sind entschiedene Faschisten, wie Léon Daudet oder Louis Bertrand, vereinzelt. Was Maulnier zum Faschisten macht, ist die Einsicht, daß die Position der Privilegierten sich nur noch gewaltsam behaupten läßt. Die Summe ihrer Privilegien als »die Kultur« vorzustellen, darin erblickt er seine besondere Aufgabe. Es versteht sich daher von selbst, daß er eine Kultur, die nicht auf Privilegien begründet ist, als undenkbar hinstellt. Und das Leitmotiv seiner Aufsätze ist, das Schicksal der abendländischen Kultur als unlösbar an das der herrschenden Klasse gebunden zu erweisen.

Maulnier ist nicht Politiker. Er wendet sich an die Intellektuellen, nicht an die Massen. Die unter den ersteren herrschende Konvention verbietet (in Frankreich noch) die Berufung auf die nackte Gewalt. Maulnier ist zu besonderer Vorsicht genötigt, wenn er an die nackte Gewalt appelliert. Er darf eigentlich diesen Appell nur vorbereiten.

7 Vgl. Pierre Drieu La Rochelle, Socialisme fasciste. Paris 1934.

Das tut er ziemlich geschickt, wenn er proklamiert, es sei Sache einer »Synthese der Tat«, innere und äußere Realität selbst dann zusammenzuzwingen, wenn eine »dialektische Synthese« unmöglich bleibt (S. 19). Etwas deutlicher erklärt er sich mit dem an die kapitalistische Zivilisation (der ja immer das Scheingefecht der Faschisten gilt) gerichteten Vorwurf, sie habe angesichts der materiellen und der geistigen Probleme, vor welche das Zeitalter sie gestellt habe, die Kraft nicht aufgebracht, »sich ihre Unlösbarkeit einzugestehen« (S. 8).

Die Notwendigkeit, keine Argumente gegen die Privilegierten zu liefern, stellt den Schriftsteller, zumal den Theoretiker, heute vor ungewöhnliche Schwierigkeiten. Maulnier hat die Courage, mit diesen Schwierigkeiten kurzen Prozeß zu machen. Sie sind zum Teil moralischer Art. Der Sachwalter des Faschismus hat viel gewonnen, wenn er die moralischen Kriterien aus dem Wege geräumt hat. Dabei erweist er sich in der Wahl seiner Mittel nicht anspruchsvoll. Es ist ein rohes Geschäft; der Begriff kann sich keine Handschuhe dafür anziehen. Er packt zu, und zwar folgendermaßen: »Die Zivilisation ... ist die Einsetzung und die Ordnung der Kunstgriffe und der Fiktionen, die jeder Umgang von Menschen untereinander bedingt, das System der nützlichen Konventionen, die künstliche, lebensnotwendige Hierarchie in ihrer ganzen Größe und Unentbehrlichkeit. Die Zivilisation ist die Lüge ... Wer nicht gewillt ist, ...in dieser Lüge die Grundbedingung jeden menschlichen Fortschritts und jeder menschlichen Größe anzuerkennen, gesteht, daß er ein Gegner der Zivilisation selber ist. Zwischen der Zivilisation und der Aufrichtigkeit muß man wählen.« (S. 210) So Maulnier in dem gegen Gide gerichteten Aufsatz seines Essaybandes. Es ist um dieses Diktum der schäbige Glanz, der den abgegriffenen Paradoxen von Oscar Wilde schon recht lange eignet, und man könnte es leicht bis zu dessen »Verfall der Lüge« zurückverfolgen.

Man würde damit, einmal, erkennen, wie ungleiche Früchte die Samen aus einem und demselben Leben bisweilen haben. Derselbe Mann, der seinen Ästhetizismus, den verweslichsten Teil seiner Produktion, vom Faschismus rezipiert findet, gab in dem Augenblick, da er der Gesellschaft, die er sein Lebtag amüsiert hat, als ihr Verächter sich gegenüberstellte, dem jungen André Gide ein Leitbild, das sein ferneres Leben bestimmte[8]. Man würde sich zweitens Rechenschaft davon geben, wie tief die faschistische Ideologie der Dekadenz und

8 Von der Bedeutung, die Wilde für ihn hatte, zeugt Gides »Nachruf auf Wilde« von 1910.

dem Ästhetizismus verpflichtet ist, und warum sie in Frankreich so gut wie in Deutschland oder Italien Pioniere unter den extremen Artisten findet.

Welche Bestimmung hat die Kunst in einer Zivilisation zu erwarten, die auf der Lüge aufgebaut ist? Sie wird deren ungelöste – und unter Beibehaltung der Eigentumsordnung unlösbare – Widersprüche in ihrer engeren Sphäre zum Ausdruck bringen. Der Widerspruch in der faschistischen Kunst ist, nicht anders als der der faschistischen Wirtschaft oder der des faschistischen Staates, ein Widerspruch zwischen Praxis und Theorie. Die faschistische Kunsttheorie trägt die Züge des reinen Ästhetizismus: die Kunst ist nur eine der Masken, hinter denen, wie Maulnier es formuliert, »nichts als die animalische Natur des Menschen, das nackte und von allem entblößte Menschentier des Lukrez« (S. 209) steht. Vorbehalten ist diese Kunst den Wissenden, der Elite, »die Nutznießer der gesamten Zivilisation ist, an der sie«, wie Maulnier sehr lichtvoll sagt, »den Parasiten, den Erben und die nutzlose Blute darstellt« (S. 211). So sieht die Sache in der Theorie aus. Die faschistische Praxis bietet ein anderes Bild. Die faschistische Kunst ist eine der Propaganda. Ihre Konsumenten sind nicht die Wissenden, sondern ganz im Gegenteil die Düpierten. Es sind ferner zur Zeit nicht die Wenigen, sondern die Vielen oder zumindest sehr Zahlreichen. Es ist danach selbstverständlich, daß die Charakteristika dieser Kunst sich durchaus nicht mit denen decken, die ein dekadenter Ästhetizismus aufweist. Niemals hat die Dekadenz ihr Interesse der monumentalen Kunst zugewendet. Die dekadente Theorie der Kunst mit deren monumentaler Praxis zu verbinden, ist dem Faschismus vorbehalten geblieben. Nichts ist lehrreicher als diese in sich widerspruchsvolle Kreuzung.

Der monumentale Charakter der faschistischen Kunst hängt mit ihrem Massencharakter zusammen. Aber keineswegs unmittelbar. Nicht jede Massenkunst ist eine monumentale Kunst: die der Hebelschen Erzählungen für den Bauernkalender so wenig wie die der Lehárschen Operette. Wenn die faschistische Massenkunst eine monumentale Kunst ist – und das ist sie bis in den literarischen Stil hinein – so hat das eine besondere Bedeutung.

Die faschistische Kunst ist eine Propagandakunst. Sie wird also für Massen exekutiert. Die faschistische Propaganda muß, weiterhin, das ganze gesellschaftliche Leben durchdringen. Die faschistische Kunst wird demnach nicht nur *für* Massen, sondern auch *von* Massen exekutiert. Danach läge die Annahme nahe, die Masse habe es in dieser

Kunst mit sich selbst zu tun, sie verständige sich mit sich selbst, sie sei Herr im Hause: Herr in ihren Theatern und ihren Stadien, Herr in ihren Filmateliers und in ihren Verlagsanstalten. Jeder weiß, daß das nicht der Fall ist. An diesen Stellen herrscht vielmehr »die Elite«. Und sie wünscht in der Kunst keine Selbstverständigung der Masse. Denn dann müßte diese Kunst eine proletarische Klassenkunst sein, durch die die Wirklichkeit der Lohnarbeit und der Ausbeutung zu ihrem Recht, das heißt auf den Weg ihrer Abschaffung käme. Dabei käme aber die Elite zu Schaden.

Der Faschismus ist also daran interessiert, den funktionalen Charakter der Kunst derart einzuschränken, daß keine verändernde Einwirkung auf die Klassenlage des Proletariats – das den größten Teil der von ihr erreichten und einen kleineren der sie exekutierenden Kader ausmacht – von ihr zu befürchten ist. Diesem kunstpolitischen Interesse dient die »monumentale Gestaltung«. Und zwar tut sie das auf doppelte Art. Erstens schmeichelt sie der bestehenden wirtschaftsfriedlichen Ordnung, indem sie sie ihren »Ewigkeitszügen« nach, das heißt als unüberwindlich darstellt. Das Dritte Reich rechnet nach Jahrtausenden. – Zweitens versetzt sie die Exekutierenden ebenso wie die Rezipierenden in einen Bann, unter dem sie sich selber monumental, das heißt unfähig zu wohlüberlegten und selbständigen Aktionen erscheinen müssen[9]. Die Kunst verstärkt so die suggestiven Energien ihrer Wirkung auf Kosten der intellektuellen und aufklärenden. Die Verewigung der bestehenden Verhältnisse vollzieht sich in der faschistischen Kunst durch die Lähmung der (exekutierenden oder rezipierenden) Menschen, welche diese Verhältnisse ändern könnten. Mit der Haltung, die der Bann ihnen aufzwingt, kommen, so lehrt der Faschismus, die Massen überhaupt erst zu ihrem Ausdruck.

Das Material, aus dem der Faschismus seine Monumente, die er für ehern hält, aufführt, ist vor allem das sogenannte Menschenmaterial. Die Elite verewigt ihre Herrschaft in diesen Monumenten. Und diese Monumente sind es allein, dank deren das Menschenmaterial seine Gestaltung findet. Vor dem Blick der faschistischen Herren, der, wie wir sahen, über Jahrtausende schweift, ist der Unterschied der Sklaven, die aus Blöcken die Pyramiden errichtet haben, und der Massen von Proletariern, die auf den Plätzen und Übungsfeldern vor dem Führer selbst Blöcke bilden, ein verschwindender. Man versteht daher Maul-

9 Bannend wirkt nicht nur die faschistische Stilisierung der Massenkünste (man vergleiche die deutschen Festaufzüge mit den russischen), sondern ebenso der Rahmen der verschiedenen »Gemeinschaften« und »Fronten«, in dem sie sich abspielen.

nier gut, wenn er die »Baumeister und Soldaten« als Vertreter der Elite zusammenstellt (besser freilich Gide, wenn er die neuen römischen Monumentalbauten als »architektonischen Journalismus« [Nouvelles Pages, S. 85] durchschaut).

Der Ästhetizismus Maulniers ist, wie angedeutet, kein improvisierter Standpunkt, welchen der Faschismus nur eben in der Debatte kunsthistorischer Fragen bezieht. Der Faschismus ist auf diesen Standpunkt überall da angewiesen, wo er dem Augenschein näher zu treten wünscht, ohne sich mit der Realität einzulassen. Eine Anschauungsweise, die den Funktionswert der Kunst aus dem Wege räumt, wird sich auch sonst empfehlen, wo ein Interesse besteht, den Funktionscharakter einer Erscheinung aus dem Blickfelde zu beseitigen. Das ist, wie sich gerade bei Maulnier erkennen läßt, in hervorragendem Maße bei der Technik der Fall. Der Grund ist leicht einzusehen. Die Entwicklung der Produktivkräfte, unter denen neben dem Proletariat die Technik steht, hat die Krise heraufgeführt, welche auf die Vergesellschaftung der Produktionsmittel drängt. Mit an erster Stelle ist diese Krise demnach eine Funktion der Technik. Wer sie unsachgemäß, gewaltsam, unter Beibehaltung der Privilegien zu lösen gedenkt, der hat viel Interesse daran, den Funktionscharakter der Technik so unkenntlich wie möglich zu machen.

Man kann da zwei Wege einschlagen. Sie führen in entgegengesetzte Richtungen, sind aber von verwandten Ideen bestimmt: nämlich eben ästhetischen. Den einen finden wir bei Georges Duhamel[10]. Er führt dazu, die Rolle der Maschine im Produktionsprozeß entschlossen beiseite zu lassen und die Kritik an ihr an die verschiedenen Bedenken und Unzuträglichkeiten zu knüpfen, die für den Privatmann mit dem fremden oder eigenen Gebrauch von Maschinen verbunden sind. Duhamel kommt zu einer reservierten Beurteilung des Automobils, zu einer resoluten Ablehnung des Films, zu dem halb spaßhaft, halb ernst gemeinten Vorschlage, es möchten von Staats wegen für fünf Jahre alle Erfindungen untersagt werden. Der Proletarier wendet sich gegen den Unternehmer, der Kleinbürger hat es mit der Maschine. Duhamel ergreift im Namen der Kunst gegen die Maschine Partei. Es versteht sich, daß die Dinge für den Faschismus ein wenig anders liegen. Die großbürgerliche Denkweise seiner Mandanten hat in den Intellektuellen, die sich zu seiner Verfügung hielten, ihre Spur hinter-

10 Georges Duhamel, Scènes de la vie future, Paris 1930, und L'humaniste et l'automate, Paris 1933.

lassen. Einer von ihnen war Marinetti. Er zuerst spürte instinktiv, daß eine »futuristische« Betrachtung der Maschine dem Imperialismus nützt. Marinetti begann als Bruitist, er proklamierte den Lärm (die unproduktive Aktivität der Maschine) als ihre bedeutungsvollste. Er endete als Mitglied der königlichen Akademie, das im äthiopischen Krieg die Erfüllung seiner futuristischen Jugendträume gefunden zu haben gestand[11]. Ihm folgt, ohne sich darüber im klaren zu sein, Maulnier, wenn er gegen Gorkis »Neuen Humanismus« erklärt, was den Hauptwert der Entdeckungen in Technik und Wissenschaft ausmache, sei »nicht sowohl ihr Resultat und ihr möglicher Nutzen ... als ... ihr poetischer Wert« (S. 77). »Marinetti«, schreibt Maulnier, »berauschte sich an der Höhe der Maschinen, an ihrer Bewegung, an dem Stahl, an ihrer Präzision, an ihrem Lärm, an ihrer Schnelligkeit – kurz an allem, was an der Maschine als Selbstwert angesehen werden kann, und nicht teil an ihrem Werkzeugcharakter hat ... Er beschränkte sich und hielt sich mit Absicht an ihre unverwertbare Seite, das heißt an ihre ästhetische.« (S. 84)

Maulnier hält diese Position für so fundiert, daß er kein Bedenken hat, die Sätze, in denen sich Majakowski mit Marinettis Anschauung von der Maschine befaßt, als ein Kuriosum zu zitieren. Majakowski spricht die Sprache des gesunden Menschenverstandes: »Die Ära der Maschine verlangt nicht Hymnen zu ihrem Preis; sie verlangt im Interesse der Menschheit gemeistert zu werden. Der Stahl der Wolkenkratzer verlangt nicht kontemplative Versenkung, sondern entschlossene Verwertung im Wohnungsbau ... Wir werden nicht den Lärm suchen, sondern die Stillen organisieren. Wir Dichter wollen in den Waggons reden können.« (S. 83 f.) Die würdige, weil reservierte und nüchterne Haltung von Majakowski ist unvereinbar mit dem Bestreben, der Technik einen »monumentalen« Aspekt abzugewinnen. Sie legt schlüssiges Zeugnis gegen Maulniers Behauptung ab, der Kollektivismus der Russen habe »den Ingenieur zum geistigen Herrscher« (S. 79) gemacht. Das ist eine technokratische Umdeutung. Sie fälscht die polytechnische Ausbildung des Sowjetbürgers in technokratisch geleitete Fronarbeit um. Und sie ist eine technokratische Umdeutung auch in anderm Sinne: sie liegt gerade dem Technokraten nahe.

Nun wird niemand entschiedener als Maulnier den Vorwurf von sich abweisen, technokratisch zu denken. Diese Denkweise wird ihm

11 Vgl. Marinettis Manifest zum äthiopischen Krieg.

vielmehr unvereinbar mit der artistischen scheinen. Seine Definition der Kunst könnte ihm auf den ersten Blick ein Recht dazu geben. Sie lautet: »Es ist die eigentliche Mission der Kunst, die Gegenstände und die Geschöpfe unbrauchbar zu machen.« (S. 86) Lassen wir es bei dem ersten Blick nicht bewenden. Sehen wir näher zu! Es gibt eine unter den Künsten, welche Maulniers Definition auf besonders exakte Weise Genüge tut. Diese Kunst ist die Kriegskunst. Sie verkörpert die faschistische Kunstidee ebenso durch den monumentalen Einsatz an Menschenmaterial wie durch den von banalen Zwecken gänzlich entbundenen Einsatz der ganzen Technik. Die poetische Seite der Technik, die der Faschist gegen die prosaische ausspielt, von der die Russen ihm zu viel Wesens machen, ist ihre mörderische. So kommt der Sinn des Satzes »Alles was primitiv, spontan, unschuldig ist, ist uns allein darum schon hassenswert« (S. 213) voll zur Geltung.

Dieser Satz findet sich im letzten Abschnitt des Essays, in dem sich Maulnier mit Gide auseinandersetzt. Verdient die Fähigkeit, so verräterische Reaktionen hervorzurufen, nicht Dank? Hat Gide nicht die Idealfigur in sich verkörpert, die er in der Tagebucheintragung vom 28. März 1935 herausruft: den inquiéteur – den Beunruhigung Stiftenden? In der Tat hat er sich zum Sprecher derer gemacht, die den faschistischen Autor wie nichts anderes beunruhigen.

Das sind die Massen, und zwar die lesenden. »Durch die gigantischen Bestrebungen zugunsten aller Stufen des Unterrichts, durch die Beseitigung jeder Barriere zwischen den verschiedenen Bildungsniveaus ..., durch die erstaunlich schnelle Verminderung des Analphabetentums ..., durch den unmittelbaren Appell an die literarische Erfindungsgabe aller, und selbst der Kinder ..., durch all das schenkt Ihr« – so wandte sich Jean Richard Bloch auf dem Pariser Schriftstellerkongreß von 1935 an die Vertreter der Sowjetunion – »dem Schriftsteller ... die wunderbarste Gabe, die er sich erträumt hat: Ihr schenkt ihm ein Publikum von 170 Millionen Lesern.«

Das ist ein Danaergeschenk für den faschistischen Schriftsteller. Der Elite, der Maulnier beispringt, ist ein Kunstgenuß, der nicht von allen Seiten durch das Bildungsmonopol vor störenden Elementen geschützt wäre, eine Undenkbarkeit. Die Abschaffung des Bildungsmonopols an und für sich wäre Maulnier schon beängstigend genug. Und nun sagt ihm Gorki, daß gerade die Kunst an dieser Abschaffung mitzuwirken berufen sei. Er sagt ihm, in der Sowjetliteratur gebe es keinen grundsätzlichen Unterschied zwischen einem populär-wissenschaftlichen und einem künstlerisch wertvollen Buch. Und Maulnier kann mit diesem, durch die modernsten Vulgarisatoren des westlichen Schrifttums, einen Frank, einen de Greif, einen Eddington, einen Neurath längst demonstrierten Satz nichts Besseres anfangen, als ihn in seine Schilderung der »Barbarei« einzubeziehen, »in deren Dienst sich Gorki gestellt hat« (S. 78).

Maulnier weicht auch hier keinen Finger breit von seinem Gedanken ab, die Kultur als die Summe der Privilegien darzustellen. Vielleicht macht sie in dieser Darstellung keine gute Figur. Aber indem Maulnier die Konfrontation der imperialistischen Kultur mit der sowjetrussischen sucht, muß er das in Kauf nehmen. Er kann es nicht ändern, daß der konsumptive Charakter, den die erstere hat, sich gegen den produktiven der zweiten abhebt. Die angestrengte Betonung des Schöpferischen, die uns aus der Kulturdebatte geläufig ist, hat vor allem die Aufgabe, davon abzulenken, wie wenig das derart »schöpferisch« erzeugte Produkt seinerseits dem Produktionsprozesse zugute kommt, wie ausschließlich es dem Konsum verfällt. Der Imperialismus hat einen Zustand herbeigeführt, in dem das Gedicht, das als »göttlich« gerühmt wird, sich solches Lob von Rechts wegen mit der Mehlspeise teilt.

Maulnier kann auf das »Schöpferische« um keinen Preis verzichten. »Der Mensch«, schreibt er, »fabriziert etwas, um es zu benutzen; aber er schafft, um zu schaffen.« (S. 86) Wie trügerisch die tote und undialektische Trennung von Schaffen und Fabrizieren ist, die der Ästhetik des Schöpferischen zugrunde liegt, erweist die polytechnische Bildung der Sowjets. Diese Bildung ist ebensowohl imstande, den Fabrikarbeiter im Rahmen eines Produktionsplanes, den er übersieht, einer Produktionsgemeinschaft, welche sein Leben trägt, einer Produktionsweise, die er verbessern kann, zu einer schöpferischen Arbeit zu führen, wie sie den Schriftsteller durch die Genauigkeit der Aufgaben, die sie ihm stellt, das heißt durch das bestimmte Publikum, das sie ihm gewährleistet, zu einer Produktion veranlaßt, die dank der Rechenschaft, welche der Verfertiger von seiner Prozedur geben kann, auf den Ehrennamen des Fabrikats Anspruch hat. Und gerade der Schriftsteller sollte sich erinnern, daß das Wort »Text« – vom Gewebten: textum – einmal ein solcher Ehrenname gewesen ist. Die werdende polytechnische Menschenbildung vor Augen, wird er ungerührt von dem Wortführer der Elite bleiben, der ihm erzählt, daß »von der kollektivistischen Gesellschaft jene allzu flüchtigen Augenblicke, in denen der Mensch einem Dasein sich zu entziehen vermag, das wie vor grauen Zeiten fast gänzlich dem Lebensunterhalte gewidmet ist, ... als eine

Desertion angesehen werden« (S. 80). Wem verdankte der Mensch es, wenn diese Augenblicke so flüchtig waren? Der Elite. Wer hat ein Interesse, die Arbeit selber menschenwürdig zu machen? Das Proletariat.

Bei seinem Aufbauwerk kann es ohne weiteres auf das verzichten, was Maulnier die »Privilegien der Innerlichkeit« (S. 5) nennt, aber niemals auf den, der diese Privilegien so fühlt und so beschreibt, wie es Gide unterm 8. März 1935 tut: »Heute kommt mir, drückend und tief im Innern, das Gefühl einer Minderwertigkeit zum Bewußtsein: ich habe mir nie mein Brot verdienen müssen; ich habe nie unter dem Druck der Bedürftigkeit gearbeitet. Ich habe die Arbeit allerdings immer so sehr geliebt, daß mein Glück lediglich dadurch nicht beeinträchtigt worden wäre. Auch will ich auf das folgende hinaus. Es wird eine Zeit kommen, wo es als ein Mangel wird angesehen werden, solche Arbeit nicht gekannt zu haben. Die reichste Phantasie kann sie nicht ersetzen; die Unterweisung, die sie erteilt, kann nie wieder eingeholt werden. Eine Zeit kommt herauf, in der sich der Bürger dem einfachen Arbeiter unterlegen fühlt. Für einige ist diese Zeit schon gekommen.« (Nouvelle Pages, S. 164 f.)

Noch beunruhigender als daß es im Osten ein Publikum von 170 Millionen Lesern gibt, ist für Maulnier, daß in Frankreich Schriftsteller leben, die daran denken. André Gide hat sein letztes Buch »Les Nouvelles Nourritures« den jungen Lesern der Sowjetunion gewidmet. Der erste Absatz dieses Buches lautet:

»Du, der du kommen wirst, wenn ich die Geräusche der Erde nicht mehr höre und meine Lippen ihren Tau nicht mehr trinken – du, der du, später, vielleicht mich lesen wirst – für dich schreibe ich diese Seiten; denn vielleicht wird es dich nicht genug erstaunen zu leben; dich wird das betäubende Wunder, das dein Leben ist, nicht nach Gebühr überwältigen. Mir scheint manchmal, das wird mein Durst sein, mit dem du trinken wirst, und was dich über das andere Geschöpf, das du streichelst, dich neigen heißt, sei mein eigenes Begehren, heute.« (Nouvelles Nourritures, S. 9)

Das Paris des Second Empire bei Baudelaire

[...]

Der literarische Tagesbetrieb hatte sich hundertundfünfzig Jahre lang um Zeitschriften bewegt. Gegen Ende des ersten Jahrhundertdrittels begann das sich zu ändern. Die schöne Literatur bekam durch das Feuilleton einen Absatzmarkt in der Tageszeitung. In der Einführung des Feuilletons resümieren sich die Veränderungen, die die Julirevolution der Presse gebracht hatte. Einzelnummern von Zeitungen durften unter der Restauration nicht verkauft werden; man konnte ein Blatt nur als Abonnent beziehen. Wer den hohen Betrag von 80 Francs für das Jahresabonnement nicht bestreiten konnte, war auf Cafés angewiesen, in denen man oft zu mehreren um eine Nummer stand. 1824 gab es in Paris 47 000 Bezieher von Zeitungen, 1836 waren es 70 und 1846 200 Tausend. Eine entscheidende Rolle hatte bei diesem Aufstieg Girardins Zeitung »La Presse« gespielt. Sie hatte drei wichtige Neuerungen gebracht: die Herabsetzung des Abonnementpreises auf 40 Francs, das Inserat sowie den Feuilletonroman. Gleichzeitig begann die kurze, abrupte Information dem gesetzten Bericht Konkurrenz zu machen. Sie empfahl sich durch ihre merkantile Verwertbarkeit. Die sogenannte ›réclame‹ brach ihr freie Bahn: Darunter verstand man eine dem Ansehen nach unabhängige, in Wahrheit vom Verleger bezahlte Notiz, mit der im redaktionellen Teil auf ein Buch hingewiesen wurde, dem am Vortage oder auch in der gleichen Nummer ein Inserat vorbehalten war. Sainte-Beuve klagte schon 1839 über ihre demoralisierenden Wirkungen. »Wie konnte man« im kritischen Teil »ein Erzeugnis verdammen ..., von dem zwei Fingerbreit tiefer zu lesen stand, daß es ein Wunderwerk der Epoche sei. Die Anziehungskraft der immer größer werdenden Lettern des Inserats bekam die Oberhand: es stellte einen Magnetberg dar, der den Kompaß ablenkte.«[39] Die ›réclame‹ steht am Anfang einer Entwicklung, deren Ende die von den Interessenten bezahlte Börsennotiz der Journale ist. Schwerlich kann die Geschichte der Information von der der Pressekorruption getrennt geschrieben werden.

Die Information brauchte wenig Platz; sie, nicht der politische Leitartikel noch der Roman im Feuilleton, verhalf dem Blatt zu dem tagtäglich neuen, im Umbruch klug variierten Aussehen, in

39 Sainte-Beuve: De la littérature industrielle, in: Revue des deux mondes, 4e série, 1839, p. 682/683.

dem ein Teil seines Reizes lag. Sie mußte ständig erneuert werden: Stadtklatsch, Theaterintrigen, auch ›Wissenswertes‹ gaben ihre beliebtesten Quellen ab. Die ihr eigene billige Eleganz, die für das Feuilleton so bezeichnend wird, ist ihr von Anfang an abzusehen. Mme de Girardin begrüßt in ihren »Pariser Briefen« die Photographie wie folgt: »Man beschäftigt sich derzeit viel mit der Erfindung des Herrn Daguerre, und nichts ist possierlicher als die seriösen Erläuterungen, die unsere Salongelehrten von ihr zu geben wissen. Herr Daguerre darf unbesorgt sein, man wird ihm sein Geheimnis nicht rauben ... Wirklich, seine Entdeckung ist wundervoll; aber man versteht nichts von ihr; sie ist zu viel erklärt worden.«[40] Nicht so bald und nicht überall fand man sich mit dem Feuilletonstil ab. 1860 und 68 erschienen in Marseille und Paris die beiden Bände der »Revues parisiennes« von dem Baron Gaston de Flotte. Sie machten es sich zur Aufgabe, gegen die Leichtfertigkeit der historischen Angaben, ganz besonders im Feuilleton der pariser Presse, anzukämpfen. – Im Café, beim Aperitif kam das Füllwerk der Information zustande. »Die Gepflogenheit des Aperitifs ... stellte sich mit dem Aufkommen der Boulevardpresse ein. Früher, als es nur die großen, seriösen Blätter gab ... kannte man keine Stunde des Aperitifs. Sie ist die logische Folge der ›Pariser Chronik‹ und des Stadtklatsches.«[41] Der Kaffeehausbetrieb spielte die Redakteure auf das Tempo des Nachrichtendienstes ein, ehe noch dessen Apparatur entwickelt war. Als der elektrische Telegraph gegen Ende des Second Empire in Gebrauch kam, hatte der Boulevard sein Monopol verloren. Die Unglücksfälle und die Verbrechen konnten nunmehr aus aller Welt bezogen werden.

Die Assimilierung des Literaten an die Gesellschaft, in der er stand, vollzog sich dergestalt auf dem Boulevard. Auf dem Boulevard hielt er sich dem nächstbesten Zwischenfall, Witzwort oder Gerücht zur Verfügung. Auf dem Boulevard entfaltete er die Draperie seiner Beziehungen zu Kollegen und Lebeleuten; und er war auf deren Effekte so angewiesen wie die Kokotten auf ihre Verkleidungskunst.* Auf dem

* »Mit ein wenig Scharfblick erkennt man leicht, daß ein Mädchen, das sich um acht Uhr reich gekleidet in einem eleganten Kostüm sehen läßt, dieselbe ist, die um neun Uhr als Grisette auftritt und sich um zehn als Bäuerin zeigt.« (F.-F.-A. Béraud: Les filles publiques de Paris, et la police qui les régit. Paris, Leipzig 1839. Bd. 1, p. 51.)

40 Mme Emile de Girardin née Delphine Gay: Œuvres complètes. Bd. 4: Lettres parisiennes 1836-1840. Paris 1860, p. 289/290.

41 Gabrièl Guillemot: Le bohème. Physionomies parisiennes. Dessins par Hadol. Paris 1868, p. 72.

Boulevard bringt er seine müßigen Stunden zu, die er als einen Teil seiner Arbeitszeit vor den Leuten ausstellt. Er verhält sich als ob er von Marx gelernt hätte, daß der Wert jeder Ware durch die zu ihrer Produktion gesellschaftlich notwendige Arbeitszeit bestimmt ist. Der Wert seiner eigenen Arbeitskraft bekommt dergestalt angesichts des ausgedehnten Nichtstuns, das in den Augen des Publikums für ihre Vervollkommnung nötig ist, etwas beinahe Phantastisches. Mit solcher Schätzung stand das Publikum nicht allein. Das hohe Entgelt des damaligen Feuilletons zeigt, daß sie in gesellschaftlichen Verhältnissen begründet war. In der Tat bestand ein Zusammenhang zwischen der Senkung der Abonnementsgebühren, dem Aufschwung des Inseratenwesens und der wachsenden Bedeutung des Feuilletons.

»Auf Grund des neuen Arrangements« – der Herabsetzung der Abonnementsgebühren – »muß das Blatt von der Annonce leben ...; um viele Annoncen zu erhalten, mußte die viertel Seite, die zur Affiche geworden war, einer möglichst großen Anzahl von Abonnenten zu Gesicht kommen. Es wurde ein Köder nötig, der sich an alle ohne Ansehen ihrer Privatmeinung richtete, und der seinen Wert darin hatte, die Neugier an die Stelle der Politik zu setzen ... War der Ausgangspunkt, der Abonnementspreis von 40 Francs, einmal gegeben, so gelangte man über das Inserat fast mit absoluter Notwendigkeit zum Feuilletonroman.«[42] Eben das erklärt die hohe Dotierung dieser Beiträge. 1845 schloß Dumas mit dem »Constitutionnel« und der »Presse« einen Vertrag, in dem ihm für fünf Jahre ein jährliches Mindesthonorar von 63 000 Francs bei einer jährlichen Mindestproduktion von achtzehn Bänden ausgesetzt wurde[43]. Eugène Sue erhielt für die »Mystères de Paris« eine Anzahlung von 100 000 Francs. Die Honorare von Lamartine hat man für den Zeitraum von 1838 bis 1851 auf 5 Millionen Francs berechnet. Für die »Histoire des Girondins«, welche zuerst als Feuilleton erschienen war, hatte er 600 000 Francs bezogen. Die üppige Honorierung von literarischer Tagesware führte notwendig zu Übelständen. Es kam vor, daß Verleger sich beim Erwerb von Manuskripten das Recht vorbehielten, sie von einem Verfasser ihrer Wahl zeichnen zu lassen. Das setzte voraus, daß einige erfolgreiche Romanciers mit ihrer Unterschrift nicht heikel waren. Näheres darüber berichtet ein Pamphlet »Fabrique de romans, Maison Alexan-

42 Alfred Nettement: Histoire de la littérature française sous le Gouvernement de Juillet, 2e éd., Paris 1859. Bd. 1, p. 301/302.

43 Vgl. Ernest Lavisse: Histoire de France contemporaine. Depuis la révolution jusqu'à la paix de 1919. Bd. 5: S. Charléty: La monarchie de juillet (1830-1848). Paris 1921, p. 352.

dre Dumas et Cie«[44]. Die »Revue des deux mondes« schrieb damals: »Wer kennt die Titel aller Bücher, die Herr Dumas gezeichnet hat? Kennt er sie selber? Wenn er nicht ein Journal mit ›Soll‹ und ›Haben‹ führt, so hat er bestimmt ... mehr als eines der Kinder vergessen, von denen er der legitime, der natürliche oder der Adoptivvater ist.«[45] Es ging die Sage, Dumas beschäftige in seinen Kellern eine ganze Kompagnie armer Literaten. Noch zehn Jahre nach den Feststellungen der großen Revue – 1855 – findet man in einem kleinen Organ der Bohème die folgende pittoreske Darstellung aus dem Leben eines erfolgreichen Romanciers, den der Autor de Santis nennt: »Zuhause angekommen, schließt Herr de Santis sorgfältig ab ... und öffnet eine kleine hinter seiner Bibliothek verborgene Tür. – Er befindet sich damit in einem ziemlich schmutzigen, schlecht beleuchteten Kabinett. Da sitzt, einen langen Gänsekiel in der Hand, mit verwirrtem Haar ein düster doch unterwürfig blickender Mann. In ihm erkennt man auf eine Meile den wahren Romancier von Geblüt, wenn es auch nur ein ehemaliger Ministerialangestellter ist, der die Kunst Balzacs bei der Lektüre des ›Constitutionnel‹ erlernt hat. Der wahre Verfasser der ›Schädelkammer‹ ist er; er ist der Romancier.«[46]* Unter der zweiten Republik versuchte das Parlament gegen das Überhandnehmen des Feuilletons anzukämpfen. Man belegte die Romanfortsetzungen Stück für Stück mit einer Steuer von einem Centime. Mit den reaktionären Pressgesetzen, die durch Beschränkung der Meinungsfreiheit dem Feuilleton erhöhten Wert gaben, trat die Vorschrift nach kurzer Frist außer Kraft.

Die hohe Dotierung des Feuilletons verbunden mit seinem großen Absatz verhalf den Schriftstellern, die es belieferten, zu einem großen Namen im Publikum. Es lag für den Einzelnen nicht fern, seinen Ruf und seine Mittel kombiniert einzusetzen: die politische Karriere erschloß sich ihm fast von selbst. Damit ergaben sich neue Formen der Korruption, und sie waren folgenreicher als der Mißbrauch bekannter Autorennamen. War der politische Ehrgeiz des Literaten einmal erwacht, so lag es für das Regime nahe, ihm den richtigen Weg zu weisen. 1846 bot Salvandy, der Kolonialminister, Alexandre Dumas an, auf

* Der Gebrauch der ›Neger‹ war nicht auf das Feuilleton beschränkt. Scribe beschäftigte für den Dialog seiner Stücke eine Reihe von anonymen Mitarbeitern.

44 Vgl. Eugène de [Jacquot] Mirecourt: Fabrique de romans. Maison Alexandre Dumas et Compagnie. Paris 1845.

45 Paulin Limayrac: Du roman actuel et de nos romanciers, in: Revue des deux mondes, tome 11, 14e année, nouvelle série, 1845, p. 953/954.

46 Paul Saulnier: Du roman en général et du romancier moderne en particulier, in: Le bohème. Journal non politique. 1re année, No 5, 29 avril 1855, p. 2.

Regierungskosten – das Unternehmen war mit 10 000 Francs bedacht – eine Reise nach Tunis zu unternehmen, um die Kolonien zu propagieren. Die Expedition mißriet, verschlang viel Geld und endete mit einer kleinen Anfrage in der Kammer. Glücklicher war Sue, der auf Grund des Erfolges seiner »Mystères de Paris« nicht nur die Abonnentenzahl des »Constitutionnel« von 3600 auf 20 000 brachte, sondern 1850 mit 130 000 Stimmen der Arbeiter von Paris zum Deputierten gewählt wurde. Die proletarischen Wähler gewannen damit nicht viel; Marx nennt die Wahl einen »sentimental abschwächenden Kommentar«[47] der vorangegangenen Mandatsgewinne. Wenn so die Literatur den Bevorzugten eine politische Laufbahn eröffnen konnte, so ist diese Laufbahn ihrerseits für die kritische Betrachtung ihrer Schriften verwertbar. Lamartine bietet dafür ein Beispiel dar.

Lamartines entscheidende Erfolge, die »Méditations« und die »Harmonies«, reichen in die Zeit zurück, in der das französische Bauerntum noch im Genuß des eroberten Ackers stand. In einem naiven Vers an Alphonse Karr hat der Dichter sein Schaffen dem eines Weinbauern gleichgestellt:

> Tout homme avec fierté peut vendre sa sueur!
> Je vends ma grappe en fruit comme tu vends ta fleur,
> Heureux quand son nectar, sous mon pied qui la foule,
> Dans mes tonneaux nombreux en ruisseaux d'ambre coule,
> Produisant à son maître, ivre de sa cherté,
> Beaucoup d'or pour payer beaucoup de liberté![48]

Diese Zeilen, in denen Lamartine seine Prosperität als eine bäuerliche lobt und der Honorare sich rühmt, die ihm sein Produkt auf dem Markt verschafft, sind aufschlußreich, wenn man sie minder von der moralischen Seite* denn als einen Ausdruck von Lamartines Klassengefühl betrachtet. Es war das des Parzellenbauern. Darin liegt ein Stück Geschichte von Lamartines Poesie. Die Lage des Parzellenbauern war in den vierziger Jahren kritisch geworden. Er war verschuldet. Seine

* In einem offenen Briefe an Lamartine schreibt der ultramontane Louis Veuillot: »Sollten Sie wirklich nicht wissen, daß ›frei sei‹ vielmehr besagen will: Gold verachten! Und um sich die Art Freiheit zu verschaffen, die man mit Gold erkauft, produzieren Sie Ihre Bücher auf ebenso kommerzielle Art wie Ihr Gemüse oder wie Ihren Wein!« (Louis Veuillot: Pages choisies avec une introduction critique par Antoine Albalat. Lyon, Paris 1906, p. 31.)

47 Marx: Der achtzehnte Brumaire des Louis Bonaparte, l. c. ⟨S. 514⟩ p. 68.

48 Alphonse de Lamartine: ⟨Œuvres poétiques complètes. Ed. Guyard. Paris 1963, p. 1506 (»Lettre à Alphonse Karr«).⟩

Parzelle lag »nicht mehr im sogenannten Vaterland, sondern im Hypothekenbuch«[49]. Damit war der bäuerliche Optimismus, die Grundlage der verklärenden Anschauung der Natur, die Lamartines Lyrik eigen ist, in Verfall geraten. »Wenn die neu entstandene Parzelle in ihrem Einklang mit der Gesellschaft, in ihrer Abhängigkeit von den Naturgewalten und ihrer Unterwerfung unter die Autorität, die sie von oben beschützte, natürlich religiös war, wird die schuldzerrüttete, mit der Gesellschaft und der Autorität zerfallene, über ihre eigene Beschränktheit hinausgetriebene Parzelle natürlich irreligiös. Der Himmel war eine ganz schöne Zugabe zu dem eben gewonnenen schmalen Erdstrich, zumal da er das Wetter macht; wer wird zum Insult, sobald er als Ersatz für die Parzelle aufgedrängt wird.«[50] An eben diesem Himmel waren die Gedichte Lamartines Wolkengebilde gewesen, wie denn Sainte-Beuve schon 1830 geschrieben hatte: »Die Dichtung von André Chénier ... ist gewissermaßen die Landschaft, über der Lamartine den Himmel ausgespannt hat.«[51] Dieser Himmel stürzte für immer ein, als die französischen Bauern 1849 für die Präsidentschaft von Bonaparte stimmten. Lamartine hatte ihr Votum mit vorbereitet*. »Er hätte wohl nicht gedacht«, schreibt über seine Rolle in der Revolution Sainte-Beuve, »daß er bestimmt war, der Orpheus zu werden, welcher mit seinem güldenen Bogen jenen Einfall der Barbaren lenken und mäßigen sollte.«[52] Baudelaire nennt ihn trocken »ein bißchen hurig, ein bißchen prostituiert«[53].

Für die problematischen Seiten dieser glanzvollen Erscheinung hat schwerlich einer einen schärferen Blick besessen als Baudelaire. Das mag damit zusammenhängen, daß er selber seit jeher wenig Glanz auf sich hatte ruhen fühlen. Porché meint, es sehe ganz danach aus, als

* Aus Berichten des damaligen russischen Botschafters in Paris, Kisseljow, hat Pokrowski nachgewiesen, daß die Ereignisse so verlaufen sind, wie schon Marx sie sich in den »Klassenkämpfen in Frankreich« zurechtgelegt hatte. Am 6. April 1849 hatte Lamartine dem Botschafter zugesichert, Truppen in der Hauptstadt zusammenzuziehen – eine Maßnahme, die das Bürgertum später mit den Arbeiterdemonstrationen vom 16. April zu rechtfertigen suchte. Lamartines Bemerkung, er werde für die Truppenkonzentration ungefähr zehn Tage benötigen, läßt in der Tat ein zweideutiges Licht auf jene Demonstrationen fallen. (Vgl. M[ichail] N. Pokrowski: Historische Aufsätze. Ein Sammelband. Wien, Berlin 1928, p. 108/109.)

49 Marx: Der achtzehnte Brumaire des Louis Bonaparte, l. c. ⟨S. 514⟩ p. 122/123.

50 Marx, l. c. p. 122.

51 Vie, poésies et pensées de Joseph Delorme. Nouvelle édition. (Poésies de Sainte-Beuve. 1re partie.) Paris 1863, p. 159/160.

52 Sainte-Beuve: Les consolations, l. c. ⟨S. 523⟩ p. 118.

53 Cit. François Porché: La vie douloureuse de Charles Baudelaire. Paris 1926, p. 248.

habe Baudelaire nicht die Wahl gehabt, wo er seine Manuskripte placieren könne[54]. »Baudelaire«, schreibt Ernest Raynaud, »hatte mit ... Gaunersitten zu rechnen; er hatte es mit Herausgebern zu tun, die auf die Eitelkeit der Leute von Welt, der Amateure und der Anfänger spekulierten und welche Manuskripte nur annahmen, wenn man Abonnements zeichnete.«[55] Baudelaires eigenes Verhalten entspricht dieser Sachlage. Er stellt das gleiche Manuskript mehreren Redaktionen zur Verfügung, vergibt Zweitdrucke, ohne sie als solche zu kennzeichnen. Er hat den literarischen Markt schon früh völlig illusionslos betrachtet. 1846 schreibt er: »So schön ein Haus sein mag, es hat vor allem einmal – und ehe man sich bei seiner Schönheit aufhält – soundsoviel Meter Höhe und soundsoviel Meter Länge. – Ebenso ist die Literatur, welche die unschätzbarste Substanz darstellt, vor allem Zeilenfüllung; und der literarische Architekt, dem nicht schon sein bloßer Name einen Gewinn verspricht, muß zu jedem Preise verkaufen.«[56] Bis an sein Ende blieb Baudelaire auf dem literarischen Markt schlecht placiert. Man hat berechnet, daß er mit seinem gesamten Werk nicht mehr als 15 000 Francs verdient hat.

»Balzac richtet sich mit Kaffee zu Grunde, Musset stumpft sich durch Absinthgenuß ab ..., Murger stirbt ... in einer Heilanstalt wie eben jetzt Baudelaire. Und nicht einer dieser Schriftsteller ist Sozialist gewesen!«[57] schreibt der Privatsekretär von Sainte-Beuve, Jules Troubat. Baudelaire hat die Anerkennung, die der letzte Satz ihm zollen wollte, gewiß verdient. Aber er war darum nicht ohne Einsicht in die wirkliche Lage des Literaten. Ihn – und sich selber an erster Stelle – mit der Hure zu konfrontieren, war ihm geläufig. Das Sonett an die käufliche Muse – »La muse vénale« – spricht davon. Das große Einleitungsgedicht »Au lecteur« stellt den Dichter in der unvorteilhaften Positur dessen dar, der für seine Geständnisse klingende Münze nimmt. Eines der frühsten Gedichte, die in die »Fleurs du mal« keinen Eingang fanden, ist an ein Straßenmädchen gerichtet. Seine zweite Strophe lautet:

Pour avoir des souliers, elle a vendu son âme;
Mais le bon Dieu rirait si, près de cette infâme,

54 Vgl. Porché, l. c. p. 156.

55 Ernest Raynaud: Ch. Baudelaire. Etude biographique et critique suivi d'un essai de bibliographie et d'iconographie baudelairiennes. Paris 1922, p. 319.

56 II, p. 385.

57 Cit. Eugène Crépet: Charles Baudelaire. Etude biographique, revue et mise à jour par Jacques Crépet. Paris 1906, p. 196/197.

Je tranchais du tartufe et singeais la hauteur,
Moi qui vends ma pensée et qui veux être auteur.[58]

Die letzte Strophe »Cette bohême-là, c'est mon tout«, schließt dieses Geschöpf unbekümmert in die Bruderschaft der Bohème ein. Baudelaire wußte, wie es um den Literaten in Wahrheit stand: als Flaneur begibt er sich auf den Markt; wie er meint, um ihn anzusehen, und in Wahrheit doch schon, um einen Käufer zu finden.

[...]

58 I, p. 209.

V. Malerei, Graphik, Photographie

Über die Malerei oder Zeichen und Mal

A. Das Zeichen

Die Sphäre des Zeichens umfaßt verschiedene Gebiete, die sich durch die wechselnde Bedeutung die in ihnen die Linie hat charakterisieren. Solche Bedeutungen sind: die Linie der Geometrie, die Linie des Schriftzeichens, die graphische Linie, die Linie des absoluten Zeichens (die *als solche*, d. h. nicht durch dasjenige, was sie etwa darstellt, magische Linie).

a), b) Die Linie der Geometrie und der Schriftzeichen bleiben in diesem Zusammenhang unberücksichtigt.

c) Die graphische Linie. Die graphische Linie ist durch den Gegensatz zur Fläche bestimmt; dieser Gegensatz hat bei ihr nicht etwa nur visuelle sondern metaphysische Bedeutung. Es ist nämlich der graphischen Linie ihr Untergrund zugeordnet. Die graphische Linie bezeichnet die Fläche und bestimmt damit diese indem sie sie sich selbst als ihrem Untergrund zuordnet. Umgekehrt gibt es auch eine graphische Linie nur auf diesem Untergrunde, sodaß beispielsweise eine Zeichnung, die ihren Untergrund restlos bedecken würde, aufhören würde eine solche zu sein. Damit ist dem Untergrund eine bestimmte, für den Sinn der Zeichnung unerläßliche Stelle angewiesen, sodaß innerhalb der Graphik zwei Linien nur relativ zu ihrem Untergrunde auch ihre Beziehung zueinander bestimmen können, übrigens eine Erscheinung, bei der die Verschiedenheit zwischen graphischer und geometrischer Linie besonders klar hervortritt. – Die graphische Linie verleiht ihrem Untergrunde Identität. Die Identität, welche der Untergrund einer Zeichnung hat, ist eine ganz andere als die derjenigen weißen Papierfläche, auf der sie sich befindet und der sie sogar wahrscheinlich abzusprechen wäre, wollte man sie als ein Gewoge (eventuell mit bloßem Auge nicht unterscheidbarer) weißer Farbwellen auffassen. Die reine Zeichnung wird die graphisch sinngebende Funktion ihres Untergrundes nicht dadurch alterieren, daß sie ihn als weißer Farbgrund »ausspart«; daraus erhellt, daß unter Umständen die Darstellung von Wolken und Himmel auf Zeichnungen gefährlich und bisweilen Prüfstein der Reinheit ihres Stils sein könnte.

d) Das absolute Zeichen. Um das absolute Zeichen, d. h. das mythologische Wesen des Zeichens zu verstehen, müßte man über die eingangs erwähnte Sphäre des Zeichens überhaupt etwas wissen. Jedenfalls ist diese Sphäre wahrscheinlich kein Medium, sondern stellt eine uns höchstwahrscheinlich zur Zeit gänzlich unbekannte Ordnung dar. Auffallend ist aber der Gegensatz der Natur des absoluten Zeichens zu der des absoluten Mals. Diesen Gegensatz, der metaphysisch von *ungeheurer* Wichtigkeit ist, hätte man erst zu suchen. Das Zeichen scheint mehr ausgesprochen räumliche Relation und mehr Beziehung auf die Person, das Mal (wie sich ergeben wird) mehr zeitliche und das Personale geradezu ausstoßende Bedeutung zu haben. Absolute Zeichen sind: z. B. das Kainszeichen, das Zeichen mit dem bei der zehnten Plage in Ägypten die Häuser der Israeliten bezeichnet waren, das vermutlich ähnliche Zeichen in Ali Baba und den vierzig Räubern; mit der nötigen Zurückhaltung kann man aus diesen Fällen vermuten, daß das absolute Zeichen vorwiegend räumliche und personale Bedeutung hat.

B. Das Mal

a) Das absolute Mal. Sofern sich über die Natur des absoluten Mals, d. h. über das mythische Wesen des Mals, etwas ausmachen läßt, ist das von Wichtigkeit für die ganze Sphäre des Mals im Gegensatz zu der des Zeichens. Hier ist nun der erste fundamentale Unterschied darin zu sehen, daß das Zeichen aufgedrückt wird, das Mal dagegen hervortritt. Dies weist darauf hin, daß die Sphäre des Mals die eines Mediums ist. Während das absolute Zeichen nicht vorwiegend am Lebendigen erscheint, sondern auch leblosen Gebäuden, Bäumen aufgeprägt wird, erscheint das Mal vorzüglich am Lebendigen (Wundmale Christi, Erröten, vielleicht der Aussatz, Muttermal). Den Gegensatz zwischen Mal und absolutem Mal gibt es nicht, denn das Mal ist immer absolut, und ist im Erscheinen nichts anderem ähnlich. Ganz auffallend ist wie das Mal gemäß seinem Auftreten am Lebendigen so oft mit Schuld (Erröten) bzw. Unschuld (Wundmale Christi) verbunden ist; ja selbst wo das Mal an Leblosem erscheint (Sonnenkringel in Strindbergs »Advent«) ist es oft mahnendes Zeichen der Schuld. In diesem Sinne erscheint es aber zugleich mit dem Zeichen (Belsazar) und das Ungeheure der Erscheinung beruht zum großen Teil auf der nur Gott zuzuschreibenden Vereinigung dieser beiden Gebilde. Insofern der Zusammenhang von Schuld und Sühne ein zeitlich magischer ist, erscheint vorzüglich diese *zeitliche* Magie im Mal in dem Sinne, daß der Widerstand der Gegenwart zwischen Vergangenheit und Zukunft ausgeschaltet wird und diese auf magische Weise vereint über den Sünder hereinbrechen. Doch hat das Medium des Mals nicht allein diese zeitliche Bedeutung, sondern zugleich auch, wie es besonders im Erröten ganz erschütternd hervortritt, eine die Persönlichkeit in gewissem Urelemente auflösende. Dies führt wiederum auf den Zusammenhang zwischen Mal und Schuld. Das Zeichen aber erscheint nicht selten als ein die Person auszeichnendes und auch dieser Gegensatz zwischen Zeichen und Mal scheint der metaphysischen Ordnung anzugehören. Was die Sphäre des Mals *überhaupt* (d. i. das Medium des Mals überhaupt) angeht, so wird das einzige was in diesem Zusammenhang darüber erkannt werden kann nach der Betrachtung der Malerei gesagt werden. Doch ist, wie erwähnt, Alles was vom absoluten Mal gilt von großer Bedeutung für das Medium des Mals überhaupt.

b) Die Malerei. Das Bild hat keinen Untergrund. Auch liegt eine Farbe nie auf der andern auf, sondern erscheint höchstens im Medium derselben. Auch das läßt sich vielleicht oft gar nicht ausmachen, und so könnte man, prinzipiell betrachtet, bei manchen Gemälden gar nicht unterscheiden, ob eine Farbe die untergründigste oder die vordergründigste ist. Diese Frage ist aber sinnlos. Es gibt in der Malerei keinen Untergrund, und es gibt in ihr keine graphische Linie. Die gegenseitige Begrenzung der Farbflächen (Komposition) auf einem Raffaelschen Bilde beruht nicht auf der graphischen Linie. Dieser Irrtum kommt zum Teil aus der ästhetischen Verwertung der rein technischen Tatsache, daß Maler vor dem Malen ihre Bilder zeichnerisch komponieren. Das Wesen solcher Komposition hat aber mit Graphik gar nichts zu tun. Der einzige Fall, in dem Linie und Farbe sich zusammenfinden, ist das getuschte Bild, auf dem die Konturen des Stiftes sichtbar und die Farbe durchsichtig aufgetragen ist. Der Untergrund ist dort, wenn auch gefärbt, erhalten.

Das Medium der Malerei wird bezeichnet als das Mal im engern Sinne; denn die Malerei ist ein Medium, ein solches Mal, da sie weder Untergrund noch graphische Linie kennt. Das Problem des malerischen Gebildes ergibt sich erst dem, der sich über die Natur des Mals im engeren Sinne klar ist, eben dadurch aber erstaunen muß, im Bilde Komposition vorzufinden, die er doch nicht auf Graphik zurückführen kann. Daß nun aber das Vorhandensein einer solchen Komposition nicht ein Schein ist, daß beispielsweise der Beschauer eines Raffaelschen Bildes nicht nur zufällig oder aus Versehen Konfigurationen von Menschen, Bäumen, Tieren im Mal vorfindet, erhellt aus folgendem: wäre das Bild nur Mal, so wäre eben damit es ganz unmöglich, es zu benennen. Nun ist aber das eigentliche Problem der Malerei in dem Satze zu finden, daß das Bild zwar Mal sei, und umgekehrt daß das Mal im engern Sinne nur im Bild sei, und weiter, daß das Bild, insofern es Mal ist, nur im Bild selber Mal sei, aber: daß andrerseits das Bild *auf etwas das es nicht selbst ist*, d. h. auf etwas, das nicht Mal ist, und zwar indem es benannt wird, bezogen werde. Diese Beziehung auf das, wonach das Bild benannt wird, auf das dem Male Transzendente, leistet die Komposition. Diese ist der Eintritt einer höhern Macht in das Medium des Mals, welche, darin in ihrer Neutralität verharrend, d. h. keineswegs durch Graphik das Mal sprengend, in demselben eben deshalb ihren Platz ohne es zu sprengen findet, weil sie zwar unermeßlich höher als dies Mal, jedoch ihm nicht feindlich, sondern verwandt ist. Diese Macht ist das sprachliche Wort, das sich im Medium der malerischen Sprache, unsichtbar als ein solches, nur in der Komposition sich offenbarend, niederläßt. Das Bild wird nach der Komposition benannt. Mit dem Gesagten versteht es sich von selbst, daß Mal und Komposition Elemente jedes Bildes sind, welches auf Benennbarkeit Anspruch macht. Ein Bild jedoch, das dies nicht täte, würde aufhören, ein solches zu sein und nun freilich mit in das Medium des Mals überhaupt eintreten, wovon wir uns aber gar keine Vorstellung machen können.

Die großen Epochen in der Malerei unterscheiden sich nach Komposition und Medium, danach, welches Wort und in welches Mal es eintritt. Selbstverständlich handelt es sich hier bei Mal und Wort nicht um die Möglichkeit beliebiger Kombinationen. Beispielsweise wäre es wohl denkbar, daß in den Gemälden eines Raffael vorwiegend der Name, in den Gemälden der heutigen Maler etwa das richtende Wort in das Mal eingegangen sei. Für die Erkenntnis des Zusammenhanges des Bildes mit dem Wort ist die Komposition, d. i. die Benennung maßgebend; überhaupt aber ist der metaphysische Ort einer Malerschule und eines Gemäldes nach Art des Mals und Wortes zu bestimmen und setzt also zum wenigsten eine ausgebildete Unterscheidung der Arten des Mals und des Wortes voraus, von der es wohl noch kaum die Anfänge gibt.

c) Das Mal im Raum. Die Sphäre des Mals tritt auch in räumlichen Gebilden auf, wie auch das Zeichen in einer gewissen Funktion der Linie zweifellos architektonische Bedeutung (und also auch räumliche) hat. Solche Mäler im Raum hängen schon sichtlich durch die

Bedeutung mit der Sphäre des Mals zusammen, in welcher Art aber muß genauer Untersuchung vorbehalten bleiben. Vor allem erscheinen sie nämlich als Toten- oder Grabmale, von denen aber im genauen Sinn natürlich nur architektonisch und plastisch ungeformte Gebilde Mäler sind.

Alte vergessene Kinderbücher

»Warum sammeln Sie Bücher?« – Hat man jemals die Bibliophilen mit einer solchen Umfrage zur Selbstbesinnung aufgefordert? Wie interessant wären die Antworten, zumindest die aufrichtigen. Denn nur der Uneingeweihte kann glauben, es gäbe nicht auch hier zu verhehlen und zu beschönigen. Hochmut, Einsamkeit, Verbitterung – das ist die Nachtseite so mancher hochgebildeten und glückhaften Sammlernatur. Hin und wieder zeigt jede Passion ihre dämonischen Züge; davon weiß die Geschichte der Bibliophilie zu sagen wie nur eine. – Nichts davon in dem Sammlercode Karl Hobreckers, dessen große Sammlung von Kinderbüchern durch sein Werk[1] nun dem Publikum bekannt wird. Wem die freundliche, feine Person, wem das Buch auf jeder Seite es nicht sagen würde, dem wäre die bloße Überlegung genug: dieses Sammelgebiet – das Kinderbuch – entdecken konnte nur, wer der kindlichen Freude daran die Treue gehalten hat. Sie ist der Ursprung seiner Bücherei, und einen gleichen wird jede ähnliche brauchen, um zu gedeihen. Ein Buch, ja eine Buchseite, ein bloßes Bild im altmodischen, vielleicht von Mutter und Großmutter her überkommenen Exemplar kann der Halt sein, um den die erste zarte Wurzel dieses Triebes sich rankt. Tut nichts, daß der Umschlag locker ist, Seiten fehlen und hin und wieder ungeschickte Hände die Holzschnitte betuscht haben. Die Suche nach dem schönen Exemplar hat ihr Recht, aber gerade hier wird sie dem Pedanten den Hals brechen. Und es ist gut, daß die Patina, wie ungewaschene Kinderhände sie über die Blätter legen, den Büchersnob fernhält.

Als vor 25 Jahren Hobrecker seine Sammlung begründete, waren alte Kinderbücher Makulatur. Er zuerst hat ihnen ein Asyl eröffnet, wo sie auf absehbare Zeit vor der Papiermühle gesichert sind. Unter den mehreren tausend, die seine Schränke füllen, mögen hunderte allein bei ihm, in einem letzten Exemplar, sich finden. Durchaus nicht mit seiner Würde und Amtsmiene tritt dieser erste Archivar des Kinderbuches mit seinem Werk vors Publikum. Er wirbt nicht um Anerkennung seiner Arbeit, sondern um Anteil an dem Schönen, das sie ihm erschlossen hat. Alles Gelehrte, insbesondere ein bibliographischer Anhang von etwa zweihundert der wichtigsten Titel ist Beiwerk, das dem Sammler willkommen ist, ohne den Fernerstehenden zu behel-

1 Karl Hobrecker, Alte vergessene Kinderbücher. Berlin: Mauritius-Verlag 1924. 160 S.

ligen. Das deutsche Kinderbuch – so führt der Autor in dessen Geschichte ein – entstand mit der Aufklärung. Die Philanthropen machten mit ihrer Erziehung die Probe auf das Exempel des großen humanitären Bildungsprogramms. War der Mensch fromm, gut und gesellig von Natur, so mußte es gelingen, aus dem Kinde, dem Naturwesen schlechtweg, den frömmsten, besten und geselligsten heranzuziehen. Und da in aller theoretisch gestimmten Erziehung die Technik des sachlichen Einflusses erst spät entdeckt wird und die problematischen Vermahnungen den Anfang machen, so ist auch das Kinderbuch in den ersten Jahrzehnten erbaulich, moralistisch und variiert den Katechismus samt Auslegung im Sinn des Deismus. Mit diesen Texten geht Hobrecker streng ins Gericht. Ihre Trockenheit, selbst Bedeutungslosigkeit für das Kind wird sich oft nicht abstreiten lassen. Doch sind diese überwundenen Fehler geringfügig gegen die Verirrungen, welche dank der vermeintlichen Einfühlung in das kindliche Wesen heute im Schwange sind: die trostlose verzerrte Lustigkeit der gereimten Erzählungen und die grinsenden Babyfratzen, die von gottverlassenen Kinderfreunden dazu gemalt werden. Das Kind verlangt vom Erwachsenen deutliche und verständliche, doch nicht kindliche Darstellung. Am wenigsten aber das was der dafür zu halten pflegt. Und weil selbst für den entlegenen und schweren Ernst, wenn er nur aufrichtig und unreflektiert von Herzen kommt, das Kind genauen Sinn hat, mag auch für jene altfränkischen Texte sich manches sagen lassen. Neben Fibel und Katechismus steht am Anfang des Kinderbuches das Anschauungslexikon, das illustrierte Vokabelbuch oder wie man den »Orbis pictus« des Amos Comenius sonst nennen will. Auch dieser Form hat die Aufklärung sich auf ihre Weise bemächtigt und das monumentale Basedowsche »Elementarwerk« geschaffen. Dies Buch ist vielfach auch textlich erfreulich. Denn neben einem weitschweifigen Universalunterricht, der zeitgemäß den »Nutzen« aller Dinge ins rechte Licht rückt – den der Mathematik wie den des Seiltanzens – kommen moralische Geschichten von einer Drastik vor, die nicht unfreiwillig das Komische streift. Bei diesen beiden Werken hätte das spätere »Bilderbuch für Kinder« eine Erwähnung verdient. Es umfaßt zwölf Bände mit je hundert kolorierten Kupfertafeln und erschien unter F. J. Bertuchs Leitung in Weimar von 1792 bis 1847. Diese Bilderenzyklopädie beweist in ihrer sorgfältigen Ausführung, mit welcher Hingabe damals für Kinder gearbeitet wurde. Heute würden die meisten Eltern sich vor der Zumutung entsetzen, eine solche Kostbarkeit in Kinderhände zu legen. Bertuch fordert in seiner

Vorrede ganz unbefangen zum Ausschneiden der Bilder auf. Endlich sind Märchen und Lied, in gewissem Abstand auch Volksbuch und Fabel ebenso viele Quellen für den Textgehalt der Kinderbücher. Selbstverständlich die reinsten. Ist es doch ein durch und durch modernes Vorurteil, aus dem die neuere romanartige Jugendschrift, ein wurzelloses Gebilde voll von trüben Säften, hervorgegangen ist. Dieses nämlich, daß Kinder so abseitige, inkommensurable Existenzen seien, daß man ganz besonders erfinderisch zur Produktion ihrer Unterhaltung sein müsse. Es ist müßig, auf die Herstellung von Gegenständen – Anschauungsmitteln, Spielzeug oder Büchern – die den Kindern gemäß wären, krampfhaft bedacht zu sein. Seit der Aufklärung ist das eine der muffigsten Grübeleien des Pädagogen. In seiner Befangenheit übersieht er, daß die Erde voll von reinen unverfälschten Stoffen kindlicher Aufmerksamkeit ist. Und von den bestimmtesten. Kinder nämlich sind auf besondere Art geneigt, jedwede Arbeitsstätte aufzusuchen, wo sichtbare Betätigung an den Dingen vor sich geht. Unwiderstehlich fühlen sie sich vom Abfall angezogen, der sei es beim Bauen, bei Garten- oder Tischlerarbeit, beim Schneidern oder wo sonst immer entsteht. In diesen Abfallprodukten erkennen sie das Gesicht, das die Dingwelt gerade ihnen, ihnen allein zukehrt. Mit diesen bilden sie die Werke von Erwachsenen nicht sowohl nach als daß sie diese Rest- und Abfallstoffe in eine sprunghafte neue Beziehung zueinander setzen. Kinder bilden sich damit ihre Dingwelt, eine kleine in der großen, selbst. Ein solches Abfallprodukt ist das Märchen, das gewaltigste vielleicht, das im geistigen Leben der Menschheit sich findet: Abfall im Entstehungs- und Verfallsprozeß der Sage. Mit Märchenstoffen vermag das Kind so souverän und unbefangen zu schalten wie mit Stoffetzen und Bausteinen. In Märchenmotiven baut es seine Welt auf, verbindet es wenigstens ihre Elemente. Vom Lied gilt ähnliches. Und die Fabel – »die Fabel in ihrer guten Form kann ein Geistesprodukt von wunderbarer Tiefe darstellen, dessen Wert die Kinder wohl in den wenigsten Fällen erkennen. Wir dürfen auch bezweifeln, daß die jugendlichen Leser sie der angehängten Moral wegen schätzten oder sie zur Schulung des Verstandes benutzten, wie es bisweilen kinderstubenfremde Weisheit vermutete und vor allem wünschte. Die Kleinen freuen sich am menschlich redenden und vernünftig handelnden Tier sicherlich mehr als am gedankenreichsten Text.« »Die spezifische Jugendliteratur« – so heißt es an anderer Stelle – »begann mit einem großen Fiasko, soviel ist sicher.« Und dabei, dürfen wir hinzufügen, ist es in sehr vielen Fällen geblieben.

Eines rettet selbst den altmodischsten, befangensten Werken dieser Epoche das Interesse: die Illustration. Diese entzog sich der Kontrolle der philanthropischen Theorien, und schnell haben über die Köpfe der Pädagogen hinweg Künstler und Kinder sich verständigt. Nicht als ob diese ausschließlich mit Rücksicht auf jene gearbeitet hätten. Die Fabelbücher zeigen, daß verwandte Schemata an den verschiedensten Stellen mehr oder weniger variiert auftauchen. Ebenso weisen die Anschauungsbücher z. B. in der Darstellung der sieben Weltwunder auf Kupfer des 17. Jahrhunderts, vielleicht auch noch weiter, zurück. Vermutungsweise sei gesagt, daß die Illustration dieser Werke in historischem Zusammenhang mit der Emblematik des Barock stehe. Die Gebiete sind sich nicht so fremd wie man wohl denken möchte. Gegen Ende des 18. Jahrhunderts tauchen Bilderbücher auf, die eine bunte Menge von Sachen auf einem Blatte – und ohne irgend welche figurale Vermittlung – zusammenstellen. Es sind Gegenstände, die mit dem gleichen Buchstaben beginnen: Apfel, Anker, Acker, Atlas u. dgl. Ein oder mehrere fremdsprachige Übersetzungen dieser Vokabeln sind beigegeben. Die künstlerische Aufgabe, so gestellt, ist derjenigen verwandt, welche die bilderschriftartige Kombination allegorischer Gegenstände den Zeichnern des Barock stellte, und in beiden Epochen entstanden ingeniöse hochbedeutende Lösungen. Nichts auffallender, als daß im 19. Jahrhundert, das für seinen Zuwachs an universalem Wissen so reichlich Kulturgüter des vorhergehenden dahingeben mußte, das Kinderbuch weder textlich noch illustrativ Einbuße erlitt. Zwar kommen so fein kultivierte Werke wie die Wiener »Fabeln des Äsopus« (Zweite Auflage bey Heinr. Friedr. Müller, Wien o. J.), die Hobreckers Verzeichnis beifügen zu können ich mich glücklich schätze, nach 1810 nicht mehr vor. Es ist überhaupt nicht das Raffinement in Stich und Kolorit, in dem das Kinderbuch des 19. Jahrhunderts mit den Vorgängern wetteifern könnte. Sein Reiz liegt zum guten Teil im Primitiven, in den Dokumenten einer Zeit, da die alte Manufaktur mit den Anfängen neuer Techniken sich auseinandersetzt. Seit 1840 hatte die Lithographie die Herrschaft, während vorher im Kupferstich noch häufig Motive des 18. Jahrhunderts begegnen. Das Biedermeier, die zwanziger und dreißiger Jahre, sind nur im Kolorit charakteristisch und neu. »Mir scheint in jener biedermeierlichen Zeit eine Vorliebe für Karmin, Orange und Ultramarin zu bestehen, auch ein leuchtendes Grün wird vielfach verwendet. Wo bleiben neben diesen funkelnden Gewändern, neben dem Azur des Himmels, den wildwabernden Flammen der Vulkane und Feuersbrünste, die einfach schwarz-weißen

Kupfer und Steindrucke, wie sie für die langweiligen großen Leute im allgemeinen gut genug waren? Wo blühen wieder solche Rosen, wo leuchten solch rotbackige Äpfel und Gesichter, wo blinken noch solche Husaren in grünem Dolman und gelbverschnürtem, krapprotem Waffenkleide? Selbst der schlichte, mausgraue Zylinder des edlen Vaters, die lohgelbe Kopfbedeckung der schönen Mutter rufen unsere Bewunderung wach.« Diese selbstgenügsam prangende Farbenwelt ist durchaus dem Kinderbuch vorbehalten. Die Malerei streift, wo in ihr die Farbigkeit, das Durchsichtige oder glühend Bunte der Töne ihre Beziehung zur Fläche beeinträchtigt, den leeren Effekt. Bei den Bildern der Kinderbücher bewirkt es jedoch meist der Gegenstand und die Selbständigkeit der graphischen Unterlage, daß an eine Synthese von Farbe und Fläche nicht gedacht werden kann. In diesen Farbenspielen ergeht sich aller Verantwortung entbunden die bloße Phantasie. Die Kinderbücher dienen ja nicht dazu, ihre Betrachter in die Welt der Gegenstände, Tiere und Menschen, in das sogenannte Leben unmittelbar einzuführen. Ganz allmählich findet deren Sinn im Außen sich wieder und nur in dem Maße wie es als ihnen gemäßes Inneres ihnen vertraut wird. Die Innerlichkeit dieser Anschauung steht in der Farbe und in deren Medium spielt das träumerische Leben sich ab, das die Dinge im Geist der Kinder führen. Sie lernen am Bunten. Denn nirgends ist so wie in der Farbe die sehnsuchtslose sinnliche Kontemplation zuhause.

Die merkwürdigsten Erscheinungen aber treten gegen Ende des Biedermeier, mit den vierziger Jahren, gleichzeitig mit dem Aufschwung der technischen Zivilisation und jener Nivellierung der Kultur auf, die nicht ohne Zusammenhang damit war. Der Abbau der mittelalterlichen sphärisch gestuften Lebensordnungen war damals vollendet. In ihm waren gerade die feinsten edelsten Substanzen oft zu unterst geraten, und so kommt es, daß der Tieferblickende gerade in den Niederungen des Schrift- und Bildwerks, wie in den Kinderbüchern, diese Elemente findet, die er in den anerkannten Kulturdokumenten vergeblich sucht. Das Ineinandersinken aller geistigen Schichten und Aktionsweisen wird so recht deutlich an einer Bohèmeexistenz jener Tage, die in Hobreckers Darstellung leider keinen Platz gefunden hat, obwohl einige der vollendetsten, freilich auch seltensten Kinderbücher ihr zu verdanken sind. Es ist Johann Peter Lyser, der Journalist, Dichter, Maler und Musiker. Das »Fabelbuch« von A. L. Grimm mit Lysers Bildern (Grimma 1827), das »Buch der Mährchen für Töchter und Söhne gebildeter Stände« (Leipzig

1834), Text und Bilder von Lyser, und »Linas Mährchenbuch«, Text von A. L. Grimm, Bilder von Lyser (Grimma o. J.) – das sind drei seiner schönsten Kinderschriften. Das Kolorit ihrer Lithographien sticht von dem brennenden des Biedermeier ab und paßt um so besser zu dem verhärmten, abgezehrten Ausdruck mancher Gestalten, der schattenhaften Landschaft, der Märchenstimmung, die nicht frei ist von einem ironisch-satanischen Einschlag. Das Niveau der Kolportage, auf dem diese originale Kunst sich entwickelte, dokumentiert sich am schlagendsten in den vielbändigen, mit selbstentworfenen Lithographien gezierten »Abendländischen tausendundeinen Nacht«. Ein grundsatzloses, aus trüben Quellen geschöpftes Sammelsurium von Märchen, Sage, örtlicher Legende und Schauermär, welches in den dreißiger Jahren bei F. W. Goedsche in Meißen erschienen ist. Die banalsten Städte Mitteldeutschlands – Meißen, Langensalza, Potschappel, Grimma, Neuhaldensleben – treten für den Sammler in einen magischen topographischen Zusammenhang. Oft mögen da Schullehrer als Schriftsteller und Illustratoren in einer Person gewirkt haben, und man male sich aus, wie es in einem Büchlein aussieht, das auf 32 Seiten und 8 Lithographien der Jugend von Langensalza die Götter der Edda vorstellt.

Für Hobrecker aber liegt der Brennpunkt des Interesses weniger hier als in den vierziger bis sechziger Jahren. Und zwar in Berlin, wo der Zeichner Theodor Hosemann seine liebenswürdige Begabung vor allem an die Illustration von Jugendschriften wandte. Auch den weniger durchgearbeiteten Blättern gibt eine anmutige Kälte der Farbe, eine sympathische Nüchternheit im Ausdruck der Figuren einen Stempel, an dem jeder geborne Berliner seine Freude haben kann. Freilich werden die früheren, weniger schematischen und weniger häufigen Arbeiten des Meisters, wie die reizenden Illustrationen zur »Puppe Wunderhold«, ein Prachtstück der Sammlung Hobrecker, für den Kenner vor jenen geläufigeren rangieren, die kenntlich am uniformen Format und Verlagsvermerk »Berlin Winckelmann & Söhne« in allen Antiquariaten begegnen. Neben Hosemann wirkten Ramberg, Richter, Speckter, Pocci, von den Geringeren zu schweigen. Für die kindliche Anschauung eröffnet in ihren schwarz-weißen Holzschnitten sich eine eigene Welt. Ihr ursprünglicher Wert ist dem der kolorierten gleich: seine polare Ergänzung. Das farbige Bild versenkt die kindliche Phantasie träumerisch in sich selbst. Der schwarz weiße Holzschnitt, die nüchterne prosaische Abbildung führt es aus sich heraus. Mit der zwingenden Aufforderung zur Beschreibung, die in dergleichen Bildern liegt, rufen sie im Kinde das Wort wach. Wie es aber diese Bilder mit Worten beschreibt, so beschreibt es sie in der Tat. Es wohnt in ihnen. Ihre Fläche ist nicht wie die farbige ein Noli me tangere – weder ist sie's an sich noch für das Kind. Vielmehr ist sie gleichsam nur andeutend bestellt und einer gewissen Verdichtung fähig. Das Kind dichtet in sie hinein. Und so kommt es, daß es auch in der anderen, der sinnlichen Bedeutung diese Bilder »beschreibt«. Es bekritzelt sie. Es lernt an ihnen zugleich mit der Sprache die Schrift: Hieroglyphik. Die echte Bedeutung dieser schlichten graphischen Kinderbücher liegt also weit ab von der stumpfen Drastik, um deretwillen die rationalistische Pädagogik sie empfahl. Aber auch hier bestätigt sich: »Der Philister hat oft in der Sache Recht, aber nie in den Gründen.« Denn keine anderen Bilder führen wie diese das Kind in Sprache und Schrift ein – eine Wahrheit, in deren Gefühl man den ersten Worten der alten Fibeln die Zeichnung dessen mitgab, was sie bedeuten. Farbige Fibelbilder wie sie jetzt aufkommen sind eine Verirrung. Im Reich der farblosen Bilder erwacht das Kind, wie es in dem der bunten seine Träume austräumt.

In aller Historiographie gehört die Auseinandersetzung über das Jüngstvergangene zum Strittigen. Das ist auch in der harmlosen Geschichte des Kinderbuches nicht anders. Über die Einschätzung der Jugendbücher vom letzten Viertel des 19. Jahrhunderts an werden am leichtesten die Meinungen auseinandergehen. Vielleicht hat Hobrecker, wenn er den aufdringlichen Schulmeisterton an den Pranger stellt, verstecktere Mißstände des neueren Jugendschrifttums weniger beachtet. Auch lag es seiner Aufgabe ferner. Der Stolz auf ein psychologisches Wissen vom kindlichen Innenleben, das an Tiefe und Lebenswert nirgends mit einer alten Pädagogik wie der Jean-Paulschen »Levana« zu messen ist, hat eine Literatur großgezogen, die im selbstgefälligen Buhlen um die Aufmerksamkeit des Publikums den sittlichen Gehalt verloren hat, der den sprödesten Versuchen der klassizistischen Pädagogik ihre Würde gibt. An seine Stelle ist die Abhängigkeit von den Schlagworten der Tagespresse getreten. Die heimliche Verständigung zwischen dem anonymen Handwerker und dem kindlichen Betrachter fällt fort; Schreiber wie Illustrator wenden sich mehr und mehr durch das unlautere Medium der akuten Sorgen und Moden zum Kinde. Die süßliche Geste, die nicht dem Kinde, sondern den verdorbenen Vorstellungen von ihm entspricht, wird in den Bildern heimisch. Das Format verliert die edle Unscheinbarkeit und wird aufdringlich. In all diesem Kitsch liegen freilich die wertvollsten kulturhistorischen Dokumente, aber sie sind noch zu neu, als daß die Freude an ihnen rein sein könnte.

Wie dem nun sei: In dem Hobreckerschen Werke selbst waltet, seiner innern wie äußern Gestalt nach, der Charme der liebenswürdigsten, romantischen Kinderbücher. Holzschnitte, farbige Vollbilder, Schattenrisse und feinkolorierte Darstellungen im Text machen es zu einem überaus erfreulichen Hausbuche, mit dem nicht allein der Erwachsene sein Vergnügen hat, sondern an dem sehr wohl sich Kinder versuchen können, um in den alten Fibeltexten zu buchstabieren oder unter den Bildern sich Malvorlagen zu suchen. Dem Sammler aber wird einzig die Befürchtung, die Preise steigen zu sehen, einen Schatten auf seine Freude werfen. Dafür bleibt ihm die Hoffnung, ein oder das andere Bändchen, das achtlos der Zerstörung preisgegeben war, möge diesem Werke seine Erhaltung zu danken haben.

Aussicht ins Kinderbuch[1]

> Grüne Schimmer schon im Abendrot.
> *C. F. Heinle*

In einer Geschichte von Andersen kommt ein Bilderbuch vor, das »für das halbe Königreich« erkauft war. Darin war alles lebendig. »Die Vögel sangen und die Menschen gingen aus dem Buche heraus und sprachen.« Wenn aber die Prinzessin das Blatt umwandte, »sprangen sie gleich wieder hinein, damit keine Unordnung entstehe«. Niedlich und unscharf, wie so vieles, was er geschrieben hat, geht auch diese kleine Erdichtung haargenau an dem vorbei, worauf es hier ankommt. Nicht die Dinge treten dem bildernden Kind aus den Seiten heraus – im Schauen dringt es selber als Gewölk, das mit dem Farbenglanz der Bilderwelt sich sättigt, in sie ein. Es macht vor seinem ausgemalten Buche die Kunst der taoistischen Vollendeten wahr: es meistert die Trugwand der Fläche und zwischen farbigen Geweben, bunten Verschlägen betritt es eine Bühne, wo das Märchen lebt. Hoa, das chinesische »tuschen«, ist soviel wie kua, »anhängen«: man hängt fünf Farben an die Dinge. Farben »anlegen« sagt das Deutsche. In solch farbenbehängte, undichte Welt, wo bei jedem Schritt sich alles verschiebt, wird das Kind als Mitspieler aufgenommen. Drapiert mit allen Farben, welche es beim Lesen und Betrachten aufgreift, steht es in einer Maskerade mitten inne und tut mit. Beim Lesen – denn es haben auch die Worte zu diesem Maskenball sich eingefunden, sind mit von der Partie und wirbeln, tönende Schneeflocken, durcheinander. »Prinz ist ein Wort mit einem umgebundenen Stern«, sagte ein Junge von sieben Jahren. Kinder, wenn sie Geschichten sich ausdenken, sind Regisseure, die sich vom »Sinn« nicht zensieren lassen. Man kann darauf sehr leicht die Probe machen. Gibt man vier oder fünf bestimmte Worte an und läßt sie schnell zu einem kurzen Satz zusammenfügen, so wird die erstaunlichste Prosa zum Vorschein kommen: nicht Aussicht, sondern Wegweiser ins Kinderbuch. Da werfen sich mit einem Schlag die Worte ins Kostüm und sind im Handumdrehen in Gefechte, in Liebesszenen oder Balgereien verwickelt. So schreiben, so aber lesen auch die Kinder ihre Texte. Und es gibt seltene, passionierende ABC-Bücher, welche in Bildern ein verwandtes Spiel

1 [S. Abbildungen am Ende des Textes]

treiben. Da findet man z. B. auf der Tafel A ein Stilleben aufgetürmt, das sehr rätselhaft wirkt, bis man dahinter kommt, daß hier Aal, ABC-Buch, Adler, Apfel, Affe, Amboß, Ampel, Anker, Armbrust, Arznei, Ast, Aster, Axt sich versammelt haben. Solche Bilder kennen Kinder wie ihre Tasche, sie haben sie genau so durchwühlt und das Innerste zu äußerst gekehrt, ohne das kleinste Fetzchen oder Fädchen zu vergessen. Und wenn im kolorierten Kupferstich die Phantasie des Kindes träumerisch in sich selber versinkt, führt der schwarz-weiße Holzschnitt, die nüchterne prosaische Abbildung, es aus sich heraus. Mit der zwingenden Aufforderung zur Beschreibung, die in dergleichen Bildern liegt, rufen sie im Kinde das Wort wach. Wie es aber diese Bilder mit Worten beschreibt, so »beschreibt« es sie in der Tat. Es bekritzelt sie. Anders als jede farbige ist ihre Fläche gleichsam nur andeutend bestellt und einer gewissen Verdichtung fähig. So dichtet denn das Kind in sie hinein. Es lernt an ihnen zugleich mit der Sprache die Schrift: Hieroglyphik. In deren Zeichen gibt man heute noch den ersten Fibelworten das Linienbild der Dinge, welche sie bedeuten, mit: Ei, Hut. Der echte Wert solch schlichter graphischer Kinderbücher liegt also weit ab von der stumpfen Drastik, um derentwillen die rationalistische Pädagogik sie empfahl. – »Wie das Kind ein Plätzlein sich merkt«, mit Auge und Finger seine Bilderlandschaft durchquert, sagt dieser musterhafte Kinderreim aus einem alten Anschauungsbuch:

»Vor dem Städtlein sitzt ein Zwerglein,
Hinterm Zwerglein steht ein Berglein,
Aus dem Berglein fließt ein Bächlein,
Auf dem Bächlein schwimmt ein Dächlein,
Unterm Dächlein steckt ein Stüblein,
In dem Stüblein sitzt ein Büblein,
Hinterm Büblein steht ein Bänklein,
Auf dem Bänklein ruht ein Schränklein,
In dem Schränklein steht ein Kästlein,
In dem Kästlein liegt ein Nestlein,
Vor dem Nestlein sitzt ein Kätzlein,
Merken will ich mir das Plätzlein.«

J. P. Wich: Steckenpferd und Puppe, Nördlingen 1843

Weniger systematisch, launenhafter und wilder geht im Vexierbild das Kind dem »Dieb«, dem »faulen Schüler« oder dem »versteckten Lehrer« nach. Auch diese Bilder, welche den Zeichnungen mit Widersprüchen und Unmöglichkeiten, die heut als Tests zu Ehren kommen, verwandt erscheinen, sind ja nur Maskerade, übermütige Stegreifposse, in welcher Menschen sich auf den Kopf stellen, Beine und Arme zwischen Äste stecken und ein Hausdach als Mantel umnehmen. Bis in den ernsteren Raum der Buchstabier- und Lesebücher tollt dieser Karneval hinein. Renner in Nürnberg ließ in der ersten Hälfte des vorigen Jahrhunderts eine Folge von vierundzwanzig Blättern erscheinen, die die Buchstaben selber vermummt – wenn man so sagen darf – vorführten. F tritt in der Verkleidung eines Franziskaners, K als Kanzlist, T als Träger auf. Das Spiel hat soviel Gefallen erweckt, daß man bis auf den heutigen Tag diesen alten Motiven in allerlei Abwandlungen begegnen kann. Der Rebus endlich läutet den Aschermittwoch dieses Wort- und Letternfaschings ein. Er ist die Demaskierung: aus dem glänzenden Aufzug blickt der Sinnspruch, die hagere Vernunft, den Kindern entgegen. Dieser Rebus (kurioserweise früher aus rêver anstatt aus res erklärt) hat die allervornehmste Abkunft, stammt geradenwegs aus der Hieroglyphik der Renaissance und einer ihrer kostbarsten Drucke, die »Hypnerotomachia Poliphili«, ist gewissermaßen seine Adelsurkunde. In Deutschland ist er vielleicht nie so ungemein wie in Frankreich verbreitet gewesen, wo gegen 1840 reizende Oblatenserien Mode gewesen sind, die den Text in Bilderschrift trugen. Immerhin hatten auch deutsche Kinder sehr reizende »pädagogische« Rebusbücher. Spätestens aus dem Ende des achtzehnten Jahrhunderts stammen die »Sittensprüche des Buchs Jesus Sirach für Kinder und junge Leute aus allen Ständen mit Bildern welche die vornehmsten Wörter ausdrucken«. Der Text ist zierlich in Kupfer gestochen und alle Substantiva, die das irgend zulassen, sind durch schön ausgemalte sachliche oder allegorische Bildchen bedeutet. Noch 1842 gab Teubner eine »Kleine Bibel für Kinder« mit 460 derartigen Illustrationen heraus. Und wie dem Denken und der Phantasie war ehemals selbst der tätigen Hand im Kinderbuch ein weites Feld bereitet. Da gibt es die bekannten Ziehbilderbücher (die am schnellsten entartet sind und überhaupt als Gattung wie auch in den Exemplaren das kürzeste Leben scheinen gehabt zu haben). Ein reizendes Stück ist das »Livre jou-jou« gewesen, das – in den vierziger Jahren vermutlich – in Paris bei Janet erschienen ist. Es ist der Roman eines persischen Prinzen. Alle Wechselfälle seiner Geschichte sind in Bildern festgehalten, auf deren jedem sich ein freudiges und rettendes Ereignis mit einem Zauberschlage einstellt, wenn man den Streifen am Rande bewegt. Ähnlich sind Bücher eingerichtet, bei denen die auf den

Bildern dargestellten Türen, Vorhänge usw. aufklappbar sind und Bildchen dahinter erscheinen lassen. Und endlich werden – so wie die Anziehpuppe ihren Roman gefunden hat (»Isabellens Verwandlungen oder das Mädchen in sechs Gestalten. Ein unterhaltendes Buch für Mädchen mit sieben kolorieren beweglichen Kupfern«, Wien) – ins Buch auch jene schönen Spielbogen gewandert sein, in denen beigegebene kleine Pappfiguren durch heimliche Ritzen befestigt und auf die mannigfachste Weise angeordnet werden konnten. So ließ nach den verschiedenen Situationen einer Erzählung die Landschaft oder Stube sich ausgestalten. Den wenigen aber, denen als Kindern – oder als Sammlern gar – das Glück geworden ist, auf ein Zauber- oder Vexierbuch zu stoßen, wird all dies andere dagegen verblaßt sein. Diese geistvoll eingerichteten Bände zeigten, je nach der Stellung der in ihr blätternden Hand, wechselnde Blattfolgen. Dem Eingeweihten, der es handhabt, zeigt ein solches Werk zehnmal das gleiche Bild auf immer neuen Seiten, bis sich die Hand verschiebt, und nun, als habe unter ihren Griffen sich das Buch verwandelt, ganz andere Bilder, ebensooft erscheinen. Ein solcher Band (wie er als Quarto aus dem achtzehnten Jahrhundert dem Schreiber vorliegt) scheint, je nachdem, bald nichts als eine Blumenvase, dann immer wieder eine Teufelsfratze, dann Papageien, dann nur weiße oder schwarze Blätter, Windmühle, Hofnarr, Pierrot usw. zu enthalten. Ein anderes zeigte, je nachdem man darin blätterte, Serien von Spielzeug, Näschereien für das artige Kind, dann wieder, wenn man das Orakelbuch auf andere Weise durchging, eine Reihe von Strafwerkzeugen und von Schreckgesichtern für das böse.

Die hohe Blüte des Kinderbuchs in der ersten Hälfte des vorigen Jahrhunderts ging nicht sowohl aus der konkreten (und der heutigen in manchem überlegenen) pädagogischen Einsicht, denn als Moment des bürgerlichen Lebens jener Tage aus ihm selber hervor. Mit einem Worte: aus dem Biedermeier. Es saßen in den kleinsten Städten Verleger, deren landläufigste Erzeugnisse so anmutig waren, wie die bescheidenen Gebrauchsmöbel von damals, in deren Schubladen sie hundert Jahre lang geschlafen haben. Daher gibt es nicht nur Berliner, Leipziger, Nürnberger, Wiener Kinderbücher; im Geist des Sammlers haben vielmehr Namen wie Meißen, Grimma, Gotha, Pirna, Plauen, Magdeburg, Neuhaldensleben als Verlagsort weit verheißungsvolleren Klang. In fast allen haben Illustratoren gearbeitet, nur sind sie meistens namenlos geblieben. Von Zeit zu Zeit aber wird einer unter ihnen entdeckt und erhält seinen Biographen. So ist es Johann Peter Lyser, dem Maler, Musiker und Journalisten ergangen. Das Fabelbuch von A. L. Grimm (Grimma 1827) mit Lysers Bildern, das »Buch der Mährchen für Töchter und Söhne gebildeter Stände« (Leipzig 1834), Text und Bilder von Lyser, und »Linas Mährchenbuch« (Grimma o. J.), Text von A. L. Grimm, Bilder von Lyser, enthalten seine schönsten Arbeiten für Kinder. Das Kolorit dieser Lithographien verblaßt dem brennenden des Biedermeier gegenüber und stimmt um so besser zu den hageren, oft verhärmten Gesellen, der schattenhaften Landschaft, der Märchenstimmung, die nicht frei ist von einem ironisch-satanischen Einschlag. Die handwerkliche Kunst in diesen Büchern hatte dem kleinbürgerlichen Alltag sich völlig verbunden, sie wurde nicht genossen, sondern gebraucht wie Kochrezepte oder wie Sprichwörter. Von dem, was die Romantik Überschwänglichstes sich je erträumte, stellt sie die volkstümliche, ja die kindliche Variante dar. Jean Paul ist darum ihr Schutzpatron. Die mitteldeutsche Feenwelt seiner Geschichten hat in jenen Bildchen sich niedergeschlagen. Deren selbstgenügsam prangender Farbenwelt ist keine Dichtung näher als die seine verwandt. Denn sein Ingenium ruht, so gut wie das der Farbe, in Phantasie, nicht in der Schöpferkraft. Im Farbensehen läßt die Phantasieanschauung im Gegensatz zur schöpferischen Einbildung sich als Urphänomen gewahren. Aller Form nämlich, allem Umriß, den der Mensch wahrnimmt, entspricht er selbst in dem Vermögen, ihn hervorzubringen. Der Körper selbst im Tanz, die Hand im Zeichnen bildet ihn nach und eignet ihn sich an. Dieses Vermögen aber hat an der Welt der Farbe seine Grenze; der Menschenkörper kann die Farbe nicht erzeugen. Er entspricht ihr nicht schöpferisch, sondern empfangend: im farbig schimmernden Auge. (Auch ist ja, anthropologisch gesprochen, das Sehen die Wasserscheide der Sinne, weil es Form und Farbe zugleich auffaßt. Und so gehören ihm zu rechter Hand die Vermögen aktiver Korrespondenzen an: Formsehen und Bewegung, Gehör und Stimme, zur Linken aber die passiven: Farbsehen gehört zu den Sinnesbereichen von Riechen und Schmecken. Die Sprache selber faßt in »[aus-]sehen«, »riechen«, »schmecken«, die vom Objekt [intransitiv] wie [transitiv] vom menschlichen Subjekte gelten, diese Gruppe zur Einheit zusammen.) Kurz: reine Farbe ist das Medium der Phantasie, die Wolkenheimat des verspielten Kindes, nicht der strenge Kanon des bauenden Künstlers. Hiermit hängt ihre »sinnlich-sittliche« Wirkung zusammen, die Goethe ganz im Sinne der Romantik erfaßte. »Die durchsichtigen Farben sind in ihrer Erleuchtung wie in ihrer Dunkelheit grenzenlos, wie Feuer und Wasser als ihre

Höhe und ihre Tiefe angesehen werden kann ... Das Verhältnis des Lichts zur durchsichtigen Farbe ist, wenn man sich darein vertieft, unendlich reizend, und das Entzünden der Farben und das Verschwimmen ineinander und Wiederentstehen und Verschwinden ist wie das Odemholen in großen Pausen von Ewigkeit zu Ewigkeit, vom höchsten Licht bis in die einsame und ewige Stille in den allertiefsten Tönen. Die undurchsichtigen Farben stehen wie Blumen dagegen, die es nicht wagen, sich mit dem Himmel zu messen und doch mit der Schwachheit von der einen Seite, dem Weißen, und dem Bösen, dem Schwarzen, von der andern zu tun haben. Diese sind aber gerade fähig ... so anmutige Variationen und so natürliche Effekte hervorzubringen, daß ... die durchsichtigen am Ende nur wie Geister ihr Spiel darüber haben und nur dienen, um sie zu heben.« Mit diesen Worten wird die »Zugabe« der »Farbenlehre« dem Fühlen dieser braven Koloristen und damit auch dem Geist der Kinderspiele selber gerecht. Man denke an die vielen, welche alle auf die reine Anschauung in der Phantasie gehen: Seifenblasen, Teespiele, die feuchte Farbigkeit der Laterna magica, das Tuschen, die Abziehbilder. In ihnen allen schwebt geflügelt über den Dingen die Farbe. Denn nicht am farbigen Ding oder an bloßer toter Farbe hängt ihr Zauber, sondern am farbigen Schein, am farbigen Glanz, am farbigen Strahl. Am Ende ihres Panoramas mündet die Aussicht in das Kinderbuch auf einen biedermeierlich beblümten Felsen. Gelehnt an eine himmelblaue Göttin, lagert dort der Dichter mit den melodischen Händen. Was ihm die Muse eingibt, zeichnet ein Flügelkind neben ihm auf. Verstreut umher liegen Harfe und Laute. Zwerge im Schoß des Berges blasen und geigen. Am Himmel aber geht die Sonne unter. So hat Lyser einmal die Landschaft gemalt, in deren buntem Feuer Blick und Wangen der Kinder über Büchern widerstrahlen.

Abbildung 1: Die Fabeln des Äsopus. Zweite Auflage, Wien, bey Heinr. Friedr. Müller, Kunsthändler am Kohlmarkt Nr. 1218. (Sammlung Benjamin)

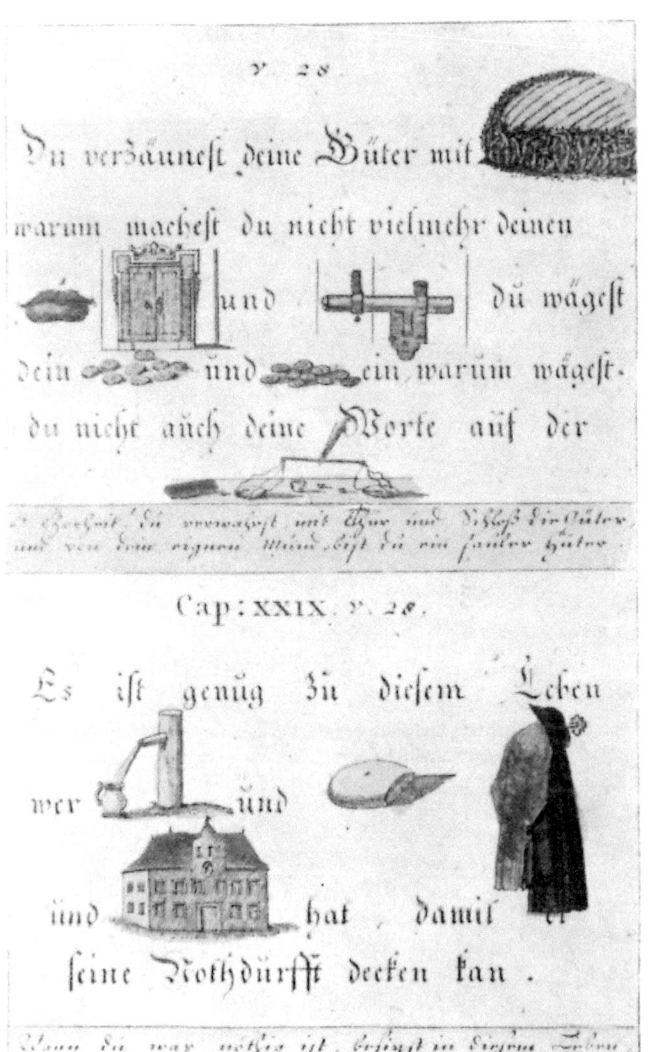

Abbildung 2: Sittensprüche des Buchs Jesus Sirach, Nürnberg. (Sammlung Benjamin)

Rübezahl.

Abbildung 3: Das Buch der Mährchen für Töchter und Söhne gebildeter Stände von J. Lyser. Mit acht Kupfern, Leipzig 1834. Wigand'sche Verlags-Expedition. (Sammlung Benjamin)

Abbildung 4: Der rote Wunderschirm. Eine neue Erzählung für Kinder. Neuruppin, Druck und Verlag von Gustav Kühn. (Sammlung Benjamin)

Neues von Blumen[1]

Kritisieren ist eine gesellige Kunst. Auf das Urteil des Rezensenten pfeift ein gesunder Leser. Aber was er im Tiefsten goutiert, ist die schöne Unart, uneingeladen mitzuhalten, so daß es winkt wie ein gedeckter Tisch, an dem wir mit all unseren Einfällen, Fragen, Überzeugungen, Schrullen, Vorurteilen, Gedanken Platz nehmen, so daß die paar hundert Leser (sind es so viele?) in dieser Gesellschaft verschwinden und gerade darum sich's wohl sein lassen – das ist Kritik. Zumindest die einzige, die dem Leser Appetit auf ein Buch macht.

Sind wir für diesmal einig, so soll auf den einhundertzwanzig Tafeln dieses Buches für zahllose Betrachtungen und zahllose Betrachter gedeckt sein. Ja, so viel Freunde wünschen wir diesem reichen und nur mit Worten kargenden Werke. Man wird aber das Schweigen des Forschers ehren, der diese Bilder hier vorlegt. Vielleicht gehört sein Wissen zu jener Art, die den stumm macht, der es besitzt. Und hier ist wichtiger als das Wissen das Können. Wer diese Sammlung von Pflanzenphotos zustande brachte, kann mehr als Brot essen. Er hat in jener großen Überprüfung des Wahrnehmungsinventars, die unser Weltbild noch unabsehbar verändern wird, das Seine geleistet. Er hat bewiesen, wie recht der Pionier des neuen Lichtbilds, Moholy-Nagy hat, wenn er sagt: »Die Grenzen der Photographie sind nicht abzusehen. Hier ist alles noch so neu, daß selbst das Suchen schon zu schöpferischen Resultaten führt. Die Technik ist der selbstverständliche Wegbereiter dazu. Nicht der Schrift- sondern der Photographieunkundige wird der Analphabet der Zukunft sein.« Ob wir das Wachsen einer Pflanze mit dem Zeitraffer beschleunigen oder ihre Gestalt in vierzigfacher Vergrößerung zeigen – in beiden Fällen zischt an Stellen des Daseins, von denen wir es am wenigsten dachten, ein Geysir neuer Bilderwelten auf.

Diese Photographien erschließen im Pflanzendasein einen ganzen unvermuteten Schatz von Analogien und Formen. Nur die Photographie vermag das. Denn es bedarf einer starken Vergrößerung, ehe diese Formen den Schleier, den unsere Trägheit über sie geworfen hat, von sich abtun. Was ist von einem Betrachter zu sagen, dem sie schon in der Verhüllung ihre Signale geben? Nichts kann die wahrhaft neue

1 Karl Bloßfeldt, Urformen der Kunst. Photographische Pflanzenbilder. Herausgegeben mit einer Einleitung von Karl Nierendorf. Berlin: Ernst Wasmuth [1928]. XVIII, 120 S.

Sachlichkeit seines Vorgehens besser dartun, als der Vergleich mit jenem einstigen unsachlichen und doch so genialen Verfahren, kraft dessen der ebenso geschätzte wie unverstandene Grandville in seinen »Fleurs animées« den ganzen Kosmos aus dem Pflanzenreiche hervorgehen ließ. Er greift es vom entgegengesetzten Ende – weiß Gott nicht zart – an. Er stempelt diesen reinen Naturkindern das Sträflingsbrandmal der Kreatur, das Menschengesicht, mitten in die Blüte hinein. Dieser große Vorläufer der Reklame beherrschte eines ihrer Grundprinzipien, den graphischen Sadismus, wie kaum ein anderer. Ist es nicht merkwürdig, hier nun ein anderes Prinzip der Reklame, die Vergrößerung ins Riesenhafte der Pflanzenwelt, sanft die Wunden heilen zu sehen, die die Karikatur ihr schlug?

»Urformen der Kunst« – gewiß. Was kann das aber anderes heißen als Urformen der Natur? Formen also, die niemals ein bloßes Vorbild der Kunst, sondern von Beginn an als Urformen in allem Geschaffenen am Werke waren. Im übrigen muß es dem nüchternsten Betrachter zu denken geben, wie hier die Vergrößerung des Großen – z. B. der Pflanze oder ihrer Knospe oder des Blattes – in so ganz andere Formenreiche hineinführt, wie die des Kleinen, etwa der Pflanzenzelle im Mikroskop. Und wenn wir uns sagen müssen, daß neue Maler wie Klee und mehr noch Kandinski seit langem damit beschäftigt sind, mit den Reichen uns anzufreunden, in die das Mikroskop uns barsch und gewaltsam entführen möchte, so begegnen in diesen vergrößerten Pflanzen eher vegetabilische »Stilformen«. In dem Bischofstab, den ein Straußfarn darstellt, im Rittersporn und der Blüte des Steinbrech, die auch an Kathedralen als Fensterrose ihrem Namen Ehre macht, indem sie die Mauern durchstößt, spürt man ein gotisches parti-pris. Daneben freilich tauchen in Schachtelhalmen älteste Säulenformen, im zehnfach vergrößerten Kastanien- und Ahornsproß Totembäume auf, und der Sproß eines Eisenhufes entfaltet sich wie der Körper einer begnadeten Tänzerin. Aus jedem Kelche und jedem Blatte springen uns innere Bildnotwendigkeiten entgegen, die in allen Phasen und Stadien des Gezeugten als Metamorphosen das letzte Wort behalten. Das rührt an eine der tiefsten, unergündlichsten Formen des Schöpferischen, an die Variante, die immer vor andern die Form des Genius, der schöpferischen Kollektiva und der Natur war. Sie ist der fruchtbare, der dialektische Gegensatz zur Erfindung: das Natura non facit saltus der Alten. Das weibliche und vegetabilische Lebensprinzip selber möchte man mit einer kühnen Vermutung sie nennen dürfen. Die Variante ist das Nachgeben und das Beipflichten, das Schmiegsame und das, was kein Ende findet, das Schlaue und das Allgegenwärtige.

Wir Betrachtenden aber wandeln unter diesen Riesenpflanzen wie Liliputaner. Brüderlichen Riesengeistern, sonnenhaften Augen, wie Goethe und Herder sie hatten, ist es noch vorbehalten, alle Süße aus diesen Kelchen zu saugen.

Briefmarken-Handlung

Wer Stapel alter Briefschaften durchsieht, dem sagt oft eine Marke, die längst außer Kurs ist, auf einem brüchigen Umschlag mehr als Dutzende von durchlesenen Seiten. Manchmal begegnet man ihnen auf Ansichtskarten und weiß dann nicht, soll man sie ablösen oder soll man die Karte bewahren wie sie nun einmal ist, wie das Blatt eines alten Meisters, das auf der vorderen und der hinteren Seite zwei verschiedene gleich wertvolle Zeichnungen hat? Es gibt auch, in den Glaskästen von Cafés, Briefe, die etwas auf dem Kerbholz haben und vor aller Augen am Pranger stehen. Oder hat man sie deportiert und müssen sie in diesem Kasten Jahr und Tag auf einem gläsernen Salas y Gomez schmachten? Briefe, die lange uneröffnet blieben, bekommen etwas Brutales; sie sind Enterbte, die hämisch im stillen Rache für lange Leidenstage schmieden. Viele von ihnen stellen später in den Fenstern der Briefmarkenhändler die über und über von Stempeln gebrandmarkten Ganzsachen dar.

Man weiß, es gibt Sammler, die sich nur mit gestempelten Marken befassen und viel fehlt nicht, so wollte man glauben, sie sind die einzigen, die ins Geheimnis eingedrungen sind. Sie halten sich an den okkulten Teil der Marke; an den Stempel. Denn der Stempel ist deren Nachtseite. Es gibt feierliche, die um das Haupt der Queen Victoria einen Heiligenschein und prophetische, die eine Märtyrerkrone um Humbert legen. Aber keine sadistische Phantasie reicht an die schwarze Prozedur heran, die mit Striemen die Gesichter bedeckt und durch das Erdreich ganzer Kontinente Spalten reißt wie ein Erdbeben. Und die perverse Freude am Kontrast dieses geschändeten Markenkörpers mit seinem weißen, spitzengarnierten Tüllkleid: der Zahnung. Wer Stempeln nachgeht, muß als Detektiv Signalements der verrufensten Postanstalten, als Archäologe die Kunst, den Torso fremdester Ortsnamen zu bestimmen, als Kabbalist das Inventar der Daten für ein ganzes Jahrhundert besitzen.

Briefmarken stammen von Zifferchen, winzigen Buchstaben, Blättchen und Äuglein. Sie sind graphische Zellengewebe. Das alles wimmelt durcheinander und lebt, wie niedere Tiere, selbst zerstückelt fort. Darum macht man aus Briefmarkenteilchen, die man zusammen klebt, so wirksame Bilder. Aber auf ihnen hat Leben immer den Einschlag von Verwesung zum Zeichen, daß es aus Abgestorbenem sich zusammensetzt. Ihre Porträts und obszönen Gruppen stecken voller Gebeine und Würmerhaufen.

Bricht in der Farbenfolge der langen Sätze sich vielleicht das Licht einer fremden Sonne? Wurden in den Postministerien des Kirchenstaats oder von Ecuador Strahlen aufgefangen, die wir andern nicht kennen? Und warum zeigt man uns nicht die Marken der besseren Planeten? Die tausend Stufen von Feuerrot, die auf der Venus in Umlauf sind und die vier großen grauen Werte vom Mars und die zifferlosen Saturnmarken?

Länder und Meere sind auf Marken nur die Provinzen, Könige nur die Söldner der Ziffern, die nach Gefallen ihre Farbe über sie ausgießen. Briefmarkenalben sind magische Nachschlagewerke, die Zahlen der Monarchen und Paläste, der Tiere und Allegorien und Staaten sind in ihnen niedergelegt. Der Postverkehr beruht auf deren Harmonie wie auf den Harmonien der himmlischen Zahlen der Verkehr der Planeten beruht.

Alte Groschenmarken, die im Oval nur ein oder zwei große Ziffern zeigen. Sie sehen aus wie jene ersten Photos, aus denen in den schwarz lackierten Rahmen Verwandte, die wir niemals kannten, auf uns herabsehen: Verzifferte Großtanten oder Voreltern. Auch Thurn und Taxis hat die großen Ziffern auf den Marken; da sind sie wie verhexte Taxameternummern. Man würde sich nicht wundern, wenn eines Abends das Licht einer Kerze dahinter durchscheint. Dann aber gibt es kleine Marken ohne Zahlung, ohne Angabe einer Währung und eines Landes. Im dichten Spinnennetz tragen sie nur eine Nummer. Das sind vielleicht die wahren Schicksalslose.

Schriftzüge auf den türkischen Piastermarken sind wie die schräg gestellte, allzuflotte, allzublitzende Busennadel auf der Krawatte eines gerissenen, halb nur europäisierten Kaufmanns aus Konstantinopel. Sie sind vom Schlage der postalischen Parvenus, der großen, schlechtgezähnten, schreienden Formate von Nicaragua oder Kolumbien, die sich zu Banknoten herausstaffieren.

Nachportomarken sind die Spirits unter den Briefmarken. Sie ändern sich nicht. Der Wechsel der Monarchen und Regierungsformen geht spurlos wie an Geistern an ihnen vorüber.

Das Kind sieht nach dem fernen Liberia durch ein verkehrt gehaltenes Opernglas: da liegt es hinter seinem Streifchen Meer mit seinen Palmen genau wie es Briefmarken zeigen. Mit Vasco da Gama segelt es um ein Dreieck, das gleichschenklig ist wie die Hoffnung und dessen Farben mit dem Wetter sich ändern. Reiseprospekt vom Kap der Guten Hoffnung. Wenn es den Schwan auf australischen Marken sieht, dann ist das, auch auf den blauen, grünen und braunen Werten, der schwarze Schwan, der nur in Australien vorkommt und hier auf den Gewässern eines Teiches als auf dem stillsten Ozean dahinzieht.

Marken sind die Visitenkarten, die die großen Staaten in der Kinderstube abgeben.

Als Gulliver bereist das Kind Land und Volk seiner Briefmarken. Erdkunde und Geschichte der Liliputaner, die ganze Wissenschaft des kleinen Volks mit allen ihren Zahlen und Namen wird ihm im Schlafe eingegeben. Es nimmt an ihren Geschäften teil, wohnt ihren purpurnen Volksversammlungen bei, sieht dem Stapellauf ihrer Schiffchen zu und feiert mit ihren gekrönten Häuptern, die hinter Hecken thronen, Jubiläen.

Es gibt bekanntlich eine Briefmarkensprache, die sich zur Blumensprache verhält wie das Morsealphabet zu dem geschriebenen. Wie lange aber wird der Blumenflor zwischen den Telegraphenstangen noch leben? Sind nicht die großen künstlerischen Marken der Nachkriegszeit mit ihren vollen Farben schon die herbstlichen Astern und Dahlien dieser Flora? Stephan, ein Deutscher, und nicht zufällig ein Zeitgenosse Jean Pauls, hat in der sommerlichen Mitte des neunzehnten Jahrhunderts diese Saat gepflanzt. Sie wird das zwanzigste nicht überleben.

Kleine Geschichte der Photographie

Der Nebel, der über den Anfängen der Photographie liegt, ist nicht ganz so dicht wie jener, der über den Beginn des Buchdrucks sich lagert; kenntlicher vielleicht als für diesen ist, daß die Stunde für die Erfindung gekommen war und von mehr als einem verspürt wurde; Männern, die unabhängig voneinander dem gleichen Ziele zustrebten: die Bilder in der camera obscura, die spätestens seit Leonardo bekannt waren, festzuhalten. Als das nach ungefähr fünfjährigen Bemühungen Niépce und Daguerre zu gleicher Zeit geglückt war, griff der Staat, begünstigt durch patentrechtliche Schwierigkeiten, auf die die Erfinder stießen, die Sache auf und machte sie unter deren Schadloshaltung zu einer öffentlichen. Damit waren die Bedingungen einer fortdauernd beschleunigten Entwicklung gegeben, die für lange Zeit jeden Rückblick ausschloß. So kommt es, daß die historischen oder, wenn man will, philosophischen Fragen, die Aufstieg und Verfall der Photographie nahelegen, jahrzehntelang unbeachtet geblieben sind. Und wenn sie heute beginnen, ins Bewußtsein zu treten, so hat das einen genauen Grund. Die jüngste Literatur schließt an den auffallenden Tatbestand an, daß die Blüte der Photographie – die Wirksamkeit der Hill und Cameron, der Hugo und Nadar – in ihr erstes Jahrzehnt fällt. Das ist nun aber das Jahrzehnt, welches ihrer Industrialisierung vorausging. Nicht als ob nicht bereits in dieser Frühzeit Marktschreier und Scharlatane der neuen Technik aus Erwerbsgründen sich bemächtigt hätten; sie taten das sogar massenweise. Aber das stand den Künstlern des Jahrmarkts, auf dem die Photographie ja bis heute heimisch gewesen ist, näher als der Industrie. Die eroberte sich das Feld erst mit der Visitenkarte-Aufnahme, deren erster Hersteller bezeichnenderweise zum Millionär wurde. Es wäre nicht zu verwundern, wenn die photographischen Praktiken, die heut zum erstenmal den Blick auf jene vorindustrielle Blütezeit zurücklenken, in unterirdischem Zusammenhang mit der Erschütterung der kapitalistischen Industrie stünden. Darum jedoch ist es um nichts leichter, den Reiz der Bilder, die in den schönen jüngst erschienenen Publikationen alter Photographien[1] vorliegen, für wirkliche Einsichten in deren Wesen

1 Helmuth Th[eodor] Bossert und Heinrich Guttmann: Aus der Frühzeit der Photographie. 1840-70. Ein Bildbuch nach 200 Originalen. Frankfurt am Main 1930. – Heinrich Schwarz: David Octavius Hill. Der Meister der Photographie. Mit 80 Bildtafeln. Leipzig 1931.

nutzbar zu machen. Überaus rudimentär sind die Versuche, der Sache theoretisch Herr zu werden. Und so viele Debatten im vorigen Jahrhundert über sie geführt wurden, im Grunde haben sie sich nicht von dem skurrilen Schema freigemacht, mit dem ein chauvinistisches Blättchen, der »Leipziger Anzeiger«, glaubte, beizeiten der französischen Teufelskunst entgegentreten zu müssen. »Flüchtige Spiegelbilder festhalten zu wollen, heißt es da, dies ist nicht bloß ein Ding der Unmöglichkeit, wie es sich nach gründlicher deutscher Untersuchung herausgestellt hat, sondern schon der Wunsch, dies zu wollen, ist eine Gotteslästerung. Der Mensch ist nach dem Ebenbilde Gottes geschaffen und Gottes Bild kann durch keine menschliche Maschine festgehalten werden. Höchstens der göttliche Künstler darf, begeistert von himmlischer Eingebung, es wagen, die gottmenschlichen Züge, im Augenblick höchster Weihe, auf den höheren Befehl seines Genius, ohne jede Maschinenhilfe wiederzugeben.« Hier tritt mit dem Schwergewicht seiner Plumpheit der Banausenbegriff von der »Kunst« auf, dem jede technische Erwägung fremd ist und welcher mit dem provozierenden Erscheinen der neuen Technik sein Ende gekommen fühlt. Demungeachtet ist es dieser fetischistische, von Grund auf antitechnische Begriff von Kunst, mit dem die Theoretiker der Photographie fast hundert Jahre lang die Auseinandersetzung suchten, natürlich ohne zum geringsten Ergebnis zu kommen. Denn sie unternahmen nichts anderes, als den Photographen vor eben jenem Richterstuhl zu beglaubigen, den er umwarf. Da weht eine ganz andere Luft aus dem Exposé, mit dem der Physiker Arago als Fürsprecher der Daguerreschen Erfindung am 3. Juli 1839 vor die Kammer der Deputierten trat. Es ist das Schöne an dieser Rede, wie sie an allen Seiten menschlicher Tätigkeit den Anschluß findet. Das Panorama, das sie entwirft, ist groß genug, um die zweifelhafte Beglaubigung der Photographie vor der Malerei, die auch in ihm nicht fehlt, belanglos erscheinen, vielmehr die Ahnung von der wirklichen Tragweite der Erfindung sich entfalten zu lassen. »Wenn Erfinder eines neuen Instrumentes, sagt Arago, dieses zur Beobachtung der Natur anwenden, so ist das, was sie davon gehofft haben, immer eine Kleinigkeit im Vergleich zu der Reihe nachfolgender Entdeckungen, wovon das Instrument der Ursprung war.« In großem Bogen umspannt diese Rede das Gebiet der neuen Technik von der Astrophysik bis zur Philologie: neben dem Ausblick auf die Sternphotographie steht die Idee, ein corpus der ägyptischen Hieroglyphen aufzunehmen.

Daguerres Lichtbilder waren jodierte und in der camera obscura belichtete Silberplatten, die hin- und hergewendet sein wollten, bis man in richtiger Beleuchtung ein zartgraues Bild darauf erkennen konnte. Sie waren unica; im Durchschnitt bezahlte man im Jahre 1839 für eine Platte 25 Goldfrank. Nicht selten wurden sie wie Schmuck in Etuis verwahrt. In der Hand mancher Maler aber verwandelten sie sich in technische Hilfsmittel. Wie siebzig Jahre später Utrillo seine faszinierenden Ansichten von den Häusern der Bannmeile von Paris nicht nach der Natur, sondern nach Ansichtskarten verfertigte, so legte der geschätzte englische Porträtmaler David Octavius Hill seinem Fresko der ersten Generalsynode der schottischen Kirche im Jahre 1843 eine große Reihe von Porträtaufnahmen zugrunde. Diese Aufnahmen aber machte er selbst. Und sie, anspruchslose, zum internen Gebrauch bestimmte Behelfe, sind es, die seinem Namen die historische Stelle geben, während er als Maler verschollen ist. Freilich führen tiefer noch als die Reihen dieser Porträtköpfe in die neue Technik einige Studien ein: namenlose Menschenbilder, nicht Porträts. Solche Köpfe gab es längst auf Gemälden. Blieben sie im Familienbesitz, fragte man hin und wieder noch nach den Dargestellten. Nach zwei, drei Generationen aber ist dies Interesse verstummt: die Bilder, soweit sie dauern, tun es nur als Zeugnis für die Kunst dessen, der sie gemalt hat. Bei der Photographie aber begegnet man etwas Neuem und Sonderbarem: in jenem Fischweib aus New Haven, das mit so lässiger, verführerischer Scham zu Boden blickt, bleibt etwas, was im Zeugnis für die Kunst des Photographen Hill nicht aufgeht, etwas, was nicht zum Schweigen zu bringen ist, ungebärdig nach dem Namen derer verlangend, die da gelebt hat, die auch hier noch wirklich ist und niemals gänzlich in die »Kunst« wird eingehen wollen. »Und ich frage: wie hat dieser haare zier | Und dieses blickes die früheren wesen umzingelt! | Wie dieser mund hier geküßt zu dem die begier | Sinnlos hinan als rauch ohne flamme sich ringelt!« Oder man schlägt das Bild von Dauthendy, dem Photographen, auf, dem Vater des Dichters, aus der Zeit des Brautstands mit jener Frau, die er dann eines Tages, kurz nach der Geburt ihres sechsten Kindes, im Schlafzimmer seines Moskauer Hauses mit durchschnittenen Pulsadern liegen fand. Sie ist hier neben ihm zu sehen, er scheint sie zu halten; ihr Blick aber geht an ihm vorüber, saugend an eine unheilvolle Ferne geheftet. Hat man sich lange genug in so ein Bild vertieft, erkennt man, wie sehr auch hier die Gegensätze sich berühren: die exakteste Technik kann ihren Hervorbringungen einen magischen Wert geben, wie für uns ihn ein gemaltes Bild nie mehr besitzen kann. Aller Kunstfertigkeit des Photographen und aller Planmäßigkeit in der

Haltung seines Modells zum Trotz fühlt der Beschauer unwiderstehlich den Zwang, in solchem Bild das winzige Fünkchen Zufall, Hier und Jetzt, zu suchen, mit dem die Wirklichkeit den Bildcharakter gleichsam durchgesengt hat, die unscheinbare Stelle zu finden, in welcher, im Sosein jener längstvergangenen Minute das Künftige noch heut und so beredt nistet, daß wir, rückblickend, es entdecken können. Es ist ja eine andere Natur, welche zur Kamera als welche zum Auge spricht; anders vor allem so, daß an die Stelle eines vom Menschen mit Bewußtsein durchwirkten Raums ein unbewußt durchwirkter tritt. Ist es schon üblich, daß einer, beispielsweise, vom Gang der Leute, sei es auch nur im groben, sich Rechenschaft gibt, so weiß er bestimmt nichts mehr von ihrer Haltung im Sekundenbruchteil des »Ausschreitens«. Die Photographie mit ihren Hilfsmitteln: Zeitlupen, Vergrößerungen erschließt sie ihm. Von diesem Optisch-Unbewußten erfährt er erst durch sie, wie von dem Triebhaft-Unbewußten durch die Psychoanalyse. Strukturbeschaffenheiten, Zellgewebe, mit denen Technik, Medizin zu rechnen pflegen – all dieses ist der Kamera ursprünglich verwandter als die stimmungsvolle Landschaft oder das seelenvolle Porträt. Zugleich aber eröffnet die Photographie in diesem Material die physiognomischen Aspekte, Bildwelten, welche im Kleinsten wohnen, deutbar und verborgen genug, um in Wachträumen Unterschlupf gefunden zu haben, nun aber, groß und formulierbar wie sie geworden sind, die Differenz von Technik und Magie als durch und durch historische Variable ersichtlich zu machen. So hat Bloßfeldt[2] mit seinen erstaunlichen Pflanzenphotos in Schachtelhalmen älteste Säulenformen, im Straußfarn den Bischofsstab, im zehnfach vergrößerten Kastanien- und Ahornsproß Totembäume, in der Weberkarde gotisches Maßwerk zum Vorschein gebracht. Darum sind wohl auch die Modelle eines Hill nicht weit von der Wahrheit entfernt gewesen, wenn ihnen »das Phänomen der Photographie« noch »ein großes geheimnisvolles Erlebnis« war; mag das für sie auch nichts als das Bewußtsein gewesen sein, »vor einem Apparat zu stehen, der in kürzester Zeit ein Bild der sichtbaren Umwelt erzeugen konnte, das so lebendig und wahrhaft wirkte wie die Natur selbst.« Man hat von der Kamera Hills gesagt, daß sie diskrete Zurückhaltung wahre. Seine Modelle ihrerseits sind aber nicht weniger reserviert; sie behalten eine gewisse Scheu vor dem Apparat, und der Leitsatz eines späteren

2 Karl Bloßfeldt: Urformen der Kunst. Photographische Pflanzenbilder. Hrsg. mit einer Einleitung von Karl Nierendorf. 120 Bildtafeln. Berlin o. J. [1928].

Photographen aus der Blütezeit: »Sieh nie in die Kamera« könnte aus ihrem Verhalten abgeleitet sein. Doch war damit nicht jenes »sehen *dich* an« von Tieren, Menschen oder Babys gemeint, das den Käufer auf so unsaubere Weise einmengt und dem nichts besseres entgegenzusetzen ist als die Wendung, mit welcher der alte Dauthendy von der Daguerreotypie spricht: »Man getraute sich ... zuerst nicht, so berichtete er, die ersten Bilder, die er anfertigte, lange anzusehen. Man scheute sich vor der Deutlichkeit der Menschen und glaubte, daß die kleinen winzigen Gesichter der Personen, die auf dem Bilde waren, einen selbst sehen könnten, so verblüffend wirkte die ungewohnte Deutlichkeit und die ungewohnte Naturtreue der ersten Daguerreotypbilder auf jeden«.

Diese ersten reproduzierten Menschen traten in den Blickraum der Photographie unbescholten oder besser gesagt unbeschriftet. Noch waren Zeitungen Luxusgegenstände, die man selten käuflich erwarb, eher in Caféhäusern einsah, noch war das photographische Verfahren nicht zu ihrem Werkzeug geworden, noch sahen die wenigsten Menschen ihren Namen geduckt. Das menschliche Antlitz hatte ein Schweigen um sich, in dem der Blick ruhte. Kurz, alle Möglichkeiten dieser Porträtkunst beruhen darauf, daß noch die Berührung zwischen Aktualität und Photo nicht eingetreten ist. Auf dem Edinburgher Friedhof von Greyfriars sind viele Bildnisse Hills entstanden – nichts ist für diese Frühzeit bezeichnender, es sei denn, wie die Modelle auf ihm zu Hause waren. Und wirklich ist dieser Friedhof nach einem Bilde, das Hill gemacht hat, selbst wie ein Interieur, ein abgeschiedener, eingehegter Raum, wo, an Brandmauern gelehnt, aus dem Grasboden Grabmäler aufsteigen, die, ausgehöhlt wie Kamine, in ihrem Innern Schriftzüge statt der Flammenzungen zeigen. Nie aber hätte dies Lokal zu seiner großen Wirkung kommen können, wäre seine Wahl nicht technisch begründet gewesen. Geringere Lichtempfindlichkeit der frühen Platten machte eine lange Belichtung im Freien erforderlich. Diese wiederum ließ es wünschenswert scheinen, den Aufzunehmenden in möglichster Abgeschiedenheit an einem Orte unterzubringen, wo ruhiger Sammlung nichts im Wege stand. »Die Synthese des Ausdruckes, die durch das lange Stillhalten des Modells erzwungen wird, sagt Orlik von der frühen Photographie, ist der Hauptgrund, weshalb diese Lichtbilder neben ihrer Schlichtheit gleich guten gezeichneten oder gemalten Bildnissen eine eindringlichere und länger andauernde Wirkung auf den Beschauer ausüben als neuere Photographien.« Das Verfahren selbst veranlaßte die Modelle, nicht aus dem Augenblick heraus, sondern in ihn hinein zu leben; während der langen Dauer dieser Aufnahmen wuchsen sie gleichsam in das Bild hinein und traten so in den entschiedensten Kontrast zu den Erscheinungen auf einer Momentaufnahme, die jener veränderten Umwelt entspricht, in der es, wie Kracauer treffend bemerkt hat, von demselben Bruchteil einer Sekunde, den die Belichtung dauert, abhängt, »ob ein Sportsmann so berühmt wird, daß ihn im Auftrag der Illustrierten die Photographen belichten«. Alles an diesen frühen Bildern war angelegt zu dauern; nicht nur die unvergleichlichen Gruppen, zu denen die Leute zusammentraten – und deren Verschwinden gewiß eins der präzisesten Symptome dessen war, was in der zweiten Hälfte des Jahrhunderts in der Gesellschaft vorging – selbst die Falten, die ein Gewand auf diesen Bildern wirft, halten länger. Man betrachte nur Schellings Rock; der kann recht zuversichtlich mit in die Unsterblichkeit hinübergehen; die Formen, die er an seinem Träger annahm, sind der Falten in dessen Antlitz nicht unwert. Kurz, alles spricht dafür, Bernard von Brentano habe mit seiner Vermutung recht, »daß ein Photograph von 1850 auf der gleichen Höhe mit seinem Instrument stand« – zum ersten- und für lange zum letztenmal.

Man muß im übrigen, um sich die gewaltige Wirkung der Daguerreotypie im Zeitalter ihrer Entdeckung ganz gegenwärtig zu machen, bedenken, daß die Pleinairmalerei damals den vorgeschrittensten unter den Malern ganz neue Perspektiven zu entdecken begonnen hatte. Im Bewußtsein, daß gerade in dieser Sache die Photographie von der Malerei die Stafette zu übernehmen habe, heißt es denn auch bei Arago im historischen Rückblick auf die frühen Versuche Giovanni Battista Portas ausdrücklich: »Was die Wirkung betrifft, welche von der unvollkommenen Durchsichtigkeit unserer Atmosphäre abhängt (und welche man durch den uneigentlichen Ausdruck ›Luftperspektive‹ charakterisiert hat), so hoffen selbst die geübten Maler nicht, daß die camera obscura« – will sagen das Kopieren der in ihr erscheinenden Bilder – »ihnen dazu behilflich sein könnte, dieselben mit Genauigkeit hervorzubringen.« Im Augenblick, da es Daguerre geglückt war, die Bilder der camera obscura zu fixieren, waren die Maler an diesem Punkte vom Techniker verabschiedet worden. Das eigentliche Opfer der Photographie aber wurde nicht die Landschaftsmalerei, sondern die Porträtminiatur. Die Dinge entwickelten sich so schnell, daß schon um 1840 die meisten unter den zahllosen Miniaturmalern Berufsphotographen wurden, zunächst nur nebenher, bald aber ausschließlich. Dabei kamen ihnen die Erfahrungen ihrer ursprünglichen Brotarbeit zustatten, und nicht ihre künstlerische, sondern ihre handwerkliche Vorbildung ist es, der man das hohe Niveau ihrer photographischen Leistungen zu verdanken hat. Sehr allmählich verschwand diese Generation des Übergangs; ja es scheint eine Art von biblischem Segen auf jenen ersten Photographen geruht zu haben: die Nadar, Stelzner, Pierson, Bayard sind alle an die Neunzig oder Hundert herangerückt. Schließlich aber drangen von überallher Geschäftsleute in den Stand der Berufsphotographen ein, und als dann späterhin die Negativretusche, mit welcher der schlechte Maler sich an der Photographie rächte, allgemein üblich wurde, setzte ein jäher Verfall des Geschmacks ein. Das war die Zeit, da die Photographiealben sich zu füllen begannen. An den frostigsten Stellen der Wohnung, auf Konsolen oder Gueridons im Besuchszimmer, fanden sie sich am liebsten: Lederschwarten mit abstoßenden Metallbeschlägen und den fingerdicken goldumrandeten Blättern, auf denen närrisch drapierte oder verschnürte Figuren – Onkel Alex und Tante Riekchen, Trudchen wie sie noch klein war, Papa im ersten Semester – verteilt waren und endlich, um die Schande voll zu machen, wir selbst: als Salontiroler, jodelnd, den Hut gegen gepinselte Firnen schwingend, oder als adretter Matrose, Standbein und Spielbein, wie es sich gehört, gegen einen polierten Pfosten gelehnt. Noch erinnert die Staffage solcher Porträts mit ihren Postamenten, Balustraden und ovalen Tischchen an die Zeit, da man der langen Expositionsdauer wegen den Modellen Stützpunkte geben mußte, damit sie fixiert blieben. Hatte man anfangs mit »Kopfhalter« oder »Kniebrille« sich begnügt, so folgte bald »weiteres Beiwerk, wie es in berühmten Gemälden vorkam und darum ›künstlerisch‹ sein mußte. Zunächst war es die Säule und der Vorhang«. Gegen diesen Unfug mußten sich fähigere Männer schon in den sechziger Jahren wenden. So heißt es damals in einem englischen Fachblatt: »In gemalten Bildern hat die Säule einen Schein von Möglichkeit, die Art aber, wie sie in der Photographie angewendet wird, ist absurd; denn sie steht gewöhnlich auf einem Teppich. Nun wird aber jedermann überzeugt sein, daß Marmor- oder Steinsäulen nicht mit einem Teppich als Fundament aufgebaut werden.« Damals sind jene Ateliers mit ihren Draperien und Palmen, Gobelins und Staffeleien entstanden, die so zweideutig zwischen Exekution und Repräsentation, Folterkammer und Thronsaal schwankten und aus denen ein erschütterndes Zeugnis ein frühes Bildnis von Kafka bringt. Da steht in einem engen, gleichsam demütigenden, mit Posamenten überladenen Kinderanzug der ungefähr sechsjährige Knabe in einer Art von Wintergartenlandschaft.

Palmenwedel starren im Hintergrund. Und als gelte es, diese gepolsterten Tropen noch stickiger und schwüler zu machen, trägt das Modell in der Linken einen unmäßig großen Hut mit breiter Krempe, wie ihn Spanier haben. Gewiß, daß es in diesem Arrangement verschwände, wenn nicht die unermeßlich traurigen Augen diese ihnen vorbestimmte Landschaft beherrschen würden.

Dies Bild in seiner uferlosen Trauer ist ein Pendant der frühen Photographie, auf welcher die Menschen noch nicht abgesprengt und gottverloren in die Welt sahen wie hier der Knabe. Es war eine Aura um sie, ein Medium, das ihrem Blick, indem er es durchdringt, die Fülle und die Sicherheit gibt. Und wieder liegt das technische Äquivalent davon auf der Hand; es besteht in dem absoluten Kontinuum von hellstem Licht zu dunkelstem Schatten. Auch hier bewährt sich im übrigen das Gesetz der Vorverkündung neuerer Errungenschaften in älterer Technik, indem die ehemalige Porträtmalerei vor ihrem Niedergange eine einzigartige Blüte der Schabkunst heraufgeführt hatte. Freilich handelte es sich in diesem Schabkunstverfahren um eine Reproduktionstechnik, wie sie sich mit der neuen photographischen erst später vereinigte. Wie auf Schabkunstblättern ringt sich bei einem Hill mühsam das Licht aus dem Dunkel: Orlik spricht von der durch die lange Expositionsdauer veranlaßten »zusammenfassenden Lichtführung«, die »diesen früheren Lichtbildern ihre Größe« gibt. Und unter den Zeitgenossen der Erfindung bemerkte schon Delaroche den früher »nie erreichten, köstlichen, in nichts die Ruhe der Massen störenden« allgemeinen Eindruck. Soviel vom technischen Bedingtsein der auratischen Erscheinung. Besonders manche Gruppenaufnahmen halten ein beschwingtes Miteinander noch einmal fest, wie es hier für eine kurze Spanne auf der Platte erscheint, bevor es an der »Originalaufnahme« zugrunde geht Es ist dieser Hauchkreis, der schön und sinnvoll bisweilen durch die nunmehr altmodische ovale Form des Bildausschnitts umschrieben wird. Darum heißt es diese Inkunabeln der Photographie mißdeuten, in ihnen die »künstlerische Vollendung« oder den »Geschmack« zu betonen. Diese Bilder sind in Räumen entstanden, in denen jedem Kunden im Photographen vorab ein Techniker nach der neuesten Schule entgegentrat, dem Photographen aber in jedem Kunden der Angehörige einer im Aufstieg befindlichen Klasse mit einer Aura, die bis in die Falten des Bürgerrocks oder der Lavallière sich eingenistet hatte. Denn das bloße Erzeugnis einer primitiven Kamera ist jene Aura ja nicht. Vielmehr entsprechen sich in jener Frühzeit Objekt und Technik genau so scharf, wie sie in der anschließenden Verfallsperiode auseinandertreten. Bald nämlich verfügte eine fortgeschrittene Optik über Instrumente, die das Dunkel ganz überwanden und die Erscheinungen spiegelhaft aufzeichneten. Die Photographen jedoch sahen in der Zeit nach 1880 ihre Aufgabe vielmehr darin, die Aura, die von Hause aus mit der Verdrängung des Dunkels durch lichtstärkere Objektive aus dem Bilde genau so verdrängt wurde wie durch die zunehmende Entartung des imperialistischen Bürgertums aus der Wirklichkeit – sie sahen es als ihre Aufgabe an, diese Aura durch alle Künste der Retusche, insbesondere jedoch durch sogenannte Gummidrucke vorzutäuschen. So wurde, zumal im Jugendstil, ein schummeriger Ton, von künstlichen Reflexen unterbrochen, Mode; dem Zwielicht zum Trotz aber zeichnete immer klarer eine Pose sich ab, deren Starrheit die Ohnmacht jener Generation im Angesicht des technischen Fortschritts verriet.

Und doch ist, was über die Photographie entscheidet, immer wieder das Verhältnis des Photographen zu seiner Technik. Camille Recht hat es in einem hübschen Bilde gekennzeichnet. »Der Geigenspieler, sagt er, muß den Ton erst bilden, muß ihn suchen, blitzschnell finden, der Klavierspieler schlägt die Taste an: der Ton erklingt. Das Instrument steht dem Maler wie dem Photographen zur Verfügung. Zeichnung und Farbengebung des Malers entsprechen der Tonbildung des Geigenspiels, der Photograph hat mit dem Klavierspieler das Maschinelle voraus, das einschränkenden Gesetzen unterworfen ist, die dem Geiger lange nicht den gleichen Zwang auferlegen. Kein Paderewski wird jemals den Ruhm ernten, den beinahe sagenhaften Zauber ausüben, den ein Paganini geerntet, den er ausgeübt hat.« Es gibt aber, um im Bilde zu bleiben, einen Busoni der Photographie, und der ist Atget. Beide waren Virtuosen, zugleich aber Vorläufer. Das beispiellose Aufgehen in der Sache, verbunden mit der höchsten Präzision, ist ihnen gemeinsam. Sogar in ihren Zügen gibt es Verwandtes. Atget war ein Schauspieler, der, angewidert vom Betrieb, die Maske abwischte und dann daran ging, auch die Wirklichkeit abzuschminken. Arm und unbekannt lebte er in Paris, seine Photographien schlug er an Liebhaber los, die kaum weniger exzentrisch sein konnten als er, und vor kurzem ist er, unter Hinterlassung eines œuvre von mehr als viertausend Bildern, gestorben. Berenice Abbot aus New York hat diese Blätter gesammelt, und eine Auswahl von ihnen erscheint soeben in einem hervorragend schönen Bande[3], den Camille Recht herausgege-

3 E[ugène] Atget: Lichtbilder. Eingeleitet von Camille Recht. Paris u. Leipzig 1930.

ben hat. Die zeitgenössische Publizistik »wußte nichts von dem Mann, der mit seinen Bildern zumeist in den Ateliers herumzog, sie für wenige Groschen verschleuderte, oft nur für den Preis einer dieser Ansichtkarten, wie sie um 1900 herum die Städtebilder so schön zeigten, in blaue Nacht getaucht, mit retuschiertem Mond. Er hat den Pol höchster Meisterschaft erreicht; aber in der verbissenen Bescheidenheit eines großen Könners, der immer im Schatten lebt, hat er es unterlassen, seine Fahne dort aufzupflanzen. So kann mancher glauben, den Pol entdeckt zu haben, den Atget schon vor ihm betreten hat.« In der Tat: Atgets Pariser Photos sind die Vorläufer der surrealistischen Photographie; Vortrupps der einzigen wirklich breiten Kolonne, die der Surrealismus hat in Bewegung setzen können. Als erster desinfiziert er die stickige Atmosphäre, die die konventionelle Porträtphotographie der Verfallsepoche verbreitet hat. Er reinigt diese Atmosphäre, ja bereinigt sie: er leitet die Befreiung des Objekts von der Aura ein, die das unbezweifelbarste Verdienst der jüngsten Photographenschule ist. Wenn »Bifur« oder »Variété«, Zeitschriften der Avantgarde, unter der Beschriftung »Westminster«, »Lille«, »Antwerpen« oder »Breslau« nur Details bringen, einmal ein Stück von einer Balustrade, dann einen kahlen Wipfel, dessen Äste vielfältig eine Gaslaterne überschneiden, ein andermal eine Brandmauer oder einen Kandelaber mit einem Rettungsring, auf dem der Name der Stadt steht, so sind das nichts als literarische Pointierungen von Motiven, die Atget entdeckte. Er suchte das Verschollene und Verschlagene, und so wenden auch solche Bilder sich gegen den exotischen, prunkenden, romantischen Klang der Stadtnamen; sie saugen die Aura aus der Wirklichkeit wie Wasser aus einem sinkenden Schiff. – Was ist eigentlich Aura? Ein sonderbares Gespinst von Raum und Zeit: einmalige Erscheinung einer Ferne, so nah sie sein mag. An einem Sommermittag ruhend einem Gebirgszug am Horizont oder einem Zweig folgen, der seinen Schatten auf den Betrachter wirft, bis der Augenblick oder die Stunde Teil an ihrer Erscheinung hat – das heißt die Aura dieser Berge, dieses Zweiges atmen. Nun ist, die Dinge sich, vielmehr den Massen »naherzubringen«, eine genau so leidenschaftliche Neigung der Heutigen, wie die Überwindung des Einmaligen in jeder Lage durch deren Reproduzierung. Tagtäglich macht sich unabweisbarer das Bedürfnis geltend, des Gegenstandes aus nächster Nähe im Bild, vielmehr im Abbild habhaft zu werden. Und unverkennbar unterscheidet sich das Abbild, wie illustrierte Zeitung und Wochenschau es in Bereitschaft halten, vom Bilde. Einmaligkeit und Dauer sind in diesem so eng verschränkt wie Flüchtigkeit und Wiederholbarkeit in jenem. Die Entschälung des Gegenstands aus seiner Hülle, die Zertrümmerung der Aura ist die Signatur einer Wahrnehmung, deren Sinn für alles Gleichartige auf der Welt so gewachsen ist, daß sie es mittels der Reproduktion auch dem Einmaligen abgewinnt. Atget ist »an den großen Sichten und an den sogenannten Wahrzeichen« fast immer vorübergegangen; nicht aber an einer langen Reihe von Stiefelleisten; nicht an den Pariser Höfen, wo von abends bis morgens die Handwagen in Reih und Glied stehen; nicht an den abgegessenen Tischen und den unaufgeräumten Waschgeschirren, wie sie zu gleicher Zeit zu Hunderttausenden da sind; nicht am Bordell rue ... no 5, dessen Fünf an vier verschiedenen Stellen der Fassade riesengroß erscheint. Merkwürdigerweise sind aber fast alle diese Bilder leer. Leer die Porte d'Arcueil an den fortifs, leer die Prunktreppen, leer die Höfe, leer die Caféhausterrassen, leer, wie es sich gehört, die Place du Tertre. Sie sind nicht einsam, sondern stimmungslos; die Stadt auf diesen Bildern ist ausgeräumt wie eine Wohnung, die noch keinen neuen Mieter gefunden hat. Diese Leistungen sind es, in denen die surrealistische Photographie eine heilsame Entfremdung zwischen Umwelt und Mensch vorbereitet. Sie macht dem politisch geschulten Blick das Feld frei, dem alle Intimitäten zugunsten der Erhellung des Details fallen.

Auf der Hand liegt, daß dieser neue Blick am wenigsten da einzuheimsen hat, wo man sich sonst am läßlichsten erging: in der entgeltlichen, repräsentativen Porträtaufnahme. Andererseits ist der Verzicht auf den Menschen für die Photographie der unvollziehbarste unter allen. Und wer es nicht gewußt hat, den haben die besten Russenfilme es gelehrt, daß auch Milieu und Landschaft unter den Photographen erst dem sich erschließen, der sie in der namenlosen Erscheinung, die sie im Antlitz haben, aufzufassen weiß. Jedoch die Möglichkeit davon ist wieder in hohem Grad bedingt durch den Aufgenommenen. Die Generation, die nicht darauf versessen war, in Aufnahmen auf die Nachwelt zu kommen, eher im Angesicht solcher Veranstaltungen sich etwas scheu in ihren Lebensraum zurückzog – wie Schopenhauer auf dem Frankfurter Bilde um 1850 in die Tiefen des Sessels –, eben darum aber diesen Lebensraum mit auf die Platte gelangen ließ: diese Generation hat ihre Tugenden nicht vererbt. Da gab zum erstenmal seit Jahrzehnten der Spielfilm der Russen Gelegenheit, Menschen vor der Kamera erscheinen zu lassen, die für ihr Photo keine Verwendung haben. Und augenblicklich trat das menschliche Gesicht mit neuer, unermeßlicher Bedeutung auf die Platte. Aber es war kein Porträt mehr. Was war es? Es ist das eminente Verdienst eines deutschen Photographen, diese Frage beantwortet zu haben. August Sander[4] hat eine Reihe von Köpfen zusammengestellt, die der gewaltigen physiognomischen Galerie, die ein Eisenstein oder Pudowkin eröffnet haben, in gar nichts nachsteht, und er tat es unter wissenschaftlichem Gesichtspunkt. »Sein Gesamtwerk ist aufgebaut in sieben Gruppen, die der bestehenden Gesellschaftsordnung entsprechen, und soll in etwa 45 Mappen zu je 12 Lichtbildern veröffentlicht werden.« Bisher liegt davon ein Auswahlband mit 60 Reproduktionen vor, die unerschöpflichen Stoff zur Betrachtung bieten. »Sander geht vom Bauern, dem erdgebundenen Menschen aus, führt den Betrachter durch alle Schichten und Berufsarten bis zu den Repräsentanten der höchsten Zivilisation und abwärts bis zum Idioten.« Der Autor ist an diese ungeheure Aufgabe nicht als Gelehrter herangetreten, nicht von Rassentheoretikern oder Sozialforschern beraten, sondern, wie der Verlag sagt, »aus der unmittelbaren Beobachtung«. Sie ist bestimmt eine sehr vorurteilslose, ja kühne, zugleich aber auch zarte gewesen, nämlich im Sinn des Goethischen Wortes: »Es gibt eine zarte Empirie, die sich mit dem Gegenstand innigst identisch macht und dadurch zur eigentlichen Theorie wird.« Demnach ist es ganz in der Ordnung, daß ein Betrachter wie Döblin gerade auf die wissenschaftlichen Momente in diesem Werk gestoßen ist und bemerkt: »Wie es eine vergleichende Anatomie gibt, aus der man erst zu einer Auffassung der Natur und der Geschichte der Organe kommt, so hat dieser Photograph vergleichende Photographie getrieben und hat damit einen wissenschaftlichen Standpunkt oberhalb der Detailphotographen gewonnen.« Es wäre ein Jammer, wenn die wirtschaftlichen Verhältnisse die weitere Veröffentlichung dieses außerordentlichen corpus verhinderten. Dem Verlag aber kann man neben dieser grundsätzlichen noch eine genauere Aufmunterung zuteil werden lassen. Über Nacht könnte Werken wie dem von Sander eine unvermutete Aktualität zuwachsen. Machtverschiebungen, wie sie bei uns fällig geworden sind, pflegen die Ausbildung, Schärfung der physiognomischen Auffassung zur vitalen Notwendigkeit werden zu lassen. Man mag von rechts kommen oder von links – man wird sich daran gewöhnen müssen, darauf angesehen zu werden, woher man kommt. Man wird es, seinerseits, den andern

4 August Sander: Antlitz der Zeit. Sechzig Aufnahmen deutscher Menschen des 20. Jahrhunderts. Mit einer Einleitung von Alfred Döblin. München o. J. [1929].

anzusehen haben. Sanders Werk ist mehr als ein Bildbuch: ein Übungsatlas.

»Es gibt in unserem Zeitalter kein Kunstwerk, das so aufmerksam betrachtet werden würde, wie die Bildnisphotographie des eigenen Selbst, der nächsten Verwandten und Freunde, der Geliebten«, hat schon im Jahre 1907 Lichtwark geschrieben und damit die Untersuchung aus dem Bereich ästhetischer Distinktionen in den sozialer Funktionen gerückt. Nur von hier aus kann sie weiter vorstoßen. Es ist ja bezeichnend, daß die Debatte sich da am meisten versteift hat, wo es um die Ästhetik der »Photographie als Kunst« ging, indes man beispielsweise dem soviel frageloseren sozialen Tatbestand der »Kunst als Photographie« kaum einen Blick gönnte. Und doch ist die Wirkung der photographischen Reproduktion von Kunstwerken für die Funktion der Kunst von sehr viel größerer Wichtigkeit als die mehr oder minder künstlerische Gestaltung einer Photographie, der das Erlebnis zur »Kamerabeute« wird. In der Tat ist der heimkehrende Amateur mit seiner Unzahl künstlerischer Originalaufnahmen nicht erfreulicher als ein Jäger, der vom Anstand mit Massen von Wild zurückkommt, die nur für den Händler verwertbar sind. Und wirklich scheint der Tag vor der Tür zu stehen, da es mehr illustrierte Blätter als Wild- und Geflügelhandlungen geben wird. Soviel vom »Knipsen«. Doch die Akzente springen völlig um, wendet man sich von der Photographie als Kunst zur Kunst als Photographie. Jeder wird die Beobachtung haben machen können, wieviel leichter ein Bild, vor allem aber eine Plastik, und nun gar Architektur, im Photo sich erfassen lassen als in der Wirklichkeit. Die Versuchung liegt nahe genug, das schlechterdings auf den Verfall des Kunstsinns, auf ein Versagen der Zeitgenossen zu schieben. Dem aber stellt sich die Erkenntnis in den Weg, wie ungefähr zu gleicher Zeit mit der Ausbildung reproduktiver Techniken die Auffassung von großen Werken sich gewandelt hat. Man kann sie nicht mehr als Hervorbringungen Einzelner ansehen; sie sind kollektive Gebilde geworden, so mächtig, daß, sie zu assimilieren, geradezu an die Bedingung geknüpft ist, sie zu verkleinern. Im Endeffekt sind die mechanischen Reproduktionsmethoden eine Verkleinerungstechnik und verhelfen dem Menschen zu jenem Grad von Herrschaft über die Werke, ohne welchen sie gar nicht mehr zur Verwendung kommen.

Wenn eins die heutigen Beziehungen zwischen Kunst und Photographie kennzeichnet, so ist es die unausgetragene Spannung, welche durch die Photographie der Kunstwerke zwischen den beiden eintrat. Viele von denen, die als Photographen das heutige Gesicht dieser

Technik bestimmen, sind von der Malerei ausgegangen. Sie haben ihr den Rücken gekehrt nach Versuchen, deren Ausdrucksmittel in einen lebendigen, eindeutigen Zusammenhang mit dem heutigen Leben zu rücken. Je wacher ihr Sinn für die Signatur der Zeit war, desto problematischer ist ihnen nach und nach ihr Ausgangspunkt geworden. Denn wieder wie vor achtzig Jahren hat die Photographie von der Malerei die Stafette sich geben lassen. »Die schöpferischen Möglichkeiten des Neuen, sagt Moholy-Nagy, werden meist langsam durch solche alten Formen, alten Instrumente und Gestaltungsgebiete aufgedeckt, welche durch das Erscheinen des Neuen im Grunde schon erledigt sind, aber unter dem Druck des sich vorbereitenden Neuen sich zu einem euphorischen Aufblühen treiben lassen. So lieferte z. B. die futuristische (statische) Malerei die später sie selbst vernichtende, festumrissene Problematik der Bewegungssimultaneität, die Gestaltung des Zeitmomentes; und zwar dies in einer Zeit, da der Film schon bekannt, aber noch lange nicht erfaßt war ... Ebenso kann man – mit Vorsicht – einige von den heute mit darstellerisch-gegenständlichen Mitteln arbeitenden Malern (Neoklassizisten und Veristen) als Vorbereiter einer neuen darstellerischen optischen Gestaltung, die sich bald nur mechanisch technischer Mittel bedienen wird, betrachten.« Und Tristan Tzara, 1922: »Als alles, was sich Kunst nannte, gichtbrüchig geworden war, entzündete der Photograph seine tausendkerzige Lampe und stufenweise absorbierte das lichtempfindliche Papier die Schwärze einiger Gebrauchsgegenstände. Er hatte die Tragweite eines zarten, unberührten Aufblitzens entdeckt, das wichtiger war als alle Konstellationen, die uns zur Augenweide gestellt werden.« Die Photographen, die nicht aus opportunistischen Erwägungen, nicht zufällig, nicht aus Bequemlichkeit von der bildenden Kunst zum Photo gekommen sind, bilden heute die Avantgarde unter den Fachgenossen, weil sie durch ihren Entwicklungsgang gegen die größte Gefahr der heutigen Photographie, den kunstgewerblichen Einschlag, einigermaßen gesichert sind. »Photographie als Kunst, sagt Sasha Stone, ist ein sehr gefährliches Gebiet.«

Hat die Photographie sich aus Zusammenhangen herausbegeben, wie sie ein Sander, eine Germaine Krull, ein Bloßfeldt geben, vom physiognomischen, politischen, wissenschaftlichen Interesse sich emanzipiert, so wird sie »schöpferisch«. Angelegenheit des Objektivs wird die »Zusammenschau«; der photographische Schmock tritt auf. »Der Geist, überwindend die Mechanik, deutet ihre exakten Ergebnisse zu Gleichnissen des Lebens um.« Je mehr die Krise der heutigen

Gesellschaftsordnung um sich greift, je starrer ihre einzelnen Momente einander in toter Gegensätzlichkeit gegenübertreten, desto mehr ist das Schöpferische – dem tiefsten Wesen nach Variante; der Widerspruch sein Vater und die Nachahmung seine Mutter – zum Fetisch geworden, dessen Züge ihr Leben nur dem Wechsel modischer Beleuchtung danken. Das Schöpferische am Photographieren ist dessen Überantwortung an die Mode. »Die Welt ist schön« – genau das ist ihre Devise. In ihr entlarvt sich die Haltung einer Photographie, die jede Konservenbüchse ins All montieren, aber nicht einen der menschlichen Zusammenhänge fassen kann, in denen sie auftritt, und die damit noch in ihren traumverlorensten Sujets mehr ein Vorläufer von deren Verkäuflichkeit als von deren Erkenntnis ist. Weil aber das wahre Gesicht dieses photographischen Schöpfertums die Reklame oder die Assoziation ist, darum ist ihr rechtmäßiger Gegenpart die Entlarvung oder die Konstruktion. Denn die Lage, sagt Brecht, wird »dadurch so kompliziert, daß weniger denn je eine einfache ›Wiedergabe der Realität‹ etwas über die Realität aussagt. Eine Photographie der Kruppwerke oder der A. E. G. ergibt beinahe nichts über diese Institute. Die eigentliche Realität ist in die Funktionale gerutscht. Die Verdinglichung der menschlichen Beziehungen, also etwa die Fabrik, gibt die letzteren nicht mehr heraus. Es ist also tatsächlich, ›etwas aufzubauen‹, etwas ›Künstliches‹, ›Gestelltes‹.« Wegbereiter einer solchen photographischen Konstruktion herangebildet zu haben, ist das Verdienst der Surrealisten. Eine weitere Etappe in dieser Auseinandersetzung zwischen schöpferischer und konstruktiver Photographie bezeichnet der Russenfilm. Es ist nicht zuviel gesagt: die großen Leistungen seiner Regisseure waren nur möglich in einem Lande, wo die Photographie nicht auf Reiz und Suggestion, sondern auf Experiment und Belehrung ausgeht. In diesem Sinne, und nur in ihm, läßt sich der imposanten Begrüßung, mit der im Jahre 1855 der ungeschlachte Ideenmaler Antoine Wiertz der Photographie entgegenkam, auch heut noch ein Sinn abgewinnen. »Vor einigen Jahren ist uns, der Ruhm unseres Zeitalters, eine Maschine geboren worden, die tagtäglich das Staunen unserer Gedanken und der Schrecken unserer Augen ist. Ehe noch ein Jahrhundert um ist, wird diese Maschine der Pinsel, die Palette, die Farben, die Geschicklichkeit, die Erfahrung, die Geduld, die Behendigkeit, die Treffsicherheit, das Kolorit, die Lasur, das Vorbild, die Vollendung, der Extrakt der Malerei sein ... Glaube man nicht, daß die Daguerreotypie die Kunst töte ... Wenn die Daguerreotypie, dieses Riesenkind, herangewachsen sein wird; wenn all seine

Kunst und Stärke sich wird entfaltet haben, dann wird der Genius es plötzlich mit der Hand am Genick packen und laut rufen: Hierher! Mir gehörst du jetzt! Wir werden zusammen arbeiten.« Wie nüchtern, ja pessimistisch dagegen die Worte, in denen vier Jahre später im »Salon von 1859« Baudelaire die neue Technik seinen Lesern ankündigt. Sie lassen sich so wenig wie die eben angeführten heute ohne eine leise Akzentverschiebung mehr lesen. Aber indem sie von jenen das Gegenstück sind, haben sie ihren guten Sinn behalten als schärfste Abwehr aller Usurpationen künstlerischer Photographie. »In diesen kläglichen Tagen ist eine neue Industrie hervorgetreten, die nicht wenig dazu beitrug, die platte Dummheit in ihrem Glauben zu bestärken ..., daß die Kunst nichts anderes ist und sein kann als die genaue Wiedergabe der Natur ... Ein rächerischer Gott hat die Stimme dieser Menge erhört. Daguerre ward sein Messias.« Und: »Wird es der Photographie erlaubt, die Kunst in einigen ihrer Funktionen zu ergänzen, so wird diese alsbald völlig von ihr verdrängt und verderbt sein, dank der natürlichen Bundesgenossenschaft, die aus der Menge ihr erwachsen wird. Sie muß daher zu ihrer eigentlichen Pflicht zurückkehren, die darin besteht, der Wissenschaften und der Künste Dienerin zu sein«.

Eins aber ist damals von beiden – Wiertz und Baudelaire – nicht erfaßt worden, das sind die Weisungen, die in der Authentizität der Photographie liegen. Nicht immer wird es gelingen, mit einer Reportage sie zu umgehen, deren Klischees nur die Wirkung haben, sprachliche im Betrachter sich zu assoziieren. Immer kleiner wird die Kamera, immer mehr bereit, flüchtige und geheime Bilder festzuhalten, deren Chock im Betrachter den Assoziationsmechanismus zum Stehen bringt. An dieser Stelle hat die Beschriftung einzusetzen, welche die Photographie der Literarisierung aller Lebensverhältnisse einbegreift, und ohne die alle photographische Konstruktion im Ungefähren stekken bleiben muß. Nicht umsonst hat man Aufnahmen von Atget mit denen eines Tatorts verglichen. Aber ist nicht jeder Fleck unserer Städte ein Tatort? nicht jeder ihrer Passanten ein Täter? Hat nicht der Photograph – Nachfahr der Augurn und der Haruspexe – die Schuld auf seinen Bildern aufzudecken und den Schuldigen zu bezeichnen? »Nicht der Schrift-, sondern der Photographieunkundige wird, so hat man gesagt, der Analphabet der Zukunft sein.« Aber muß nicht weniger als ein Analphabet ein Photograph gelten, der seine eigenen Bilder nicht lesen kann? Wird die Beschriftung nicht zum wesentlichsten Bestandteil der Aufnahme werden? Das sind die Fragen, in welchen der Abstand von neunzig Jahren, der die Heutigen von der Daguerreotypie trennt, seiner historischen Spannungen sich entlädt. Im Scheine dieser Funken ist es, daß die ersten Photographien so schön und unnahbar aus dem Dunkel der Großvätertage heraustreten.

Abbildung 1: Der Photograph Karl Dauthendey, der Vater des Dichters, und seine Braut
Photo Karl Dauthendy

Abbildung 2: Fischweib aus Newhaven
Photo David Octavius Hill

Abbildung 3: Der Philosoph Schelling
Unbekannter deutscher Photograph, um 1850

Abbildung 4: Bildnis Robert Bryson
Photo David Octavius Hill

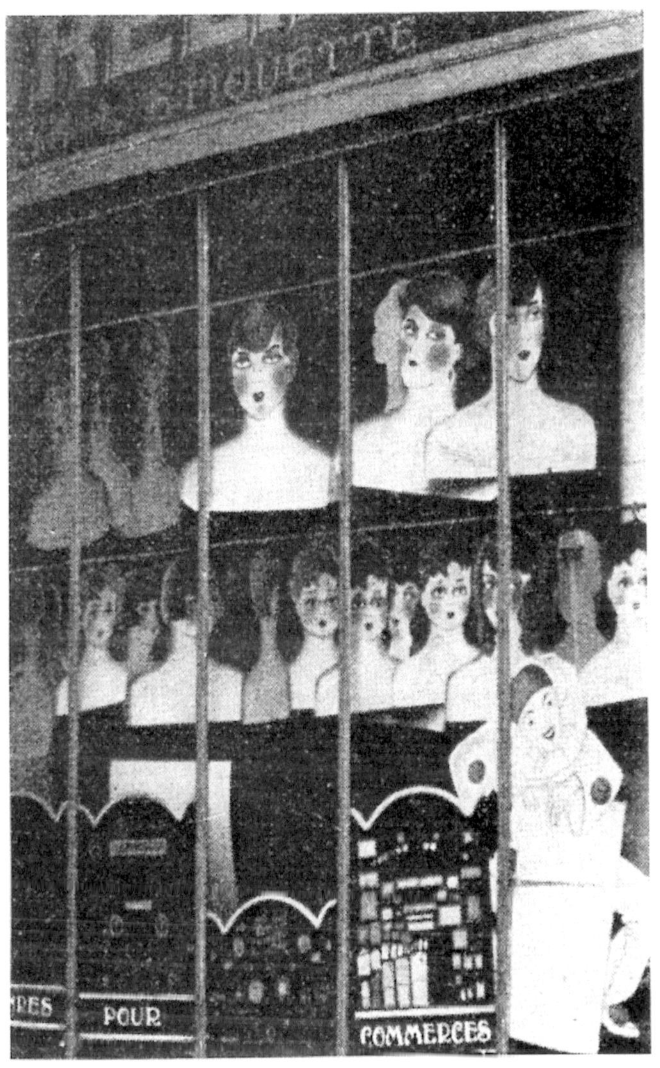

Abbildung 5:
Photo Germaine Krull © Nachlaß Germaine Krull, Museum Folkwang, Essen

Abbildung 6:
Photo Germaine Krull © Nachlaß Germaine Krull, Museum Folkwang, Essen

Abbildung 7: Konditor
Photo August Sander © Die Photographische Sammlung / SK Stiftung Kultur – August Sander Archiv, Köln; VG Bild-Kunst, Bonn 2002

Abbildung 8: Abgeordneter (Demokrat)
Photo August Sander © Die Photographische Sammlung / SK Stiftung Kultur – August Sander Archiv, Köln; VG Bild-Kunst, Bonn 2002

Kaiserpanorama

Es war ein großer Reiz der Reisebilder, die man im Kaiserpanorama fand, daß gleichviel galt, bei welchem man die Runde anfing. Denn weil die Schauwand mit den Sitzgelegenheiten davor im Kreis verlief, passierte jedes sämtliche Stationen, von denen man durch je ein Fensterpaar in seine schwachgetönte Ferne sah. Platz fand man immer. Und besonders gegen das Ende meiner Kindheit, als die Mode den Kaiserpanoramen schon den Rücken kehrte, gewöhnte man sich, im halbleeren Zimmer rundzureisen. Musik, die später Reisen mit dem Film erschlaffend machte, weil durch sie das Bild, an dem die Phantasie sich nähren könnte, sich zersetzt – Musik gab es im Kaiserpanorama nicht. Mir aber scheint ein kleiner, eigentlich störender Effekt all dem verlogenen Zauber überlegen, den um Oasen Pastorales oder um Mauerreste Trauermärsche weben. Das war ein Klingeln, welches wenige Sekunden, eh das Bild ruckweise abzog, um erst eine Lücke und dann das nächste freizugeben, anschlug. Und jedesmal, wenn es erklang, durchtränkten die Berge bis auf ihren Fuß, die Städte in allen ihren spiegelblanken Fenstern, die fernen, malerischen Eingeborenen, die Bahnhöfe mit ihrem gelben Qualm, die Rebenhügel bis ins kleinste Blatt sich tief mit wehmutsvoller Abschiedsstimmung. Zum zweitenmal kam ich zur Überzeugung – denn vorher brachte sie fast regelmäßig der Anblick schon des ersten Bildes auf – daß es unmöglich sei, die Herrlichkeiten in dieser einen Sitzung auszuschöpfen. Und dann entstand der – nie befolgte – Vorsatz, am nächsten Tage nochmals herzukommen. Doch ehe ich mir völlig schlüssig war, erbebte der ganze Bau, von dem mich nur die Holzverschalung trennte; das Bild in seinem kleinen Rahmen wankte, um alsbald nach links vor meinen Blicken sich davonzumachen. Die Künste, die hier überdauerten, sind mit dem neunzehnten Jahrhundert aufgestanden. Nicht eben frühe, aber doch zur Zeit, um noch das Biedermeier zu begrüßen. Im Jahre 1822 hatte Daguerre sein Panorama in Paris eröffnet. Seitdem sind diese klaren, schimmernden Kassetten, die Aquarien der Ferne und Vergangenheit, auf allen modischen Korsos und Promenaden heimisch. Und hier wie in Passagen und Kiosken haben sie Snobs und Künstler gern beschäftigt, ehe sie die Kammer wurden, wo im Innern die Kinder mit dem Erdball Freundschaft schlossen, von dessen Kreisen der erfreulichste – der schönste, bilderreichste Meridian – sich durch das Kaiserpanorama zog. Als ich zum erstenmal dort eintrat, war die Zeit der zierlichsten Veduten längst vorbei. Der Zauber aber, dessen letztes Publikum die Kinder waren, hatte nichts verloren. So wollte er mich eines Nachmittags vorm Transparent des Städtchens Aix bereden, ich hätte in dem olivenfarbenen Lichte, das durch die Platanenblätter auf den breiten Cours Mirabeau herabströmt, schon einmal zu einer Zeit gespielt, die freilich nichts mit andern Zeiten meines Lebens teilte. Denn dies war an den Reisen sonderbar: daß ihre ferne Welt nicht immer fremd und daß die Sehnsucht, die sie in mir weckte, nicht immer eine lockende ins Unbekannte, vielmehr bisweilen jene lindere nach einer Rückkehr ins Zuhause war. Das aber ist vielleicht das Werk des Gaslichts gewesen, das so sanft auf alles fiel. Und wenn es regnete, so brauchte ich mich nicht bei den Affichen aufzuhalten, auf welchen alle fünfzig Bilder pünktlich, in zwei Kolonnen, eingetragen waren – ich trat ins Innere und fand nun dort in Fjorden und auf Kokospalmen dasselbe Licht, das abends bei den Schularbeiten mir das Pult erhellte. Es sei denn, ein Defekt in der Beleuchtung erzeugte plötzlich jene seltene Dämmerung, in der die Farbe aus der Landschaft schwand. Dann lag sie unter einem Aschenhimmel verschwiegen da; es war, als hätte ich noch eben Wind und Glocken hören können, wenn ich nur besser achtgegeben hätte.

Daguerre oder die Panoramen

»Soleil, prends garde à toi!«
A. J. Wiertz: Œuvres littéraires. Paris 1870, p. 374.

Wie die Architektur in der Eisenkonstruktion der Kunst zu entwachsen beginnt, so tut das die Malerei ihrerseits in den Panoramen. Der Höhepunkt in der Verbreitung der Panoramen fällt mit dem Aufkommen der Passagen zusammen. Man war unermüdlich, durch technische Kunstgriffe die Panoramen zu Stätten einer vollkommenen Naturnachahmung zu machen. Man suchte den Wechsel der Tageszeit in der Landschaft, das Heraufziehen des Mondes, das Rauschen der Wasserfälle nachzubilden. David rät seinen Schülern, in den Panoramen nach der Natur zu zeichnen. Indem die Panoramen in der dargestellten Natur täuschend ähnliche Veränderungen hervorzubringen trachten, weisen sie über die Photographie auf Film und Tonfilm voraus.

Mit den Panoramen ist eine panoramatische Literatur gleichzeitig. »Le livre des Cent-et-Un«, »Les Français peints par eux-mêmes«, »Le diable à Paris«, »La grande ville« gehören ihr an. In diesen Büchern bereitet sich die belletristische Kollektivarbeit vor, der in den dreißiger Jahren Girardin im Feuilleton eine Stätte schuf. Sie bestehen aus einzelnen Skizzen, deren anekdotische Einkleidung dem plastisch gestellten Vordergrunde der Panoramen, deren informatorischer Fond deren gemaltem Hintergrunde entspricht. Diese Literatur ist auch gesellschaftlich panoramatisch. Zum letzten Mal erscheint der Arbeiter, außerhalb seiner Klasse, als Staffage einer Idylle.

Die Panoramen, die eine Umwälzung im Verhältnis der Kunst zur Technik ankündigen, sind zugleich Ausdruck eines neuen Lebensgefühls. Der Städter, dessen politische Überlegenheit über das Land im Laufe des Jahrhunderts vielfach zum Ausdruck kommt, macht den Versuch, das Land in die Stadt einzubringen. Die Stadt weitet sich in den Panoramen zur Landschaft aus wie sie es auf subtilere Art später für den Flanierenden tut. Daguerre ist ein Schüler des Panoramenmalers Prévost, dessen Etablissement sich in dem Passage des Panoramas befindet. Beschreibung der Panoramen von Prévost und Daguerre. 1839 brennt das Daguerresche Panorama ab. Im gleichen Jahr gibt er die Erfindung der Daguerreotypie bekannt.

Arago präsentiert die Photographie in einer Kammerrede. Er weist ihr den Platz in der Geschichte der Technik an. Er prophezeit ihre wissenschaftlichen Anwendungen. Dagegen beginnen die Künstler ihren Kunstwert zu debattieren. Die Photographie führt zur Vernichtung des großen Berufsstandes der Porträtminiaturisten. Dies geschieht nicht nur aus ökonomischen Gründen. Die frühe Photographie war künstlerisch der Porträtminiatur überlegen. Der technische Grund dafür liegt in der langen Belichtungszeit, die die höchste Konzentration des Porträtierten erfordert. Der gesellschaftliche Grund dafür liegt in dem Umstand, daß die ersten Photographen der Avantgarde angehörten und ihre Kundschaft zum großen Teil aus ihr kam. Der Vorsprung Nadars vor seinen Berufsgenossen kennzeichnet sich in seinem Unternehmen, Aufnahmen im Kanalisationssystem von Paris zu machen. Damit werden dem Objektiv zum ersten Mal Entdeckungen zugemutet. Seine Bedeutung wird um so größer je fragwürdiger im Angesicht der neuen technischen und gesellschaftlichen Wirklichkeit der subjektive Einschlag in der malerischen und graphischen Information empfunden wird.

Die Weltausstellung von 1855 bringt zum ersten Mal eine Sonderschau »Photographie«. Im gleichen Jahre veröffentlicht Wiertz seinen großen Artikel über die Photographie, in dem er ihr die philosophische Erleuchtung der Malerei zuweist. Diese Erleuchtung verstand er, wie seine eignen Gemälde zeigen, im politischen Sinn. Wiertz kann als der erste bezeichnet werden, der die Montage als agitatorische Verwertung der Photographie wenn nicht vorhergesehen, doch gefordert hat. Mit dem zunehmenden Umfang des Verkehrswesens vermindert sich die informatorische Bedeutung der Malerei. Sie beginnt, in Reaktion auf die Photographie, zunächst die farbigen Bildelemente zu unterstreichen. Als der Impressionismus dem Kubismus weicht, hat die Malerei sich eine weitere Domäne geschaffen, in die ihr die Photographie vorerst nicht folgen kann. Die Photographie ihrerseits dehnt seit der Jahrhundertmitte den Kreis der Warenwirtschaft gewaltig aus, indem sie Figuren, Landschaften, Ereignisse, die entweder überhaupt nicht oder nur als Bild für einen Kunden verwertbar waren, in unbeschränkter Menge auf dem Markt ausbot. Um den Umsatz zu steigern erneuerte sie ihre Objekte durch modische Veränderungen der Aufnahmetechnik, die die spätere Geschichte der Photographie bestimmen.

Pariser Brief ⟨2⟩
Malerei und Photographie

Wenn man an Sonn- und Feiertagen bei erträglichem Wetter in den Pariser Stadtvierteln Montparnasse oder Montmartre spazieren geht, so stößt man in geräumigen Straßenzügen stellenweise auf Paravants, die, aneinandergereiht oder auch zu kleinen Irrgärten kombiniert, zum Verkauf bestimmte Gemälde tragen. Man findet da die Sujets aus der guten Stube: Stilleben und Marinestudien, Akte, Genrebilder und Interieurs. Der Maler, der nicht selten romantisch, mit Schlapphut und Sammetjoppe ausstaffiert ist, hat sich neben seinen Bildern auf einem Feldstühlchen eingerichtet. Seine Kunst wendet sich an die promenierende Bürgerfamilie. Diese ist vielleicht mehr von seiner Gegenwart oder seinem imponierenden Aufzuge angetan als von den ausgestellten Gemälden. Dennoch hieße es wahrscheinlich den Spekulationsgeist dieser Maler überschätzen, wollte man meinen, sie stellten ihre Person in den Dienst der Kundenwerbung.

Es sind gewiß nicht diese Maler, die man bei den großen Debatten im Auge hatte, die in letzter Zeit um die Lage der Malerei geführt worden sind[1]. Denn ihre Sache hat nur insofern mit der Malerei als Kunst zu tun als auch deren Produktion mehr und mehr für den Markt im allgemeinsten Sinne bestimmt ist. Doch haben die gehobenen Maler nicht nötig, sich in eigener Person auf den Markt zu stellen. Sie verfügen über Kunsthändler und Salons. Immerhin stellen ihre ambulanten Kollegen noch etwas anderes zur Schau als die Malerei im Stande ihrer tiefsten Erniedrigung. Sie zeigen, wie verbreitet eine mittlere Fähigkeit ist, mit Palette und Pinsel umzugehen. Und insofern haben sie in den erwähnten Debatten doch ihren Platz gehabt. Er wurde ihnen von André Lhote eingeräumt, welcher sagte: »Wer sich heutzutage für Malerei interessiert, der beginnt früher oder später selbst zu malen ... Von dem Tage an jedoch, wo ein Amateur selber zu malen anfängt, hört die Malerei auf, die gleichsam religiöse Faszination auf ihn auszuüben, die sie dem Profanen gegenüber besitzt.«

1 Entretiens, L'art et la réalité. L'art et l'état. [Mit Beiträgen von Mario Alvera, Daniel Baud-Bovy, Emilio Bodrero u. a.] Paris. Institut internationale de Coopération intellectuelle (1935). – La querelle du réalisme. Deux débats par l'Association des peintures et sculptures de la maison de la culture. [Mit Beiträgen von Lurçat, Granaire u. a.] Paris: Editions socialistes internationales 1936.

(Entretiens, S. 39) Geht man der Vorstellung von einer Epoche nach, in der sich einer für Malerei interessieren konnte, ohne auch nur auf den Gedanken zu kommen, selber zu malen, so gerät man auf die des Zunftwesens. Und wie es oft dem Liberalen – Lhote ist ein im besten Sinne liberaler Geist – bestimmt ist, daß der Faschist seine Gedanken zuende denkt, so hören wir von Alexandre Cingria, daß das Unglück mit der Aufhebung der Zunftordnung, das heißt mit der französischen Revolution begonnen habe. Nach dieser Aufhebung hätten die Künstler sich unter Nichtachtung jeder Disziplin aufgeführt »wie die wilden Tiere« (Entretiens, S. 96). Und was ihr Publikum angeht, die Bürger, so verloren sie, »nachdem 1789 sie aus einer Ordnung entlassen hatte, die in politischer Hinsicht auf Hierarchie, in geistiger auf einer intellektuellen Wertordnung errichtet gewesen war«, »zunehmend das Verständnis für jene uninteressierte, lügnerische, amoralische und nutzlose Produktionsform, von der die künstlerischen Gesetze bestimmt werden« (Entretiens, S. 97).

Man sieht, der Faschismus hat auf dem Venezianer Kongreß eine offene Sprache geführt. Daß dieser Kongreß in Italien tagte, machte sich genau so deutlich bemerkbar, wie es den Pariser kennzeichnete, daß er von der Maison de la culture einberufen worden war. Soweit der offizielle Habitus dieser Veranstaltungen. Wer im übrigen die Reden näher studiert, dem begegnen auf dem Venezianer Kongreß (der ja ein internationaler gewesen ist) wohlüberlegte, durchdachte Betrachtungen über die Lage der Kunst, während andererseits unter den Teilnehmern der Pariser Tagung nicht alle ohne Ausnahme dazu gekommen sind, die Debatte von Schablonen ganz freizuhalten. Kennzeichnend ist immerhin, daß zwei der wichtigsten Venezianer Redner an dem Pariser Kongreß teilnahmen und in seiner Atmosphäre sich zu Hause zu fühlen vermochten, nämlich Lhote und Le Corbusier. Der erstere nahm dort die Gelegenheit zu einem Rückblick auf die Venezianer Tagung wahr. »Wir sind damals«, sagte er, »unser sechzig zusammengekommen, um ... in diesen Fragen etwas klarer zu sehen. Ich möchte nicht wagen zu behaupten, daß es einem einzigen unter uns wirklich gelungen sei.« (La querelle, S. 93).

Daß in Venedig die Sowjet-Union gar nicht, Deutschland lediglich in einer Person, wenn auch in der Thomas Manns, vertreten gewesen ist, bleibt bedauerlich. Man würde aber in der Annahme irren, die vorgeschobeneren Positionen wären darum völlig verwaist gewesen. Skandinavier wie Johnny Roosval, Österreicher wie Hans Tietze, von den genannten Franzosen zu schweigen, hielten sie wenigstens zum

Teil besetzt[2]. In Paris hatte die Avantgarde ohnehin den Vorrang. Sie setzte sich aus Malern und Schriftstellern zu gleichen Teilen zusammen. Auf diese Weise betonte man, wie notwendig es ist, der Malerei eine vernünftige Kommunikation mit dem gesprochenen und geschriebenen Wort zurückzugewinnen.

Die Theorie der Malerei hat sich als eine Spezialität von ihr abgespalten und ist zur Sache der Kunstkritik geworden. Was dieser Arbeitsteilung zu Grunde liegt, ist das Schwinden der Solidarität, die die Malerei einst mit den öffentlichen Anliegen verbunden hat. Courbet war vielleicht der letzte Maler, in dem diese Solidarität sich ausprägt. Die Theorie seiner Malerei gab nicht nur auf malerische Probleme Antwort. Bei den Impressionisten hat der Argot der Ateliers die echte Theorie schon zurückgedrängt, und von da führt eine stetige Entwicklung bis zu dem Stadium, das einen klugen und informierten Beobachter zu der These führen konnte, die Malerei sei »eine vollkommen esoterische und museale Angelegenheit geworden, das Interesse an ihr und ihren Problemen ... nicht mehr vorhanden«. Sie sei »beinahe ein Überbleibsel aus einem vergangenen Zeitraum und ihr verfallen zu sein ... persönliches Mißgeschick«[3]. Solche Vorstellungen verschuldet weniger die Malerei als die Kunstkritik. Diese dient nur scheinbar dem Publikum, in Wahrheit dem Kunsthandel. Sie kennt keine Begriffe, nur einen Slang, der von Saison zu Saison wechselt. Es ist kein Zufall, daß der jahrelang maßgeblichste Pariser Kunstkritiker, Waldemar George, in Venedig als Faschist auftrat. Sein snobistisches Kauderwelsch kann nur solange Geltung haben wie die heutigen Formen des Kunstgeschäfts. Man versteht, daß er dazu gelangt ist, das Heil der französischen Malerei von einem »Führer« zu erwarten, der kommen müsse (vgl. Entretiens, S. 71).

Das Interesse der Venezianer Debatte haftet an denen, die sich um eine kompromißlose Darstellung der Krise der Malerei bemüht haben. Das gilt in besonderer Weise von Lhote. Seine Feststellung: »Wir stehen vor der Frage nach dem *nützlichen* Bilde« (Entretiens, S. 47), zeigt, wo wir den archimedischen Punkt der Debatte zu suchen haben.

2 Andererseits stieß man in Venedig auf Rückstände förmlich musealen Charakters aus verschollenen Denkepochen. So definierte beispielsweise Salvador de Madariaga: »Die wahre Kunst ist das Erzeugnis einer in verschiedenen Verhältnissen möglichen Kombination des Gedankens mit dem Raum; und die falsche Kunst ist das Ergebnis einer solchen Kombination, bei der der Gedanke das Kunstwerk beeinträchtigt.« (Entretiens, S. 160)

3 Hermann Broch, James Joyce und die Gegenwart. Rede zu Joyce's 50. Geburtstag, Wien–Leipzig–Zürich 1936, S. 24.

Lhote ist sowohl Maler als Theoretiker. Als Maler kommt er von Cézanne her; als Theoretiker arbeitet er im Rahmen der Nouvelle Revue Française. Er steht keineswegs auf dem äußersten linken Flügel. Nicht nur dort also fühlt man die Nötigung, über den »Nutzen« des Bildes nachzudenken. Loyalerweise kann dieser Begriff nicht den Nutzen im Auge haben, den das Bild für die Malerei oder für den Kunstgenuß hat. (Über deren Nutzen soll ja vielmehr mit seiner Hilfe gerade entschieden werden.) Im übrigen kann freilich der Begriff des Nutzens nicht weit genug gefaßt werden. Man würde sich jeden Weg verbauen, wollte man lediglich den unmittelbarsten Nutzen, den ein Werk durch sein Sujet haben kann, ins Auge fassen. Die Geschichte zeigt, daß die Malerei allgemeine soziale Aufgaben oft durch Wirkungen, die von mittelbarer Art sind, bewältigt hat. Auf sie wies der Wiener Kunsthistoriker Tietze hin, wenn er den Nutzen des Bildes so definiert: »Die Kunst verhilft zum Verständnis der Realität ... Die ersten Künstler, die der Menschheit die ersten Konventionen der Gesichtswahrnehmung auferlegten, haben ihr einen ähnlichen Dienst geleistet, wie jene Genies der Prähistorie, die die ersten Worte gebildet haben.« (Entretiens, S. 34) Lhote verfolgt die gleiche Linie in historischer Zeit. Jeder neuen Technik, bemerkt er, liegt eine neue Optik zu Grunde. »Man weiß, von welchen Delirien die Erfindung der Perspektive begleitet gewesen ist, die die entscheidende Entdeckung der Renaissance war. Als erster stieß Paolo Uccello auf ihre Gesetze und er konnte seinen Enthusiasmus so wenig beherrschen, daß er mitten in der Nacht seine Frau weckte, um ihr die ungeheure Botschaft zu bringen. Ich könnte«, fährt Lhote fort, »die verschiedenen Etappen der Entwicklung der Gesichtswahrnehmung von den Primitiven bis heute am einfachen Beispiel des Tellers erläutern. Der Primitive hätte ihn, wie das Kind, als Kreis gezeichnet, der Zeitgenosse der Renaissance als Oval, der Moderne endlich, den Cézanne repräsentieren möge, ... als eine außerordentlich komplizierte Figur, von der man sich einen Begriff machen kann, indem man den unteren Teil des Ovals abgeflacht und eine seiner Seiten aufgebläht denkt.« (Entretiens, S. 38) Sollte der Nutzen solcher malerischen Errungenschaften – wie man dies vielleicht einwenden könnte – nicht der Wahrnehmung sondern nur ihrer mehr oder weniger suggestiven Reproduktion zu gute kommen, so würde er sich selbst dann auf außerkünstlerischem Felde beglaubigen. Denn solche Reproduktion wirkt durch zahlreiche Kanäle – den der gewerblichen Zeichnung wie den des Reklamebildes, den der volkstümlichen wie den der wissenschaftlichen Illustration – auf das Produktions- und Bildungsniveau der Gesellschaft ein.

Der Elementarbegriff, den man sich so vom Nutzen des Bildes machen kann, ist durch die Photographie erheblich erweitert worden. Diese erweiterte Gestalt ist seine aktuelle. Die gegenwärtige Debatte hat ihren Höhepunkt an den Stellen, an denen sie, die Photographie in die Analyse einbeziehend, deren Verhältnis zur Malerei klärt. Wenn das in Venedig nicht geschah, so holte Aragon in Paris das Versäumte nach. Es bedurfte, wie er später erzählt, einiger Courage dazu. Ein Teil der anwesenden Maler sah in dem Unternehmen, Gedanken zur Geschichte der Malerei auf die Geschichte der Photographie zu gründen, eine Beleidigung. »Man stelle sich«, schließt Aragon, »einen Physiker vor, der sich beleidigt fühlt, weil man ihm von Chemie spricht.«[4]

Vor acht bis zehn Jahren hat man begonnen, die Geschichte der Photographie zu erforschen. Wir haben eine Anzahl, meist illustrierter, Arbeiten über ihre Anfänge und ihre frühen Meister[5]. Es ist aber einer der jüngsten Publikationen vorbehalten geblieben, den Gegenstand im Zusammenhang mit der Geschichte der Malerei zu behandeln. Daß dies im Geiste des dialektischen Materialismus versucht worden ist, ergibt eine neue Bestätigung der höchst originalen Aspekte, die diese Methode zu eröffnen vermag. Gisèle Freunds Studie »La photographie en France au dix-neuvième siècle«[6] stellt den Aufstieg der

4 Louis Aragon, Le réalisme à l'ordre du jour. In: Commune, sept. 1936, 4, série 37, p. 23.

5 Vgl. u. a. Helmut Theodor Bossert und Heinrich Guttmann, Aus der Frühzeit der Photographie 1840-1870, Frankfurt am Main 1930; Camille Recht, Die alte Photographie, Paris 1931; Heinrich Schwarz, David Octavius Hill, der Meister der Photographie, Leipzig 1931; ferner zwei wichtige Quellenwerke: Disderi, Manuel opératoire de photographie, Paris 1853; Nadar, Quand j'étais photographe, Paris 1900.

6 Gisèle Freund, La photographie en France au dix-neuvième siècle, Paris 1936. – Die Verfasserin, eine deutsche Emigrantin, hat mit dieser Arbeit an der Sorbonne promoviert. Wer der öffentlichen Disputation beiwohnte, die den Abschluß der Prüfung bildet, mußte einen starken Eindruck von dem Weitblick und der Liberalität der Examinatoren mit nach Hause nehmen. – Ein methodischer Einwand gegen das verdienstliche Buch sei gestreift. »Je größer«, schreibt die Verfasserin, »das Genie des Künstlers ist, desto besser reflektiert sein Werk, und zwar gerade kraft der Originalität seiner Formgebung, die Tendenzen der ihm gleichzeitigen Gesellschaft.« (Freund, S. 4) Was an diesem Satz bedenklich scheint, ist nicht der Versuch, die künstlerische Tragweite einer Arbeit mit Beziehung auf die gesellschaftliche Struktur ihrer Entstehungszeit zu umschreiben; bedenklich ist nur die Annahme, diese Struktur erscheine ein für allemal unter dem gleichen Aspekt. In Wahrheit dürfte sich ihr Aspekt mit den verschiedenen Epochen ändern, die ihren Blick auf sie zurücklenken. Die Bedeutung eines Kunstwerks mit Rücksicht auf die gesellschaftliche Struktur seiner Entstehungszeit

Photographie im Zusammenhang mit dem Aufstieg des Bürgertuns dar und exemplifiziert diesen Zusammenhang in besonders glücklicher Weise an der Geschichte des Portraits. Ausgehend von der unter dem ancien régime am meisten verbreiteten Portraittechnik, der kostspieligen Elfenbeinminiature, zeigt die Verfasserin die verschiedenen Verfahren auf, die um 1780, das heißt sechzig Jahre vor Erfindung der Photographie, auf eine Beschleunigung und Verbilligung, damit auf eine weitere Verbreitung der Portraitproduktion hinzielten. Ihre Beschreibung des Physiognotrace als eines Mittelgliedes zwischen Portraitminiature und photographischer Aufnahme hat den Wert einer Entdeckung. Die Verfasserin zeigt dann weiter, wie die technische Entwicklung ihren der gesellschaftlichen angepaßten Standard in der Photographie erreicht, durch die das Portrait den breiteren Bürgerschichten erschwinglich wird. Sie stellt dar, wie die Miniaturisten die ersten Opfer der Photographie in den Reihen der Maler wurden. Sie berichtet endlich über die theoretische Auseinandersetzung zwischen Malerei und Photographie um die Jahrhundertmitte.

Im Felde der Theorie konzentrierte sich die Auseinandersetzung zwischen Photographie und Malerei um die Frage, ob die Photographie eine Kunst sei. Die Verfasserin macht auf die eigentümliche Konstellation aufmerksam, die bei der Beantwortung dieser Frage zum Vorschein kommt. Sie stellt fest, wie hoch dem künstlerischen Niveau noch eine Anzahl der frühen Photographen gestanden haben, die ohne künstlerische Prätentionen zu Werke gingen und mit ihren Arbeiten nur einem engen Freundeskreise vor Augen kamen. »Der Anspruch der Photographie, eine Kunst zu sein, wurde gerade von denen erhoben, die aus der Photographie ein Geschäft machten.« (Freund, S. 49) Mit anderen Worten: der Anspruch der Photographie, eine Kunst zu sein, ist gleichzeitig mit ihrem Auftreten als Ware.

definieren, kommt also viel mehr darauf hinaus, die Fähigkeit des Kunstwerks, zu der Epoche seiner Entstehungszeit den ihr entlegensten und fremdesten Epochen einen Zugang zu geben, aus der Geschichte seiner Wirkungen zu bestimmen. Solche Fähigkeit hat z. B. Dantes Gedicht für das zwölfte Jahrhundert, hat Shakespeares Werk für das elisabethanische Zeitalter an den Tag gelegt. – Die Klarstellung dieser methodischen Frage ist umso wichtiger als die Formel von Freund geradenwegs auf eine Position zurückführt, die ihren drastischsten und zugleich fragwürdigsten Ausdruck bei Plechanow gefunden hat, der erklärt: »Je größer ein Schriftsteller ist, desto stärker und einsichtiger hängt der Charakter seines Werks vom Charakter seiner Epoche ab o d e r m i t a n d e r e n W o r t e n (Sperrung vom Referenten): desto weniger läßt sich in seinen Werken jenes Element ausfindig machen, das man das ›persönliche‹ nennen könnte.« (Georges Plekhanov, Les jugements de Lanson sur Balzac et Corneille. In: Commune, déc. 1934, 2, série 16, p. 306.)

Der Sachverhalt hat seine dialektische Ironie: das Verfahren, das später bestimmt war, den Begriff des Kunstwerks selbst in Frage zu stellen, indem es durch dessen Reproduktion seinen Warencharakter forcierte, bezeichnet sich als ein künstlerisches[7]. Diese spätere Entwicklung setzt mit Disderi ein. Disderi wußte, daß die Photographie eine Ware ist. Aber diese Eigenschaft teilt sie mit allen Produkten unserer Gesellschaft. (Auch das Gemälde ist eine Ware.) Disderi erkannte darüber hinaus, welche Dienste die Photographie der Warenwirtschaft zu leisten imstande ist. Er als erster benutzte das photographische Verfahren, um Güter, welche dem Zirkulationsprozeß mehr oder weniger entzogen gewesen waren, in denselben hinein zu reißen. So in erster Linie die Kunstwerke. Disderi hatte den klugen Gedanken, sich ein staatliches Monopol auf die Reproduktion der im Louvre versammelten Kunstwerke geben zu lassen. Seither hat die Photographie immer zahlreichere Ausschnitte aus dem Feld optischer Wahrnehmung verkäuflich gemacht. Sie hat der Warenzirkulation Objekte erobert, die ehedem so gut wie nicht in ihr vorkamen.

Aus dem Rahmen, den Gisèle Freund sich gesteckt hat, fällt dieser Entwicklungsgang bereits heraus. Sie hat es vor allem mit der Epoche zu tun, in der die Photographie ihren Siegeszug antritt. Es ist die Epoche des juste milieu. Die Verfasserin kennzeichnet dessen ästhetischen Standpunkt, und es hat in ihrer Darstellung einen mehr als anekdotischen Wert, daß für einen der damals gefeierten Meister die exakte Darstellung von Fischschuppen ein Hochziel der Malerei war. Diese Schule sah ihre Ideale über Nacht von der Photographie verwirklicht. Ein zeitgenössischer Maler, Galimard, verrät das naiv, wenn er in einem Bericht über Meissoniers Bilder schreibt: »Das Publikum wird

7 Eine ähnlich ironische Konstellation im gleichen Feld ist die folgende. Die Kamera ist als hochgradig standardisiertes Werkzeug dem Ausdruck nationaler Eigentümlichkeiten in der Form ihres Produkts nicht viel günstiger als ein Walzwerk. Sie macht die Bildproduktion in vordem ungekanntem Maße von nationalen Konventionen und Stilen unabhängig. Sie beunruhigte dadurch die Theoretiker, die auf solche Konventionen und Stile eingeschworen sind. Die Reaktion ließ nicht auf sich warten. Schon 1859 heißt es in der Besprechung einer photographischen Ausstellung: »Der besondere Nationalcharakter tritt … handgreiflich in den Werken der verschiedenen Länder heraus … Niemals wird ein französischer Photograph … mit einem seiner englischen Kollegen zu verwechseln sein.« (Louis Figuier, La photographie au salon de 1859, Paris 1860, S. 5) Und genau so nach über siebenzig Jahren Margherita Sarfatti auf dem Venezianer Kongreß: »Eine gute Portraitphotographie wird uns auf den ersten Blick die Nationalität – nicht etwa des Photographierten sondern – des Photographen verraten.« (Entretiens, S. 87)

uns nicht widersprechen, wenn wir unsere Bewunderung ... für den feinsinnigen Künstler zum Ausdruck bringen, der ... uns dies Jahr ein Bild geschenkt hat, das es der Genauigkeit nach mit den Daguerreotypien aufnehmen kann.«[8] Die Malerei des juste milieu wartete nur darauf, sich von der Photographie ins Schlepptau nehmen zu lassen. Es ist daher nicht erstaunlich, daß sie für die Entwicklung des photographischen Handwerks nichts, nichts Gutes jedenfalls, zu bedeuten hatte. Wo wir es unter ihrem Einfluß finden, stoßen wir auf Versuche der Photographen, mit Hilfe von Requisiten und Statisterie, die sie in ihren Ateliers versammelten, den Historienmalern es gleichzutun, die damals auf Louis-Philippes Geheiß Versailles mit Fresken versahen. Man schrak nicht davor zurück, den Bildhauer Kallimachus zu photographieren, wie er beim Anblick einer Akanthuspflanze das Korinthische Kapitäl erfindet; man stellte die Szene, wie »Leonardo« die »Mona Lisa« malt, und diese Szene photographierte man. – In Courbet hatte die Malerei des juste milieu ihren Widerpart; mit Courbet kehrt sich, für eine gewisse Zeit, das Verhältnis zwischen Maler und Photograph um. Sein berühmtes Bild »Die Woge« kommt der Entdeckung eines photographischen Sujets durch die Malerei gleich. Courbets Epoche kannte weder die Groß- noch die Momentaufnahme. Seine Malerei zeigt ihr den Weg. Sie rüstet eine Entdeckungsfahrt in eine Formen- und Strukturwelt aus, die man erst mehrere Lustren später auf die Platte zu bringen vermochte.

Courbets besondere Stellung liegt darin, daß er der letzte war, der versuchen konnte, die Photographie zu überholen. Die Späteren suchen ihr zu entgehen. So zuvörderst die Impressionisten. Das gemalte Bild entschlüpft der zeichnerischen Armatur; es entzieht sich dadurch in gewissem Maße der Konkurrenz durch die Kamera. Die Probe auf das Exempel machen die Versuche, in denen die Photographie um die Jahrhundertwende es ihrerseits den Impressionisten nachtut. Sie greift zu den Gummidrucken; es ist bekannt, wie tief sie mit diesem Verfahren gesunken ist. Aragon hat den Zusammenhang scharf erfaßt: »Die Maler ... haben im photographischen Apparat einen Konkurrenten gesehen ... Sie haben versucht, es anders zu machen als er. Das war ihre große Idee. Eine wichtige Errungenschaft der Menschheit so zu verkennen, ... mußte ... schließlich ... eine reaktionäre Verhaltungsweise bei ihnen zur Folge haben. Die Maler

8 Auguste Galimard, Examen du salon de 1849, Paris o. J., S. 95.

sind mit der Zeit – und das gilt am meisten von den begabtesten – ... wahre Ignoranten geworden.«[9]

Aragon ist den Fragen, die die jüngste Geschichte der Malerei aufgibt, 1930 in einer Schrift nachgegangen, die er »Die Herausforderung der Malerei«[10] überschrieben hat. Herausforderer ist die Photographie. Die Schrift gilt der Wendung, die die vordem den Zusammenstoß mit der Photographie meidende Malerei dazu führte, ihr die Stirn zu bieten. Wie sie das tat, stellte Aragon im Anschluß an die Arbeiten seiner damaligen surrealistischen Freunde dar. Man griff zu verschiedenen Verfahrungsweisen. »Ein Stück Photographie wurde in ein Gemälde oder in eine Zeichnung hineingeklebt; oder in eine Photographie wurde etwas hineingezeichnet bzw. hineingemalt.« (Aragon, S. 22) Aragon nennt noch andere Prozeduren. So die Behandlung von Abbildungen, denen durch Ausschneiden die Form anderer als der abgebildeten Dinge verliehen wird. (Man kann eine Lokomotive aus einem Blatt ausschneiden, auf dem eine Rose abgedruckt ist.) In diesem Verfahren, das seinen Zusammenhang mit dem Dadaismus erkennen läßt, glaubte Aragon eine Gewähr für die revolutionäre Energie der neuen Kunst zu besitzen. Er konfrontierte sie mit der hergebrachten. »In der Malerei geht es längst komfortabel her; sie schmeichelt dem kultivierten Kenner, der sie bezahlt. Sie ist Luxusgegenstand ... An diesen neuen Versuchen erkennt man, daß die Maler sich von ihrer Domestizierung durch das Geld freimachen können. Denn diese Klebetechnik ist arm an Mitteln. Und ihr Wert wird noch lange verkannt werden.« (Aragon, S. 19).

Das war 1930. Aragon würde diese Sätze heute nicht mehr schreiben. Der Versuch der Surrealisten, die Photographie »künstlerisch« zu bewältigen, ist fehlgeschlagen. Der Irrtum der kunstgewerblichen Photographen mit ihrem spießbürgerlichen Credo, das den Titel von Renger-Patzschs bekannter Photosammlung »Die Welt ist schön« bildet, war auch der ihre. Sie verkannten die soziale Durchschlagskraft der Photographie und damit die Wichtigkeit der Beschriftung, die als Zundschnur den kritischen Funken an das Bildgemenge heranführt (wie wir das am besten bei Heartfield sehen). Aragon hat sich mit

9 La querelle, S. 64. Vgl. die bösartige These Derains: »Die große Gefahr für die Kunst ist das Übermaß von Kultur. Der wahre Künstler ist ein unkultivierter Mensch.« (La querelle, S. 163)

10 Louis Aragon, La peinture au défi, Paris 1930.

Heartfield letzthin beschäftigt[11]; er hat auch sonst die Gelegenheit wahrgenommen, auf das kritische Element in der Photographie hinzuweisen. Heute sichtet er dieses Element selbst im scheinbar formalen Werk eines Kameravirtuosen wie Man Ray. Mit Man Ray, führte er in der Pariser Debatte aus, gelingt es der Photographie, die Malweise der modernsten Maler zu reproduzieren. »Wer die Maler, auf die Man Ray anspielt, nicht kennt, würde seine Leistung gar nicht vollständig würdigen können.« (La querelle, S. 60)

Dürfen wir von dieser spannungsreichen Geschichte der Begegnung von Malerei und Photographie mit der liebenswürdigen Formel Abschied nehmen, die Lhote in Bereitschaft hält? Ihm erscheint unbestreitbar, »daß der vielberedete Ersatz der Malerei durch die Photographie in der Erledigung dessen Platz greifen kann, was man als ›die laufenden Geschäfte‹ bezeichnen möchte. Der Malerei aber verbleibt sodann die geheimnisvolle Domäne des ewig unantastbaren Reinmenschlichen.« (La querelle, S. 102) Leider ist diese Konstruktion nichts als eine Falle, die hinterm liberalen Denker einschnappt und ihn wehrlos an den Faschismus liefert. Wieviel weiter reichte der Blick des ungeschlachten Ideenmalers Antoine Wiertz, der vor bald 100 Jahren aus Anlaß der ersten photographischen Weltschau geschrieben hat: »Vor einigen Jahren ist uns, der Ruhm unseres Zeitalters, eine Maschine geboren worden, die tagtäglich das Staunen unserer Gedanken und der Schrecken unserer Augen ist. Ehe noch ein Jahrhundert um ist, wird diese Maschine der Pinsel, die Palette, die Farben, die Geschicklichkeit, die Erfahrung, die Geduld, die Behendigkeit, die Treffsicherheit, das Kolorit, die Lasur, das Vorbild, die Vollendung, der Extrakt der Malerei sein ... Glaube man nicht, daß die Daguerreotypie die Kunst töte ... Wenn die Daguerreotypie, dieses Riesenkind, herangewachsen sein wird; wenn all seine Kunst und Stärke sich wird entfaltet haben, dann wird der Genius es plötzlich am Genick packen und rufen: Hierher! Mir gehörst Du jetzt! Wir werden zusammen arbeiten.«[12] Wer die großen Gemälde von Wiertz vor sich hat, weiß, daß der Genius, von dem er spricht, ein politischer ist. Im Blitz einer großen sozialen Inspiration, so meint er, müssen einst Malerei und Photographie verschmelzen. Diese Prophetie enthielt eine Wahrheit; nur daß es nicht Werke sondern Meister sind, in denen sich solche Verschmelzung vollzogen hat. Sie gehören der Generation von Heart-

11 Louis Aragon, John Heartfield et la beauté révolutionnaire. In: Commune, mai 1935, 2. S. 21.

12 A. I. Wiertz, Œuvres littéraires, Paris 1870, S. 309.

field an und sind durch die Politik aus Malern zu Photographen geworden.

Die gleiche Generation hat Maler wie George Grosz oder Otto Dix hervorgebracht, die auf das gleiche Ziel hingearbeitet haben. Die Malerei hat ihre Funktion nicht verloren. Man darf sich nur nicht die Aussicht auf sie verstellen, wie z. B. Christian Gaillard es tut. »Wenn soziale Kämpfe«, so sagt er, »das Sujet meines Œuvres sein sollten, so müßte ich visuell von ihnen ergriffen sein.« (La querelle, S. 190) Das ist für den Zeitgenossen faschistischer Staaten, in deren Städten und Dörfern »Ruhe und Ordnung« herrschen, eine sehr problematische Formulierung. Sollte er nicht den umgekehrten Vorgang an sich erfahren? Wird sich sein soziales Ergriffensein nicht in visuelle Inspiration umsetzen? So ist es bei den großen Karikaturisten gewesen, deren politisches Wissen ihrer physiognomischen Wahrnehmung sich nicht weniger tief eingesenkt hat, als die Erfahrung des Tastsinns der Raumwahrnehmung. Den Weg haben Meister wie Bosch, Hogarth, Goya, Daumier gewiesen. »Unter die wichtigsten Werke der Malerei«, schreibt der jüngstverstorbene René Crevel, »hat man immer die zählen müssen, die, eben indem sie eine Zersetzung aufwiesen, Anklage gegen die erhoben, die für sie verantwortlich waren. Von Grünewald bis Dali, vom verfaulten Christ bis zum verfaulten Esel[13]... hat die Malerei immer ... neue Wahrheiten zu finden vermocht, die nicht Wahrheiten der Malerei allein waren.« (La querelle, S. 154)

Es liegt in der Natur der westeuropäischen Situation, daß die Malerei gerade da, wo sie souverän an die Sache geht, eine zerstörende, reinigende Wirkung hat. Vielleicht kommt das in einem Land, das noch[14] demokratische Freiheiten hat, nicht so deutlich wie in einem Lande zum Vorschein, wo der Faschismus am Ruder ist. Dort gibt es Maler, denen das Malen verboten ist. (Und selten hat das Sujet, meistens die Malweise den Künstlern das Verbot zugezogen. So tief wird der Faschismus von ihrer Art zu sehen getroffen.) Zu diesen

13 Ein Bild von Dali.

14 Noch: Anläßlich der großen Cézanne-Ausstellung setzte sich das Pariser Blatt »Choc« die Aufgabe, mit dem »Bluff« Cézanne Schluß zu machen. Die Ausstellung sei von der französischen Linksregierung veranstaltet worden, »um die Kunstgesinnung des eigenen, ja aller anderen Völker in den Schmutz zu ziehen«. So die Kritik. Im übrigen gibt es Maler, die für alle Fälle vorgesorgt haben. Sie halten es mit Raoul Dufy, der schreibt, wenn er ein Deutscher wäre und den Triumph Hitlers zu feiern hätte, so würde er das tun wie gewisse Maler des Mittelalters religiöse Bilder gemalt hätten, ohne darum gläubig gewesen zu sein (vgl. La querelle, S. 187).

Malern kommt Polizei, um zu kontrollieren, ob sie seit der letzten Razzia nichts gemalt haben. Sie gehen nachts ans Werk, bei verhängten Fenstern. Für sie ist die Versuchung »nach der Natur« zu malen gering. Auch sind die fahlen Landstriche ihrer Bilder, die von Schemen oder Monstren bevölkert werden, nicht der Natur abgelauscht, sondern dem Klassenstaat. Von diesen Malern war in Venedig nicht die Rede; leider auch nicht in Paris. Sie wissen, was heute an einem Bild nützlich ist: jede öffentliche oder geheime Marke, die zeigt, daß der Faschismus im Menschen auf ebenso unüberwindliche Schranken gestoßen ist wie er sie auf dem Erdball gefunden hat.

VI. Film

Zur Lage der russischen Filmkunst

Die Spitzenleistungen der russischen Filmindustrie bekommt man in Berlin bequemer zu sehen als in Moskau. Nach Berlin kommt bereits eine Auslese, die man in Moskau selber zu treffen hat. Man kann sich auch dabei nicht leicht beraten lassen: die Russen stehen ihrem eigenen Film ziemlich unkritisch gegenüber. (Daß zum Beispiel der große Erfolg des »Potemkin« in Deutschland entschieden wurde, ist ja bekannt.) Grund dieser Unsicherheit im Urteil: es fehlt der europäische Vergleichsmaßstab. Gute Filme des Auslands sieht man in Rußland selten. Bei ihren Einkäufen steht die Regierung auf dem Standpunkt, für die konkurrierenden Weltfirmen sei der russische Markt so wichtig, daß sie gewissermaßen mit Reklamemustern zu reduzierten Preisen ihn beschicken müßten. Auf diese Weise bleiben selbstverständlich die guten, hochbezahlten Filme draußen. Für den einzelnen russischen Künstler hat die daraus folgende Uninformiertheit des Publikums ihre Annehmlichkeiten. Iljinsky arbeitet mit einer sehr unexakten Chaplin-Kopie und gilt als Komiker, nur weil Chaplin hier unbekannt ist.

Ernsthafter, allgemeiner, drücken interne russische Verhältnisse den Durchschnittsfilm. Geeignete Szenarien zu beschaffen ist nicht leicht, weil die Stoffwahl strenger Kontrolle unterliegt. Die größte Zensurfreiheit genießt in Rußland die Literatur. Weit genauer beaufsichtigt man das Theater und am schärfsten den Film. Diese Skala ist proportional der Größe der jeweiligen Zuschauermasse. Unter diesem Regime liegt zur Zeit das Leistungsmaximum in Episoden aus der russischen Revolution, Filme, die weiter ins Vergangene zurückgreifen, bilden den belanglosen Durchschnitt und die Lustspiele kommen für europäischen Maßstab überhaupt nicht in Frage. Der Kern aller gegenwärtigen Schwierigkeiten der russischen Filmproduzenten liegt nun darin, daß die Öffentlichkeit in deren eigentliche Domäne, das politische Stück aus dem Bürgerkrieg, ihnen weniger und weniger folgt. Mit einer Hochflut von Todes- und Schreckensdramen erreichte vor etwa anderthalb Jahren die politisch-naturalistische Periode des russischen Films ihren Höhepunkt. Solche Themen haben inzwischen den Reiz verloren. Überall gilt die Parole der inneren Befriedung. Film, Rundfunk, Theater rücken von jeder Propaganda ab.

Der Versuch, an friedlich gestimmte Stoffe heranzukommen, hat zu einem merkwürdigen technischen Kunstgriff geführt. Da aus politischen und artistischen Gründen die Verfilmung der großen russischen Romane sich meist verbietet, so hat man ihnen einzelne bekannte Typen entnommen, und sie in eine aktuelle, frei erfundene Handlung »montiert«. Aus Puschkin, Gogol, Gontscharow, Tolstoi entlehnt man Figuren oft unter Beibehaltung des Namens. Mit Vorliebe sucht dieser neue russische Film das ferne östliche Rußland auf. »Für uns« – will man damit sagen – »gibt es keine ›Exotik‹«. Dieser Begriff gilt nämlich als Bestandteil der konterrevolutionären Ideologie eines kolonisierenden Volkes. Rußland kann den romantischen Begriff von einem »fernen Orient« nicht gebrauchen. Ihm ist er nah und ökonomisch verbunden. Zugleich besagt das: wir sind auf fremde Länder und Naturen nicht angewiesen – ist Rußland doch der sechste Teil der Erde! Wir haben alles Irdische auf eigenem Grund und Boden.

So hat man denn jetzt eben den »Sechsten Teil der Erde«, ein Filmepos vom neuen Rußland, herausgebracht. Die Hauptaufgabe, in charakteristischen Bildern das ganze ungeheure Rußland in seiner Umprägung durch die neue Gesellschaftsordnung zu zeigen, hat der Regisseur Wertoff allerdings nicht gelöst. Die filmische Kolonisierung Rußlands ist fehlgeschlagen, hervorragend gelungen aber die Grenzmarkierung gegen Europa. Mit ihr setzt dieser Film ein. In Bruchteilen von Sekunden folgen einander Bilder aus Arbeitsstätten (kreisende Kolben, Kulis bei der Ernte, Transportarbeiten) und aus Genußstätten des Kapitals (Bars, Dielen, Klubs). Gesellschaftsfilmen der letzten Jahre hat man einzelne, winzige Ausschnitte (oft nur Details einer kosenden Hand oder tanzende Füße, ein Stück Frisur oder einen Streifen Hals mit Kollier) entnommen und so montiert, daß ununterbrochen sie zwischen Bilder fronender Proletarier sich schieben. Leider läßt der Film dieses Schema schnell fallen, um einer Beschreibung der russischen Völker und Landschaften sich zu widmen, deren Zusammenhang mit ihrer wirtschaftlichen Produktionsbasis viel zu schattenhaft angedeutet ist. Wie unsicher man noch tastet, beweist der einzige Umstand, daß zu dem Bild der Krane, Hebel und Transmissionen eine Kapelle Tannhäuser- und Lohengrinmotive spielt. Immerhin sind die Aufnahmen charakteristisch für das Bestreben, Filme ohne dekorativen und schauspielerischen Apparat schlechtweg dem Leben selber abzugewinnen. Man arbeitet mit dem maskierten Apparat. Während vor einer Attrappe die Primitiven irgendwelche Posen annehmen, werden sie kurze Zeit nachher, wenn sie alles beendet glauben, wirklich gefilmt. Die gute neue Parole »Los von der

Maske!« hat nirgends mehr Geltung als im russischen Film. Nirgends ist daher die Bedeutung des Filmstars geringer. Man sucht nicht ein für allemal einen Akteur, sondern von Fall zu Fall die erforderten Typen. Ja, man geht weiter. Eisenstein, der Regisseur des »Potemkin«, bereitet einen Film aus dem Leben der Bauern vor, in dem es überhaupt keine Schauspieler geben soll.

Nicht nur eines der interessantesten Objekte, sondern das wichtigste Publikum des russischen Kulturfilms sind die Bauern. Ihnen sucht man historische, politische, technische und hygienische Kenntnisse durch den Film näherzubringen. Aber noch steht man ziemlich ratlos vor den Schwierigkeiten, auf die das stößt. Die Auffassungsart der Bauern ist grundverschieden von der der städtischen Massen. Es hat sich beispielsweise gezeigt, daß ländliches Publikum nicht imstande ist, *zwei simultane Handlungsreihen* aufzufassen, wie jeder Film sie hundertfach enthält. Es folgt nur einer einzigen Bilderreihe, die chronologisch ganz wie Moritaten-Bilder sich vor ihm abrollen muß. Nachdem man weiter wiederholt erfahren hatte, daß ernstgemeinte Stellen unwiderstehlich komisch, und umgekehrt komische ernst bis zur Rührung auf sie wirken, hat man begonnen, Produktionen eigens für jene Wanderkinos herzustellen, die gelegentlich bis an die äußersten Grenzen Rußlands zu Völkern vordringen, die weder Städte noch moderne Verkehrsmittel je erblickt haben. Auf solche Kollektiva Film und Radio einwirken zu lassen, ist eines der großartigsten völkerpsychologischen Experimente, die in dem Riesenlaboratorium Rußland jetzt angestellt werden. Natürlich spielen in ländlichen Kinos Aufklärungsfilme aller Art die Hauptrolle. Praktiken, wie die Abwehr der Heuschreckenplage, Traktorenbedienung, Heilung der Trunksucht stehen im Vordergrund. Vieles aus dem Programm solcher Wanderkinos bleibt dennoch für die große Masse unverständlich und dient als Ausbildungsmaterial für die Fortgeschrittenen: Mitglieder der dörflichen Sowjets, Bauernkorrespondenten usw. Zur Zeit denkt man in diesem Zusammenhang an die Gründung eines »Instituts zum Studium des Zuschauers«, in dem man experimentell und theoretisch Reaktionen des Publikums zu erforschen sucht.

So also hat sich eine der letzten großen Losungen »Mit dem Gesicht zum Dorfe!« im Film ausgewirkt. Politik gibt hier wie im Schrifttum die kräftigsten Impulse mit den Direktiven, welche das ZK der Partei der Presse, die Presse den Klubs, die Klubs den Theatern und Filmen wie Stafetten allmonatlich weitergeben. Es kann aber auch geschehen, daß von dergleichen Devisen ernstliche Hemmnisse ausgehen. Ein paradoxes Beispiel bietet das Schlagwort »Industrialisierung«. Bei dem leidenschaftlichen Interesse, das man für alles Technische hat, müßte, so sollte man meinen, der Groteskfilm beliebt sein. In Wirklichkeit schließt aber eben diese Leidenschaft vorläufig alles Technische gegen die Komik ab und die exzentrischen Komödien, die man aus Amerika einführte, sind ein ganz offenbarer *Mißerfolg* gewesen. Ironische und skeptische Gesinnung in technischen Dingen kann der neue Russe nicht fassen. Verloren gehen ferner dem russischen Film sämtliche Stoffe und Probleme aus dem bourgeoisen Leben, das heißt vor allem: *man duldet keine Liebesdramen im Film. Dramatische oder gar tragische Akzentuierung von Liebesangelegenheiten ist im ganzen russischen Leben verpönt.* Selbstmorde aus getäuschter oder unglücklicher Liebe, wie sie auch jetzt noch hie und da vorkommen, werden von der öffentlichen Meinung des Kommunismus nicht anders beurteilt als die gröbsten Exzesse.

Alle Probleme, die im Mittelpunkt der Diskussion stehen, sind für den Film – genau wie für die Literatur – Probleme des Stoffkreises. Durch die neue Ära des Burgfriedens sind sie in ein schwieriges Stadium getreten. Auf einer sicheren Basis kann der russische Film erst stehen, wenn die Verhältnisse der bolschewistischen Gesellschaft (nicht nur des Staatslebens!) stabil genug sind, eine neue »Gesellschaftskomödie«, neue Chargen und typische Situationen zu tragen.

Erwiderung an Oscar A. H. Schmitz

Es gibt Erwiderungen, die beinahe eine Unhöflichkeit gegen das Publikum sind. Sollte man eine schlotterige Argumentation mit schartigen Begriffen nicht ruhig der Stellungnahme ihrer Leser überlassen? Sie brauchten ja, in diesem Falle, nicht einmal den »Potemkin« gesehen zu haben. Genausowenig wie sich Schmitz ihn selber angesehen zu haben brauchte. Denn soviel wie er heute davon weiß, hat schon die erste beste Zeitungsglosse ihm gesagt. Aber das bezeichnet ja eben den Bildungsphilister: andere lesen die Meldung und halten sich für gewarnt – er muß sich »seine eigene Meinung« bilden, geht hin und glaubt damit die Möglichkeit zu gewinnen, seine Verlegenheit in sachliche Erkenntnis umzusetzen. Irrtum! Sachlich läßt über den »Potemkin« so gut vom Standpunkt der Politik wie des Films sich reden. Schmitz tut keines von beiden. Er redet von seiner letzten Lektüre. Daß nichts dabei herauskommt, ist nicht überraschend. Die streng und grundsätzlich gestaltete Darstellung einer Klassenbewegung an bürgerlichen Gesellschaftsromanen messen zu wollen, bekundet eine Ahnungslosigkeit, die entwaffnet. Nicht ganz so steht es mit dem Ausfall gegen Tendenzkunst. Hier, wo er sozusagen schwere Artillerie aus dem Arsenal bourgeoiser Ästhetik bedient, lohnt sich schon eher, deutsch und deutlich zu sein. Zu fragen: Was soll der Jammer über die politische Entjungferung der Kunst, indes man allen Sublimierungen, libidinösen Restbeständen und Komplexen in einer künstlerischen Produktion von zwei Jahrtausenden nachspürt? Wie lange soll die Kunst die höhere Tochter bleiben, die zwar in allen verrufensten Gäßchen sich auskennen, beileibe aber sich von Politik nichts träumen lassen soll? Das hilft nichts, sie ließ es sich immer träumen. Daß jedem Kunstwerk, jeder Kunstepoche politische Tendenzen einwohnen, ist – da sie ja historische Gebilde des Bewußtseins sind – eine Binsenwahrheit. Wie aber tiefere Schichten von Gestein nur an den Bruchstellen zutage treten, liegt auch die tiefe Formation »Tendenz« nur an den Bruchstellen der Kunstgeschichte (und der Werke) frei vor Augen. Die technischen Revolutionen – das sind die Bruchstellen der Kunstentwicklung, an denen die Tendenzen je und je, freiliegend sozusagen, zum Vorschein kommen. In jeder neuen technischen Revolution wird die Tendenz aus einem sehr verborgenen Element der Kunst wie von selber zum manifesten. Und damit wären wir denn endlich beim Film.

Unter den Bruchstellen der künstlerischen Formationen ist eine der gewaltigsten der Film. Wirklich entsteht mit ihm *eine neue Region des Bewußteins*. Er ist – um es mit einem Wort zu sagen – das einzige Prisma, in welchem dem heutigen Menschen die unmittelbare Umwelt, die Räume, in denen er lebt, seinen Geschäften nachgeht und sich vergnügt, sich faßlich, sinnvoll, passionierend auseinanderlegen. An sich selber sind diese Büros, möblierten Zimmer, Kneipen, Großstadtstraßen, Bahnhöfe und Fabriken häßlich, unfaßlich, hoffnungslos traurig. Vielmehr: sie waren und sie schienen so, bis der Film war. Er hat dann diese ganze Kerkerwelt mit dem Dynamit der Zehntelsekunden gesprengt, so daß nun zwischen ihren weitverstreuten Trümmern wir weite, abenteuerliche Reisen unternehmen. Der Umkreis eines Hauses, eines Zimmers kann Dutzende der überraschendsten Stationen, befremdlichster Stationennamen in sich schließen. Weniger der dauernde Wandel der Bilder als der sprunghafte Wechsel des Standorts bewältigt ein Milieu, das jeder anderen Erschließung sich entzieht, und holt noch aus der Kleinbürgerwohnung die gleiche Schönheit heraus, die man an einem Alfa-Romeo bewundert. Und soweit gut. Schwierigkeiten zeigen sich erst, wenn die »Handlung« ins Spiel tritt. Die Frage einer sinnvollen Filmhandlung ist genauso selten gelöst worden, wie die abstrakten Formprobleme sind bewältigt worden, die aus der neuen Technik sich ergeben. Und vor allem wird damit *eines* bewiesen: die wichtigen, elementaren Fortschritte der Kunst sind weder neuer Inhalt noch neue Form – die Revolution der Technik geht beiden voran. Daß sie aber im Film weder Form noch Inhalt, die ihr im Grunde entsprechen, gefunden hat, das ist durchaus kein Zufall. Es zeigt sich nämlich, daß mit tendenzlosen Spielen der Form, tendenzlosen Spielen der Fabel die Frage immer nur von Fall zu Fall zu lösen ist.

Die Überlegenheit des russischen Revolutionsfilms beruht, genau wie jene des amerikanischen Groteskenfilms, eben darin, daß beide, jeder auf seine Weise, eine Tendenz als Basis genommen haben, auf die sie stetig, konsequent zurückgehen. Tendenziös – auf weniger offenkundige Art – ist nämlich auch der Groteskfilm. Seine Spitze richtet sich gegen die Technik. Komisch ist dieser Film allerdings, nur eben, daß das Lachen, das er weckt, überm Abgrund des Grauens schwebt. Kehrseite einer lächerlich entfesselten Technik ist die tödliche Prägnanz manövrierender Flottengeschwader, wie der »Potemkin« sie am unnachsichtlichsten festhielt. Der internationale bürgerliche Film hat nun ein konsequentes, ideologisches Schema nicht finden können.

Das ist eine der Ursachen seiner Krisen. Denn die Verschworenheit der Filmtechnik mit dem Milieu, das ihren eigentlichsten Vorwurf bildet, verträgt sich nicht mit der Glorifizierung des Bürgers. Das Proletariat ist der Held jener Räume, an deren Abenteuer klopfenden Herzens im Kino sich der Bürger verschenkt, weil er das »Schöne« auch und gerade dort, wo es ihm von Vernichtung seiner Klasse spricht, genießen muß. Das Proletariat ist aber Kollektivum, wie diese Räume Räume des Kollektivs sind. Und hier am menschlichen Kollektiv erst kann der Film jene prismatische Arbeit vollenden, welche er am Milieu begonnen hat. Der »Potemkin« hat epochal gerade darum gewirkt, weil sich das nie vorher so deutlich erkennen ließ. Hier zum erstenmal hat die Massenbewegung den ganz und gar architektonischen und doch so gar nicht monumentalen (lies: Ufa-) Charakter, der erst das Recht ihrer Kinoaufnahme erweist. Kein anderes Mittel könnte dies bewegte Kollektivum wiedergeben, vielmehr: kein anderes könnte solche Schönheit noch der Bewegung des Entsetzens, der Panik in ihm mitteilen. Dergleichen Szenen sind seit dem »Potemkin« unverlierbarer Besitz der russischen Filmkunst. Wie hier die Beschießung von Odessa, so zeichnet in dem neueren Film »Matj« (»Mutter«) ein Pogrom gegen Fabrikarbeiter die Leiden der städtischen Massen wie mit Laufschrift in den Asphalt der Straßen ein.

Folgerecht hat man »Potemkin« im Sinne des Kollektivismus gemacht. Der Führer dieser Revolte, der Kapitänleutnant Schmidt, eine der legendären Figuren des revolutionären Rußland, kommt im Film nicht vor. Das ist, wenn man so will, eine »Geschichtsfälschung«, hat aber mit der Einschätzung dieser Leistung gar nichts zu schaffen. Warum dann, ferner, Handlungen des Kollektivums unfrei, die des Einzelnen frei sein sollen –, diese abstruse Spielart des Determinismus bleibt ebenso unergründlich in sich wie in ihrer Bedeutung für die Debatte.

Dem Kollektivcharakter der meuternden Masse muß selbstverständlich auch der Gegenspieler angepaßt sein. Es hätte ganz und gar keinen Sinn, differenzierte Individuen ihr gegenüberzustellen. Der Schiffsarzt, der Kapitän müssen Typen sein. Typen des Bourgeois davon mag Schmitz nichts hören. Nennen wir sie denn also Typen von Sadisten, welche durch einen bösen, gefährlichen Apparat an die Spitze der Macht sind berufen worden. Damit steht man nun freilich wieder vor einer politischen Formulierung. Sie ist nicht zu umgehen, weil sie wahr ist. Nichts hilfloser als die Einrede vom »Einzelfall«. Das Individuum mag Einzelfall sein – die hemmungslose Auswirkung seiner

Teufelei ist keiner, liegt im Wesen des imperialistischen Staates und – in gewissen Grenzen – des Staates schlechtweg. Bekanntlich gibt es eine ganze Reihe Fakten, die ihren Sinn, ihr Relief überhaupt erst erhalten, wenn man sie aus der isolierenden Betrachtung löst. Es sind die Tatsachen, mit denen die Statistik es zu tun hat. Daß ein Herr X. sich gerade im März das Leben nimmt, kann in der Linie seines Einzelschicksals sehr belanglos sein, dagegen wird es außerordentlich interessant, wenn man erfährt, daß in diesem Monat die Jahreskurve der Selbstmorde ihr Maximum hat. So sind die Sadismen des Schiffsarztes vielleicht in seinem Leben nur ein Einzelfall, vielleicht hat er mittelmäßig geschlafen oder auf seinem Frühstückstisch ein schlechtes Ei gefunden. Interessant wird die Sache erst, wenn man das Verhältnis des Ärztestandes zur Staatsmacht in Rechnung stellt. Darüber hat mehr als einer in den letzten Jahren des großen Krieges äußerst genaue Studien machen können und der kümmerliche Sadist des »Potemkin« kann ihm nur leidtun, wenn er sein Tun und seine gerechte Strafe mit den Henkersdiensten vergleicht, die Tausende seiner Kollegen – und ungestraft – an Krüppeln und Kranken vor ein paar Jahren den Generalkommandos geleistet haben.

»Potemkin« ist ein großer, selten geglückter Film. Es gehört schon der Mut der Verzweiflung dazu, den Protest gerade hier anzusetzen. Schlechte Tendenzkunst gibt es sonst genug, darunter schlechte sozialistische Tendenzkunst. Solche Sachen sind vom Effekt her bestimmt, rechnen mit ausgeleierten Reflexen, benutzen Schablonen. Dieser Film aber ist ideologisch ausbetoniert, richtig in allen Einzelheiten kalkuliert wie ein Brückenbogen. Je kräftiger die Schläge darauf niedersausen, desto schöner dröhnt er. Nur wer mit behandschuhten Fingerchen daran rüttelt, der hört und bewegt nichts.

Das Kunstwerk im Zeitalter seiner technischen Reproduzierbarkeit

> Die Begründung der schönen Künste und die Einsetzung ihrer verschiedenen Typen geht auf eine Zeit zurück, die sich eingreifend von der unsrigen unterschied, und auf Menschen, deren Macht über die Dinge und über die Verhältnisse verschwindend im Vergleich zu der unsrigen war. Der erstaunliche Zuwachs aber, den unsere Mittel in ihrer Anpassungsfähigkeit und ihrer Präzision erfahren haben, stellt uns in naher Zukunft die eingreifendsten Veränderungen in der antiken Industrie des Schönen in Aussicht. In allen Künsten gibt es einen physischen Teil, der nicht länger so betrachtet und so behandelt werden kann wie vordem; er kann sich nicht länger den Einwirkungen der modernen Wissenschaft und der modernen Praxis entziehen. Weder die Materie, noch der Raum, noch die Zeit sind seit zwanzig Jahren, was sie seit jeher gewesen sind. Man muß sich darauf gefaßt machen, daß so große Neuerungen die gesamte Technik der Künste verändern, dadurch die Invention selbst beeinflussen und schließlich vielleicht dazu gelangen werden, den Begriff der Kunst selbst auf die zauberhafteste Art zu verändern.
>
> *Paul Valéry: Pièces sur l'art. Paris [o. J.], p. 103/104 (»La conquête de l'ubiquité«).*

Vorwort

Als Marx die Analyse der kapitalistischen Produktionsweise unternahm, war diese Produktionsweise in den Anfängen. Marx richtete seine Unternehmungen so ein, daß sie prognostischen Wert bekamen. Er ging auf die Grundverhältnisse der kapitalistischen Produktion zurück und stellte sie so dar, daß sich aus ihnen ergab, was man künftighin dem Kapitalismus noch zutrauen könne. Es ergab sich, daß man ihm nicht nur eine zunehmend verschärfte Ausbeutung der Proletarier zutrauen könne, sondern schließlich auch die Herstellung von Bedingungen, die die Abschaffung seiner selbst möglich machen.

Die Umwälzung des Überbaus, die viel langsamer als die des Unterbaus vor sich geht, hat mehr als ein halbes Jahrhundert gebraucht, um auf allen Kulturgebieten die Veränderung der Produktionsbedingungen zur Geltung zu bringen. In welcher Gestalt das geschah, läßt sich erst heute angeben. An diese Angaben sind gewisse prognostische Anforderungen zu stellen. Es entsprechen diesen Anforderungen aber weniger Thesen über die Kunst des Proletariats nach der Machtergreifung, geschweige die der klassenlosen Gesellschaft, als Thesen über die Entwicklungstendenzen der Kunst unter den gegenwärtigen Produktionsbedingungen. Deren Dialektik macht sich im Überbau nicht weniger bemerkbar als in der Ökonomie. Darum wäre es falsch, den Kampfwert solcher Thesen zu unterschätzen. Sie setzen eine Anzahl überkommener Begriffe – wie Schöpfertum und Genialität, Ewigkeitswert und Geheimnis – beiseite – Begriffe, deren unkontrollierte (und augenblicklich schwer kontrollierbare) Anwendung zur Verarbeitung des Tatsachenmaterials in faschistischem Sinn führt. *Die im folgenden neu in die Kunsttheorie eingeführten Begriffe unterscheiden sich von geläufigeren dadurch, daß sie für die Zwecke des Faschismus vollkommen unbrauchbar sind. Dagegen sind sie zur Formulierung revolutionärer Forderungen in der Kunstpolitik brauchbar.*

I

Das Kunstwerk ist grundsätzlich immer reproduzierbar gewesen. Was Menschen gemacht hatten, das konnte immer von Menschen nachgemacht werden. Solche Nachbildung wurde auch ausgeübt von Schülern zur Übung in der Kunst, von Meistern zur Verbreitung der Werke, endlich von gewinnlüsternen Dritten. Dem gegenüber ist die technische Reproduktion des Kunstwerkes etwas Neues, das sich in der Geschichte intermittierend, in weit auseinanderliegenden Schüben, aber mit wachsender Intensität durchsetzt. Die Griechen kannten nur zwei Verfahren technischer Reproduktion von Kunstwerken: den Guß und die Prägung. Bronzen, Terrakotten und Münzen waren die einzigen Kunstwerke, die von ihnen massenweise hergestellt werden konnten. Alle übrigen waren einmalig und technisch nicht zu reproduzieren. Mit dem Holzschnitt wurde zum ersten Male die Graphik technisch reproduzierbar; sie war es lange, ehe durch den Druck auch die Schrift es wurde. Die ungeheuren Veränderungen, die der Druck, die technische Reproduzierbarkeit der Schrift, in der Literatur hervorgerufen hat, sind bekannt. Von *der* Erscheinung, die hier in weltgeschichtlichem Maßstab betrachtet wird, sind sie aber nur *ein,* freilich besonders wichtiger Sonderfall. Zum Holzschnitt treten im Laufe des

Mittelalters Kupferstich und Radierung, sowie im Anfang des neunzehnten Jahrhunderts die Lithographie.

Mit der Lithographie erreicht die Reproduktionstechnik eine grundsätzlich neue Stufe. Das sehr viel bündigere Verfahren, das die Auftragung der Zeichnung auf einen Stein von ihrer Kerbung in einen Holzblock oder ihrer Ätzung in eine Kupferplatte unterscheidet, gab der Graphik zum ersten Mal die Möglichkeit, ihre Erzeugnisse nicht allein massenweise (wie vordem) sondern in täglich neuen Gestaltungen auf den Markt zu bringen. Die Graphik wurde durch die Lithographie befähigt, den Alltag illustrativ zu begleiten. Sie begann, Schritt mit dem Druck zu halten. In diesem Beginnen wurde sie aber schon wenige Jahrzehnte nach der Erfindung des Steindrucks durch die Photographie überflügelt. Mit der Photographie war die Hand im Prozeß bildlicher Reproduktion zum ersten Mal von den wichtigsten künstlerischen Obliegenheiten entlastet, welche nunmehr dem ins Objektiv blickenden Auge allein zufielen. Da das Auge schneller erfaßt, als die Hand zeichnet, so wurde der Prozeß bildlicher Reproduktion so ungeheuer beschleunigt, daß er mit dem Sprechen Schritt halten konnte. Der Filmoperateur fixiert im Atelier kurbelnd die Bilder mit der gleichen Schnelligkeit, mit der der Darsteller spricht. Wenn in der Lithographie virtuell die illustrierte Zeitung verborgen war, so in der Photographie der Tonfilm. Die technische Reproduktion des Tons wurde am Ende des vorigen Jahrhunderts in Angriff genommen. Diese konvergierenden Bemühungen haben eine Situation absehbar gemacht, die Paul Valéry mit dem Satz kennzeichnet: »Wie Wasser, Gas und elektrischer Strom von weither auf einen fast unmerklichen Handgriff hin in unsere Wohnungen kommen, um uns zu bedienen, so werden wir mit Bildern oder mit Tonfolgen versehen werden, die sich, auf einen kleinen Griff, fast ein Zeichen einstellen und uns ebenso wieder verlassen«.[1] *Um neunzehnhundert hatte die technische Reproduktion einen Standard erreicht, auf dem sie nicht nur die Gesamtheit der überkommenen Kunstwerke zu ihrem Objekt zu machen und deren Wirkung den tiefsten Veränderungen zu unterwerfen begann, sondern sich einen eigenen Platz unter den künstlerischen Verfahrungsweisen eroberte.* Für das Studium dieses Standards ist nichts aufschlußreicher, als wie seine beiden verschiedenen Manifestationen – Reproduktion des Kunstwerks und Filmkunst – auf die Kunst in ihrer überkommenen Gestalt zurückwirken.

1 Paul Valéry: Pièces sur l'art. Paris [o. J.], p. 105 (»La conquête de l'ubiquité«).

II

Noch bei der höchstvollendeten Reproduktion fällt *eines* aus: das Hier und Jetzt des Kunstwerks – sein einmaliges Dasein an dem Orte, an dem es sich befindet. An diesem einmaligen Dasein aber und an nichts sonst vollzog sich die Geschichte, der es im Laufe seines Bestehens unterworfen gewesen ist. Dahin rechnen sowohl die Veränderungen, die es im Laufe der Zeit in seiner physischen Struktur erlitten hat, wie die wechselnden Besitzverhältnisse, in die es eingetreten sein mag[2]. Die Spur der ersteren ist nur durch Analysen chemischer oder physikalischer Art zu fördern, die sich an der Reproduktion nicht vollziehen lassen; die der zweiten ist Gegenstand einer Tradition, deren Verfolgung von dem Standard des Originals ausgehen muß.

Das Hier und Jetzt des Originals macht den Begriff seiner Echtheit aus. Analysen chemischer Art an der Patina einer Bronze können der Feststellung ihrer Echtheit förderlich sein; entsprechend kann der Nachweis, daß eine bestimmte Handschrift des Mittelalters aus einem Archiv des fünfzehnten Jahrhunderts stammt, der Feststellung ihrer Echtheit förderlich sein. Der gesamte Bereich *der Echtheit entzieht sich der technischen – und natürlich nicht nur der technischen – Reproduzierbarkeit*[3]. Während das Echte aber der manuellen Reproduktion gegenüber, die von ihm im Regelfalle als Fälschung abgestempelt wurde, seine volle Autorität bewahrt, ist das der technischen Reproduktion gegenüber nicht der Fall. Der Grund ist ein doppelter. Erstens erweist sich die technische Reproduktion dem Original gegenüber selbständiger als die manuelle. Sie kann, beispielsweise, in der Photographie Ansichten des Originals hervorheben, die nur der verstellbaren und ihren Blickpunkt willkürlich wählenden Linse, nicht aber dem menschlichen Auge zugänglich sind, oder mit Hilfe gewisser Verfahren

2 Natürlich umfaßt die Geschichte des Kunstwerks noch mehr: die Geschichte der Mona Lisa z. B. Art und Zahl der Kopien, die im siebzehnten, achtzehnten, neunzehnten Jahrhundert von ihr gemacht worden sind.

3 Gerade weil die Echtheit nicht reproduzierbar ist, hat das intensive Eindringen gewisser Reproduktionsverfahren – es waren technische – die Handhabe zur Differenzierung und Stufung der Echtheit gegeben. Solche Unterscheidungen auszubilden, war eine wichtige Funktion des Kunsthandels. Dieser hatte ein handgreifliches Interesse, verschiedene Abzüge von einem Holzstock, die vor und die nach der Schrift, von einer Kupferplatte und dergleichen auseinanderzuhalten. Mit der Erfindung des Holzschnitts, so darf man sagen, war die Echtheitsqualität an der Wurzel angegriffen, ehe sie noch ihre späte Blüte entfaltet hatte. »Echt« war ein mittelalterliches Madonnenbild ja zur Zeit seiner Anfertigung noch nicht; das wurde es im Laufe der nachfolgenden Jahrhunderte und am üppigsten vielleicht in dem vorigen.

wie der Vergrößerung oder der Zeitlupe Bilder festhalten, die sich der natürlichen Optik schlechtweg entziehen. Das ist das Erste. Sie kann zudem zweitens das Abbild des Originals in Situationen bringen, die dem Original selbst nicht erreichbar sind. Vor allem macht sie ihm möglich, dem Aufnehmenden entgegenzukommen, sei es in Gestalt der Photographie, sei es in der der Schallplatte. Die Kathedrale verläßt ihren Platz, um in dem Studio eines Kunstfreundes Aufnahme zu finden; das Chorwerk, das in einem Saal oder unter freiem Himmel exekutiert wurde, läßt sich in einem Zimmer vernehmen.

Die Umstände, in die das Produkt der technischen Reproduktion des Kunstwerks gebracht werden kann, mögen im übrigen den Bestand des Kunstwerks unangetastet lassen – sie entwerten auf alle Fälle sein Hier und Jetzt. Wenn das auch keineswegs vom Kunstwerk allein gilt sondern entsprechend z. B. von einer Landschaft, die im Film am Beschauer vorbeizieht, so wird durch diesen Vorgang am Gegenstande der Kunst ein empfindlichster Kern berührt, den so verletzbar kein natürlicher hat. Das ist seine Echtheit. Die Echtheit einer Sache ist der Inbegriff alles von Ursprung her an ihr Tradierbaren, von ihrer materiellen Dauer bis zu ihrer geschichtlichen Zeugenschaft. Da die letztere auf der ersteren fundiert ist, so gerät in der Reproduktion, wo die erstere sich dem Menschen entzogen hat, auch die letztere: die geschichtliche Zeugenschaft der Sache ins Wanken. Freilich nur diese; was aber dergestalt ins Wanken gerät, das ist die Autorität der Sache[4].

Man kann, was hier ausfällt, im Begriff der Aura zusammenfassen und sagen: was im Zeitalter der technischen Reproduzierbarkeit des Kunstwerks verkümmert, das ist seine Aura. Der Vorgang ist symptomatisch; seine Bedeutung weist über den Bereich der Kunst hinaus. *Die Reproduktionstechnik, so ließe sich allgemein formulieren, löst das Reproduzierte aus dem Bereich der Tradition ab. Indem sie die Reproduktion vervielfältigt, setzt sie an die Stelle seines einmaligen Vorkommens sein massenweises. Und indem sie der Reproduktion erlaubt, dem Aufnehmenden in seiner jeweiligen Situation entgegenzukommen, aktualisiert sie das Reproduzierte.* Diese beiden Prozesse führen zu einer gewaltigen Erschütterung des Tradierten – einer Erschütterung der Tradition, die

4 Die kümmerlichste Provinzaufführung des »Faust« hat vor einem Faustfilm jedenfalls dies voraus, daß sie in Idealkonkurrenz zur Weimarer Uraufführung steht. Und was an traditionellen Gehalten man vor der Rampe sich in Erinnerung rufen mag, ist vor der Filmleinwand unverwertbar geworden – daß in Mephisto Goethes Jugendfreund Johann Heinrich Merck steckt, und was dergleichen mehr ist.

die Kehrseite der gegenwärtigen Krise und Erneuerung der Menschheit ist. Sie stehen im engsten Zusammenhang mit den Massenbewegungen unserer Tage. Ihr machtvollster Agent ist der Film. Seine gesellschaftliche Bedeutung ist auch in ihrer positivsten Gestalt, und gerade in ihr, nicht ohne diese seine destruktive, seine kathartische Seite denkbar: die Liquidierung des Traditionswertes am Kulturerbe. Diese Erscheinung ist an den großen historischen Filmen am handgreiflichsten. Sie bezieht immer weitere Positionen in ihr Bereich ein. Und wenn Abel Gance 1927 enthusiastisch ausrief: »Shakespeare, Rembrandt, Beethoven werden filmen ... Alle Legenden, alle Mythologien und alle Mythen, alle Religionsstifter, ja alle Religionen ... warten auf ihre belichtete Auferstehung, und die Heroen drängen sich an den Pforten«[5] so hat er, ohne es wohl zu meinen, zu einer umfassenden Liquidation eingeladen.

III

Innerhalb großer geschichtlicher Zeiträume verändert sich mit der gesamten Daseinsweise der menschlichen Kollektiva auch die Art und Weise ihrer Sinneswahrnehmung. Die Art und Weise, in der die menschliche Sinneswahrnehmung sich organisiert – das Medium, in dem sie erfolgt – ist nicht nur natürlich sondern auch geschichtlich bedingt. Die Zeit der Völkerwanderung, in der die spätrömische Kunstindustrie und die Wiener Genesis entstanden, hatte nicht nur eine andere Kunst als die Antike sondern auch eine andere Wahrnehmung. Die Gelehrten der Wiener Schule, Riegl und Wickhoff, die sich gegen das Gewicht der klassischen Überlieferung stemmten, unter dem jene Kunst begraben gelegen hatte, sind als erste auf den Gedanken gekommen, aus ihr Schlüsse auf die Organisation der Wahrnehmung in der Zeit zu tun, in der sie in Geltung stand. So weittragend ihre Erkenntnisse waren, so hatten sie ihre Grenze darin, daß sich diese Forscher begnügten, die formale Signatur aufzuweisen, die der Wahrnehmung in der spätrömischen Zeit eigen war. Sie haben nicht versucht – und konnten vielleicht auch nicht hoffen –, die gesellschaftlichen Umwälzungen zu zeigen, die in diesen Veränderungen der Wahrnehmung ihren Ausdruck fanden. Für die Gegenwart liegen die Bedingungen einer entsprechenden Einsicht günstiger. Und wenn Veränderungen im

5 Abel Gance: Le temps de l'image est venu, in: L'art cinématographique II. Paris 1927, p. 94-96.

Medium der Wahrnehmung, deren Zeitgenossen wir sind, sich als Verfall der Aura begreifen lassen, so kann man dessen gesellschaftliche Bedingungen aufzeigen.

Es empfiehlt sich, den oben für geschichtliche Gegenstände vorgeschlagenen Begriff der Aura an dem Begriff einer Aura von natürlichen Gegenständen zu illustrieren. Diese letztere definieren wir als einmalige Erscheinung einer Ferne, so nah sie sein mag. An einem Sommernachmittag ruhend einem Gebirgszug am Horizont oder einem Zweig folgen, der seinen Schatten auf den Ruhenden wirft – das heißt die Aura dieser Berge, dieses Zweiges atmen. An der Hand dieser Beschreibung ist es ein Leichtes, die gesellschaftliche Bedingtheit des gegenwärtigen Verfalls der Aura einzusehen. Er beruht auf zwei Umständen, die beide mit der zunehmenden Bedeutung der Massen im heutigen Leben zusammenhängen. Nämlich: *Die Dinge sich räumlich und menschlich »näherzubringen« ist ein genau so leidenschaftliches Anliegen der gegenwärtigen Massen*[6] *wie es ihre Tendenz einer Überwindung des Einmaligen jeder Gegebenheit durch die Aufnahme von deren Reproduktion ist.* Tagtäglich macht sich unabweisbarer das Bedürfnis geltend, des Gegenstands aus nächster Nähe im Bild, vielmehr im Abbild, in der Reproduktion, habhaft zu werden. Und unverkennbar unterscheidet sich die Reproduktion, wie illustrierte Zeitung und Wochenschau sie in Bereitschaft halten, vom Bilde. Einmaligkeit und Dauer sind in diesem so eng verschränkt wie Flüchtigkeit und Wiederholbarkeit in jener. Die Entschälung des Gegenstandes aus seiner Hülle, die Zertrümmerung der Aura, ist die Signatur einer Wahrnehmung, deren »Sinn für das Gleichartige in der Welt« so gewachsen ist, daß sie es mittels der Reproduktion auch dem Einmaligen abgewinnt. So bekundet sich im anschaulichen Bereich was sich im Bereich der Theorie als die zunehmende Bedeutung der Statistik bemerkbar macht. Die Ausrichtung der Realität auf die Massen und der Massen auf sie ist ein Vorgang von unbegrenzter Tragweite sowohl für das Denken wie für die Anschauung.

6 Menschlich sich den Massen näherbringen zu lassen, kann bedeuten: seine gesellschaftliche Funktion aus dem Blickfeld räumen zu lassen. Nichts gewährleistet, daß ein heutiger Portraitist, wenn er einen berühmten Chirurgen am Frühstückstisch und im Kreise der Seinen malt, dessen gesellschaftliche Funktion genauer trifft als ein Maler des sechzehnten Jahrhunderts, der seine Ärzte repräsentativ, wie zum Beispiel Rembrandt in der »Anatomie«, dem Publikum darstellt.

IV

Die Einzigkeit des Kunstwerks ist identisch mit seinem Eingebettetsein in den Zusammenhang der Tradition. Diese Tradition selber ist freilich etwas durchaus Lebendiges, etwas außerordentlich Wandelbares. Eine antike Venusstatue z. B. stand in einem anderen Traditionszusammenhang bei den Griechen, die sie zum Gegenstand des Kultus machten, als bei den mittelalterlichen Klerikern, die einen unheilvollen Abgott in ihr erblickten. Was aber beiden in gleicher Weise entgegentrat, war ihre Einzigkeit, mit einem anderen Wort: ihre Aura. Die ursprüngliche Art der Einbettung des Kunstwerks in den Traditionszusammenhang fand ihren Ausdruck im Kult. Die ältesten Kunstwerke sind, wie wir wissen, im Dienst eines Rituals entstanden, zuerst eines magischen, dann eines religiösen. Es ist nun von entscheidender Bedeutung, daß diese auratische Daseinsweise des Kunstwerks niemals durchaus von seiner Ritualfunktion sich löst[7]. Mit anderen Worten: *Der einzigartige Wert des »echten« Kunstwerks hat seine Fundierung im Ritual, in dem es seinen originären und ersten Gebrauchswert hatte.* Diese mag so vermittelt sein wie sie will, sie ist auch noch in den profansten Formen des Schönheitsdienstes als säkularisiertes Ritual erkennbar[8]. Der profane Schönheitsdienst, der sich mit der Renaissance herausbildet, um für drei Jahrhunderte in Geltung zu bleiben, läßt nach Ablauf dieser Frist bei der ersten schweren Erschütterung, von der er betroffen wurde, jene Fundamente deutlich erkennen. Als nämlich mit dem Aufkommen des ersten wirklich revolutionären Reproduktionsmittels, der Photographie (gleichzeitig mit dem Anbruch des Sozialismus) die Kunst das

7 Die Definition der Aura als »einmalige Erscheinung einer Ferne, so nah sie sein mag«, stellt nichts anderes dar als die Formulierung des Kultwerts des Kunstwerks in Kategorien der raum-zeitlichen Wahrnehmung. Ferne ist das Gegenteil von Nähe. Das *wesentlich* Ferne ist das Unnahbare. In der Tat ist Unnahbarkeit eine Hauptqualität des Kultbildes. Es bleibt seiner Natur nach »Ferne so nah es sein mag«. Die Nähe, die man seiner Materie abzugewinnen vermag, tut der Ferne nicht Abbruch, die es nach seiner Erscheinung bewahrt.

8 In dem Maße, in dem der Kultwert des Bildes sich säkularisiert, werden die Vorstellungen vom Substrat seiner Einmaligkeit unbestimmter. Immer mehr wird die Einmaligkeit der im Kultbilde waltenden Erscheinung von der empirischen Einmaligkeit des Bildners oder seiner bildenden Leistung in der Vorstellung des Aufnehmenden verdrängt. Freilich niemals ganz ohne Rest; der Begriff der Echtheit hört niemals auf, über den der authentischen Zuschreibung hinauszutendieren. (Das zeigt sich besonders deutlich am Sammler, der immer etwas vom Fetischdiener behält und durch seinen Besitz des Kunstwerks an dessen kultischer Kraft Anteil hat.) Unbeschadet dessen bleibt die Funktion des Begriffs des Authentischen in der Kunstbetrachtung eindeutig: mit der Säkularisierung der Kunst tritt die Authentizität an die Stelle des Kultwerts.

Nahen der Krise spürt, die nach weiteren hundert Jahren unverkennbar geworden ist, reagierte sie mit der Lehre vom l'art pour l'art, die eine Theologie der Kunst ist. Aus ihr ist dann weiterhin geradezu eine negative Theologie in Gestalt der Idee einer »reinen« Kunst hervorgegangen, die nicht nur jede soziale Funktion sondern auch jede Bestimmung durch einen gegenständlichen Vorwurf ablehnt. (In der Dichtung hat Mallarmé als erster diesen Standort erreicht.)

Diese Zusammenhänge zu ihrem Recht kommen zu lassen, ist unerläßlich für eine Betrachtung, die es mit dem Kunstwerk im Zeitalter seiner technischen Reproduzierbarkeit zu tun hat. Denn sie bereiten die Erkenntnis, die hier entscheidend ist, vor: die technische Reproduzierbarkeit des Kunstwerks emanzipiert dieses zum ersten Mal in der Weltgeschichte von seinem parasitären Dasein am Ritual. Das reproduzierte Kunstwerk wird in immer steigendem Maße die Reproduktion eines auf Reproduzierbarkeit angelegten Kunstwerks[9]. Von der photographischen Platte z. B. ist eine Vielheit von Abzügen möglich; die Frage nach dem echten Abzug hat keinen Sinn. *In dem Augenblick aber, da der Maßstab der Echtheit an der Kunstproduktion versagt, hat sich auch die gesamte soziale Funktion der Kunst umgewälzt. An die Stelle ihrer Fundierung aufs Ritual tritt ihre Fundierung auf eine andere Praxis: nämlich ihre Fundierung auf Politik.*

9 Bei den Filmwerken ist die technische Reproduzierbarkeit des Produkts nicht wie z. B. bei den Werken der Literatur oder der Malerei eine von außen her sich einfindende Bedingung ihrer massenweisen Verbreitung. *Die technische Reproduzierbarkeit der Filmwerke ist unmittelbar in der Technik ihrer Produktion begründet. Diese ermöglicht nicht nur auf die unmittelbarste Art die massenweise Verbreitung der Filmwerke, sie erzwingt sie vielmehr geradezu.* Sie erzwingt sie, weil die Produktion eines Films so teuer ist, daß ein Einzelner, der z. B ein Gemälde sich leisten könnte, sich den Film nicht mehr leisten kann. 1927 hat man errechnet, daß ein größerer Film, um sich zu rentieren, ein Publikum von neun Millionen erreichen müsse. Mit dem Tonfilm ist hier allerdings zunächst eine rückläufige Bewegung eingetreten; sein Publikum schränkte sich auf Sprachgrenzen ein, und das geschah gleichzeitig mit der Betonung nationaler Interessen durch den Faschismus. Wichtiger aber als diesen Rückschlag zu registrieren, der im übrigen durch die Synchronisierung abgeschwächt wurde, ist es, seinen Zusammenhang mit dem Faschismus ins Auge zu fassen. Die Gleichzeitigkeit beider Erscheinungen beruht auf der Wirtschaftskrise. Die gleichen Störungen, die im Großen gesehen zu dem Versuch geführt haben, die bestehenden Eigentumsverhältnisse mit offener Gewalt festzuhalten, haben das von der Krise bedrohte Filmkapital dazu geführt, die Vorarbeiten zum Tonfilm zu forcieren. Die Einführung des Tonfilms brachte sodann eine zeitweilige Erleichterung. Und zwar nicht nur, weil der Tonfilm von neuem die Massen ins Kino führte, sondern auch weil der Tonfilm neue Kapitalien aus der Elektrizitätsindustrie mit dem Filmkapital solidarisch machte. So hat er von außen betrachtet nationale Interessen gefördert, von innen betrachtet aber die Filmproduktion noch mehr internationalisiert als vordem.

V

Die Rezeption von Kunstwerken erfolgt mit verschiedenen Akzenten, unter denen sich zwei polare herausheben. Der eine dieser Akzente liegt auf dem Kultwert, der andere auf dem Ausstellungswert des Kunstwerkes[10, 11]. Die künstlerische Produktion beginnt mit Gebil-

10 Diese Polarität kann in der Ästhetik des Idealismus, dessen Begriff der Schönheit sie im Grunde als eine ungeschiedene umschließt (demgemäß als eine geschiedene ausschließt) nicht zu ihrem Rechte gelangen. Immerhin meldet sie sich bei Hegel so deutlich an, wie dies in den Schranken des Idealismus denkbar ist. »Bilder«, so heißt es in den Vorlesungen zur Philosophie der Geschichte, »hatte man schon lange: die Frömmigkeit bedurfte ihrer schon früh für ihre Andacht, aber sie brauchte keine *schönen* Bilder, ja diese waren ihr sogar störend. Im schönen Bilde ist auch ein Äußerliches vorhanden, aber insofern es schön ist, spricht der Geist desselben den Menschen an; in jener Andacht aber ist das Verhältniß zu einem *Dinge* wesentlich, denn sie ist selbst nur ein geistloses Verdumpfen der Seele ... Die schöne Kunst ist ... in der Kirche selbst entstanden, ... obgleich ... die Kunst schon aus dem Principe der Kirche herausgetreten ist.« (Georg Friedrich Wilhelm Hegel: Werke. Vollständige Ausgabe durch einen Verein von Freunden des Verewigten. Bd. 9: Vorlesungen über die Philosophie der Geschichte. Hrsg. von Eduard Gans. Berlin 1837, p. 414.) Auch eine Stelle in den Vorlesungen über die Ästhetik weist darauf hin, daß Hegel hier ein Problem gespürt hat. »... wir sind«, so heißt es in diesen Vorlesungen, »darüber hinaus Werke der Kunst göttlich verehren und sie anbeten zu können, der Eindruck, den sie machen, ist besonnenerer Art, und was durch sie in uns erregt wird, bedarf noch eines höheren Prüfsteins«. (Hegel, l. c. Bd. 10: Vorlesungen über die Aesthetik. Hrsg. von H. G. Hotho. Bd. 1. Berlin 1835, p. 14.)

11 Der Übergang von der ersten Art der künstlerischen Rezeption zur zweiten bestimmt den geschichtlichen Verlauf der künstlerischen Rezeption überhaupt. Demungeachtet läßt sich ein gewisses Oszillieren zwischen jenen beiden polaren Rezeptionsarten prinzipiell für jedes einzelne Kunstwerk aufweisen. So zum Beispiel für die Sixtinische Madonna. Seit Hubert Grimmes Untersuchung weiß man, daß die Sixtinische Madonna ursprünglich für Ausstellungszwecke gemalt war. Grimme erhielt den Anstoß zu seinen Forschungen durch die Frage: Was soll die Holzleiste im Vordergrunde des Bildes, auf die sich die beiden Putten stützen? Wie konnte, so fragte Grimme weiter, ein Raffael dazu kommen, den Himmel mit einem Paar Portieren auszustatten? Die Untersuchung ergab, daß die Sixtinische Madonna anläßlich der öffentlichen Aufbahrung des Papstes Sixtus in Auftrag gegeben worden war. Die Aufbahrung der Päpste fand in einer bestimmten Seitenkapelle der Peterskirche statt. Auf dem Sarge ruhend war, im nischenartigen Hintergrund dieser Kapelle, bei der feierlichen Aufbahrung Raffaels Bild angebracht worden. Was Raffael auf diesem Bilde darstellt ist, wie aus dem Hintergrunde der mit grünen Portieren abgegrenzten Nische die Madonna sich in Wolken dem päpstlichen Sarge nähert. Bei der Totenfeier für Sixtus fand ein hervorragender Ausstellungswert von Raffaels Bild seine Verwendung. Einige Zeit danach kam es auf den Hochaltar in der Klosterkirche der Schwarzen Mönche zu Piacenza. Der Grund dieses Exils liegt im römischen Ritual. Das römische Ritual untersagt, Bilder, die bei Bestattungsfeierlichkeiten ausgestellt worden sind, dem Kult auf dem Hochaltar zuzuführen. Raffaels Werk war durch diese Vorschrift in gewissen Grenzen entwertet.

den, die im Dienste des Kults stehen. Von diesen Gebilden ist, wie man annehmen darf, wichtiger, daß sie vorhanden sind als daß sie gesehen werden. Das Elentier, das der Mensch der Steinzeit an den Wänden seiner Höhle abbildet, ist ein Zauberinstrument. Er stellt es zwar vor seinen Mitmenschen aus; vor allem aber ist es Geistern zugedacht. Der Kultwert als solcher scheint heute geradezu daraufhinzudrängen, das Kunstwerk im Verborgenen zu halten: gewisse Götterstatuen sind nur dem Priester in der cella zugänglich, gewisse Madonnenbilder bleiben fast das ganze Jahr über verhangen, gewisse Skulpturen an mittelalterlichen Domen sind für den Betrachter zu ebener Erde nicht sichtbar. *Mit der Emanzipation der einzelnen Kunstübungen aus dem Schoße des Rituals wachsen die Gelegenheiten zur Ausstellung ihrer Produkte.* Die Ausstellbarkeit einer Portraitbüste, die dahin und dorthin verschickt werden kann, ist größer als die einer Götterstatue, die ihren festen Ort im Innern des Tempels hat. Die Ausstellbarkeit des Tafelbildes ist größer als die des Mosaiks oder Freskos, die ihm vorangingen. Und wenn die Ausstellbarkeit einer Messe von Hause aus vielleicht nicht geringer war als die einer Symphonie, so entstand doch die Symphonie in dem Zeitpunkt, als ihre Ausstellbarkeit größer zu werden versprach als die der Messe.

Mit den verschiedenen Methoden technischer Reproduktion des Kunstwerks ist dessen Ausstellbarkeit in so gewaltigem Maß gewachsen, daß die quantitative Verschiebung zwischen seinen beiden Polen ähnlich wie in der Urzeit in eine qualitative Veränderung seiner Natur umschlägt. Wie nämlich in der Urzeit das Kunstwerk durch das absolute Gewicht, das auf seinem Kultwert lag, in erster Linie zu einem Instrument der Magie wurde, das man als Kunstwerk gewissermaßen erst später erkannte, so wird heute das Kunstwerk durch das absolute Gewicht, das auf seinem Ausstellungswert liegt, zu einem Gebilde mit ganz neuen Funktionen, von denen die uns bewußte, die künstlerische, als diejenige sich abhebt, die man später als eine beiläufige erkennen mag[12]. So viel ist sicher, daß gegenwärtig die Photo-

Um dennoch einen entsprechenden Preis dafür zu erzielen, entschloß sich die Kurie, ihre stillschweigende Duldung des Bilds auf dem Hochaltar in den Kauf zu geben. Um Aufsehen zu vermeiden, ließ man das Bild an die Bruderschaft der entlegenen Provinzstadt gehen.

12 Analoge Überlegungen stellt, auf anderer Ebene, Brecht an: »Ist der Begriff Kunstwerk nicht mehr zu halten für das Ding, das entsteht, wenn ein Kunstwerk zur Ware verwandelt ist, dann müssen wir vorsichtig und behutsam, aber unerschrocken diesen Begriff weglassen, wenn wir nicht die Funktion dieses Dinges selber mitliquidieren wollen, denn durch diese Phase muß es hindurch, und zwar ohne Hintersinn, es ist kein

graphie und weiter der Film die brauchbarsten Handhaben zu dieser Erkenntnis geben.

VI

In der Photographie beginnt der Ausstellungswert den Kultwert auf der ganzen Linie zurückzudrängen. Dieser weicht aber nicht widerstandslos. Er bezieht eine letzte Verschanzung, und die ist das Menschenantlitz. Keineswegs zufällig steht das Portrait im Mittelpunkt der frühen Photographie. Im Kult der Erinnerung an die fernen oder die abgestorbenen Lieben hat der Kultwert des Bildes die letzte Zuflucht. Im flüchtigen Ausdruck eines Menschengesichts winkt aus den frühen Photographien die Aura zum letzten Mal. Das ist es, was deren schwermutvolle und mit nichts zu vergleichende Schönheit ausmacht. Wo aber der Mensch aus der Photographie sich zurückzieht, da tritt erstmals der Ausstellungswert dem Kultwert überlegen entgegen. Diesem Vorgang seine Stätte gegeben zu haben, ist die unvergleichliche Bedeutung von Atget, der die Pariser Straßen um neunzehnhundert in menschenleeren Aspekten festhielt. Sehr mit Recht hat man von ihm gesagt, daß er sie aufnahm wie einen Tatort. Auch der Tatort ist menschenleer. Seine Aufnahme erfolgt der Indizien wegen. Die photographischen Aufnahmen beginnen bei Atget, Beweisstücke im historischen Prozeß zu werden. Das macht ihre verborgene politische Bedeutung aus. Sie fordern schon eine Rezeption in bestimmtem Sinne. Ihnen ist die freischwebende Kontemplation nicht mehr angemessen. Sie beunruhigen den Betrachter; er fühlt: zu ihnen muß er einen bestimmten Weg suchen. Wegweiser beginnen ihm gleichzeitig die illustrierten Zeitungen aufzustellen. Richtige oder falsche – gleichviel. In ihnen ist die Beschriftung zum ersten Mal obligat geworden. Und es ist klar, daß sie einen ganz anderen Charakter hat als der Titel eines Gemäldes. Die Direktiven, die der Betrachter von Bildern in der illustrierten Zeitschrift durch die Beschriftung erhält, werden bald darauf noch präziser und gebieterischer

unverbindlicher Abstecher vom rechten Weg, sondern was hier mit ihm geschieht, das wird es von Grund auf ändern, seine Vergangenheit auslöschen, so sehr, daß, wenn der alte Begriff wieder aufgenommen werden würde – und er wird es werden, warum nicht? – keine Erinnerung mehr an das Ding durch ihn ausgelöst werden wird, das er einst bezeichnete.« ([Bertolt] Brecht: Versuche 8-10. [Heft] 3. Berlin 1931, p. 301/302; »Der Dreigroschenprozess«.)

im Film, wo die Auffassung von jedem einzelnen Bild durch die Folge aller vorangegangenen vorgeschrieben erscheint.

VII

Der Streit, der im Verlauf des neunzehnten Jahrhunderts zwischen der Malerei und der Photographie um den Kunstwert ihrer Produkte durchgefochten wurde, wirkt heute abwegig und verworren. Das spricht aber nicht gegen seine Bedeutung, könnte sie vielmehr eher unterstreichen. In der Tat war dieser Streit der Ausdruck einer weltgeschichtlichen Umwälzung, die als solche keinem der beiden Partner bewußt war. Indem das Zeitalter ihrer technischen Reproduzierbarkeit die Kunst von ihrem kultischen Fundament löste, erlosch auf immer der Schein ihrer Autonomie. Die Funktionsveränderung der Kunst aber, die damit gegeben war, fiel aus dem Blickfeld des Jahrhunderts heraus. Und auch dem zwanzigsten, das die Entwicklung des Films erlebte, entging sie lange.

Hatte man vordem vielen vergeblichen Scharfsinn an die Entscheidung der Frage gewandt, ob die Photographie eine Kunst sei – ohne die Vorfrage sich gestellt zu haben: ob nicht durch die Erfindung der Photographie der Gesamtcharakter der Kunst sich verändert habe – so übernahmen die Filmtheoretiker bald die entsprechende voreilige Fragestellung. Aber die Schwierigkeiten, welche die Photographie der überkommenen Ästhetik bereitet hatte, waren ein Kinderspiel gegen die, mit denen der Film sie erwartete. Daher die blinde Gewaltsamkeit, die die Anfänge der Filmtheorie kennzeichnet. So vergleicht Abel Gance z. B. den Film mit den Hieroglyphen: »Da sind wir denn, infolge einer höchst merkwürdigen Rückkehr ins Dagewesene, wieder auf der Ausdrucksebene der Ägypter angelangt ... Die Bildersprache ist noch nicht zur Reife gediehen, weil unsere Augen ihr noch nicht gewachsen sind. Noch gibt es nicht genug Achtung, nicht genug *Kult* für das was sich in ihr ausspricht.«[13] Oder Séverin Mars schreibt: »Welcher Kunst war ein Traum beschieden, der ... poetischer und realer zugleich gewesen wäre! Von solchem Standpunkt betrachtet würde der Film ein ganz unvergleichliches Ausdrucksmittel darstellen, und es dürften in seiner Atmosphäre sich nur Personen adligster Denkungsart in den vollendetsten und geheimnisvollsten Augenblicken ihrer Lebensbahn be-

13 Abel Gance, l. c. ⟨S. 478⟩, p. 100/101.

wegen.«[14] Alexandre Arnoux seinerseits beschließt eine Phantasie über den stummen Film geradezu mit der Frage: »Sollten nicht all die gewagten Beschreibungen, deren wir uns hiermit bedient haben, auf die Definition des Gebets hinauslaufen?«[15] Es ist sehr lehrreich zu sehen, wie das Bestreben, den Film der »Kunst« zuzuschlagen, diese Theoretiker nötigt, mit einer Rücksichtslosigkeit ohnegleichen kultische Elemente in ihn hineinzuinterpretieren. Und doch waren zu der Zeit, da diese Spekulationen veröffentlicht wurden, schon Werke vorhanden wie »L'Opinion publique« und »La ruée vers l'or«. Das hindert Abel Gance nicht, den Vergleich mit den Hieroglyphen heranzuziehen, und Séverin-Mars spricht vom Film wie man von Bildern des Fra Angelico sprechen könnte. Kennzeichnend ist, daß auch heute noch besonders reaktionäre Autoren die Bedeutung des Films in der gleichen Richtung suchen und wenn nicht geradezu im Sakralen so doch im Übernatürlichen. Anläßlich der Reinhardtschen Verfilmung des Sommernachtstraums stellt Werfel fest, daß es unzweifelhaft die sterile Kopie der Außenwelt mit ihren Straßen, Intérieurs, Bahnhöfen, Restaurants, Autos und Strandplätzen sei, die bisher dem Aufschwung des Films in das Reich der Kunst im Wege gestanden hätte. »Der Film hat seinen wahren Sinn, seine wirklichen Möglichkeiten noch nicht erfaßt ... Sie bestehen in seinem einzigartigen Vermögen, mit natürlichen Mitteln und mit unvergleichlicher Überzeugungskraft das Feenhafte, Wunderbare, Übernatürliche zum Ausdruck zu bringen.«[16]

VIII

Definitiv wird die Kunstleistung des Bühnenschauspielers dem Publikum durch diesen selbst in eigener Person präsentiert; dagegen wird die Kunstleistung des Filmdarstellers dem Publikum durch eine Apparatur präsentiert. Das letztere hat zweierlei zur Folge. Die Apparatur, die die Leistung des Filmdarstellers vor das Publikum bringt, ist nicht gehalten, diese Leistung als Totalität zu respektieren. Sie nimmt unter Führung des Kameramannes laufend zu dieser Leistung Stellung. Die Folge von Stellungnahmen, die der Cutter aus dem ihm abgelieferten

14 Cit. Abel Gance, l. c. ⟨S. 478⟩, p. 100.

15 Alexandre Arnoux: Cinéma. Paris 1929, p. 28.

16 Franz Werfel: Ein Sommernachtstraum. Ein Film von Shakespeare und Reinhardt. »Neues Wiener Journal«, cit. Lu, 15 novembre 1935.

Material komponiert, bildet den fertig montierten Film. Er umfaßt eine gewisse Anzahl von Bewegungsmomenten, die als solche der Kamera erkannt werden müssen – von Spezialeinstellungen wie Großaufnahmen zu schweigen. So wird die Leistung des Darstellers einer Reihe von optischen Tests unterworfen. Dies ist die erste Folge des Umstands, daß die Leistung des Filmdarstellers durch die Apparatur vorgeführt wird. Die zweite Folge beruht darauf, daß der Filmdarsteller, da er nicht selbst seine Leistung dem Publikum präsentiert, die dem Bühnenschauspieler vorbehaltene Möglichkeit einbüßt, die Leistung während der Darbietung dem Publikum anzupassen. Dieses kommt dadurch in die Haltung eines durch keinerlei persönlichen Kontakt mit dem Darsteller gestörten Begutachters. *Das Publikum fühlt sich in den Darsteller nur ein, indem es sich in den Apparat einfühlt. Es übernimmt also dessen Haltung: es testet*[17]. Das ist keine Haltung, der Kultwerte ausgesetzt werden können.

IX

Dem Film kommt es viel weniger drauf an, daß der Darsteller dem Publikum einen anderen, als daß er der Apparatur sich selbst darstellt. Einer der ersten, der diese Umänderung des Darstellers durch die Testleistung gespürt hat, ist Pirandello gewesen. Es beeinträchtigt die Bemerkungen, die er in seinem Roman »Es wird gefilmt« darüber macht, nur wenig, daß sie sich darauf beschränken, die negative Seite der Sache hervorzuheben. Noch weniger, daß sie an den stummen Film anschließen. Denn der Tonfilm hat an dieser Sache nichts Grundsätzliches geändert. Entscheidend bleibt, daß für eine Apparatur – oder im Fall des Tonfilms, für zwei – gespielt wird. »Der Filmdarsteller«, schreibt Pirandello, »fühlt sich wie im Exil. Exiliert nicht nur von der

17 »Der Film ... gibt (oder könnte geben): verwendbare Aufschlüsse über menschliche Handlungen im Detail ... Jede Motivierung aus dem Charakter unterbleibt, das Innenleben der Personen gibt niemals die Hauptursache und ist selten das hauptsächliche Resultat der Handlung«. (Brecht, l. c. ⟨S. 484⟩, p. 268.) Die Erweiterung des Feldes des Testierbaren, die die Apparatur am Filmdarsteller zustandebringt, entspricht der außerordentlichen Erweiterung des Feldes des Testierbaren, die durch die ökonomischen Umstände für das Individuum eingetreten ist. So wächst die Bedeutung der Berufseignungsprüfungen dauernd. In der Berufseignungsprüfung kommt es auf Ausschnitte aus der Leistung des Individuums an. Filmaufnahme und Berufseignungsprüfung gehen vor einem Gremium von Fachleuten vor sich. Der Aufnahmeleiter im Filmatelier steht genau an der Stelle, an der bei der Eignungsprüfung der Versuchsleiter steht.

Bühne, sondern von seiner eigenen Person. Mit einem dunklen Unbehagen spürt er die unerklärliche Leere, die dadurch entsteht, daß sein Körper zur Ausfallserscheinung wird, daß er sich verflüchtigt und seiner Realität, seines Lebens, seiner Stimme und der Geräusche, die er verursacht, indem er sich rührt, beraubt wird, um sich in ein stummes Bild zu verwandeln, das einen Augenblick auf der Leinwand zittert und sodann in der Stille verschwindet ... Die kleine Apparatur wird mit seinem Schatten vor dem Publikum spielen; und er selbst muß sich begnügen, vor ihr zu spielen.«[18] Man kann den gleichen Tatbestand folgendermaßen kennzeichnen: zum ersten Mal – und das ist das Werk des Films – kommt der Mensch in die Lage, zwar mit seiner gesamten lebendigen Person aber unter Verzicht auf deren Aura wirken zu müssen. Denn die Aura ist an sein Hier und Jetzt gebunden. Es gibt kein Abbild von ihr. Die Aura, die auf der Bühne um Macbeth ist, kann von der nicht abgelöst werden, die für das lebendige Publikum um den Schauspieler ist, welcher ihn spielt. Das Eigentümliche der Aufnahme im Filmatelier aber besteht darin, daß sie an die Stelle des Publikums die Apparatur setzt. So muß die Aura, die um den Darstellenden ist, fortfallen – und damit zugleich die um den Dargestellten.

Daß gerade ein Dramatiker, wie Pirandello, in der Charakteristik des Films unwillkürlich den Grund der Krise berührt, von der wir das Theater befallen sehen, ist nicht erstaunlich. Zu dem restlos von der technischen Reproduktion erfaßten, ja – wie der Film – aus ihr hervorgehenden Kunstwerk gibt es in der Tat keinen entschiedeneren Gegensatz als das der Schaubühne. Jede eingehendere Betrachtung bestätigt dies. Sachkundige Beobachter haben längst erkannt, daß in der Filmdarstellung »die größten Wirkungen fast immer erzielt werden, indem man so wenig wie möglich ›spielt‹ ... Die letzte Entwicklung« sieht Arnheim 1932 darin, »den Schauspieler wie ein Requisit zu behandeln, das man charakteristisch auswählt und ... an der richtigen Stelle einsetzt.«[19] Damit hängt aufs Engste etwas anderes zusammen.

18 Luigi Pirandello: On tourne, cit. Léon Pierre-Quint: Signification du cinéma, in: L'art cinématographique II, c. ⟨S. 478⟩, p. 14/15.

19 Rudolf Arnheim: Film als Kunst. Berlin 1932, p. 176/177. – Gewisse scheinbar nebensächliche Einzelheiten, mit denen der Filmregisseur sich von den Praktiken der Bühne entfernt, gewinnen in diesem Zusammenhang ein erhöhtes Interesse. So der Versuch, den Darsteller ohne Schminke spielen zu lassen, wie unter anderen Dreyer ihn in der Jeanne d'Arc durchführt. Er verwendete Monate darauf, die einigen vierzig Darsteller ausfindig zu machen, aus denen das Ketzergericht sich zusammensetzt. Die Suche nach diesen Darstellern glich der nach schwer beschaffbaren Requisiten. Dreyer verwandte

Der Schauspieler, der auf der Bühne agiert, versetzt sich in eine Rolle. Dem Filmdarsteller ist das sehr oft versagt. Seine Leistung ist durchaus keine einheitliche, sondern aus vielen einzelnen Leistungen zusammengestellt. Neben zufälligen Rücksichten auf: Ateliermiete, Verfügbarkeit von Partnern, Dekor usw., sind es elementare Notwendigkeiten der Maschinerie, die das Spiel des Darstellers in eine Reihe montierbarer Episoden zerfällen. Es handelt sich vor allem um die Beleuchtung, deren Installation die Darstellung eines Vorgangs, der auf der Leinwand als einheitlicher geschwinder Ablauf erscheint, in einer Reihe einzelner Aufnahmen zu bewältigen zwingt, die sich im Atelier unter Umständen über Stunden verteilen. Von handgreiflicheren Montagen zu schweigen. So kann ein Sprung aus dem Fenster im Atelier in Gestalt eines Sprungs vom Gerüst gedreht werden, die sich anschließende Flucht aber gegebenenfalls wochenlang später bei einer Außenaufnahme. Im übrigen ist es ein Leichtes, noch weit paradoxere Fälle zu konstruieren. Es kann, nach einem Klopfen gegen die Tür, vom Darsteller gefordert werden, daß er zusammenschrickt. Vielleicht ist dieses Zusammenfahren nicht wunschgemäß ausgefallen. Da kann der Regisseur zu der Auskunft greifen, gelegentlich, wenn der Darsteller wieder einmal im Atelier ist, ohne dessen Vorwissen in seinem Rücken einen Schuß abfeuern zu lassen. Das Erschrecken des Darstellers in diesem Augenblick kann aufgenommen und in den Film montiert werden. Nichts zeigt drastischer, daß die Kunst aus dem Reich des

die größte Mühe darauf, Ähnlichkeiten des Alters, der Statur, der Physiognomie zu vermeiden. (cf. Maurice Schultz: Le maquillage, in: L'art cinématographique VI. Paris 1929, p. 65/66.) Wenn der Schauspieler zum Requisit wird, so fungiert auf der andern Seite das Requisit nicht selten als Schauspieler. Jedenfalls ist es nichts Ungewöhnliches, daß der Film in die Lage kommt, dem Requisit eine Rolle zu leihen. Anstatt beliebige Beispiele aus einer unendlichen Fülle herauszugreifen, halten wir uns an eines von besonderer Beweiskraft. Eine in Gang befindliche Uhr wird auf der Bühne immer nur störend wirken. Ihre Rolle, die Zeit zu messen, kann ihr auf der Bühne nicht eingeräumt werden. Die astronomische Zeit würde auch in einem naturalistischen Stück mit der szenischen kollidieren. Unter diesen Umständen ist es für den Film höchst bezeichnend, daß er bei Gelegenheit ohne weiteres eine Zeitmessung nach der Uhr verwerten kann. Hieran mag man deutlicher als an manchen anderen Zügen erkennen, wie unter Umständen jedes einzelne Requisit entscheidende Funktionen in ihm übernehmen kann. Von hier ist es nur ein Schritt bis zu Pudowkins Feststellung, daß »das Spiel des Darstellers, das mit einem Gegenstand verbunden und auf ihm aufgebaut ist, ... stets eine der stärksten Methoden filmischer Gestaltung« ist. (W. Pudowkin: Filmregie und Filmmanuskript. [Bücher der Praxis, Bd. 5] Berlin 1928, p. 126.) So ist der Film das erste Kunstmittel, das in der Lage ist zu zeigen, wie die Materie dem Menschen mitspielt. Er kann daher ein hervorragendes Instrument materialistischer Darstellung sein.

»schönen Scheins« entwichen ist, das solange als das einzige galt, in dem sie gedeihen könne.

X

Das Befremden des Darstellers vor der Apparatur, wie Pirandello es schildert, ist von Haus aus von der gleichen Art wie das Befremden des Menschen vor seiner Erscheinung im Spiegel. Nun aber ist das Spiegelbild von ihm ablösbar, es ist transportabel geworden. Und wohin wird es transportiert? Vor das Publikum[20]. Das Bewußtsein davon verläßt den Filmdarsteller nicht einen Augenblick. *Der Filmdarsteller weiß, während er vor der Apparatur steht, hat er es in letzter Instanz mit dem Publikum zu tun: dem Publikum der Abnehmer, die den Markt bilden.* Dieser Markt, auf den er sich nicht nur mit seiner Arbeitskraft, sondern mit Haut und Haaren, mit Herz und Nieren begibt, ist ihm im Augenblick seiner für ihn bestimmten Leistung ebensowenig greifbar, wie irgendeinem Artikel, der in einer Fabrik gemacht wird. Sollte dieser Umstand nicht seinen Anteil an der Beklemmung, der neuen Angst haben, die, nach Pirandello, den Darsteller vor der Apparatur befällt? Der Film antwortet auf das Einschrumpfen der Aura mit einem künstlichen Aufbau der »personality« außerhalb des Ateliers. Der vom Filmkapital geförderte Starkultus konserviert jenen Zauber der Persönlichkeit, der schon längst nur noch im fauligen Zauber ihres Warencharakters besteht. Solange das Filmkapital den Ton angibt, läßt sich dem heutigen Film im allgemeinen kein anderes

20 Die hier konstatierbare Veränderung der Ausstellungsweise durch die Reproduktionstechnik macht sich auch in der Politik bemerkbar. Die heutige Krise der bürgerlichen Demokratien schließt eine Krise der Bedingungen ein, die für die Ausstellung der Regierenden maßgebend sind. Die Demokratien stellen den Regierenden unmittelbar in eigener Person und zwar vor Repräsentanten aus. Das Parlament ist sein Publikum! Mit den Neuerungen der Aufnahmeapparatur, die es erlauben, den Redenden während der Rede unbegrenzt vielen vernehmbar und kurz darauf unbegrenzt vielen sichtbar zu machen, tritt die Ausstellung des politischen Menschen vor dieser Aufnahmeapparatur in den Vordergrund. Es veröden die Parlamente gleichzeitig mit den Theatern. Rundfunk und Film verändern nicht nur die Funktion des professionellen Darstellers, sondern genau so die Funktion dessen, der, wie es die Regierenden tun, sich selber vor ihnen darstellt. Die Richtung dieser Veränderung ist, unbeschadet ihrer verschiedenen Spezialaufgaben, die gleiche beim Filmdarsteller und beim Regierenden. Sie erstrebt die Aufstellung prüfbarer, ja übernehmbarer Leistungen unter bestimmten gesellschaftlichen Bedingungen. Das ergibt eine neue Auslese, eine Auslese vor der Apparatur, aus der der Star und der Diktator als Sieger hervorgehen.

revolutionäres Verdienst zuschreiben, als eine revolutionäre Kritik der überkommenen Vorstellungen von Kunst zu befördern. Wir bestreiten nicht, daß der heutige Film in besonderen Fällen darüber hinaus eine revolutionäre Kritik an den gesellschaftlichen Verhältnissen, ja an der Eigentumsordnung befördern kann. Aber darauf liegt der Schwerpunkt der gegenwärtigen Untersuchung ebenso wenig wie der Schwerpunkt der westeuropäischen Filmproduktion darauf liegt.

Es hängt mit der Technik des Films genau wie mit der des Sports zusammen, daß jeder den Leistungen, die sie ausstellen, als halber Fachmann beiwohnt. Man braucht nur einmal eine Gruppe von Zeitungsjungen, auf ihre Fahrräder gestützt, die Ergebnisse eines Radrennens diskutieren gehört zu haben, um sich das Verständnis dieses Tatbestandes zu eröffnen. Nicht umsonst veranstalten Zeitungsverleger Wettfahrten ihrer Zeitungsjungen. Diese erwecken großes Interesse unter den Teilnehmern. Denn der Sieger in diesen Veranstaltungen hat eine Chance, vom Zeitungsjungen zum Rennfahrer aufzusteigen. So gibt zum Beispiel die Wochenschau jedem eine Chance, vom Passanten zum Filmstatisten aufzusteigen. Er kann sich dergestalt unter Umständen sogar in ein Kunstwerk – man denke an Wertoffs »Drei Lieder um Lenin« oder Ivens »Borinage« – versetzt sehen. *Jeder heutige Mensch kann einen Anspruch vorbringen, gefilmt zu werden.* Diesen Anspruch verdeutlicht am besten ein Blick auf die geschichtliche Situation des heutigen Schrifttums.

Jahrhunderte lang lagen im Schrifttum die Dinge so, daß einer geringen Zahl von Schreibenden eine vieltausendfache Zahl von Lesenden gegenüberstand. Darin trat gegen Ende des vorigen Jahrhunderts ein Wandel ein. Mit der wachsenden Ausdehnung der Presse, die immer neue politische, religiöse, wissenschaftliche, berufliche, lokale Organe der Leserschaft zur Verfügung stellte, gerieten immer größere Teile der Leserschaft – zunächst fallweise – unter die Schreibenden. Es begann damit, daß die Tagespresse ihnen ihren »Briefkasten« eröffnete, und es liegt heute so, daß es kaum einen im Arbeitsprozeß stehenden Europäer gibt, der nicht grundsätzlich irgendwo Gelegenheit zur Publikation einer Arbeitserfahrung, einer Beschwerde, einer Reportage oder dergleichen finden könnte. Damit ist die Unterscheidung zwischen Autor und Publikum im Begriff, ihren grundsätzlichen Charakter zu verlieren. Sie wird eine funktionelle, von Fall zu Fall so oder anders verlaufende. Der Lesende ist jederzeit bereit, ein Schreibender zu werden. Als Sachverständiger, der er wohl oder übel in einem äußerst spezialisierten Arbeitsprozeß werden mußte – sei es auch nur als Sachverständiger einer geringen Verrichtung –, gewinnt er einen Zugang zur Autorschaft. In der Sovjetunion kommt die Arbeit selbst zu Wort. Und ihre Darstellung im Wort macht einen Teil des Könnens, das zu ihrer Ausübung erforderlich ist. Die literarische Befugnis wird nicht mehr in der spezialisierten, sondern in der polytechnischen Ausbildung begründet, und so Gemeingut[21].

Alles das läßt sich ohne weiteres auf den Film übertragen, wo Verschiebungen, die im Schrifttum Jahrhunderte in Anspruch genommen haben, sich im Laufe eines Jahrzehnts vollzogen. Denn in der Praxis des Films – vor allem der russischen – ist diese Verschiebung

21 Der Privilegiertencharakter der betreffenden Techniken geht verloren. Aldous Huxley schreibt: »Die technischen Fortschritte haben ... zur Vulgarität geführt ... die technische Reproduzierbarkeit und die Rotationspresse haben eine unabsehbare Vervielfältigung von Schriften und Bildern ermöglicht. Die allgemeine Schulbildung und die verhältnismäßig hohen Gehälter haben ein sehr großes Publikum geschaffen, das lesen kann und Lesestoff und Bildmaterial sich zu verschaffen vermag. Um diese bereitzustellen, hat sich eine bedeutende Industrie etabliert. Nun aber ist künstlerische Begabung etwas sehr Seltenes; daraus folgt ..., daß zu jeder Zeit und an allen Orten der überwiegende Teil der künstlerischen Produktion minderwertig gewesen ist. Heute aber ist der Prozentsatz des Abhubs in der künstlerischen Gesamtproduktion größer als er es je vorher gewesen ist ... Wir stehen hier vor einem einfachen arithmetischen Sachverhalt. Im Laufe des vergangenen Jahrhunderts hat sich die Bevölkerung Westeuropas etwas über das Doppelte vermehrt. Der Lese- und Bildstoff aber ist, wie ich schätzen möchte, mindestens im Verhältnis von 1 zu 20, vielleicht aber auch zu 50 oder gar zu 100 gewachsen. Wenn eine Bevölkerung von x Millionen n künstlerische Talente hat, so wird eine Bevölkerung von 2x Millionen wahrscheinlich 2n künstlerische Talente haben. Nun läßt sich die Situation folgendermaßen zusammenfassen. Wenn vor 100 Jahren eine Druckseite mit Lese- und Bildstoff veröffentlicht wurde, so veröffentlicht man dafür heute zwanzig, wenn nicht hundert Seiten. Wenn andererseits vor hundert Jahren ein künstlerisches Talent existierte, so existieren heute an dessen Stelle zwei. Ich gebe zu, daß infolge der allgemeinen Schulbildung heute eine große Anzahl virtueller Talente, die ehemals nicht zur Entfaltung ihrer Gaben gekommen wären, produktiv werden können. Setzen wir also ..., daß heute drei oder selbst vier künstlerische Talente auf ein künstlerisches Talent von ehedem kommen. Es bleibt nichtsdestoweniger unzweifelhaft, daß der Konsum von Lese- und Bildstoff die natürliche Produktion an begabten Schriftstellern und begabten Zeichnern weit überholt hat. Mit dem Hörstoff steht es nicht anders. Prosperität, Grammophon und Radio haben ein Publikum ins Leben gerufen, dessen Konsum an Hörstoffen außer allem Verhältnis zum Anwachsen der Bevölkerung und demgemäß zum normalen Zuwachs an talentierten Musikern steht. Es ergibt sich also, daß in allen Künsten, sowohl absolut wie verhältnismäßig gesprochen, die Produktion von Abhub größer ist als sie es früher war; und so muß es bleiben, so lange die Leute fortfahren so wie derzeit einen unverhältnismäßig großen Konsum an Lese-, Bild- und Hörstoff zu üben.« (Aldous Huxley: Croisière d'hiver. Voyage en Amérique Centrale (1933) [Traduction de Jules Castier]. Paris 1935, p. 273-275.) Diese Betrachtungsweise ist offenkundig nicht fortschrittlich.

stellenweise bereits verwirklicht worden. Ein Teil der im russischen Film begegnenden Darsteller sind nicht Darsteller in unserem Sinn, sondern Leute, die *sich* – und zwar in erster Linie in ihrem Arbeitsprozeß – darstellen. In Westeuropa verbietet die kapitalistische Ausbeutung des Films dem legitimen Anspruch, den der heutige Mensch auf sein Reproduziertwerden hat, die Berücksichtigung. Unter diesen Umständen hat die Filmindustrie alles Interesse, die Anteilnahme der Massen durch illusionäre Vorstellungen und durch zweideutige Spekulationen zu stacheln.

XI

Eine Film- und besonders eine Tonfilmaufnahme bietet einen Anblick, wie er vorher nie und nirgends denkbar gewesen ist. Sie stellt einen Vorgang dar, dem kein einziger Standpunkt mehr zuzuordnen ist, von dem aus die zu dem Spielvorgang als solchen nicht zugehörige Aufnahmeapparatur, die Beleuchtungsmaschinerie, der Assistentenstab usw. nicht in das Blickfeld des Beschauers fiele. (Es sei denn, die Einstellung seiner Pupille stimme mit der des Aufnahmeapparats überein.) Dieser Umstand, er mehr als jeder andere, macht die etwa bestehenden Ähnlichkeiten zwischen einer Szene im Filmatelier und auf der Bühne zu oberflächlichen und belanglosen. Das Theater kennt prinzipiell die Stelle, von der aus das Geschehen nicht ohne weiteres als illusionär zu durchschauen ist. Der Aufnahmeszene im Film gegenüber gibt es diese Stelle nicht. Dessen illusionäre Natur ist eine Natur zweiten Grades; sie ist ein Ergebnis des Schnitts. Das heißt: *Im Filmatelier ist die Apparatur derart tief in die Wirklichkeit eingedrungen, daß deren reiner, vom Fremdkörper der Apparatur freier Aspekt das Ergebnis einer besonderen Prozedur, nämlich der Aufnahme durch den eigens eingestellten photographischen Apparat und ihrer Montierung mit anderen Aufnahmen von der gleichen Art ist.* Der apparatfreie Aspekt der Realität ist hier zu ihrem künstlichsten geworden und der Anblick der unmittelbaren Wirklichkeit zur blauen Blume im Land der Technik.

Der gleiche Sachverhalt, der sich so gegen den des Theaters abhebt, läßt sich noch aufschlußreicher mit dem konfrontieren, der in der Malerei vorliegt. Hier haben wir die Frage zu stellen: wie verhält sich der Operateur zum Maler? Zu ihrer Beantwortung sei eine Hilfskonstruktion gestattet, die sich auf *den* Begriff des Operateurs stützt, welcher von der Chirurgie her geläufig ist. Der Chirurg stellt den einen Pol einer Ordnung dar, an deren anderm der Magier steht. Die Haltung des Magiers, der einen Kranken durch Auflegen der Hand heilt, ist verschieden von der des Chirurgen, der einen Eingriff in den Kranken vornimmt. Der Magier erhält die natürliche Distanz zwischen sich und dem Behandelten aufrecht; genauer gesagt: er vermindert sie – kraft seiner aufgelegten Hand – nur wenig und steigert sie – kraft seiner Autorität – sehr. Der Chirurg verfährt umgekehrt: er vermindert die Distanz zu dem Behandelten sehr – indem er in dessen Inneres dringt – und er vermehrt sie nur wenig – durch die Behutsamkeit, mit der seine Hand sich unter den Organen bewegt. Mit einem Wort: zum Unterschied vom Magier (der auch noch im praktischen Arzt steckt) verzichtet der Chirurg im entscheidenden Augenblick darauf, seinem Kranken von Mensch zu Mensch sich gegenüber zu stellen; er dringt vielmehr operativ in ihn ein. – Magier und Chirurg verhalten sich wie Maler und Kameramann. Der Maler beobachtet in seiner Arbeit eine natürliche Distanz zum Gegebenen, der Kameramann dagegen dringt tief ins Gewebe der Gegebenheit ein[22]. Die Bilder, die beide davontragen, sind ungeheuer verschieden. Das des Malers ist ein totales, das des Kameramanns ein vielfältig zerstückeltes, dessen Teile sich nach einem neuen Gesetz zusammen finden. *So ist die filmische Darstellung der Realität für den heutigen Menschen darum die unvergleichlich bedeutungsvollere, weil sie den apparatfreien Aspekt der Wirklichkeit, den er vom Kunstwerk zu fordern berechtigt ist, gerade auf Grund ihrer intensivsten Durchdringung mit der Apparatur gewährt.*

22 Die Kühnheiten des Kameramanns sind in der Tat denen des chirurgischen Operateurs vergleichbar. Luc Durtain führt in einem Verzeichnis spezifisch gestischer Kunststücke der Technik diejenigen auf, »die in der Chirurgie bei gewissen schwierigen Eingriffen erforderlich sind. Ich wähle als Beispiel einen Fall aus der Oto-Rhino-Laryngologie . . .; ich meine das sogenannte endonasale Perspektiv-Verfahren; oder ich weise auf die akrobatischen Kunststücke hin, die, durch das umgekehrte Bild im Kehlkopfspiegel geleitet, die Kehlkopfchirurgie auszuführen hat; ich könnte auch von der an die Präzisionsarbeit von Uhrmachern erinnernde Ohrenchirurgie sprechen. Welch reiche Stufenfolge subtilster Muskelakrobatik wird nicht von dem Mann gefordert, der den menschlichen Körper reparieren oder ihn retten will, man denke nur an die Staroperation, bei der es gleichsam eine Debatte des Stahls mit beinahe flüssigen Gewebeteilen gibt, oder an die bedeutungsvollen Eingriffe in die Weichgegend (Laparotomie).« (Luc Durtain: La technique et l'homme, in: Vendredi, 13 mars 1936, No. 19.)

XII

Die technische Reproduzierbarkeit des Kunstwerks verändert das Verhältnis der Masse zur Kunst. Aus dem rückständigsten, z. B. einem Picasso gegenüber, schlägt es in das fortschrittlichste, z. B. angesichts eines Chaplin, um. Dabei ist das fortschrittliche Verhalten dadurch gekennzeichnet, daß die Lust am Schauen und am Erleben in ihm eine unmittelbare und innige Verbindung mit der Haltung des fachmännischen Beurteilers eingeht. Solche Verbindung ist ein wichtiges gesellschaftliches Indizium. Je mehr nämlich die gesellschaftliche Bedeutung einer Kunst sich vermindert, desto mehr fallen – wie das deutlich angesichts der Malerei sich erweist – die kritische und die genießende Haltung im Publikum auseinander. Das Konventionelle wird kritiklos genossen, das wirklich Neue kritisiert man mit Widerwillen. Im Kino fallen kritische und genießende Haltung des Publikums zusammen. Und zwar ist der entscheidende Umstand dabei: nirgends mehr als im Kino erweisen sich die Reaktionen der Einzelnen, deren Summe die massive Reaktion des Publikums ausmacht, von vornherein durch ihre unmittelbar bevorstehende Massierung bedingt. Und indem sie sich kundgeben, kontrollieren sie sich. Auch weiterhin bleibt der Vergleich mit der Malerei dienlich. Das Gemälde hatte stets ausgezeichneten Anspruch auf die Betrachtung durch Einen oder durch Wenige. Die simultane Betrachtung von Gemälden durch ein großes Publikum, wie sie im neunzehnten Jahrhundert aufkommt, ist ein frühes Symptom der Krise der Malerei, die keineswegs durch die Photographie allein, sondern relativ unabhängig von dieser durch den Anspruch des Kunstwerks auf die Masse ausgelöst wurde.

Es liegt eben so, daß die Malerei nicht imstande ist, den Gegenstand einer simultanen Kollektivrezeption darzubieten, wie es von jeher für die Architektur, wie es einst für das Epos zutraf, wie es heute für den Film zutrifft. Und so wenig aus diesem Umstand von Haus aus Schlüsse auf die gesellschaftliche Rolle der Malerei zu ziehen sind, so fällt er doch in dem Augenblick als eine schwere Beeinträchtigung ins Gewicht, wo die Malerei durch besondere Umstände und gewissermaßen wider ihre Natur mit den Massen unmittelbar konfrontiert wird. In den Kirchen und Klöstern des Mittelalters und an den Fürstenhöfen bis gegen Ende des achtzehnten Jahrhunderts fand die Kollektivrezeption von Gemälden nicht simultan, sondern vielfach gestuft und hierarchisch vermittelt statt. Wenn das anders geworden ist, so kommt darin der besondere Konflikt zum Ausdruck, in welchen die Malerei durch die technische Reproduzierbarkeit des Bildes verstrickt worden ist. Aber ob man auch unternahm, sie in Galerien und in Salons vor die Massen zu führen, so gab es doch keinen Weg, auf welchem die Massen in solche Rezeption sich selbst hätten organisieren und kontrollieren können[23]. So muß eben dasselbe Publikum, das vor einem Groteskfilm fortschrittlich reagiert, vor dem Surrealismus zu einem rückständigen werden.

XIII

Seine Charakteristika hat der Film nicht nur in der Art, wie der Mensch sich der Aufnahmeapparatur, sondern wie er mit deren Hilfe die Umwelt sich darstellt. Ein Blick auf die Leistungspsychologie illustriert die Fähigkeit der Apparatur zu testen. Ein Blick auf die Psychoanalyse illustriert sie von anderer Seite. Der Film hat unsere Merkwelt in der Tat mit Methoden bereichert, die an denen der Freudschen Theorie illustriert werden können. Eine Fehlleistung im Gespräch ging vor fünfzig Jahren mehr oder minder unbemerkt vorüber. Daß sie mit einem Male eine Tiefenperspektive im Gespräch, das vorher vordergründig zu verlaufen schien, eröffnete, dürfte zu den Ausnahmen gezählt haben. Seit der »Psychopathologie des Alltagslebens« hat sich das geändert. Sie hat Dinge isoliert und zugleich analysierbar gemacht, die vordem unbemerkt im breiten Strom des Wahrgenommenen mitschwammen. Der Film hat in der ganzen Breite der optischen Merkwelt, und nun auch der akustischen, eine ähnliche Vertiefung der Apperzeption zur Folge gehabt. Es ist nur die Kehrseite dieses Sachverhalts, daß die Leistungen, die der Film vorführt, viel exakter und unter viel zahlreicheren Gesichtspunkten analysierbar sind, als die Leistungen, die auf dem Gemälde oder auf der Szene sich darstellen. Der Malerei gegenüber ist es die unvergleichlich

23 Diese Betrachtungsweise mag plump anmuten; aber wie der große Theoretiker Leonardo zeigt, können plumpe Betrachtungsweisen zu ihrer Zeit wohl herangezogen werden. Leonardo vergleicht die Malerei und die Musik mit folgenden Worten: »Die Malerei ist der Musik deswegen überlegen, weil sie nicht sterben muß, sobald sie ins Leben gerufen ist, wie das der Fall der unglücklichen Musik ist ... Die Musik, die sich verflüchtigt, sobald sie entstanden ist, steht der Malerei nach, die mit dem Gebrauch des Firnis ewig geworden ist.« ([Leonardo da Vinci: Frammenti letterarii e filosofici] cit. Fernand Baldensperger: Le raffermissement des techniques dans la littératur occidentale de 1840, in: Revue de Littérature Comparée, XV/I, Paris 1935, p. 79 [Anm. 1].)

genauere Angabe der Situation, die die größere Analysierbarkeit der im Film dargestellten Leistung ausmacht. Der Szene gegenüber ist die größere Analysierbarkeit der filmisch gestellten Leistung durch eine höhere Isolierbarkeit bedingt. Dieser Umstand hat, und das macht seine Hauptbedeutung aus, die Tendenz, die gegenseitige Durchdringung von Kunst und Wissenschaft zu befördern. In der Tat läßt sich von einem innerhalb einer bestimmten Situation sauber – wie ein Muskel an einem Körper – herauspräparierten Verhalten kaum mehr angeben, wodurch es stärker fesselt: durch seinen artistischen Wert oder durch seine wissenschaftliche Verwertbarkeit. Es wird *eine der revolutionären Funktionen des Films sein, die künstlerische und die wissenschaftliche Verwertung der Photographie, die vordem meist auseinander fielen, als identisch erkennbar zu machen*[24].

Indem der Film durch Großaufnahmen aus ihrem Inventar, durch Betonung versteckter Details an den uns geläufigen Requisiten, durch Erforschung banaler Milieus unter der genialen Führung des Objektivs, auf der einen Seite die Einsicht in die Zwangsläufigkeiten vermehrt, von denen unser Dasein regiert wird, kommt er auf der anderen Seite dazu, eines ungeheuren und ungeahnten Spielraums uns zu versichern! Unsere Kneipen und Großstadtstraßen, unsere Büros und möblierten Zimmer, unsere Bahnhöfe und Fabriken schienen uns hoffnungslos einzuschließen. Da kam der Film und hat diese Kerkerwelt mit dem Dynamit der Zehntelsekunden gesprengt, so daß wir nun zwischen ihren weitverstreuten Trümmern gelassen abenteuerliche Reisen unternehmen. Unter der Großaufnahme dehnt sich der Raum, unter der Zeitlupe die Bewegung. Und so wenig es bei der Vergrößerung sich um eine bloße Verdeutlichung dessen handelt, was man »ohnehin« undeutlich sieht, sondern vielmehr völlig neue Strukturbildungen der Materie zum Vorschein kommen, so wenig bringt die Zeitlupe nur bekannte Bewegungsmotive zum Vorschein, sondern sie

24 Suchen wir zu dieser Situation eine Analogie, so eröffnet sich eine aufschlußreiche in der Renaissancemalerei. Auch da begegnen wir einer Kunst, deren unvergleichlicher Aufschwung und deren Bedeutung nicht zum wenigsten darauf beruht, daß sie eine Anzahl von neuen Wissenschaften oder doch von neuen Daten der Wissenschaft integriert. Sie beansprucht die Anatomie und die Perspektive, die Mathematik, die Meteorologie und die Farbenlehre. »Was ist uns entlegener«, schreibt Valéry, »als der befremdliche Anspruch eines Leonardo, dem die Malerei ein oberstes Ziel und eine höchste Demonstration der Erkenntnis war, so zwar, daß sie, seiner Überzeugung nach, Allwissenheit forderte und er selbst nicht vor einer theoretischen Analyse zurückschreckte, vor welcher wir Heutigen ihrer Tiefe und ihrer Präzision wegen fassungslos dastehen.« (Paul Valéry: Pièces sur l'art, l. c. ⟨S. 475⟩, p. 191, »Autour de Corot«.)

entdeckt in diesen bekannten ganz unbekannte, »die gar nicht als Verlangsamungen schneller Bewegungen sondern als eigentümlich gleitende, schwebende, überirdische wirken.«[25] So wird handgreiflich, daß es eine andere Natur ist, die zu der Kamera als die zum Auge spricht. Anders vor allem dadurch, daß an die Stelle eines vom Menschen mit Bewußtsein durchwirkten Raums ein unbewußt durchwirkter tritt. Ist es schon üblich, daß einer vom Gang der Leute, sei es auch nur im Groben, sich Rechenschaft ablegt, so weiß er bestimmt nichts von ihrer Haltung im Sekundenbruchteil des Ausschreitens. Ist uns schon im Groben der Griff geläufig, den wir nach dem Feuerzeug oder dem Löffel tun, so wissen wir doch kaum von dem, was sich zwischen Hand und Metall dabei eigentlich abspielt, geschweige wie das mit den verschiedenen Verfassungen schwankt, in denen wir uns befinden. Hier greift die Kamera mit ihren Hilfsmitteln, ihrem Stürzen und Steigen, ihrem Unterbrechen und Isolieren, ihrem Dehnen und Raffen des Ablaufs, ihrem Vergrößern und ihrem Verkleinern ein. Vom Optisch-Unbewußten erfahren wir erst durch sie, wie von dem Triebhaft-Unbewußten durch die Psychoanalyse.

XIV

Es ist von jeher eine der wichtigsten Aufgaben der Kunst gewesen, eine Nachfrage zu erzeugen, für deren volle Befriedigung die Stunde noch nicht gekommen ist[26]. Die Geschichte jeder Kunstform hat kritische Zeiten, in denen diese Form auf Effekte hindrängt, die sich zwanglos

25 Rudolf Arnheim, l. c. 〈S. 490〉, p. 138.

26 »Das Kunstwerk«, sagt André Breton, »hat Wert nur insofern als es von Reflexen der Zukunft durchzittert wird.« In der Tat steht jede ausgebildete Kunstform im Schnittpunkt dreier Entwicklungslinien. Es arbeitet nämlich einmal die Technik auf eine bestimmte Kunstform hin. Ehe der Film auftrat, gab es Photobüchlein, deren Bilder durch einen Daumendruck schnell am Beschauer vorüberflitzend, einen Boxkampf oder ein Tennismatch vorführten; es gab die Automaten in den Bazaren, deren Bilderablauf durch eine Drehung der Kurbel hervorgerufen wurde. – Es arbeiten zweitens die überkommenen Kunstformen in gewissen Stadien ihrer Entwicklung angestrengt auf Effekte hin, welche später zwanglos von der neuen Kunstform erzielt werden. Ehe der Film zur Geltung kam, suchten die Dadaisten durch ihre Veranstaltungen eine Bewegung ins Publikum zu bringen, die ein Chaplin dann auf natürlichere Weise hervorrief. – Es arbeiten drittens oft unscheinbare, gesellschaftliche Veränderungen auf eine Veränderung der Rezeption hin, die erst der neuen Kunstform zugute kommt. Ehe der Film sein Publikum zu bilden begonnen hatte, wurden im Kaiserpanorama Bilder (die bereits aufgehört hatten, unbeweglich zu sein) von einem versammelten Publikum rezipiert. Dieses Publikum befand sich vor einem Paravant, in

erst bei einem veränderten technischen Standard, d. h. in einer neuen Kunstform ergeben können. Die derart, zumal in den sogenannten Verfallszeiten, sich ergebenden Extravaganzen und Kruditäten der Kunst gehen in Wirklichkeit aus ihrem reichsten historischen Kräftezentrum hervor. Von solchen Barbarismen hat noch zuletzt der Dadaismus gestrotzt. Sein Impuls wird erst jetzt erkennbar: *Der Dadaismus versuchte, die Effekte, die das Publikum heute im Film sucht, mit den Mitteln der Malerei (bzw. der Literatur) zu erzeugen.*

Jede von Grund auf neue, bahnbrechende Erzeugung von Nachfragen wird über ihr Ziel hinausschießen. Der Dadaismus tut das in dem Grade, daß er die Marktwerte, die dem Film in so hohem Maße eignen, zugunsten bedeutsamerer Intentionen – die ihm selbstverständlich in der hier beschriebenen Gestalt nicht bewußt sind – opfert. Auf die merkantile Verwertbarkeit ihrer Kunstwerke legten die Dadaisten viel weniger Gewicht als auf ihre Unverwertbarkeit als Gegenstände kontemplativer Versenkung. Diese Unverwertbarkeit suchten sie nicht zum wenigsten durch eine grundsätzliche Entwürdigung ihres Materials zu erreichen. Ihre Gedichte sind »Wortsalat«, sie enthalten obszöne Wendungen und allen nur vorstellbaren Abfall der Sprache. Nicht anders ihre Gemälde, denen sie Knöpfe oder Fahrscheine aufmontierten. Was sie mit solchen Mitteln erreichen, ist eine rücksichtslose Vernichtung der Aura ihrer Hervorbringung, denen sie mit den Mitteln der Produktion das Brandmal einer Reproduktion aufdrükken. Es ist unmöglich, vor einem Bild von Arp oder einem Gedicht August Stramms sich wie vor einem Bild Derains oder einem Gedicht von Rilke Zeit zur Sammlung und Stellungnahme zu lassen. Der Versenkung, die in der Entartung des Bürgertums eine Schule asozialen Verhaltens wurde, tritt die Ablenkung als eine Spielart sozialen Verhaltens gegenüber[27]. In der Tat gewährleisteten die dadaistischen

dem Stereoskope angebracht waren, deren auf jeden Besucher eines kam. Vor diesen Stereoskopen erschienen automatisch einzelne Bilder, die kurz verharrten und dann anderen Platz machten. Mit ähnlichen Mitteln mußte noch Edison arbeiten, als er den ersten Filmstreifen (ehe man eine Filmleinwand und das Verfahren der Projektion kannte) einem kleinen Publikum vorführte, das in den Apparat hineinstarrte, in welchem die Bilderfolge abrollte. – Übrigens kommt in der Einrichtung des Kaiserpanoramas besonders klar eine Dialektik der Entwicklung zum Ausdruck. Kurz ehe der Film die Bildbetrachtung zu einer kollektiven macht, kommt vor den Stereoskopen dieser schnell veralteten Etablissements die Bildbetrachtung durch einen Einzelnen noch einmal mit derselben Schärfe zur Geltung wie einst in der Betrachtung des Götterbilds durch den Priester in der cella.

27 Das theologische Urbild dieser Versenkung ist das Bewußtsein, allein mit seinem Gott zu sein. An diesem Bewußtsein ist in den großen Zeiten des Bürgertums die Freiheit

Kundgebungen eine recht vehemente Ablenkung, indem sie das Kunstwerk zum Mittelpunkt eines Skandals machten. Es hatte vor allem *einer* Forderung Genüge zu leisten: öffentliches Ärgernis zu erregen.

Aus einem lockenden Augenschein oder einem überredenden Klanggebilde wurde das Kunstwerk bei den Dadaisten zu einem Geschoß. Es stieß dem Betrachter zu. Es gewann eine taktile Qualität. Damit hat es die Nachfrage nach dem Film begünstigt, dessen ablenkendes Element ebenfalls in erster Linie ein taktiles ist, nämlich auf dem Wechsel der Schauplätze und Einstellungen beruht, welche stoßweise auf den Beschauer eindringen. Man vergleiche die Leinwand, auf der der Film abrollt, mit der Leinwand, auf der sich das Gemälde befindet. Das letztere lädt den Betrachter zur Kontemplation ein; vor ihm kann er sich seinem Assoziationsablauf überlassen. Vor der Filmaufnahme kann er das nicht. Kaum hat er sie ins Auge gefaßt, so hat sie sich schon verändert. Sie kann nicht fixiert werden. Duhamel, der den Film haßt und von seiner Bedeutung nichts, aber manches von seiner Struktur begriffen hat, verzeichnet diesen Umstand mit der Notiz: »Ich kann schon nicht mehr denken, was ich denken will. Die beweglichen Bilder haben sich an den Platz meiner Gedanken gesetzt.«[28] In der Tat wird der Assoziationsablauf dessen, der diese Bilder betrachtet, sofort durch ihre Veränderung unterbrochen. Darauf beruht die Chockwirkung des Films, die wie jede Chockwirkung durch gesteigerte Geistesgegenwart aufgefangen sein will[29]. *Kraft seiner technischen Struktur hat der Film die physische Chockwirkung, welche der Dadaismus gleichsam in der moralischen noch verpackt hielt, aus dieser Emballage befreit*[30].

erstarkt, die kirchliche Bevormundung abzuschütteln. In den Zeiten seines Niedergangs mußte das gleiche Bewußtsein der verborgenen Tendenz Rechnung tragen, diejenigen Kräfte, die der Einzelne im Umgang mit Gott ins Werk setzt, den Angelegenheiten des Gemeinwesens zu entziehen.

28 Georges Duhamel: Scènes de la vie future. 2e éd., Paris 1930, p. 52.

29 Der Film ist die der gesteigerten Lebensgefahr, der die Heutigen ins Auge zu sehen haben, entsprechende Kunstform. Das Bedürfnis, sich Chockwirkungen auszusetzen, ist eine Anpassung der Menschen an die sie bedrohenden Gefahren. Der Film entspricht tiefgreifenden Veränderungen des Apperzeptionsapparates – Veränderungen, wie sie im Maßstab der Privatexistenz jeder Passant im Großstadtverkehr, wie sie im geschichtlichen Maßstab jeder heutige Staatsbürger erlebt.

30 Wie für den Dadaismus sind dem Film auch für den Kubismus und Futurismus wichtige Aufschlüsse abzugewinnen. Beide erscheinen als mangelhafte Versuche der Kunst, ihrerseits der Durchdringung der Wirklichkeit mit der Apparatur Rechnung zu tragen. Diese Schulen unternahmen ihren Versuch, zum Unterschied vom Film, nicht durch Verwertung der Apparatur für die künstlerische Darstellung der Realität, son-

Die Masse ist eine matrix, aus der gegenwärtig alles gewohnte Verhalten Kunstwerken gegenüber neugeboren hervorgeht. Die Quantität ist in Qualität umgeschlagen: *Die sehr viel größeren Massen der Anteilnehmenden haben eine veränderte Art des Anteils hervorgebracht.* Es darf den Betrachter nicht irre machen, daß dieser Anteil zunächst in verrufener Gestalt in Erscheinung tritt. Doch hat es nicht an solchen gefehlt, die sich mit Leidenschaft gerade an diese oberflächliche Seite der Sache gehalten haben. Unter diesen hat Duhamel sich am radikalsten geäußert. Was er dem Film vor allem verdenkt, ist die Art des Anteils, welchen er bei den Massen erweckt. Er nennt den Film »einen Zeitvertreib für Heloten, eine Zerstreuung für ungebildete, elende, abgearbeitete Kreaturen, die von ihren Sorgen verzehrt werden ... ein Schauspiel, das keinerlei Konzentration verlangt, kein Denkvermögen voraussetzt ..., kein Licht in den Herzen entzündet und keinerlei andere Hoffnung erweckt als die lächerliche, eines Tages in Los Angeles ›Star‹ zu werden.«[31] Man sieht, es ist im Grunde die alte Klage, daß die Massen Zerstreuung suchen, die Kunst aber vom Betrachter Sammlung verlangt. Das ist ein Gemeinplatz. Bleibt nur die Frage, ob er einen Standort für die Untersuchung des Films abgibt. – Hier heißt es, näher zusehen. Zerstreuung und Sammlung stehen in einem Gegensatz, der folgende Formulierung erlaubt: Der vor dem Kunstwerk sich Sammelnde versenkt sich darein; er geht in dieses Werk ein, wie die Legende es von einem chinesischen Maler beim Anblick seines vollendeten Bildes erzählt. Dagegen versenkt die zerstreute Masse ihrerseits das Kunstwerk in sich. Am sinnfälligsten die Bauten. Die Architektur bot von jeher den Prototyp eines Kunstwerks, dessen Rezeption in der Zerstreuung und durch das Kollektivum erfolgte. Die Gesetze ihrer Rezeption sind die lehrreichsten.

Bauten begleiten die Menschheit seit ihrer Urgeschichte. Viele Kunstformen sind entstanden und sind vergangen. Die Tragödie entsteht mit den Griechen, um mit ihnen zu verlöschen und nach Jahrhunderten nur ihren »Regeln« nach wieder aufzuleben. Das Epos,

dern durch eine Art von Legierung von dargestellter Wirklichkeit und dargestellter Apparatur. Dabei spielt die vorwiegende Rolle im Kubismus die Vorahnung von der Konstruktion dieser Apparatur, die auf der Optik beruht; im Futurismus die Vorahnung der Effekte dieser Apparatur, die im rapiden Ablauf des Filmbands zur Geltung kommen.

31 Duhamel. l. c. ⟨S. 503⟩, p. 58.

dessen Ursprung in der Jugend der Völker liegt, erlischt in Europa mit dem Ausgang der Renaissance. Die Tafelmalerei ist eine Schöpfung des Mittelalters, und nichts gewährleistet ihr eine ununterbrochene Dauer. Das Bedürfnis des Menschen nach Unterkunft aber ist beständig. Die Baukunst hat niemals brach gelegen. Ihre Geschichte ist länger als die jeder anderen Kunst und ihre Wirkung sich zu vergegenwärtigen von Bedeutung für jeden Versuch, vom Verhältnis der Massen zum Kunstwerk sich Rechenschaft abzulegen. Bauten werden auf doppelte Art rezipiert: durch Gebrauch und durch Wahrnehmung. Oder besser gesagt: taktil und optisch. Es gibt von solcher Rezeption keinen Begriff, wenn man sie sich nach Art der gesammelten vorstellt, wie sie z. B. Reisenden vor berühmten Bauten geläufig ist. Es besteht nämlich auf der taktilen Seite keinerlei Gegenstück zu dem, was auf der optischen die Kontemplation ist. Die taktile Rezeption erfolgt nicht sowohl auf dem Wege der Aufmerksamkeit als auf dem der Gewohnheit. Der Architektur gegenüber bestimmt diese letztere weitgehend sogar die optische Rezeption. Auch sie findet von Hause aus viel weniger in einem gespannten Aufmerken als in einem beiläufigen Bemerken statt. Diese an der Architektur gebildete Rezeption hat aber unter gewissen Umständen kanonischen Wert. Denn: *Die Aufgaben, welche in geschichtlichen Wendezeiten dem menschlichen Wahrnehmungsapparat gestellt werden, sind auf dem Wege der bloßen Optik, also der Kontemplation, gar nicht zu lösen. Sie werden allmählich nach Anleitung der taktilen Rezeption, durch Gewöhnung, bewältigt.*

Gewöhnen kann sich auch der Zerstreute. Mehr: gewisse Aufgaben in der Zerstreuung bewältigen zu können, erweist erst, daß sie zu lösen einem zur Gewohnheit geworden ist. Durch die Zerstreuung, wie die Kunst sie zu bieten hat, wird unter der Hand kontrolliert, wie weit neue Aufgaben der Apperzeption lösbar geworden sind. Da im übrigen für den Einzelnen die Versuchung besteht, sich solchen Aufgaben zu entziehen, so wird die Kunst deren schwerste und wichtigste da angreifen, wo sie Massen mobilisieren kann. Sie tut es gegenwärtig im Film. *Die Rezeption in der Zerstreuung, die sich mit wachsendem Nachdruck auf allen Gebieten der Kunst bemerkbar macht und das Symptom von tiefgreifenden Veränderungen der Apperzeption ist, hat am Film ihr eigentliches Übungsinstrument.* In seiner Chockwirkung kommt der Film dieser Rezeptionsform entgegen. Der Film drängt den Kultwert nicht nur dadurch zurück, daß er das Publikum in eine begutachtende Haltung bringt, sondern auch dadurch, daß die begutachtende Haltung im Kino Aufmerksamkeit nicht einschließt. Das Publikum ist ein Examinator, doch ein zerstreuter.

Nachwort

Die zunehmende Proletarisierung der heutigen Menschen und die zunehmende Formierung von Massen sind zwei Seiten eines und desselben Geschehens. Der Faschismus versucht, die neu entstandenen proletarisierten Massen zu organisieren, ohne die Eigentumsverhältnisse, auf deren Beseitigung sie hindrängen, anzutasten. Er sieht sein Heil darin, die Massen zu ihrem Ausdruck (beileibe nicht zu ihrem Recht) kommen zu lassen[32]. Die Massen haben ein Recht auf Veränderung der Eigentumsverhältnisse; der Faschismus sucht ihnen einen *Ausdruck* in deren Konservierung zu geben. *Der Faschismus läuft folgerecht auf eine Ästhetisierung des politischen Lebens hinaus.* Der Vergewaltigung der Massen, die er im Kult eines Führers zu Boden zwingt, entspricht die Vergewaltigung einer Apparatur, die er der Herstellung von Kultwerten dienstbar macht.

Alle Bemühungen um die Ästhetisierung der Politik gipfeln in einem Punkt. Dieser eine Punkt ist der Krieg. Der Krieg, und nur der Krieg, macht es möglich, Massenbewegungen größten Maßstabs unter Wahrung der überkommenen Eigentumsverhältnisse ein Ziel zu geben. So formuliert sich der Tatbestand von der Politik her. Von der Technik her formuliert er sich folgendermaßen: Nur der Krieg macht es möglich, die sämtlichen technischen Mittel der Gegenwart unter Wahrung der Eigentumsverhältnisse zu mobilisieren. Es ist selbstverständlich, daß

32 Hier ist, besonders mit Rücksicht auf die Wochenschau, deren propagandistische Bedeutung kaum überschätzt werden kann, ein technischer Umstand von Wichtigkeit. *Der massenweisen Reproduktion kommt die Reproduktion von Massen besonders entgegen.* In den großen Festaufzügen, den Monstreversammlungen, in den Massenveranstaltungen sportlicher Art und im Krieg, die heute sämtlich der Aufnahmeapparatur zugeführt werden, sieht die Masse sich selbst ins Gesicht. Dieser Vorgang, dessen Tragweite keiner Betonung bedarf, hängt aufs engste mit der Entwicklung der Reproduktions- bzw. Aufnahmetechnik zusammen. Massenbewegungen stellen sich im allgemeinen der Apparatur deutlicher dar als dem Blick. Kaders von Hunderttausenden lassen sich von der Vogelperspektive aus am besten erfassen. Und wenn diese Perspektive dem menschlichen Auge ebensowohl zugänglich ist wie der Apparatur, so ist doch an dem Bilde, das das Auge davonträgt, die Vergrößerung nicht möglich, welcher die Aufnahme unterzogen wird. Das heißt, daß Massenbewegungen, und so auch der Krieg, eine der Apparatur besonders entgegenkommende Form des menschlichen Verhaltens darstellen.

die Apotheose des Krieges durch den Faschismus sich nicht *dieser* Argumente bedient. Trotzdem ist ein Blick auf sie lehrreich. In Marinettis Manifest zum äthiopischen Kolonialkrieg heißt es: »Seit siebenundzwanzig Jahren erheben wir Futuristen uns dagegen, daß der Krieg als antiästhetisch bezeichnet wird ... Demgemäß stellen wir fest: ... Der Krieg ist schön, weil er dank der Gasmasken, der schreckenerregenden Megaphone, der Flammenwerfer und der kleinen Tanks die Herrschaft des Menschen über die unterjochte Maschine begründet. Der Krieg ist schön, weil er die erträumte Metallisierung des menschlichen Körpers inauguriert. Der Krieg ist schön, weil er eine blühende Wiese um die feurigen Orchideen der Mitrailleusen bereichert. Der Krieg ist schön, weil er das Gewehrfeuer, die Kanonaden, die Feuerpausen, die Parfums und Verwesungsgerüche zu eine Symphonie vereinigt. Der Krieg ist schön, weil er neue Architekturen, wie die der großen Tanks, der geometrischen Fliegergeschwader, der Rauchspiralen aus brennenden Dörfern und vieles andere schafft ... Dichter und Künstler des Futurismus ... erinnert Euch dieser Grundsätze einer Ästhetik des Krieges, damit Euer Ringen um eine neue Poesie und eine neue Plastik ... von ihnen erleuchtet werde!«[33]

Dieses Manifest hat den Vorzug der Deutlichkeit. Seine Fragestellung verdient von dem Dialektiker übernommen zu werden. Ihm stellt sich die Ästhetik des heutigen Krieges folgendermaßen dar: wird die natürliche Verwertung der Produktivkräfte durch die Eigentumsordnung hintangehalten, so drängt die Steigerung der technischen Behelfe, der Tempi, der Kraftquellen nach einer unnatürlichen. Sie findet sie im Kriege, der mit seinen Zerstörungen den Beweis dafür antritt, daß die Gesellschaft nicht reif genug war, sich die Technik zu ihrem Organ zu machen, daß die Technik nicht ausgebildet genug war, die gesellschaftlichen Elementarkräfte zu bewältigen. Der imperialistische Krieg ist in seinen grauenhaftesten Zügen bestimmt durch die Diskrepanz zwischen den gewaltigen Produktionsmitteln und ihrer unzulänglichen Verwertung im Produktionsprozeß (mit anderen Worten, durch die Arbeitslosigkeit und den Mangel an Absatzmärkten). *Der imperialistische Krieg ist ein Aufstand der Technik, die am »Menschenmaterial« die Ansprüche eintreibt, denen die Gesellschaft ihr natürliches Material entzogen hat.* Anstatt Flüsse zu kanalisieren, lenkt sie den Menschenstrom in das Bett ihrer Schützengräben, anstatt Saaten aus ihren Aeroplanen zu streuen, streut sie Brandbomben über die Städte

33 Cit. La Stampa Torino.

hin, und im Gaskrieg hat sie ein Mittel gefunden, die Aura auf neue Art abzuschaffen.

»Fiat ars – pereat mundus« sagt der Faschismus und erwartet die künstlerische Befriedigung der von der Technik veränderten Sinneswahrnehmung, wie Marinetti bekennt, vom Kriege. Das ist offenbar die Vollendung des l'art pour l'art. Die Menschheit, die einst bei Homer ein Schauobjekt für die Olympischen Götter war, ist es nun für sich selbst geworden. Ihre Selbstentfremdung hat jenen Grad erreicht, der sie ihre eigene Vernichtung als ästhetischen Genuß ersten Ranges erleben läßt. *So steht es um die Ästhetisierung der Politik, welche der Faschismus betreibt. Der Kommunismus antwortet ihm mit der Politisierung der Kunst.*

VII. Telephon und Rundfunk

Gespräch mit Ernst Schoen

»So wie in einem Gedicht von Laforgue, einer Szene bei Proust, einem Bild von Rousseau recht wohl ein Pianino stehen könnte, so paßt in Aragons oder Cocteaus Dichtung, in ein Gemälde von Beckmann oder besser Chirico die zottige Figur des Lautsprechers, das Geschwür des Kopfhörerpaares um die Ohren mit den pendelnden Eingeweiden der Leitungsschnur.« Das ist scharf gesehen und evident. Es stammt aus einem »Anbruch«-Artikel »Musikalische Unterhaltung durch Rundfunk«. Verfasser Ernst Schoen. Und damit tritt zur Evidenz die Überraschung: so treffend, so kultiviert und unverbildet zugleich spricht hier der Leiter eines Senders vom Instrument. Einen solchen Mann über seine Pläne und Ziele zu hören, schien mir um so mehr Interesse zu haben, als dieser Sender der Frankfurter ist, der seinen europäischen Ruf schon besaß, ehe sein früherer Programmleiter Flesch durch die Berufung nach Berlin die Aufmerksamkeit auf Frankfurt lenkte und seinen Mitarbeiter als Nachfolger zurückließ.

»Eine Sache historisch verstehen«, so beginnt Schoen, »heißt, sie als Reaktion, als Auseinandersetzung begreifen. So muß auch unser Frankfurter Unternehmen aus einem Ungenügen, und zwar aus einer Opposition gegen das erfaßt werden, was ursprünglich die Programmgestaltung des Rundfunks bestimmte. Das war, kurz gesagt, die Kultur mit einem haushohen K. Man glaubte im Rundfunk das Instrument eines riesenhaften Volksbildungsbetriebs in der Hand zu halten. Vortragszyklen, Unterrichtskurse, großaufgezogene didaktische Veranstaltungen aller Art setzten ein und endeten mit einem Fiasko. Denn was zeigte sich? Der Hörer will Unterhaltung. Und da hatte der Rundfunk nichts zu bieten: der Trockenheit und fachlichen Beschränktheit des belehrenden entsprachen Dürftigkeit und Tiefstand des ›bunten‹ Teils. Hier galt es einzusetzen. Was bisher als Vereinsunternehmen ›Schlummerrolle‹ oder ›fröhliches Weekend‹, eine Arabeske am seriösen Programm gewesen war, mußte aus der muffigen Atmosphäre des Amusements in die gut durchlüftete, lockere und witzige Aktualität gehoben und zu einem Gefüge werden, in dem das Mannigfaltigste auf gute Art sich zueinander finden konnte.« Schoen gab die Losung aus: »Jedem Hörer was er haben will und noch ein bißchen mehr (nämlich von dem, was wir wollen).« Man sah aber in Frankfurt sogleich: dies zu bewirken ist heute nur möglich mit einer Politisierung, die ohne den chimärischen Ehrgeiz staatsbürgerlicher Erziehung den Zeitcharakter so bestimmt, wie ehemals der »Chat Noir« und die »Elf Scharfrichter« es getan haben.

Der erste Schritt war vorgezeichnet. Es galt anschließend an den status quo des großstädtischen Kabaretts zu einer Auslese der Qualitäten, wie sie in solcher Strenge allein dem Rundfunk möglich ist, zu gelangen und zugleich den Vorsprung zu nutzen, den gerade hier der Rundfunk vorm Kabarett hat: vor dem Mikrophon Künstler zu kombinieren, die sich im Raume eines Kabaretts nicht leicht zusammenfinden. Und anschließend bemerkt Schoen: »Viel wichtiger als die zur Zeit etwas forcierte Suche nach dem literarischen Hörspiel mit seiner fragwürdigen Hörkulisse ist mir, die besten Methoden ausfindig zu machen, mit denen jedes Werk, das aufs Wort gestellt ist, vom lyrischen Drama bis zum Versuchsstück, in werdenden Formen übertragen zu werden vermag. Ganz anders steht es natürlich um jene unliterarischen, stofflich und sachlich bestimmten Hörspiele, mit denen gerade Frankfurt den Anfang gemacht hat. Hier wird man von den Erfahrungen der Kriminal- und Scheidungsaffären, die mit so viel Erfolg gegeben wurden, ausgehend, zunächst eine Folge von Mustern und Gegenmustern der Verhandlungstechnik – ›Wie nehme ich meinen Chef?‹ u. ä. – geben.« Es ist Schoen gelungen, gerade für diese Seite seiner Tätigkeit das Interesse von Bert Brecht zu gewinnen, der ihm hier zur Seite stehen wird.

Schoen denkt im übrigen nicht daran, die technischen Errungenschaften, wie deren jeder Monat im Rundfunk bringt, mit suffisanter Miene zum »Kulturgut« zu schlagen. Nein, er bewahrt ihnen gegenüber kühlen Kopf und ist sich zum Beispiel ganz darüber im klaren, daß die Vergrößerung seines Arbeitsgebietes wie das Fernsehen sie darstellt, auch neue Schwierigkeiten, Probleme, Gefahren naherückt. Für den Augenblick freilich hat der Rundfunk es nicht mit dem Fernsehen in vollem Umfang zu tun. Aber gerade was den zunächst in Frage kommenden Ausschnitt, den Bildfunk, betrifft (dessen Einrichtung von der Reichsrundfunk-Gesellschaft abhängt), leuchtet uns ein, daß seine künstlerischen Verwendungsmöglichkeiten, wie Ernst Schoen sagt, um so vielfältiger sein werden, je mehr es gelingen wird, ihn von bloßer Reportage zu emanzipieren, mit ihm zu spielen.

Sind es meine vorwiegend literarischen Interessen oder ist es nicht vielmehr die Zurückhaltung meines Partners – Ernst Schoen ist von Hause aus Musiker und ein Schüler des Franzosen Varèse –, die das Gespräch bisher von musikalischen Dingen fernhielten? Einer Frage nach dem Baden-Badener Musikfest, das bekanntlich zwei Tage der Musik für den Rundfunk gewidmet hatte, wird er nicht ganz ausweichen können. Nicht ohne Überraschung aber bemerke ich: er ist auch hier nicht aufs ästhetische Gebiet zu verführen. Er bleibt bei der Technik. Und führt ungefähr Folgendes aus: Die Techniker stehen auf dem Standpunkt: Es ist überhaupt keine besondere Musik für den Rundfunk nötig. Er ist entwickelt genug, um jede Musik vollendet zu übertragen. Demgegenüber Schoen: »Gewiß, in der Theorie. Aber das setzt vollkommene Sender und vollkommene Empfänger voraus, die es in der Praxis nicht gibt. Und das bestimmt die Aufgabe der Rundfunkmusik: Sie hat auf bestimmte Wirkungsminderungen Rücksicht zu nehmen, die heute noch mit jeder Übertragung verbunden sind. Darüber hinaus – hiermit stellt sich Schoen an Scherchens Seite – gibt es für eine besondere etwa ästhetisch neu fundierte Rundfunkmusik noch keinen Anhalt. Baden-Baden hat das bestätigt. Die Rangfolge des Wertes fiel bei dem, was man dort vortrug, mit der der Radioeignung zusammen. In beiden Hinsichten standen Brecht-Weill-Hindemiths ›Lindberghflug‹ und Eislers Kantate ›Tempo der Zeit‹ voran.«

»Das Radio«, bemerkt Ernst Schoen abschließend, »ist an einem bestimmten, verhältnismäßig willkürlichen Punkte seiner Entwicklung aus der Stille des Laboratoriums herausgerissen und zu einer öffentlichen Angelegenheit gemacht worden. Seine Entwicklung ging vorher langsam, sie geht jetzt nicht schneller. Würde ein Teil der Energien, die einem oft allzu intensiven Sendebetrieb dienen, auch heute den Versuchsarbeiten zugewandt, so würde der Rundfunk dadurch gefördert werden.«

Das kalte Herz

Hörspiel nach Wilhelm Hauff
von Walter Benjamin und Ernst Schoen

Personen

Der Sprecher
Kohlenmunk-Peter
Glasmännlein
Holländer-Michel
Ezechiel
Schlurker
Tanzbodenkönig
Lisbeth
Bettler
Müller
Müllerin
Müllerjunge
Eine Stimme
Postillon

Vorspiel

DER SPRECHER Liebe Rundfunkhörer, wir haben heute wieder mal Jugendstunde, ich denke, da werde ich euch wieder mal ein Märchen vorlesen. Was soll ich denn heute für ein Märchen vorlesen? Wir wollen mal das große Wörterbuch vornehmen, wo die Namen von allen Märchenschreibern drinstehen wie im Telephonbuch, da kann ich mir ja einen raussuchen. Also A wie Abrakadabra, das ist nichts für uns, blättern wir weiter, B wie Bechstein, das wäre schon was, den haben wir aber erst neulich gehabt.
Es klopft.
C wie Celsius, ist das Gegenteil von Réaumur, D, E, F, G.
Es klopft stärker.
H wie Hauff, Wilhelm Hauff, ja, der wäre heute der Richtige für uns.

Es trommelt ganz laut gegen die Tür.

Was ist denn das für ein Höllenlärm hier im Rundfunk, wie soll man denn da Jugendstunde machen, zum Donnerwetter noch einmal! Herein! Na, also herein doch! *Flüsternd:* Sie stören mir ja die ganze Jugendstunde – ja, was ist denn das? Was seid Ihr denn für seltsame Gestalten? Was wollt Ihr denn hier?

KOHLENMUNK-PETER Wir sind die Figuren aus dem Märchen »Das kalte Herz« von Wilhelm Hauff.

SPRECHER Aus dem »Kalten Herz« von Wilhelm Hauff? Da kommt Ihr ja eigentlich wie gerufen! Aber wie kommt Ihr denn her? Wißt Ihr denn nicht, daß hier der Rundfunk ist? Und daß man hier nicht so ohne weiteres eindringen darf?

KOHLENMUNK-PETER Sind Sie der Sprecher?

SPRECHER Freilich, der bin ich.

KOHLENMUNK-PETER Na, dann sind wir schon richtig hier. Kommt nur alle rein und macht die Tür zu. Und nun dürfen wir uns vielleicht zunächst einmal vorstellen.

SPRECHER Ja, aber –

Jede Vorstellung einer Figur des Märchens wird von einem kleinen Spieluhrmotiv eingeleitet.

KOHLENMUNK-PETER Ich bin Peter Munk, im Schwarzwald gebürtig, genannt der Kohlenmunk-Peter, weil ich von meinem Vater zugleich mit dem Ehrenwams mit silbernen Knöpfen und den roten Feiertagsstrümpfen auch den Köhlerstand geerbt habe.

GLASMÄNNLEIN Ich bin das Glasmännlein, zwar nur 3½ Fuß hoch, aber von großer Gewalt über die Geschicke der Menschen. Wenn du ein Sonntagskind bist, Herr Sprecher, spazierst einmal durch den Schwarzwald und siehst ein Männlein vor dir in einem spitzen Hut mit großem Rand, mit Wams und Pluderhöschen und roten Strümpfchen, dann tu nur schnell deinen Wunsch, denn dann hast du mich erblickt.

HOLLÄNDER-MICHEL Und ich bin der Holländer-Michel. Mein Wams ist von dunkler Leinwand, die Beinkleider von schwarzem Leder trag ich an breiten grünen Hosenträgern. Und in der Tasche einen Zollstab von Messing, dazu die Flözerstiefel, das alles aber so übermenschengroß, daß man allein für die Stiefel ein ganzes Dutzend Kälber brauchen würde.

EZECHIEL Ich bin der dicke Ezechiel, bin darum so genannt, weil mein Leibesumfang so gewaltig ist. Hab's ja auch dazu. Gelte ich doch mit Recht für den reichsten Mann in der Runde. Alle Jahre reise ich zweimal mit Bauholz nach Amsterdam, und wenn die Übrigen zu Fuß heimgehen müssen, kann ich stattlich herauffahren.

SCHLURKER Ich bin der lange Schlurker, der längste und magerste Mensch im ganzen Schwarzwald, aber auch der kühnste, denn wenn man noch so gedrängt im Wirtshaus sitzt, brauch ich mehr Platz als vier der Dicken.

TANZBODENKÖNIG *geziert:* Gestatten Sie, Herr Sprecher, daß ich mich vorstelle, ich bin der Tanzbodenkönig.

HOLLÄNDER-MICHEL *unterbricht ihn:* Schon gut Tanzbodenkönig, brauchst hier auch keine langen Sprüch zu machen, ich weiß doch, wo dein Geld herkommt, und daß du früher ein armer Holzknecht gewesen bist.

LISBETH Ich bin Frau Lisbeth, eines armen Holzbauerns Tochter, aber die Schönste und Tugendsamste im ganzen Schwarzwald und dem Kohlenmunk-Peter als Eheweib angetraut.

BETTLER Und ich komm ganz zuletzt, denn ich bin nur ein armer Bettelmann und habe deswegen auch eine zwar wichtige aber nur kleine Rolle zu spielen.

SPRECHER Nun hab ich schon genug gehört, wer Ihr seid, daß mir schier der Kopf verwirrt ist; aber was wollt Ihr hier im Rundfunk, was stört Ihr mich bei meiner Arbeit?

KOHLENMUNK-PETER Um die Wahrheit zu gestehen, Herr Sprecher, so möchten wir gar zu gern einmal ins Stimmland.

SPRECHER Ins Stimmland? Kohlenmunk-Peter? Wie soll ich denn das nun wieder verstehen? Da müßt Ihr Euch schon etwas deutlicher erklären!

KOHLENMUNK-PETER Seht Ihr, Herr Sprecher, wir stehen nun schon hundert Jahre in Hauffs Märchenbuch. Da können wir immer nur zu einem Kind auf einmal sprechen. Nun soll doch aber die Mode sein, daß die Märchenfiguren jetzt aus den Büchern herauskommen und ins Stimmland hinübergehen, wo sie sich dann vielen tausend Kindern auf einmal präsentieren können. So wollen wir es auch machen, und man hat uns gesagt, Ihr, Herr Sprecher, seid gerade der rechte Mann, um uns dazu zu verhelfen.

SPRECHER *geschmeichelt:* Das kann schon stimmen, wenn Ihr das Rundfunkstimmland meint.

HOLLÄNDER-MICHEL *grob:* Freilich meinen wir das! Also laßt uns schon eintreten, Herr Sprecher, und kein langes Federlesen!

EZECHIEL *grob:* Schwatz doch nicht so daher, Michel. Da im Stimmland! Da kann man doch gar nichts sehen!

KOHLENMUNK-PETER Sehen kann man im Stimmland gewiß. Aber nicht gesehen werden. Und das ist's, was dich kränkt, das merk ich. Du bist natürlich nicht glücklich, wenn du nicht Staat machen kannst mit deinen Ketten, deinen Halswinden und Schnupftüchern. Aber bedenke doch, was du dafür in Tausch bekommst. Alle Menschen, so weit du vom höchsten Berge des Schwarzwaldes blikken kannst und noch weiter, können dich hören, und ohne daß du die Stimme auch nur ein wenig zu heben brauchst.

TANZBODENKÖNIG Wenn ich mir's überleg', Kohlenmunk-Peter, ich bin noch nicht so ganz mit dir einig. Im Schwarzwald, ja, da kenn ich mich aus – aber im Stimmland, da werd ich, fürcht ich, Weg und Steg verfehlen und alle Augenblicke über die Wurzeln stolpern.

EZECHIEL Wurzeln! Gibt's ja im Stimmland gar nicht!

KOHLENMUNK-PETER Laß dir nichts weismachen, Tanzbodenkönig. Gewiß gibt's Wurzeln. Im Stimmland, da gibt's auch einen Schwarzwald und auch Dörfer, auch Städte, auch Flüsse, auch Wolken, genau wie auf der Erde. Nur kann man sie auf der Erde nicht sehen, nur hören. Und so sieht man auch auf der Erde nicht, sondern hört nur alles was sich im Stimmland begibt. Kaum aber seid Ihr eingetreten, so werdet Ihr drinnen Euch ebensogut zurechtfinden wie hier.

SPRECHER Und wenn's noch an irgendwas fehlen sollte – dazu bin ich ja da: der Sprecher. Wir vom Rundfunk kennen uns ja im Stimmland aus wie in unserer Tasche.

HOLLÄNDER-MICHEL *grob:* Also laßt uns schon eintreten, Herr Sprecher.

SPRECHER Halb so eilig, du grober Holländer-Michel, so einfach ist das denn doch nicht! Ins Stimmland könnt Ihr schon und auch zu vielen tausend Kindern sprechen, aber ich bin der Grenzposten von diesem Land und muß Euch die Bedingung nennen, die Ihr vorher zu erfüllen habt.

LISBETH Eine Bedingung?

SPRECHER Jawohl, Frau Lisbeth, und zwar eine, die Euch zu erfüllen besonders schwerfallen wird.

GLASMÄNNLEIN Nun wohl, nennt Eure Bedingung, ich bin ja an Bedingungen gewöhnt, pflege selbst oft welche zu stellen.

SPRECHER Also höre gut zu, Glasmännlein, und Ihr andern auch: Wer ins Stimmland eintreten will, muß ganz bescheiden werden, allen Putz und alle äußere Schönheit muß er ablegen, so daß von ihm nur die Stimme übrigbleibt. Die wird dann freilich, wie Ihr's ja haben wollt, von vielen tausend Kindern zu gleicher Zeit gehört.

Pause.

Ja, das ist also die Bedingung, von der ich leider nicht abgehen kann. Ihr könnt's Euch ja noch einen Augenblick überlegen.

KOHLENMUNK-PETER *geflüstert:* Was meint Ihr dazu? Bist du bereit, Lisbeth, deinen schönen Sonntagsstaat hier zu lassen?

LISBETH *geflüstert:* Ja freilich, Peter, was liegt mir schon dran! Wenn wir doch zu vielen tausend Kindern sprechen können!

EZECHIEL *geflüstert:* Hoho! So einfach ist das nun auch wieder nicht. *Klingelt mit Geld:* Und was wird mit den blanken Dukaten hier?

GLASMÄNNLEIN *geflüstert:* Sei noch froh, wenn du sie auf so gute Art los wirst, du Bösewicht du! *laut:* Also, Herr Sprecher, wir sind einverstanden mit Ihrer Bedingung.

SPRECHER Recht so, Glasmännlein, also los denn.

KOHLENMUNK-PETER Eine Bitte hätten wir allerdings noch.

SPRECHER Und die wäre, Kohlenmunk-Peter?

KOHLENMUNK-PETER Ja, seht Ihr, Herr Sprecher, wir waren doch noch nie im Stimmland!

SPRECHER Freilich, freilich, und was weiter?

KOHLENMUNK-PETER Ja, wie sollen wir uns denn da zurechtfinden?

SPRECHER Da hast du auch wieder recht, Kohlenmunk-Peter.

KOHLENMUNK-PETER Und da meine ich, wo Sie doch sowieso der Grenzposten zum Stimmland sind, ob Sie nicht als Führer mit uns mitkommen könnten?

TANZBODENKÖNIG Ich muß auch schon bemerken, mitgefangen, mitgehangen!

LISBETH Von Hängen kann hier gar keine Rede sein, du dummer Tanzbodenkönig! Aber wenn der Herr Sprecher schon so freundlich sein möchte –!

SPRECHER *geschmeichelt:* Also einverstanden, ich führe Euch, nur dürft Ihr Euch nicht daran stören, wenn meine Papiere manchmal rascheln. *Papierrascheln,* denn ohne meinen Plan finde ich mich im Stimmland auch nicht zurecht.

Pause.

Also, wenn Ihr dagegen nichts zu sagen habt, dann darf ich wohl zur Garderobe bitten! Frau Lisbeth, die Staatshaube müssen Sie da lassen! Auch das Dukatenmieder und die Spangenschuhe, hier ist dafür Ihr Stimmgewand. Herr Peter Munk, das Ehrenwams muß beiseite und die roten Strümpfe dazu.

KOHLENMUNK-PETER Hier sind sie.

SPRECHER Auch du, Glasmännlein mußt Hut, Wams und Pluderhosen ablegen.

GLASMÄNNLEIN Schon geschehen.

SPRECHER Und wie steht's mit dir, Holländer-Michel?

Nein, nein, auch der Zollstock und die schönen Flözerstiefel müssen dableiben.

HOLLÄNDER-MICHEL Wenn's denn sein muß, in des Teufels Namen!

SPRECHER Auch der Herr Tanzbodenkönig ist schon fertig, wie ich merke, und du, armer Bettelmann, hast ja nicht viel dazulassen! Aber was seh ich, der dicke Ezechiel hat sich ja seinen Dukatenbeutel um den Hals gehängt! Nein, guter Freund, das geht nicht! Wo wir jetzt hinkommen, da können dir deine Dukaten auch nichts nützen. Nur eine schöne klare Stimme braucht man da, die nicht so vom Wirtshaus verräuchert ist wie deine.

EZECHIEL *zeternd:* Nein, nein, da mach ich nicht mit! Mein gutes Geld ist mehr wert als Euer ganzes Stimmland!

HOLLÄNDER-MICHEL Donner und Doria, da hab ich wohl auch noch ein Wörtchen mitzureden. Her mit dem Geld, armsel'ger Menschenfloh, oder ich zerschmettere dich!

SPRECHER Nur friedlich, liebe Freunde! Herr Holländer-Michel, mäßigt Euren Zorn, und Euch, Herr Ezechiel, kann ich versichern, daß Ihr Euer Geld nach Euerm Auftreten im Stimmland bei Heller und Pfennig wiedererhalten sollt.

EZECHIEL Also gut denn, Herr Sprecher, wenn Ihr mir's schriftlich geben könnt!

SPRECHER Auf ins Stimmland!

Gong.

Theater und Rundfunk
Zur gegenseitigen Kontrolle ihrer Erziehungsarbeit

»Theater und Rundfunk« – im Unbefangenen ist es vielleicht kein Gefühl der Harmonie, das die Betrachtung dieser beiden Institute wachruft. Zwar ist das Konkurrenzverhältnis hier nicht ganz so scharf wie zwischen Rundfunk und Konzertsaal. Dennoch weiß man von der immer weiter ausgreifenden Aktivität des Rundfunks auf der einen Seite, der immer zunehmenden Theaternot auf der anderen zuviel, um sich von vornherein von einer Gemeinschaftsarbeit zwischen beiden ein Bild machen zu können. Trotzdem besteht eine solche Gemeinschaftsarbeit. Und zwar schon seit geraumer Zeit. Sie konnte – soviel sei vorweg genommen – nur eine pädagogische sein. Mit ganz besonderem Nachdruck ist sie gerade vom Südwestdeutschen Rundfunk in die Wege geleitet worden. Ernst Schoen, sein künstlerischer Leiter, hat als einer der ersten den Arbeiten, die Bert Brecht mit seinen literarischen und musikalischen Mitarbeitern in den letzten Jahren zur Diskussion stellte, seine Aufmerksamkeit zugewendet. Es ist kein Zufall, daß diese Arbeiten – der »Lindberghflug«, »Das Badener Lehrstück«, »Der Jasager«, »Der Neinsager« u. a. – auf der einen Seite ganz unzweideutig pädagogisch abgestellt sind, auf der anderen aber in durchaus originaler Weise das Verbindungsglied zwischen Theater und Rundfunk darstellen. Das so gelegte Fundament hat sehr bald seine Tragfähigkeit erwiesen. Es konnten Hörfolgen verwandter Konstruktionen sowohl im Schulfunk verbreitet werden – so der »Ford« von Elisabeth Hauptmann – als auch Fragen des täglichen Lebens – Schul- und Erziehungsprobleme, die Technik des Erfolges, Eheschwierigkeiten – in kasuistischer Art nach Beispiel und Gegenbeispiel verhandelt werden. Zu solchen »Hörmodellen« – Verfasser Walter Benjamin und Wolf Zucker – gab ebenfalls der Frankfurter Sender (in Gemeinschaft mit dem Berliner) die Anregung. Eine so ausgebreitete Aktivität mag das Recht geben, die Grundlagen dieser konsequenten Arbeit etwas näher zu bezeichnen, zugleich auch ihre Sicherung gegen Mißverständnisse zu fördern.

Wer den Dingen derart genauer nachgeht, hat keine Möglichkeit, am Nächstliegenden, der Technik nämlich, vorbei zu sehen. Es empfiehlt sich, alle Empfindlichkeiten beiseite zu lassen und kurzerhand festzustellen: Der Rundfunk stellt im Verhältnis zum Theater nicht nur die neuere Technik, sondern zugleich die exponiertere dar. Er hat noch nicht wie das Theater eine klassische Epoche hinter sich; die Massen, die er ergreift, sind sehr viel größere; endlich und vor allem sind die materiellen Elemente, auf welchen seine Apparatur und die geistigen, auf welchen seine Darbietungen beruhen, im Interesse der Hörer aufs engste verbunden. Und was hat das Theater demgegenüber in die Waagschale zu werfen? Den Einsatz der lebendigen Mittel – sonst nichts. Vielleicht entwickelt sich die Lage des Theaters in der Krise von keiner Frage aus entschiedener als von der: Was hat der Einsatz der lebendigen Person in ihm zu sagen? Es heben sich hier nämlich zwei mögliche Auffassungen – die rückschrittliche und die fortschrittliche – mit aller Schärfe voneinander ab.

Die erste sieht sich in keiner Weise veranlaßt, von der Krise Notiz zu nehmen. Ihr ist und bleibt die Harmonie des Ganzen ungetrübt und der Mensch ihr Repräsentant. Sie sieht ihn auf der Höhe seiner Macht, als Herrn der Schöpfung, als Persönlichkeit. (Und wäre er der letzte Lohnarbeiter.) Sein Rahmen ist der heutige Kulturkreis, und er durchwaltet ihn im Namen des »Menschlichen«. Ob dieses stolze, seiner selbst gewisse, der eigenen Krise sowenig Rechnung tragende wie der der Welt – ob dieses großbürgerliche Theater (dessen gefeiertster Magnat freilich vor kurzem zurücktrat) nun Arme-Leute-Stücke nach der neueren Art oder Offenbachsche Libretti zugrunde legt – immer realisiert es sich als »Symbol«, als »Totalität«, als »Gesamtkunstwerk«.

Es ist das Theater der Bildung und der Zerstreuung, das wir damit gekennzeichnet haben. Beide, so gegensätzlich sie erscheinen, doch nur Komplementärerscheinungen im Umkreis einer saturierten Schicht, der alles, was ihre Hand berührt, zu Reizen wird. Aber umsonst, daß dies Theater mit komplizierten Maschinerien, Riesenaufgeboten von Statisten den Attraktionen der Millionen-Filme Konkurrenz zu machen sucht, umsonst, daß sein Repertoire nach allen Zeiten und Ländern ausgreift, während, mit sehr viel kleinerem Apparat, Funk und Kino dem altchinesischen Schauspiel wie den neuen surrealistischen Versuchen in ihren Studios eine Stelle schaffen: Die Konkurrenz mit dem, worüber Radio und Kino technisch gebieten, ist aussichtslos.

Nicht so die Auseinandersetzung mit ihnen. Sie ist es, die vor allem von der fortschrittlichen Bühne zu erwarten ist. Brecht, der als erster ihre Theorie entwickelt, nennt sie die epische. Dies »epische Theater« ist durchaus nüchtern und nicht zuletzt der Technik gegenüber. Es ist hier nicht der Ort, die Theorie des epischen Theaters zu entwickeln, geschweige darzulegen, wie seine Auffindung und Gestaltung des Gestischen nichts als eine Zurückverwandlung der in Funk und Film entscheidenden Methoden der Montage aus einem technischen Geschehen in ein menschliches bedeutet. Genug daß das Prinzip des epischen Theaters genau wie jenes der Montage auf der Unterbrechung beruht. Nur daß die Unterbrechung hier nicht Reizcharakter, sondern eine pädagogische Funktion hat. Sie bringt die Handlung im Verlauf zum Stehen und zwingt damit den Hörer zur Stellungnahme zum Vorgang, den Akteur zur Stellungnahme zu seiner Rolle.

Das epische Theater stellt dem dramatischen Gesamtkunstwerk das dramatische Laboratorium gegenüber. Es greift in neuer Weise auf die große alte Chance des Theaters zurück – auf die Exponierung des Anwesenden. Im Mittelpunkt seiner Versuche steht der Mensch in unserer Krise. Es ist der vom Radio, vom Kino eliminierte Mensch, der Mensch, um es ein wenig drastisch auszudrücken, als fünftes Rad am Wagen seiner Technik. Und dieser reduzierte, kaltgestellte Mensch wird gewissen Prüfungen unterworfen, begutachtet. Was sich ergibt, ist dies: Veränderlich ist das Geschehen nicht auf seinen Höhepunkten, nicht durch Tugend und Entschluß, sondern allein in seinem streng gewohnheitsmäßigen Verlaufe, durch Vernunft und Übung. Aus kleinsten Elementen der Verhaltungsweisen zu konstruieren, was in der Aristotelischen Dramaturgie »handeln« genannt wird, das ist der Sinn des epischen Theaters.

So tritt das epische Theater dem der Konvention entgegen: An die Stelle der Bildung setzt es Schulung, an die Stelle der Zerstreuung Gruppierung. Was die letztere betrifft, so ist es jedem, der die Bewegung im Rundfunk verfolgt, geläufig, wie sehr man neuerdings darum bemüht ist, Hörergruppen, die nach sozialer Schichtung, nach Interessenkreis und Umwelt einander nahe stehen, zu engeren Verbänden zusammenzufassen. Ganz ähnlich sucht das epische Theater sich einen Stamm von Interessenten heranzuziehen, die, unabhängig von Kritik und von Reklame, gewillt sind, in einem durchgebildeten Ensemble ihre eigensten Interessen, die politischen eingeschlossen, in einer Reihe von Handlungen (im oben genannten Sinne) vergegenwärtigt zu sehen. Bemerkenswerterweise hat diese Entwicklung dahin geführt, daß ältere Dramen eingreifenden Umwandlungen unterzogen (»Eduard II.«; »Dreigroschenoper«), neuere dagegen einer Art von Kontroversbehandlung (Jasager – Neinsager) unterworfen wurden. Das dürfte zugleich erhellen, was es besagt, wenn an die Stelle der

Bildung (der Kenntnisse) die Schulung (des Urteils) tritt. Der Rundfunk, dem es ganz besonders obliegt, auf altes Bildungsgut zurückzugreifen, wird dies am förderlichsten gleichfalls in Bearbeitungen tun, die nicht allein der Technik, sondern auch den Anforderungen eines Publikums entsprechen, das Zeitgenosse seiner Technik ist. Nur so wird er den Apparat vom Nimbus eines »riesenhaften Volksbildungsbetriebs« (wie Schoen es ausdrückt) frei halten, um ihn auf ein Format, das menschenwürdig ist, zu reduzieren.

Zweierlei Volkstümlichkeit
Grundsätzliches zu einem Hörspiel

Das Hörspiel »Was die Deutschen lasen, während ihre Klassiker schrieben«, aus dem der Leser dieses Heftes Proben kennen lernt ([Rufer und Hörer, Jg. 2, 1932, Heft 6] S. 274), sucht einigen grundsätzlichen Überlegungen über diejenige Volkstümlichkeit Rechnung zu tragen, die der Rundfunk in seinen literarischen Querschnitten zu erstreben hat. Indem er umwälzend in so vieler Beziehung auftrat, ist er es oder sollte er es doch nirgends mehr als mit Rücksicht auf das sein, was man unter Volkstümlichkeit versteht. Der älteren Auffassung nach ist die populäre Darstellung – wie wertvoll sie auch immer sein mag – eine abgeleitete. Und das erklärt sich einfach genug; kannte man doch, vor dem Rundfunk, kaum Veröffentlichungsarten, die eigentlich volkstümlichen oder volksbildnerischen Zwecken entsprachen. Es gab das Buch, es gab den Vortrag, es gab die Zeitschrift: das alles aber waren Verkehrsformen, die sich in nichts von denen unterschieden, in welchen die wissenschaftliche Forschung Fachkreisen ihren Fortschritt vermittelte. Die volksmäßige Darstellung vollzog sich demnach in den Formen der wissenschaftlichen und mußte daher der methodischen Ursprünglichkeit entbehren. Sie sah sich darauf beschränkt, den Inhalt bestimmter Wissensgebiete in mehr oder minder ansprechende Form zu kleiden, vielleicht auch Anknüpfungspunkte in der Erfahrung, im gesunden Menschenverstand zu suchen: immer aber kam, was sie gab, aus zweiter Hand. Die Popularisierung war eine untergeordnete Technik und ihre öffentliche Einschätzung bezeugte das.

Der Rundfunk – und das ist eine seiner bemerkenswertesten Folgeerscheinungen – hat diese Sachlage tiefgreifend gewandelt. Kraft der technischen Möglichkeit, die er eröffnete, an unbegrenzte Massen sich zu gleicher Zeit zu wenden, wuchs die Popularisierung über den Charakter einer wohlmeinenden menschenfreundlichen Absicht hinaus und wurde zu einer Aufgabe mit eigenen Form-Artgesetzen, die sich nicht minder deutlich von der älteren Übung abhebt als die moderne Werbetechnik von den Versuchen des vorigen Jahrhunderts. Für die Erfahrung besagt das nun folgendes: Die Popularisierung alten Stils ging von einem bewährten und gesicherten Bestand der Wissenschaft aus, welchen sie so, wie die Wissenschaften selber ihn entwickelt hatten, aber unter Weglassung schwierigerer Gedankengänge, vortrug.

Das Wesentliche dieser Art von Popularisierung war das Auslassen; ihr Grundriß blieb gewissermaßen stets das Lehrbuch mit seinen großgedruckten Hauptteilen und kleingedruckten Exkursen. Die sehr viel breitere, aber auch sehr viel intensivere Volkstümlichkeit jedoch, die der Rundfunk sich zur Aufgabe setzt, kann sich mit diesem Verfahren nicht begnügen. Sie verlangt eine gänzliche Umgestaltung und Umgruppierung des Stoffes aus dem Gesichtspunkt der Popularität heraus. Es genügt also nicht, mit irgendeinem zeitfälligen Anlaß das Interesse gewissermaßen zu ködern, um sodann dem gespannt Aufhorchenden doch wieder nur das zu bieten, was er im ersten Bildungslehrgang hören kann. Vielmehr kommt alles darauf an, ihm die Gewißheit mitzuteilen, daß sein eigenes Interesse einen sachlichen Wert für den Stoff selber besitzt, daß sein Fragen, auch wenn es vor dem Mikrophon nicht laut wird, neue wissenschaftliche Befunde erfragt. Damit ist das äußerliche Verhältnis zwischen Wissenschaft und Volkstümlichkeit, das früher vorherrschte, durch ein Verfahren ersetzt, an dem die Wissenschaft selber unmöglich vorübergehen kann. Denn hier handelt es sich um eine Popularität, die nicht allein das Wissen mit der Richtung auf die Öffentlichkeit, sondern zugleich die Öffentlichkeit mit der Richtung auf das Wissen in Bewegung setzt. Mit einem Wort: das wirklich volkstümliche Interesse ist immer aktiv, es verwandelt den Wissensstoff und wirkt in die Wissenschaft selber ein.

Je mehr Lebendigkeit die Form, in welcher solche Bildungsarbeit vor sich geht, beansprucht, desto unabdinglicher ist der Anspruch, daß sie wirklich lebendiges *Wissen*, nicht nur eine abstrakte, unnachprüfbare, allgemeine Lebendigkeit entfaltet. Daher gilt das Gesagte ganz besonders für das Hörspiel, soweit es lehrhaften Charakter hat. Was nun das literarische im besonderen betrifft, so ist ihm mit kunstgewerblich aus Lesefrüchten und Werk- oder Briefstellen aufgezäumten sogenannten Gesprächen ebensowenig gedient, wie mit der zweifelhaften Kühnheit, Goethe oder Kleist vor dem Mikrophon die Sprache des Verfassers der Niederschrift zu leihen. Und weil das eine so fragwürdig ist wie das andere, gibt es nur einen Ausweg: es mit den wissenschaftlichen Fragen unmittelbar aufzunehmen. Eben dies ist es, was in meinem Versuch beabsichtigt ist. Es treten da nicht die deutschen Geisteshelden selbst auf, noch hat man es für richtig gehalten, eine möglichst große Anzahl von Werken in Probestücken zu Gehör zu bringen. Um in die Tiefe zu gelangen, ist man vielmehr absichtlich von der Oberfläche ausgegangen. Man hat versucht, den Hörern darzustellen, was in der Tat so tausendfältig und beliebig da war, daß es die Typisierung erlaubt: nicht die Literatur, sondern das Literatur*gespräch* jener Tage. Dieses Gespräch aber, wie es in Kaffeehäusern und auf der Messe, auf Versteigerungen und Spaziergängen in unabsehbarer Abwandlungsart Dichterschulen und Zeitungen, Zensur und Buchhandel, Jugendbildung und Leihbüchereien, Aufklärung und Obskurantismus beleuchtete, hat nun gleichzeitig engste Beziehung zu den Fragestellungen der fortgeschrittenen Literaturwissenschaft, die immer mehr die Bedingungen zu erforschen sucht, welche dem dichterischen Schaffen durch die Zeitverhältnisse gegeben waren. Die Aussprache über Bücherpreise, Zeitungsaufsätze, Schmähschriften, Neuerscheinungen – an sich die oberflächlichste, die sich denken läßt – wieder zusammenzufügen, ist eines der wenigst oberflächlichen Anliegen der Wissenschaft selbst, wie denn solche nachträgliche Neuschöpfung auch erhebliche Anforderungen an die quellenmäßige Erforschung der Tatsachen stellt. Kurz: das fragliche Hörspiel bemüht sich um engste Fühlung mit den Forschungen, die in der jüngsten Zeit zur sogenannten Soziologie des Publikums unternommen wurden. Es sähe seine beste Bestätigung darin, daß es den Fachmann nicht weniger als den Laien zu fesseln vermöchte, wenn auch aus verschiedenen Gründen. Und damit scheint auch der Begriff einer neuen Volkstümlichkeit seine einfachste Bestimmung erfahren zu haben.

Das Telephon

Es mag am Bau der Apparate oder der Erinnerung liegen – gewiß ist, daß im Nachhall die Geräusche der ersten Telephongespräche mir sehr anders in den Ohren liegen als die heutigen. Es waren Nachtgeräusche. Keine Muse vermeldet sie. Die Nacht, aus der sie kamen, war die gleiche, die jeder wahren Neugeburt vorhergeht. Und eine neugeborene war die Stimme, die in den Apparaten schlummerte. Auf Tag und Stunde war das Telephon mein Zwillingsbruder. Und so durfte ich erleben, wie es die Erniedrigung der Frühzeit in seiner stolzen Laufbahn überwand. Denn als Kronleuchter, Ofenschirm und Zimmerpalme, Konsole, Gueridon und Erkerbrüstung, die damals in den Vorderzimmern prangten, schon längst verdorben und gestorben waren, hielt, einem sagenhaften Helden gleich, der in der Bergschlucht ausgesetzt gewesen, den dunklen Korridor im Rücken lassend, der Apparat den königlichen Einzug in die gelichteten und helleren, nun von einem jüngeren Geschlecht bewohnten Räume. Ihm wurde er der Trost der Einsamkeit. Den Hoffnungslosen, die diese schlechte Welt verlassen wollten, blinkte er mit dem Licht der letzten Hoffnung. Mit den Verlassenen teilte er ihr Bett. Auch stand er im Begriff, die schrille Stimme, die er aus dem Exil behalten hatte, zu einem warmen Summen abzudämpfen. Denn was bedurfte es noch mehr an Stätten, wo alles seinem Anruf entgegenträumte oder ihn zitternd wie ein Sünder erwartete. Nicht viele, die heute ihn benutzen, wissen noch, welche Verheerungen einst sein Erscheinen im Schoße der Familien verursacht hat. Der Laut, mit dem er zwischen zwei und vier, wenn wieder ein Schulfreund mich zu sprechen wünschte, anschlug, war ein Alarmsignal, das nicht allein die Mittagsruhe meiner Eltern, sondern die weltgeschichtliche Epoche störte, in deren Mitte sie sich ihr ergaben. Meinungsverschiedenheiten mit den Ämtern waren die Regel, ganz zu schweigen von den Drohungen und Donnerworten, die mein Vater gegen die Beschwerdestelle ausstieß. Doch seine eigentlichen Orgien galten der Kurbel, der er sich minutenlang und bis zur Selbstvergessenheit verschrieb. Und seine Hand war wie ein Derwisch, der der Wollust seines Taumels unterliegt. Mir aber schlug das Herz, ich war gewiß, in solchen Fällen drohe der Beamtin als Strafe ihrer Säumigkeit ein Schlag. In diesen Zeiten hing das Telephon entstellt und ausgestoßen zwischen der Truhe für die schmutzige Wäsche und dem Gasometer in einem Winkel des Hinterkorridors, von wo sein

Läuten die Schrecken der Berliner Wohnung nur steigerte. Wenn ich dann, meiner Sinne kaum mehr mächtig, nach langem Tasten durch den finstern Schlauch, anlangte, um den Aufruhr abzustellen, die beiden Hörer, welche das Gewicht von Hanteln hatten, abriß und den Kopf dazwischen preßte, war ich gnadenlos der Stimme ausgeliefert, die da sprach. Nichts war, was die unheimliche Gewalt, mit der sie auf mich eindrang, milderte. Ohnmächtig litt ich, wie sie die Besinnung auf Zeit und Pflicht und Vorsatz mir entwand, die eigene Überlegung nichtig machte, und wie das Medium der Stimme, die von drüben seiner sich bemächtigt, folgt, ergab ich mich dem ersten besten Vorschlag, der durch das Telephon an mich erging.

Auf die Minute

Nach monatelanger Bewerbung hatte ich von der Sendeleitung von D . . . den Auftrag bekommen, die Hörerschaft zwanzig Minuten lang mit einem Bericht aus meinem Spezialgebiet, der Bücherkunde, zu unterhalten. Für den Fall, daß meine Plauderei Anklang fände, stellte man mir eine regelmäßige Wiederholung solcher Berichte in Aussicht. Der Abteilungsleiter war liebenswürdig genug, mich darauf hinzuweisen, daß ausschlaggebend neben dem Aufbau solcher Betrachtungen die Art und Weise des Vortrags sei. »Anfänger«, sagte er, »begehen den Irrtum zu glauben, sie hätten einen Vortrag vor einem mehr oder weniger großen Publikum zu halten, das nur eben, zufällig, unsichtbar sei. Nichts ist verkehrter. Der Radiohörer ist fast immer ein einzelner, und angenommen selbst, Sie erreichen einige Tausende, so erreichen Sie immer nur tausende Einzelner. Sie müssen sich also verhalten, als wenn Sie zu einem einzelnen sprächen – oder auch zu vielen einzelnen, wenn Sie wollen; keinesfalls aber zu vielen Versammelten. Das ist das eine. Und nun noch ein Zweites: Halten Sie sich genau an die Zeit. Wenn Sie es nicht tun, so müssen wir es an Ihrer Stelle, und zwar indem wir rücksichtslos ausschalten. Jede Verspätung, sogar die kleinste, hat, wie wir aus Erfahrung wissen, die Neigung, sich im Programmverlauf zu vervielfachen. Greifen wir da nicht im Augenblick ein, so gerät uns unser Programm aus den Fugen. – Also vergessen Sie nicht: zwanglose Vortragsart! Und auf die Minute schließen!«

Mit diesen Anweisungen nahm ich es sehr genau; auch hing von der Aufnahme meines ersten Vortrages viel für mich ab. Das Manuskript, mit dem ich mich zur angesetzten Stunde auf dem Sender einfand, hatte ich mir zu Hause laut vorgetragen und nach der Uhr kontrolliert. Der Ansager empfing mich zuvorkommend, und ich durfte es als besonderes Zeichen des Vertrauens auffassen, daß er darauf verzichtete, mein Debut aus einer anstoßenden Koje zu überwachen. Zwischen Ansage und Abmeldung war ich mein eigener Herr. Zum ersten Male stand ich in einem modernen Senderaum, wo alles der vollendeten Bequemlichkeit des Sprechenden, der zwanglosen Entfaltung seiner Fähigkeiten dient. Er kann an ein Stehpult treten oder sich in einem der geräumigen Sessel niederlassen, er hat die Wahl zwischen den verschiedensten Lichtquellen, er kann sogar auf und ab gehen und das Mikrophon dabei mit sich führen. Endlich hält eine Standuhr, deren Zifferblatt nicht Stunden, sondern nur Minuten markiert, ihm gegenwärtig, wieviel der Augenblick in dieser abgedichteten Kammer gilt. Mit dem Zeigerstand vierzig mußte ich fertig sein.

Ich hatte gut die Hälfte meines Manuskripts abgelesen, als ich den Blick wieder der Standuhr zuwandte, auf welcher der Sekundenzeiger die gleiche Kreisbahn, die dem Minutenweiser vorgezeichnet ist, mit sechzigfacher Geschwindigkeit zurücklegt. War mir zu Hause ein Regiefehler unterlaufen? Hatte ich mich jetzt im Tempo vergriffen? Klar war das eine, daß zwei Drittel meiner Redezeit verstrichen waren. Während ich Wort für Wort mit verbindlichem Tonfall weiter ablas, suchte ich im stillen fieberhaft einen Ausweg. Nur ein kühner Entschluß konnte helfen, ganze Abschnitte mußten geopfert, die zum Schluß leitenden Betrachtungen dafür improvisiert werden. Aus meinem Text mich herauszureißen, war nicht gefahrlos. Aber mir blieb keine Wahl. Ich nahm alle Kräfte zusammen, überschlug, während ich eine lange Periode ausspann, mehrere Manuskriptseiten und ging schließlich glücklich, wie ein Flieger auf seinem Flugfeld, im Gedankenkreis des Schlußabschnittes nieder. Aufatmend sammelte ich gleich darauf meine Papiere, und im Hochgefühl der Parforceleistung, die ich vollbracht hatte, trat ich vom Stehpult weg, um gelassen meinen Mantel überzuziehen.

Nun hätte eigentlich der Ansager eintreten sollen. Aber er ließ auf sich warten, und ich wandte mich nach der Tür um. Dabei fiel mein Blick noch einmal auf die Standuhr. Ihr Minutenzeiger wies sechsunddreißig! – noch volle vier Minuten bis vierzig! Was ich vorhin im Fluge erfaßt hatte, mußte der Stand des *Sekundenzeigers* gewesen sein! Nun begriff ich das Ausbleiben des Ansagers. Im gleichen Augenblick aber umfing mich die Stille, die noch eben wohltuend gewesen war, wie ein Netz. In dieser, der Technik und dem durch sie herrschenden Menschen bestimmten Kammer, überkam mich ein neuer Schauer, der doch dem ältesten, den wir kennen, verwandt war. Ich lieh mir selbst mein Ohr, dem nun auf einmal nichts als das eigene Schweigen entgegentönte. Das aber erkannte ich als das des Todes, der mich eben jetzt in tausend Ohren und in tausend Stuben zugleich hinraffte.

Eine unbeschreibliche Angst überkam mich und gleich darauf eine wilde Entschlossenheit. Retten, was noch zu retten ist, sagte ich zu mir selbst, riß aus der Manteltasche das Manuskript, nahm unter den übergangenen Blättern das erste beste und begann mit einer Stimme, die mein Herzklopfen mir zu übertönen schien, fortzulesen. Einfälle durfte ich nicht mehr von mir verlangen. Und da das Stück Text, das ich erwischt hatte, kurz war, so dehnte ich die Silben, ließ die Vokale ausschwingen, rollte das r und schob gedankenvolle Satzpausen ein. Noch einmal erreichte ich so das Ende – diesmal das richtige. Der Ansager kam und entließ mich, verbindlich, wie er mich vorhin empfangen hatte. Meine Unruhe aber hielt an. Als ich darum am nächsten Tag einen Freund traf, von dem ich wußte, daß er mich gehört hatte, fragte ich beiläufig nach seinem Eindruck. »Es war sehr nett«, sagte er. »Nur hapert es eben immer mit den Empfängern. Meiner hat wieder eine Minute vollkommen ausgesetzt.«

Nachwort

Detlev Schöttker
Benjamins Medienästhetik

Walter Benjamin hat zu Lebzeiten (1892-1940) mehrere Bücher veröffentlicht, einige Buchprojekte nicht mehr abschließen können und weitere Bücher geplant. Ein Buch, das sich ausschließlich mit Fragen der Medienästhetik beschäftigt oder die Begriffe Medien und Ästhetik im Titel tragen sollte, war nicht darunter. Dennoch richtete er seine Aufmerksamkeit in vielen Arbeiten auf die medialen Voraussetzungen der Wahrnehmung und der Künste. Die einschlägigen Schriften und Überlegungen haben die Debatten seit ihrer Wiederentdeckung in den sechziger Jahren geprägt und zum Wandel der Ästhetik beigetragen. Diese Wirkung begründet die herausragende Stellung, die Benjamins Werk in den Geistes- und Kulturwissenschaften einnimmt.[1]

Ästhetik und Medienästhetik

Seit ihren Anfängen in der Mitte des 18. Jahrhunderts hatte die Ästhetik zwei Schwerpunkte, deren Eigenheiten und Wahrnehmungsformen zum Gegenstand von Darstellungen gemacht wurden, nämlich Kunst und Natur. Das Fach bewegte sich deshalb zwischen unterschiedlichen Disziplinen, vor allem der Philosophie und der Psychologie, nachdem es in Alexander Gottlieb Baumgartens *Aesthetica* (1750/1758) als »Wissenschaft der sinnlichen Erkenntnis« begründet worden war. Seither konzentrierte sich die Ästhetik allerdings zunehmend auf die Kunst und das Kunstschöne, so daß sie mit Kunstphilosophie gleichgesetzt wurde und Fragen der Wahrnehmung der Psychologie zufielen.[2]

Noch in Kants *Kritik der Urteilskraft* (1790), in der die kunsttheoretische Ausrichtung der Ästhetik dominiert, spielt die Naturerfahrung eine Rolle, wird aber im Laufe des 19. Jahrhunderts weiter in den

1 Seitenzahlen in Klammern ohne Zusätze beziehen sich auf den vorliegenden Band. Für die Benjamin-Ausgaben werden folgende Abkürzungen verwendet: GS für *Gesammelte Schriften* und GB für *Gesammelte Briefe*, jeweils mit Band- und Seitenzahl (s. Auswahlbibliographie).

2 Vgl. zu dieser Polarität Welsch 1990, Koppe (Hg.) 1991, Allesch 1987 und Wiesing (Hg.) 2002.

Hintergrund gedrängt.[3] In seinen *Vorlesungen über die Ästhetik* (1817-1826), die ab 1835 aus dem Nachlaß veröffentlicht wurden und seither großen Einfluß ausübten, hat Hegel die ästhetische Theorie endgültig zur »Philosophie der schönen Künste« erklärt. Durch Nietzsches Schriften, vor allem sein Buch *Die Geburt der Tragödie aus dem Geiste der Musik* (1872), löste sich die Kunst zwar zunehmend aus der Bevormundung durch die Philosophie, die Hegel mit seiner These vom »Ende der Kunstperiode« legitimiert hatte, trat deshalb aber um so dominanter hervor. Das zeigt noch Adornos *Ästhetische Theorie* (1970), in der die Kunst zur letzten Bastion von Individualität gegen die Vereinnahmungsversuche von Kapitalismus und Massenmedien gemacht wurde. Bis in die siebziger Jahre des 20. Jahrhunderts hat sich an dieser Konzentration der Ästhetik auf die schönen Künste nichts geändert.[4]

Erst die Einsicht, daß die technischen, elektronischen und digitalen Medien nicht nur die Kommunikation verändern, sondern auch Kunst und Wahrnehmung prägen, führte – nach Anfängen der Medienreflexion in den zwanziger und dreißiger Jahren – am Ende des 20. Jahrhunderts dazu, daß den Medien nicht nur in der Publizistik, sondern auch in der Kunst- und Kulturwissenschaft größere Aufmerksamkeit gewidmet wurde. In seinem Aufsatz »Das Kunstwerk im Zeitalter seiner technischen Reproduzierbarkeit«, der 1936 in der *Zeitschrift für Sozialforschung* veröffentlicht wurde, aber erst 1939 seine endgültige, zu Lebzeiten nicht mehr gedruckte Fassung erhielt, hat Benjamin auf die in der Philosophie verdrängte Auffassung der Ästhetik als Theorie der Wahrnehmung hingewiesen und dabei auch den Medienbegriff verwendet. »Innerhalb großer geschichtlicher Zeiträume«, so schreibt er, »verändert sich mit der gesamten Darstellungsweise der menschlichen Kollektiva auch die Art und Weise ihrer Sinneswahrnehmung. Die Art und Weise, in der die geschichtliche Sinneswahrnehmung sich organisiert – das Medium, in dem sie erfolgt – ist nicht nur natürlich sondern auch geschichtlich bedingt« (356).[5]

3 Vgl. im einzelnen Pochat 1986, Jung 1995, Schneider 1996, Gil 2000, Kliche/Barck 2000.

4 Auch die Architektur wurde von der philosophischen Ästhetik nur da beachtet, wo sie herausragende Werke hervorgebracht hat, während sie Benjamin in seinen späten Arbeiten als Wahrnehmungsanordnung ernstgenommen hat (vgl. Schöttker 2002).

5 Noch deutlicher heißt es in der ersten Fassung des Aufsatzes, die im Dezember 1935 vorlag: »So erweist sich auch von dieser Seite der Film als der derzeitig wichtigste Gegenstand jener Lehre von der Wahrnehmung, die bei den Griechen Ästhetik hieß« (GS I, 466).

Benjamins Versuch, den Wahrnehmungswandel der Moderne am Beispiel des Films zu beschreiben und dadurch die Ästhetik als Wahrnehmungstheorie zu begründen, hatte großen Einfluß auf die Diskussion. Fast alle Versuche, die zur Neubestimmung der Ästhetik und zur Konstituierung einer Medienwissenschaft unternommen wurden, beziehen sich auf den Kunstwerk-Aufsatz und einige Schriften in dessen Umfeld. In Deutschland hat Hans Magnus Enzensberger erstmals auf die Bedeutung der Überlegungen hingewiesen. In seinem Aufsatz »Baukasten zur einer Theorie der Medien«, der 1970 im *Kursbuch* erschien, schreibt er: »Bei der Konstruktion einer Ästhetik, die der veränderten Lage angemessen wäre, ist von der Arbeit eines einzigen marxistischen Theoretikers auszugehen, der die emanzipatorischen Möglichkeiten der neuen Medien erkannt hat.«[6] Enzensbergers Interesse war praxisbezogen. Es zielte auf eine politische Ästhetik, die die »Medien-Feindschaft der Neuen Linken« überwinden und zu einem »emanzipatorischen Mediengebrauch« führen sollte. Benjamins Kunstwerk-Aufsatz stand deshalb hier neben Brechts Radio-Theorie, die ebenfalls Ende der sechziger Jahre wiederentdeckt wurde, im Gegensatz zu Benjamins Überlegungen aber stärker medienpolitisch ausgerichtet war, wie die viel zitierte Formel deutlich werden läßt, daß der Rundfunk »aus einem Distributionsapparat in einen Kommunikationsapparat« umgewandelt werden müsse.[7]

Enzensbergers Argumentation richtete sich gegen die negative Auffassung der Massenmedien in der Frankfurter Schule, die seit den späten fünfziger Jahren von Theodor W. Adorno repräsentiert wurde und die gesellschaftstheoretische Diskussion in der Bundesrepublik dominierte.[8] In einem Kapitel mit der Überschrift »Kulturindustrie«, das im Mittelpunkt der *Dialektik der Aufklärung* (1947) steht, hatte Adorno zusammen mit Max Horkheimer, dem Begründer der Frankfurter Schule und langjährigen Direktor des Instituts für Sozialforschung, die philosophische Grundlage für die Kritik der Massenmedien gelegt, die Adorno in seinen Beiträgen der Nachkriegszeit

6 Enzensberger 1970/1974, S. 119. – Vgl. zu den im folgenden genannten Autoren und Werken die Einzeldarstellungen von Kloock/Spahr 1997 und in historischer Hinsicht Schöttker (Hg.) 1999.

7 Brecht 1932/1976, S. 129. Benjamin hat sich im *Kunstwerk*-Aufsatz vor allem auf die filmsoziologischen Überlegungen Brechts im »Dreigroschenprozeß« von 1931 gestützt (361 f.).

8 Vgl. Wiggershaus 1986, Kausch 1988, Albrecht u. a. 1999.

weiterführte.[9] Die hier vertretene Auffassung, daß Rundfunk und Film zu Manipulation und Vermassung beitragen, hat die Medientheorie der Neuen Linken in der Bundesrepublik geprägt. Erst mit der Rezeption der medienästhetischen Arbeiten von Benjamin, Siegfried Kracauer, Rudolf Arnheim und anderen wurde der ablehnende Gestus der Medienbeobachtung durch einen analytischen Zugriff abgelöst. Sie hatten in der Weimarer Republik begonnen, über Film, Rundfunk und Fotografie zu schreiben, und diese Arbeit im US-amerikanischen Exil fortsetzen können. Ihre Bücher und Aufsätze haben seit den sechziger Jahren zur Konstituierung der Medienwissenschaft beigetragen.[10]

Benjamin hat im Kunstwerk-Aufsatz eine neutrale Haltung gegenüber den Massenmedien eingenommen und dem Film sogar eine positive Funktion für die Überwindung des ritualisierten bürgerlichen Kunstbegriffs zugesprochen. Schon vor der Drucklegung des Aufsatzes in der von Horkheimer herausgegebenen *Zeitschrift für Sozialforschung* kam es deshalb zu Auseinandersetzungen zwischen Benjamin und Mitarbeitern der Redaktion über Passagen und Formulierungen des Aufsatzes, was zu einigen, von ihm nur widerwillig akzeptierten Streichungen führte.[11] In Enzensbergers »Baukasten« wurde der politische Gehalt des Kunstwerk-Aufsatzes rehabilitiert, der vor allem im »Vorwort« und im »Nachwort« zum Ausdruck kommt. Doch spielte er in den ästhetischen Theorien seit den späten siebziger Jahren nur noch eine geringe Rolle.[12]

Jean Baudrillard beruft sich in seinem Buch *Der symbolische Tausch und der Tod* (1976/1982) vor allem auf das wahrnehmungsanalytische Potential des Kunstwerk-Aufsatzes. Benjamin habe hier »als erster die wesentlichen Konsequenzen« jenes »Reproduktionsprinzips« entwickelt, das er als »Simulation« charakterisiert. Danach verweist die Darstellung in den Massenmedien nicht auf eine Realität, sondern sei bereits simulierte Realität. »Denn alle Formen«, so Baudrillard in wörtlicher Anlehnung an Benjamin, »ändern sich von dem Moment

9 Die medienästhetischen Arbeiten Adornos, die in mehreren Bänden der *edition suhrkamp* große Verbreitung fanden, sind vor allem im 10. Bd. seiner *Gesammelten Schriften* (1997) enthalten.

10 Vgl. Breidecker 1996, Schöttker 1997.

11 Vgl. Schöttker 1999, S. 71 ff. und S. 78 ff.

12 Das gilt nicht für Benjamins Überlegungen zur »Ästhetisierung der Politik« im Faschismus, die im »Nachwort« des Kunstwerk-Aufsatzes zu finden sind und in vielen Arbeiten zum Nationalsozialismus rezipiert wurden (vgl. u. a. Behnken/Wagner [Hg.] 1987).

an, wo sie nicht mehr mechanisch reproduziert, sondern im Hinblick auf ihre Reproduzierbarkeit selbst konzipiert werden«.[13] Auch Paul Virilio hat in einer Reihe von Büchern wie *Ästhetik des Verschwindens* (dt. 1986), *Krieg und Kino* (dt. 1986) und vor allem *Die Sehmaschine* (dt. 1989), die den Wandel der Wahrnehmung durch die Zunahme von Geschwindigkeit analysieren, auf Benjamins Arbeiten Bezug genommen, da hier bereits auf die neue Dimension der Schnelligkeit am Beispiel der filmischen Bilder hingewiesen wird.[14]

Nachdem Benjamins Überlegungen zu den modernen Wahrnehmungsformen in Arbeiten französischer Kultur- und Medientheoretiker für die Analyse der Gegenwart fruchtbar gemacht wurden, hatte sich der Horizont der Medienästhetik seit Ende der achtziger Jahre durch die Rezeption von Arbeiten kanadischer Medienhistoriker aus der sogenannten Toronto-Schule noch einmal verändert. Sie waren keine Philosophen und Kulturpublizisten wie ihre deutschen Vorläufer bzw. ihre Zeitgenossen aus Frankreich, sondern Historiker, Philologen und Ethnologen, die sich mit der Entwicklung der Kommunikation in oral organisierten Gesellschaften der Antike und der Gegenwart beschäftigt haben. Das Verhältnis von Mündlichkeit und Schriftlichkeit stand deshalb hier im Mittelpunkt, wie die Arbeiten von Harold Innis, Eric Havelock, Jack Goody und Marshall McLuhan zeigen.[15] Vor allem McLuhan hat sich in einigen seiner Bücher seit *Understandig Media* (1964) auch mit den Massenmedien der Gegenwart beschäftigt. Während er von Enzensberger 1970 noch als »Bauchredner und Prophet« einer »apolitischen Avantgarde« bezeichnet worden war, dem »alle analytischen Kategorien zum Verständnis gesellschaftlicher Prozesse« fehlten,[16] sind seine Schriften in den neunziger Jahren zusammen mit denen von Benjamin, Kracauer, Vilém Flusser und anderen Grundlage von Darstellungen zur Medienästhetik geworden, die sich damit als eigenständige Teildisziplin zwischen Medienwissenschaft und Ästhetik herausbildete.[17]

13 Baudrillard 1976/1982, S. 88 f. Vgl. die entsprechende Formulierung im Kunstwerk-Aufsatz (359).

14 Vgl. dazu Gnam 1999.

15 Vgl. die zusammenfassende Darstellung von Havelock 1992. – Trotz der Überschneidungen mit den Arbeiten Benjamins ist eine Lektüre seiner Schriften im Umkreis der Toronto-Schule nicht nachweisbar, da die wichtigsten Arbeiten bereits in den sechziger Jahren erschienen sind, bevor die Rezeption Benjamins in den angelsächsischen Ländern einsetzte.

16 Enzensberger 1970/74, S. 117 f.

17 Vgl. Barck u. a. (Hg.) 1990, Lindner 1990, Bolz 1990, Fürnkäs (Hg.) 1993, Bolz 1993,

In einem Lebenslauf, den Benjamin 1925 als Anlage zu seinem Habilitationsgesuch an der Universität Frankfurt verfaßt hat, bezeichnet er die »Aesthetik« als »Schwerpunkt« seiner »wissenschaftlichen Interessen« (GS VI, 215). Tatsächlich bildet das Fach die Schnittmenge seiner Studien- und Promotionsfächer (Philosophie, Literaturgeschichte und Psychologie) sowie den disziplinären Rahmen der frühen Publikationen. Hierzu gehören neben einigen Aufsätzen vor allem: die Dissertation *Der Begriff der Kunstkritik in der deutschen Romantik* (1919/20), der umfangreiche Essay *Goethes Wahlverwandtschaften* (1924/25) und die wieder zurückgezogene Habilitationsschrift *Ursprung des deutschen Trauerspiels* (1925/28). In diesen Arbeiten geht es um kunstphilosophische Voraussetzungen literarischer Werke, also um Fragen der traditionellen Ästhetik, die Benjamin hier auf der Grundlage ihrer zentralen Kategorien wie Wahrheit, Schein, Mimesis, Form, Allegorie, Symbol etc. behandelt.[18]

In den späteren Arbeiten zur deutschen und französischen Literatur der Gegenwart werden die hier erörterten Fragen weitergeführt. Das Interesse verlagert sich nun allerdings von den philosophischen zu den poetologischen Voraussetzungen der Werke, wie die Arbeiten zu Brecht, Döblin, Robert Walser, Valéry, Proust, den Surrealisten u. a. zeigen. Doch verwendet Benjamin in einigen seiner Essays wie denen zu Kafka (25 ff.) oder Karl Kraus (200 ff.) für die Deutung der Werke auch theologische Kategorien, die seine frühen Arbeiten prägen. Ein Bezug auf technische Medien findet sich in den Beiträgen zur modernen Literatur kaum. Selbst in den zehn Arbeiten, die Benjamin über Brechts Werke verfaßt hat – sie überragen die zu anderen Autoren an Umfang und Genauigkeit –, spielen Medienaspekte nur am Rande eine Rolle, obwohl Brecht Texte für Filme und den Rundfunk schrieb, was Benjamin durch freundschaftliche Kontakte und Gespräche seit Anfang der dreißiger Jahre wußte.[19]

Diese medienanalytische Abstinenz basiert auf der Einsicht, daß

Recki/Wiesing (Hg.) 1997, Schnell 2000, Mersch 2002. Vgl. darüber hinaus die Versuche zur disziplinären Differenzierung der Medienwissenschaft bei Faulstich (Hg.) 1998, Leonhard u. a. (Hg.) 1999 ff., Schanze (Hg.) 2001, Schöttker (Hg.) 2003. – Die medien- und wahrnehmungstheoretische Ausrichtung der Ästhetik bedeutet freilich nicht, daß die kunsttheoretisch orientierte Ästhetik an Bedeutung verloren hat (vgl. zur Diskussion die Arbeiten von Seel 1996 und Bohrer 1998).

18 Vgl. Witte 1976, Rochlitz 1999.

19 Vgl. Benjamin 1978 und Wizisla 2003.

Autoren in ihren Werken technische Medien zwar inhaltlich darstellen und formal umsetzen können, daß diese aber nicht notwendigerweise die Schreibweise prägen, also im Sinne von »Aufschreibesystemen« wirksam werden.[20] Die poetischen Eigenheiten der Werke standen zumindest dem Anspruch nach im Vordergrund. »Liebe zur Sache«, schreibt Benjamin 1926 in einer Rezension zu Oskar Walzels Buch *Das Wortkunstwerk*, »hält sich an die radikale Einzigkeit des Kunstwerks und geht aus dem schöpferischen Indifferenzpunkt hervor, wo Einsicht in das Wesen des ›Schönen‹ oder der ›Kunst‹ mit der ins durchaus einmalige und einzige Werk sich verschränkt und durchdringt« (GS III, 51).[21]

Eine Ausnahme bilden allerdings die Essays über Proust, Kafka und Baudelaire, die am Anfang dieses Bandes stehen. Hier beschäftigt sich Benjamin in einigen Kapiteln mit dem Phänomen des Gedächtnisses, das er in der unveröffentlichten *Berliner Chronik*, einer Vorstufe zur *Berliner Kindheit*, als »Medium des Erlebten« bezeichnet (22). Da das Gedächtnis Erinnern und Vergessen ermöglicht, bildet es die Voraussetzung des Erzählens und der Literatur.[22] »Das Gedächtnis«, schreibt Benjamin 1936 in diesem Sinne in seinem Aufsatz »Der Erzähler«, »ist das epische Vermögen vor allen anderen« (140). Auf den Zusammenhang zwischen dem Erinnern und der Literatur war Benjamin durch seine Beschäftigung mit Marcel Prousts Romanzyklus *A la recherche du temps perdu* (1913-1927) gestoßen, von dem er Ende der zwanziger Jahren zusammen mit Franz Hessel den zweiten und den dritten Band übersetzt hatte (GS Supp. II und III).[23] Proust hat hier nicht nur seine Kindheit dargestellt, sondern auch den Erinnerungsvorgang selbst zum Gegenstand der Reflexion gemacht und damit an eine Tradition

20 Friedrich Kittler knüpft in seinen medienanalytischen Arbeiten zur Literatur deshalb nicht an Benjamin, sondern Foucault an. Nur »für einmal«, an einem marginalen Punkt seiner *Aufschreibesysteme 1800/1900*, versucht er, »Brücken zwischen getrenntesten Bergen zu schlagen«, wie es hier über Foucault und Benjamin heißt (Kittler 1995, S. 385).

21 Der werkbezogene Zugriff schließt Überlegungen zu strukturellen Ähnlichkeiten zwischen Medien und literarischen Formen allerdings nicht aus, wie drei Beispiele zeigen: Im XIV. Abschnitt des Kunstwerk-Aufsatzes ist Benjamin auf die Überschneidungen zwischen Film und dadaistischer Literatur eingegangen (376 ff.). In »Vereidigter Bücherrevisor« weist er darauf hin, daß Mallarmé in seinem *Coup de dés* »die graphischen Spannungen der Reklame ins Schriftbild verarbeitet« habe (196). Und in einer Besprechung zu Franz Hessels Roman *Heimliches Berlin* betont er 1927, daß »dies Buch technisch der Photomontage« nahestehe (GS III, 82).

22 Entsprechendes gilt für die bildenden Künste. Vgl. Haverkamp/Lachmann (Hg.) 1991.

23 Vgl. im einzelnen Link-Heer 1997 (dort weitere Hinweise).

angeknüpft, die in der Literatur seit dem 18. Jahrhundert weitgehend untergegangen, für Baudelaire, Proust und Kafka aber noch gegenwärtig war, wie Benjamin in seinen späten Arbeiten gezeigt hat. Mit den Überlegungen zum Verhältnis von Erinnern und Erzählen finden auch Benjamins literarische Essays wieder Anschluß an die medienästhetischen Reflexionen, die in seinen Arbeiten von Anfang an eine Rolle spielen.[24]

Benjamin hat den Medienbegriff zunächst verwendet, um Ausdrucksformen zu charakterisieren, die in der Sprache unausgesprochen mitschwingen und deshalb auch in der Welt der Dinge existieren. Diese Arbeiten bilden die *erste Phase* medienästhetischer Reflexion im Werk Benjamins. Als Kategorie taucht der Medienbegriff zunächst in einem Aufsatz der Studienzeit mit dem Titel »Über Sprache überhaupt und über die Sprache des Menschen« von 1916 auf. Er blieb zu Lebzeiten zwar unveröffentlicht, nimmt aber in Benjamins Werk eine zentrale Stellung ein, da die hier skizzierten Überlegungen in immer neuen Anknüpfungen weitergeführt wurden, so daß der Text viele andere Schriften rhizomatisch verbindet.[25] Benjamin wendet sich hier gegen eine instrumentelle Auffassung der Sprache. Diese diene nicht nur der Speicherung von Information, sondern habe einen eigenen geistigen Gehalt, den Benjamin als »Magie« bezeichnet. »Jede Sprache«, so schreibt er, »teilt sich *in* sich selbst mit, sie ist im reinsten Sinne das ›Medium‹ der Mitteilung. Das Mediale, das ist die *Unmittel*barkeit aller geistigen Mitteilung, ist das Grundproblem der Sprachtheorie, und wenn man diese Unmittelbarkeit magisch nennen will, so ist das Urproblem der Sprache ihre Magie« (69; Herv. im Orig.). Der magische Gehalt gelte für die Sprache der Dinge (die »Sprache überhaupt«) ebenso wie für die menschliche Sprache. »Die Sprache eines Wesens«, so Benjamin, »ist das Medium, in dem sich sein geistiges Wesen mitteilt« (82).

Während die Idee der Sprachmagie im frühen Sprachaufsatz vom gesprochenen Wort ausgeht, hat Benjamin sie in zwei Arbeiten, die 1933 entstanden sind, auch auf die Schrift übertragen. Die Beiträge

24 Eine Darstellung, die der Fülle und Komplexität der medienästhetischen Überlegungen Benjamins gerecht wird, liegt bisher nicht vor. Die Bücher von Reisch 1992 und Wagner 1992 haben unterschiedliche Schwerpunkte, berücksichtigen aber Genese und Werkzusammenhang der Texte und Ideen nur punktuell. Arbeiten zu den medienbezogenen Texten sowie zu textübergreifenden Medienaspekten im Werk Benjamins sind verzeichnet bei Markner/Weber (Hg.) 1993 und Markner/Rehm 1999.

25 Vgl. Menninghaus 1980/1995, Regehly (Hg.) 1993, Bröcker 1993.

heißen »Lehre vom Ähnlichen« und »Über das mimetische Vermögen«, bestehen aber überwiegend aus identischen Formulierungen mit einigen Abweichungen, die die Überlegungen z. T. verdeutlichen und z. T. differenzieren (117 ff. und 123 ff.). Ausgangspunkt ist hier nicht die Sprache Gottes und Adams wie im frühen Sprachaufsatz, sondern das anthropologische Phänomen, daß der Mensch sich anderen Dingen und Lebewesen angleichen kann (wie dem Vogel oder der Windmühle), also über ein »mimetisches Vermögen« bzw. die Fähigkeit zur Herstellung von »Ähnlichkeit« verfügt. Die Schrift, so lautet Benjamins These, sei die Verkörperung »unsinnlicher Ähnlichkeit« (125). Um die Eigenständigkeit des mimetischen Prinzips in der Sprache deutlich werden zu lassen, verwendet Benjamin wiederum den Medienbegriff: Schrift und Sprache seien »die höchste Verwendung des mimetischen Vermögens: ein Medium, in das ohne Rest die frühern Merkfähigkeiten für das Ähnliche« eingegangen seien (121).

Benjamins Idee des »Lesens«, auf die er am Schluß der Arbeit zu sprechen kommt, orientiert sich an dieser Deutung von Schrift und Sprache als »Archiv unsinnlicher Ähnlichkeiten«. Das »Lesen« ist von der Lektüre geschriebener oder gedruckter Texte zu unterscheiden. Es zielt nicht auf den Informationsgehalt des Geschriebenen oder Gesagten, sondern ist der Versuch, das Unausgesprochene, die geheime Botschaft in der menschlichen Sprache und in der Sprache der Dinge zu erkennen.[26] »Was nie geschrieben wurde, lesen«, lautet in diesem Sinne eine Formulierung aus Hofmannsthals Einakter *Der Tor und der Tod*, die Benjamin in seinem Text »Über das mimetische Vermögen« zitiert und wie folgt erläutert: »Dies Lesen ist das älteste: das Lesen vor aller Sprache, aus den Eingeweiden, den Sternen oder Tänzen« (125).

Der frühe Sprachaufsatz hat eine Parallele in dem frühen, ebenfalls unveröffentlicht gebliebenen Aufsatz »Über die Malerei oder Zeichen und Mal«, der Benjamins Überlegungen zu den visuellen Künsten vorwegnimmt (271 ff.). Auch hier verwendet er den Begriff des Mediums, um den Ausdruckscharakter des »Mals« (z. B. der Wundmale Christi oder des Errötens) mit dem des Zeichens in Bezug zu setzen. »Hier«, so schreibt er, »ist nun der erste fundamentale Unterschied darin zu sehen, daß das Zeichen aufgedrückt wird, das Mal dagegen hervortritt. Dies weist darauf hin, daß die Sphäre des Mals die eines Mediums ist« (272).

26 Für Benjamins gesamte Erkenntnistheorie spielt diese Auffassung des Lesens eine zentrale Rolle (vgl. dazu Opitz 1992).

In seiner 1919 abgeschlossenen Dissertation hat Benjamin den Medienbegriff auf die Sprache der Kunst übertragen und dafür den Begriff des »Reflexionsmediums« verwendet. Der neue, von Benjamin geprägte Begriff wird von dem der »Reflexion« abgeleitet, der am Anfang der Arbeit im Mittelpunkt steht. Benjamin zeigt hier, daß »Reflexion« bei Fichte, aber auch in den Schriften von Friedrich Schlegel und Novalis, die er paradigmatisch für die Frühromantik behandelt, ein »absolut systematisches Denken« bzw. die gedankliche Herstellung einer »Unendlichkeit des Zusammenhangs« bedeutet (GS I, 18 ff.). Der Begriff »Reflexionsmedium« soll verdeutlichen, daß diese Absolutheit des Denkens wiederum medial gebunden ist, und zwar an das Kunstwerk, für das das literarische Werk als Paradigma fungiert. Der Begriff »Reflexionsmedium« wird zunächst allgemein und dann mit Bezug auf die kunstphilosophischen Auffassungen der Frühromantiker entfaltet.[27]

Die Auffassung der Kunst als »Reflexionsmedium« steht nach Benjamins Deutung im Zentrum der frühromantischen Philosophie, denn diese verwirkliche sich in erster Linie als Kunstreflexion. »Die Erkenntnis in dem Reflexionsmedium der Kunst«, so schreibt er, »ist die Aufgabe der Kunstkritik.« Die Idee der »Kritik« sei als »ein Experiment am Kunstwerk« zu verstehen, »durch welches dessen Reflexion wachgerufen« werde (89). Zwar ist die Ableitung des Begriffs »Reflexionsmedium« und dessen Verknüpfung mit der Idee der Kunstkritik in Benjamins Dissertation sehr abstrakt und bisweilen schwer nachvollziehbar, doch zeigt sich hier noch deutlicher als im ersten Sprachaufsatz, daß er schon in einer frühen Phase seines Werkes, die noch ganz der philosophischen Ästhetik verpflichtet war, den Medienbegriff in erkenntnisleitender Absicht verwendet hat.

Obwohl Benjamin in seiner Habilitationsschrift *Ursprung des deutschen Trauerspiels* (1925/1928) an die theologisch-sprachphilosophischen Deutungsmuster seiner frühen Arbeiten anknüpft,[28] nehmen Wort und Schrift hier zugleich den Status von materiellen Medien literarischer Darstellung ein. Damit beginnt eine *zweite Phase* der Medienreflexion in Benjamins Werk, die die zwanziger Jahre umfaßt. »Unermeßlich«, so heißt es im *Trauerspiel*-Buch, »ist im Barock die Spannung zwischen Wort und Schrift« (91). Beispiele nennt Benjamin an anderer Stelle: »In den Anagrammen, den onomatopoetischen

27 Die beiden hier abgedruckten Abschnitte (83 ff.) sind durch Verweise im Text miteinander verbunden.

28 Vgl. Menninghaus 1987, Steiner 1989 und Speth 1991.

Wendungen und vielen Sprachkunststücken anderer Art stolziert das Wort, die Silbe und der Laut, emanzipiert von jeder hergebrachten Sinnverbindung, als Ding, das allegorisch ausgebeutet werden darf. Die Sprache des Barock ist allezeit erschüttert von der Rebellion ihrer Elemente« (96 f.).

Benjamin geht hier von den Schrift- und Lautreflexionen der Barockautoren aus.[29] Einige Formulierungen verweisen auf die Literatur des Futurismus, Expressionismus, Dadaismus und Surrealismus, mit der er sich Mitte der zwanziger Jahre ebenfalls zu beschäftigen begann. Die Verbindung ist kein Zufall. Wie die Barockdichter haben sich auch die Schriftsteller der europäischen Avantgarde mit dem Material der Sprache, d. h. mit ihren visuellen und klanglichen Möglichkeiten befaßt und dies in Typographie und Lautgebung zum Ausdruck gebracht, wie die Texte von August Stramm, Hugo Ball, Kurt Schwitters und anderen zeigen, die Benjamin kannte.[30] Die Arbeit am *Trauerspiel*-Buch war deshalb Voraussetzung und Grundlage für Benjamins Auseinandersetzung mit der Literatur der Avantgarde, die unter anderem im Kunstwerk-Aufsatz ihren Niederschlag gefunden hat. »Aus einem lockenden Augenschein oder einem überredenden Klanggebilde«, so heißt es hier, »wurde das Kunstwerk bei den Dadaisten zu einem Geschoß. Es stieß dem Betrachter zu« (378).

Ebenso wichtig waren die Studien zur Barockliteratur für Benjamins Beschäftigung mit dem Wandel der Schrift in seiner Zeit. In Reklame, Stummfilm und Fotografie ging die Schrift z. B. neue Verbindungen mit technisch erzeugten Bildern ein, die wiederum Vorläufer in der Emblematik des Barock hatten. In der *Einbahnstraße* (1928), die im selben Jahr wie das *Trauerspiel*-Buch erschien, hat Benjamin den Wandel der Schrift in einigen Texten dargestellt.[31] In dem Kurztraktat »Vereidigter Bücherrevisor«, der zu den bedeutendsten medienästhetischen Arbeiten Benjamins gehört, heißt es z. B.

29 Die abgedruckten Kapitel tragen die Überschriften: »Sprachtheoretisches aus dem Barock«, »Der Alexandriner«, »Sprachzerstückelung«, »Die Oper« und »Ritter über die Schrift«.

30 Vgl. Schöttker 1999, 176 ff.

31 Er wird auch im Buch selbst zum Ausdruck gebracht: Das Format entspricht dem einer Broschüre; dem Umschlag liegt eine Fotomontage von Sasha Stone zugrunde, die eine Großstadtstraße in traumähnlicher Perspektive zeigt, und die Typographie hat die Struktur einer Straße, die wiederum an der Innenseite von zwei fetten schwarzen Linien mit dem Aussehen von Filmstreifen begrenzt wird (vgl. Schöttker 1999, S. 181 ff.). Diese multimediale Dimension des Buches wird allerdings nur im Original bzw. einem Faksimile (Benjamin 1928/1983) deutlich.

über Geschichte und Gegenwart der Schrift: »Wenn vor Jahrhunderten sie allmählich sich niederzulegen begann, von der aufrechten Inschrift zur schräg auf Pulten ruhenden Handschrift ward, um endlich sich im Buchdruck zu betten, beginnt sie nun ebenso langsam sich wieder vom Boden zu erheben. Bereits die Zeitung wird mehr in der Senkrechten als in der Horizontalen gelesen, Film und Reklame drängen die Schrift vollends in die diktatorische Vertikale« (196). Benjamin hat aus den Beobachtungen zum Wandel der Schrift zugleich Konsequenzen für seine eigene Tätigkeit gezogen und in die *Einbahnstraße* auch eine Reihe von Texten aufgenommen, die sich mit der Technologie des Schreibens unter den Bedingungen der Medienkonkurrenz beschäftigen, wie die Maximen-Folge »Die Technik des Schriftstellers in dreizehn Thesen« zeigt (114).[32]

Den aphoristischen Skizzen der *Einbahnstraße* folgten seit Anfang der dreißiger Jahre längere Arbeiten zu den Massenmedien. Sie leiten die *dritte Phase* der medienästhetischen Schriften Benjamins ein.[33] 1931 sind drei größere Beiträge zu Bestseller, Zeitung und Fotografie erschienen, in denen Benjamin auch seine Tätigkeit als Publizist reflektiert. Der Artikel »Wie erklären sich große Bucherfolge?« (169 ff.) war Teil einer gleichnamigen Serie im Feuilleton der *Frankfurter Zeitung*, die Siegfried Kracauer als Redakteur initiiert hatte.[34] Benjamin beschäftigt sich hier nicht mit einer Neuerscheinung, sondern mit einem alten Schweizer Kräuterbuch, dessen beständigen Erfolg über Generationen hinweg er gegen die »Geschwindigkeitskonkurrenz« des aktuellen Rezensionsbetriebs ins Feld führt. Der Aufsatz »Karl Kraus« (200 ff.) tendiert durch die theologische Deutung der Zeitungskritik von Kraus zur Esoterik, enthält aber auch eine scharfe Kritik am Journalismus, die den Schriften von Kraus in nichts nachsteht. »Der Journalismus«, so Benjamin, »ist Verrat am Literatentum, am Geist, am Dämon. Das Geschwätz ist seine wahre Substanz und jedes Feuilleton stellt von neuem die unlösbare Frage nach dem Kräfteverhältnis von Dummheit und von Bosheit, deren Ausdruck es ist« (216). Die »Kleine Geschichte der Photographie« (300 ff.) war nach Kracau-

32 Zu dieser Gruppe gehören auch »Tankstelle« (195) und »Vereidigter Bücherrevisor« (196) sowie einige hier nicht aufgenommene Texte der *Einbahnstraße* wie »Achtung Stufen!«, »Lehrmittel«, »Die Technik des Kritikers in dreizehn Thesen«, »Innenarchitektur« und »Poliklinik«.

33 Zeitlich gehören auch die Arbeiten »Über das mimetische Vermögen« und »Lehre vom Ähnlichen« von 1933 in diesen Zusammenhang.

34 Vgl. Kracauer 1931/1977.

ers Aufsatz »Die Photographie« (1927) einer der ersten grundlegenden Beiträge zu dem in den zwanziger Jahren technisch und künstlerisch expandierenden Medium. Der Beitrag hat die Historiographie der Fotografie seit den späten sechziger Jahren geprägt.[35]

Benjamins Überlegungen zum Rundfunk, die ebenfalls in die dritte Phase gehören, erreichen nicht das Niveau der anderen Medienbeiträge.[36] Sie verarbeiten vielmehr Erfahrungen, die Benjamin als Rundfunkautor gesammelt hat. Zwischen 1929 und 1933 sind etwa 85 Beiträge im Berliner und Frankfurter Rundfunk gesendet worden, darunter Hörspiele, Hörmodelle, Funkessays und Beiträge für Kinder, die Benjamin z. T. selbst gesprochen hat.[37] Die Arbeiten dienten in erster Linie dem Zweck des Gelderwerbs. Doch bilden einige von ihnen den Ausgangspunkt für größere literarische Essays. Denn im Rundfunk konnte Benjamin über Autoren wie Brecht und Kafka sprechen, über die er in den großen Tageszeitungen nicht schreiben durfte, weil ihm die Redaktionen nur Sachbücher oder Bücher weniger bedeutender Autoren zur Rezension überließen.

Mit der Übersiedelung nach Paris 1933 begann die *vierte Phase* der Medienästhetik Benjamins, die bis zu seinem Tod im September 1940 reicht. Der Kunstwerk-Aufsatz nimmt hier eine zentrale Stellung ein, weil er Benjamins Medienreflexionen bündelt und auf den Film anwendet, der in den zwanziger Jahren durch die Errichtung großer Kinos und neue Kameratechniken das gesellschaftlich und künstlerisch bedeutendste Massenmedium geworden war. Dennoch interessierte sich Benjamin nicht für den gesellschaftlichen Stellenwert und die künstlerischen Errungenschaften des Films. Für ihn war er in erster Linie ein Dokument des Wahrnehmungswandels. »Der Film«, so schreibt er, »ist die der gesteigerten Lebensgefahr, der die Heutigen ins Auge zu sehen haben, entsprechende Kunstform. Das Bedürfnis, sich Chockwirkungen auszusetzen, ist eine Anpassung der Menschen an die sie bedrohenden Gefahren. Der Film entspricht tiefgreifenden Veränderungen des Apperzeptionsapparates – Veränderungen, wie sie

35 Vgl. Kemp (Hg.) 1979 ff., Busch 1989, Krauss 1998, Stiegler 2001. – Kracauers Aufsatz ist u. a. nachgedruckt in *Ornament der Masse* (1977).

36 Ansätze zur Theoriebildung sind allerdings in einigen Fragmenten enthalten (vgl. GS II, 1497-1507).

37 Vgl. Schiller-Lerg 1984, Kaulen 1992. Die Kindersendungen sind zusammengefaßt in Benjamin 1985. Aufnahmen mit Benjamins Stimme existieren nicht mehr. Von den Hörspielen blieb als Originalaufnahme nur »Radau um Kasperl« von 1932 (GS IV, 674 ff.) erhalten.

im Maßstab der Privatexistenz jeder Passant im Großstadtverkehr, wie sie im geschichtlichen Maßstab jeder heutige Staatsbürger erlebt« (378). Diese Auffassung des Films als neue Konstellation der Sinneswahrnehmung findet sich bereits in der »Erwiderung an Oscar A. H. Schmitz«, einem der frühen Beiträge Benjamins zum Film. »Unter den Bruchstellen der künstlerischen Formationen«, so heißt es hier, »ist eine der gewaltigsten der Film. Wirklich entsteht mit ihm *eine neue Region des Bewußtseins*« (348; Hervorh. im Orig.).

Damit unterscheidet sich der Kunstwerk-Aufsatz von anderen filmtheoretischen Arbeiten, die in der Weimarer Zeit entstanden sind und Benjamin bekannt waren. Béla Balázs versuchte in seinem Buch *Der sichtbare Mensch* (1924) den Film als Ausdruck einer neuen »visuellen Kultur« zu beschreiben, die durch den Buchdruck über Jahrhunderte hinweg verdrängt worden sei.[38] Rudolf Arnheim, der als Kulturredakteur der *Weltbühne* viele Filmbesprechungen publiziert hat, stellte in seinem Buch *Film als Kunst* (1932) erstmals die formalästhetischen Besonderheiten der filmischen Bilder dar, die Benjamin selbst für zweitrangig hielt.[39] Und Siegfried Kracauer wollte den Film vor allem als Medium der Gesellschaftsanalyse nutzen, wie er in seinen frühen Filmbesprechungen der *Frankfurter Zeitung* betont.[40]

Doch sind die Ausführungen des Kunstwerk-Aufsatzes keineswegs auf wahrnehmungspsychologische Überlegungen beschränkt. Es ging Benjamin hier auch um eine neue Deutung der bildenden Künste auf dem Hintergrund der Tatsache, daß Bilder durch Fotografie und Film massenhaft reproduzierbar geworden waren, so daß sich der Status der Künste seiner Auffassung nach insgesamt verändert.[41] Die Vielschich-

38 Benjamin wollte das Buch in der *Frankfurter Zeitung* besprechen, nachdem es 1926 in einer zweiten Auflage erschienen war. Doch schrieb Kracauer die Rezension selbst (vgl. Benjamin 1987, S. 36 und 48). Kracauers Besprechung ist abgedruckt in Balázs 2001. Mit Balázs führte Benjamin außerdem Ende 1929 ein Gespräch, das er in einem Protokoll dokumentierte (vgl. GS VI, 418).

39 Vgl. Arnheim 1932/2001. Benjamin zitiert Arnheims Buch im Kunstwerk-Aufsatz, ohne es in seine Kritik an der zeitgenössischen Filmästhetik einzubeziehen (366). Ob er auch die frühen Filmkritiken von Arnheim (1979) kannte, ist unklar.

40 Die frühen Film- und Medienbeiträge finden sich in Kracauer 1974, 1977, 1984 und 1990 (hier im Anhang). Daß Benjamin sie gelesen hat, zeigt der Briefwechsel mit Kracauer (1987). In seinem ersten, in New York geschriebenen Film-Buch *Von Caligari bis Hitler* (1947) hat Kracauer das Konzept umfassend umgesetzt und die Geschichte des deutschen Films als Vorgeschichte des Nationalsozialismus gedeutet.

41 Auf die Reproduzierbarkeit der menschlichen Stimme und der Musik durch Phonograph und Grammophon sowie die Möglichkeiten ihrer Verbreitung durch den Rundfunk geht Benjamin hier allerdings nicht ein.

tigkeit des Aufsatzes, der in der Forschungsliteratur immer wieder kommentiert, kritisiert und weitergeführt wurde, kann eine Übersicht nur andeuten[42]: Im »Vorwort« und im Einleitungskapitel betont Benjamin den grundsätzlichen Anspruch des Beitrags auf Erklärung des Kunst- und Wahrnehmungswandels. Um das traditionelle vom technisch reproduzierbaren Kunstwerk zu unterscheiden, verwendet Benjamin den Begriff der »Aura« (Kap II-IV). Seine These lautet: »Was im Zeitalter der technischen Reproduzierbarkeit des Kunstwerks verkümmert, das ist seine Aura« (355). Bei der Definition greift Benjamin auf eine Formulierung aus der »Kleinen Geschichte der Fotografie« zurück: »Aura« sei die »einmalige Erscheinung einer Ferne, so nah sie sein mag« (309 und 357). Das Phänomen des Auratischen, das über die Kunst hinausgeht und die Naturerfahrung einschließt, wird durch drei Merkmale charakterisiert: »Unnahbarkeit«, »Einmaligkeit« und »Echtheit«. Um die sozialen Veränderungen der Kunstpräsentation zu charakterisieren, unterscheidet Benjamin zwischen dem »Kultwert« und dem »Ausstellungswert« von Kunstwerken (Kap. V-VII). Es folgen Darstellungen zu den Wahrnehmungsformen filmischer Bilder (Kap. VIII-X) und ihren formalen Eigenheiten (Kap. XI-XIII), mit denen sich Benjamin der zeitgenössischen Filmästhetik annähert. Die letzten beiden Kapitel (XIV-XV) behandeln die filmischen Prinzipien in Malerei und Literatur der Avantgarde sowie die Entsprechungen zwischen den »zerstreuten« Rezeptionsweisen in der Film- und Architekturwahrnehmung. Im »Nachwort« zeigt Benjamin, daß der Faschismus die auratische Kunstauffassung durch die »Ästhetisierung des politischen Lebens« wiederherzustellen versuche (381).

Die Überlegungen zu den medialen Voraussetzungen des Wahrnehmungswandels hat Benjamin in seinem Aufsatz »Über einige Motive bei Baudelaire« weitergeführt, der 1939 in der *Zeitschrift für Sozialforschung* erschienen ist. Der Aufsatz war als Überarbeitung des Buchkapitels »Das Paris des Second Empire bei Baudelaire« angelegt, das er als Vorabdruck in der *Zeitschrift für Sozialforschung* publizieren wollte, von Adorno für die Redaktion aber abgelehnt wurde. Doch geht der neue Aufsatz über das Buchkapitel weit hinaus. Benjamin liefert hier eine Zusammenfassung seiner späten Überlegungen zum

42 Die Anmerkungen des Aufsatzes waren für Benjamin ebenso wichtig wie der Text selbst. Es handelt sich hier nicht um Nachweise oder Erläuterungen, sondern um Ergänzungen, die als »Schnitte durch den politisch-philosophischen Unterbau der im Text gegebenen Konstruktionen« aufzufassen seien, wie Benjamin in einem Brief an Adorno von 1936 schreibt (GS I, 987; GB V, 240).

Ursprung der Moderne im 19. Jahrhundert, die er in einem Buch am Beispiel der Pariser Passagen darstellen wollte. Das Material dieses sogenannten *Passagen-Werks* hat er seit 1927 in Form vom Zitaten und Fragmenten gesammelt und in einem unveröffentlichten Beitrag mit dem Titel »Paris, die Hauptstadt des XIX. Jahrhunderts« in Grundzügen erschlossen (GS V, 45 ff.).[43]

Zusammen mit dem Kunstwerk-Aufsatz und dem Erzähler-Aufsatz bildet der Baudelaire-Aufsatz das Fundament der späten Medienästhetik Benjamins, sprengt aber auch die Grenzen der Disziplin, da er Grundfragen der Anthropologie, der Sozialpsychologie und der Kulturgeschichte einbezieht.[44] Benjamin versucht hier den Erfahrungs- und Wahrnehmungswandel im 19. Jahrhundert darzustellen und zu erklären. Baudelaires Werke bilden den Ausgangspunkt und das Anschauungsmaterial, sind aber nicht Gegenstand der Analyse. Anders als im Kunstwerk-Aufsatz und im Erzähler-Aufsatz bezieht Benjamin sich hier nicht nur auf Medien und Künste, sondern auch auf Warenproduktion, Technik, Verkehr, Beleuchtung, Arbeitsverhältnisse und andere Entwicklungen, orientiert sich also am umfangreichen Material des *Passagen-Werks*, das er selbst nur teilweise erschlossen hatte (vgl. die Übersicht in GS V, 81 f.). Jonathan Crary schreibt dazu in seinen *Techniken des Betrachters*, einem Buch zum Wahrnehmungswandel im 19. Jahrhundert: »Mehr als jeder andere hat möglicherweise Walter Benjamin die heterogene Struktur der Ereignisse und Objekte entworfen, aus denen der Betrachter dieses Jahrhunderts sich zusammensetzte. In den verschiedensten Fragmenten seiner Schriften treffen wir auf einen veränderlichen und sich wandelnden Betrachter, der durch die neuen städtischen Räume, Technologien und neue ökonomische wie symbolische Funktionen von Bildern und Produkten geprägt ist.«[45]

Im Mittelpunkt des Baudelaire-Aufsatzes steht das Phänomen des Gedächtnisses. Es wird hier jedoch nicht als Medium literarischer

43 Vgl. im einzelnen Buck-Morss 1989/2000; Schöttker 1999, S. 204 ff. und 250 ff.

44 Benjamin ist dieser Zusammenhang und seine Problematik beim Schreiben deutlich geworden. In einem Brief an Gretel Adorno schreibt er im Juni 1939 während der Umarbeitung des Buchkapitels: »Das Flaneurkapitel – es ist ja dessen Ausarbeitung allein, die mich beschäftigt – wird in der neuen Fassung entscheidende Motive der Reproduktionsarbeit und des Erzählers, vereint mit solchen der Passagen zu integrieren versuchen. Bei keiner frühern Arbeit bin ich mir in dem Grade des Fluchtpunkts gewiß gewesen, auf welchem (wie mir nun scheint: seit jeher) meine sämtlichen und von den divergentesten Punkten ausgehenden Reflexionen zusammenlaufen« (GB VI, 308).

45 Crary 1990/1996, S. 30.

Darstellung behandelt wie im Proust- und im Erzähler-Aufsatz, sondern in Anlehnung an die Arbeiten Freuds und seiner Schüler als Reizschutzmechanismus aufgefaßt (36 ff.). Was Benjamin im Kunstwerk-Aufsatz am Film abzulesen versuchte, versucht er hier psychologisch zu beschreiben. Es ging ihm um »die besondere Funktionsweise der psychischen Mechanismen unter den heutigen Existenzbedingungen« (38). Dieser Versuch einer sozialpsychologischen Analyse von Wahrnehmungsverhältnissen wird auch an der Stelle deutlich, wo Benjamin auf den Film als Fluchtpunkt zu sprechen kommt. »Es kam der Tag«, so heißt es, »da einem neuen und dringlichen Reizbedürfnis der Film entsprach. Im Film kommt die chockförmige Wahrnehmung als formales Prinzip zur Geltung. Was am Fließband den Rhythmus der Produktion bestimmt, liegt beim Film dem der Rezeption zugrunde« (43 f.).

Versucht man die disziplinären Konturen der medienästhetischen Konzeption Benjamins zwischen Ästhetik und Medienwissenschaft zum Schluß noch einmal zu bestimmen, kann man auf Hinweise im Kunstwerk-Aufsatz und im Baudelaire-Aufsatz zurückgreifen, in denen er sich mit zeitgenössischen Forschungspositionen zur Kunst- und Wahrnehmungsgeschichte auseinandersetzt. Im ersten Aufsatz geht Benjamin auf die Wiener Schule ein und betont, daß deren Vertreter aus der Kunst der Vergangenheit »Schlüsse auf die Organisation der Wahrnehmung in der Zeit« zu ziehen versuchten, während er kritisch anmerkt, daß sie nicht nach den »gesellschaftlichen Umwälzungen« gefragt hätten, »die in diesen Veränderungen der Wahrnehmung« zum Ausdruck gekommen seien (356). Im zweiten Aufsatz hebt Benjamin an Henri Bergsons Buch *Materie und Gedächtnis* (1898) hervor, daß dieser »die Struktur des Gedächtnisses entscheidend für die philosophische der Erfahrung« angesehen habe, aber versäumt hätte, »das Gedächtnis geschichtlich zu spezifizieren« (33).

Nicht die kommunikativen Leistungen von Medien wie Speicherung, Übertragung und Verarbeitung von Informationen stehen also für Benjamin im Vordergrund, so daß Medientechnik und Mediengeschichte keine Schwerpunkte sind. Auch die geistigen und gesellschaftlichen Voraussetzungen von Medien stehen nicht im Mittelpunkt der Überlegungen, so daß Medienphilosophie und Mediensoziologie als Schwerpunkte ebenfalls ausscheiden. Im Mittelpunkt steht dagegen die Frage nach dem Einfluß von Medien auf die Ausdrucks- und Erfahrungsformen, so daß Benjamins späte Medienästhetik einen kunstwissenschaftlichen, kulturgeschichtlichen und sozialpsychologischen Schwerpunkt hat.[46] In einem Aufsatz über die Arbeit des Instituts für Sozialforschung, der 1938 unter dem Titel »Ein deutsches Institut freier Forschung« erschienen ist, hat Benjamin auch seinen eigenen Standort im Spektrum der Institutsinteressen zu kennzeichnen versucht, auch wenn dies wegen der Auseinandersetzungen mit Adorno und Horkheimer verdeckt geschehen mußte. Als Schwerpunkt nennt Benjamin hier zum einen die Untersuchung der »geschichtlichen Variablen der menschlichen Wahrnehmung« und zum anderen die Analyse der »technischen Bedingungen kulturellen Schaffens, seiner Aufnahme und seines Überdauerns« (GS III, 523 und 525). Damit sind die beiden Pole der Medienästhetik Benjamins von ihm selbst exakt bezeichnet.

Auswahl und Anordnung der Texte

Es gibt nur wenige Texte Benjamins, die sich im Titel auf Medien oder Wahrnehmungsverhältnisse beziehen. Meist sind einschlägige Überlegungen in Beiträgen zu finden, die durch ihr Thema den Medienbezug nicht oder nicht eindeutig erkennen lassen. In vielen Fällen hat Benjamin Fragen der Medienästhetik in Fragmenten behandelt, die in größere Texte integriert wurden oder unveröffentlicht geblieben sind. Auch die für Benjamins Medienästhetik zentralen Kategorien wie Sprache, Schrift, Lesen, Reflexionsmedium, Aura, Reproduktion, Ästhetisierung, Erfahrung, Gedächtnis, Erinnerung etc. werden nicht in eigenständigen Arbeiten behandelt, sondern tauchen in unterschiedlichen Texten und Kontexten über Jahre und z. T. Jahrzehnte hinweg immer wieder auf, so daß erst eine philologisch-begriffsgeschichtliche Rekonstruktion den kategorialen Status deutlich werden läßt.[47]

Diese Fragmentarizität, die das gesamte Werk Benjamins betrifft,

46 Ende der dreißiger Jahre beschäftigte sich Benjamin zugleich mit der Frage, wie die Vergangenheit in der Gegenwart für den Historiker erfahrbar wird, so daß er hier ebenfalls auf die Kategorie der Erinnerung zu sprechen kam und diese mit anderen wie der des »dialektischen Bildes« verknüpfte. Die Überlegungen sind in das Material des *Passagen-Werkes* und in die Thesen »Über den Begriff der Geschichte« (GS I, 691 ff.) eingegangen. Doch kann dieser Zusammenhang in diesem Band nicht dokumentiert werden, weil die Medienästhetik Benjamins hier zum Bestandteil einer umfassenden Theorie und Methodik der Geschichtsaneignung wird (vgl. Kaulen 1987, Konersmann 1991 und Schöttker 1999, S. 250 ff. und 269 ff.).

47 Vgl. die Beiträge in Opitz /Wizisla (2000).

hat biographische und literarische Ursachen: biographische, weil Benjamin viele seiner Aufsätze und Bücher nicht abschließen oder veröffentlichen konnte, so daß wichtige Ideen z. T. versteckt in Zeitungsbeiträgen zu finden sind; literarische, weil Benjamin wie seine Vorbilder Friedrich Schlegel und Nietzsche aphoristisch bzw. in Form von Fragmenten schrieb und nicht nur Bücher (wie die *Einbahnstraße*, die *Berliner Kindheit* und das *Passagen-Werk*), sondern auch Aufsätze (wie »Der Erzähler« oder »Der Autor als Produzent«) aus kleineren Texten zusammensetzte.

Die Zersplitterung des Werkes wirft für die Medienästhetik die Frage auf, wie Benjamins Beiträge sinnvoll aus dem Gesamtwerk zu isolieren und miteinander zu verbinden sind. Eine werkgeschichtliche Anordnung der Texte scheidet aus, da sie die Schwerpunkte nicht deutlich werden läßt. Der Zweck wird am besten erreicht, wenn die Texte einzelnen Medien bzw. Medienkomplexen zugeordnet werden, auch wenn eine eindeutige Zuordnung nicht immer möglich ist, so daß man in einigen Fällen auch anders hätte entscheiden können. Innerhalb der Gliederung sind die Texte nach ihrer Entstehung angeordnet, so daß werkgeschichtliche Beziehungen sichtbar werden. Die Reihenfolge der Kapitel orientiert sich an der Struktur der Mediengeschichte.

Gedächtnis und Erinnerung sind die Voraussetzung von Kommunikation, Kunst und Literatur, so daß sie hier am Anfang stehen. Nachdem Benjamin in seinem Essay »Zum Bilde Prousts« die Darstellungsweise der *Recherche* charakterisiert hat, ist er in einem fragmentarischen Text mit der Überschrift »Aus einer kleinen Rede über Proust« und in einigen Abschnitten der *Berliner Chronik* auf die Rolle des Erinnerns für die Autobiographie eingegangen. Der dritte Abschnitt des Kafka-Essays beschäftigt sich mit dem Vergessen als einer weiteren Leistung des Gedächtnisses, die für Nietzsche wie für Kafka von Bedeutung war. Die Überschrift (»Das bucklicht Männlein«) verweist auf den letzten Text der *Berliner Kindheit*, der dieselbe Überschrift (mit einem zusätzlichen »e«) trägt.[48] In dem Aufsatz »Über einige Motive bei Baudelaire« hat Benjamin seine Überlegungen zur

48 Hier wird die Figur eines Kinderlieds zur Allegorie des Gedächtnisses (vgl. Schöttker 1999, S. 238 ff.). Ein Abschnitt des Textes bezieht sich dabei auf zwei für Benjamins Werk zentrale Medien, nämlich Buch und Film: »Ich denke mir, daß jenes ›ganze Leben‹, von dem man sich erzählt, daß es vorm Blick des Sterbenden vorbeizieht, aus solchen Bildern sich zusammensetzt, wie sie das Männlein von uns allen hat. Sie flitzen rasch vorbei wie jene Blätter der straff gebundenen Büchlein, die einmal Vorläufer unserer Kinematographen waren« (GS IV, S. 302 ff.).

Rolle des Gedächtnisses in einer historisch-anthropologischen Perspektive weitergeführt.[49]

Der II. Abschnitt versucht dem komplexen Zusammenhang von Sprache, Stimme und Schrift in Benjamins Werk gerecht zu werden. Schon im frühen Aufsatz »Über Sprache überhaupt und über die Sprache des Menschen« wird die Sprache als Medium unausgesprochener geistiger Gehalte aufgefaßt. Das Reflexionspotential der Kunst versuchte Benjamin in einigen Abschnitten seiner Dissertation mit dem Begriff des »Reflexionsmediums« zu erfassen. In einigen Kapiteln des *Trauerspiel*-Buches wird das Verhältnis von Wort und Schrift im Barock behandelt. Weitere Überlegungen zur Medialität von Stimme und Schrift finden sich in kleineren Texten von 1928: in pädagogischer Perspektive in dem Artikel »ABC-Bücher vor hundert Jahren«, in psychologischer in der Rezension »Der Mensch in der Handschrift«, in dichtungspraktischer in der Thesengruppe »Die Technik des Schriftstellers« und in gesellschaftlicher in der Impression »Bürobedarf«. Die 1933 verfaßten Texte »Lehre vom Ähnlichen« und »Über das mimetische Vermögen« führen Überlegungen des frühen Sprachaufsatzes für die Schrift fort, während im Erzähler-Aufsatz das gesamte Spannungsfeld von Mündlichkeit und Schriftlichkeit noch einmal für die Literatur entfaltet wird.

Der III. Teil dokumentiert Benjamins Überlegungen zum Buch. Obwohl er in seinem Artikel »Auf die Minute« die »Bücherkunde« als sein »Spezialgebiet« bezeichnete (405), hat Benjamin keine größere Arbeit zur Mediengeschichte des Buches verfaßt. Das Hörspiel »Was die Deutschen lasen, als ihre Klassiker schrieben« enthält Aspekte einer solchen Geschichte, während die schriftgeschichtliche Skizze »Vereidigter Bücherrevisor« von der Auflösung des Buches ausgeht. Die Aphorismen-Gruppe »Nr. 13« über »Bücher und Dirnen« hebt in satirischer Weise den Warencharakter des Buches hervor. Der Artikel »Kritik der Verlagsanstalten« ist eine Stellungnahme zur sozialen Lage des Schriftstellers, mit der Benjamin sich 1934 auch in zwei weiteren Beiträgen beschäftigt hat: in dem Vortrag »Der Autor als Produzent« (231 ff.) und in literatursoziologischer Hinsicht in dem Aufsatz »Zum gegenwärtigen gesellschaftlichen Standort des französischen Schrift-

49 Die hier nicht aufgenommenen Kapitel V-VII beziehen sich auf das Buchkapitel »Das Paris des Second Empire bei Baudelaire«. Sie behandeln einen eigenständigen Problemkreis in Benjamins Werk, nämlich das Verhältnis von Flaneur und Masse, zu dem eine ganze Reihe weiterer Referenztexte gehören. Vgl. Köhn 1989 und Wiesner/Wichner (Hg.) 2000.

stellers« (GS II, 776 ff.). Der Artikel »Dienstmädchenromane« verweist auf eine Leidenschaft Benjamins, nämlich das Sammeln von Büchern aus entlegenen Gebieten.[50] Dieser Leidenschaft sind auch andere Beiträge verpflichtet, wie der Bericht über »François Bernourd«, der Essay »Wie erklären sich große Bucherfolge?« und der autobiographische Text »Ich packe meine Bibliothek« aus. Der Lektüre von Büchern hat Benjamin schließlich auch fünf Texte der *Berliner Kindheit* gewidmet, so daß hier der Ursprung der späteren Leidenschaft vergegenwärtigt wird.[51]

Im IV. Abschnitt finden sich die Texte, in denen Benjamin Theorien zu Schrift, Buch und Literatur unter den Bedingungen der Medienkonkurrenz von Zeitung, Reklame und Propaganda liefert. Die Texte »Tankstelle«, »Vereidigter Bücherrevisor« und »Diese Flächen sind zu vermieten« prognostizieren den Untergang des Buches zugunsten neuer Schrift- und Darstellungsformen. Der umfangreiche Essay »Karl Kraus«, dem der Kurzessay »Kriegerdenkmal« vorausgeht, sowie der Artikel »Die Zeitung« liefern Ideen zur Kritik des Journalismus. Zwei weitere Beiträge widmen sich Fragen der Reklame in Form der politischen Propaganda: der Vortrag »Der Autor als Produzent« aus der Perspektive der Linken und der erste »Pariser Brief« mit Blick auf den Faschismus. In einem Abschnitt des Buchkapitels »Das Paris des Second Empire bei Baudelaire« hat sich Benjamin mit der Geschichte der Zeitung und ihrem Einfluß auf die Literatur des 19. Jahrhundert beschäftigt.

Benjamins Beiträge zu den visuellen Medien werden im V. Abschnitt dokumentiert. »Über die Malerei oder Zeichen und Mal« ist ein Vorläufer, der Überschneidungen mit dem frühen Sprachaufsatz aufweist. Die graphischen Künste stehen im Mittelpunkt von Benjamins Beiträgen zu Kinderbüchern, einem seiner Sammelschwerpunkte seit 1918. Wichtig waren ihm hier die Unterschiede in der Wahrnehmung schwarzweißer und farbiger Abbildungen, wie die Beiträge »Alte vergessene Kinderbücher« und »Aussicht ins Kinder-

50 Vgl. auch den Artikel »Bücher von Geisteskranken. Aus meiner Sammlung« (GS IV, 615 ff.).

51 Von diesen Texten ist in der 1938 begonnenen Überarbeitung der *Berliner Kindheit* nur der mit »Schmöker« überschriebene Abschnitt (unter dem Titel »Knabenbücher«) enthalten (vgl. GS VII, 396 f.), nicht aber die anderen Texte zu Buch und Lesen, so daß man davon ausgehen muß, daß die Überarbeitung noch nicht abgeschlossen war. Sie werden deshalb nach der von Theodor W. Adorno aus dem Nachlaß besorgten Edition der *Berliner Kindheit* gedruckt, nicht aber nach der sogenannten »Fassung letzter Hand« (GS VII, 385 ff.).

buch« zeigen.[52] Die Fragmente unter dem Titel »Briefmarken-Handlung« beschäftigen sich mit einem wenig beachteten Produkt von Weltgeltung, dessen Ende Benjamin prognostiziert. Die »Kleine Geschichte der Photographie« wird in einer Rezension zu Karl Blossfeldts Buch *Urformen der Kunst* unter dem Titel »Neues von Blumen« vorbereitet und in drei Beiträgen weitergeführt, die die Vorgeschichte der Fotografie behandeln: »Kaiserpanorama«, »Daguerre oder die Panoramen« und der zweite »Pariser Brief«.[53]

Über den Film, der im VI. Abschnitt im Mittelpunkt steht, hat Benjamin im Vergleich mit anderen Medien weniger geschrieben als zunächst zu erwarten ist, wenn man an die umfassende Rezeption des Kunstwerk-Aufsatzes und deren Folgen für die Filmtheorie denkt. Dem Beitrag gehen zwei kleinere Artikel voraus, in denen Benjamin Erfahrungen seiner Moskau-Reise verarbeitet: »Zur Lage der russischen Filmkunst« und die »Erwiderung an Oscar A. H. Schmitz«.[54] In den Beiträgen zum Rundfunk, die im letzten Teil gedruckt werden, hat Benjamin seine publizistische Tätigkeit für das neue Medium verarbeitet. In dem Artikel »Gespräch mit Ernst Schoen« gibt er die Auffassungen seines Freundes wieder, der 1929 Programmleiter beim Südwestdeutschen Rundfunk in Frankfurt geworden war und Benjamin Aufträge verschaffte.[55] Im »Vorspiel« zum Hörspiel *Das kalte Herz*, das Benjamin gemeinsam mit Schoen verfaßt hat, finden sich Überlegungen zu den medialen Eigenheiten des Rundfunks. In »Theater und Rundfunk« und »Zweierlei Volkstümlichkeit« wird die Möglichkeit einer Verwendung des Mediums für Zwecke der Volksbildung erörtert. Und in dem Artikel »Auf die Minute« weist Benjamin auf die Zeitzwänge der Rundfunkarbeit und ihre Folgen für die Zeiterfahrung hin. Der Text »Das Telephon« aus der *Berliner Kindheit* wird hier nicht

52 Vgl. zu Benjamins heute noch existierender Sammlung und ihrem Kontext die Beiträge in Doderer (Hg.) 1988.

53 Im dritten Text greift Benjamin auf den Text einer unveröffentlichten Besprechung zu Gisèle Freunds Buch über die französische Porträtfotografie im 19. Jahrhundert zurück (vgl. GS III, 542 ff.). Der Text führt ebenso wie der erste »Pariser Brief« das »Nachwort« des *Kunstwerk*-Aufsatzes weiter, wie Bruchstücke in den Apparaten zeigen.

54 Es entfallen hier die Artikel »Rückblick auf Chaplin« von 1929 (GS III, 157 f.), in dem Benjamin einen Aufsatz von Philipp Soupault referiert (auf deutsch in Kimmich [Hg.] 2002), sowie »Der Kampf der Tertia« von 1929 (GS IV, 532 f.), der über die Verfilmung des gleichnamigen Romans von Wilhelm Speyer berichtet, mit dem Benjamin befreundet war.

55 Daß Benjamin hier auch auf das »Fernsehen« bzw. den »Bildfunk« hinweist (388), mit dem seit Ende der zwanziger Jahre experimentiert wurde, spricht für seine Sensibilität gegenüber der Medienentwicklung.

nur wegen der mediengeschichtlichen Affinitäten zwischen Telefon und Rundfunk gedruckt, sondern auch deshalb, weil sich der Text als allegorische Darstellung des Hörfunks lesen läßt, der Benjamin beruflich und privat begleitet hat, aber »um Neunzehnhundert« noch nicht existierte.

Daß Benjamin aus einigen der in diesem Band abgedruckten Texte nicht doch ein Buch gemacht hätte, wenn er die Fortschritte der Medienwissenschaft oder die Anfänge der Rezeption seiner Schriften nach 1945 noch erlebt hätte wie seine frühen Mitstreiter Siegfried Kracauer oder Rudolf Arnheim, ist bei den immer neuen Buchplänen, die er im Fortgang seiner Arbeit schmiedete, nicht auszuschließen. Einer Rechtfertigung bedarf eine Ausgabe der medienästhetischen Schriften in Anbetracht ihrer breiten Rezeption kaum. Benjamin selbst meinte dazu: »Wie vieles von dem, was heute ein Buch ausmacht, ist wohl von denen, die die darin befindlichen Texte gemacht haben, als Buch gedacht gewesen? Bei der Verfassung von Texten von ihrer Bestimmung, ein Buch zu bilden, abzusehen, kann die Arbeit sehr erleichtern« (GS VI, 208).

*

Bei der Auswahl der Texte für den vorliegenden Band hat der medienanalytische Gehalt den Ausschlag gegeben, nicht ihr Status in Werk und Rezeption Benjamins. Nur so wird die Vielfalt seiner medienästhetischen Reflexionen deutlich. Vollständigkeit ist dennoch nicht angestrebt. Einige Texte mit Medienbezug wurden nicht aufgenommen, weil sie nur durch Erläuterungen und ergänzende Texte verständlich werden (z. B. »Die Mummerehlen« in der *Berliner Kindheit*). Entfallen sind außerdem Medientexte, die auf einen Anlaß hin geschrieben wurden. Und schließlich sind eine Reihe von Fragmenten in den Apparaten sowie im VI. Band der *Gesammelten Schriften* unberücksichtigt geblieben. Entsprechende Hinweise enthalten die Anmerkungen des Nachworts. Von den wissenschaftlichen Büchern und einigen umfangreichen Aufsätzen Benjamins werden nur die Kapitel gedruckt, in denen Medien- und Wahrnehmungsfragen im Mittelpunkt stehen. Die Zählung der Fußnoten bleibt hier erhalten, entspricht also der in den *Gesammelten Schriften*. Benjamin selbst verwendet Ziffern und Sternchen als Anmerkungszeichen; auch dieses Verfahren bleibt gewahrt. Das gilt auch für die Eigentümlichkeiten in Schreibweise und Zeichensetzung. Möglich wurde dieser Band durch die bibliographischen und editorischen Arbeiten, die Rolf Tiedemann und Hermann Schweppenhäuser als Herausgeber der *Gesammelten Schriften* Benjamins geleistet haben.

Auswahlbibliographie

Editionen und Bücher Benjamins

Benjamin, Walter: *Gesammelte Schriften.* Unter Mitwirkung von Theodor W. Adorno und Gershom Scholem hrsg. von Rolf Tiedemann und Hermann Schweppenhäuser. 7 Bde. [in 14 Teilbänden]. Frankfurt/Main 1972-1989 [Text- und seitenidentischer Nachdruck Frankfurt/Main 1991 (stw 931-937)]. – Im Text als *GS* mit Band- und Seitenangabe zitiert.

Benjamin, Walter: *Kleinere Übersetzungen.* Hg. von Rolf Tiedemann. Frankfurt/Main 1999 (*Gesammelte Schriften*, Suppl. I)

Marcel Proust, *Im Schatten der jungen Mädchen.* Übersetzt von Walter Benjamin und Franz Hessel. Frankfurt/Main 1987 (*Gesammelte Schriften*, Suppl. II).

Marcel Proust, *Guermantes.* Übersetzt von Walter Benjamin und Franz Hessel. Frankfurt/Main 1987 (*Gesammelte Schriften*, Suppl. III).

Benjamin, Walter: *Einbahnstraße.* Faksimile der Erstausgabe von 1928. Berlin 1983.

Benjamin, Walter: *Versuche über Brecht.* Hg. und mit einem Nachwort vers. von Rolf Tiedemann. Neu durchges. und erw. Ausgabe. 5. Aufl. Frankfurt/Main 1978 (es 172).

Benjamin, Walter: *Aufklärung für Kinder. Rundfunkvorträge.* Hg. von Rolf Tiedemann. Frankfurt/Main 1985 (es 1317).

Benjamin, Walter: *Gesammelte Briefe.* Hg. von Christoph Gödde und Henri Lonitz. 6 Bde. Frankfurt/Main 1995 ff. – Im Text als *GB* mit Band- und Seitenzahl zitiert.

Benjamin, Walter: *Briefe an Siegfried Kracauer. Mit vier Briefen von Siegfried Kracauer an Walter Benjamin.* Hg. vom Theodor W. Adorno Archiv. Marbach 1987.

Sekundärliteratur (zitierte und weitere Titel)

Adorno, Theodor W.: *Gesammelte Schriften.* Hg. von Rolf Tiedemann. 20 Bde. Frankfurt/Main 1997 (auch als stw).

Albrecht, Clemens u. a.: *Die intellektuelle Gründung der Bundesrepublik. Eine Wirkungsgeschichte der Frankfurter Schule.* Frankfurt 1999.

Allesch, Christian G.: *Geschichte der psychologischen Ästhetik.* Göttingen 1987.

Arnheim, Rudolf: *Film als Kunst.* Mit einem Nachwort von Karl Prümm und zeitgenössischen Rezensionen. Frankfurt/Main 2001 (stw 1553) [zuerst 1932].

Arnheim, Rudolf: *Rundfunk als Hörkunst.* Mit einem Nachwort von Helmut H. Diederichs und zeitgenössischen Rezensionen. Frankfurt/Main 2001 (stw 1554) [zuerst engl. 1936].

Arnheim, Rudolf: *Kritiken und Aufsätze zum Film.* Hg. von Helmut H. Diederichs. Frankfurt/Main 1979.

Balázs, Béla: *Der sichtbare Mensch oder die Kultur des Films.* Mit einem Nachwort von Helmut H. Diederichs und zeitgenössischen Rezensionen. Frankfurt/Main 2001 (stw 1536) [zuerst 1924].

Barck, Karlheinz u. a. (Hg.): *Aisthesis. Wahrnehmung heute oder Perspektiven einer anderen Ästhetik.* Leipzig 1990.

Barck, Karlheinz u. a. (Hg.): *Ästhetische Grundbegriffe.* 7 Bde. Stuttgart/Weimar 2000 ff.

Baudrillard, Jean: *Der symbolische Tausch und der Tod.* München 1982 [zuerst franz. 1976].

Behnken, Klaus / Wagner, Frank (Hg.): *Inszenierung der Macht. Ästhetische Faszination im Faschismus.* Berlin 1987.

Berg, Ronald: *Die Ikone des Realen. Zur Bestimmung der Photographie im Werk von Talbot, Benjamin und Barthes.* München 2001.

Bohrer, Karl Heinz: *Die Grenzen des Ästhetischen.* München 1998.

Bolz, Norbert: *Theorie der neuen Medien.* München 1990.

Bolz, Norbert: *Am Ende der Gutenberg-Galaxis. Die neuen Kommunikationsverhältnisse.* München 1993.

Breidecker, Volker: »›Ferne Nähe‹. Kracauer, Panofsky und ›the Warburg tradition‹«. In: Ders. (Hg.): Siegfried Kracauer / Erwin Panofsky, *Briefwechsel 1941-1966.* Berlin 1996.

Brecht, Bertolt: »Der Rundfunk als Kommunikationsapparat« (1932). In: Ders.: *Gesammelte Werke in 20 Bänden.* Frankfurt/Main 1967, Bd. 18, S. 127-134.

Bröcker, Michael: *Die Grundlosigkeit der Wahrheit. Zum Verhältnis von Sprache, Geschichte und Theologie bei Benjamin.* Würzburg 1993.

Brodersen, Momme: *Walter Benjamin. Eine kommentierte Bibliographie.* Morsum/Sylt 1995.

Buck-Morss, Susan: *Dialektik des Sehens. Walter Benjamin und das Passagen-Werk.* Frankfurt/Main 2000 (stw 1471) [zuerst engl. 1989].

Busch, Bernd: *Belichtete Welt. Eine Wahrnehmungsgeschichte der Fotografie.* München, Wien 1989.

Crary, Jonathan: *Techniken und Betrachter. Sehen und Moderne im 19. Jahrhundert.* Dresden 1996 [zuerst engl. 1990].

Doderer, Klaus (Hg.): *Walter Benjamin und die Kinderliteratur. Aspekte der Kinderkultur in den zwanziger Jahren.* Weinheim, München 1988.

Enzensberger, Hans Magnus: »Baukasten zu einer Theorie der Medien« (1970). In: Ders.: *Palaver. Politische Überlegungen 1967-1973.* Frankfurt/Main 1974 (es 696), S. 91-129.

Faulstich, Werner (Hg.): *Grundwissen Medien.* 3., vollst. überarb. und stark erw. Aufl. München 1998.

Fürnkäs, Josef u. a. (Hg.): *Das Verstehen von Hören und Sehen. Aspekte der Medienästhetik.* Bielefeld 1993.

Fürnkäs, Josef: »Benjamin und die Philatelie. Medienästhetik im Kleinen.« In: Garber / Rehm (Hg.) 1999, S. 373-390.

Garber, Klaus / Rehm, Ludger (Hg.): *global benjamin. Internationaler Walter-Benjamin-Kongreß 1992*. 3 Bde. München 1999.

Gil, Thomas: *Der Begriff der ästhetischen Erfahrung*. Berlin 2000.

Gnam, Andrea: *Die Bewältigung der Geschwindigkeit. Robert Musils Roman »Der Mann ohne Eigenschaften« und Walter Benjamins Spätwerk*. München 1999.

Havelock, Eric: *Als die Muse schreiben lernte*. Frankfurt/Main 1992 [zuerst engl. 1986].

Haverkamp, Anselm / Lachmann, Renate (Hg.): *Raum, Bild, Schrift. Studien zur Mnemotechnik*. Frankfurt/Main 1991 (es 1653).

Horkheimer, Max / Adorno, Theodor W.: *Dialektik der Aufklärung* (1947). In: Max Horkheimer, *Gesammelte Schriften*, Bd. 5. Hg. von Gunzelin Schmid Noerr. Frankfurt/Main 1987, S. 11-290.

Jung, Werner: *Von der Mimesis zur Simulation. Eine Einführung in die Geschichte der Ästhetik*. Hamburg 1995 [Benjamin, S. 167 ff.].

Kambas, Chryssoula: *Walter Benjamin im Exil. Zum Verhältnis von Literaturpolitik und Ästhetik*. Tübingen 1983.

Kaulen, Heinrich: *Rettung und Destruktion. Untersuchungen zur Hermeneutik Walter Benjamins*. Tübingen 1987.

Kaulen, Heinrich: »Konvention als Aufklärung. Überlegungen zu Walter Benjamins Rundfunkarbeiten.« In: Lorenz Jäger / Thomas Regehly (Hg.): *»Was nie geschrieben wurde, lesen«. Frankfurter Benjamin-Vorträge*. Bielefeld 1992, S. 11-42.

Kausch, Michael: *Kulturindustrie und Populärkultur. Kritische Theorie der Massenmedien*. Frankfurt/Main 1988.

Kemp, Wolfgang (Hg.): *Theorie der Fotografie*. 3 Bände. München 1979-1983 [1999 erschien Bd. 4, hg. von Hubertus von Amelunxen].

Kimmich, Dorothee (Hg.): *Charlie Chaplin. Eine Ikone der Moderne*. Frankfurt/Main 2002 (st 3452).

Kittler, Friedrich: *Aufschreibesysteme 1800/1900*. 3., vollst. überarb. Aufl. München 1995.

Kliche, Dieter / Barck, Karlheinz: *Ästhetik/ästhetisch*. In: Barck u. a. (Hg.), Bd. 1, S. 308-400.

Kloock, Daniela / Spahr, Angela: *Medientheorien. Eine Einführung*. München 1997 (UTB 1986).

Köhn, Eckhardt: *Straßenrausch – Flanerie und kleine Form. Versuch zur Literaturgeschichte des Flaneurs bis 1933*. Berlin 1989.

Konersmann, Ralf: *Erstarrte Unruhe. Walter Benjamins Begriff der Geschichte*. Frankfurt/Main 1991.

Koppe, Franz (Hg.): *Perspektiven der Kunstphilosophie. Texte und Diskussionen*. Frankfurt/Main 1991 (stw 951).

Kracauer, Siegfried: »Über Erfolgsbücher und ihr Publikum« (1931). In: Kracauer 1977, S. 64-74.

Kracauer, Siegfried: *Kino. Essays, Studien, Glossen zum Film*. Hg. von Karsten Witte. Frankfurt/Main 1974 (st 126).

Kracauer, Siegfried: *Das Ornament der Masse*. Frankfurt/Main 1977 (st 371).

Kracauer, Siegfried: *Von Caligari zu Hitler. Eine psychologische Geschichte des deutschen Films*. Frankfurt/Main 1984 (stw 479) [zuerst 1947].

Kracauer, Siegfried: *Aufsätze*. 3 Bde. Hg. von Inka Mülder-Bach. Frankfurt/Main 1990 (Schriften, Bd. 5).

Krauss, Rolf H.: *Walter Benjamin und der neue Blick auf die Photographie*. Ostfildern 1998.

Leonhard, Joachim-Felix u. a. (Hg.): *Medienwissenschaft. Ein internationales Handbuch*. 3 Bde. Berlin, New York 1999-2001.

Lindner, Burkhardt: »Medienbilder, Aura, Geschichtszeit. Nach Kracauer und Benjamin«. In: *Die Neue Gesellschaft / Frankfurter Hefte 37* (1990), H. 9, S. 799-810.

Link-Heer, Ursula: *Benjamin liest Proust*. Köln 1997

Markner, Reinhard / Weber, Thomas (Hg.): *Literatur über Walter Benjamin. Kommentierte Bibliographie*. Hamburg 1993.

Markner, Reinhard / Rehm Ludger: *Bibliographie zu Walter Benjamin* (1993-1997). In: Garber / Rehm 1999, Bd. 3, S. 1849-1916.

McLuhan, Marshall: *Die Gutenberg-Galaxis. Das Ende des Buchzeitalters*. Bonn u. a. 1995 [engl. 1962, zuerst dt. 1968].

McLuhan, Marshall: *Die magischen Kanäle/Understanding Media*. Dresden, Basel 1994 [engl. 1964, zuerst dt. 1968].

Menninghaus, Winfried: *Walter Benjamins Theorie der Sprachmagie*. Frankfurt/Main 1995 (st 1168) [zuerst 1980].

Menninghaus, Winfried: *Unendliche Verdoppelung. Die frühromantische Grundlegung der Kunsttheorie im Begriff absoluter Selbstreflexion*. Frankfurt/Main 1987.

Mersch, Dieter: *Ereignis und Aura. Untersuchungen zu einer Ästhetik des Performativen*. Frankfurt/Main 2002 (es 2219).

Opitz, Michael / Wizisla, Erdmut (Hg.): *Benjamins Begriffe*. 2 Bde. Frankfurt/M. 2000 (es 2048).

Opitz, Michael: »Lesen und Flanieren. Über das Lesen von Städten, vom Flanieren in Büchern.« In: Opitz, Michael / Wizisla, Erdmut (Hg.): *Aber ein Sturm weht vom Paradiese her. Texte zu Walter Benjamin*. Leipzig 1992, S. 162-181.

Pochat, Götz: *Geschichte der Ästhetik und Kunsttheorie. Von der Antike bis zum 19. Jahrhundert*. Köln 1986.

Raulet, Gérard / Steiner, Uwe (Hg.): *Walter Benjamin. Ästhetik und Geschichtsphilosophie*. Bern 1988.

Recki, Birgit / Wiesing, Lambert (Hg.): *Bild und Reflexion. Paradigmen und Perspektiven gegenwärtiger Ästhetik*. München 1997.

Regehly, Thomas (Hg.): *Namen, Stimmen, Texte. Walter Benjamins Sprachphilosophie*. Stuttgart 1993

Reisch, Heiko: *Das Archiv und die Erfahrung. Walter Benjamins Essays im medientheoretischen Kontext*. Würzburg 1992.

Rochlitz, Rainer: »Drei Ästhetik-Paradigmen bei Benjamin«. In: Garber / Rehm (Hg.) 1999, S. 161-187.

Schanze, Helmut (Hg.): *Handbuch der Mediengeschichte*. Stuttgart 2001.

Schiller-Lerg, Sabine: *Walter Benjamin und der Rundfunk. Programmarbeit zwischen Theorie und Praxis*. München u. a. 1984.

Schnell, Ralf: *Medienästhetik. Zu Geschichte und Theorie audiovisueller Wahrnehmungsformen*. Stuttgart, Weimar 2000.

Schneider, Norbert: *Geschichte der Ästhetik von der Aufklärung bis zur Postmoderne*. Stuttgart 1996 [Benjamin, S. 180 ff.].

Schöttker, Detlev: »Film als Herausforderung der Kulturwissenschaft. Siegfried Kracauer und Erwin Panofsky«. In: *Merkur* 51 (1997), H. 8, S. 726-733.

Schöttker, Detlev: *Konstruktiver Fragmentarismus. Form und Rezeption der Schriften Walter Benjamins*. Frankurt/Main 1999 (stw 1428).

Schöttker, Detlev (Hg.): *Von der Stimme zum Internet. Texte aus der Geschichte der Medienanalyse*. Göttingen 1999 (UTB 2109).

Schöttker, Detlev: *Auge und Gedächtnis. Für eine Ästhetik der Architektur*. In: *Merkur* 56 (2002), H. 6, S. 494-507.

Schöttker, Detlev (Hg.): *Mediengebrauch und Erfahrungswandel. Beiträge zur Geschichte der Kommunikation*. Göttingen 2003 (im Druck).

Schweppenhäuser, Gerhard: »Bildkraft, prismatische Arbeit und ideologische Spiegelwelten. Medienästhetik und Photographie bei Walter Benjamin.« In: *Weimarer Beiträge* 46 (2000), H. 3, S. 390-480.

Seel, Martin: *Ethisch-ästhetische Studien*. Frankfurt/Main 1996 (stw 1249).

Speth, Rudolf: *Wahrheit und Ästhetik. Untersuchungen zum Frühwerk Walter Benjamins*. Würzburg 1991.

Steiner, Uwe: *Die Geburt der Kritik aus dem Geiste der Kunst. Untersuchungen zum Begriff der Kritik in den frühen Schriften Walter Benjamins*. Würzburg 1989.

Stiegler, Bernd: *Philologie des Auges. Die photographische Entdeckung der Welt im 19. Jahrhundert*. München 2001.

Virilio, Paul: *Die Sehmaschine*. Berlin 1989.

Wagner, Gerhard: *Walter Benjamin. Die Medien der Moderne*. Berlin 1992.

Wagner, Gerhard: »Dialektische Kontraste. Walter Benjamin über die mimetische Konkurrenz von Schrift- und Bildkultur«. In: *Weimarer Beiträge* 43 (1997), H. 4, S. 485-502.

Welsch, Wolfgang: *Ästhetisches Denken*. Stuttgart 1990.

Wiesner, Herbert / Wichner, Ernest (Hg.): *Der Flaneur und die Memoiren des Augenblicks*. Bremerhaven 2000 (zugleich *die horen*, Nr. 200).

Wiesing, Lambert (Hg.): *Philosophie der Wahrnehmung. Modelle und Reflexionen*. Frankfurt/Main 2002 (stw 1562).

Wiggershaus, Rolf: *Die Frankfurter Schule. Geschichte, theoretische Entwicklung, politische Bedeutung*. München 1986.

Witte, Bernd: *Walter Benjamin – Der Intellektuelle als Kritiker. Untersuchungen zu seinem Frühwerk.* Stuttgart 1976.
Wizisla, Erdmut: *Benjamin und Brecht. Die Geschichte einer Freundschaft.* Frankfurt/Main 2003 (st 3454) (im Druck).

Nachweise (Erstdrucke und *Gesammelte Schriften*)

Überschriften, die für die Ausgabe der *Medienästhetischen Schriften* verwendet wurden, erscheinen hier in eckigen Klammern. Die Jahresangabe bezieht sich auf das Jahr des Drucks, bei Arbeiten, die zu Benjamins Lebzeiten nicht veröffentlicht wurden, auf das Jahr der Entstehung. Es folgt der Nachweis des Drucks in den *Gesammelten Schriften*. Hier findet sich auch eine *Bibliographie der zu Lebzeiten gedruckten Arbeiten* (GS VII, 477 ff.) und ein *Chronologisches Verzeichnis* der Schriften Benjamins (ebd., 934 ff.). Die genauesten Nachweise der zu Lebzeiten gedruckten Werke enthalten die Apparate der *Gesammelten Schriften*. Nachweise der ersten postumen Nachdrucke finden sich bei Brodersen 1996 (s. Bibliographie).

I. Gedächtnis und Erinnerung

Zum Bilde Prousts, in *Die literarische Welt* 1929. – GS II, 310-324.

[Gedächtnis und Erinnerung], aus *Berliner Chronik*, geschrieben 1932. – GS VI, 486 f. und 488 f.

Aus einer kleinen Rede über Proust, an meinem vierzigsten Geburtstag gehalten, geschrieben 1932. – GS II, 1064 f.

[Das bucklicht Männlein], aus *Franz Kafka. Zur zehnten Wiederkehr seines Todestages*, unvollständig in *Jüdische Rundschau* 1934 (mit dem hier abgedruckten Abschnitt). – GS II, 409-438, hier 425-432.

Über einige Motive bei Baudelaire, in *Zeitschrift für Sozialforschung* 1939. – GS I, 607-653, hier 607-618 und 629-643 (es entfallen die Kap. V-VII).

II. Sprache, Stimme, Schrift

Über Sprache überhaupt und über die Sprache des Menschen, geschrieben 1916. – GS II, 140-157.

[Das Reflexionsmedium und die Kunst – die Kunst als Reflexionsmedium], aus *Der Begriff der Kunstkritik in der deutschen Romantik*. Bern 1920 (zuvor Phil. Diss. Bern 1919). – GS I, 36-40 und 62-66.

[Wort und Schrift im Barock], aus *Ursprung des deutschen Trauerspiels*. Berlin 1928 (erw. Fassung der zurückgezogenen Habil.Schr. Frankfurt/Main 1925). – GS I, 376-389.

ABC-Bücher vor hundert Jahren, in *Für die Frau* (Beilage zur *Frankfurter Zeitung*) 1928. – GS IV, 619-620 sowie Abbildungen (unpag.)

[Der Mensch in der Handschrift], in *Die literarische Welt* 1928 (Rezension des gleichnamigen Buches von A. u. G. Mendelssohn). – GS III, 135-139.

Die Technik des Schriftstellers in dreizehn Thesen, aus *Einbahnstraße*. Berlin 1928 (zuvor separat in *Die literarische Welt* 1925). – GS IV, 106 f.

Bürobedarf, aus *Einbahnstraße*. Berlin 1928 (zuvor separat in *Magdeburgische Zeitung* 1927). – GS IV, 132

Lehre vom Ähnlichen, geschrieben 1933. – GS II, 204-210.

Über das mimetische Vermögen, geschrieben 1933. – GS II 210-213.

Der Erzähler. Betrachtungen zum Werk Nikolai Lesskows, in *Orient und Occident* 1936. – GS II, 438-468.

III. Buch und Lektüre

Nr. 13 [Bücher und Dirnen], in *Einbahnstraße*. Berlin 1928 (zuvor separat in *Die literarische Welt* 1927). – GS IV, 109 f.

Dienstmädchenromane des vorigen Jahrhunderts, in *Das Illustrierte Blatt* 1929. – GS IV, 620-622 sowie Abbildungen (unpag.)

François Bernouard. Der Drucker, Verleger und Autor, in *Die literarische Welt* 1929. – GS IV, 545-548.

Kritik der Verlagsanstalten, in *Literaturblatt der Frankfurter Zeitung* 1930. – GS III, 769-772.

Wie erklären sich große Bucherfolge? »Chrut und Uchrut« – ein Schweizer Kräuterbuch, in *Literaturblatt der Frankfurter Zeitung* 1931. – GS III, 294-300.

Ich packe meine Bibliothek aus. Eine Rede über das Sammeln, in *Die literarische Welt* 1931. – GS IV, 388-396.

Was die Deutschen lasen, während ihre Klassiker schrieben, gesendet in der »Funkstunde Berlin« 1932, Teilabdruck in *Rufer und Hörer* 1932. – GS IV, 641-679, hier 668-70 (Schlußteil).

[Bücher und Lektüre des Kindes], aus *Berliner Kindheit um Neunzehnhundert*, geschrieben zwischen 1932 und 1938; zu Lebzeiten sind einzelne Abschnitte in Zeitungen und Zeitschriften erschienen, von denen hier abgedruckt werden: Der Lesekasten (in *Frankfurter Zeitung* 1933) und Schmöker (in *Unterhaltungsblatt der Vossischen Zeitung* 1933) sowie Schülerbibliothek, Neuer deutscher Jugendfreund), Das Pult (jeweils geschrieben um 1933). – GS IV, 267, 274 f., 276 ff., 278, 280 ff.

IV. Zeitung und Reklame

Tankstelle, aus *Einbahnstraße*. Berlin 1928 (zuvor separat in *Die literarische Welt* 1927). – GS IV, 85.

Vereidigter Bücherrevisor, aus *Einbahnstraße*. Berlin 1928. – GS IV, 102-104.

Diese Flächen sind zu vermieten, aus *Einbahnstraße*. Berlin 1928. – GS IV, 131.

Kriegerdenkmal [Karl Kraus], aus *Einbahnstraße*. Berlin 1928. – GS IV, 121.

Karl Kraus, in *Frankfurter Zeitung* 1931. – GS II, 334-367.

Die Zeitung, in *Der öffentliche Dienst*, Zürich 1934. – GS II, 628 f.

Der Autor als Produzent, geschrieben 1934. – GS II, 683-701.

Pariser Brief [1]: André Gide und sein neuer Gegner, in *Das Wort* 1936. – GS III, 482-495.
Das Paris des Second Empire bei Baudelaire, geschrieben 1938. – GS I, 511-604, hier 528-536.

V. Malerei, Graphik, Fotografie

Über die Malerei oder Zeichen und Mal, geschrieben 1917. – GS II, 603-607.
Alte vergessene Kinderbücher, in *Illustrierte Zeitung* 1924. – GS III, 14-22.
Aussicht ins Kinderbuch, in *Die literarische Welt* 1926. – GS IV, 609-615 sowie Abbildungen (unpag.).
Neues von Blumen, in *Die literarische Welt* 1928. – GS III, 151-153.
Briefmarken-Handlung, aus *Einbahnstraße*. Berlin 1928 (zuvor separat in *Frankfurter Zeitung* 1927). – GS IV, 134-137.
Kleine Geschichte der Photographie, in *Die literarische Welt* 1931. – GS II, 368-385.
Kaiserpanorama, aus *Berliner Kindheit* (separat in *Frankfurter Zeitung* 1933). – GS IV, 239 f.
Daguerre oder die Panoramen, aus »Paris, die Hauptstadt des 19. Jahrhunderts«, geschrieben 1935. – GS V, 48 f.
Pariser Brief [2]: Malerei und Photographie, geschrieben 1936. – GS III, 495-507.

VI. Film

Zur Lage der russischen Filmkunst, in *Die literarische Welt* 1927. – GS II, 747-751.
Erwiderung an Oscar A. H. Schmitz, in *Die literarische Welt* 1927. – GS II, 751-755.
Das Kunstwerk im Zeitalter seiner technischen Reproduzierbarkeit, geschrieben auf deutsch 1935/36 (in franz. Übers. in *Zeitschrift für Sozialforschung* 1936), überarbeitet 1939. – GS I, 471-508 (es handelt sich um die letzte, von Benjamin autorisierte Fassung).

VII. Telefon und Rundfunk

Gespräch mit Ernst Schoen, in *Die literarische Welt* 1929. – GS IV, 548-551.
Das kalte Herz. Hörspiel nach Wilhelm Hauff, gesendet 1932. – GS VII, 316-346, hier 316-321 (Vorspiel).
Theater und Rundfunk. Zur gegenseitigen Kontrolle ihrer Erziehungsarbeit, in *Blätter des hessischen Landestheaters* 1932. – GS II, 773-776 (3)

Zweierlei Volkstümlichkeit. Grundsätzliches zu einem Hörspiel, in *Rufer und Hörer* 1932. – GS IV, 671-673 (3)

Das Telephon, aus *Berliner Kindheit* (separat in *Frankfurter Zeitung* 1933). – GS IV, 242 f.

Auf die Minute, in *Frankfurter Zeitung* 1934. – GS IV, 761-763.

Suhrkamp Verlag GmbH
Torstraße 44, 10119 Berlin
info@suhrkamp.de
www.suhrkamp.de